Daniel Mandl

Wir wünschen eine anregende Lektüre!

Bitte beachten Sie auch unser
aktuelles Angebot an eBooks
auf unserer Webseite – zum
direkten Download und Lesen!

www.mandl-schwarz.com/ebooks/

OS X Yosemite

Grundlagen zum Mac-Betriebssystem umfassend und hilfreich erklärt

inklusive Infos zu iCloud & iPhone / iPad mit iOS 8

Impressum

OS X Yosemite - Grundlagen zum Mac-Betriebssystem umfassend und hilfreich erklärt / inklusive Infos zu iCloud & iPhone/iPad mit iOS 8
ISBN 978-3-944519-49-4
1. Auflage 2015

Mandl & Schwarz-Verlag
Edition Digital Lifestyle
Theodor-Storm-Straße 13
D-25813 Husum / Nordsee

yosemite@mandl-schwarz.de
www.mandl-schwarz.com

Bibliografische Information der Deutschen Nationalbibliothek
Die Deutsche Nationalbibliothek verzeichnet diese Publikation in der Deutschen Nationalbibliografie; detaillierte bibliografische Daten sind im Internet über die Webseite http://dnb.d-nb.de abrufbar.

Copyright © 2015 Mandl & Schwarz-Verlag
Cover: © Apple

Alle Rechte vorbehalten. Das Erstellen und Verbreiten von Kopien auf Papier, auf Datenträgern oder im Internet – insbesondere als PDF – ist nur mit ausdrücklicher, schriftlicher Genehmigung des Mandl & Schwarz-Verlags gestattet und wird widrigenfalls strafrechtlich verfolgt. Die meisten Produktbezeichnungen von Hard- und Software, sowie Firmennamen und Firmenlogos, die in diesem Werk genannt werden, sind gleichzeitig auch eingetragene Warenzeichen und sollten als solche betrachtet werden. Der Verlag folgt bei den Produktbezeichnungen im Wesentlichen den Schreibweisen der Hersteller.
Der Verlag übernimmt keine Haftung für Folgen, die auf unvollständige oder fehlerhaften Angaben in diesem Buch zurückzuführen sind. Das Ihnen vorliegende Buch wurde in unzähligen Tages- und Nachtstunden mit großer Sorgfalt und viel »Herzblut« erstellt. Dennoch finden sich ab und an Fehler, für die wir uns entschuldigen möchten.
Wir sind Ihnen dankbar für Anregungen und Hinweise!

Wir unterstützen und empfehlen gern folgende Initiativen:

www.aerzte-ohne-grenzen.de
Telefon 030 – 700 130 130

Zu Ihrer ersten Übersicht

Herzlich Willkommen 13

OS X Yosemite – die Installation 15

Die Arbeitsumgebung im Detail 45

»Alles klar zum Start?« – die Systemeinstellungen 115

iCloud – Mehrwert für Mac & Co. 249

Online kommunizieren – mit dem Mac
im Internet, E-Mails und Nachrichten 279

Die Welt der Programme 369

Dienstprogramme –
von Assistenten und Festplatten-Doktoren 553

Vom Netzwerken: Mac to Mac und Mac to Win 595

Was tun bei Problemen? 619

Ausführliches Stichwortverzeichnis 643

Herzlich Willkommen 13

OS X Yosemite – die Installation 15

Die Vorbereitungen zum großen Yosemite-Auftritt 16
OS X 10.10 Yosemite im Anmarsch 22
Ein bestehendes System aktualisieren 22
OS X Yosemite als Neuinstallation 26
OS X Yosemite heißt Sie Willkommen 29
Informationen von einem anderen Mac übertragen 31
*Informationen von einem anderen Volume oder
Time Machine-Backup übertragen* 34
Informationen von einem Windows-PC übertragen 35
Meine Informationen nicht übertragen 38
Fehlende Software nachinstallieren 43

Die Arbeitsumgebung im Detail 45

Der Finder – Kommunikator zwischen Mensch und Maschine 45
Menüs und Befehle 46
Das Apple-Menü 49
Von Fenstern, Ordnern und Knöpfen 58
Anlegen eines neuen Ordners 87
Intelligenter Ordner – Ordner mit Durchblick 89
Neuer Brenn-Ordner – gegen die Vergesslichkeit 93
Tags und Etiketten 98
Das Dock – mit der Lizenz zum Starten 101
Der Papierkorb 112

»Alles klar zum Start?« – die Systemeinstellungen 115

Allgemein – das Erscheinungsbild
der Oberfläche anpassen 117
Schreibtisch & Bildschirmschoner – mit Bildern verzaubern 121
Dock 125
Mission Control – mehr Übersicht für den Schreibtisch 125
Sprache & Region – international auf allen Ebenen 129
Sicherheit – zum Schutze des Rechners 131

Ausführliches Inhaltsverzeichnis

Spotlight – Suchen mit Komfort.. 144
Mitteilungen – die Nachrichtenzentrale für den Mac 151
CDs & DVDs – die korrekte Medienverteilung..................................... 158
Monitore – für den besseren Durchblick... 160
Energie sparen 167
Tastatur – auch Tippen will gelernt sein 172
Die Maus richtig konfigurieren 185
Trackpad – Multi-Touch-Feeling par excellence 188
Drucker & Scanner – bequem Papier ausgeben................................ 191
    Druck-Voreinstellungen managen...194
Der Ton macht die Musik... 197
Bluetooth – komfortables Senden und Empfangen........................ 199
Benutzer – einen Mac mit mehreren Anwendern teilen 205
Die Kindersicherung – für kleine und große Trickser...................... 216
App Store – immer auf dem neuesten Stand 227
Diktat & Sprache – der Mac versteht den Benutzer......................... 230
Datum & Uhrzeit – damit Sie keinen Termin verpassen................. 235
Startvolume – Welches System darf's denn sein?............................ 237
Time Machine – mit Leichtigkeit zum Backup 240

iCloud – Mehrwert für Mac & Co.. 249

Die Apple ID neu erstellen.. 250
Vorhandene Apple ID verwenden 252
Die iCloud-Einstellungen im Einzelnen 256
    iCloud Drive – Ihre Dokumente in der iCloud...256
    Mail, Kontakte, Kalender, Erinnerungen & Co. 261
    Die Rubrik »Fotos« zum Abgleich von Bildern 262
Meinen Mac suchen... 266
Datenschutz und Sicherheit für die iCloud 268
Die Familienfreigabe –
Teilen von Inhalten und Käufe freigeben... 273

Online kommunizieren – mit dem Mac im Internet, E-Mails und Nachrichten ... 279

Internet-Zugang konfigurieren ... 279
Über GPRS, UMTS, HSDPA, LTE & Co. ins Netz der Netze ... 287

Surfen mit Safari ... 289
Safaris Einstellungen ... 290
Die Bedienung von Safari ... 306
Die Adresszeile ... 306
Lesezeichen und deren Verwaltung ... 307
Die Leseliste zum Sammeln ... 311
Verlauf und SnapBack ... 313
Vom Suchen und Finden im WWW ... 315
Daten speichern in und über Safari ... 317

Das Programm »Mail« ... 321
Konfiguration eines Accounts ... 321
Die Einstellungen von Mail ... 324
Allgemein ... 325
Accounts ... 326
Werbung ... 327
Schrift & Farbe ... 331
Darstellung ... 332
Verfassen ... 336
Signaturen ... 337
Regeln ... 339
E-Mails versenden ... 339
Mails abrufen und empfangen ... 348
E-Mails sichern bzw. archivieren ... 356

Nachrichten – Text-Chat de luxe ... 358

Die Welt der Programme ... 369

Launchpad – Programme starten und verwalten ... 370
Mission Control – mehr Übersicht im Arbeitsalltag ... 373
Automatisch sichern und Versionen ... 377
Mac App Store – virtuelles Shopping-Erlebnis ... 381
Integration – Systemübergreifende Bedienung von Apps ... 385

Ausführliches Inhaltsverzeichnis

Dashboard – Programme per Schnellabruf..386

Digitale Bilder – Bild-Import
über Digitalkamera und Scanner...389

DVD Player – des Anwenders Liebling..396

Erinnerungen – damit Sie nichts vergessen 401

FaceTime – clever Videotelefonate führen 405

iBooks – digitale Bücher und PDFs verwalten und lesen............411

Kalender – der intelligente Terminplaner..418

Karten – Orte finden und Routen berechnen..................................431

Kontakte – Adressen und Rufnummern im Griff..........................440

Lexikon – das Wörterbuch mit Ausbaureserve................................447

Notizen – der digitale Post-it..451

Notizzettel – gegen das Vergessen..454

Photo Booth – mehr Spaß beim Foto-Shooting.............................457

QuickTime Player –
verantwortlich für die multimedialen Inhalte.................................462

Rechner – Mit Mehrwert unter der Oberfläche..............................473

Schach – eine Partie für spannende Abende...................................475

Schriftsammlung – Schriften verwalten...478

TextEdit – Textverarbeitung unter OS X Yosemite........................487

Time Machine – Auf Nummer Sicher...507

Vorschau – der PDF- und Bilder-Tausendsassa 512

   Der Import von Bildern über eine Digitalkamera.....................................519

   Einscannen von Bildern...520

   Bild-Informationen anzeigen...521

   Bilder über die »Farbkorrektur« bearbeiten...523

   Bild-Bereiche freistellen 529

   Bilder in der Größe anpassen...534

   Anmerkungen in einem Bild einbetten..536

   Die Arbeit mit PDF-Dateien..539

Dienstprogramme – von Assistenten und Festplatten-Doktoren ... 553

Aktivitätsanzeige – Prozesse im Hintergrund ... 554
Bildschirmfoto – Fotos vom Monitor ... 558
Bluetooth-Datenaustausch ... 560
Boot Camp – einmal die Windows-Welt schnuppern ... 563
Die Vorbereitungen ... 563
Der »Boot Camp Assistent« – Ihr freundlicher Begleiter ... 565
Das Festplattendienstprogramm zum Überprüfen, Reparieren und mehr 573
Erste Hilfe – der Festplatten-Doktor ... 573
Gekonnt löschen – aber bitte mit Vorsicht ... 577
Image-Dateien erstellen ... 580
Leeres Image … ... 580
Image von Ordner … ... 583
Migrationsassistent – Daten transferieren ... 584
Schlüsselbundverwaltung – Passworte verwalten ... 586
Die Systeminformationen – Hardware-Details und mehr ... 591

Vom Netzwerken: Mac to Mac und Mac to Win ... 595

AirDrop – komfortabler Daten-Transfer in Sekunden ... 595
Die Voraussetzungen für ein Netzwerk ... 598
Systemeinstellungen Netzwerk und Freigaben ... 598
Einen PC ins Mac-Netzwerk einbinden ... 605
Die Bildschirmfreigabe nutzen ... 611
Fernwartung über TeamViewer ... 615

Was tun bei Problemen? ... 619

Softwareseitige Lösungen ... 619
Die Apple-Hilfe ... 619
Neustart durchführen ... 621
Programme sofort beenden ... 623
Preferences und Caches ... 624

Ausführliches Inhaltsverzeichnis

  Parameter-RAM löschen 625

  Volume-Zugriffsrechte überprüfen 626

  Häufige Abstürze..626

  Papierkorb lässt sich nicht löschen..629

Shareware und Freeware-Programme als Helfer in der Not 629

Überprüfung von Hardware 631

  Hardware-Probleme –
  Management Controller (SMC) zurücksetzen..634

Test-Software von Drittherstellern 634

Das leidige Thema Virenschutz... 636

Am Ball bleiben …... 639

Ausführliches Stichwortverzeichnis 643

Neugkeiten zu OS X Yosemite und zu anregender Lektüre rund um Apple allgemein gewünscht?

Dann abonnieren Sie unseren Newsletter (inklusive kostenloser Zusatzkapitel) :

www.mandl-schwarz.com/newsletter/

Herzlich Willkommen

Liebe Leserin, lieber Leser,

haben Sie Dank für Ihr Interesse an unserem »Grundlagenbuch zu OS X 10.10 Yosemite«. Darüber freuen wir uns sehr.

Nach dem Motto »The same procedure as last year, Mister Mandl?« heißt es auch im *Yosemite*-Buch, dass wir Seite für Seite unser allseits beliebtes Vorbuch zu *OS X Mavericks* gelesen, überarbeitet, neu bebildert und an das aktuelle System angepasst haben. Es gibt wie üblich neue Funktionen und Design-Änderungen zu bewundern, auch wenn wir uns – und das hat nun auch schon bald Tradition – meist in den ersten Wochen nach Erscheinen aufgrund zahlreicher Fehler im System ziemlich ärgern. Vieles werden Sie im aktuellen *OS X* wiedererkennen, anderes neu lernen müssen, und bei manchen Dingen werden Sie sich fragen, ob das nun wirklich nötig tut.

Über dieses Buch – worauf können Sie sich freuen?

Im ersten Kapitel geben wir Ihnen eine Schritt-für-Schritt-Anleitung zur Installation von *OS X Yosemite*, wobei wir auch den »Clean-Install« aufzeigen. Anschließend machen wir Sie mit der *Finder*-Oberfläche vertraut, die sich mal wieder in neuem Gewande zeigt, was aber nicht nachteilig sein soll. Wir führen Dutzende an Funktionen oder gar Raffinessen auf, die oftmals erst auf den zweiten Blick erkennbar sind. Im dritten Kapitel befassen wir uns mit den *Systemeinstellungen*, denn diese steuern vielfach unbemerkt das Grundverhalten Ihres Rechners. Wir zeigen Ihnen in Wort und Bild die Vielzahl an Möglichkeiten, wie Sie Ihren Mac noch besser nach Ihren persönlichen Bedürfnissen ausrichten.

Danach erfahren Sie alles Wissenswerte über die *iCloud: Apple ID, Familienfreigabe, zweistufige Bestätigung, iCloud Drive* und Datenabgleich spielen hier die große Rolle, um nur einige zu nennen. Die Konfiguration Ihrer Internet-Verbindung, das Surfen im World Wide Web mit *Safari*, das Empfangen und Versenden von E-Mails sowie die virtuelle Kommunikation über *Nachrichten* sind die Themen im fünften Kapitel. Alsdann geht es zu den zahlreichen Programmen, die für die meisten Ansprüche – sei es Text-, Bild- oder Videobearbeitung oder zur Präsentation – vollauf genügen.

Die *Dienstprogramme* im siebten Kapitel durchleuchten den Mac, helfen tatkräftig bei Problemen oder unterstützen Sie in Sachen Windows, Mathematik, Peripherie-Erkennung und mehr. Danach geht's ab ins Netzwerk: Wie verbinde ich meine Macs, um Daten auszutauschen? Wie gut kommen Macs in der Windows-Welt zurecht? Die Antworten finden Sie im achten Kapitel. Unser Grundlagenbuch schließt mit allerlei Tipps und Tricks, wenn es denn mal nicht so gut läuft: Support und Prävention stehen im Vordergrund, damit Ihr Mac schnell wieder auf die Beine kommt.

Leichter lesen – Ihr Leitsystem

Auf den nachfolgenden Seiten haben wir wichtige Textstellen hervorgehoben und mit einem Icon (Symbol) versehen. Diese bedeuten:

Grundwissen: Dieses Symbol zeigen wir Ihnen immer dann, wenn es um die Bedienung im Allgemeinen geht oder wenn Fachbegriffe auftauchen. Hier vermitteln wir auch grundsätzliche Details, die Ihnen den Umgang mit Ihrem Gerät erleichtern.

Tipp: Ob hilfreiche Einstellungen oder bislang noch unentdeckte Features: Hier weisen wir Sie auf Zusatz-Informationen oder Alternativwege hin und verraten Ihnen allerlei Tipps und Tricks.

Achtung: Damit Sie eher weniger als mehr Arbeit haben: Das Symbol mit dem Ausrufezeichen warnt Sie vor typischen Fehlern, die der oftmals noch unbedarfte Einsteiger gerne einmal macht.

Wir danken für Ihr Verständnis …

Mit diesem Buch erhalten Sie einen leichten Einstieg in eine nicht immer sofort verständliche Materie. Nichtsdestotrotz können ab und an Probleme auftreten. Bitte haben Sie dafür Verständnis, dass wir über dieses Buch hinaus keinen persönlichen Support leisten.

Feedback willkommen!

Wir freuen uns, wenn Ihnen dieses Buch gefallen hat. Teilen Sie uns doch bitte Ihre Eindrücke mit und senden Sie uns auch Ihre Kritik. Sie erreichen uns dazu über `yosemite@mandl-schwarz.de`. Wir wünschen Ihnen nun eine anregende Lektüre!

Daniel Mandl
Husum/Nordsee, im April 2015

OS X Yosemite – die Installation

Die gute Nachricht zuerst: *OS X Yosemite* ist wie sein Vorgänger kostenlos. Sie können das System jederzeit über den *Mac App Store* laden bzw. finden es vorinstalliert auf jedem neuen Mac-Rechner. Wie immer gilt es sich im Voraus mit den Systemvoraussetzungen vertraut zu machen, damit es später keine Tränen gibt. Wer schon zuvor *OS X Mavericks* installiert hatte, dürfte eigentlich keine Probleme bekommen, der Rest sollte sich die Voraussetzungen zumindest einmal flüchtig anschauen:

- iMac (Mitte 2007 oder neuer), MacBook (Ende 2008 Aluminium oder Anfang 2009 oder neuer), MacBook Pro (Mitte/Ende 2007 oder neuer), MacBook Air (Ende 2008 oder neuer), Mac mini (Anfang 2009 oder neuer), Mac Pro (Anfang 2008 oder neuer), Xserve (Anfang 2009).

Um schnell herauszufinden, welche Mac-Generation Sie verwenden, starten Sie am besten über das *Apple-Menü* (ganz links außen in der Menüleiste gelegen) | *Über diesen Mac*. Wenige Sekunden später klärt Sie das erscheinende Dialog-Fenster darüber auf.

Wir drücken die Daumen, dass Ihr Mac noch nicht zum alten Eisen gehört …

- Weiterhin sollte Ihr Rechner über mindestens 2 GB Arbeitsspeicher verfügen, wobei das nun wirklich die unterste Grenze darstellt: Rüsten Sie mindestens auf 4 Gigabyte oder mehr auf, da erst ab diesem Umfang ein flüssiges Arbeiten möglich ist. Gerade dann, wenn Sie Videos oder Bilder bearbeiten möchten, ist das Aufstocken des Arbeitsspeichers unerlässlich.

- Für eine Aktualisierung (Upgrade) auf *OS X Yosemite* benötigen Sie als Vorsystem mindestens *Mac OS X 10.6.8*, da erst ab diesem Zeitpunkt der *Mac App Store* auf der Bühne erschien. Wir empfehlen Ihnen, zuvor eine *Softwareaktualisierung* vorzunehmen, zumal gerade die letzten Updates auf eine reibungslose Installation vorbereiten.

Welche Betriebssystem-Version Sie verwenden, erfahren Sie ebenso über das *Apple-Menü | Über diesen Mac*.

- An freiem Speicherplatz empfiehlt Apple mindestens 8 GB. Sollten Sie diese Grenze bereits unterschreiten, plädieren wir mit Nachdruck für eine radikale Gesundschrumpfung Ihres Datenbestandes. Durchforsten Sie also Ihre Festplatte nach nicht mehr benötigten Dateien bzw. lagern Sie einen Großteil davon auf eine externe Festplatte aus.

- Ebenfalls unumgänglich ist eine Online-Verbindung. Falls Sie sich noch keinem Internet-Dienstleister zugehörig fühlen, sollten Sie sich schleunigst schlau machen, denn der Internet-Zugang ist in der heutigen Zeit (fast) unerlässlich. Software-Aktualisierungen etc. laufen ausschließlich über diese Schiene.

- Manche neue wie bestehende Funktion wie *Handoff*, *AirDrop*, Telefonanrufe oder SMS-Empfang über den Mac, *Power Nap* etc. setzen ebenso hohe Anforderungen in die Hardware, wobei wir diese bei den entsprechenden Themen gesondert ansprechen.

Betrachten Sie die von Apple vorgeschlagenen Werte nur als Minimal-Voraussetzung und gönnen Sie sich lieber den Luxus höheren Arbeits- und Festplatten-Speichers. Denn nichts ist ärgerlicher, als wenn Sie später ständig Daten auf externe Festplatten umschichten müssen, da Ihnen der Festplatten-Platz ausgeht oder die Arbeitsgeschwindigkeit durch ständiges Auslagern auf virtuellen Arbeitsspeicher die Nerven raubt.

Die Vorbereitungen zum großen Yosemite-Auftritt

Haben Sie sich einen neuen Mac-Rechner zugelegt und schon einmal die Einschalttaste gedrückt, so ist das Betriebssystem bereits auf die Festplatte kopiert und vorkonfiguriert – Sie müssen nur noch über den *Systemassistenten* einige wichtige Punkte abarbeiten. Nichtsdestotrotz sollten auch Sie sich die folgenden Seiten durchlesen, schließlich möchten oder müssen Sie vielleicht später selbst einmal das System neu installieren.

So sicher wie das Amen in der Kirche ist die Tatsache, dass jeder große Versionssprung beim ein oder anderen Anwender zu Problemen auf dem Rechner führt. Da streichen plötzlich lieb gewonnene Programme das Segel, das Internet geht nicht mehr, es funktionieren manche Routinen nicht wie üblich oder ungewöhnliche Abstürze »versüßen« den Alltag. Verdienen Sie Ihr Geld mit dem Mac, so ist das problemlose Arbeiten mit Vorgängerversionen keine Schande, sondern kann Ihnen eine Menge an Zeit und Ärger ersparen. Meist läuft die Betriebssystemsoftware erst dann völlig reibungslos, wenn schon das nächste System in den Startlöchern steht.

Möchten oder müssen Sie auf *OS X Yosemite* umsteigen, so sollten Sie im Vorfeld eine Sicherung all Ihrer wichtigen Daten vornehmen. Dies bedeutet für Sie das Brennen mehrerer CDs/DVDs oder das Kopieren Ihrer Schätze auf eine externe Festplatte bzw. auf einen anderen Mac – entweder in akribischer Handarbeit oder komfortabel über *Time Machine*. Beherzigen Sie bitte diesen Ratschlag, denn nichts ist ärgerlicher als im Nachhinein festzustellen, dass sämtliche Daten verschwunden sind, einzelne Dateien nicht mehr gelesen werden können oder sich gar das gesamte System nicht mehr starten lässt.

Sofern Sie noch nicht mit *Time Machine* gearbeitet haben, dann ist es spätestens jetzt an der Zeit, sich damit auseinanderzusetzen. Nach Anschluss einer externen Festplatte werden Sie automatisch gefragt, ob Sie diese für die Erstellung eines Backups mit Hilfe von *Time Machine* verwenden möchten. Nach einem positiven Bescheid macht sich *Time Machine* sogleich an die Arbeit und kopiert sämtliche Daten auf dieses externe Volume. Geht nun bei der bald folgenden Installation irgendetwas schief, so lässt sich Ihr bestehendes System damit vollständig wiederherstellen. Ausführlichere Informationen zu *Time Machine* geben wir Ihnen selbstverständlich in den entsprechenden Kapiteln zu den Systemeinstellungen und Programmen mit auf den Weg.

Bitte unbedingt beherzigen: Vor der Installation sollte zur Sicherheit ein Backup Ihrer vollständigen Daten erfolgen.

Als Alternative dazu können Sie auch mit Hilfe des *Festplattendienstprogrammes* ein Backup auf einer externen Festplatte anlegen. Dazu starten Sie das *Festplattendienstprogramm* (zu finden im *Dienstprogramme*-Ordner) und wählen in der linken Liste die Festplatte mit dem Startvolume. Rechter Hand klicken Sie nun auf den Reiter *Wiederherstellen*. Ziehen Sie dann per *Drag & Drop* das Festplatten-Symbol in das Textfeld bei *Quelle*. Ihre angeschlossene externe Festplatte wählen Sie nun als *Zielmedium*. Per Klick auf den Knopf *Wiederherstellen* wird Ihr aktuelles Volume geklont.

Bitte verwenden Sie zum Kopieren eine Festplatte, die noch keine Daten enthält. Diese werden ansonsten automatisch gelöscht.

Über das »Festplattendienstprogramm« legen Sie die »Quelle« (Macintosh HD/Ihr Startvolume) sowie das »Zielmedium« (also die externe Festplatte) fest. Über »Wiederherstellen« wird ein genaues Abbild davon geschrieben.

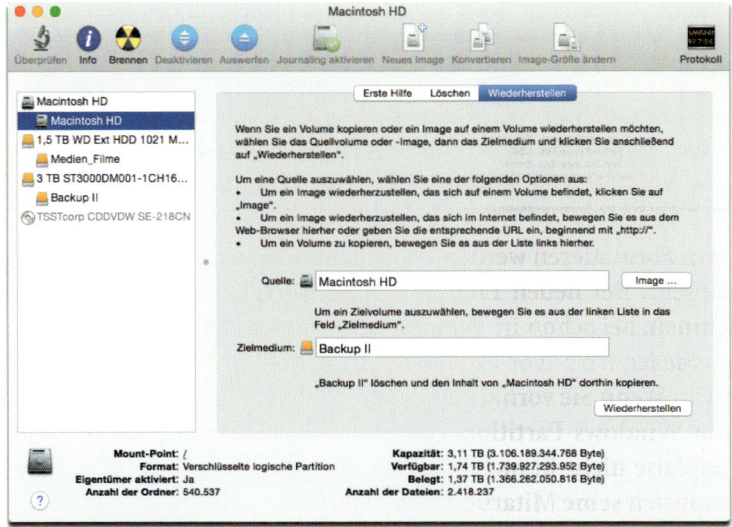

1 | OS X Yosemite – die Installation

Sofern Sie sich eine externe Festplatte zulegen, müssen Sie diese meist im Vorfeld für die Macintosh-Plattform aufbereiten. Dies deshalb, da üblicherweise die Festplatten vom Fachhandel für die Windows-Welt eingerichtet sind. Der Fachmann spricht hier vom *Formatieren*, das heißt die Festplatte wird für die Aufnahme der vielen Tausend Dateien hergerichtet.

Sie müssen sich dabei auf ein sogenanntes *Partitionsschema* festlegen. Dazu starten Sie das *Festplattendienstprogramm*, markieren in der linken Leiste die externe Festplatte, wählen den Reiter *Partition* und klicken auf das Popup-Menü bei *Partitionslayout*. Dort legen Sie nun fest, in wie viele Partitionen (Abschnitte) Ihre Festplatte geteilt werden soll. Als *Format* wählen Sie bitte *Mac OS Extended (Journaled)* und – ganz wichtig – über die unten liegenden *Optionen* als *Partitionsschema* den Eintrag *GUID-Partitionstabelle*. Erst über diese Prozedur ist es möglich, dass Sie später auch über diese Festplatte starten können.

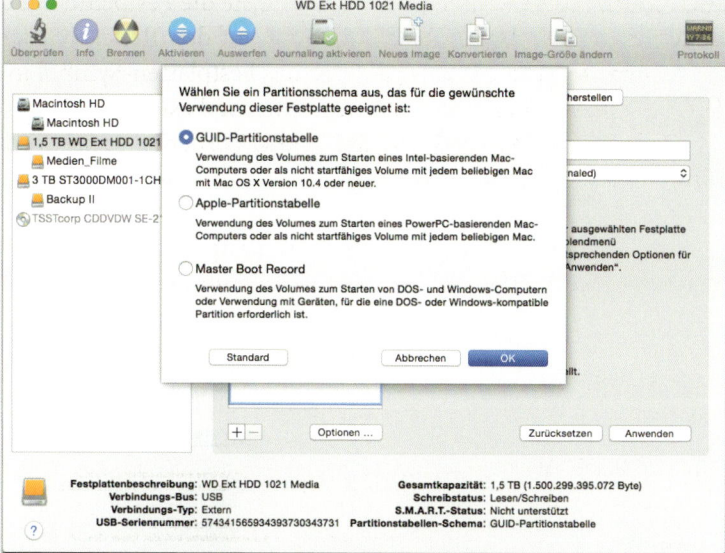

Gut versteckt und dennoch wichtig: Zum Einrichten des Partitionsschemas sollten Sie unbedingt den Knopf »Optionen« im Hinterkopf halten. Ansonsten legen Sie zwar ein Betriebssystem auf der externen Festplatte ab, können jedoch darüber im Ernstfall nicht booten (Ihren Mac über dieses System starten).

Beim Formatieren werden alle auf der Festplatte liegenden Daten gelöscht. Bei neuen Platten können Sie dies unbedenklich vornehmen, bei schon in Verwendung befindlichen Festplatten müssen Sie jedoch zuvor Ihre Daten in Sicherheit bringen. Und noch etwas: Wenn Sie vorhaben, später mit dem Programm *Boot Camp* eine Windows-Partition einzurichten, so dürfen Sie Ihre Mac-Festplatte nicht in mehrere Partitionen aufteilen, da *Boot Camp* ansonsten seine Mitarbeit verweigert.

Ein genaues Abbild Ihres aktuellen Systems (inklusive Programme, Benutzer-Einstellungen usw.) können Sie auch mit Programmen wie etwa *Carbon Copy Cloner* (www.bombich.com/index.html) oder *SuperDuper!* (www.shirt-pocket.com/SuperDuper) erstellen – vorausgesetzt, Sie besitzen eine externe Festplatte mit ausreichend freier Festplatten-Kapazität. Vergessen Sie aber nicht, Ihr »altes« System zuvor über die *Softwareaktualisierung* auf den neuesten Stand zu bringen. Um zu überprüfen, ob dieses Backup auch hinreichend funktioniert, sollten Sie einmal probehalber diese externe Festplatte als Startvolume verwenden (Systemerweiterung *Startvolume* öffnen und dann das »Clone«-System auswählen). Ein Neustart bringt Ihnen dann Gewissheit. Auch bei dieser Vorgehensweise lassen sich – sollte eine Installation fehlschlagen – sowohl beim erstmaligen Konfigurieren bzw. später über den in *Yosemite* integrierten *Migrationsassistenten* (Ordner *Dienstprogramme*) die Daten wie beispielsweise Benutzer-Eintragungen, Programme, Netzwerk- und Computereinstellungen auf ein frisch installiertes *OS X* übertragen bzw. ein älteres *OS X Snow Leopard/Lion/Mountain Lion/Mavericks* wiederherstellen.

Der »Carbon Copy Cloner« von Mike Bombich kostet zwar Geld (etwa 34 Euro), kann Ihnen im Ernstfall jedoch eine Menge Arbeit ersparen.

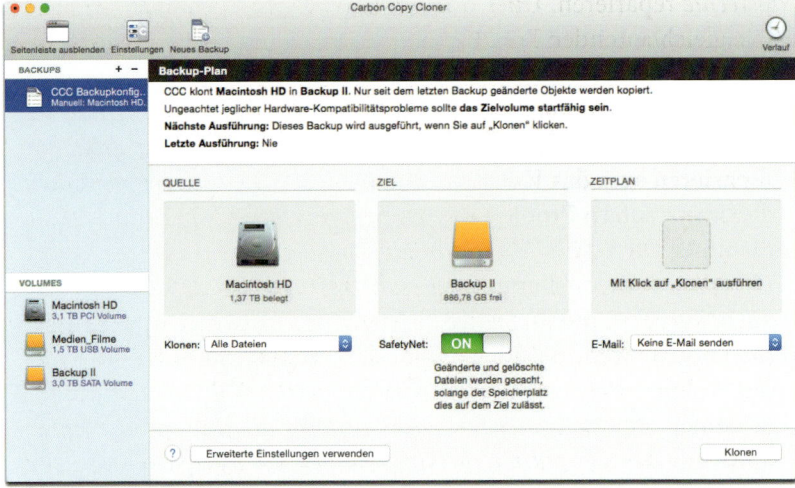

Im Gegensatz zu *Carbon Copy Cloner* bzw. *SuperDuper!*, über die Sie einen Klon bauen, der sich auch als Startvolume nutzen lässt, erstellen Sie über *Time Machine* kein bootfähiges Backup.

Sofern Sie unter *Snow Leopard/Lion/Mountain Lion/Mavericks* mit *Boot Camp* gearbeitet haben und sich eine *Windows*-Partition auf Ihrem Rechner befindet, so sollten Sie auch von diesen Daten unbedingt ein Backup anlegen. Die Erfahrungswerte belegen, dass es nach einem größeren Update immer mal wieder zu unbrauchbaren Daten kommen kann. Dies betrifft insbesondere jene User, die es gar nicht erwarten können und sofort nach einer Ankündigung zu den Ersten gehören wollen. Hören Sie daher auf den »alten« weisen Mann und machen Sie ein Backup!

Und wenn Sie noch Zeit und Lust haben, so sollten Sie auch gleich Ihre Festplatte säubern und unnötigen Ballast entfernen. Dazu gehören nicht mehr benötigte Programme, wiederentdeckte, aber nicht mehr aktuelle Daten, Hunderte von alten E-Mails und/oder Downloads.

Haben Sie dann fleißig kopiert und gelöscht und sich die Nächte um die Ohren geschlagen, so sollten Sie auf jeden Fall auch die Festplatte selbst einmal über das *Festplattendienstprogramm* überprüfen sowie die *Zugriffsrechte* reparieren. Über den Reiter *Erste Hilfe* gelangen Sie hierbei an die gleichlautenden Funktionen.

Auf dem *Startvolume* (also jenes Laufwerk, auf dem sich das Betriebssystem befindet) lassen sich nur die *Volume-Zugriffsrechte* reparieren bzw. das *Volume überprüfen*. Das Reparieren des *Startvolumes* – sofern Probleme gemeldet werden – klappt nur, indem Sie unter *OS X Lion/Mountain Lion/Mavericks* über die *Recovery HD* (Wiederherstellungspartition) starten. Auf diese lässt sich zurückgreifen, indem Sie Ihren Mac mit gedrückter *Optionstaste (alt)* hochfahren. Bei Erscheinen der Volumes können Sie dann das Volume *Recovery HD/Wiederherst.-10.x* wählen. Danach erscheinen die *OS X-Dienstprogramme* und Sie finden dort unter anderem das *Festplattendienstprogramm* zum Reparieren Ihres Startsystems (dazu gibt es später noch ausführlichere Informationen). Unter *Mac OS X Snow Leopard* können Sie noch von der Installations-CD/DVD den Rechner starten und von dort aus das *Festplattendienstprogramm* benutzen.

Das Festplattendienst-
programm bietet
erstklassige Unterstüt-
zung bei Problemen
mit Festplatte & Co.

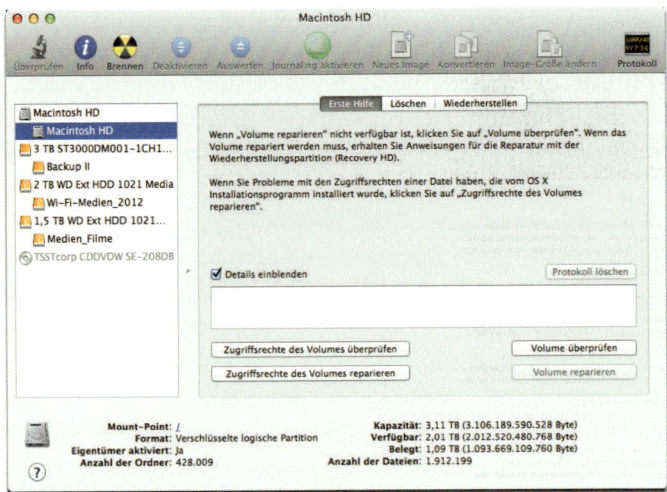

Sofern wir Ihnen nun eine Menge Angst eingejagt haben und Sie erschöpft nach drei Tagen ununterbrochenem Kopieren und Backups anlegen endlich mit *Yosemite* loslegen möchten, dann haben wir wohl unser Ziel erreicht. Und Sie werden es kaum glauben: aber es erfolgt nun der Start-Schuss zum Installieren.

OS X 10.10 Yosemite im Anmarsch

Ein bestehendes System aktualisieren

Seit *OS X 10.7 Lion* erhalten Sie das aktuelle Betriebssystem von Apple nur mehr auf dem digitalen Wege, das heißt, Sie müssen in den *Mac App Store*. Meist zeigt sich schon gleich nach dem Start die *Yosemite*-Verkaufsschau, ansonsten finden Sie *Yosemite* auch in der Update-Abteilung. Auf der entsprechenden Seite können Sie sich schon einmal wenig einlesen, danach heißt es auf *Laden* zu klicken.

1 | OS X Yosemite – die Installation

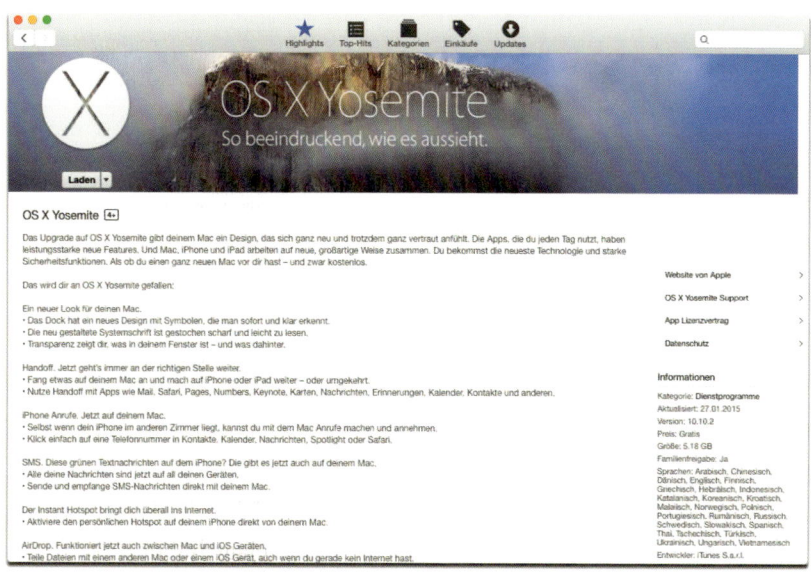

Der Mac App Store wurde mit der Snow Leopard-Version 10.6.6. eingeführt und hat sich relativ schnell etabliert. Nun aber wartet »OS X Yosemite« auf den Lade-Befehl.

Den Fortschritt beim Download können Sie im Übrigen über einen Ladebalken im *Launchpad*-Icon im Dock bzw. bei aufgerufener *Launchpad*-Oberfläche (also die Programme-Übersicht auf dem Desktop) über das abgesoftete *Yosemite*-Icon beobachten. Da das Software-Paket mit circa 5 Gigabyte jedoch recht groß ist, zieht sich das Ganze – je nach Internet-Verbindung – doch einige Minuten in die Länge.

> Wenn Sie nur über eine langsame Internet-Verbindung verfügen, so können Sie sich den *Yosemite-Installer* auch bei einem guten Freund herunterladen und beispielsweise auf einen USB-Stick kopieren. Sofern Ihre Freunde eingefleischte Windows-User sind und Sie als Apple-Nutzer nicht unterstützen, so sollten Sie nicht nur darüber nachdenken, eventuell die Freunde zu wechseln, sondern können auch in Erwägung ziehen, den nächsten Apple Store in Ihrer Nähe aufzusuchen. Denn wie Apple auf seiner Webseite schreibt: »Wenn du keinen Breitband-Internetzugang hast, kannst du deinen Mac in jedem Apple Store upgraden lassen.« Ist das nicht nett …

Ist der Download geschafft, so heißt es sich noch einmal eine Minute zurückzulehnen und gut darüber nachzudenken, ob denn alle Vorsichtsmaßnahmen getroffen und alle persönlichen Daten in Sicherheit gebracht worden sind.

Nach der eigentlichen Installation verschwindet das *OS X Yosemite installieren*-Paket vom Rechner. Sofern Sie also *OS X Yosemite* auf weiteren Rechnern installieren möchten bzw. Sie den Installer für später aufheben möchten, so ist es unerlässlich, dass Sie ihn vor der eigentlichen Installation auf ein externes Medium (Festplatte, USB-Stick etc.) kopieren.

Falls nicht schon automatisch geschehen, starten Sie nun das Installationsprogramm, indem Sie es doppelklicken bzw. über das *Launchpad* einfach anklicken. Ein erster Dialog stimmt Sie schon einmal auf das Bevorstehende ein. Über *Fortfahren* gelangen Sie zum unumgänglichen Softwarelizenzvertrag, dem Sie in einem weiteren Dialog zustimmen müssen.

Daran führt kein Weg vorbei: Sie müssen den Softwarelizenzvertrag akzeptieren, denn ansonsten gibt es kein Weiterkommen.

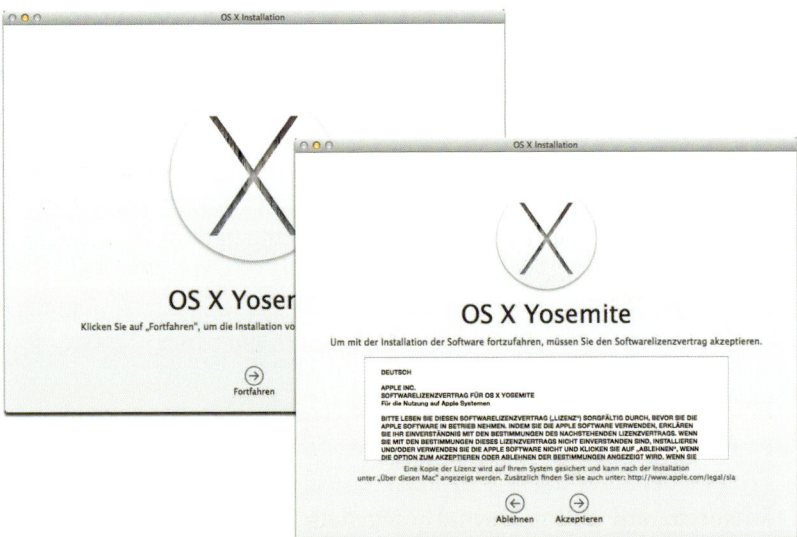

Nach der Bestätigung des Lizenzvertrages geht es weiter zur Auswahl des Volumes. Je nach Anzahl der verfügbaren Volumes müssen Sie nun dasjenige angeben, welches *OS X Yosemite* aktualisieren soll. Sind Sie mit der vom Installationsprogramm vorgeschlagenen Variante nicht einverstanden, so klicken Sie auf *Alle Volumes anzeigen* und suchen Sie sich das Richtige aus.

1 | OS X Yosemite – die Installation

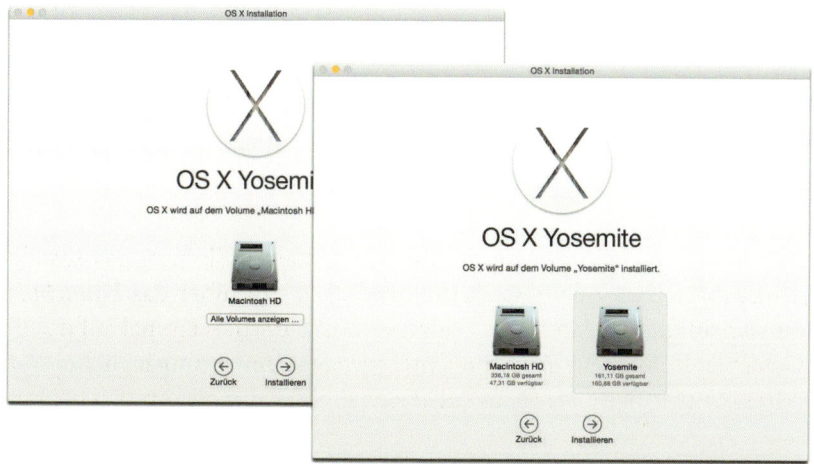

Das ausgewählte Volume bestimmt jenen Ort, auf dem das Betriebssystem installiert werden soll.

Klicken Sie auf *Installieren*, so müssen Sie noch einmal als Administrator samt Passwort Ihre Berechtigung dazu erteilen – und dann gibt es kein Halten mehr …

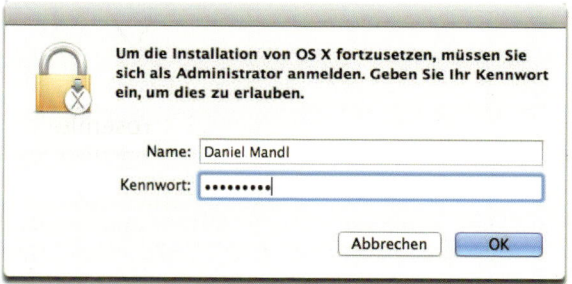

Ohne Ihr Einverständnis wird nichts installiert. Damit kein Fremder einfach Ihr System überschreibt, müssen Sie sich über Ihr Passwort als Administrator ausweisen.

Wenn Sie mit einem MacBook (Pro/Air) arbeiten, so achten Sie bitte darauf, dass Sie vor der eigentlichen Installation Ihr Gerät an die Steckdose hängen. Dies einfach nur zur Sicherheit, damit Ihnen nicht »unterwegs« im Konfigurations-Dschungel der Strom durch einen leeren Akku ausgeht. Sollten Sie nicht daran denken, so hilft Ihnen der Mac auf die Sprünge, da es eine Fehlermeldung zu bewundern gilt.

Danach legt *OS X Yosemite* los und bereitet die Installation vor, indem beispielsweise die *Wiederherst-10.10*-Partition angelegt wird. Nach wenigen Minuten ist auch dies vorüber und der Mac startet neu.

25

Die Vorbereitung zur eigentlichen Installation dauert nur wenige Minuten und endet mit einem Neustart des Rechners.

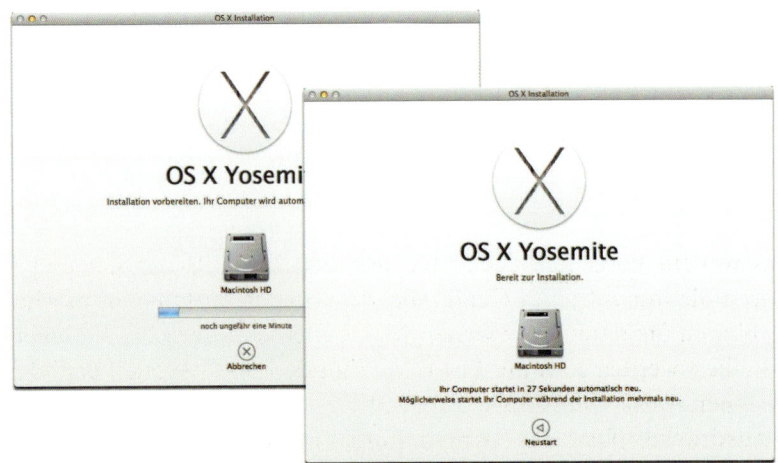

Das Aktualisieren Ihres bestehenden Systems dauert nun eine Weile. Am besten lassen Sie Ihren Rechner nun in Ruhe, denn eingreifen (außer ein erzwungenes Ausschalten) können Sie eh nicht mehr. Nach einer gefühlt endlosen Upgrade-Routine und einem weiteren Neustart müssen Sie sich meist noch mit Ihrer *Apple ID* ausweisen und es folgen Fragen zur Aktivierung des *iCloud-Schlüsselbundes* sowie der *iCloud Drive*. Dies können Sie gleich erledigen oder auch im Nachhinein – ganz nach Belieben. Informationen dazu finden Sie auch weiter hinten im Buch im *iCloud*-Kapitel.

> In seltenen Fällen kann es durchaus vorkommen, dass *OS X Yosemite* in Konflikt mit anderer Software gerät. Diese inkompatiblen Programme werden jedoch aufgeführt und in einen Ordner namens *Inkompatible Software* (Pfad: `Macintosh HD/Inkompatible Software`) gelegt. Damit es nicht zu weiteren Schwierigkeiten kommt, sollten Sie diese Software vorerst nicht benutzen. Wenden Sie sich daher bitte an die jeweiligen Hersteller oder besuchen Sie deren Webseiten, um dort nach Updates zu fahnden.

OS X Yosemite als Neuinstallation

Eine Neuinstallation werden Sie wohl nur vornehmen, wenn sich Ihr altes System nicht mehr starten lässt oder Sie ständig Probleme plagen. Vielleicht haben Sie auch einen Gebrauchtrechner übernommen und möchten diesen nun unter Ihrem Namen einrichten. Wir möchten an dieser Stelle den Weg des »Clean-Install« über einen zweiten Mac beschreiben.

1 | OS X Yosemite – die Installation

Bitte tun Sie sich selbst den Gefallen und bringen Sie alle wichtigen Daten zuvor wieder in Sicherheit – sei es per *Time Machine*, einem manuellen Backup oder einer Drittsoftware. Dies ist in diesem Fall besonders wichtig, da bei den nun folgenden Schritten die Festplatte wirklich gelöscht wird und Sie danach keinen Zugriff mehr auf Ihren alten Datenbestand haben.

Das weitere Vorgehen: Laden Sie sich den *Yosemite-Installer* und kopieren Sie ihn auf jenes Gerät, von dem Sie aus installieren möchten. Verbinden Sie dann den zweiten Mac (jenen, auf dem *OS X Yosemite* installiert werden soll) per FireWire/Thunderbolt (eventuell benötigen Sie einen *Apple Thunderbolt auf FireWire-Adapter*) und starten Sie ihn mit gedrückter Taste »T« (steht für *Target*-Modus), so dass er als externe Festplatte geladen wird.

Wie angekündigt, heißt es nun das Betriebssystem vollständig neu zu installieren. Hierbei werden alle Daten (Programme, persönliche Einstellungen, bereits angelegte Benutzer etc.) Ihrer bisherigen Festplatte entfernt und Sie müssen das System anschließend neu konfigurieren. Sie erhalten sozusagen den Auslieferungszustand Ihres Rechners samt Werkseinstellungen zurück, so dass Sie anschließend über den *System-Assistenten* Ihren Mac ganz frisch einrichten können.

Vor einem *Clean-Install* müssen Sie Ihr *Startvolume* zuerst löschen, da ansonsten das Neuformatieren der Festplatte über das *Festplattendienstprogramm* nicht möglich ist. Rufen Sie also das *Festplattendienstprogramm* auf, markieren Sie in der linken Liste das betreffende Volume und wählen Sie den Reiter *Löschen*. Als Format wählen Sie *Mac OS Extended (Journaled)*, der Name ist erst einmal egal. Klicken Sie dann auf *Löschen* und bestätigen die Sicherheitsfrage – danach gehört das bisherige Startvolume der Vergangenheit an.

Vor einem »Clean Install« heißt es noch das bisherige Startvolume zu löschen. Ansonsten können Sie nämlich nicht formatieren, da die zugehörigen Einstellungen als inaktiv dargestellt werden.

Nun lässt sich die Festplatte auch neu formatieren, indem Sie den Reiter *Partition* wählen und im ausklappbaren Menü *Partitionslayout* die Anzahl der gewünschten Partitionen festlegen. Ganz wichtig: Klicken Sie anschließend auf die darunter liegenden *Optionen* und verwenden Sie die *GUID-Partitionstabelle*. Vergeben Sie nun noch einen Namen (den können Sie auch später noch ändern). Als Format sollten Sie die von Apple vorgegebene Einstellung *Mac OS Extended (Journaled)* belassen. Durch das *Journaling* werden intern sämtliche Veränderungen Ihres Datenflusses protokolliert, so dass im Falle eines Computer-Ausfalls die Dateien wiederhergestellt werden können. Klicken Sie dann auf *Anwenden*. Ein Dialog warnt Sie noch einmal vor Ihrem Tun, denn in diesem Fall werden sämtliche Daten entfernt und sind auch über gutes Zureden nicht wiederherstellbar! Beenden Sie dann das Programm über die Menüleiste *Festplattendienstprogramm | Festplatten-Dienstprogramm beenden (cmd-Q)*.

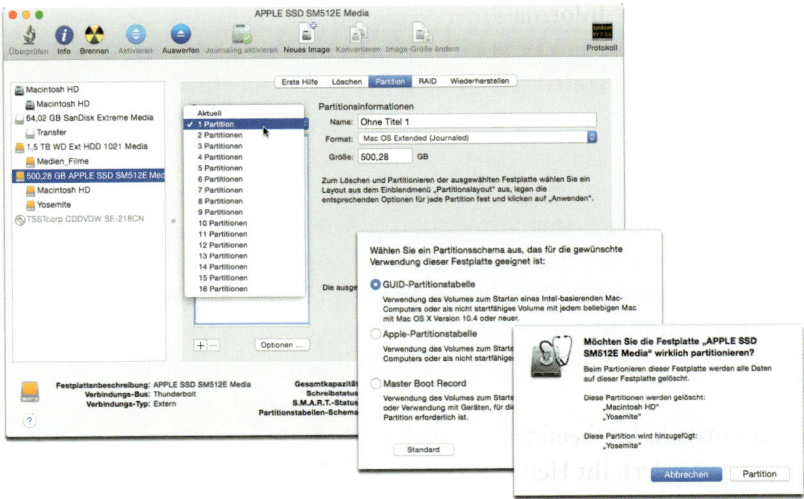

Über das Festplattendienstprogramm formatieren Sie die gewünschte Festplatte, die anschließend absolut datenfrei ist.

Partitionieren bedeutet das Aufteilen der Festplatte in mehrere Abschnitte, die wiederum wie eigene Festplatten zu betrachten sind. Bei normalem Gebrauch Ihres Rechners ist es eigentlich nicht vonnöten, die Festplatte in mehrere Teilbereiche zu separieren. Als Relikt aus früheren Mac OS-Jahren, als ein Absturz des Betriebssystems den gesamten Rechner und somit alle auf dem Volume befindlichen Daten in Mitleidenschaft ziehen konnte, war das Aufteilen angebracht. Auf diese Weise wurden die auf anderen Partitionen verweilenden Daten aus der Risiko-Zone geschafft. Auch heutzutage wird noch fleißig partitioniert, da es der eigenen Übersichtlichkeit dient bzw. Sie je Partition ein anderes Betriebssystem (etwa *Yosemite* und *Mavericks*) verwenden können.

Es sei noch einmal daran erinnert, dass – sollten Sie später mit *Boot Camp* eine Windows-Partition einrichten wollen – Sie die Festplatte nicht vorher partitionieren dürfen. Und denken Sie daran – falls Sie schon mit *Boot Camp* samt Windows gearbeitet haben –, auch diese Daten zuvor zu sichern.

Starten Sie nun das Programm *OS X Yosemite installieren* und akzeptieren Sie über *Fortfahren* den Softwarelizenzvertrag. Danach heißt es über *Alle Volumes anzeigen* die korrekte Festplatte des Mac zu wählen. Klicken Sie auf *Installieren*, so wird der Mac aufbereitet und ein Neustart leitet die eigentliche Installation ein. Nach einem weiteren Neustart startet dann der System-Assistent, der Sie nun Schritt für Schritt begleitet und mit Informationen versorgt.

OS X Yosemite heißt Sie Willkommen

Jene Anwender, die Ihren Mac-Rechner neu angeschafft haben, mögen sich nun wieder in den Studiersaal begeben, denn die nachfolgenden Seiten sind wieder für alle von Belang. Das gilt auch für die sogenannten »Clean-Installer«, die die Festplatte von allen bestehenden Daten befreit, sie initialisiert und/oder partitioniert haben. Nachfolgend nun die einzelnen Stationen zum Personalisieren und Konfigurieren.

Ist die Installation beendet, heißt es schlicht *Willkommen* und Sie werden aufgefordert, Ihr Heimatland (also jenes, in dem Sie sich momentan aufhalten) zu bestimmen. Diese Entscheidung wiederum bestimmt die Möglichkeiten im nächsten Dialog: *Wählen Sie Ihre Tastatur*.

Da bei anderen Tastaturbelegungen – etwa in Dänemark oder Amerika – die Buchstaben und Sonderzeichen unterschiedlich angeordnet sind, lassen Sie bei diesem Schritt bitte der Genauigkeit den Vorzug. Vergeben Sie später nämlich ein Passwort, so kann es passieren, dass Sie sich nicht mehr einloggen können, da der gedrückte Buchstabe auf der deutschen Tastatur bei Auswahl eines fremdländischen Modells ein anderes Zeichen bedeutet.

Nach der Bestimmung des Heimatlandes wählen Sie die passende Tastatur aus.

Als Nächstes steht die Wahl des WLAN-Netzwerkes an. Besitzen Sie bereits einen konfigurierten WLAN-Router (etwa eine *AirPort Extreme Basisstation*, eine *FritzBox*, einen *Speedport* oder ähnliches), so sollte das entsprechende drahtlose Netzwerk dort eingeblendet werden. Klicken Sie es an und geben Sie das zugehörige Kennwort ein. Betreiben Sie Ihren Internet-Zugang über eine Alternative, so klicken Sie auf *Andere Netzwerkoptionen*. Bei einem lokalen Netzwerk erfolgt die Internet-Verbindung beispielsweise per Ethernet-Kabel, das mit dem Rechner und dem jeweiligen DSL-Modem verbunden ist.

Apple geht davon aus, dass bereits die Mehrheit der Anwender einen drahtlosen Zugang zum Internet besitzt. Ist dem nicht so, so benutzen Sie den Knopf »Andere Netzwerkoptionen«.

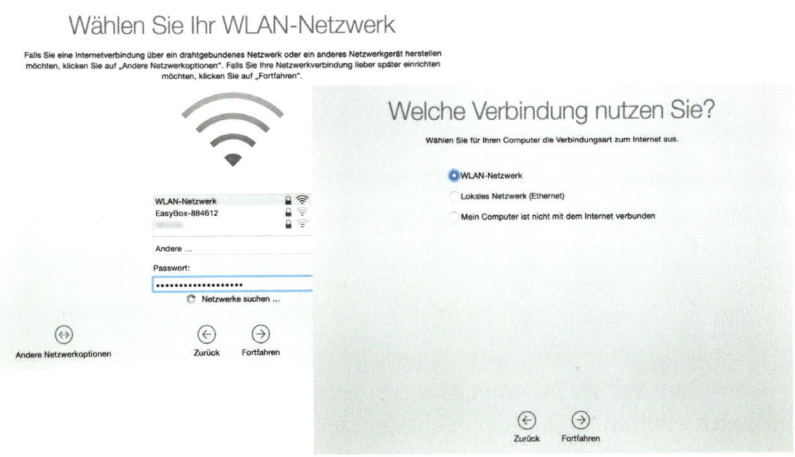

Mein Computer ist nicht mit dem Internet verbunden (falls Sie vielleicht noch keinen Provider gewählt haben oder dies erst später in aller Ruhe konfigurieren möchten) macht genau dies und über *Fortfahren* geht es schnurstracks weiter zur *Daten-Übertragung*. Damit wird Ihnen die Möglichkeit geboten, Daten von einem anderen Mac-Rechner, Windows PC, einem anderen Volume (Partition) bzw. einem *Time Machine-Backup* zu übertragen. Die Vorgehensweise richtet sich dabei wieder nach den Voraussetzungen.

Was es zu tun gilt, entscheidet die persönliche Ausgangslage.

Theoretisch können Sie eine Datenüberführung von einem anderen Rechner (Mac oder PC) auch im Nachhinein erledigen. Dazu finden Sie im Ordner *Dienstprogramme* (innerhalb des Programme-Ordners liegend) den *Migrationsassistenten*. Wir empfehlen jedoch die Migration bereits beim *OS X*-Installationsprozedere, da in diesem Fall alle Daten dem neu anzulegenden Benutzer (dem Administrator) zugeschrieben werden. Starten Sie erst nach dem Anlegen eines Benutzer-Accounts den *Migrationsassistenten*, so wird ein zusätzlicher Benutzer angelegt.

Informationen von einem anderen Mac übertragen

Diese Option sollten Sie wählen, sofern Sie ein Neugerät erworben haben, das Ihren alten Mac-Rechner ersetzen oder ergänzen soll. Im Falle eines WLAN-Netzwerks sucht der Mac nach anderen Computern im Netzwerk. Damit er diese auch findet, müssen Sie auf dem betreffenden Rechner den *Migrationsassistenten* starten. Diesen finden Sie im Ordner *Dienstprogramme* (wiederum im Ordner *Programme* liegend) bzw. über das

Launchpad über den Ordner *Andere*. Einmal gestartet werden über *Fortfahren* alle anderen Programme beendet und Sie wählen im Dialogfenster des *Migrationsassistenten* die Option *Auf einen anderen Mac*. Über *Fortfahren* identifizieren Sie sich als Administrator samt Kennwort und der Rechner begibt sich auf die Suche nach seinem zu beglückenden Pendant.

Zuerst wird der »Migrationsassistent« auf jenem Rechner, von dem die Daten stammen sollen, gestartet. Sind die entsprechenden Optionen markiert, nehmen die beiden Macs Kontakt zueinander auf.

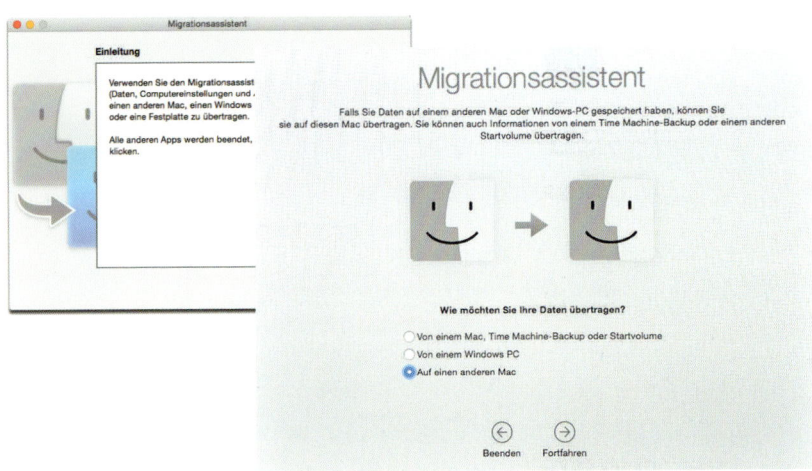

Sobald der »Migrationsassistent« auf dem Rechner (der Datenquelle) gestartet ist, erscheint dieser auf dem Daten-Empfänger.

Finden sich beide Rechner, so wählen Sie das gewünschte Volume und anschließend *Fortfahren*. Daraufhin wird ein Zahlen-Code auf beiden Rechnern eingeblendet, der identisch sein muss. Bestätigen Sie die Übereinstimmung mit *Fortfahren* und die zu übertragenden Daten werden eingeblendet. Sie können nun entscheiden, ob *Programme, Dokumente & Daten* sowie *Computer & Netzwerkeinstellungen* übertragen werden sollen, wobei nur die *Dokumente & Daten* über *Bearbeiten* fein angepasst werden können. Ist alles erledigt, so klicken Sie auf *Fortfahren* und das große Kopieren beginnt.

Der Zahlen-Code muss auf beiden Rechnern identisch sein – danach werden …

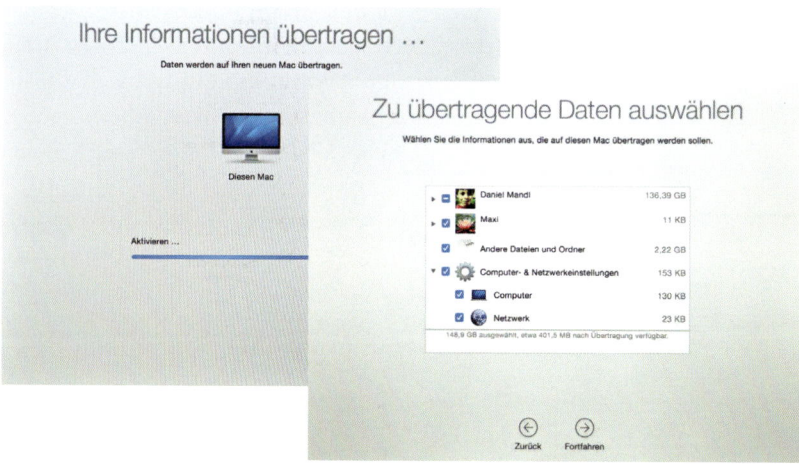

… die Daten zur Verfügung gestellt und lassen sich nun auf den Mac kopieren.

Besteht kein drahtloses Netzwerk, so achten Sie darauf, dass sich die entsprechenden Rechner im lokalen Netzwerk befinden und mit einem Netzwerk-Kabel (Ethernet) verbunden sind.

Wie Sie sehen, sind die Zeiten stundenlanger Hin- und Herkopiererei vorbei. Der *Systemassistent* übernimmt die Regie und überträgt brav die ihm angezeigten Daten. Nach einem Neustart stehen diese dann zur weiteren Verwendung zur Verfügung.

Informationen von einem anderen Volume oder Time Machine-Backup übertragen

Eine andere Methode zur Datenübertragung bietet sich an, indem Sie beide Rechner über ein *Thunderbolt-/FireWire*-Kabel miteinander verbinden. Dies erlaubt mitunter ein wesentlich schnelleres Kopieren als beispielsweise über eine drahtlose Übertragung. Verbinden Sie dazu die beiden Macs per *FireWire-/Thunderbolt*-Kabel und starten Sie dann den Quell-Rechner mit gedrückter Taste *T* (das steht für *Target*-Modus), so dass er vom neuen Rechner als Volume (als externe Festplatte) erkannt wird. Auf dem Zielrechner wählen Sie *Von einem Mac, Time Machine-Backup oder Startvolume* und klicken auf *Fortfahren*. Der zu bespielende Mac identifiziert den verbundenen Rechner als Festplatte und führt alle darauf befindlichen Volumes auf. Markieren Sie das Gewünschte und klicken Sie dann wiederum auf *Fortfahren*. Auch in diesem Fall lassen sich nun die betreffenden Daten übertragen. Beim »alten« Rechner brauchen Sie – nach erfolgreicher Übertragung – nur die Ein-/Ausschalttaste ein paar Sekunden zu drücken, um diesen wieder auszuschalten.

Der neue Computer erkennt den Inhalt der Festplatte und listet ihn auf. Markieren Sie folglich jene Daten, die Sie transferieren möchten. Über den Button »Fortfahren« beginnt der Kopier-Prozess.

Sofern Sie schon mit *OS X*-Vorgängerversionen ab *Mac OS X 10.6 Snow Leopard*, gearbeitet haben, wird Ihnen sicherlich *Time Machine* als in-

1 | OS X Yosemite – die Installation

terne Backup-Lösung ein Begriff sein. In diesem Fall wird beim ersten Sichern ein komplettes Abbild Ihres Rechners vorgenommen, danach werden stündlich alle Änderungen gespeichert. Möchten Sie nun diese Daten wieder abrufen und auf einen anderen Rechner übertragen, so funktioniert das ebenso über den *Migrationsassistenten* sowie die Option *Von einem Mac, Time Machine-Backup oder Startvolume*. Verbinden Sie dazu die Festplatte mit den entsprechenden Backups per *FireWire/Thunderbolt/USB* an den neuen Mac und schalten Sie diese ein. Danach finden Sie in der Aufstellung Ihre *Time Machine*-Backup-Festplatte, die über *Fortfahren* ihren Inhalt zum Besten gibt. Im Falle mehrerer Backups verschiedener Rechner suchen Sie sich das Richtige und über *Fortfahren* stoßen Sie auf den Inhalt samt Benutzer- und Netzwerk-Informationen sowie Programme und Dateien.

Ein Time Machine-Backup lohnt sich nicht nur in Notfällen, sondern auch zum Herrichten eines neuen Rechners.

Informationen von einem Windows-PC übertragen

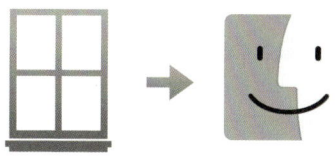

Auch von einem Windows-Rechner lassen sich Daten transferieren. Damit alles reibungslos klappt, müssen Sie jedoch zuvor ein wenig Vorarbeit leisten. Wählen Sie als Option *Von einem Windows-PC* und dann

35

Fortfahren. Im erscheinenden Dialog bekommen Sie nun genaue Handlungsanweisungen, was auf Ihrem PC zu tun ist: Zum einen müssen sich Mac und PC im gleichen Netzwerk befinden und Sie benötigen auf dem PC das Programm *Migrationsassistent*, das sich über `www.apple.com/migrate-to-mac` herunterladen lässt.

Nach dem Bestimmen der Option »Von einem Windows PC« heißt es nun den Anweisungen Folge zu leisten.

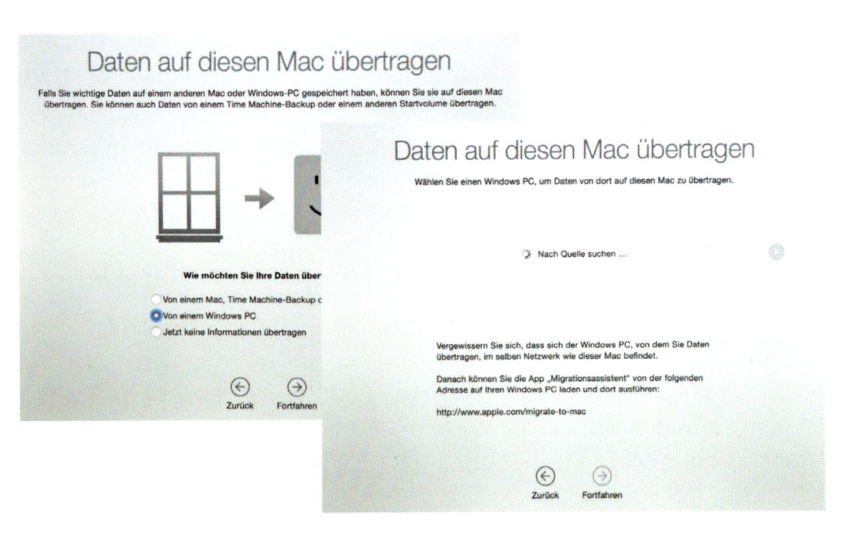

Auf der entsprechenden Webseite finden Sie das Programm »Windows Migrationsassistent« zum Herunterladen für den PC.

Starten Sie das Programm *Windows Migrationsassistent*, werden Sie als Erstes aufgeklärt, was das Programm macht bzw. kann: nämlich sämtliche Daten inklusive Ihrer angelegten Benutzerkonten, E-Mails, Kontakte, Kalender etc. zu übertragen. Dazu gehört auch eine bereits angelegte *iTunes-Mediathek*, die ebenso brav in den korrekten Ordner kopiert wird. Über *Fortfahren* beginnen nun Mac und PC in Kontakt zu treten.

1 | OS X Yosemite – die Installation

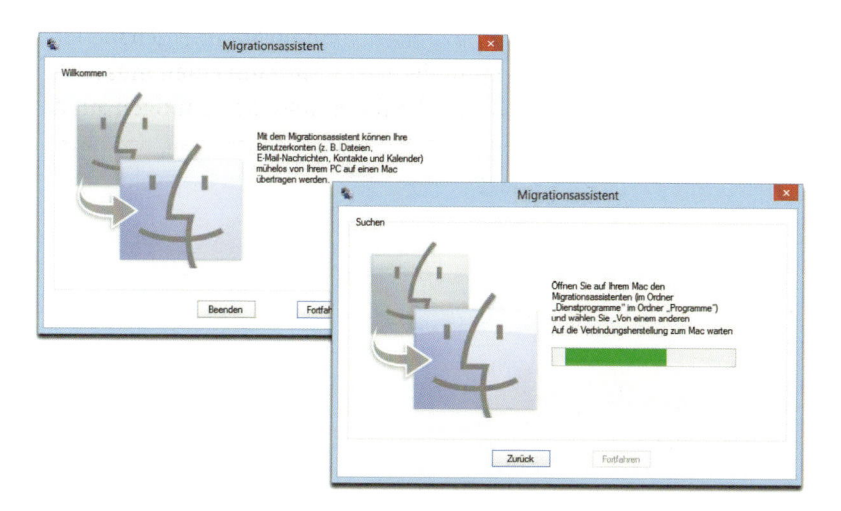

Die ersten Schritte des »Windows-Assistenten« sind getan …

Finden sich die beiden, so wird der Windows-Rechner im Dialogfenster des Mac aufgeführt und über *Fortfahren* wieder ein sechsstelliger Zahlen-Code eingeblendet, der auf beiden Rechner übereinstimmen muss. Ist dem so, so klicken Sie auf *Fortfahren* und die Daten werden für den Übertrag zur Verfügung gestellt.

Die Zahlen-Codes müssen wieder übereinstimmen. Damit wird gewährleistet, dass auch der richtige Computer seine Daten bereitstellt.

Nun kann es losgehen: Bestimmen Sie jene Daten, die übernommen werden sollen.

Meine Informationen nicht übertragen

Sofern kein Material für einen Übertrag vorhanden ist bzw. Sie Ihre persönlichen Daten erst später dem Mac zuführen möchten, so wählen Sie die Option *Jetzt keine Informationen übertragen*. Letzteres ist auch sinnvoll, sofern Sie Ihren Rechner frisch installiert haben und ihn nicht mit alten Programmen, System- und Netzwerkdateien vom bislang verwendeten Computer »verunreinigen« wollen.

Über *Fortfahren* gelangen Sie zum nächsten Dialogfenster, das sich um die Anmeldung mit Ihrer *Apple ID* kümmert. Besitzen Sie noch keine, so ist das kein Beinbruch, denn diese lässt sich per Klick auf *Neue Apple-ID erstellen* rasch anlegen. Nach Angabe von Geburtsdatum, Ihrem Namen, einer aktuellen bzw. einer kostenlosen, über Apple zu beziehenden E-Mail-Adresse sowie der Festlegung etwaiger Sicherheitsfragen ist das auch schon erledigt. Der Vorteil der *Apple ID* ist ganz klar, dass alle über diese Identifikation laufenden Mac-Geräte (egal, ob iMac, MacBook Pro/Air, iPad, iPhone oder sonstiges) über die *iCloud* synchron gehalten werden. Mehr zum Thema erfahren Sie im *iCloud*-Kapitel weiter hinten im Buch.

1 | OS X Yosemite – die Installation

Besitzen Sie bereits eine Apple ID, so tragen Sie diese samt Kennwort im Dialogfeld ein.

Nachfolgend wird um die Erlaubnis gefragt, die *iCloud*-Funktion *Meinen Mac suchen* benutzen zu dürfen. Letztere zeichnet dafür verantwortlich, im Falle des Verlorengehens oder eines Diebstahls Ihres Mac diesen zu orten, zu sperren und gegebenenfalls zu löschen. Über die Schaltfläche *Über »Meinen Mac suchen«* erhalten Sie ebenso weitere Informationen wie weiter hinten im Buch im *iCloud*-Kapitel.

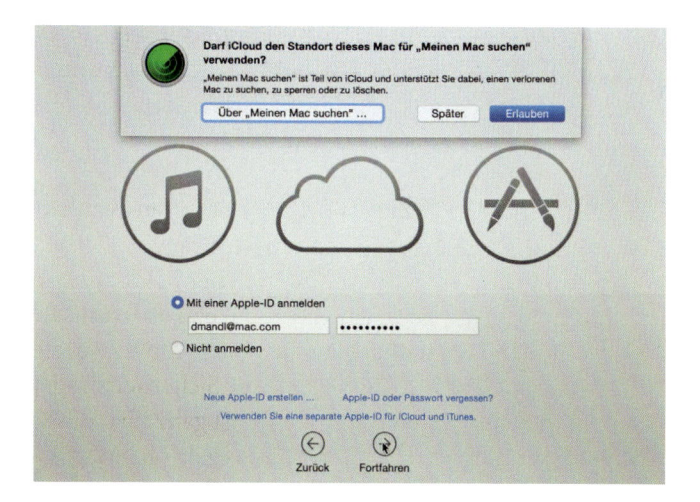

»Meinen Mac suchen« ist eine sinnvolle Funktion zum Wiederfinden/Orten Ihres Rechners, sollte dieser seinen Standort »unerlaubt« verlassen.

Im nächsten Schritt müssen Sie noch den AGBs (den allgemeinen Geschäftsbedingungen) zustimmen, ehe es nun heißt: *Einen Computeraccount anlegen*. Sie als Erst-Benutzer sind der sogenannte *Administrator*, der über die Hoheits-Rechte verfügt und der auf dem Rechner schalten und walten kann, wie es ihm gefällt. Da *OS X Yosemite* auch von mehreren Benutzern verwendet werden kann, können Sie später weitere *Accounts* vergeben. Als Kennwort können Sie das Passwort Ihres *iCloud*-Accounts verwenden oder ein separates (Option *Mit meinem iCloud-Account anmelden bei* deaktivieren) erstellen.

Und damit Sie Ihren Account auch mit einem schönen Bild schmücken können, erhalten Sie die Möglichkeit, ein Selbstporträt mit der integrierten Kamera (iMac, MacBook Pro/Air) anzufertigen bzw. auf das Mac-eigene Bildarchiv mit ansprechenden Tier-, Pflanzen- und Sach-Objekten zurückzugreifen. Dazu brauchen Sie nur auf das kleine Bild-Icon zu klicken.

Ist auch das erledigt, sollten Sie noch auf die Option *Zeitzone basierend auf dem aktuellen Standort einstellen* achten, worüber sich Ihr Wohnort selbstständig lokalisieren lässt. Das funktioniert jedoch nur, wenn Sie über *WLAN* verfügen, da darüber drahtlos oder per GPS auf einen Hotspot zurückgegriffen wird. Klappt das nicht, so müssen Sie die Zeitzone manuell auswählen, indem Sie die Option deaktivieren und auf einer Weltkarte Ihren Ort bestimmen.

Der Benutzer-Account ist Pflicht – ohne einen solchen gibt's auch kein Weiterkommen.

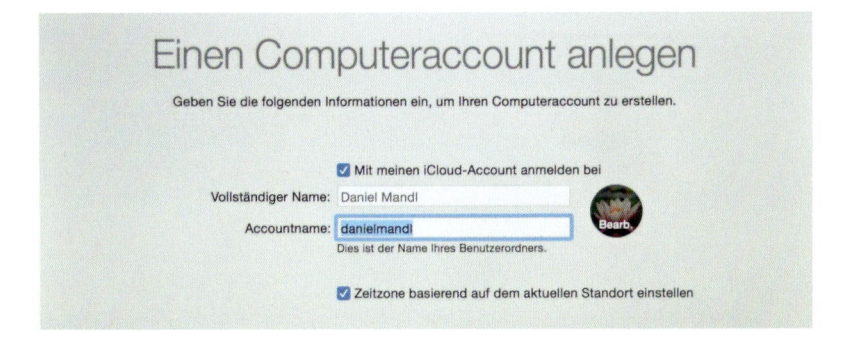

Einen Computeraccount anlegen

Geben Sie die folgenden Informationen ein, um Ihren Computeraccount zu erstellen.

☑ Mit meinen iCloud-Account anmelden bei
Vollständiger Name: Daniel Mandl
Accountname: danielmandl
Dies ist der Name Ihres Benutzerordners.

☑ Zeitzone basierend auf dem aktuellen Standort einstellen

Das nächste Fenster (falls Sie mit *Apple ID* angemeldet sind) dreht sich um den *iCloud-Schlüsselbund,* der sich all Ihre Kennwörter, Kreditkartennummern oder auch Benutzernamen (auf Ihren diversen Webseiten) merkt. Weiterhin sorgt er dafür, dass diese vielen vergebenen Passworte und Kundennamen auf all Ihren Geräten (Mobilgeräte ab *iOS 7* oder Macs ab *OS X 10.9 Mavericks*) stets präsent sind und augenblicklich eingesetzt werden können. Sie können den *iCloud-Schlüsselbund* nun gleich aktivieren oder erst später einrichten.

> Beim erstmaligen Aktivieren des *iCloud-Schlüsselbundes* lässt sich ein *iCloud-Sicherheitscode* festlegen, wobei Sie über *Code verwenden* eine vierstellige Zahlenkombination erstellen, die später – sollte auf weiteren Geräten ebenso die Kennwörtersynchronisie-

rung aktiviert werden – zur Sicherheitsabfrage dient. Möchten Sie einen etwas sichereren Code verwenden, so tippen Sie auf *Anderen Code erstellen*. Über *Komplexen Sicherheitscode verwenden* lässt sich nun ein eigenes Passwort entwerfen, dass aus mehreren Buchstaben und Ziffern zusammengesetzt sein kann. Als Alternative dazu bietet das *iOS* an (Option *Zufälligen Sicherheitscode erhalten*), eine beliebige Buchstaben-/Ziffernfolge zu generieren. In beiden Fällen sollten Sie sich den Code auf jeden Fall aufschreiben, da Apple diesen Code nicht wiederherstellen kann.

Über die Option *Über ein anderes Gerät bestätigen* erhalten Sie – falls Sie den *iCloud-Schlüsselbund* bereits nutzen – eine Nachricht gesendet, worüber Sie nun über die Eingabe des *Apple-ID*-Passworts diese *iCloud*-Funktion über ein weiteres Gerät erlauben. Das Einrichten über den *Sicherheitscode* wiederum fragt den beim erstmaligen Einrichten vergebenen Code ab.

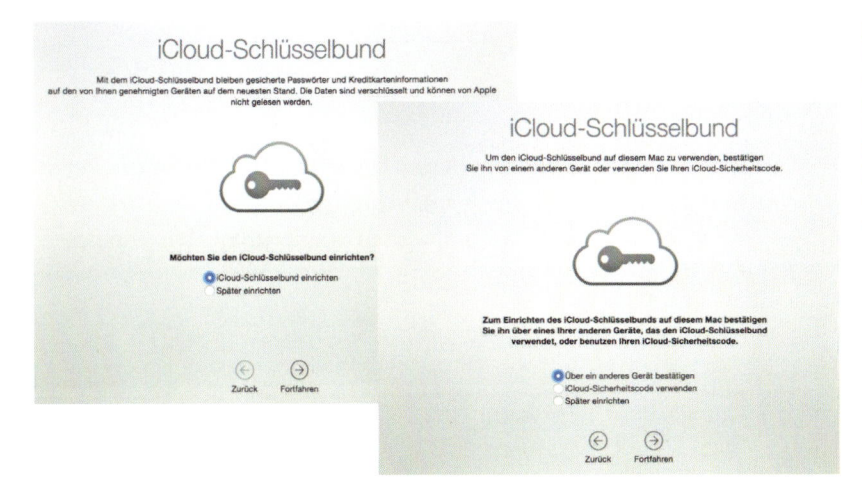

Der iCloud-Schlüsselbund lässt sich entweder neu einrichten oder – falls bereits im Einsatz – über den iCloud-Sicherheitscode bzw. ein weiteres Gerät (unter derselben Apple ID) freischalten.

Danach wird Ihnen die *FileVault-Volumenverschlüsselung* angeboten, die Ihre Festplatte vor unberechtigtem Zugang schützt. Erst wenn Sie beim Anmeldeprozess Ihre Identität über das Passwort bestätigen, beginnt das eigentliche Hochfahren des Mac und werden Ihre Daten für die tägliche Arbeit freigeschaltet. Wenn Sie über *FileVault* verschlüsseln, dürfen Sie jedoch Ihr Passwort nicht vergessen, da ansonsten niemand mehr (nicht mal Apple) an Ihre Daten kommen kann. Als Sicherheitsnetz lässt es sich jedoch einrichten (falls Sie ein separates Passwort für Ihre Account-Anmeldung verwenden), dass Sie im Falle des Vergessens über Ihr *iCloud*-Kennwort dennoch Zugang erlangen. Und statt des *iCloud*-Kennwortes lässt sich bei deaktivierter Option auch ein Wiederherstellungsschlüssel generieren, den Sie bitte abschreiben und gut verwahren sollten.

»FileVault« dient dem Schutz Ihrer Daten und ist durchaus zu empfehlen. Von der Verschlüsselung selbst bekommen Sie nichts mit und kein Dritter kann sich ohne Kennwort Zutritt verschaffen.

Sowohl den *iCloud-Schlüsselbund* als auch die *FileVault-Verschlüsselung* können Sie auch nachträglich einrichten. Informationen hierüber finden Sie in späteren Kapiteln zu den entsprechenden Themen.

Sofern Sie möchten, können Sie im letzten Dialog auch »Diagnose- und Nutzungsdaten« an Apple bzw. »Daten zu Systemabstürzen für App-Entwickler« über Apple senden.

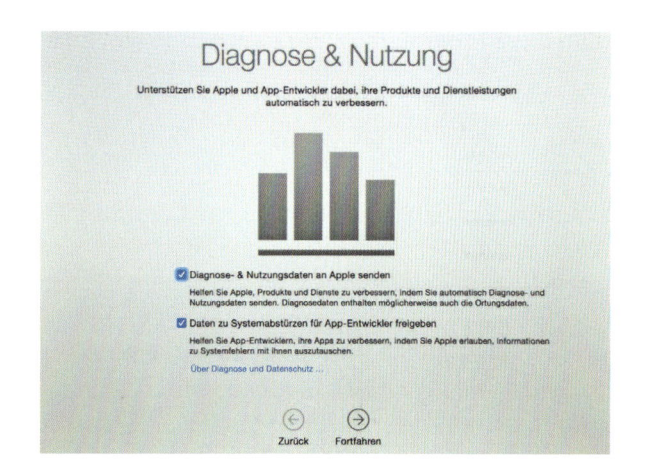

Und dann ist es endlich geschafft. Der Mac wird konfiguriert, ehe er Sie auf den schönen *Yosemite*-Schreibtisch entlässt.

Es ist vollbracht!

Fehlende Software nachinstallieren

Liegt das Betriebssystem nun frisch auf der Festplatte, so müssen Sie üblicherweise weitere Software nachinstallieren. Das können Sie über etwaige DVDs (sofern Sie noch ein CD-/DVD-Laufwerk besitzen) oder aber – viel eleganter – über die *Einkäufe*-Abteilung des *Mac App Store*. Hierfür benötigen Sie wieder Ihre *Apple ID* sowie das *Kennwort*, die Sie beim Kauf von Programmen wie beispielsweise *Aperture*, *Final Cut Pro* etc. verwendet haben. Falls es sich bei Ihrem Mac um ein Neugerät handelt, so werden Ihnen sogar die meisten Programme (*iPhoto, iMovie, Pages, Keynote* etc.) gratis angeboten. Über einen Klick auf *Installieren* lassen sich nun diese Programme erneut auf den Rechner laden.

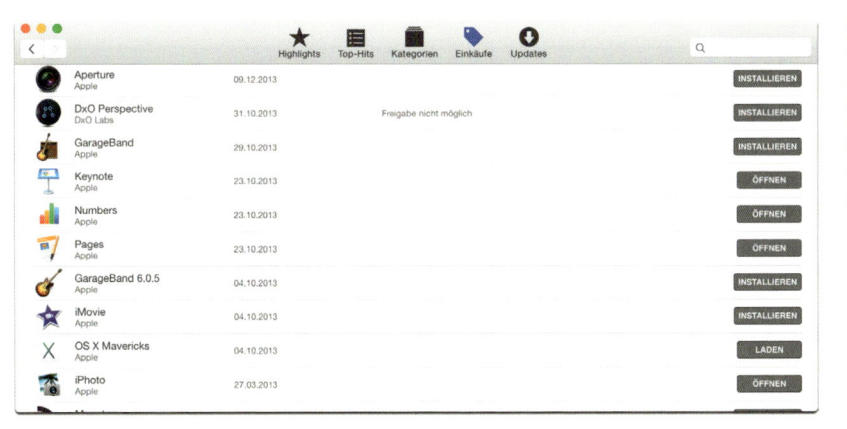

Nach dem Anmelden im Mac App Store lassen sich alle bereits erworbenen Programme im Bereich »Einkäufe« einblenden sowie erneut herunterladen und installieren.

Zum Abschluss der Installations-Orgie raten wir Ihnen noch, im *Mac App Store* die *Updates*-Abteilung aufzusuchen. Üblicherweise fallen in der Zwischenzeit (zwischen dem Erwerb einer Software und der vielleicht Monate später erneuten Installation) viele Aktualisierungen an.

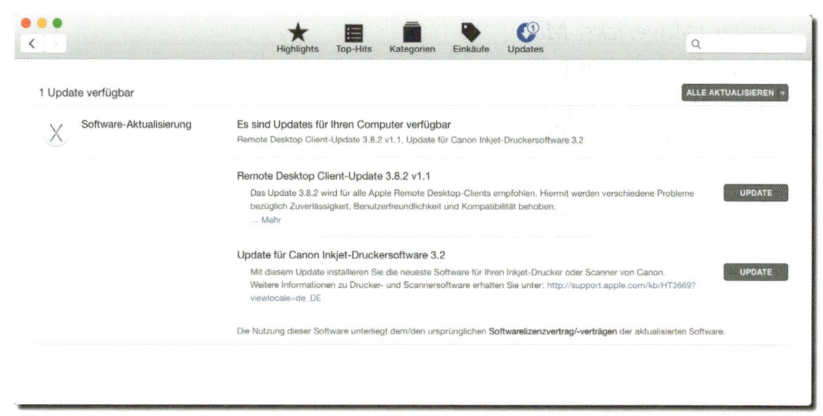

Nur Kleinzeug, aber immerhin …

Die erste Hürde wäre geschafft. Das Betriebssystem liegt auf der Festplatte und wartet nur darauf, von Ihnen entdeckt zu werden. Und diesen Gefallen wollen wir ihm doch tun …

Die Arbeitsumgebung im Detail

Frisch installiert zeigt sich die Benutzer-Oberfläche von *OS X 10.10 Yosemite* schick und aufgeräumt. Sofern Sie schon mit den Vorgänger-Systemen *(Mavericks, Mountain Lion, Lion etc.)* gearbeitet haben, wird Ihnen die Einarbeitung in das neue System mit Sicherheit leicht fallen. Die meisten Neuerungen sind auf den ersten Blick eher kosmetischer Natur, der Rest lässt sich erst im Detail finden. Um nun auch Mac-Neueinsteiger zu berücksichtigen, möchten wir in alter Tradition mit einem Rundgang über die Mac-Oberfläche beginnen und uns die einzelnen Komponenten einmal detailliert ansehen.

Der Schreibtisch von »OS X 10.10 Yosemite«, wie Sie ihn nach dem Starten des Mac vorfinden.

Der Finder –
Kommunikator zwischen Mensch und Maschine

Nach jedem Neustart befinden Sie sich erst einmal im *Finder*, der als Benutzerschnittstelle dient. Hier schalten und walten Sie als Anwender, klicken auf Ordner und öffnen Fenster, starten von dort aus Programme oder kopieren Daten hin und her. Von den anderen Dateien, die zu Tausenden auf der Festplatte liegen und tief im System verankert sowie größtenteils geschützt sind (damit Sie auch ja nichts löschen), merken Sie erst einmal nichts.

All das, was Sie am Bildschirm sehen, nennt sich *Schreibtisch* (*Desktop*). Und wie auf einem richtigen Schreibtisch ist alles wohl geordnet. Die Dateien (Ihre Briefe, Bilder, Notizen etc.) werden in Ordnern (vergleichbar den Schubladen) verstaut, die Programme (Ihre Werkzeuge zum Verarbeiten wie Hefter, Locher oder Füllfederhalter) ebenso, und fertigen Sie ein Dokument an, so liegt es oben auf, zuvorderst auf dem Bildschirm. Zum Ausführen Ihrer Tätigkeiten stehen Ihnen die Maus bzw. das Trackpad zum Navigieren sowie eine Menge an Befehlen zur Verfügung, die über Menüs ausgewählt und bestätigt werden. Und mit dieser kleinen Einleitung legen wir nun los und durchforsten die Arbeitsumgebung.

Menüs und Befehle

Ganz oben finden Sie die Menüleiste, die in verschiedene Rubriken (*Ablage*, *Bearbeiten* usw.) unterteilt ist. Per Mausklick auf einen Menüpunkt fährt eine Liste mit den dazugehörigen Befehlen heraus, die nun mit der Maus oder dem Trackpad gewählt und ausgeführt werden können. Von Programm zu Programm können diese Menüpunkte variieren. Und dennoch legt Apple viel Wert darauf, dass sich die Programmierer an strenge Richtlinien halten, sodass Sie die wichtigsten Befehle stets an derselben Stelle wiederfinden.

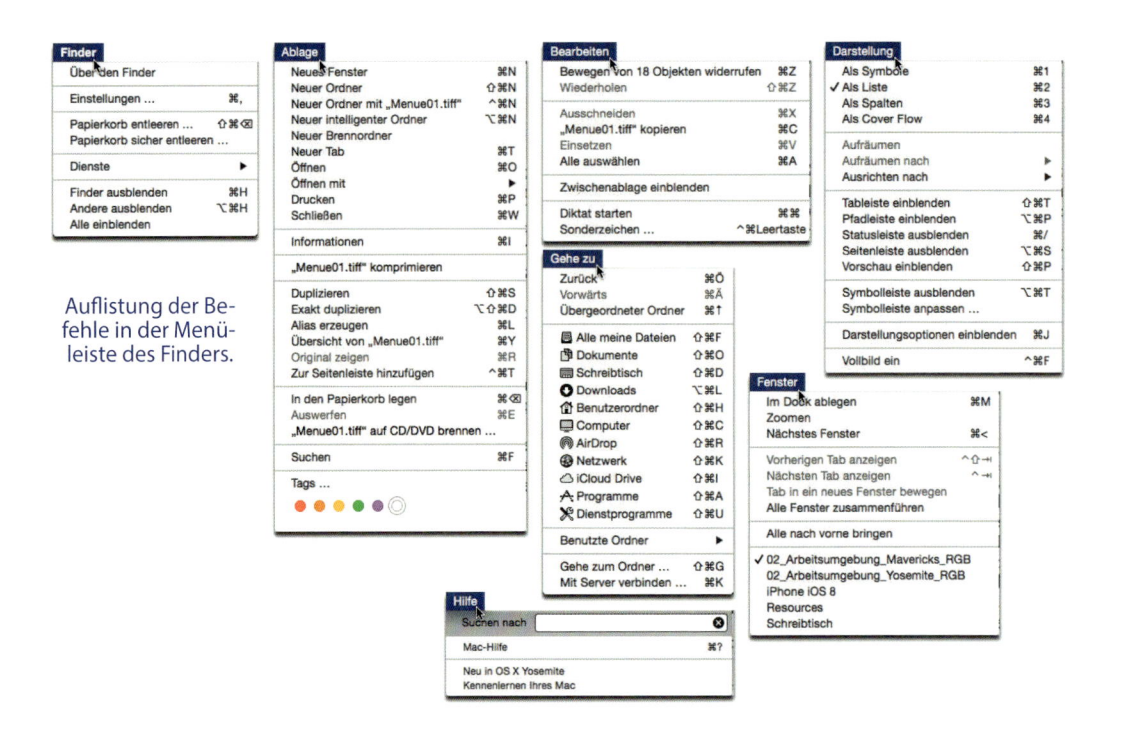

Auflistung der Befehle in der Menüleiste des Finders.

2 | Die Arbeitsumgebung im Detail

Jene Befehle, die schwarz und deutlich zu erkennen sind, sind aktiv und können sogleich angewendet werden. Die grau unterlegten dagegen sind momentan deaktiviert und können nicht angewählt werden. Dies ist abhängig von der Tätigkeit, die Sie gerade leisten. Neben den meisten Befehlen stehen weiterhin die entsprechenden Tastenkombinationen. Hierbei betätigen Sie die Befehle nicht mit der Maus, sondern tippen die Kurzversion über die Tastatur ein. Der Vorteil besteht darin, dass Sie beide Hände auf der Tastatur belassen und somit schneller navigieren. Folgende Tasten – die noch dazu unterschiedliche Bezeichnungen tragen, aber alle das Gleiche meinen –, stehen Ihnen bei der Eingabe zur Verfügung:

cmd   *Befehlstaste*, *Apfeltaste*, *Commandtaste*

alt   *Alt-Taste*, *Weiche-Taste* oder *Optionstaste*;

⇧   *Umschalttaste* oder *Shifttaste*;

ctrl   *Controltaste* – Bei gedrückt gehaltener *Controltaste* und Mausklick öffnet sich das *Kontextmenü*, das eine Liste der zur Tätigkeit passenden Befehle enthält. Das *Kontextmenü* können Sie alternativ auch über einen Rechtsklick (rechte bzw. sekundäre Maustaste bei Mehrtasten-Mäusen) bzw. über einen Zweifinger-Tipp auf das Trackpad aufrufen.

Im Buch werden wir ausschließlich die Bezeichnungen *Befehlstaste (cmd)*, *Optionstaste (alt)* sowie *Umschalttaste* verwenden, die auch in Kombination mit bestimmten Buchstaben angewendet werden.

> **Weiterhin existiert bei allen MacBook (Pro/Air)-Modellen sowie den aktuellen externen Apple-Tastaturen eine sogenannte »fn«-Taste. »fn« bedeutet »Funktion« und bezieht sich auf die Sondertasten, die oberhalb der Zahlen stehen und mit denen einige Hard- wie Software-Features (etwa Lautstärke, Helligkeit des Monitors, *Mission Control*, Steuerung der Audio-Wiedergabe etc.) ausgeführt werden können. Bei Laptop-Modellen sowie der Tastatur ohne Ziffernblock (meist als Wireless-Variante) finden Sie diese Taste links unten, bei der großen Tastatur liegt sie zwischen Ziffern- und Buchstabenblock. Wird die Taste gedrückt, so werden anstatt der Hard- und Software-Funktionen die »üblichen« Sondertasten F1, F2, F3 etc. ausgeführt, über die viele Programme**

zusätzliche Befehle bereitstellen. Kombinationen mit *Befehlstaste (cmd)*, *Optionstaste (alt)* oder *Umschalttaste* existieren jedoch nicht.

Apples Tastaturen sehen schick aus – man muss sich damit jedoch ein wenig vertraut machen. Das Gleiche gilt im Übrigen auch für die »Mäuse-Welt«.

Mit der Zeit werden Sie herausfinden, welche Arbeitsschritte Sie besonders häufig angehen und welche Befehle Sie hierzu brauchen. Prägen Sie sich nun nach und nach die dazugehörigen Tastatur-Kombinationen ein, so steht einem effektiven Arbeiten nichts mehr im Wege.

Lassen Sie uns dennoch noch einen kurzen Blick auf das *Programm*-Menü werfen. Sie finden es zwischen dem Apfel (ganz links) und dem Menüpunkt *Ablage*. Nach dem Hochstarten des Rechners sollte dort *Finder* stehen, und genau dort wollen wir jetzt hin. Mit einem Klick darauf öffnet sich wieder die Menüleiste, in der wir nun einen kleinen Schwenk zu den *Einstellungen* einlegen möchten. Dort regeln Sie, wie sich der *Finder* im Alltag verhält und was er Ihnen zeigen soll. Sind daher in der Rubrik *Allgemein* die Optionen *Festplatten, Externe Festplatten, CDs, DVDs und iPods* sowie *Verbundene Server* mit einem Haken versehen, so erscheinen die Symbole der entsprechenden Medien automatisch auf dem Schreibtisch, sobald Sie in das Laufwerk eingelegt bzw. an den Mac angeschlossen werden. Selbstverständlich erklären wir auch noch die weiteren Optionen, doch haben Sie noch ein wenig Geduld.

Auch wenn jedes Programm seine eigenen Einstellungen aufweist, ist der Weg zu diesen stets der gleiche. Anstatt *Finder* steht links oben der entsprechende Programm-Name. Wenn Sie sich also mit gewissen Programmen näher befassen möchten, sollten Sie immer einen Blick dort hineinwerfen. Und vor allem sollten Sie sich die dazugehörige Tastenkombination gut merken: *Befehlstaste-Komma (cmd-,)*.

2 | Die Arbeitsumgebung im Detail

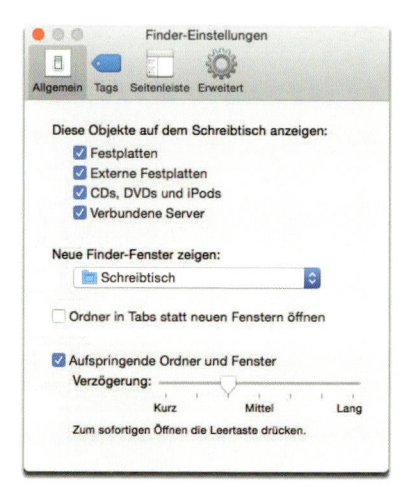

In den »Einstellungen« werden die Basisdaten für den »Finder« festgelegt. Jedes Programm hat so seine Eigenarten – viele werden nachfolgend erklärt.

Das Apple-Menü

Ganz links außen finden Sie das Apple-Menü, erkennbar am Apfel-Symbol. Darüber melden Sie Ihren Benutzer-Account ab, wechseln in den Ruhezustand oder schalten den Mac vollständig aus. Auch ein Neustart lässt sich durchführen oder die *Systemeinstellungen* aufrufen. Weiterhin finden Sie dort den Befehl *Über diesen Mac*, der Ihnen schnell und unkompliziert eine *Übersicht* auf die momentan installierte Betriebssystem-Version sowie das genaue Mac-Modell samt Seriennummer liefert.

Das Apple-Menü sowie der daraus gewählte Befehl »Über diesen Mac«. Mit Klick auf »Version 10.10« (oder höher) erfahren Sie auch den Entwicklungsstand (etwa Build 14C109).

Über die oben stehenden Menüpunkte lassen sich weitere Informationen einholen: Über den Punkt *Monitore* erhalten Sie einen Überblick über Auflösung und Grafikkarte, Sie können die zugehörige Systemeinstellung öffnen bzw. bei externen Monitoren sogar das Benutzerhandbuch laden. Die Rubrik *Festplatten* listet hingegen fein säuberlich auf, welche Daten wie viel Platz auf der Platte einnehmen. Auch werden dort etwaige externe Festplatten sowie – falls vorhanden: das interne oder externe CD-/DVD-Laufwerk – aufgeführt. Über *Speicher* lässt sich wiederum auf einen Blick erkennen, wie viel RAM verbaut wurde und ob sich dieser aufrüsten lässt. Des Weiteren besteht die Möglichkeit, darüber interessante Anleitungen zum Speicher-Upgrade aufzurufen (über eine Verlinkung zum Internet).

Wer einen schnellen Überblick über die verbaute oder benutzte Hardware möchte, wählt im Apple-Menü den Punkt »Über diesen Mac«.

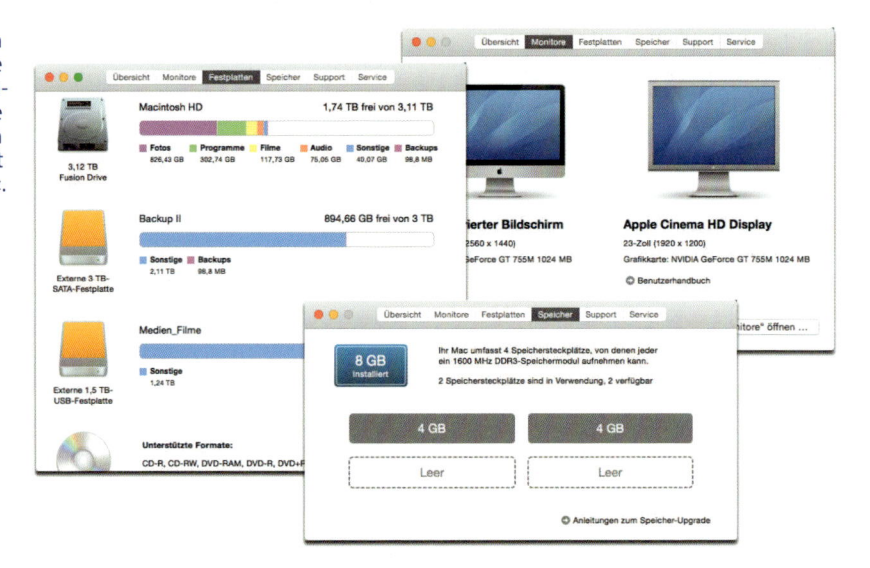

Die Punkte »Support« sowie »Service« ermöglichen direkte Zugänge zu weiteren Macintosh-Ressourcen wie das Benutzerhandbuch, Spezifikationen oder die Hardwareunterstützung sowie Informationen zu AppleCare (erweiterte Garantie) und den unmittelbaren Zugriff zu persönlichen Reparaturoptionen.

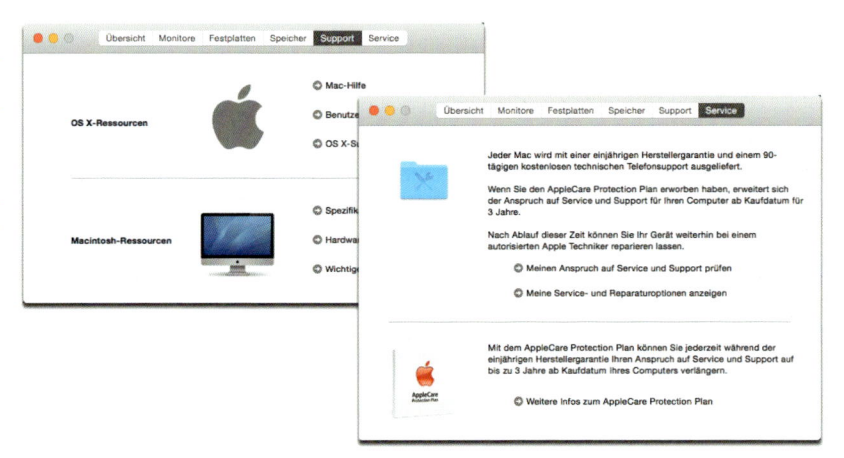

2 | Die Arbeitsumgebung im Detail

Wem das alles nicht ausführlich genug ist, der kann sich über den Reiter *Übersicht* den *Systembericht* einblenden lassen. Alternativ klappt das auch über das Programm *Systeminformationen*, das wir im Kapitel zu den Dienstprogrammen ansprechen werden.

Über die Übersicht können Sie weiterhin den Punkt *Softwareaktualisierung* aufrufen, der Sie in den *App Store* in die Abteilung *Updates* umleitet. Bei einer aktiven Internet-Verbindung nehmen Sie nun mit Apples Update-Server Kontakt auf, der Ihren Rechner auf anstehende Aktualisierungen überprüft – und zwar sowohl die Betriebssystem-Version Ihres Rechners als auch alle installierten Programme. Liegt ein Update vor, so wird dieses detailliert aufgeführt und kann auf Wunsch heruntergeladen und auch gleich installiert werden.

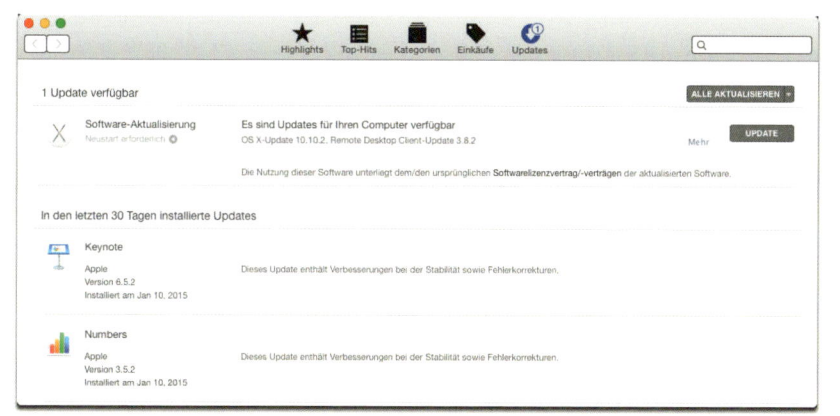

Die »Softwareaktualisierung« kümmert sich um anstehende Updates, so dass Ihr Rechner immer auf dem aktuellsten Stand ist. Letzteres ist nicht zu vernachlässigen, werden darüber auch Sicherheitslücken für potentielle Angreifer gestopft.

Der *App Store* lässt sich auch direkt über das *Apple*-Menü (und natürlich über das unten liegende *Dock*) öffnen. Dieser virtuelle Laden entspricht dem *App Store* für iPhone, iPad und iPod und funktioniert ebenso nur, wenn Sie mit dem Internet verbunden sind. Der *App Store* wurde eigens von Apple geschaffen, um das Software-Angebot für die Mac-Rechner zu bündeln, darüber zu vertreiben und vor allem sicherer zu machen, weshalb es Programme nur über eine genaue Prüfung seitens Apple in den Store schaffen.

Der »App Store« ersetzt zum Leidwesen vieler (Online-)Händler den Laden um die Ecke. Ab sofort heißt es damit für die Apple-Jünger, ihre Software-Einkäufe nur mehr darüber abzuwickeln.

Die *Systemeinstellungen* möchten wir gerne ein wenig später beleuchten, da es darüber doch eine Menge zu erzählen gibt. Die Option *Benutzte Objekte* ist hingegen schnell erklärt: Jedes gestartete Programm und jedes geöffnete Dokument (egal ob Bild- oder Text-Datei) sowie in einem Netzwerk die verbundenen Server werden darin vermerkt. Auf diese Weise lässt sich schnell auf die zuletzt bearbeiteten Dokumente oder benutzten Programme zurückgreifen. Die Anzahl der protokollierten Objekte können Sie über die *Systemeinstellungen* und dort über die Rubrik *Allgemein* bestimmen. Bei *Benutzte Objekte* stellen Sie die von Ihnen gewünschte Anzahl ein (zwischen *Keine* und *50*) – ab diesem Zeitpunkt wird die Eintragung berücksichtigt.

Das Menü für die ganz Schnellen – zuletzt verwendete Programme, Dokumente und Server ohne langes Suchen.

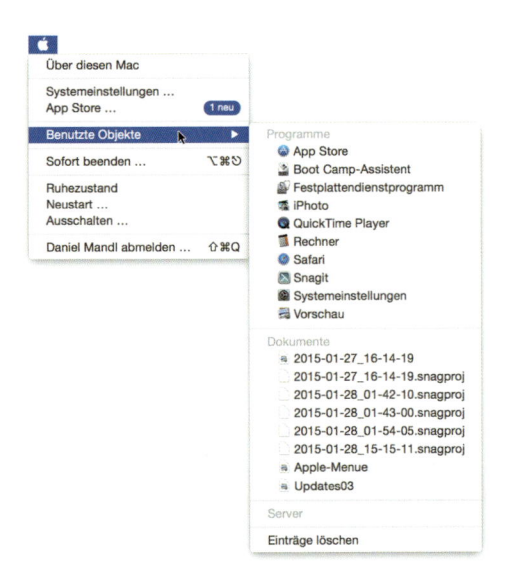

2 | Die Arbeitsumgebung im Detail

Drücken Sie bei geöffnetem Menü *Benutzte Objekte* zusätzlich die *Befehlstaste (cmd),* so lassen sich die gezeigten Objekte augenblicklich auf den Schreibtisch bugsieren (*»Datei xy« im Finder anzeigen*). Dazu öffnet sich ein Fenster, das die Datei an ihrem Original-Standort präsentiert.

Ab und an wird es Ihnen auch passieren, dass ein Programm Schwierigkeiten bereitet. So kann es beispielsweise abstürzen und auf keine Eingabeversuche mehr reagieren. Egal, ob Sie klicken oder das Programm beenden möchten, das bunte Rädchen (Ihr Mauszeiger) dreht sich einfach weiter. In letzterem Fall springt *Sofort beenden…* in die Bresche und erlöst Sie von Ihrem Ärger. Auf dem Schreibtisch erscheint ein Dialog, der Ihnen alle laufenden Programme auflistet. Im Fenster wählen Sie nun den Quälgeist mit dem Anhängsel *Reagiert nicht* und drücken den Button *Sofort beenden*. Ein weiterer Dialog warnt Sie noch einmal davor, dass alles, was Sie nicht zuvor gespeichert haben, im Nirwana verschwindet. Der zweite Klick auf *Sofort beenden* lässt das Programm aus der Liste verschwinden. Dieses rohe Vorgehen passiert relativ selten, ist aber manchmal durchaus angebracht.

In Sekundenbruchteilen wird das störende Programm beendet.

Keine Angst: Das Programm wird wirklich nur beendet und kann danach sofort wieder gestartet werden. Die anderen aktiven Programme werden dabei nicht in Mitleidenschaft gezogen. In ganz heiklen Fällen, falls die Software weiterhin Schwierigkeiten macht (was sie vielleicht vorher nicht tat), ist oftmals auch ein *Neustart* des Rechners hilfreich.

Und weil wir gerade schon bei den Tastenkombinationen waren: Drücken Sie nacheinander die Kombination aus *Befehlstaste, Optionstaste* und *esc-Taste (cmd-alt-esc),* so rufen Sie gleichfalls das Dialog-Fenster *Programme sofort beenden* auf. Möchten Sie den

Dialog ganz umgehen und das Programm augenblicklich aus dem Sinn verbannen, so rufen Sie bei gedrückter *Umschalttaste* das Apple-Menü auf und wählen daraus dann den Befehl »*Programm« sofort beenden* (»Programm« steht hier stellvertretend für den Namen der jeweiligen Applikation).

Aufgrund der Tatsache, dass etwaige Änderungen in Dokumenten beim *Sofort beenden* verloren gehen, sollten Sie sich bei der Arbeit angewöhnen, stets und immer den aktuellen Status zu sichern. Auch wenn Ihnen das *OS X* mit den Features *Automatisch sichern* und *Versionen* dabei unter die Arme greift und alle fünf Minuten eine Sicherung Ihrer Dokumente vornimmt, so lassen Sie sich ruhig sagen, dass fünf Minuten bei Schnell-Tippern eine lange Zeit sein können. Mit anderen Worten: Je häufiger Sie speichern, desto kleiner sind die Verluste, da eben nur jene Teile seit dem letzten Sichern betroffen sind. Der *Sichern*-Befehl ist bei Programmen immer im Menü *Ablage* oder *Datei* zu finden. Auch die Tastenkombination dazu sollten Sie sich gut merken: *Befehlstaste-S (cmd-S)*. Mehr dazu erfahren Sie weiter hinten im Buch bei der Vorstellung der einzelnen Programme.

Die drei Menü-Punkte *Ruhezustand*, *Neustart* und *Ausschalten* betreffen allesamt Ihr Arbeitspferd, nämlich den Rechner als solches. Der *Ruhezustand* ist gerade für MacBook (Pro/Air)-Besitzer eine tolle Sache, wird er doch einfach beim Zuklappen des Bildschirms aktiviert. Desktop-Rechner wie iMac, Mac mini oder Mac Pro lassen sich über den eben genannten Weg über das *Apple-Menü* dazu bringen. Der Vorteil: Die Lüfter schweigen, der Bildschirm ist schwarz und es herrscht eine himmlische Ruhe. Der Rechner ist zwar aus, er befindet sich aber dennoch in Wartestellung. Sobald Sie nur einen Buchstaben auf der Tastatur drücken oder den Bildschirm Ihres Laptops öffnen, springt der Computer an. Meist müssen Sie dann zuerst Ihr Administratorkennwort eingeben, um wieder auf Ihre Inhalte zugreifen zu können.

In den *Systemeinstellungen* lässt sich in der Abteilung *Sicherheit | Reiter Allgemein* der Zeitraum (zwischen *Sofort* und *acht Stunden*) bis zur Abfrage eines Kennwortes festlegen, der zwischen dem Aktivieren des Ruhezustandes bis hin zum Wiederaufwecken verstreichen darf. Bei hochsensiblem Datenbestand sollten Sie ruhig die Einstellung *Sofort* belassen, da auf diese Weise ein schneller Zugriff durch Fremde auf Ihren Rechner unterbunden wird.

2 | Die Arbeitsumgebung im Detail

Der Ruhezustand eignet sich für die kleine Pause zwischendurch oder einen Gang ins nächste Café. Bei längerer Unterbrechungsphase (z. B. über Nacht) sollten Sie nichtsdestotrotz Ihren Rechner richtig ausschalten, zumal das normale Starten des Rechners Ihre Hardware (Arbeitsspeicher, Anschlüsse, Board etc.) einer Funktionsprüfung unterzieht sowie das Betriebssystem neu ordnet.

Für alle Tastaturfreunde wollen wir natürlich die dazugehörige Tastenkombination verraten: Zum einen brauchen Sie bei den aktuellen Mac-Rechnern (MacBook Pro/Air, iMac, Mac mini) nur den Einschaltknopf kurz zu drücken und der Rechner geht in den Ruhezustand. Oder Sie betätigen auf einer externen Apple-Tastatur die Kombination *Befehlstaste-Optionstaste-Auswurftaste (cmd-alt-Auswurftaste)*. Die *Auswurftaste* entspricht auf Drittanbieter-Tastaturen oftmals der Sondertaste *F12*.

Der *Neustart* hilft – wie schon oben erwähnt – bei kleineren Unstimmigkeiten, etwa wenn das Arbeiten im *Finder* ungewöhnlich zäh vonstatten geht, die Grafik in Form von Darstellungsfehlern Probleme bereitet oder das ein oder andere Programm nicht startet oder sich nicht beenden lässt. Meist sind danach die Schwierigkeiten behoben und Sie haben wieder Ruhe an Ihrem Arbeitsplatz. Auch bei der Neuinstallation von Programmen oder bei Updates ist manchmal ein Neustart erforderlich, damit das Betriebssystem beim Hochfahren auch ja alle Komponenten erkennt.

Wenn alle Stricke reißen, hilft oftmals der Neustart des Rechners. Aber auch zum Erkennen neu installierter Software oder Treiber ist dieser unerlässlich.

Die Option *Beim nächsten Anmelden alle Fenster wieder öffnen* bedeutet in diesem Kontext, dass Sie nach einem Neustart den Schreibtisch so vorfinden, wie Sie ihn zuvor verlassen haben: inklusive aller gestarteten Programme, sämtlicher geöffneten Fenster und aller gerade bearbeiteten Dokumente. Die Software prägt sich also zuvor all diese Gegebenheiten ein und bereitet Ihnen einen Neustart-Empfang, bei dem Sie sich selbst um nichts kümmern müssen.

Das *Ausschalten*, wie sollte es anders sein, beendet das Stelldichein zwischen Mensch und Maschine. Der Rechner sichert dabei alle noch geöffneten Dokumente und schließt automatisch sämtliche Programme. Auch in diesem Fall unterstützt Sie die Option *Beim nächsten Anmelden alle Fenster wieder öffnen* und präsentiert Ihnen nach dem Wiedereinschalten Ihren Arbeitsplatz, so wie Sie ihn verlassen hatten.

Wir plädieren – trotz aller angebotenen Arbeitserleichterung – nach wie vor zum bewussten Sichern der Dokumente und dem Beenden der Programme, noch bevor Sie den Rechner ausschalten. Sichern Sie also alle Ihre Dokumente und schließen Sie sie, beenden Sie Ihre Programme über *Befehlstaste-Q (cmd-Q* – das »Q« steht für *Quit* und heißt *beenden)* bzw. über das *Programm-Menü* und dem dort auftauchenden Befehl *Beenden* und erstellen Sie bei wichtigen Dokumenten ein Backup. Wählen Sie dann *Ausschalten* und warten Sie auf das automatische Runterfahren (nach einer Minute) oder klicken Sie auf den Button *Ausschalten*.

Der Countdown läuft – Sie haben eine Minute Zeit, um den Ausschalt-Vorgang über »Abbrechen« zu revidieren.

Ein Backup – also das Sichern Ihrer Arbeit auf ein weiteres Speicher-Medium – können Sie am schnellsten über ein externes Medium (Festplatte, Speicher-Stick, Speicherkarte etc.) vornehmen. Noch eleganter klappt das mit Sicherheit über *Time Machine*, der automatischen Backup-Funktion Ihres *OS X*, über die wir noch ausführlich sprechen werden. Das Brennen einer Daten-CD/DVD ist mangels Laufwerk bei allen aktuellen Mac-Rechnern nicht mehr möglich.

Als baldiger Tastatur-Freak verraten wir Ihnen natürlich wieder das ultimative Geheimrezept zum Bedienen eben genannter Befehle über die Tastatur: Zum einen lassen sich die gezeigten Dialoge umgehen, indem Sie die Befehle *Neustart* oder *Ausschalten*

2 | Die Arbeitsumgebung im Detail

mit gedrückter *Optionstaste (alt)* wählen. Oder Sie drücken den Ein-/Ausschaltknopf Ihres Mac-Rechners (MacBook Pro/Air, iMac, Mac mini) circa drei Sekunden, wobei ein Dialog erscheint, der Ihnen die Optionen *Neu starten, Ruhezustand, Abbrechen* oder *Ausschalten* anbietet. Mit dem Buchstaben *R* (für »restart«) starten Sie den Rechner neu, mit *S* (für »sleep«) aktivieren Sie den Ruhezustand, über die *esc-Taste* bewirken Sie das Abbrechen des Vorgangs und über den *Zeilenschalter* betätigen Sie den *Ausschalten*-Button. Das Ganze funktioniert natürlich auch mit der Maus, aber das kann ja jeder.

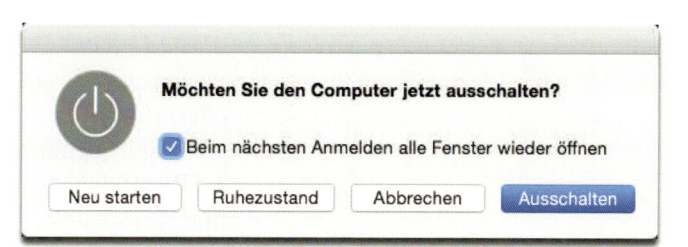

Per Knopfdruck (Ein-/Ausschalttaste etwa drei Sekunden lang drücken) wird das gesamte Repertoire eingeblendet.

Die letzte Station im Apple-Menü nennt sich »*Benutzer*« *abmelden* (das Wort »Benutzer« steht in diesem Zusammenhang als abstraktes Kürzel für Ihren Namen, den wir ja leider nicht kennen). Hierbei werden ebenfalls sämtliche laufenden Vorgänge beendet und der Rechner sozusagen »bettfertig« gemacht. Danach blendet der Mac das Anmeldefenster ein, über das alle Benutzer aufgelistet werden, die für diesen Rechner einen Zugang besitzen. Sie können dann also ganz beruhigt den »Staffel-Stab« übergeben und nach Hause gehen. Der neue Benutzer klickt wiederum auf seinen Namen und gibt sein Passwort ein, der Mac startet nun in der auf diesen Nutzer eingerichteten Umgebung (das erklären wir selbstverständlich auch noch im Detail).

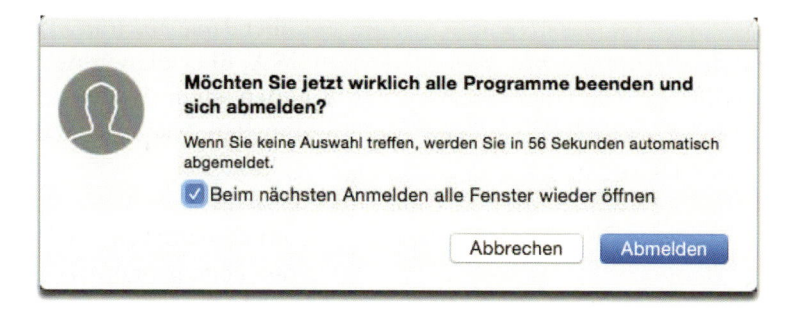

Sagen Sie »Auf Wiedersehen« und machen Sie sich einen schönen Abend. Mehr zum Thema »Benutzer« finden Sie weiter hinten im Buch.

Von Fenstern, Ordnern und Knöpfen

Üblicherweise bearbeiten und verwalten Sie Ihre Daten unter *OS X* in Fenstern. Dort werden die verschiedenen Ordner und Dateien eingeblendet, die Sie mit einem Doppelklick öffnen bzw. starten können. In den Ordnern lassen sich weitere Unterordner anlegen, die wiederum Ordner enthalten usw. Hierbei können Sie Ihre ganz eigene Hierarchie und Ordner-Struktur anwenden. In Ordnern liegen meist Dateien in Form von Texten, Filmen, Sounds oder Bildern, aber auch die Systembestandteile wie Erweiterungen und Programme.

Fenster geben einen schnellen Überblick über den Inhalt von Ordnern oder Volumes.

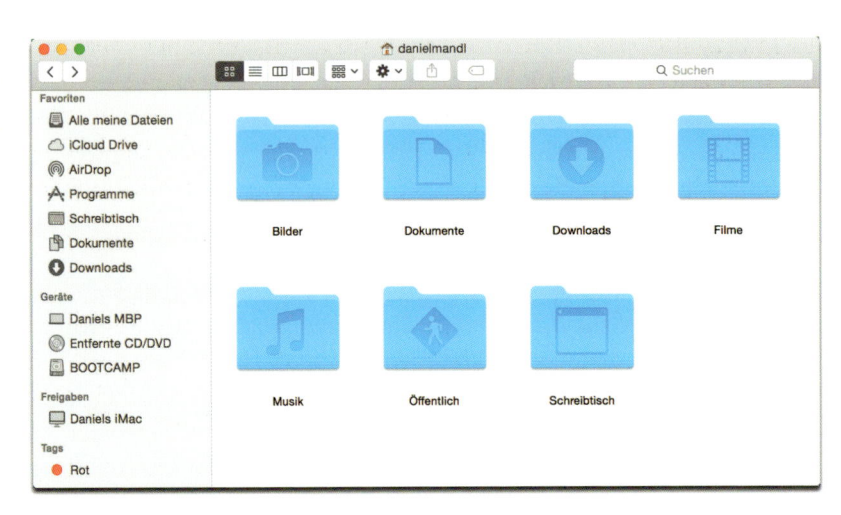

In der links liegenden Seitenleiste finden Sie schon mal eine erkleckliche Anzahl an angelegten Einträgen. Apple bietet Ihnen damit eine Struktur an, die zu übernehmen gar nicht mal so schlecht ist. So finden Sie dort beispielsweise Ihren *Schreibtisch*, Ihr *Benutzer-Verzeichnis* mit dem Haus-Symbol oder den Ordner *Programme* mit all Ihren Anwendungen. Das *Benutzer-Verzeichnis* beinhaltet Ihre ganz privaten Ordner wie *Dokumente*, *Bilder*, *Musik* & Co. Deponieren Sie folglich Ihre Fotos im Ordner *Bilder*, Ihre Texte in *Dokumente*, etwaige Videos in *Filme* und Ihre Musik in der gleichnamigen *Musik*-Abteilung, so werden Sie es später einfacher haben, die vielen Dateien und Dokumente wiederzufinden. Zur besseren Orientierung trägt jeder Eintrag weiterhin ein entsprechendes Symbol.

2 | Die Arbeitsumgebung im Detail

All diese Ordner helfen Ihnen dabei, Ordnung zu halten. Dies gilt insbesondere für Dateien, die »lose« herumliegen und die Sie vielleicht erst später bearbeiten, ansehen oder anhören möchten. Für alle anderen Zwecke bietet Ihnen Apple ja Programme an, die gleichzeitig auch die Verwaltung der Daten übernehmen. So sollten Bilder von der Digitalkamera in *iPhoto, Aperture* oder *Fotos* (ab Frühjahr 2015) importiert werden, Ihre Filme vom Camcorder in *iMovie* zur Weiterbearbeitung landen und Ihre digitalisierte Musik mit *iTunes* verwaltet werden. Das ist selbstverständlich kein »Muss«, aber eine enorme Arbeitserleichterung.

Der Eintrag *Alle meine Dateien* – den Apple bereits mit einer *Objektausrichtung* nach der *Art* der Dokumente (Bilder, PDF-Dokumente, Dokumente, Filme etc.) sowie einer *Sortierung* nach *Name* ausgestattet hat – führt alle Dateien innerhalb Ihres Benutzer-Verzeichnisses auf, was bei umfangreichen Daten-Beständen mit der Zeit jedoch ziemlich unübersichtlich werden dürfte.

Einen schnellen Überblick über alle Daten in Ihrem Heim-Verzeichnis bietet der Eintrag »Alle meine Dateien«.

Dank der flexiblen Handhabung können Sie nun jederzeit weitere Ordner und häufig verwendete Dokumente in diesen Seitenbereich ziehen, so dass sie schnell auf Mausklick hin zur Verfügung stehen. Mit Klick auf eines der Objekte wird dann im großen Vorschau-Bereich der Inhalt wiedergegeben.

59

Ziehen Sie einfach einen Ordner oder ein Dokument in die Seitenleiste hinein. Aber Achtung: Zeigt sich eine blaue Linie zwischen den Objekten, so wird der Ordner an dieser Stelle in die Liste eingefügt (links). Geraten Sie dagegen mit Ihrer Datei (oder auch mehreren) auf einen anderen Ordner und ist dieser markiert, so bewegen Sie Ihr Paket dort hinein (Mitte und rechts).

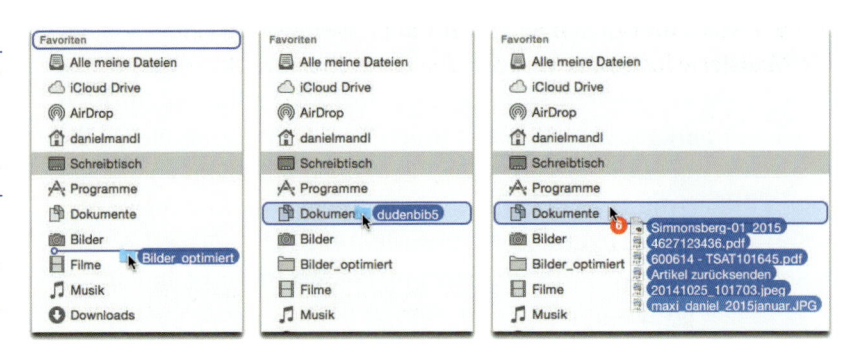

Linker Hand finden Sie in der Spalte weiterhin den Eintrag *Geräte*, der neben Ihrer eigenen Festplatte samt Rechner und etwaiger Partitionen auch sämtliche als Volume erkannten, externen Medien auflistet: Dies können externe Festplatten – angeschlossen über USB 2/3, FireWire 400/800 oder Thunderbolt –, CDs/DVDs, Speicherkarten, USB-Sticks etc. sein.

Festplatten-Symbole und was sie bedeuten (von links nach rechts): Das Hauptvolume bzw. einzelne Partitionen, externe Festplatte, das Symbol der Time Machine-Festplatte für das Backup, das Festplatten-Icon eines Rechners im Netzwerk, das Icon einer DVD, eines USB-Speichersticks sowie einer SD-Karte aus der Digitalkamera.

Lassen Sie sich Festplatten, externe Volumes, CDs/DVDs etc. auf dem Schreibtisch oder innerhalb von Fenstern in der Symbole-Ansicht anzeigen, so wird's richtig bunt:

Unter *Freigaben* werden die in einem Netzwerk befindlichen Rechner angezeigt. Das können sowohl Mac-Computer wie auch Windows-PCs sein – in unserem Fall ein MacBook Pro. Damit lassen sich schnell und unkompliziert Daten austauschen oder auf Dateien zugreifen, die auf einem verbundenen Rechner liegen. Selbstverständlich kommt auch das Thema »Netzwerk« noch ausführlich zur Sprache – dies jedoch in einem späteren Kapitel weiter hinten im Buch.

Das Löschen von Objekten aus dieser seitlichen Leiste geht schnell vonstatten: Bewegen Sie Ihren Mauszeiger auf den gewünschten Eintrag und rufen Sie das Kontextmenü auf – per Rechtsklick, Zweifingertipp auf das Trackpad oder per einfachem Klick mit der Maustaste bei gedrückter *ctrl-Taste*. Aus dem aufspringenden Menü wählen Sie nun den Befehl *Aus der Seitenleiste entfernen* und das Objekt verschwindet augenblicklich. Alternativ klappt auch Folgendes: Packen Sie den Eintrag

2 | Die Arbeitsumgebung im Detail

mit der Maus und ziehen Sie ihn aus der Seitenleiste heraus – sobald Sie die Maustaste loslassen, verpufft dieser in einer Rauchwolke.

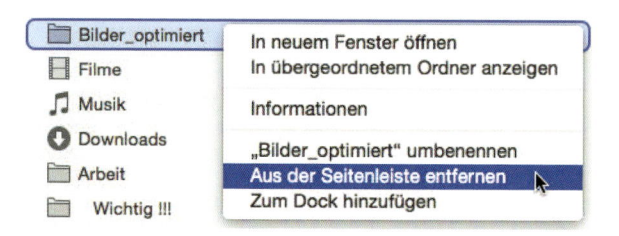

Das Kontext-Menü hält den passenden Befehl zum Entfernen von Objekten aus der Seitenleiste eines Fensters parat.

Sie brauchen beim Löschen von Seitenleisten-Einträgen keine Befürchtung hegen, etwa Originale zu löschen. Die Datei/der Ordner als solches verbleibt nämlich weiterhin auf der Festplatte. Da Sie beim Hinzufügen nur Verlinkungen (ein sogenanntes *Alias*) zum Original bauen, wird auch nur dieser Verweis entfernt. Die Original-Datei befindet sich weiterhin an ihrem angestammten Platz.

Die links liegende Seitenleiste lässt sich auch anpassen, indem Sie aus der Menüleiste *Finder* die *Einstellungen (cmd-Komma)* wählen. Klicken Sie auf die Rubrik *Seitenleiste*, so legen Sie jene Einträge (Ordner, verbundene Server, Festplatten etc.) fest, die als Standard in jedem Fenster erscheinen sollen.

Wie hätten Sie es denn gerne? Haken Sie jene Objekte an, die sich zum schnellen Zugriff immer in der Seitenleiste befinden sollen.

61

Befinden sich Einträge in der Seitenleiste, deren Namen nicht vollständig angezeigt werden, so setzen Sie Ihren Mauszeiger genau an die Grenze zwischen Seitenleiste und eigentlicher Vorschau und ziehen die Leiste nach rechts größer auf – ein veränderter Mauszeiger symbolisiert dabei die Möglichkeit des Anpassens.

Nehmen die Einträge in der Seitenleiste mit der Zeit überhand, so können Sie einzelne Rubriken gezielt aus- sowie einblenden. Bewegen Sie Ihren Mauszeiger neben eine der Abteilungen *Favoriten*, *Geräte*, *Freigaben* oder *Tags*, so tauchen die Optionen *Einblenden* oder *Ausblenden* auf. Per Mausklick wird die entsprechende Einstellung umgesetzt.

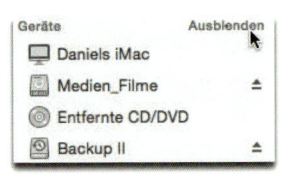

Möchten Sie beispielsweise die Geräte-Liste ausblenden, um mehr Platz in der Seitenleiste zu bekommen, so bewegen Sie Ihren Mauszeiger rechts neben den Eintrag »Geräte«. Und schon können Sie per Mausklick die Liste einklappen – und umgekehrt natürlich.

Fenster sind extrem flexible »Informations-Tafeln«, denn Sie können sie nicht nur hin- und herschieben (den Mauszeiger an den oberen oder unteren Rand bewegen und dann mit gedrückt gehaltener Taste bewegen), sondern auch das Aussehen bewusst ändern und Ihren Bedürfnissen anpassen. Die leichteste Übung ist sicherlich das Vergrößern und Verkleinern des Fenster-Umfangs. Bewegen Sie dazu den Mauszeiger an den Rand des Fensters – egal ob links, rechts, oben, unten, an den Ecken oder sonst wo. Der Mauspfeil mutiert zu einem Doppelpfeil und die Seitenränder des Fensters lassen sich nun ganz nach Ihren Wünschen verändern.

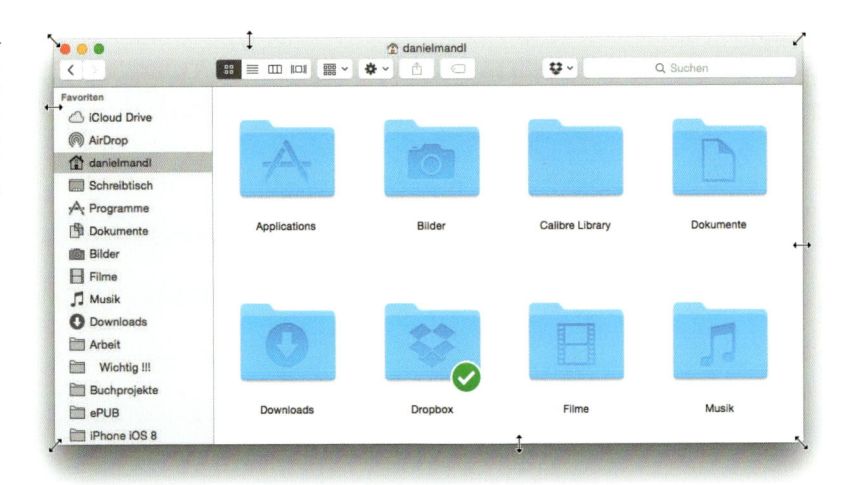

Egal, wo Sie den Mauszeiger auch ansetzen: Durch das Drücken der Maus-/Trackpad-Taste und dem Ziehen der Pfeile verändern Sie die Größe eines Fensters.

2 | Die Arbeitsumgebung im Detail

Übersteigt nun der Fenster-Inhalt den sichtbaren Bereich und Sie möchten die momentan nicht einsehbaren Dateien hervorholen, so müssen Sie scrollen. Dabei ist allerdings nicht die Richtung des Scrollbalkens ausschlaggebend, sondern der Fensterinhalt. Dieses Vorgehen wurde vom *iOS* (dem Betriebssystem für iPod touch, iPhone und iPad) übernommen und ist gerade für Trackpad-Benutzer intuitiver. Sobald Sie nun scrollen, tauchen auch die Scrollbalken auf und lassen Sie auf einen Blick erkennen, wie viel Inhalt das Fenster in etwa beherbergt.

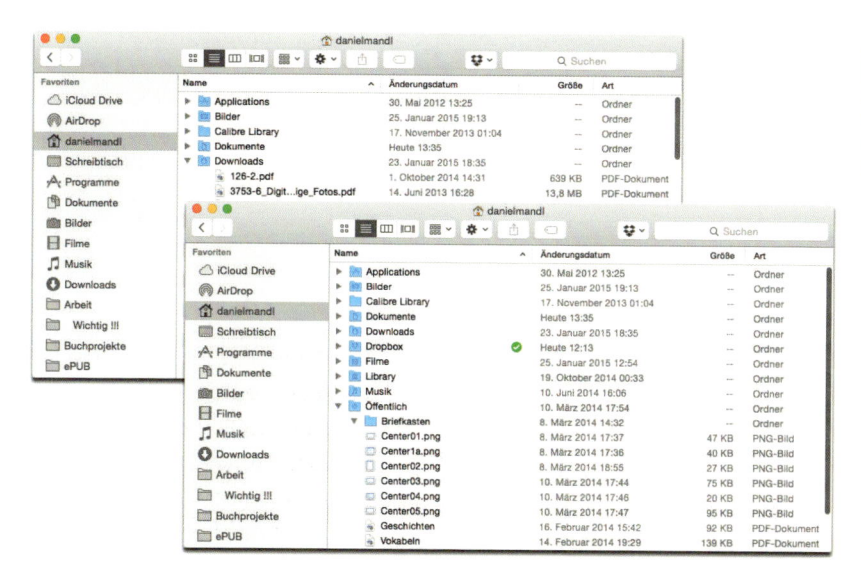

Auf einen Blick erkennbar: Kurze Scrollbalken zeugen von umfangreichem Fenster-Inhalt, ein langer Balken von wenig Datenbestand.

Das Verhalten von Scrollbalken lässt sich in den *Systemeinstellungen* in der Rubrik *Allgemein* definieren. Unter der Option *Rollbalken einblenden* lässt sich zwischen den Einstellungen *Automatisch auf Maus oder Trackpad basiert*, *Beim Scrollen* sowie *Immer* wählen, wann sich die Balken zeigen sollen. Die Richtung des Scrollens lässt sich ebenso festlegen, und zwar in den Rubriken *Maus* bzw. *Trackpad* der *Systemeinstellungen*. Deaktivieren Sie dort die Option *Scrollrichtung: natürlich* und die Richtung folgt nun wieder den Scrollbalken.

Es sei nur kurz erwähnt: Die Optionen zum Einstellen des Rollbalken-Verhaltens erledigen Sie über die »Systemeinstellungen« und dort in der Rubrik »Allgemein«. Die Scrollrichtung wiederum legen Sie über die Systemeinstellung »Trackpad« bzw. »Maus« fest.

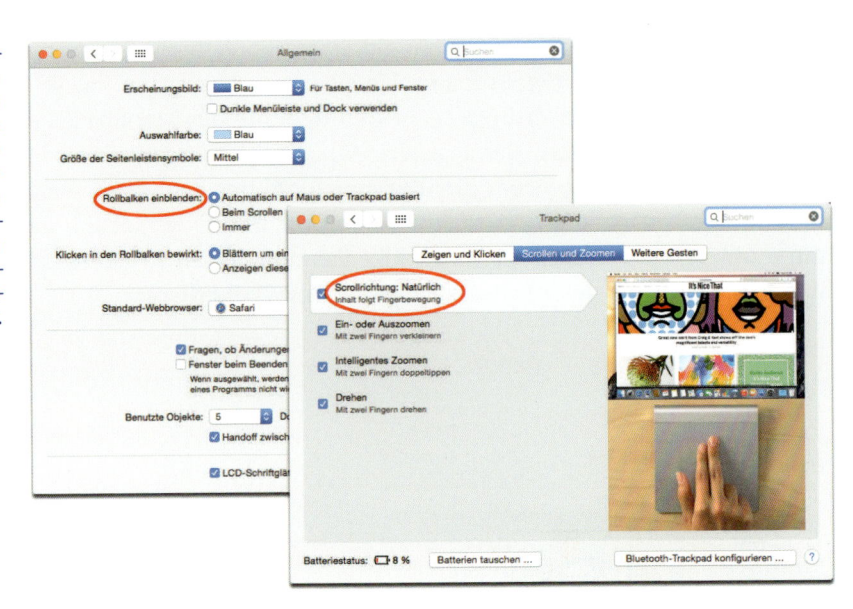

Fenster zeigen oben liegend die *Symbolleiste*, die ebenso einige Funktionen bietet. Da sind zum einen die drei bunten Knöpfe, die sich verändern, kommt ihnen der Mauszeiger zu nahe. Der rote Knopf mit dem »x« darauf schließt das Fenster. Das Gleiche klappt allerdings auch über die Tastatur, wenn Sie *Befehlstaste-W (cmd-W)* drücken, was dem Menü-Befehl *Ablage | Schließen* bzw. *Tab schließen* entspricht. Der gelbe Knopf in der Mitte mit dem Minus-Zeichen lässt das Fenster ins Dock wandern. Mit einem Klick in das miniaturisierte Fenster fährt es wieder zur Original-Größe aus. Auch diese Aktion können Sie über die Menüleiste oder die Tastatur steuern: *Fenster | Im Dock ablegen* bzw. *Befehlstaste-M (cmd-M)*. Wenn Sie beim Klicken in den gelben Button noch dazu die *Optionstaste (alt)* gedrückt halten, so wandern alle geöffneten Fenster (des zugehörigen Programms oder des Finders) ins Dock. Klicken Sie erneut mit gedrückter *Optionstaste* auf eine Fenster-Miniatur im Dock, so springen sie alle wieder heraus.

Anstatt über die Menüleiste oder per Tastaturbefehl klappt das Versenken der Fenster im Dock auch per Doppelklick auf die Fenster-Titelleiste. Dazu müssen Sie jedoch zuvor in den Systemeinstellungen und dort über die Rubrik Dock die Option Beim Doppelklicken auf die Titelleiste das Fenster im Dock ablegen aktivieren.

2 | Die Arbeitsumgebung im Detail

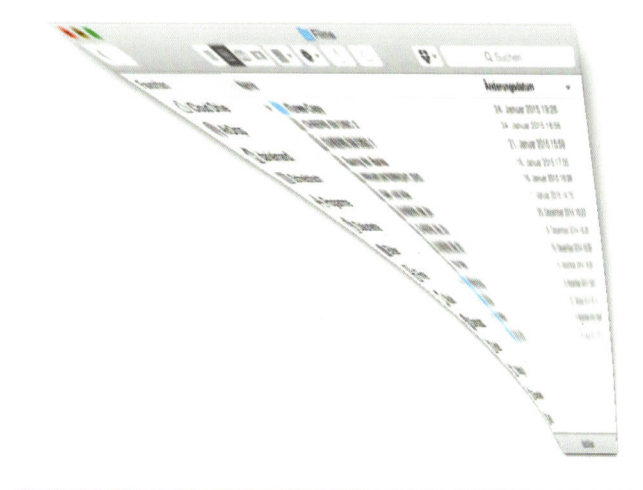

Das Fenster verschwindet wie in einem Trichter über eben genannte Schritte im Dock. Dort angelangt zeigen die Miniaturen das jeweilige Programm-Icon, so dass Sie die Fenster auf einen Blick zuordnen können.

Drücken Sie die *Umschalttaste* und klicken auf den gelben Knopf eines Fensters oder eines Dokumentes, so wandert das entsprechende Fenster oder Dokument effektvoll in Zeitlupe ins Dock.

Übrig bleibt die Farbe Grün, die unter *OS X Yosemite* nun nicht mehr das Fenster zoomt und somit die Fenstergröße dem Inhalt anpasst, sondern in eine Vollbild-Ansicht umschaltet. Hierbei wird das Fenster auf den gesamten verfügbaren Bildschirmraum ausgeweitet und läuft sozusagen als eigener Schreibtisch. Das Gleiche betrifft auch Dokumente, die Sie darüber behandeln: Das zugehörige Programm läuft dann als Vollbild-App – alles andere wird ausgeblendet. Zum Wechseln zwischen den Programmen oder Fenstern müssen Sie dann mit zwei Fingern auf der *Apple Mouse* bzw. drei oder vier Fingern auf dem Trackpad (je nach getroffener Gesten-Wahl in der Systemeinstellung *Trackpad)* horizontal wischen. Alternativ klappt auch der Klick auf das *Mission Control*-Icon im Dock bzw. das Streichen mit vier Fingern nach oben auf dem Trackpad. Auf diese Weise werden alle als Vollbild-App laufenden Programme sowie die in die Vollbild-Ansicht gebrachten Fenster eingeblendet – ein Klick und Sie rufen das gewünschte auf.

Ob Vollbild-App oder Fenster in der Vollbild-Ansicht – über »Mission Control« können Sie schnell in den gewünschten Bereich wechseln.

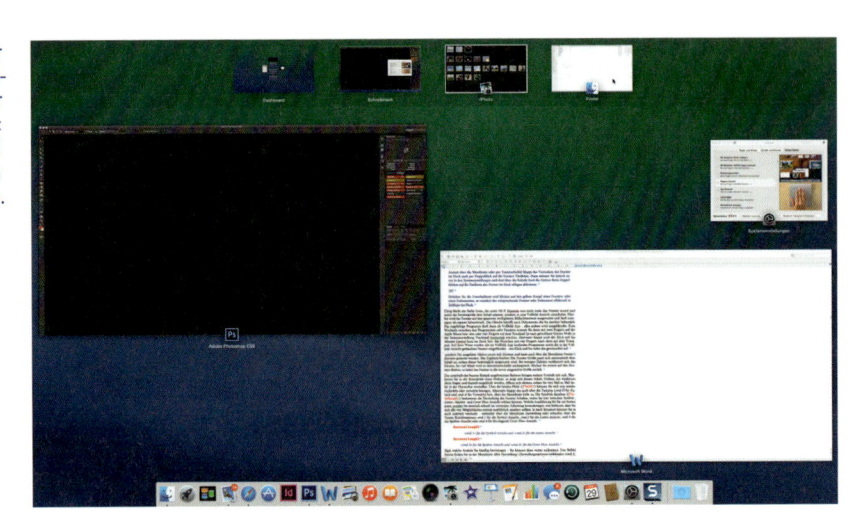

Wer nun der früheren Funktion *Zoomen* nachweint, in der über den Klick auf den grünen Punkt der Fensterinhalt angepasst wurde, kann nun seine Taschentücher wieder trocknen. Das funktioniert nämlich immer noch, allerdings müssen Sie beim Klicken die *Optionstaste (alt)* gedrückt halten. Alternativ klappt auch ein Doppelklick bzw. Doppeltipp auf die Titelleiste eines Fensters, wobei Sie dann wiederum die Option *Beim Doppelklicken auf die Titelleiste das Fenster im Dock ablegen* in der Systemeinstellung *Dock* deaktivieren müssen.

Die unterhalb der bunten Knöpfe angebrachten Pfeil-Symbole bringen weitere Vorteile mit sich. Markieren Sie in der Seitenleiste einen Ordner, so zeigt sich dessen Inhalt. Ordner, die wiederum darin liegen und doppelt angeklickt werden, öffnen sich ebenso, so dass Sie von Mal zu Mal tiefer in der Hierarchie vorstoßen. Über die beiden Pfeile können Sie sich nun wieder rückwärts oder vorwärts bewegen. Dasselbe können Sie auch über die Tastatur (*cmd-Ö* für *Zurück* und *cmd-Ä* für *Vorwärts*) bzw. über den Menüleisten-Punkt *Gehe zu* erledigen.

Die Symbole daneben bestimmen die Darstellung des Fenster-Inhaltes, wobei Sie hier zwischen *Symbol-*, *Listen-*, *Spalten-* und *Cover Flow-*Ansicht wählen können. Welche Ausführung für Sie am besten passt, werden Sie ziemlich schnell im normalen Arbeitstag herauskriegen. Je nach Situation können Sie ja jederzeit wechseln – entweder über die Menüleiste *Darstellung* oder schneller über die Tasten-Kombinationen *cmd-1* für die *Symbol-*Ansicht, *cmd-2* für die *Listen-*Ansicht, *cmd-3* für die *Spalten-*Ansicht oder *cmd-4* für die elegante *Cover Flow-*Ansicht.

2 | Die Arbeitsumgebung im Detail

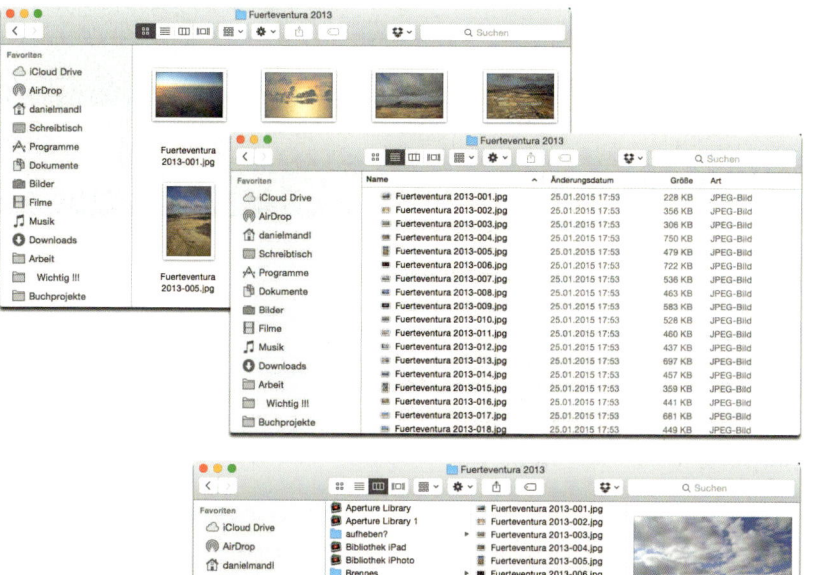

Wie soll sich Ihr Fenster-Inhalt präsentieren? Drücken Sie »cmd-1« für die Symbol-Ansicht und »cmd-2« für die Listen-Ansicht.

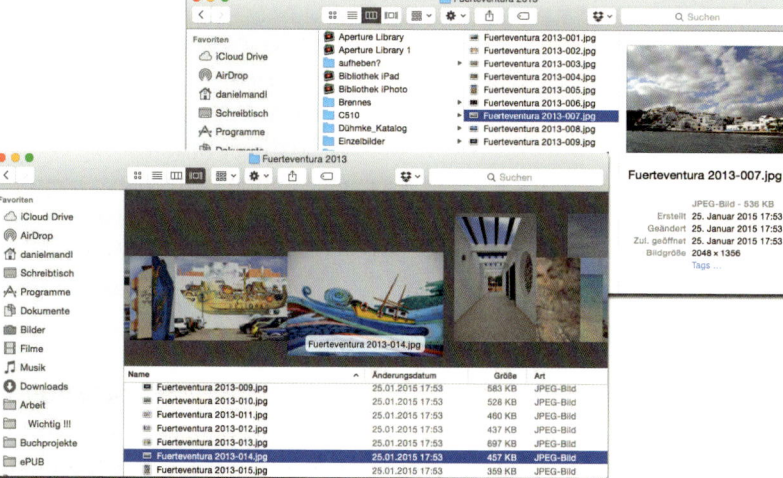

»cmd-3« für die Spalten-Ansicht und »cmd-4« für die Cover Flow-Ansicht.

Egal, welche Ansicht Sie künftig bevorzugen – Sie können diese weiter aufpeppen. Den Befehl hierzu finden Sie in der Menüleiste über *Darstellung | Darstellungsoptionen einblenden (cmd-J)*. Ob in der *Symbol*-Ansicht die Icons (die kleinen Objekt-Bilder, auch *Thumbnails* genannt) in einer bestimmten Größe gewünscht werden, die *Titel* dazu unterhalb oder rechts vom Icon stehen sollen, ob weitere *Infos* im Objekt-Namen gewünscht oder ob der *Fenster-Hintergrund* eine andere Farbe oder gar ein Bild tragen soll: Die Einstellungen hierzu finden Sie in den zugehörigen Dialogen. In der *Listen*-Ansicht lassen sich somit weitere Rubriken wie das *Erstellungsdatum* der jeweiligen Datei oder auch die *Größe* der Objekte einblenden. In allen Varianten können Sie auch festlegen, wie groß der Text erscheinen soll – was gerade dann von Vorteil ist, wenn Sie weitsichtig sind und das ein oder andere Mal die Brille verlegen. Jedem Fenster lässt sich zudem eine bestimmte Ansicht zuteilen, über die es immer geöffnet werden soll. Dazu müssen Sie nur in der jeweiligen Darstellung die ganz oben stehende Option mit einem Haken versehen – zum Beispiel *Immer in Symboldarstellung öffnen*.

Die Anpassungs-Möglichkeiten für die Symbol-, Listen-, Spalten- und Cover Flow-Ansicht in den Darstellungsoptionen.

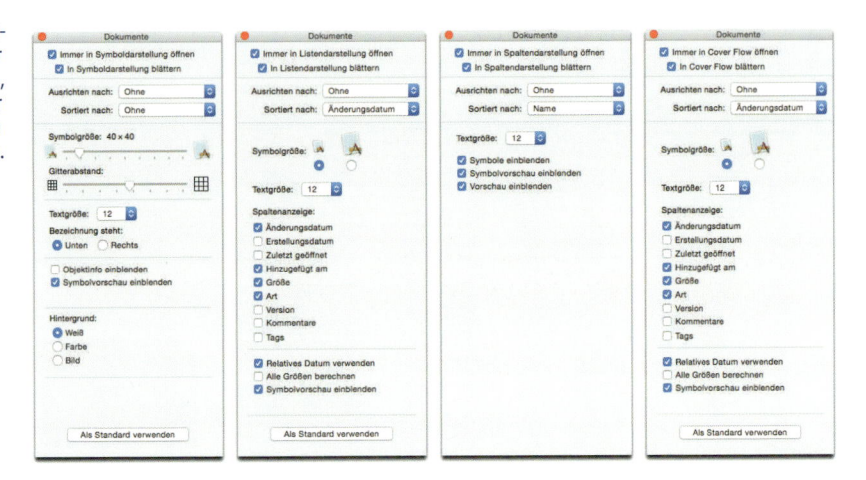

Über die beiden Punkte *Ausrichten nach* und *Sortiert nach* lassen sich umfangreiche Ordner oder auch der Schreibtisch innerhalb eines Fensters bereits im Vorfeld ein wenig sortieren. Die ausklappbaren Menüs bieten dazu verschiedene Kategorien (*Name*, *Art*, *Programm*, *Zuletzt geöffnet* etc.) an, um Ihren umfangreichen Datenbestand besser unter Kontrolle zu halten. Legen Sie gerne Daten auf dem Schreibtisch ab, so können Sie bei einer *Ausrichtung* nach *Art* eine Untergliederung des Fensters beispielsweise in Ordner, Bilder und Dokumente erreichen. Diese lassen sich dann wiederum innerhalb der festgelegten Ausrichtung über *Sortiert nach* weiter strukturieren, etwa nach *Name* (in alphabetischer Reihenfolge), ebenso nach *Art* (bei Abbildungen wird dann nach dem Bildformat, bei Dokumenten nach dem Textformat geordnet) oder auf Wunsch auch nach *Größe*.

Anstatt über die *Darstellungsoptionen* können Sie eine bestimmte Ausrichtung auch über den in jedem Fenster angebrachten Knopf *Objektausrichtung ändern* vornehmen. Ist ein Fenster geöffnet, so brauchen Sie nur darauf zu klicken und aus den angebotenen Optionen die Gewünschte zu wählen. Ihre Daten werden dann augenblicklich neu geordnet.

2 | Die Arbeitsumgebung im Detail

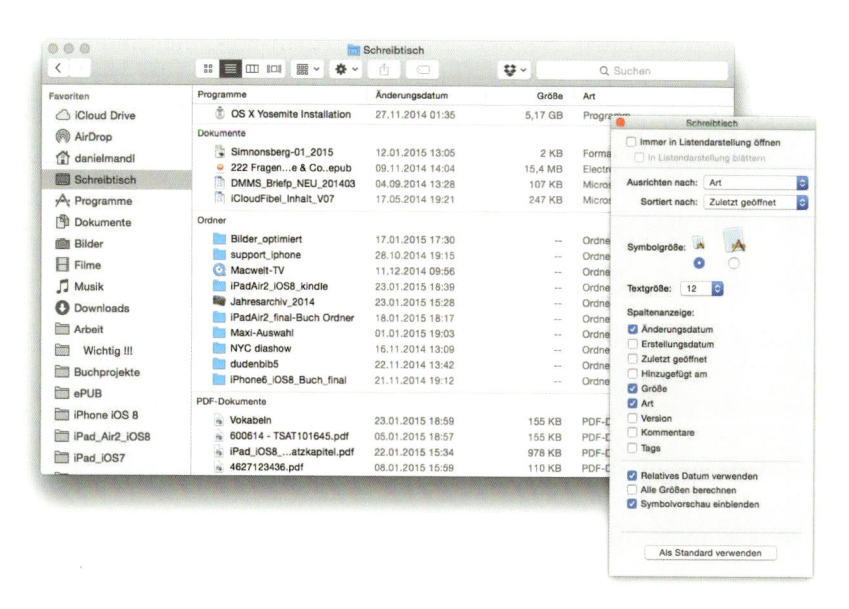

Ist der Schreibtisch oder auch ein anderer Ordner überreichlich mit Daten gefüllt, so bringt Sie eine gewisse Struktur – zumindest innerhalb eines Finder-Fensters – schon einen Schritt weiter.

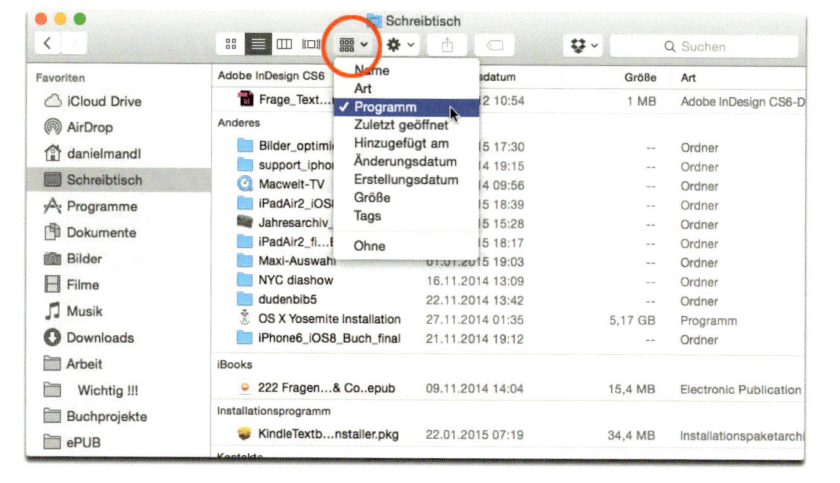

Das kleine Menü »Objektausrichtung ändern« in der Titelleiste eines jeden Fensters hält dieselben Optionen zur Ausrichtung wie in den »Darstellungsoptionen« parat – nur eben unkomplizierter erreichbar …

Bis auf die *Spalten*-Ansicht lassen sich bei allen anderen Darstellungsoptionen nach einer Veränderung der Standard-Einstellungen diese als neuer Standard festlegen (ganz unten anklicken: *Als Standard verwenden*). Auf diese Weise werden auch die künftigen Fenster mit Ihrer ganz individuellen Note geöffnet.

Falls Sie in Fenstern keine festgelegte *Ausrichtung* oder *Sortierung* verwenden, lässt sich in der *Listen-*, *Spalten-* und *Cover Flow*-Ansicht weiterhin die Breite der einzelnen Verzeichnisse bestimmen. Dazu bewegen Sie den Mauszeiger zwischen die einzelnen Rubriken und ziehen bei gedrückter Maustaste nach links oder rechts. Und nicht vergessen: Welche Spalten (*Änderungsdatum*, *Größe*, *Art* etc.) angezeigt werden, bestimmen Sie über die *Darstellungsoptionen* (*Darstellungsoptionen einblenden* oder *cmd-J*).

Wird der Mauszeiger zwischen einzelnen Rubriken angesetzt, so lässt sich die Größe der Spalten optimal einrichten.

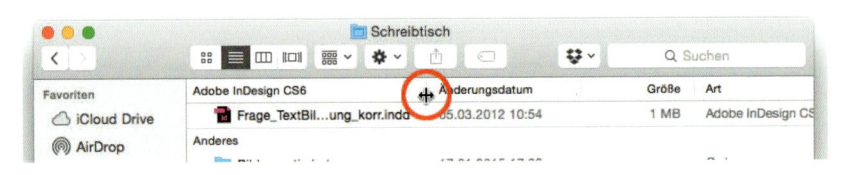

Anstatt die *Darstellungsoptionen* zum Hinzufügen weiterer Rubriken heranzuziehen, klappt das auch über das Kontextmenü. Parken Sie den Mauszeiger bei den Rubriken-Titeln und rufen das Kontext-Menü auf, so werden Ihnen ebenso die zur Verfügung stehenden Kategorien zum Sortieren angezeigt. Das funktioniert übrigens auch bei Fenstern, die mit einer definierten Festlegung oder Sortierung belegt sind.

Bei geöffnetem Fenster lassen sich mit Hilfe des Kontext-Menü weitere Rubriken ein- oder ausblenden.

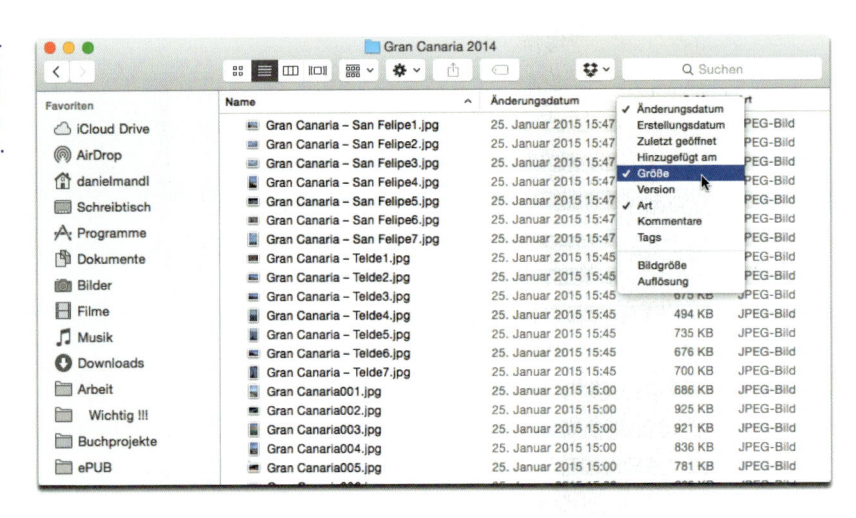

Die Spezialität der *Listen-* (*cmd-2*) und *Cover Flow*-Ansicht (*cmd-4*) ist das schnelle Ordnen nach gewünschten Kategorien, wenn Sie eine bestimmte Spalten-Rubrik anklicken. Markieren Sie beispielsweise die Spalte *Größe*, so werden alle im Fenster befindlichen Daten der *Größe* nach geordnet. Über das kleine Dreieck können Sie dabei die Sortierreihenfolge umdrehen, also von groß nach klein oder umgekehrt. Das Gleiche funktioniert auch bei *Name* (alphabetisch angeordnet von A nach Z oder umgekehrt) oder über das *Änderungsdatum* (die aktuells-

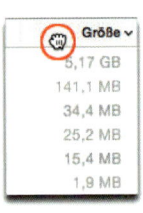

2 | Die Arbeitsumgebung im Detail

ten Einträge zuerst oder andersherum). Über *Art* werden die einzelnen Dateien ihrer Beschaffenheit nach zusammengefasst: alle JPEG-Dateien (Bilder), PDF-Dateien, Ordner etc. liegen nun zusammen. Aber auch die Reihenfolge der Spalten lässt sich ändern. Dazu bewegen Sie den Mauszeiger über den Rubrik-Namen (z. B. *Änderungsdatum*) und ziehen dann die Spalte mit gedrückter Maustaste (diese zeigt dabei eine zupackende Hand) an die gewünschte Stelle.

Die *Cover Flow*-Ansicht bietet wiederum die Möglichkeit einer schnellen Übersicht auch in mehrseitige Dokumente. Hier vermengen sich sozusagen alle Vorteile und Sie haben Zugriff auf alle Medien-Arten. Egal ob Bilder, PDF-Dateien, Text-Dateien, Filme oder was auch immer – Sie können in alle Dateien einen Blick werfen oder einen Film in der Vorschau sehen, ohne erst langwierig das dazugehörige Programm starten zu müssen. Zum Bearbeiten oder Verändern der Dateien müssen Sie dann jedoch die passende Software starten.

Die verschiedenen Ansichten innerhalb von Cover Flow: Markieren Sie ein mehrseitiges Dokument (im Beispiel oben ein PDF), so erscheinen nach dem Bewegen des Mauszeigers auf diese Datei zwei Pfeile zum Durchblättern. Das Gleiche funktioniert auch bei Filmen (Mitte), die Sie per Mausklick in den Pfeil schon einmal abspielen können. Ganz hervorragend eignet sich die Cover Flow-Ansicht auch zum Überfliegen eines Bilder-Ordners – etwa auf der Suche nach einem bestimmten Foto.

Auch in der *Spalten*- sowie *Symbol*-Darstellung können Sie einen ersten Blick auf den Inhalt von Dateien werfen. Die Größe der Icons (nur *Symbol*-Darstellung) stellen Sie dabei über die *Darstellungsoptionen (cmd-J)* bei *Symbolgröße* oder flexibel über den Größenregler rechts unten im Fenster ein, sofern Sie über die Menüleiste *Darstellung | Statusleiste einblenden* die zusätzliche Anzeige eingeschaltet haben.

Die Symbol- als auch Spalten-Darstellung ermöglichen einen schnellen Blick sowohl auf als auch in Dateien.

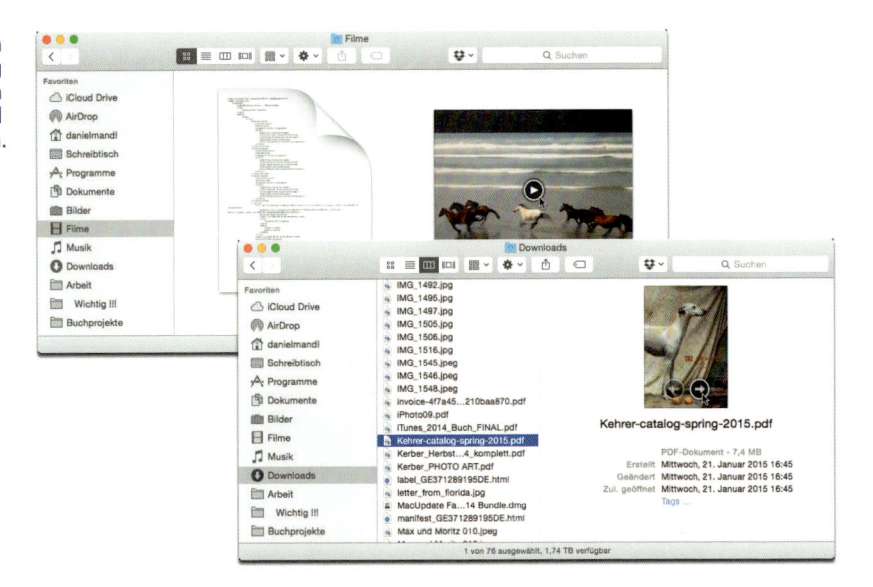

Geradezu staunen werden Sie, wenn Sie weiterhin das sogenannte *Quick Look* – eingedeutscht als *Übersicht* bzw. *Diashow* bezeichnet – benutzen. Ist eine Datei (Bild, Video, Text-Dokument etc.) markiert, so haben Sie folgende Möglichkeiten, auf diese Funktion zuzugreifen: Entweder Sie wählen aus der Menüleiste *Ablage | Übersicht* von »Datei xyz« *(cmd-Y)* oder den gleichnamigen Befehl über das Kontext-Menü. Alternativ reicht auch das einfache Drücken der *Leertaste* bzw. ein Dreifingertipp auf dem Trackpad.

> Die *Übersicht* lässt sich auch bildschirmfüllend einstellen, indem Sie links oben in der Titelleiste auf das Symbol für die Vollbild-Ansicht klicken.

2 | Die Arbeitsumgebung im Detail

Ein PDF wird über den Befehl »Übersicht« aus dem Ablage-Menü großflächig eingeblendet. Zum komfortablen Durchblättern eines Dokumentes können Sie nun entweder auf die Miniaturen am rechten Rand klicken oder einfach über das Trackpad (zwei Finger)/ die Magic Mouse (einen Finger) nach oben oder unten wischen.

Über die Auf- und Ab-Pfeile Ihrer Tastatur können Sie nun auch die weiteren Medien in Ihrem Ordner zum Ansehen durchblättern. Noch schneller geht's, wenn Sie einfach den Anfangsbuchstaben einer bestimmten Datei auf der Tastatur drücken – ratzfatz finden Sie die entsprechende Datei vor sich.

Markieren Sie hingegen mehrere Dokumente, so lassen sich diese wie in einer Diashow betrachten. Letzteres eignet sich natürlich wieder hervorragend für Bilder-Ordner, die schnell einmal vor Publikum gezeigt werden sollen. Entweder Sie benutzen hier die oben links liegenden Pfeil-Tasten oder jene auf Ihrer Tastatur zum Blättern.

Werden mehrere Dateien/Bilder gleichzeitig markiert und Sie betätigen die »Übersicht«, so erscheint anfangs nur die erste Datei im Stapel. Möchten Sie ganz gezielt ein bestimmtes Bild aufrufen, so brauchen Sie nur auf das oben links liegende Index-Symbol und anschließend auf die gewünschte Vorschau zu klicken.

In der Vollbild-Ansicht zeigt sich bei mehreren geöffneten Dateien eine Navigationsleiste mit folgenden Knöpfen (von links nach rechts): Vorherige Datei, Wiedergabe bzw. Pause, nächste Datei, Index-Ansicht, Bereitstellen (Weitergabe an soziale Netzwerke wie Facebook oder Twitter, Versand per E-Mail oder Nachrichten, Export zu »iPhoto« oder »Aperture« etc.), Vollbild aus sowie Beenden.

Zum Auswählen von mehreren Dateien stehen Ihnen verschiedene Möglichkeiten zur Verfügung:

- Wählen Sie in einem geöffneten Ordner über die Menüleiste *Bearbeiten* den Befehl *Alle auswählen (cmd-A)*, so wird der gesamte Inhalt markiert.

- Mit gedrückter *Befehlstaste (cmd)* können Sie auch auf einzelne Dateien klicken und so eine Auswahl kunterbunt durcheinander zusammenstellen. Bei einer umfangreichen Auswahl ist es oftmals besser, zuerst alle Daten auszuwählen (über *cmd-A*) und dann per gedrückter *Befehlstaste (cmd)* einzelne auszuschließen.

- Klicken Sie bei gedrückter *Umschalttaste* die erste und die letzte der gewünschten Dateien an, so werden alle dazwischen liegenden Daten (inklusive der angeklickten) markiert.

- Die vierte Art des Auswählens geschieht per Maus/Trackpad. Klicken Sie neben eine Datei und halten Sie dabei die Maus-/Trackpad-Taste gedrückt. Ziehen Sie dann nach unten, oben, rechts oder links, so werden alle Dateien/Ordner, die Sie überfahren, markiert.

2 | Die Arbeitsumgebung im Detail

Kehren wir wieder zurück zur *Symbolleiste* eines *Finder*-Fensters und rutschen eine Stelle weiter. Dort finden Sie den Button *Aktion* zum Durchführen von Vorgängen auf ein ausgewähltes Objekt. Das kleine Dreieck zeigt dabei an, dass sich dahinter weitere Optionen verstecken. Per Mausklick fährt dann ein Menü aus, das häufig verwendete und somit meist brauchbare Befehle des *Ablage*-Menüs beinhaltet.

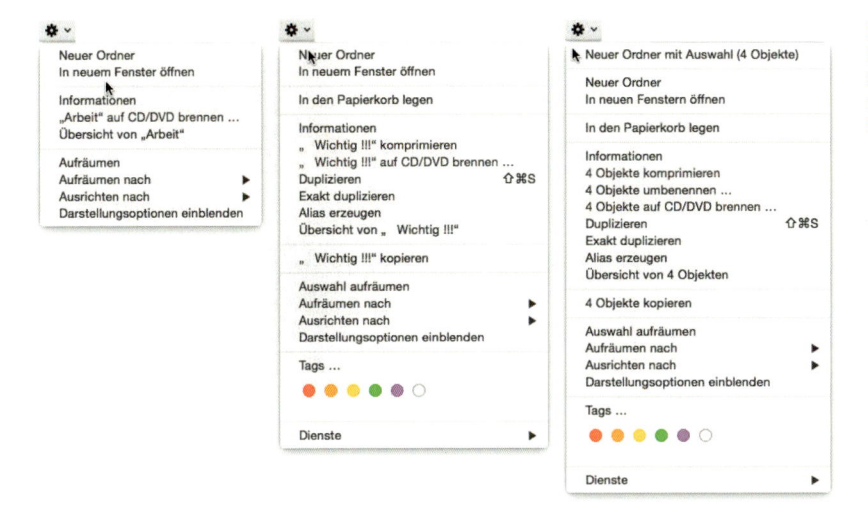

Das geöffnete Popup-Menü ohne, mit einem sowie mit mehreren markierten Objekten im Vergleich.

Über das Menü lassen sich nun schnell neue Ordner anlegen, Dateien öffnen, ebensolche in den Papierkorb legen, sie komprimieren oder bei mehreren ausgewählten Dateien diese zu einem separaten Ordner *(Neuer Ordner mit Auswahl)* zusammenfassen. Auch etwaige Informationen zu entsprechenden Dateien lassen sich abrufen, die Ihnen eine Menge über die Beschaffenheit des Objekts verraten. Markieren Sie einfach eine Datei oder einen Ordner per Mausklick und wählen Sie aus dem Popup-Menü den Befehl *Informationen*. Alternativ klappt das auch über das *Ablage*-Menü oder dem Tastaturkürzel *Befehlstaste-I/cmd-I*. Es öffnet sich der zugehörige Dialog *Info zu*, in dem Sie neben allgemeinen Auskünften wie *Größe*, den *Ablage-Ort*, das *Erstellungs-* wie *Änderungs-Datum* auch speziellere Daten wie Bild-Details (Bild-Auflösung, Brennweite des Objektivs bei Fotos, Belichtungszeit etc.) sowie die *Eigentümer-* und *Zugriffsrechte* einsehen können.

Informationen satt: links über einen Ordner, mittig über ein Bild und rechts über eine Film-Datei. Wie Sie erkennen, lassen sich auch über diese Art Dokumente als Vorschau einsehen und/oder abspielen.

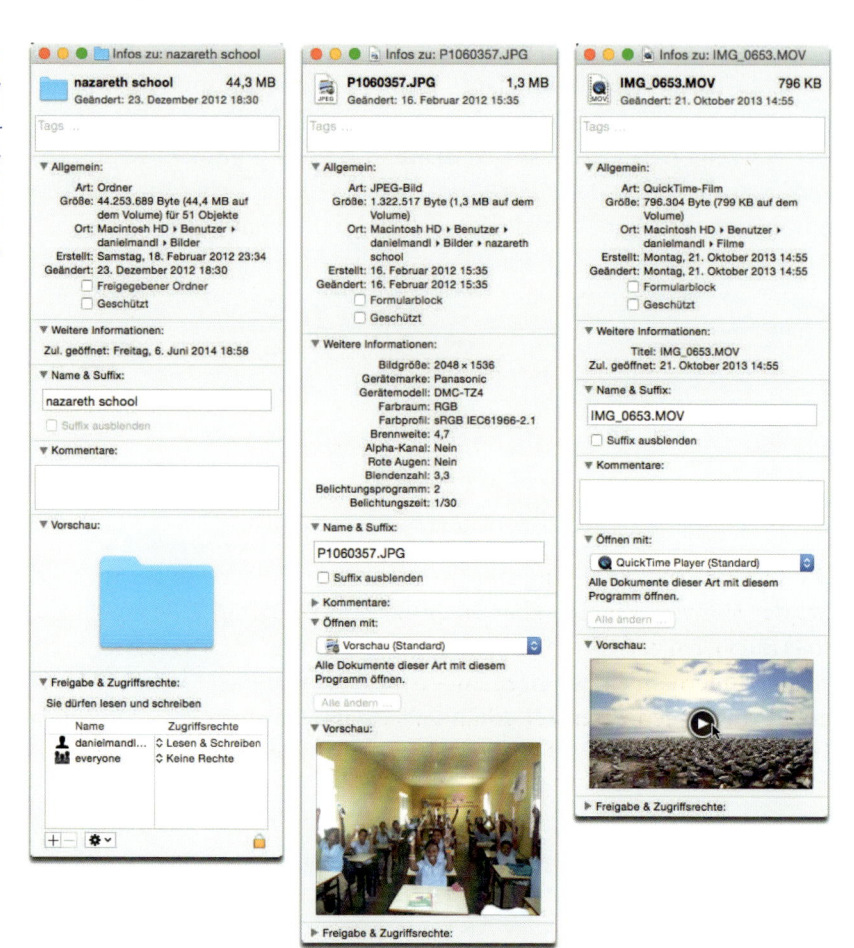

Auch zu den Fenstern bzw. deren Reaktionsverhalten lassen sich Grundeinstellungen tätigen, die wieder über die *Finder-Einstellungen* zu definieren sind. Über *Finder | Einstellungen* (bzw. *Befehlstaste-Komma/cmd-,*) rufen Sie dieselben auf und legen über *Allgemein* fest, dass etwa beim Anlegen neuer Fenster *(Ablage | Neues Fenster* bzw. *cmd-N)* diese grundsätzlich einen bestimmten Inhalt zeigen sollen (z. B. ein Volume oder den privaten Benutzer-Ordner). Diese Vorgabe stellen Sie bei *Neue Finder-Fenster zeigen* ein. Gefällt Ihnen die angebotene Vielfalt nicht, so treffen Sie über *Andere...* eine ganz individuelle Entscheidung. Dabei öffnet sich ein Dialog-Fenster, über das Sie sich nun zum Wunsch-Objekt klicken können.

2 | Die Arbeitsumgebung im Detail

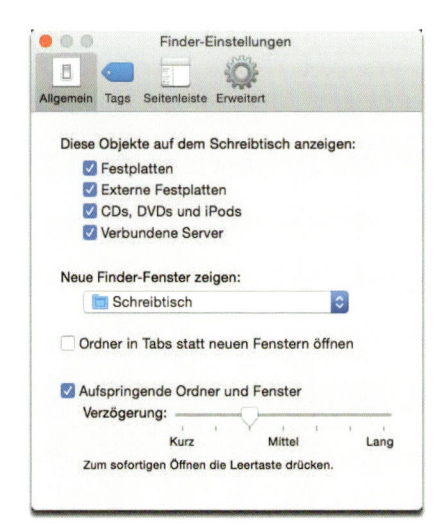

Über die »Finder-Einstellungen« lassen sich individuelle Anpassungen vornehmen – so zum Beispiel jener Pfad, den Sie beim Öffnen eines neuen Fensters bevorzugen.

Die Option *Ordner in Tabs statt neuen Fenstern öffnen* ist für jene Anwender sinnvoll, die nur über einen kleinen Bildschirm verfügen oder stets mit vielen geöffneten Fenstern arbeiten. Hierbei lassen sich mehrere Fenster innerhalb eines einzelnen – ähnlich einem Karteikartensystem – unterbringen. Jedes Fenster erhält dabei seinen eigenen Reiter mit dem Titel darin, so dass Sie auf einen Blick auf den Inhalt schließen können.

Mehrere Fenster lassen sich über Tabs Platz sparend innerhalb eines einzigen Fensters darstellen.

Neue *Tabs* legen Sie über die Menüleiste *Ablage | Neuer Tab (cmd-T)* an. Liegen bereits mehr als zwei Tabs vor, so können Sie auch auf die *Plus*-Schaltfläche innerhalb der Fenster-Titelleiste klicken. Dieser neue Tab zeigt nun jenen Inhalt an, den Sie über die *Finder-Einstellungen | Allgemein* bei *Neue Finder-Fenster zeigen* angegeben haben.

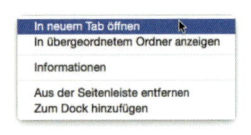

Doppelklicken Sie innerhalb eines geöffneten Fensters einen Ordner, so wird dieser üblicherweise auch darin geöffnet, indem es einfach eine Hierarchiestufe tiefer geht. Möchten Sie stattdessen diesen Ordner ebenso als *Tab* anlegen, so drücken Sie einfach vor dem Doppelklick die *Befehlstaste (cmd)* bzw. wählen über das Kontextmenü den Befehl *In neuem Tab öffnen*.

Tabs lassen sich weiterhin in der Reihenfolge verschieben, indem Sie diese am Reiter packen und einfach an eine andere Stelle bewegen. Oder Sie ziehen einen Tab aus der Leiste heraus, um den Inhalt als separates Fenster anzulegen. Liegen andererseits mehrere Fenster verstreut auf dem Schreibtisch und überdecken sich gegenseitig, so können Sie diese über die Menüleiste *Fenster | Alle Fenster zusammenführen* als Tabs innerhalb eines einzelnen Fensters zur Ordnung aufrufen.

Um bequem von einem Tab zum nächsten zu springen, drücken Sie die *Controltaste (ctrl)* und nachfolgend die *Tabulatortaste*, rückwärts klappt das über *Controltaste-Umschalttaste-Tab*.

Möchten Sie einen Ordner statt in einem neuen Tab lieber in einem separaten Fenster öffnen, so können Sie das ebenso über das Kontextmenü erledigen. Sobald das Kontextmenü aufgerufen ist, drücken Sie die *Optionstaste (alt)* und aus dem Befehl *In neuem Tab öffnen* wird *In neuem Fenster öffnen*. Objekte in der Seitenleiste werden auf Mausklick bei gedrückter *Optionstaste (alt)* ebenfalls in einem weiteren Fenster geöffnet.

Wer lieber mit separaten Fenstern arbeitet: Nach dem Aufrufen des Kontextmenüs sowie dem Drücken der Optionstaste (alt) erscheint der Befehl »In neuem Fenster öffnen«.

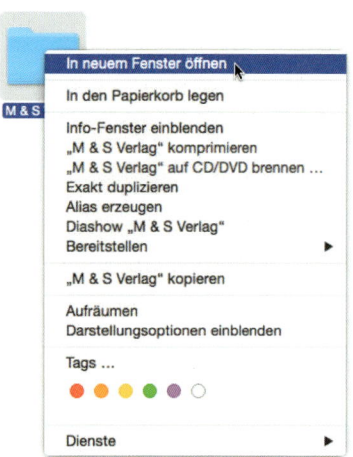

2 | Die Arbeitsumgebung im Detail

Liegt Ihnen der Umgang mit Tabs weniger und Sie möchten grundsätzlich mit »losen« Fenstern hantieren, so deaktivieren Sie in den *Finder-Einstellungen | Allgemein* die Option *Ordner in Tabs statt neuen Fenstern öffnen*. Klicken Sie nun also mit *gedrückter Befehlstaste (cmd)* auf ein Objekt in der Seitenleiste oder doppelklicken einen Ordner innerhalb eines Fensters, so öffnet sich ein weiteres Fenster.

Da es keine Beschränkung auf geöffnete Fenster gibt, kann es durchaus passieren, dass Sie irgendwann einmal den Überblick verlieren. Hilfreich ist hierbei zwar das *Fenster*-Menü in der Menüleiste, das alle geöffneten Fenster auflistet, doch ist ein flüssiges Arbeiten mit mehr als sechs oder sieben Fenstern auf dem Bildschirm fast nicht mehr möglich.

> **Möchten Sie alle Fenster oder Dokumente auf einmal schließen, so klicken Sie bei gedrückter *Optionstaste* auf den roten Knopf ganz links außen in der Fensterleiste. So haben Sie ruckzuck wieder einen aufgeräumten Schreibtisch.**

Auch für das Wechseln zwischen verstreut auf dem Schreibtisch liegenden Fenstern existiert eine Tastenkombination: *Befehlstaste-< (cmd-<* bzw. Menüleiste *Fenster | Nächstes Fenster)*. Hierbei können Sie jedoch nur innerhalb des gerade aktiven Programms bzw. im *Finder* zwischen den Fenstern oder Dokumenten wechseln.

Eine weitere wichtige Funktion, um den Überblick zu behalten, nennt sich *Mission Control*. Aufrufen lässt sich *Mission Control* über *Controltaste-Pfeil nach oben,* über das zugehörige Icon im Dock oder über das Streichen mit vier Fingern auf dem Trackpad nach oben. Hierbei verändert sich die Ansicht Ihres Schreibtisches und Sie bekommen eine Übersicht über sämtliche geöffneten Programme samt Dokumenteneinsicht sowie Zugriff auf alle virtuellen Schreibtische und Vollbild-Apps. Die schon erwähnten *Spaces*, mit denen sich virtuelle Schreibtische bzw. separate Arbeitsumgebungen einrichten lassen, können Sie ebenso über *Mission Control* anlegen. Doch wir wollen nicht zu viel verraten, denn auch dazu kommen wir noch …

»Mission Control« ist besonders für jene geeignet, die mit vielen Programmen hantieren. Einmal aufgerufen, erhalten Sie einen raschen Überblick über das allgemeine »Verkehrsaufkommen«.

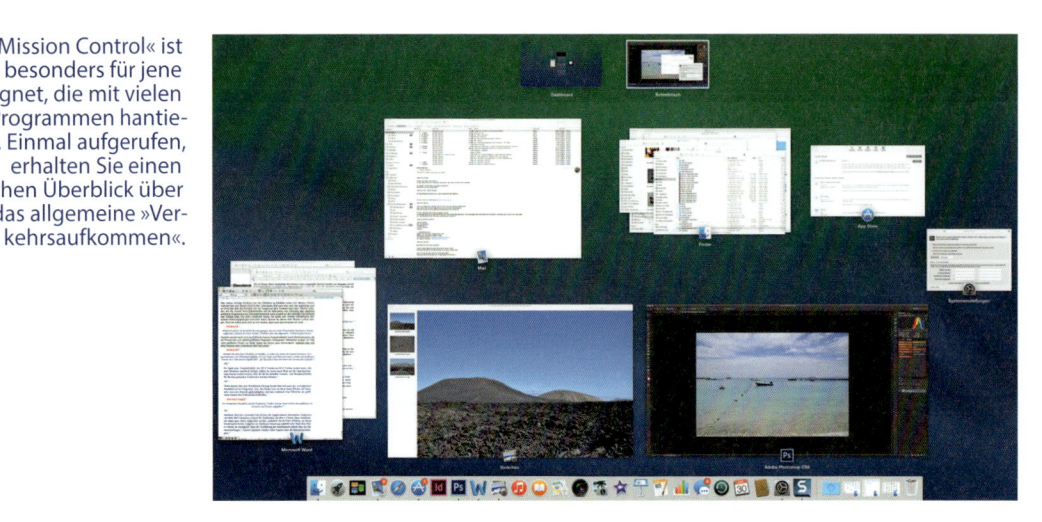

Daneben existiert auch noch das hilfreiche Feature *Programmfenster* (auch *Exposé* genannt), das auf Wunsch alle zum aktuell geöffneten Programm vorliegenden Dokumente anzeigt. Im Falle vieler geöffneter Fenster im *Finder* klappt das ebenso ganz hervorragend. Aufrufen lässt sich diese Funktion über *Controltaste-Pfeil nach unten*.

Möchten Sie sich innerhalb eines Programmes oder im »Finder« einen Überblick verschaffen, so sollten Sie immer die Exposé-Funktion »Programmfenster« im Hinterkopf behalten. Per ctrl-Taste und Pfeil nach unten werden alle geöffneten Fenster bzw. Dokumente eingeblendet – per Mausklick lässt sich dann das Gewünschte aufrufen.

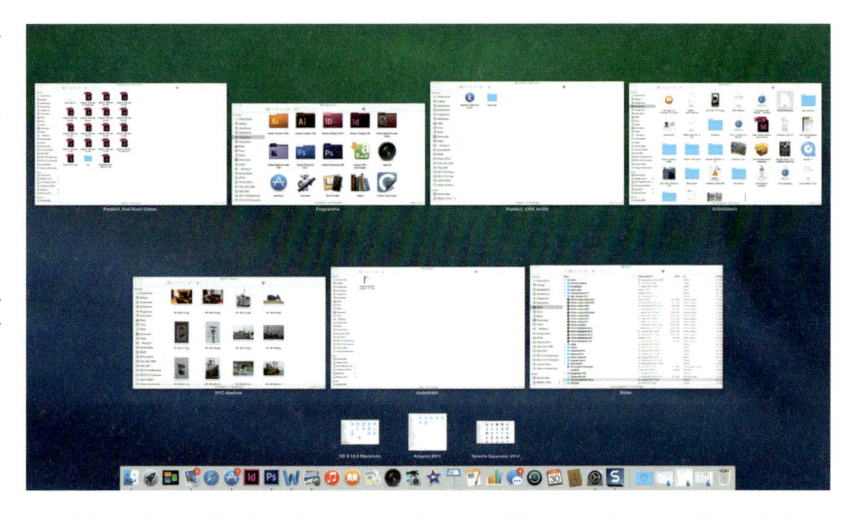

Neben *Exposé* oder dem Menüleisten-Eintrag *Fenster* lässt sich auch per *ctrl*-Taste und Mausklick bzw. per »verzögertem« Mausklick auf ein Programm- bzw. das Finder-Icon im Dock (beim Klicken die Maustaste circa eine Sekunde gedrückt halten und dann loslassen) eine Übersicht der geöffneten Fenster oder Dokumente einblenden.

2 | Die Arbeitsumgebung im Detail

Per verzögertem Mausklick auf ein Programm-/Finder-Icon im Dock werden alle geöffneten Dokumente und Fenster aufgeführt.

MacBook (Pro/Air)-Anwender und all jene, die Apples externe Aluminium-Tastaturen (ab Mitte 2007) benutzen, müssen für Funktionen, die über *F*-Tasten (diese Sondertasten liegen ganz oben) aufgerufen werden, zusätzlich die *fn*-Taste drücken, da diesen Sondertasten bereits Aufgaben zur Hardware-Steuerung zugeteilt sind. Nach dem Motto »Nichts ist unmöglich« kann die Ausführung der Sondertasten jedoch über die *Systemeinstellungen | Tastatur* geändert werden (siehe Kapitel über die Systemeinstellungen).

Last but not least kommen wir in den *Finder-Einstellungen | Allgemein* zur Funktion *Aufspringende Ordner und Fenster*, die für Maus-/Trackpad-Akrobaten wie geschaffen ist. Dabei packen Sie ein Objekt (beispielsweise um es zu kopieren oder einfach nur zu verschieben) mit der Maus und bewegen es auf einen Ordner. Die Maustaste halten Sie dabei weiterhin gedrückt, denn ansonsten wäre das Objekt ja schon an seinem Ziel angekommen. Wenn Sie nun eine winzige Sekunde warten, so öffnet sich der Inhalt des Ordners im selben Fenster. Verfrachten Sie das immer noch gehaltene Objekt auf einen weiteren Ordner (der etwas tiefer in der Hierarchie liegt), so öffnet sich auch dieser. Das Objekt wird auf diese Weise von Ordner zu Ordner getragen und erst dann losgelassen, wenn Sie das Ziel erreicht haben. Den Zeitraum, in dem sich die Ordner und Fenster öffnen, legen Sie über den Regler bei *Verzögerung* fest.

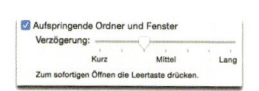

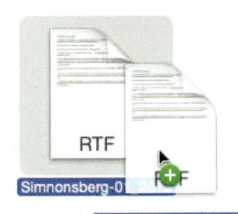

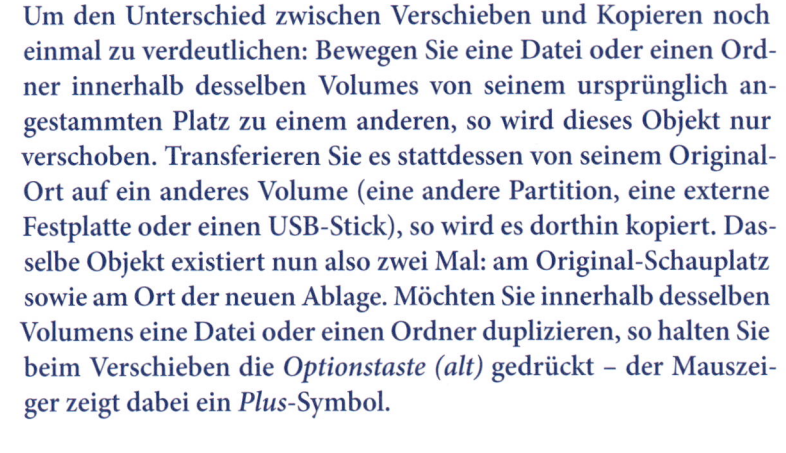

Um den Unterschied zwischen Verschieben und Kopieren noch einmal zu verdeutlichen: Bewegen Sie eine Datei oder einen Ordner innerhalb desselben Volumes von seinem ursprünglich angestammten Platz zu einem anderen, so wird dieses Objekt nur verschoben. Transferieren Sie es stattdessen von seinem Original-Ort auf ein anderes Volume (eine andere Partition, eine externe Festplatte oder einen USB-Stick), so wird es dorthin kopiert. Dasselbe Objekt existiert nun also zwei Mal: am Original-Schauplatz sowie am Ort der neuen Ablage. Möchten Sie innerhalb desselben Volumens eine Datei oder einen Ordner duplizieren, so halten Sie beim Verschieben die *Optionstaste (alt)* gedrückt – der Mauszeiger zeigt dabei ein *Plus*-Symbol.

Beim Kopieren zeigt ein Fortschrittsbalken nach dem Loslassen der Datei den Verlauf an – und zwar sowohl im *Finder* als *Kopieren*-Dialog als auch innerhalb des betreffenden Ordners. Letzterer ist jedoch nur zu bewundern, wenn es sich um größere Datenmengen handelt. Auf Wunsch können Sie selbstverständlich auch mehrere Kopiervorgänge gleichzeitig anwerfen. Eine weitere Alternative zum Kopieren von Daten läuft über die Tastatur bzw. über das *Bearbeiten*-Menü: Markieren Sie das gewünschte Objekt oder eine Auswahl und wählen Sie über das Menü *Bearbeiten* den Befehl *Kopieren (cmd-C)*. Bewegen Sie sich dann zum Ziel-Ordner und wählen Sie wiederum aus dem *Bearbeiten*-Menü den Befehl *Objekt(e) einsetzen (cmd-V)*. Die Daten werden nun am gewünschten Ort eingefügt.

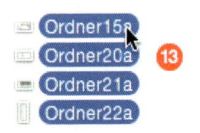

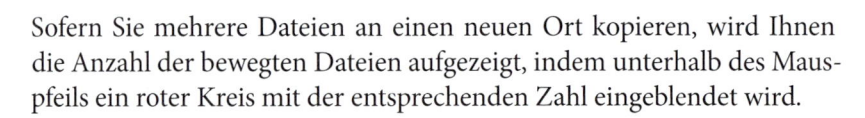

Sofern Sie mehrere Dateien an einen neuen Ort kopieren, wird Ihnen die Anzahl der bewegten Dateien aufgezeigt, indem unterhalb des Mauspfeils ein roter Kreis mit der entsprechenden Zahl eingeblendet wird.

Ganz wichtig: Egal, was Sie kopieren oder aus Versehen in den Sand setzen – merken Sie sich die Tastenkombination *Befehlstaste-Z (cmd-Z)* für den Befehl *Widerrufen* aus dem *Bearbeiten*-Menü. Dieser Befehl nennt sich je nach Programm auch *Rückgängig* oder führt den Arbeitsschritt beim Namen auf, den Sie gerade getätigt haben. Wichtig hierbei ist, dass der zuletzt vorgenommene Vorgang damit immer rückgängig gemacht werden kann und der Ausgangszustand wiederhergestellt wird. Einzige Ausnahme: Haben Sie im Papierkorb befindliche Objekte trotz Sicherheitswarnung (Zitat: *Möchten Sie die Objekte im Papier-*

2 | Die Arbeitsumgebung im Detail

korb wirklich endgültig löschen?) eliminiert, so heißt es Zähne zusammenbeißen, falls das eine falsche Entscheidung war. Doch auch hier naht Hilfe, sofern Sie etwa *Time Machine*, die interne Backup-Lösung, in Gebrauch hatten, auf die wir selbstverständlich auch noch zu sprechen kommen.

Gefahr in Verzug: Beherzigen Sie unbedingt die Warnung, denn was weg ist, ist vorerst auch wirklich weg. Es sei denn, Sie arbeiten mit der Apple-eigenen Backup-Lösung »Time Machine«, die Ihre Daten regelmäßig auf eine externe Festpatte sichert. Auf diese Weise lassen sich versehentlich gelöschte Daten wieder zurückholen.

Sie sehen schon, Apple hat eine ganze Menge an Funktionen und Raffinessen eingebaut. Und wir müssen Ihnen leider mitteilen, dass wir immer noch nicht am Ende der Fenster-Infos angekommen sind. Denn da wäre auch noch die Geschichte mit der Erweiterung der Symbolleiste bzw. der Anzeige einer *Pfadleiste*. Wie schon erwähnt, stehen über dem Inhalts-Bereich die Symbole für *vorwärts*, *rückwärts*, die *Fenster-Ansichten*, die Auswahl-Menüs *Aktion* zum Anwenden von diversen Befehlen sowie *Objektausrichtung ändern* für eine schnelle Anpassung des Ordner-Inhaltes.

Weiterhin finden Sie dort auch das *Bereitstellen*- bzw. *Freigabe*-Menü, über das Sie ausgewählte Dateien direkt an verschiedene Programme (etwa an *Mail* oder an *Nachrichten*) oder soziale Netzwerke (wie etwa Bilder an *Flickr*, *Facebook* oder *Twitter*, Filme an *Vimeo*) weiterreichen können. Dazu müssen Sie nur eine oder mehrere Dateien per Mausklick markieren und danach den entsprechenden Dienst auswählen. Zuvor müssen Sie sich jedoch bei *Twitter, Facebook, Vimeo* oder *Flickr* anmelden, um einen Account zu erstellen. Aber auch der schnelle Übertrag zwischen Mac-Rechnern über *AirDrop* ist möglich, wie wir später noch zeigen werden.

Mit *OS X Yosemite* lässt sich das *Freigabe*-Menü weiter an die persönlichen Bedürfnisse anpassen. Das klappt über das Menü (bitte zuerst eine Datei markieren, so dass das Menü aktiviert wird) und dort über den Punkt *Mehr*, der die Systemeinstellung *Erweiterungen* öffnet (natürlich funktioniert auch der direkte Weg über die Systemeinstellung). Über den Eintrag *Menü »Freigabe«* gelangen Sie nun zu allen Erweiterungen, die momentan seitens des Sys-

83

tems bzw. Ihrer Programme angeboten werden. Dort lassen sich nun die entsprechenden Punkte aktivieren wie auch deaktivieren. Sofern Sie also beispielsweise mit Twitter nichts anfangen können, so entfernen Sie den Haken aus der Checkbox und der Eintrag verschwindet aus dem *Freigabe*-Menü. Andererseits kann es auch vorkommen, dass Sie nachträglich Programme installieren, die ebenso einen direkten Zugriff auf bestimmte Funktionen anbieten. In der Systemeinstellung *Erweiterungen* lassen sich diese Optionen dann für das *Freigabe*-Menü freischalten.

Über die Systemeinstellung »Erweiterungen« lassen sich die über das »Freigabe«-Menü angebotenen Dienste organisieren.

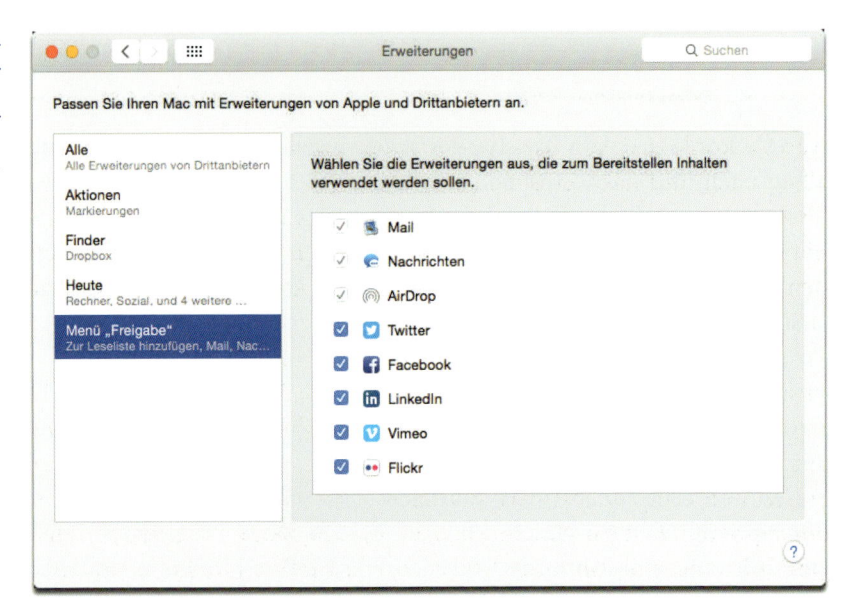

Über die Menüleiste *Darstellung* haben Sie nun noch die Möglichkeit, die Symbolleiste anzupassen bzw. bei Nicht-Gefallen ganz auszublenden (*Darstellung | Symbolleiste ausblenden* bzw. *cmd-alt-T*). Beim *Anpassen* (*Darstellung | Symbolleiste anpassen*) fährt aus dem Fenster eine Tafel mit allerhand Symbolen heraus, die nun in die Symbolleiste gezogen werden können. Dasselbe Angebot an eben genannten Befehlen gibt es auch wieder über das Kontext-Menü, wenn Sie es per Klick auf die Titelleiste eines Fensters aufrufen.

2 | Die Arbeitsumgebung im Detail

Arbeiten Sie gerne mit Maus oder Trackpad, so eröffnet sich Ihnen das Paradies zum Klicken und Tippen. Tastatur-Freaks schwören hingegen auf die Magie der Tasten und üben sich im Auswendiglernen von Kurzbefehlen.

Was Sie konkret davon brauchen können, wird sich sicher im Arbeitsalltag nach und nach einspielen, den Rest können Sie ja dann wieder löschen (*Darstellung | Symbolleiste anpassen* wählen und die nicht benötigten Symbole einfach aus der Leiste ziehen). Mit der unten liegenden Standardleiste ersetzen Sie etwa missglückte Anpassungsversuche, ansonsten sollten Sie sich fleißig bedienen.

Auswerfen entfernt externe Medien wie CDs/DVDs, USB-Sticks, SD-Karten oder Festplatten-Volumes nach Auswahl vom Schreibtisch bzw. aus den entsprechenden Laufwerken und *das Informationen*-Symbol ersetzt den Gang über die Menüleiste *Ablage | Informationen*. Das *Verbinden*-Symbol ist für jene interessant, die ein Netzwerk betreiben und sich mit einem bestimmten Server kurzschließen möchten, was dem Befehl *Mit Server verbinden (cmd-K)* aus dem *Gehe zu*-Menü im *Finder* entspricht. Die *Übersicht* entspricht der *Quick Look*-Funktion, über die Sie eine Datei markieren und per Knopfdruck eine Voransicht erhalten, ohne das zugehörige Programm starten zu müssen. Die *Löschen*-Funktion sollte klar sein, ebenso wie der *Neuer Ordner*-Knopf. Das Symbol *Pfad* können wir ruhigen Gewissens empfehlen, überblicken Sie doch so immer die Ordner-Hierarchie und können nachvollziehen, wie tief Sie sich im verschachtelten Ordner-Gefüge befinden. Übrig bleiben die Felder für den starren wie flexiblen *Zwischenraum*, wobei sich Letzterer automatisch der Fenstergröße anpasst.

> Anstatt die Hierarchie einer Datei über den *Pfad*-Button zu bestimmen, können Sie denselben Effekt auch über die Menüleiste *Darstellung | Pfadleiste einblenden (cmd-alt-P)* erreichen. Dabei

wird im unteren Teil des Fensters eine zusätzliche Leiste eingeblendet, über die Sie auf einen Blick erkennen können, auf welcher Hierarchie-Ebene Sie gerade stehen. Statt der Pfadleiste funktioniert allerdings auch folgender Trick: Klicken Sie bei gedrückter *Befehlstaste (cmd)* auf den oben stehenden Titel des Fensters, so zeigt sich ebenso die Pfad-Anordnung.

Über »Pfadleiste einblenden« finden Sie unten stehend das Verzeichnis, indem Sie sich gerade befinden. Das Gleiche funktioniert jedoch auch über den Klick bei gedrückter Befehlstaste (cmd) auf den Fenster-Titel.

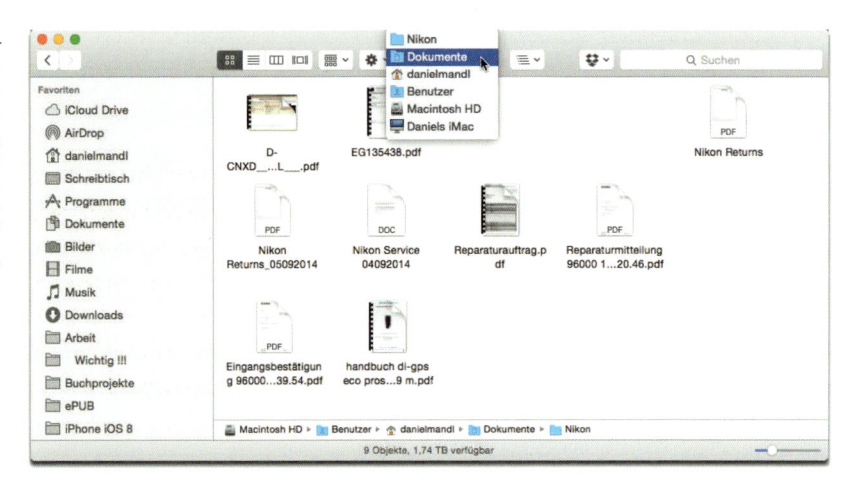

Auf Wunsch lässt sich die Symbolleiste auch mit Programmen oder eigenen Ordnern erweitern, die Sie mit gedrückter Befehlstaste dort hineinziehen. So lassen sich beispielsweise Dateien direkt über ein Programm-Icon starten oder in andere Ordner verschieben. Bedenken sollten Sie jedoch, dass sich diese Änderungen auch auf alle anderen Fenster beziehen. Zum Entfernen einzelner Symbole ziehen Sie diese einfach bei gedrückter *Befehlstaste (cmd)* wieder heraus. Um die Standard-Einstellungen wiederherzustellen, wählen Sie *Darstellung | Symbolleiste anpassen* und ziehen den Standardsatz in die Symbolleiste – dieser ersetzt dann die vorherigen Anpassungen.

Befinden sich sehr viele Knöpfe in der Symbolleiste eines Fensters, so kann es durchaus passieren, dass je nach aufgezogener Größe nicht alle Symbole angezeigt werden. Die fehlenden (nicht sichtbaren) Knöpfe verstecken sich hinter einem Doppelpfeil ganz rechts außen. Mit Klick darauf erscheinen diese als Text-Einträge.

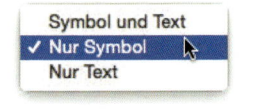

Halten Sie dagegen die vielen Symbole für Spielerei und stehen eher auf sachliche Information, so kann Ihnen auch in diesem Fall geholfen

2 | Die Arbeitsumgebung im Detail

werden. Ist die Option *Symbolleiste anpassen* aufgerufen, so lassen sich bei *Anzeigen* aus dem Popup-Menü die Optionen *Nur Text*, *Nur Symbol* oder gar *Symbol & Text* wählen.

> **Viele Funktionen des *Symbole anpassen*-Dialoges lassen sich auch über das Kontext-Menü erledigen. Klicken Sie einfach mit gedrückter *ctrl*-Taste bzw. per Rechtsklick oder per Zweifingertipp auf dem Trackpad auf die Titelleiste eines Fensters und wählen Sie dann aus dem auftauchenden Menü den entsprechenden Befehl.**

Anlegen eines neuen Ordners

Nach so viel Theorie nun wieder eine leichte Übung für den Alltag. Wie schon erwähnt, befinden sich Dateien (Ihre Arbeitsmaterialien wie Briefe, Bilder, Informations-PDFs usw.) in Ordnern. Je nach Anlass und Situation werden Sie nach und nach eine Ordner-Hierarchie anlegen, damit Sie Ihre Sachen auch wiederfinden. Apple hat Ihnen hierbei schon eine Benutzer-Struktur vorgegeben, die natürlich nicht eingehalten werden muss, für Anfänger jedoch einen leichten Einstieg bedeuten. So finden Sie in Ihrem Benutzer-Verzeichnis bzw. in der Seitenleiste eines Finder-Fensters unter anderem die Ordner *Bilder*, *Dokumente*, *Filme* und *Musik* vor.

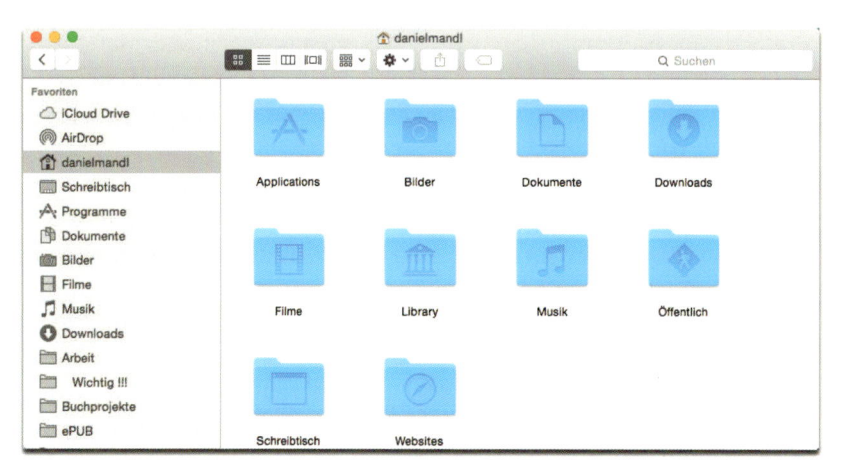

Die von Apple bereits eingerichteten Benutzer-Ordner sorgen in Ihrem Daten-Bestand von Anfang an für ein wenig Struktur.

Ordner können Sie immer und überall anlegen, einzig die *System*- oder *Library*-Ordner sollten Sie außen vor lassen. Über *Ablage | Neuer Ordner* (*cmd-Umschalttaste-N*) bekommen Sie einen Ordner und können ihn nun mit weiteren Dateien/Ordnern füllen. Dasselbe klappt auch über das Kontextmenü, indem Sie daraus den Befehl *Neuer Ordner* wählen. Und vergessen Sie auch nicht das *Aktions*-Menü, das ebenso diesen Befehl aufweist.

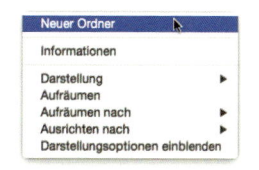

87

Da *OS X* natürlich nicht weiß, was Sie damit vorhaben, heißen alle neu angelegten Ordner erst einmal *Neuer Ordner* (bei mehreren werden diese fortlaufend nummeriert). Die Schrift bei *Neuer Ordner* ist dabei blau unterlegt, was nichts anderes bedeutet, als dass Sie diesen Titel sofort überschreiben können. Tippen Sie einfach los und vergeben Sie einen eigenen Namen. Sind Sie fertig, klicken Sie außerhalb des Ordners oder drücken den *Zeilenschalter*. Aber auch später können Sie Ihre Ordner jederzeit umbenennen, indem Sie bei markiertem Objekt in den Namen klicken und einen winzigen Augenblick warten. Auch in diesem Fall wird der Name blau unterlegt und kann korrigiert werden. Alternativ brauchen Sie nur den Ordner zu markieren (per Mausklick) und dann den *Zeilenschalter* zu drücken.

Das Umbenennen von Dateien geht im Übrigen genauso: Auf den Titel eines Dokumentes klicken bzw. die Datei markieren und den *Zeilenschalter* drücken – der Name kann nun überschrieben oder korrigiert werden.

Befinden sich in einem Ordner Dutzende Dateien, die Sie vielleicht in weiteren Unterordnern unterbringen möchten, so können Sie auch zusammengehörige Dateien markieren und aus dem *Ablage*-Menü des Finders den Befehl *Neuer Ordner mit Auswahl (x Objekte)* wählen. Alle markierten Dateien werden nun zusammen in einen Ordner verfrachtet, den Sie auch gleich sinnvoll benennen sollten. Dieser Befehl steht Ihnen auch wieder über das Kontext- wie Aktions-Menü zur Verfügung.

Klicken Sie einen neu angelegten Ordner nun doppelt an, so öffnet er sich und zeigt seine leere Fenster-Vorschau, die Sie nun wie gewünscht füllen können.

Wenn Sie über die Menüleiste *Darstellung* die Option *Statusleiste einblenden* aktivieren, erhalten Sie am unteren Ende des Fensters stets einen Überblick über die Anzahl der im Ordner befindlichen Objekte sowie über den noch freien Speicherplatz auf der Festplatte.

12 Objekte und noch 1,74 Terabyte freier Speicher auf der Festplatte – da kann man also noch einiges unterbringen.

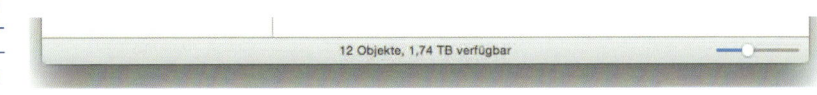

2 | Die Arbeitsumgebung im Detail

Intelligenter Ordner – Ordner mit Durchblick

Gehören Sie zu jenen Anwendern, die es gerne wohl geordnet haben und die auch auf Sicherheit bedacht sind, so sind die sogenannten *intelligenten Ordner* genau Ihr Fall. Über festgelegte Kriterien wie *Art* der Datei, *letztes Änderungs-* oder *Öffnungsdatum*, *Erstellungsdatum*, *Name* oder *Inhalt* veranlassen Sie den Ordner, diesen mit den gewünschten Dateien zu füllen. Egal, ob als Backup, zum Archivieren oder zum Zusammenhalten von verstreuten Projekt-Daten – die Daten liegen gesammelt vor und stehen zur schnellen Verfügung.

Ein *intelligenter Ordner* ist schnell angelegt: über *Ablage | Neuer intelligenter Ordner* oder über die Tastenkombination *cmd-alt-N*. Das Gleiche funktioniert über *Ablage | Suchen (cmd-F)*, denn auch daraus lässt sich später ein intelligenter Ordner erstellen.

Am besten weisen Sie den Rechner schon im Vorfeld an, wo er denn suchen soll. Dazu begeben Sie sich im Voraus in einen bestimmten Ordner, auf ein externes Volume oder auf eine andere Partition und wählen dann *Ablage | Suchen (cmd-F)*. Das Fenster wechselt dann automatisch zur intelligenten Suche. Die Rubrik *Diesen Mac* lässt dabei die gesamte Festplatte (inklusive externer Festplatten) absuchen, so dass Sie schnell als Ergebnis auf Tausende von Dateien kommen können. Weiterhin lässt sich die Suche auf den *Inhalt* eingrenzen, indem Sie jenen Ordner bestimmen, aus dem heraus Sie Ihre Suche begannen.

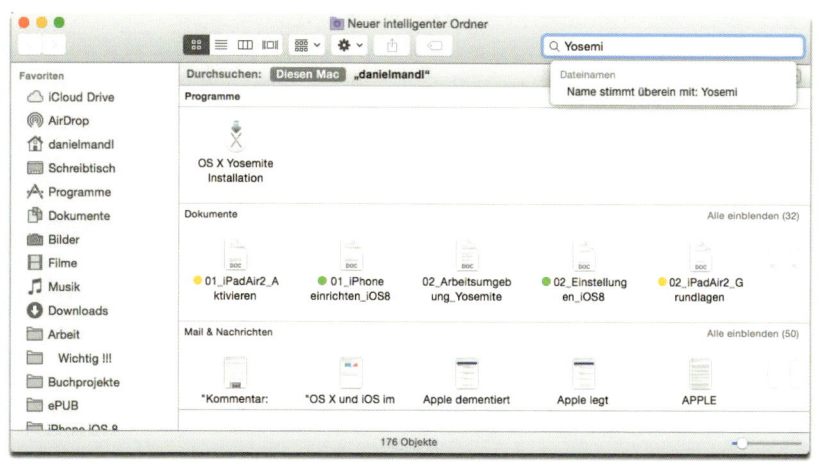

Ordner mit hilfreicher Such- und Archivier-Funktion.

Wo ein Suchvorgang letztlich beginnt, stellen Sie über die *Finder-Einstellungen* in der Abteilung *Erweitert* ein. Sie können dabei zwischen *Diesen Mac durchsuchen*, *Aktuellen Ordner durchsuchen* und *Letzten Suchbereich verwenden* wählen.

Sie können nun entweder in das oben liegende Suchfeld ein Begriff eingeben, wobei Sie die Möglichkeit haben, die Suche einzugrenzen, indem Sie etwa ausschließlich nach dem eingetragenen *Dateinamen* oder beispielsweise der *Art* fahnden. Oder – falls Ihnen der Titel der gesuchten Datei nicht bekannt ist – wählen Sie über Suchkriterien wie Art, Erstellungsdatum, Inhalt oder letztes Öffnungsdatum. Diese lassen sich wiederum weiter verfeinern, indem Sie ungefähre Datumsangaben, Formate, Zeitwerte etc. bestimmen. Dabei müssen Sie sich nicht auf ein Kriterium festlegen, sondern können bei erfolgloser Suche auch mehrere definieren.

Über das Anlegen von Kriterien können Sie die Suche eingrenzen. Dies gilt insbesondere für Dateien, deren Name Ihnen unbekannt ist.

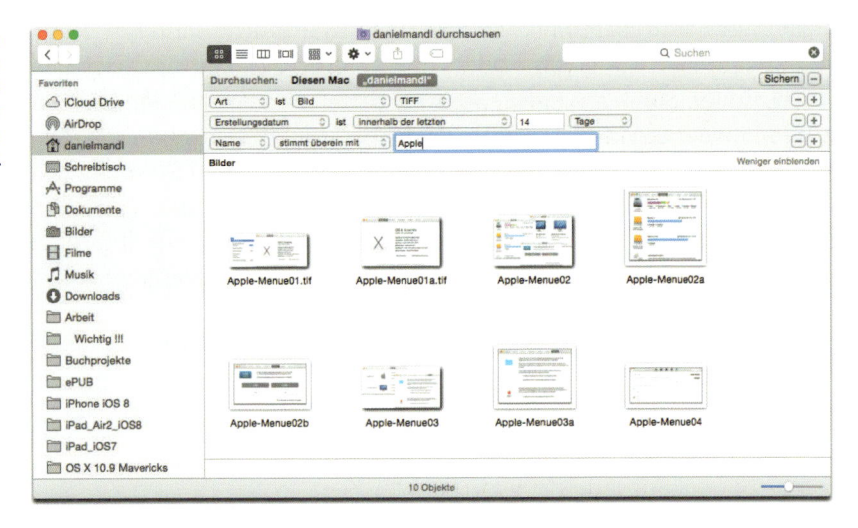

Dass die meisten Suchen wohl zufriedenstellende Ergebnisse liefern, ist mitunter ein Verdienst der Such-Maschine *Spotlight* (siehe auch nächstes Kapitel), die im Vorfeld sämtliche Daten durchscannt und auch innerhalb von Dateien (Texten, E-Mails etc.) nach Begriffen forschen kann.

2 | Die Arbeitsumgebung im Detail

Die Auswahl an Suchkriterien sowie die daraus resultierenden, weiteren Eingrenzungen zeigen die Effektivität dieser Art des nachhaltigen Forschens auf.

Regelmäßig erfolgende Such-Anfragen – sei es über intelligente Ordner oder die einfache Eingabe in das Suchen-Feld – sollten Sie abspeichern. Damit erstellen Sie sozusagen einen intelligenten Ordner, der im Hintergrund werkelt und Sie stets auf dem Laufenden hält. Über den *Sichern*-Knopf vergeben Sie einen Namen und bestimmen den Speicher-Ort. Übernehmen Sie den vorgeschlagenen Ort *Gesicherte Suchabfragen*, so werden im Verzeichnis *Benutzer/Ihr Benutzer-Name/Library/Gesicherte Suchabfragen* die entsprechenden Ordner abgelegt. Interessant ist auch die Option *Zur Seitenleiste hinzufügen*, da hierbei ein Alias (eine Verknüpfung) des gespeicherten Ordners in der Seitenleiste angelegt wird. So können Sie auf Mausklick hin Ihre Daten abrufen und besitzen somit immer Zugriff auf den aktuellen Daten-Bestand.

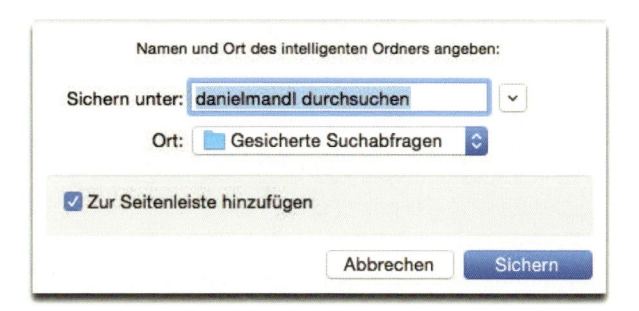

Das Speichern von intelligenten Ordnern lohnt sich ganz besonders bei häufig aufzurufenden Daten, die verstreut auf der Festplatte liegen.

Die in der Seitenleiste untergebrachten *intelligenten Ordner* lassen sich nachträglich anpassen, wenn Sie über das *Aktions*-Menü bzw. über das Kontext-Menü die Option *Suchkriterien einblenden* aufrufen. Dort können Sie nun weitere Kriterien eingeben oder bestehende ändern.

Da sich der Ordner *Gesicherte Suchabfragen* im geschützten und somit nicht sichtbaren Ordner *Library* im persönlichen Benutzer-Verzeichnis befindet, müssen Sie einen kleinen Umweg gehen, um darauf zuzugreifen. Klicken Sie dazu im *Finder* auf die Menüleiste *Gehe zu* und drücken Sie anschließend die *Optionstaste (alt)* – erst dadurch wird der *Library*-Eintrag sichtbar und kann ausgewählt werden.

Möchten Sie den *Library*-Ordner dauerhaft einblenden, so gehen Sie in Ihr *Benutzer*-Verzeichnis *(Benutzer/Ihr Benutzer-Name)* und wählen Sie *Darstellung | Darstellungsoptionen einblenden (cmd-J)*. Im erscheinenden Dialog finden Sie dort den Eintrag *Ordner »Library« anzeigen*. Ist dieser aktiviert, so wird der *Library*-Ordner konstant in Ihrem *Benutzer*-Verzeichnis aufgeführt.

Die Anzeige der Suchergebnisse läuft wie eh und je: Die Dateien lassen sich in der *Listen-*, *Symbol-*, *Spalten-* oder *Cover Flow*-Ansicht darstellen bzw. bei Markierung und dem Betätigen der Leertaste als *Übersicht* zeigen. Musik-Dateien wie *MP3* oder *MP4* (AAC) können zur Überprüfung auch gleich angehört bzw. Filme gleich in einem Vorschau-Bereich angesehen werden.

Aber der *intelligente Ordner* hat noch ein weiteres Highlight an Bord: Kommen Sie mit den bislang gebotenen Kriterien nicht aus oder ist Ihre Suche sehr speziell, dann sollten Sie einmal das Such-Kriterium *Andere…* anwählen. Von A wie *Abtastrate* bis Z wie *Zugriffe* oder *Zuletzt angezeigt am* werden Ihnen Dutzende weiterer Such-Algorithmen angeboten. Da man aufgrund der Vielfalt dort leicht den Überblick verlieren kann, können Sie im *Suchen*-Feld schon einmal ein Stichwort eingeben, das sozusagen die Spreu vom Weizen trennt: ob Audio, Video, Bild, Auflösung oder Größe – zu jedem Such-Begriff finden sich verwandte Themen, die dann sofort eingeblendet werden.

So lassen sich etwa Bilder nach Quer- oder Hochformat oder nach den *EXIF*-Daten wie ISO-Einstellung, Blende oder Verschlusszeit aufspüren, Songs aus *iTunes* mit Hilfe der Musikrichtung oder Spieldauer finden usw. Werfen Sie auf jeden Fall einmal einen Blick dort hinein, denn allein die Beschäftigung mit den Such-Kriterien bzw. das Bewusstsein, was alles technisch möglich ist, lässt Sie gewaltig staunen.

2 | Die Arbeitsumgebung im Detail

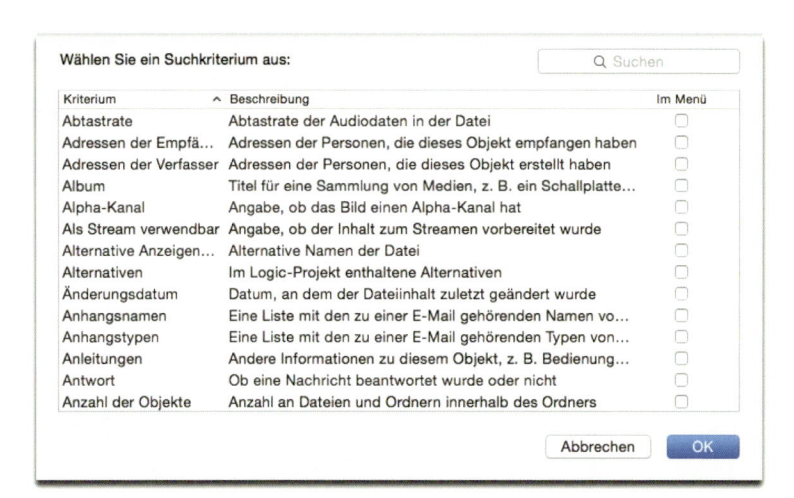

Weitere Such-Kriterien en masse, die über die Eingabe von Begriffen im Suchen-Feld vorsortiert werden können.

Setzen Sie einen Haken in das kleine Kästchen der Spalte *Im Menü*, so erscheint das Kriterium automatisch bei den Such-Kriterien und muss nicht immer erst umständlich über *Andere* aufgerufen werden.

Da manche Beschreibungen der Kriterien die Breite der Spalte überschreiten, werden diese nicht vollständig wiedergegeben. Der Trick zum Lesen besteht darin, dass Sie einfach den Mauszeiger ein oder zwei Sekunden über dem Eintrag parken, woraufhin der gesamte Text angezeigt wird.

Neuer Brenn-Ordner – gegen die Vergesslichkeit

Und noch eine weitere Art an Ordnern gibt es zu entdecken – vorausgesetzt, dass Ihr Mac mit CDs/DVDs umgehen kann: der *Brennordner*. Über das *Ablage*-Menü erreichbar wählen Sie *Neuer Brennordner* und packen dort alles hinein, was Sie in nächster Zeit als CD oder DVD brennen möchten. Beim Anlegen ist wie üblich erst einmal der Name blau unterlegt, so dass Sie diesen sogleich überschreiben können. Die Vorgehensweise zum Sammeln der Daten ist dabei sehr simpel: Ziehen Sie all jene Dateien und Ordner in den geöffneten *Brennordner*, die demnächst auf einer silbernen Scheibe verewigt werden sollen.

Am Anfang steht das Sammeln wichtiger Daten.

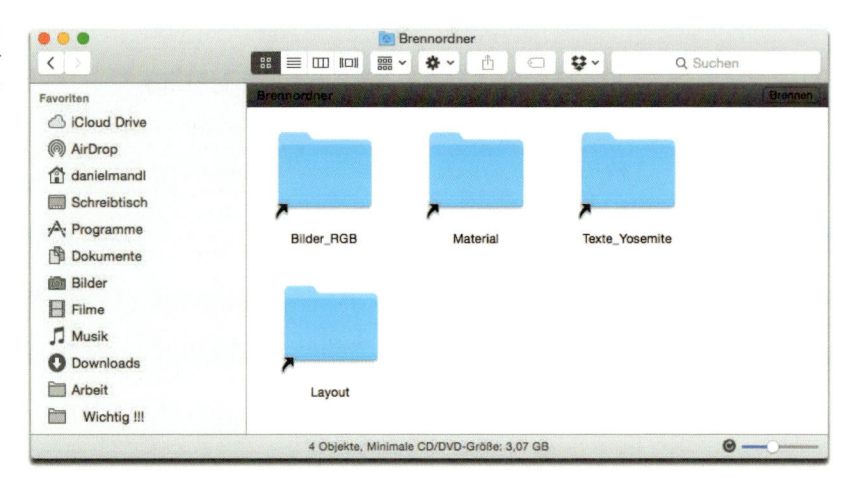

Damit Sie von überall aus immer sofortigen Zugriff auf Ihren *Brennordner* haben, sollten Sie diesen in die Seitenleiste des *Finder*-Fensters ziehen. Ihren *Brennordner* erkennen Sie dann auf einen Blick am entsprechenden Symbol.

Die Besonderheit hierbei ist, dass nicht etwa die Daten in den *Brennordner* hineinkopiert werden, sondern dass nur eine Verlinkung (Alias) auf die Original-Daten angelegt wird. Das heißt für Sie, dass Sie sich im Falle des Transferierens eines Arbeits-Ordners in den *Brennordner* die nächste Zeit erst einmal keine Sorgen über den aktuellen Stand machen müssen. Denn selbst dann, wenn Sie nachträglich noch Daten in Ihren Arbeits-Ordner einfügen, werden auch diese zum Zeitpunkt des Brennens berücksichtigt, da ja eine Verbindung zum Original besteht. Verknüpfungen erkennen Sie am kleinen Pfeil links unten auf den Datei-Icons, der damit eine Verbindung zum Original symbolisiert.

Nach dem Einfügen etwaiger Daten in den *Brennordner* dürfen Sie diese nicht vom ursprünglichen Platz verschieben oder gar löschen, da ansonsten die Verbindung aufgehoben wird. Der *Brennordner* verliert somit den Kontakt zur Ursprungs-Datei und berücksichtigt diese nicht mehr.

Zum Brennen der Daten klicken Sie auf den *Brennen*-Knopf bzw. auf das *Brennen*-Symbol rechts neben dem Ordner-Namen in der Seitenleiste. Der Rechner fordert Sie daraufhin auf, ein Speichermedium einzulegen.

2 | Die Arbeitsumgebung im Detail

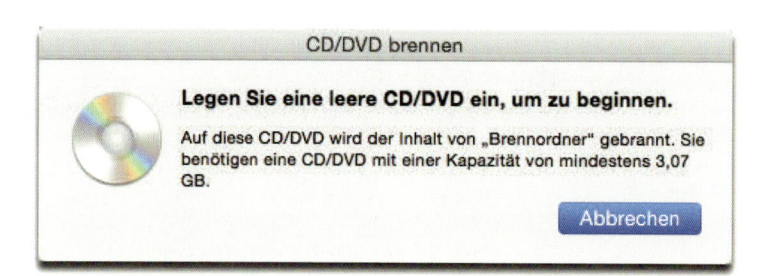

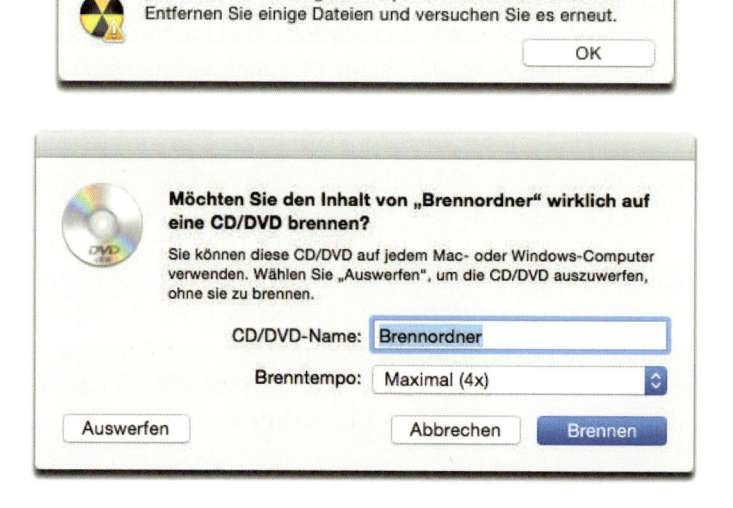

Der Dialog »CD/DVD brennen«. Je nach Größe sollten Sie nun eine CD (CD-R/CD-RW) oder eine DVD (DVD±R, DVD±RW, DVD±R DL) einlegen, wobei die Formate vom integrierten oder externen Laufwerk des Rechners abhängig sind.

Wenn Sie sich unsicher sind, welche Medien Ihr CD/DVD-Laufwerk brennen kann, so rufen Sie über das Apple-Menü den Befehl *Über diesen Mac* auf. Im auftauchenden Dialog klicken Sie wiederum auf *Festplatten*. Unten stehend stoßen Sie auf Ihr CD-/DVD-Laufwerk, das alle unterstützten Formate auflistet.

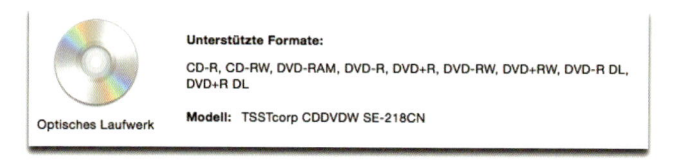

Da die aktuellen Mac-Rechner über kein CD-/DVD-Laufwerk mehr verfügen, haben wir uns einen externen Brenner (über USB) zugelegt. Kostenpunkt: ab 30 Euro geht's los.

Im nächsten Schritt können Sie noch einmal den Titel anpassen sowie die *Brenngeschwindigkeit* bestimmen. Der Klick auf *Brennen* wirft dann den eigentlichen Brenn-Vorgang an. Stellt der Rechner jedoch fest, dass die Ordner-Größe die Kapazität des Brenn-Mediums überschreitet, zieht er die Notbremse.

Wenn die Datenmenge des Brennordners die Kapazität des Speicher-Mediums übersteigt, so wird der Brenn-Vorgang abgebrochen und um Nachbesserung gebeten.

Der Dialog zum Brennen: Sie können noch den Namen abändern und die Brenngeschwindigkeit einstellen.

Um einen Überblick zu bekommen, wie groß der Gesamt-Speicherplatz des Ordners ist, klicken Sie bei geöffnetem *Brenn-Ordner* auf das kleine Symbol rechts unten zum Berechnen des verbrauchten Speicher-Platzes.

Befindet sich bereits ein Medium im Laufwerk, so lässt sich über die unten liegende Statusleiste der aktuelle Speicherverbrauch sowie das eventuelle Überschreiten der Speicherkapazität (Überlauf) ablesen.

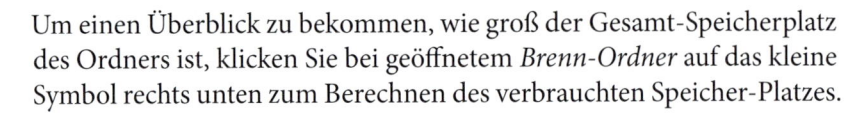

Zum Brennen wichtiger Daten ist das vorherige Anlegen eines *Brennordner*s selbstverständlich kein Muss. Im Grunde brauchen Sie nur ein leeres Medium ins Laufwerk schieben, und ein Dialog fragt nach, was damit passieren soll. Wählen Sie als Aktion *Finder öffnen,* so erscheint das CD-/DVD-Icon auf dem Schreibtisch. Ziehen Sie nun Ihre Daten dort hinein, erhalten Sie ebenso die vom *Brennordner* bekannte Benutzer-Oberfläche und durchlaufen im Endeffekt dieselben Arbeitsschritte. Werfen Sie vor dem Brennen der CD/DVD das Medium wieder aus, so bleiben die angelegten Brenn-Verzeichnisse (*Ohne Titel CD*, *Ohne Titel DVD*) als *Brennordner* bestehen und müssen bei Nicht-Verwendung manuell gelöscht werden.

Legen Sie eine leere CD/DVD in das (interne oder externe) Laufwerk, so wird eine Aktion erfragt. Die Option »Finder öffnen« zeigt das Icon der CD/DVD auf dem Schreibtisch an und kann nun wie ein Brennordner behandelt werden.

Denken Sie immer daran, von Ihren wichtigen Daten ab und an Sicherheitskopien anzufertigen. Benutzen Sie Ihren Rechner auch im Beruf und somit zum Geldverdienen, sollte ein tägliches Backup fast schon Grundgesetz sein. Die Apple-eigene Lösung *Time Machine* stellen wir Ihnen ein wenig später detailliert vor.

2 | Die Arbeitsumgebung im Detail

Löschen lassen sich *Brennordner* natürlich auch. Packen Sie den Ordner und ziehen Sie ihn einfach auf den Papierkorb. Sollten Sie vergessen haben, auf welcher Ebene sich der Ordner in der Hierarchie befindet, so rufen Sie beim Klicken auf den Seitenleisten-Eintrag das Kontext-Menü auf und wählen daraus den Befehl *Im übergeordneten Ordner anzeigen*. Und schon liegt er vor Ihnen und kann nun fachmännisch entsorgt werden.

> Sofern Sie einen Mac betreiben, der kein CD-/DVD-Laufwerk besitzt, so können Sie dieses Manko entweder über ein externes Laufwerk oder über die Funktion *Entfernte CD/DVD* (siehe den Punkt *Geräte* in der Seitenleiste eines Finder-Fensters) wieder wettmachen. Bei letzterer Variante benötigen Sie jedoch einen weiteren Mac, der über ein Laufwerk verfügt. Dort aktivieren Sie nun über die *Systemeinstellungen | Freigaben* die Option *DVD- oder CD-Freigabe*. Zurück am Mac ohne Laufwerk klicken Sie nun auf den Punkt *Entfernte CD/DVD*, der Ihren Mac mit Laufwerk aufführen sollte. Doppelklicken Sie das Mac-Icon und klicken Sie anschließend auf *Zugriffserlaubnis*, was eine Anfrage nach der Verwendung des DVD-Laufwerks bewirkt. Bestätigen Sie mit *Annehmen* und Sie können darauf zugreifen. Einziger Nachteil bei dieser Geschichte: Es lassen sich nur CDs/DVDs ansehen oder anhören, das Brennen von Inhalten beim Einlegen einer leeren CD/DVD ist leider nicht möglich.

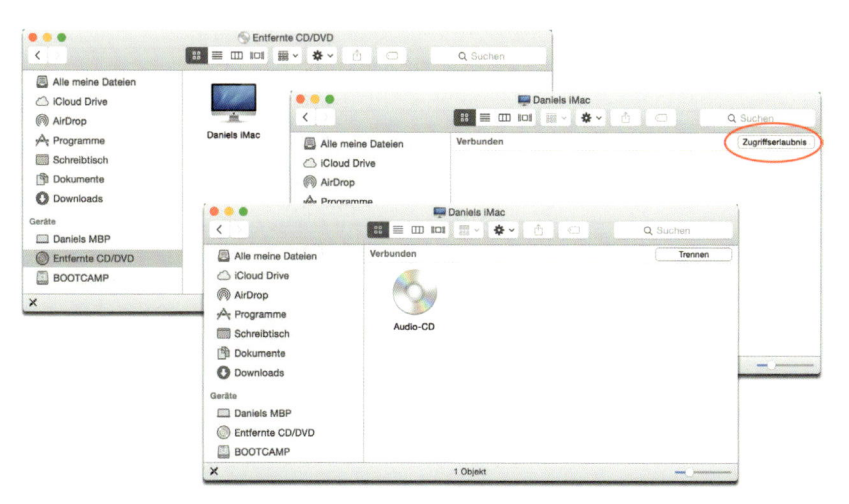

Ein Mac mit CD-/DVD-Laufwerk kann über die Funktion »DVD- oder CD-Freigabe« (über »Systemeinstellungen | Freigaben«) einem Mac ohne Laufwerk den Zugriff auf optische Medien ermöglichen.

Tags und Etiketten

Das Managen von vielleicht mehreren Tausend Dateien ist das A und O des gewieften Anwenders. Dazu gehören zum einen eine logische, hierarchisch angelegte Ordnung, in der Sie mehrere Ordner ineinander verschachteln. Zum anderen bedeutet das aber auch für Sie die nötige Disziplin, Ihre Daten sinnvoll zu benennen und akkurat in den zugehörigen Ordnern zu verstauen. Aber weil wir ja alle ziemlich bequem sind und manch einer mit Sicherheit auch zu einer winzig kleinen Nachlässigkeit neigt, gibt Ihnen Apple weitere Hilfsmittel an die Hand, sich immer und überall Durchblick zu verschaffen.

Die Rede ist von sogenannten *Tags*. Hierbei verteilen Sie entweder unterschiedliche Farben (wie ehemals bei den Etiketten) oder vergeben Schlagworte, so dass zusammengehörende Ordner-Pakete oder Projekt-Dokumente auf einen Blick erkannt bzw. per Mausklick gesammelt angezeigt werden können. Dummerweise brauchen Sie aber auch dafür ein wenig Durchhaltevermögen, denn ohne eine gewissenhafte wie stete Zuteilung dieser *Tags* stehen Sie ebenfalls mit ziemlicher Wahrscheinlichkeit irgendwann im Regen …

Das Vergeben von farbigen *Tags* ist denkbar einfach. Markieren Sie einen oder mehrere Ordner bzw. Dateien und klicken Sie auf das *Aktions-* oder *Tag*-Menü. Wählen Sie nun die gewünschte Farbe (auf Wunsch auch mehrere, wobei immer nur drei angezeigt werden) und der Fall ist für Sie erledigt. Alternativ können Sie jedoch auch bei gedrückter *ctrl-Taste* bzw. mit Rechtsklick/Zweifingertipp auf markierte Ordner/Dateien klicken und aus dem auftauchenden *Kontext*-Menü die gewünschte Kennzeichnung zuordnen.

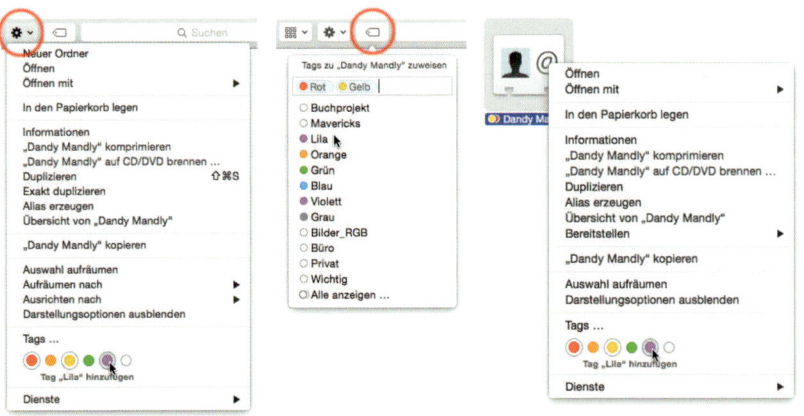

Höherer Wiedererkennungswert: Etiketten-Vergabe über das Aktions- (links), Tag- (mittig) bzw. Kontextmenü (rechts).

2 | Die Arbeitsumgebung im Detail

Auch die Vergabe von Schlagworten ist möglich. Die Vorgehensweise ist im Großen und Ganzen dieselbe, nur dass Sie dieses Mal statt eines farbigen Etiketts einen Begriff zuordnen. Markieren Sie also wieder die gewünschten Objekte und klicken Sie auf das *Aktions-* bzw. *Tag-*Menü oder rufen Sie das Kontextmenü auf. Im Falle des *Aktions-* sowie *Kontextmenüs* wählen Sie nun den Eintrag *Tags*, beim *Tag-*Menü können Sie sofort loslegen. Schreiben Sie nun einen Begriff in das dafür vorgesehene Feld und schließen Sie die Eingabe mit dem Zeilenschalter oder dem Setzen eines Kommas ab. Nachfolgend können Sie weitere Schlagworte vergeben.

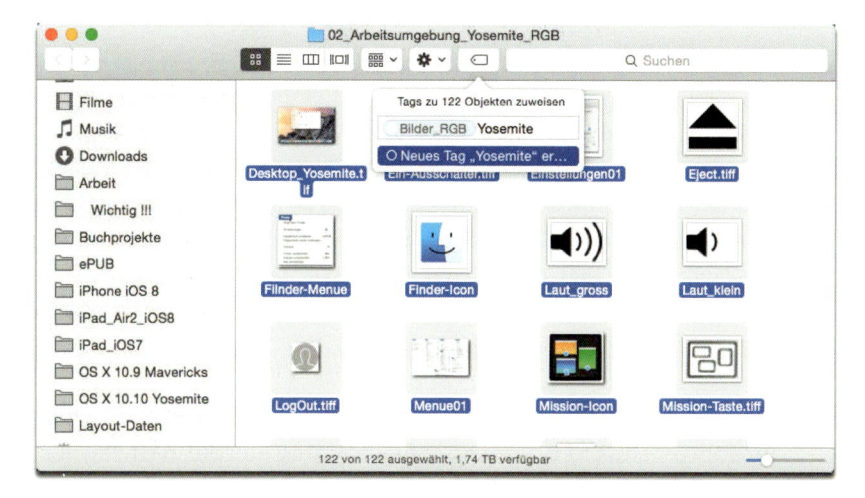

Begriffe schließen Sie per Zeilenschalter oder über das Setzen eines Kommas ab. Sie können jederzeit mehrere Schlagworte zuordnen.

In der Seitenleiste eines *Finder*-Fensters finden Sie die Abteilung *Tags*, die nun per Mausklick alle zu einem bestimmten *Tag* gehörenden Daten auflistet. Teilen Sie also – wieder mal diszipliniert – einem Projekt immer dasselbe Tag zu, so reicht später ein Mausklick, um alle betreffenden Dateien und Ordner aufzurufen.

Tags lassen sich selbstverständlich aus Dokumenten auch wieder entfernen. Dazu markieren Sie wieder die betroffenen Objekte und rufen das *Tag*-Menü auf. Klicken Sie nun auf das zu entfernende *Tag* und löschen Sie es über die *Entfernen*-Taste. Möchten Sie stattdessen nur einen Begriff umbenennen, so klicken Sie diesen doppelt an und überschreiben Sie ihn.

Ein Klick und Sie haben alle gewünschten Daten an einem Platz versammelt.

Für die *Tag*-Organisation verantwortlich zeigt sich der Dialog *Tags*, den Sie über die *Finder-Einstellungen* erreichen. Dort können Sie nun beispielsweise die Reihenfolge der einzelnen Einträge verändern, indem Sie einzelne Begriffe mit der Maus packen und an eine andere Stelle schieben. Auch das Umbenennen ist möglich, indem Sie auf die jeweiligen Titel klicken, mit der Eingabetaste bestätigen und diese nachfolgend neu formulieren (was im Übrigen auch bei den Tags wie *Orange*, *Gelb*, *Grün* etc. sinnvoll sein kann). Welche *Tags* in der Seitenleiste eines Fensters erscheinen sollen, legen Sie über das Setzen von Haken in die jeweiligen Checkboxen fest. Möchten Sie selbst vergebenen Tags eine Farbe zuweisen, so erledigen Sie das über das Aufrufen des Kontextmenüs.

Über die »Finder-Einstellungen | Tags« lassen sich Ihre Schlagworte und vergebenen farbigen Etiketten organisieren, das Aufrufen des Kontextmenüs ermöglicht das Zuteilen von Farben und Umbenennen vorhandener Schlüsselworte.

2 | Die Arbeitsumgebung im Detail

Weiterhin können Sie auch einzelne Einträge in das unten liegende *Tag*-Feld ziehen bzw. bereits bestehende *Tags* von dort herausziehen (diese »verpuffen« dann symbolisch). Hierbei handelt es sich um Ihre *Favoriten-Tags*, die Sie häufig benutzen und die beim Aufrufen über das Kontextmenü auf einen Blick erkennbar sowie sofort zuzuordnen sind.

Rufen Sie später in der *Listen-* oder *Cover Flow-Ansicht* die *Darstellungsoptionen (cmd-J)* auf, so lässt sich dort als zusätzliche Information unter *Spaltenanzeige* die Rubrik *Tags* einblenden. Die für die *Tags* vergebenen Titel werden so aufgeführt und dienen als weitere Kennzeichnung für beispielsweise Projekte oder Dringlichkeit der Aufgaben.

> *Tags* eignen sich hervorragend für Such-Vorgänge über beispielsweise intelligente Ordner oder über den *Suchen*-Befehl des *Finders (cmd-F* bzw. *Ablage | Suchen…)*, was letztlich aber dasselbe ist. So lassen sich etwa alle Ordner eines bestimmten Projekts, die mit einem bestimmten *Tag* belegt wurden, schnell finden. Für die Suche nach farbigen *Tags* müssen Sie jedoch zuerst über die Kriterien *Andere* den Eintrag *Dateietikett* aktivieren, für Begriffe verwenden Sie die Kriterien *Schlagworte* sowie *Schlagwörter*.

Das Dock – mit der Lizenz zum Starten …

Nach der Installation des Betriebssystems sehen Sie unten stehend eine Leiste mit einer Reihe von Symbolen. Diese – *Dock* genannte – Schaltzentrale ist meist der Ausgangspunkt zum Starten Ihrer Programme. Die Symbole zeigen dabei die jeweiligen Programme an, und fahren Sie mit der Maus über ein Icon, so erscheint der dazugehörige Name. Natürlich müssen Sie sich nicht mit der Standard-Belegung zufrieden geben, sondern können jedes x-beliebige Programm in das *Dock* ziehen oder umgekehrt auch entfernen.

Das Dock dient dem schnellen Aufrufen häufig verwendeter Anwendungen und Ordner.

Wenn Sie mit mehreren Bildschirmen arbeiten, haben Sie sicherlich schon bemerkt, dass sich zum einen die zugehörige Menüleiste auf allen Bildschirmen zeigt und zum anderen auch das Dock mitwandert. Je nachdem, auf welchem Bildschirm Sie sich befinden, können Sie auf das Dock zugreifen. Sie brauchen dazu nur mit der Maus an den unteren Bildschirmrand zu fahren und das Dock fährt automatisch heraus. Falls Sie das nerven sollte, so lässt sich diese Funktion über die Systemeinstellung *Mission Control* über das Ausschalten der Option *Monitore verwenden verschiedene Spaces* deaktivieren. Mehr zu den Systemeinstellungen erfahren Sie im nächsten Kapitel.

Und weil das *Dock* im Alltag so wichtig ist, lässt es sich natürlich an die eigenen Bedürfnisse anpassen. Während man unter *OS X Mavericks* noch über das *Apple-Menü* und dort über den Befehl *Dock* auf diverse Einstellungen zugreifen konnte, gelingt das unter *OS X Yosemite* nur mehr über die *Systemeinstellungen*.

Das Pendant zur »Systemsteuerung« unter Windows – die »OS X-Systemeinstellungen«. Auch bei den »Dock«-Einstellungen gibt es viel zu regeln.

Zum einen lässt sich darüber die Größe bestimmen. Ziehen Sie am Regler, so »bewegt« sich das Dock in Echtzeit auf die gewünschte Breite. Das Gleiche lässt sich jedoch auch schnell ändern, indem Sie Ihre Maus auf die Trennlinie zwischen den Programm- und Ordner-Icons setzen. Schieben Sie nun bei gedrückter Maus-/Trackpadtaste den Pfeil nach oben oder unten bzw. nach links oder rechts in vertikaler Positionierung, so ändert sich ebenso die Größe des *Docks*.

Ein weiteres visuelles Gimmick ist die *Vergrößerung*. Hierbei werden jene Symbole, die Sie mit der Maus überfahren, hervorgehoben, damit Sie auch ja nicht danebenklicken. Die Stärke regulieren Sie wieder über den angebotenen Regler.

2 | Die Arbeitsumgebung im Detail

Zur besseren Treffsicherheit lassen sich Programm-Icons über die »Vergrößerung« besser hervorheben.

Für Mac-Ein- und Windows-Umsteiger gilt: Eine ausführliche Auseinandersetzung mit den entsprechenden Rubriken der Systemeinstellungen ist unbedingt vonnöten. Selbstverständlich werden wir auch im Buch noch ausgiebig darüber sprechen – und zwar im nächsten Kapitel.

Über den Punkt *Bildschirmpositionierung* können Sie das Dock an eine andere Stelle auf dem Bildschirm verlegen. Zur Auswahl stehen hier links, unten oder rechts. Hier sollten Sie selbst einmal ausprobieren, welche Position Ihnen am genehmsten ist. Weiterhin lässt sich der Effekt bestimmen, der beim Ablegen eines Objekts (Fenster, geöffnetes Dokument etc.) ins Dock abgespielt werden soll: *Trichter* (sehr effektvoll) oder *Linear* (eher langweilig, dafür aber schneller).

Unten liegend finden Sie weitere Optionen – etwa die schon angesprochene *Beim Doppelklicken auf die Titelleiste das Fenster im Dock ablegen*. Die zweite Option – *Fenster hinter Programmsymbol im Dock ablegen* – ist aus unserer Sicht nicht besonders empfehlenswert: Legen Sie ein Fenster oder Dokument – beispielsweise über den Befehl *Im Dock ablegen (cmd-M)* bzw. per Klick auf den orangefarbenen Knopf in der Titelleiste ins Dock, so landet die Datei oder der Ordner üblicherweise rechter Hand der Programm-Symbole. Die Miniatur-Vorschauen tragen noch dazu das zugehörige Programm-Icon, so dass Sie auf einen Blick erkennen können, was sich denn da so alles im Dock tummelt. Aktivieren Sie nun die Option *Fenster hinter Programmsymbol im Dock ablegen*, so wandern die Dokumente auf Doppelklick ebenso ins Dock, allerdings nicht offen sichtbar, sondern hinter dem zugehörigen Programm-Icon verschwindend. Man kann also auf einen Blick überhaupt nicht nachvollziehen, welche und wie viele Fenster überhaupt offen sind. Haben Sie weiterhin mehrere geöffnete Dokumente ins Dock geschickt und klicken nun auf das dazugehörige Programm-Icon, so öffnet sich nur das zuletzt abgelegte, die anderen bleiben weiterhin verborgen. Einsehbar ist das Ganze nur über die Menüleiste *Fenster* oder indem Sie mit verzögertem Mausklick, mit gedrückter *ctrl*-Taste oder per Rechtsklick bzw. per Zweifinger-Tipp auf das entsprechende Programm-Icon klicken. Im Kontext-Menü sind nun die jeweiligen Fenster/Dokumente anhand der neben den Dateinamen liegenden Rauten zu identifizieren. Ein Vorteil dieser Einstellung ist wohl nur auf kleinen Displays zu erzielen, wenn die Dockbreite eingeschränkt ist.

Die Option *Öffnen von Programmen animieren* ist ebenso nicht unbedingt lebensnotwendig, stellt aber ein nettes Schauspiel dar, denn schließlich hüpfen die Programm-Symbole auf und ab, startet man eine Applikation. Die Option *Dock automatisch ein- und ausblenden* lässt das *Dock* bei Nichtgebrauch verschwinden. Fahren Sie später mit dem Mauszeiger an den unteren (oder auch linken oder rechten – je nach getroffener Einstellung) Bildschirmrand, so taucht es wieder auf. Das Ein- und Ausblenden des *Docks* funktioniert auch über die Tastenkombination *cmd-alt-D*.

Laufende Programme erkennen Sie im Übrigen an dem kleinen Punkt unterhalb der Icons, den schon der ein oder andere Nutzer mit einem kriechenden Insekt verwechselte. Finden Sie das nun eher störend, weil er beim Putzen des Bildschirms einfach nicht weggehen will oder sich trotz Fliegenpatsche nicht vertreiben lässt, so deaktivieren Sie einfach die Option *Anzeige für geöffnete Programme einblenden*.

> Wenn Sie einen eher unruhigen Bildschirmhintergrund verwenden, so kann die Transparenz des Docks oft eher nachteilig wirken. Als Gegenmaßnahme können Sie nun entweder einen anderen Bildschirmhintergrund wählen (Systemeinstellung *Schreibtisch & Bildschirmschoner*) oder über die Systemeinstellung *Bedienungshilfen* unter *Anzeige* die Option *Transparenz reduzieren* einschalten. Somit wirkt das Dock schon ein wenig satter. Das Ganze lässt sich auch noch toppen, wenn Sie zusätzlich in der Systemeinstellung *Allgemein* die Option *Dunkle Menüleiste und Dock verwenden* aktivieren. Mehr geht nun aber wirklich nicht …

Jeweils bei weißem Bildschirmhintergrund: Oben das Dock im »Rohzustand«, mittig mit reduzierter Transparenz (Systemeinstellung »Bedienungshilfen«) und unten als Krönung als dunkles, sattes, kontrastreiches Dock (Systemeinstellung »Allgemein«).

2 | Die Arbeitsumgebung im Detail

Neben den optischen Leckerbissen hat das *Dock jedoch* noch mehr zu bieten. So können Sie es erweitern, indem Sie weitere Programm- oder Ordner-Icons hinzufügen. Öffnen Sie beispielsweise Ihren *Programme*-Ordner (klicken Sie in einem Fenster Ihrer Wahl in der links liegenden Seitenleiste auf das Icon *Programme*) oder klicken auf das *Launchpad*-Icon, so lässt sich jedes Programm-Symbol mit der Maus packen und auf das *Dock* ziehen. Das Programm wird hierbei nicht kopiert, sondern es wird nur eine Verlinkung gelegt. Befindet sich das Programm-Icon im Dock, so können Sie es innerhalb des Docks verschieben (mit der Maus packen und bei gedrückter Maustaste nach links oder rechts ziehen, dann die Maustaste loslassen). Das Gleiche klappt auch mit Ordnern, Dokumenten, Bildern oder URLs (*Uniform Resource Locator* = Internet-Adressen), die Sie häufig benutzen und auf die Sie ständig und per Knopfdruck Zugriff haben wollen. Im Falle von URLs können Sie diese aus dem Browser *Safari* (aus der oben liegenden Adress-Zeile) herausziehen und ins Dock befördern, indem Sie sie am sogenannten *FavIcon* (das sind die kleinen Piktogramme bzw. Bitmap-Grafiken, welche die Internet-Adressen visuell aufpeppen) packen und ans Ziel bewegen. Im Dock selbst werden diese dann als Sprungfeder dargestellt, die per Mausklick den Browser starten und die entsprechende Adresse aufrufen.

Die kleine, 16 x 16 Pixel große Bild-Datei wird mit der Maus ins Dock gezogen. Dort erscheint der Link dann als Welt-Symbol, das auf Mausklick hin den Browser »Safari« startet und die Web-Seite lädt. Mit Programmen funktioniert das genauso: Packen Sie ein Programm-Icon und ziehen Sie es an jene Stelle ins Dock, die Ihnen beliebt.

Dass der Name des Programms oder des Ordners eingeblendet wird, wenn Sie mit der Maus darüber fahren, haben Sie ja schon gesehen. Als zusätzliches Feature lassen sich aber weitere Optionen hervorlocken, indem Sie auf das *Finder*- bzw. ein Programm-Symbol mit einem verzögerten Mausklick (die Maustaste beim Drücken etwa eine Sekunde lang halten) das Kontextmenü aufrufen (dasselbe klappt auch mit gedrückter *Controltaste* und Mausklick, einem Rechtsklick oder dem Zweifingertipp auf dem Trackpad). Zum einen können Sie die Funktion *Alle Fenster anzeigen* aufrufen – der Bildschirm wird abgedunkelt und alle zum Programm oder *Finder* gehörenden Dokumente bzw. Fenster werden als

105

Miniaturen samt Untertitel eingeblendet. Letzteres entspricht der Funktion *Programmfenster*, die Sie auch über die Tastenkombination *ctrl-Pfeil nach unten* aufrufen können.

Bei einer Vielzahl geöffneter Dokumente erhalten Sie so in Sekundenschnelle einen Überblick. Möchten Sie zu einem anderen Fenster wechseln oder eine andere Datei in den Vordergrund holen, so brauchen Sie nur den Mauszeiger auf die entsprechende Datei zu bewegen und zu klicken – das nun mit einem blauen Rahmen gekennzeichnete Dokument wird augenblicklich im Vordergrund angezeigt.

Mit dem verzögerten Mausklick auf ein Programm- oder das Finder-Icon im Dock lässt sich die Funktion »Alle Fenster anzeigen« aufrufen, die Klarheit im Dokumente- oder Fenster-Dschungel verspricht. Jenes Dokument/Fenster, welches Sie aufrufen möchten, brauchen Sie nur anzuklicken.

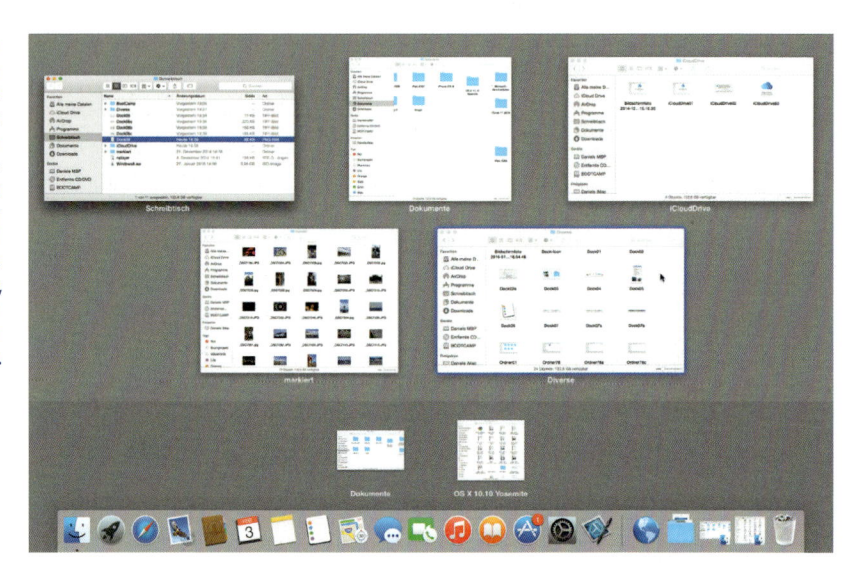

Falls Sie nur einen kleinen Bildschirm besitzen und Ihnen die Miniaturen zu winzig erscheinen, so bewegen Sie den Mauszeiger über eine Miniatur und drücken die *Leertaste* – die entsprechende Datei wird nun vergrößert dargestellt. Das Gleiche gilt für lange Titel, die in der Miniatur-Vorschau nicht immer vollständig angezeigt werden: Bewegen Sie den Mauspfeil auf den Titel und der komplette Name wird ersichtlich.

Liegen neben den normal geöffneten Fenstern und Dokumenten auch Dateien minimiert im Dock, so werden diese ebenso mit aufgeführt. Erkennbar ist dies durch den unten liegenden, ein wenig dunkler abgebildeten Bereich feine Trennlinie im unteren Drittel der Bildschirm-Ansicht. Alle großformatigen Fenster liegen dabei

2 | Die Arbeitsumgebung im Detail

geöffnet auf dem Schreibtisch, die darunter befindlichen liegen im Dock. Dies trifft auch zu, wenn Sie in den *Dock-Einstellungen* die Option *Fenster hinter Programmsymbol im Dock ablegen* aktiviert haben. Weiterhin werden auch solche Dokumente als Miniaturen mit eingeblendet, die Sie zuletzt mit diesem Programm geöffnet hatten. Die Auswahl entspricht dabei jenen Dateien, die sich über den Befehl *Benutzte Dokumente* einsehen lassen, wenn Sie in der Menüleiste *Ablage* des jeweiligen Programms den Befehl *Benutzte Dokumente* aufrufen.

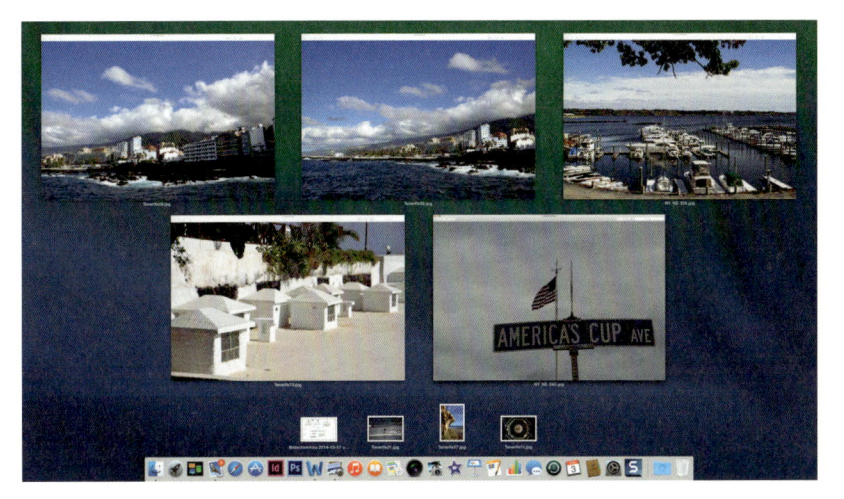

Jedes Programm merkt sich die in der Systemeinstellung »Allgemein« unter »Benutzte Objekte« festgelegte Anzahl an Dokumenten, die zuletzt in Gebrauch waren. Dies erleichtert Ihnen den schnellen Zugang zu häufig genutzten Dokumenten.

Neben der Funktion *Programmfenster* bzw. *Alle Fenster anzeigen* gibt es über das Kontextmenü weitere Optionen zu entdecken. So können Sie beispielsweise das betreffende Programm-Icon aus dem Dock löschen (*Aus dem Dock entfernen*) bzw. integrieren (*Im Dock behalten*), OS X veranlassen, das Programm nach dem Hochfahren des Rechners automatisch zu starten (*Bei der Anmeldung öffnen*), den *Programme*-Ordner zu öffnen und somit das Original anzeigen zu lassen (*Im Finder zeigen*) und natürlich das Programm selbst starten (*Öffnen*). Arbeiten Sie mit mehreren virtuellen Schreibtischen (den so genannten *Spaces*), so lässt sich ein Programm auch einem bestimmten (*Dieser Schreibtisch*), allen (*Alle Schreibtische*) oder keinem (*Ohne*) zuordnen (das Thema *Spaces* wird selbstverständlich noch erläutert). Im Falle des *Finder*-Icons erhalten Sie zudem die Möglichkeit, ein neues Fenster oder einen intelligenten Ordner anzulegen und weiteres mehr.

Die Optionen beim Aufrufen des Kontextmenüs bieten je nach Rechner-Konfiguration zusätzlichen Service an.

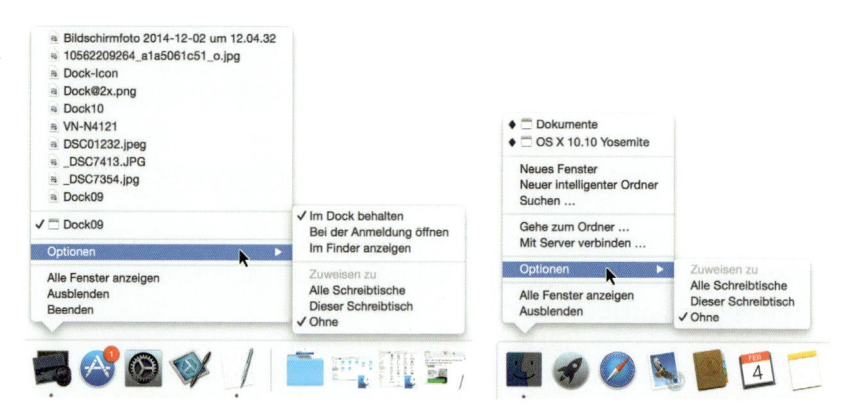

Ist ein Programm gestartet und sind verschiedene Dokumente geöffnet, so kommen ein paar Features hinzu: Neben den bereits genannten können Sie weiterhin das Programm ausblenden (Option *Ausblenden*), so dass alle dazugehörigen Fenster kurzfristig von der Bildfläche verschwinden (ein Klick auf das Programm-Icon blendet dann alles wieder ein) oder auf die vielen Dokumente zugreifen und diese einzeln in den Vordergrund bringen. Letzteres ist auch bei mehreren Dokumenten und vielleicht kleinem Bildschirm hilfreich, da sich doch meist gerade das verkehrte Dokument im Vordergrund tummelt.

Der besseren Orientierung halber hat Apple einige Symbole vor den Einträgen eingebaut. So ist das zuoberst liegende Dokument mit einem Haken versehen, während Dateien im Dock eine Raute tragen. Aufgeführt werden auch wieder jene Dokumente, die Sie zuletzt geöffnet hatten. Neben den Anwendungs-Programmen bieten auch solche Applikationen Zusatz-Optionen, die in der alltäglichen Arbeit doch das ein oder andere Mal gestartet werden müssen – so zum Beispiel die *Systemeinstellungen* oder das Backup-Programm *Time Machine*. Ohne das Programm zu öffnen, können Sie auf bestimmte Funktionen per Mausklick zurückgreifen.

> Drücken Sie zusätzlich oder auch nachträglich die *Optionstaste (alt)*, so können Sie weitere Befehle ausführen. So wird aus dem einfachen *Beenden* ein *Sofort beenden* oder aus *Ausblenden* ein *Andere ausblenden*.

2 | Die Arbeitsumgebung im Detail

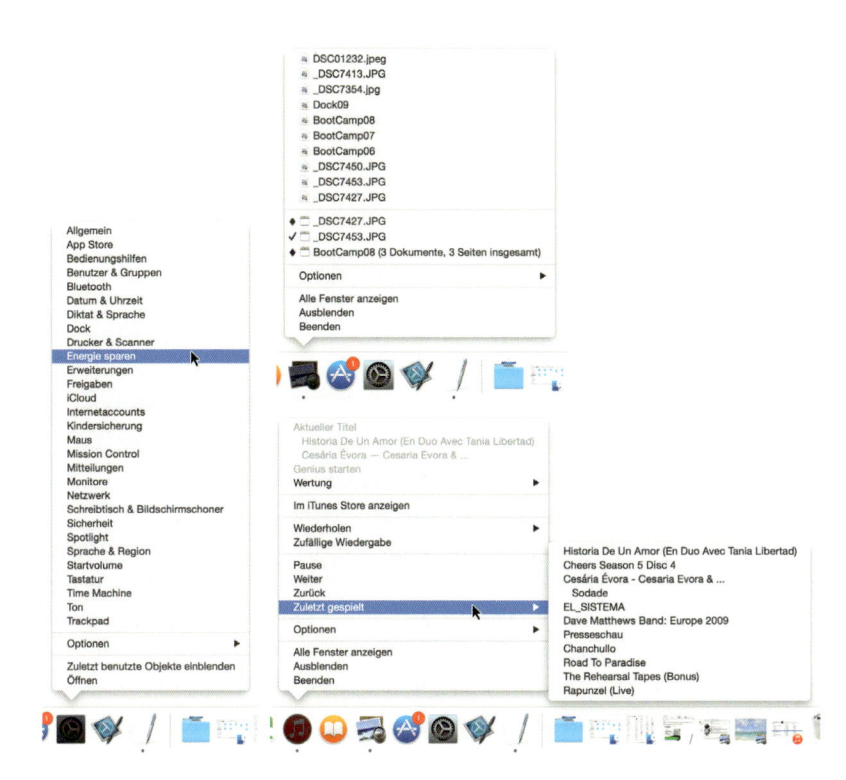

Programme wie die »Systemeinstellungen« oder »iTunes« bieten aus dem Dock heraus ihre Funktionen an. Etwaige Symbole neben den Dokumenten-Namen zeigen zusätzlich an, ob die Datei im Vordergrund oder im Dock liegt oder zuletzt geöffnet wurde.

Was bei Programmen funktioniert, klappt natürlich auch bei den Ordner-Symbolen. Dazu benutzt das *OS X* sogenannte »Stapel« (»stacks«), die auf Mausklick hin eine perfekte Übersicht über den Inhalt von Ordnern gewähren. Ein Ordner – *Downloads* – ist bereits vorhanden und bietet sich als Hort für alle geladenen Anhänge aus den Programmen *Safari*, *Mail* und *Nachrichten* an. Befinden sich nun Dateien in den Ordnern und klicken Sie mit der Maustaste darauf, so werden diese als *Fächer*, *Gitter*, *Liste* bzw. *Automatisch* (abhängig von der Anzahl der darin befindlichen Dokumente) angezeigt.

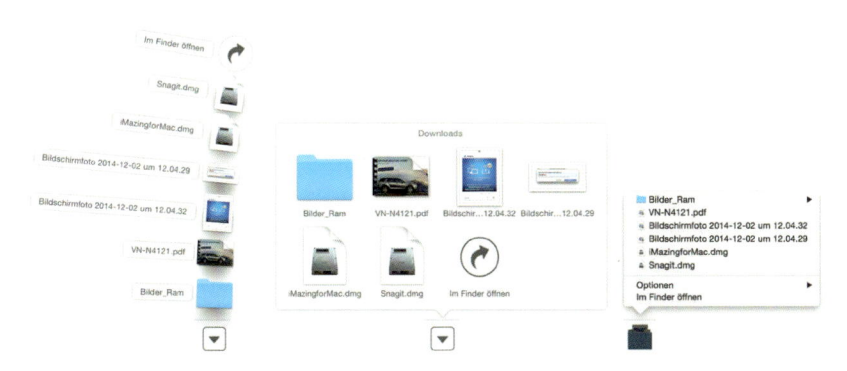

Links der »Fächer«, mittig das »Gitter« und rechts die »Liste« – ein Mausklick und Sie bekommen den Inhalt von Ordnern übersichtlich dargestellt.

109

Selbstverständlich können Sie jeden gewünschten Ordner ins Dock ziehen. Ideal sind dazu häufig benutzte Ordner mit Ihren Arbeitsprojekten oder auch der *Programme*-Ordner, falls Sie nicht doch lieber *Launchpad* zum Starten der Anwendungen bevorzugen. Klicken Sie mit gedrückter *ctrl*-Taste bzw. per Rechtsklick oder per Zweifinger-Tipp auf einen Ordner im Dock, so erreichen Sie über das Kontextmenü unkompliziert die verschiedenen Möglichkeiten zum Anpassen. So lässt sich etwa eine Sortierung des Inhalts nach *Namen*, nach Datum (*Hinzugefügt am*, *Änderungsdatum*, *Erstellungsdatum*) oder nach *Art* vornehmen. Auch die Darstellung lässt sich darüber festlegen (*Fächer*, *Gitter* oder *Liste*) oder dem Betriebssystem überlassen (Einstellung *Automatisch* – also je nach Anzahl der darin enthaltenen Dateien).

Sie können sich jeden Ordner im Dock ganz nach Ihren Wünschen und Vorlieben einrichten.

Zum Auswählen einer bestimmten Datei müssen Sie diese bei geöffnetem Stapel nur mit der Maus ansteuern und darauf klicken. Das war's. Übersteigt die Anzahl der Objekte die Zahl der darstellbaren Dateien, so erhalten Sie etwa bei der *Gitter*-Ansicht die Möglichkeit, nach unten oder oben zu scrollen. Im Falle der *Fächer*-Ansicht wird lapidar auf weitere Objekte hingewiesen (*x weitere im Finder*), während sich in der *Listen*-Ansicht durch Bewegen des Mauszeigers an den oberen oder unteren Rand der Einblendung der Inhalt navigieren lässt.

Aber auch innerhalb von Ordnern lässt sich flink navigieren. In der *Gitter*-Ansicht klicken Sie dazu einfach auf einen Ordner, der nun geöffnet wird und weiterhin in der *Gitter*-Darstellung verbleibt. Befindet sich

2 | Die Arbeitsumgebung im Detail

darin erneut ein Ordner, so lässt sich auch dessen Inhalt durch einen einfachen Mausklick einsehen. Zum Zurückgehen klicken Sie schlicht auf den *Zurück*-Knopf. In der *Listen*-Ansicht wird beim Bewegen des Mauspfeils auf einen Ordner augenblicklich dessen Inhalt einblendet. Sind darin weitere Ordner versteckt, so vollziehen Sie dieselbe Prozedur. Das geht so lange, bis Sie schließlich eine Datei anklicken (die sich dann öffnet) oder die Maus aus der Liste bewegen. Der *Fächer* macht hier jedoch eine Ausnahme, denn dieser öffnet Ordner grundsätzlich in einem separaten *Finder*-Fenster.

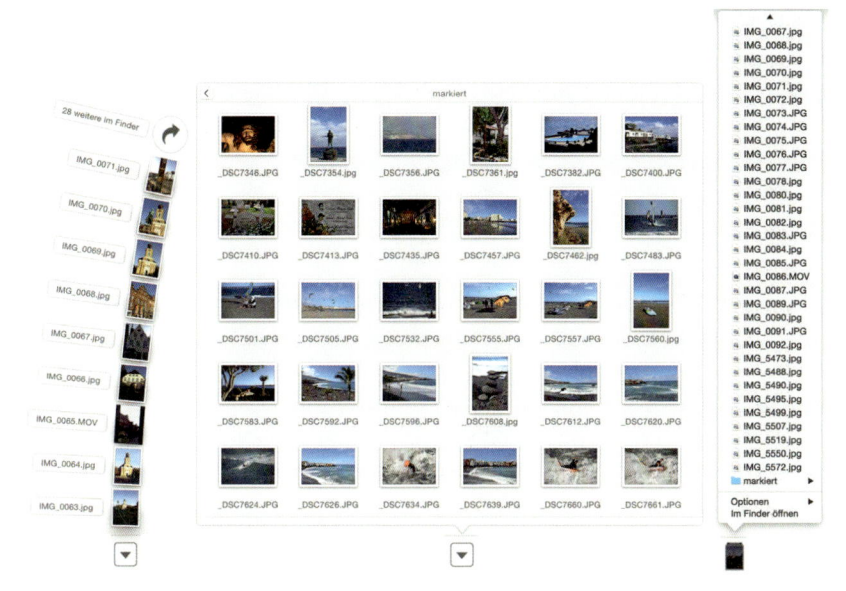

Ob Fächer, Gitter oder Liste – meist ist optisch erkennbar, wenn sich zu viele Dateien zum gleichzeitigen Anzeigen innerhalb eines Stapels befinden. Klicken Sie auf einen Ordner, so wird auch dessen Inhalt angezeigt.

Möchten Sie nun eine Datei nicht öffnen, sondern sie nur in einem Fenster begutachten – etwa weil Sie sie löschen oder verschieben möchten –, so brauchen Sie nur auf den Eintrag *Im Finder öffnen* zu klicken, um den übergeordneten Ordner zu öffnen. Das Gleiche funktioniert auch, wenn Sie mit gedrückter *Befehlstaste (cmd)* direkt auf die Datei klicken. Es öffnet sich in beiden Fällen das zum Ordner/zur Datei gehörige Fenster, wobei im Falle des direkten Aufrufs die entsprechende Datei gleich markiert ist.

> Sowohl in der *Fächer*- als auch in der *Gitter*-Ansicht klappt die schnelle Übersicht über die Leertaste. Möchten Sie also einen raschen Blick auf eine Datei werfen, so verharren Sie mit dem Mauszeiger über dem jeweiligen Eintrag und drücken die Leertaste – der Inhalt zeigt sich in der Großansicht.

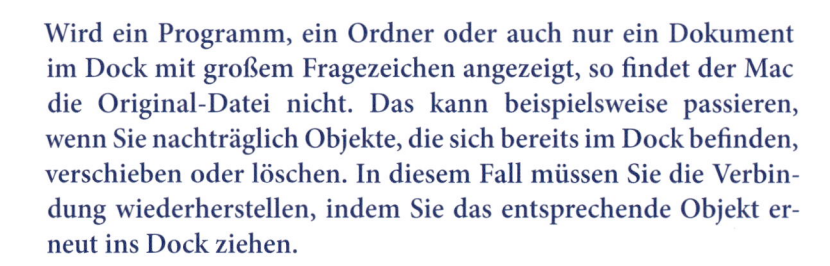

Wird ein Programm, ein Ordner oder auch nur ein Dokument im Dock mit großem Fragezeichen angezeigt, so findet der Mac die Original-Datei nicht. Das kann beispielsweise passieren, wenn Sie nachträglich Objekte, die sich bereits im Dock befinden, verschieben oder löschen. In diesem Fall müssen Sie die Verbindung wiederherstellen, indem Sie das entsprechende Objekt erneut ins Dock ziehen.

Nachdem Sie nun Ihr *Dock* wahrscheinlich mit allerlei Programmen und Ordnern ausgestattet haben, wollen Sie sicherlich noch wissen, wie man denn Symbole auch wieder entfernt. Das funktioniert entweder über das *Kontextmenü | Optionen | Aus dem Dock entfernen* oder Sie packen das entsprechende Icon und ziehen es so weit nach oben heraus, bis der Befehl *Entfernen* angezeigt wird. Lassen Sie die Maustaste los, so verschwindet die Datei/der Ordner.

Der Papierkorb

Ganz klar: All das, was Sie nicht mehr benötigen oder einfach loswerden möchten, stecken Sie in den *Papierkorb*, den Sie im Dock ganz rechts außen finden. Entweder Sie packen die Dateien mit der Maus und ziehen diese auf das *Papierkorb-*Icon, oder Sie markieren die jeweiligen Daten und wählen dann *Befehlstaste-Löschentaste*. Befindet sich Abfall im Papierkorb, so zeigt es das Icon an.

Ab und an sollten Sie sich dann dazu entschließen, diesen zu entleeren. Vorher ist allerdings noch einmal ein ausführlicher Blick in die Tiefen des Papierkorbs angesagt, damit Sie auch sichergehen, dass Sie nichts Verkehrtes oder gar Wichtiges löschen. Klicken Sie auf das *Papierkorb-*Icon, so öffnet sich ein Fenster mit dessen Inhalt. Finden Sie nun darin Daten, die Sie doch lieber aufheben möchten, so packen Sie sie mit der Maus und ziehen sie wieder zurück. Noch besser funktioniert das, indem Sie per Klick auf die Datei das Kontextmenü aufrufen und darüber den Befehl *Zurücklegen* wählen. Da sich der Mac genau gemerkt hat, woher die Datei stammt, legt er sie brav an den Original-Schauplatz zurück.

Ruckzuck geht es wieder zurück zum angestammten Platz.

2 | Die Arbeitsumgebung im Detail

Es sei auch nochmals an die hilfreiche Tastenkombination *Befehlstaste-Z (cmd-Z)* erinnert. Befördern Sie etwa aus Versehen eine falsche Datei in den Papierkorb, so lässt sich dieser Schritt augenblicklich über *cmd-Z* wieder rückgängig machen. Besondere Betonung liegt hierbei auf »augenblicklich«, denn wenn Sie zwischenzeitlich anderweitig beschäftigt sind oder gar den Rechner ausgeschaltet hatten, so hilft die Tastenkombi nichts – in diesem Fall müssen Sie den Befehl *Zurücklegen* bemühen.

Das Löschen selbst ist schnell erledigt. Entweder Sie wählen aus der Menüleiste *Finder | Papierkorb entleeren* oder klicken auf den Button *Entleeren* innerhalb des Papierkorb-Fensters. Alternativ klappt auch noch das kurze Verharren mit gedrückter Maustaste auf dem *Papierkorb*-Icon im *Dock* – auch in diesem Fall erscheint ebenso der Befehl *Papierkorb entleeren*. In allen Fällen erscheint ein Sicherheits-Dialog, den Sie mit bestätigen müssen.

Entweder Sie führen den Löschen-Befehl über den Finder oder direkt über das Papierkorb-Icon im Dock aus.

Den Sicherheits-Dialog können Sie umgehen, indem Sie beim Wählen des Befehls *Papierkorb entleeren* die *Optionstaste (alt)* gedrückt halten. Oder Sie schalten die Warnung gleich ganz aus, indem Sie in den *Finder-Einstellungen* über den Reiter *Erweitert* den Checkbox-Haken bei *Vor dem Entleeren des Papierkorbs nachfragen* entfernen. Doch Vorsicht: So ein Dialog hat schon seinen Sinn, denn schließlich möchte er vor unabsichtlichem Löschen vielleicht wichtiger Daten warnen.

Manchmal können diese Dialoge schon nerven. Möchten Sie ihn dennoch übergehen, so erledigen Sie das über die »Finder-Einstellungen | Erweitert«.

Handelt es sich um sensible Daten, die zum Löschen vorgesehen sind, so sollten Sie den Befehl *Finder | Papierkorb sicher entleeren* wählen. Während beim regulären Löschen die bislang besetzten Speicherblöcke vom System kurzerhand als frei gekennzeichnet werden, werden beim sicheren Löschen diese Blöcke mit Nullen überschrieben. Über Spezial-Programme zum Wiederherstellen gelöschter Daten lassen sich nur einfach gelöschte Daten im Zweifel rekonstruieren, während bei überschriebenen Daten meist nichts mehr zu holen ist. Die Funktion des sicheren Löschens lässt sich übrigens in den *Finder-Einstellungen | Erweitert* bei *Papierkorb sicher entleeren* als Standard festlegen.

Das sichere Löschen ist wirklich nur sicher, wenn es sich um die Festplatte handelt, von der die Daten gelöscht wurden. Erstellen Sie ganz nebenbei noch Backups etwa über *Time Machine* laufen, so sind die Daten selbstverständlich auf dem externen Medium noch vorhanden. Um nun vollends sicherzugehen, müssen Sie selbstverständlich alle Spuren verwischen – indem Sie beispielsweise Ihre Daten über *FileVault* verschlüsseln, so dass niemand daran kommt, oder entsprechende Ordner von *Time Machine* ausschließen, damit erst gar keine weiteren Spuren gelegt werden.

Der Dialog zum sicheren Löschen deutet es an: Ihre Daten können im Zweifel über ein »Time Machine«-Backup bzw. über eine andere Sicherheits-Software wiederhergestellt werden.

Gut gemacht. Wenn Sie bis hierher durchgehalten haben, dann haben Sie das Zeug zum Profi :-) Denn nach diesem ersten Ausflug in die Benutzer-Oberfläche tauchen wir ein wenig tiefer ins Geschehen ein, indem wir uns ausführlich den *Systemeinstellungen* widmen. Diese stellen die Basis für das Verhalten Ihres Mac in den verschiedensten Situationen – etwa wie schnell sich die Maus bewegt, wie sich die Tastatur verhält, wer oder was als Benutzer auftritt und was er tun darf und so weiter. Ganz nebenbei gibt es viel Wissen und Arbeitsweisen, die Ihnen im Alltag helfen werden.

»Alles klar zum Start?« – die Systemeinstellungen

Die *Systemeinstellungen* bekommen von uns ein eigenes, zugegeben langes Kapitel, da sie wirklich wichtig sind. In diesem Kapitel werden wir nicht alle ansprechen, da manche im entsprechenden Kontext besser aufgehoben sind. Aufrufen können Sie die *Systemeinstellungen* über das *Dock* und das entsprechende Icon bzw. über das *Apple-Menü* | *Systemeinstellungen*. Ähnlich einem Fenster werden dort nun sämtliche Möglichkeiten als Symbole dargeboten, die per Knopfdruck eigene Dialog-Darstellungen zeigen. Über den Button *Alle einblenden* kommen Sie wieder zum Ausgangspunkt zurück, alternativ klappt das auch über die Tastenkombination *Befehlstaste-L (cmd-L* für *Alle Systemeinstellungen einblenden* aus dem *Einstellungen*-Menü). Falls Ihnen die vorgegebene Anordnung der einzelnen *Systemeinstellungen* nicht zusagen sollte, so haben Sie zudem die Möglichkeit, diese alphabetisch aufzureihen – und zwar über die Menüleiste *Einstellungen* | *Alphabetisch ordnen*.

Weiterhin lassen sich einzelne Systemeinstellungen ausblenden, falls diese nicht benötigt werden. Dazu klicken Sie auf die Schaltfläche *Alle einblenden* und halten die Maustaste circa eine Sekunde gedrückt, bis sich ein Menü zeigt, über das Sie einzelne Einstellungen direkt anspringen können. Interessant ist hierbei der unten stehende Eintrag *Anpassen*. Wird dieser aufgerufen, so zeigen alle Systemeinstellungen kleine Checkboxen mit einem Haken, der symbolisiert, dass diese aktiviert sind. Entfernen Sie einzelne Haken, so werden diese Systemeinstellungen ausgeblendet.

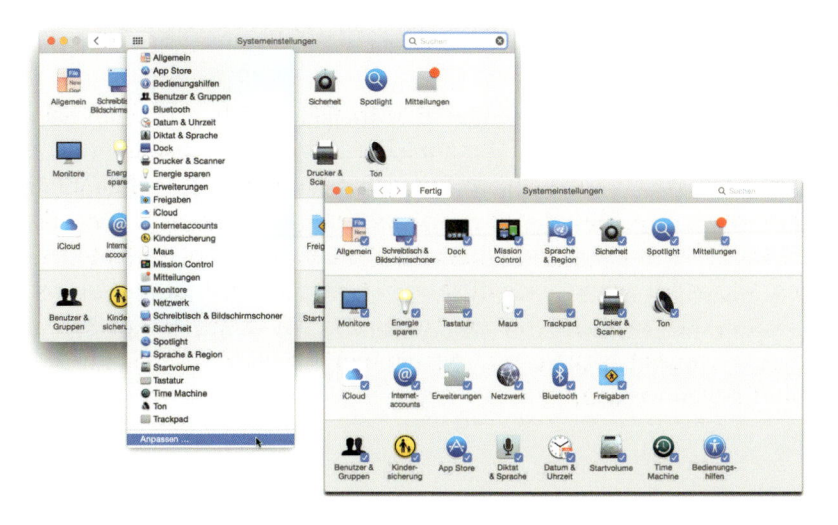

Über »Anpassen« lassen sich einzelne Systemeinstellungen auf Wunsch ausblenden.

Sind Sie noch Anfänger und suchen eine bestimmte Funktion, so lässt sich über das rechts oben liegende Suchfeld ein Begriff eingeben, der in etwa das Gewünschte beschreibt (zum Beispiel Auflösung, Netzwerk, Sharing, Audio etc.). Und indem Sie eine Umschreibung eintippen, werden Ihnen bereits Vorschläge unterbreitet, auf die Sie klicken können. Bei passenden Suchergebnissen werden sogar die zugehörigen Systembeispiele mit einer Art Licht-Spot hervorgehoben. Die Intensität des Strahls deutet dabei – bei mehreren Möglichkeiten – auf die Wahrscheinlichkeit des besten Treffers hin.

Beim Eingeben eines Such-Begriffes werden sofort Vorschläge unterbreitet sowie die entsprechenden Systemeinstellungen hervorgehoben.

Sie sollten gerade zum ersten Kennenlernen diesen Einstellungen einen ausführlichen Besuch einräumen, da Sie dort nicht nur eine Menge an versteckten Funktionen entdecken, sondern sich zugleich mit dem ungeheuren Potential von *OS X Yosemite* vertraut machen. Auch legen wir Ihnen an's Herz, dieses Kapitel ausführlich zu lesen, da wir hier auch auf grundlegende Themen wie die *iCloud* eingehen werden.

> Benutzen Sie eine Apple-Tastatur – egal ob kabelgebunden, als Wireless-Variante oder auf einem MacBook (Pro/Air) –, so lässt sich bei gehaltener *Optionstaste (alt)* sowie dem Drücken einer Sondertaste mit Hardware-Funktion (etwa *Lautstärke* oder *Helligkeit*) ohne Umweg die entsprechende Systemeinstellung öffnen.

3 | Systemeinstellungen im Detail

Allgemein – das Erscheinungsbild der Oberfläche anpassen

Kurz gesagt: Die Systemeinstellung *Allgemein* bietet eine ganze Reihe an Möglichkeiten zum Gestalten Ihres ganz persönlichen Rechners.

Ob Farben oder geänderte Rollpfeile, Anzahl der zu merkenden Objekte oder die Feinjustierung der Schriftglättung – Sie finden es hier.

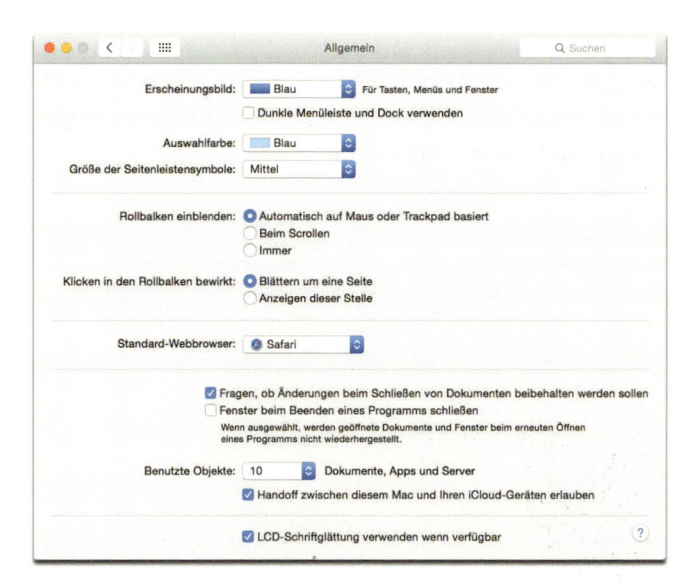

Während das *Erscheinungsbild* nur die Farbwahl zwischen *Blau* und *Graphit* lässt, können Sie sich bei der *Auswahlfarbe* für ausgewählten Text richtig austoben. Letzteres meint damit jene Markierung, wenn Sie beispielsweise in einen Ordner-Namen klicken, um diesen zu ändern, oder einen Abschnitt in der Textverarbeitung auswählen, um diesen zu kopieren oder zu verschieben. Und in der Tat kann es hilfreich sein, hier eine andere Farbe zu wählen, sofern Sie etwa mit Ihrem MacBook (Pro/Air) im Garten sitzen und das helle Blau nicht erkennen können. In diesem Fall tut es auch ein kräftiges Rot oder keckes Violett. Sind Sie sehr wählerisch und wollen es besonders einzigartig, so lässt sich über *Eigene...* und dem auftauchenden *Farbwähler* eine ganz persönliche Komposition erstellen.

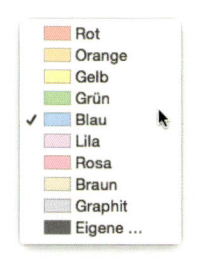

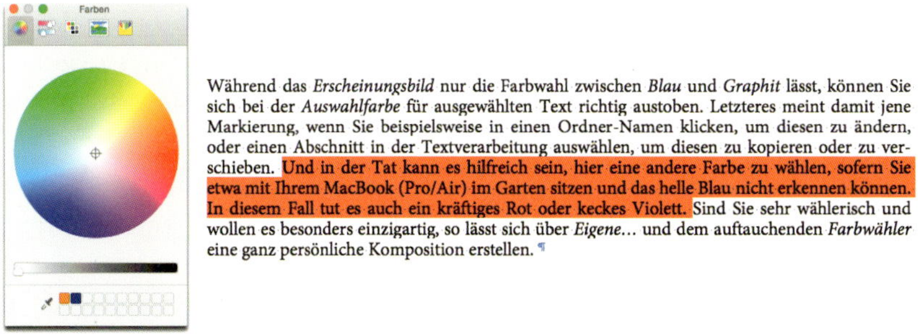

Der eine mag's gern bunt, der andere eher konservativ. Damit nun niemand beleidigt herumlaufen muss, gibt's den Farbenwähler für den individuellen Farbenrausch. Neben dem Farbrad werden Ihnen auch Farb-Regler, Farb-Paletten, die Bild-Palette sowie die guten alten Farbstifte angeboten. Und in der Tat: Ein kräftiges Rot lässt sich im Freien mit Sicherheit besser erkennen als das blasse Blau in der Standardeinstellung.

117

Die Transparenz unter *OS X Yosemite* ist leider nicht jedermanns Sache und führt je nach eingestelltem Bildschirmhintergrund auch zu schlechter Lesbarkeit – gerade was die Menüleistenbefehle angeht. Gegensteuern können Sie zum einen über die Systemeinstellung *Bedienungshilfen*, indem Sie dort unter dem Punkt *Anzeige* die Option *Transparenz reduzieren* einschalten. Aktivieren Sie noch dazu die Option *Kontrast erhöhen*, so werden auch etwaige Schaltflächen und Buttons intensiver und teils mit schwarzer Umrandung dargestellt. Neu in *OS X Yosemite* ist zudem die Möglichkeit, die Menüleiste sowie das Dock dunkel anzuzeigen, was gerade in den Abendstunden bzw. auch im Freien zu einer entspannteren Arbeit vor dem Monitor führt. Die Option *Dunkle Menüleiste und Dock verwenden* finden Sie oben stehend in der Systemeinstellung Allgemein. Ausprobieren heißt hier die Devise, denn wir sind uns sicher, dass doch der ein oder andere bei dieser Einstellung bleibt.

Dock und Menüleistenbefehle lassen sich dank der Option »Dunkle Menüleiste und Dock verwenden« ohne Probleme ablesen. Sind zusätzlich »Transparenz reduzieren« sowie »Kontrast erhöhen« in der Systemeinstellung »Bedienungshilfen« aktiviert, so steht einem entspannten Arbeiten nichts mehr im Weg.

Über den Punkt *Größe der Seitenleistensymbole* können Sie das Erscheinungsbild von Fenstern lesefreundlicher gestalten. Sie haben die Wahl zwischen *Klein*, *Mittel* und *Groß* und sollten diese Varianten ruhig einmal durchspielen, da diese sozusagen in Echtzeit dargestellt werden.

Die vertikalen wie horizontalen Rollbalken sind jene Werkzeuge, mit denen Sie Fenster-Inhalte bewegen – entweder per Maus mit Scrollrad oder -Kugel oder per Wischen mit einem oder zwei Fingern auf der Apple Mouse oder dem Trackpad. Ob die Rollbalken nun ständig sicht-

3 | Systemeinstellungen im Detail

bar oder nur bei Bedarf eingeblendet werden, bestimmen Sie über die beiden Optionen *Beim Scrollen* oder *Immer*. Alternativ lässt sich das auch automatisiert erledigen – hier überlassen Sie dem *OS X* die Entscheidungsgewalt.

Die Option *Klicken in den Rollbalken bewirkt* regelt dabei das Verhalten, wenn Sie oberhalb oder unterhalb eines Scroll-Balkens klicken bzw. mit dem Finger auf dem Trackpad tippen. Zum einen können Sie seitenweise (beispielsweise in Text-Dokumenten) vor und zurück springen (Option *Blättern um eine Seite*) oder an jene Stelle gelangen, die Sie angeklickt haben (Option *Anzeigen dieser Stelle*).

> Wenn Sie beim Klicken in den Scroll-Raum die *Optionstaste (alt)* gedrückt halten, so kehren Sie kurzfristig die in den *Systemeinstellungen* getroffenen Einstellungen zu *Klicken in den Rollbalken bewirkt* um.

> Sofern Sie sich beim Scrollen am sogenannten Nachlauf stören, so lässt sich auch das beheben. Etwas versteckt liegend, finden Sie die zugehörige Einstellung in der Systemeinstellung *Bedienungshilfen* und dort über die Rubrik *Maus & Trackpad*. Rufen Sie dort die *Trackpad-Optionen* auf und ändern Sie bei *Scrollen* den Eintrag auf *ohne Nachlauf*.

Der nächste Punkt nennt sich *Standard-Webbrowser*. Dort lässt sich jenes Programm einstellen, über das Sie externe Links in Dokumenten im Internet besuchen möchten. Studieren Sie also beispielsweise ein PDF-Dokument, das eine Internet-Adresse aufweist, die noch dazu interaktiv verlinkt ist, so lässt der Klick darauf den Standard-Browser starten. Als Standard ist dort der Browser *Safari* eingetragen, doch lässt sich – falls Sie weitere Internet-Browser im Programme-Ordner horten – jederzeit eine Alternative einrichten.

Kommen wir zu den beiden Optionen *Fragen, ob Änderungen beim Schließen von Dokumenten beibehalten werden sollen* sowie *Fenster beim Beenden eines Programms schließen*. Der erste Punkt erinnert Sie beim Schließen eines geänderten Dokumentes an das Sichern und stellt Ihnen die Möglichkeit zur Verfügung, etwaige Änderungen zu verwerfen. Ohne diesen Sicherheitsdialog würde das Fenster einfach geschlossen und die getätigten Überarbeitungen würden übernommen. Ein nachträgliches Zurücknehmen würde anschließend mehr Zeit in Anspruch nehmen, da Sie sich über die automatisch vom Programm gesicherten Versionen erst die korrekte Fassung heraussuchen müssten. Wir persönlich halten den Dialog für gut und lassen ihn deshalb auch aktiviert.

Im Zweifel können Sie über den Fenster-Hinweis Änderungen zurücksetzen.

Sofern Sie mit mehreren Dokumenten – beispielsweise Bildern – hantieren und ein Programm beenden, ohne die einzelnen Dokumente zu schließen, so verschwinden diese zwar erst einmal von der Bildfläche. Starten Sie dasselbe Programm ein wenig später, so werden alle diese Dokumente jedoch erneut geöffnet, da die Software annimmt, dass Ihre Bearbeitungsschritte noch nicht abgeschlossen waren (denn ansonsten hätten Sie diese ja einzeln geschlossen). Um dieses erneute Öffnen zu verhindern, gibt es die Option *Fenster beim Beenden eines Programms schließen*. Wird bei aktivierter Option nun das Programm gestartet, so bleiben die Dokumente in ihren Ordnern und Sie müssen Sie manuell öffnen.

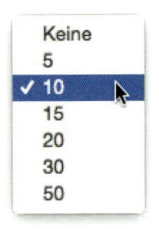

Die Option *Benutzte Objekte* hatten wir schon kurz angesprochen. Die Anzahl der Objekte (*Dokumente, Apps und Server*) stellen Sie über das Popup-Menü ein, die Objekte selbst können Sie dann über das *Apple-Menü | Benutzte Objekte* bzw. bei geöffneten Programmen über *Ablage | Benutzte Dokumente* abrufen. Hierbei merkt sich das System die zuletzt gestarteten Programme, die geöffneten Dokumente sowie die aufgesuchten Server in einer Liste. Arbeiten Sie also häufig mit denselben Objekten, so lassen sich diese dort schnell und ohne langes Suchen aufrufen. Der Punkt *Einträge löschen* im geöffneten *Benutzte Objekte/Benutzte Dokumente*-Menü entfernt sämtliche Vermerke und beginnt dann erneut die Objekte zu speichern.

> Um die Option *Handoff zwischen diesem Mac und Ihren iCloud-Geräten erlauben* kümmern wir uns im Programme-Kapitel. Bei *Handoff* handelt es sich um eine Neuerung , die das gemeinschaftliche Agieren zwischen *OS X Yosemite* sowie *iOS 8* betrifft. Schreiben Sie beispielsweise eine E-Mail auf dem iPhone oder dem iPad, so lässt sich diese ohne Verzögerung auf dem Mac fortsetzen. Seien Sie also gespannt …

3 | Systemeinstellungen im Detail

Der letzte Eintrag in der *Allgemein*-Systemeinstellung betrifft die Darstellung von Schriften. Durch die *Schriftglättung* wirken Buchstaben weicher und somit gefälliger, laufen aber Gefahr, als ein wenig unscharf wahrgenommen zu werden. Im Gegenzug würden Schriften ohne diese künstliche Glättung eine Art Treppenstufen-Effekt (gezackte Buchstaben) aufweisen. Sofern Sie also nun nicht gerade unzufrieden sind mit der Bildschirmdarstellung der Schriften, sollten Sie im Zweifel die Einstellung aktiviert lassen. Sind Sie dagegen anderer Meinung, so sollten Sie es einfach ausprobieren – kaputtgehen kann nichts …

Schreibtisch & Bildschirmschoner – mit Bildern verzaubern

Die Systemeinstellung *Schreibtisch & Bildschirmschoner* läuft ebenso unter der Kategorie »Verschönerung«. Während als Schreibtisch-Hintergrund eigentlich ein monotones Grau die bestmögliche Wahl etwa zum Beurteilen von Farben oder zum augenschonenden Arbeiten wäre, kann die verspielte Gattung Mensch natürlich nicht davon ablassen und möchte es möglichst knallig. Apple hat Ihnen dazu schon einmal eine Menge an kunterbunten und aufregenden Bildern für den Hintergrund bereitgestellt, wobei jedoch auch einfarbige Hintergründe zur Verfügung stehen. Bei Verwendung mehrerer Bildschirme lässt sich auf jedem Display ein gesonderter »Eye-Catcher« einrichten.

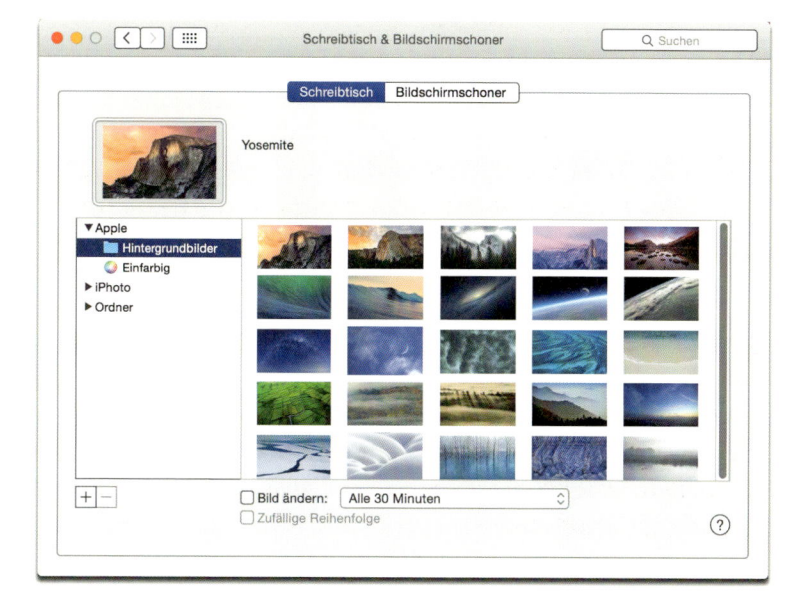

Lauter schöne Bilder – die Frage ist nur, ob ein unruhiges Landschaftsbild nicht zu sehr von der eigentlichen Arbeit ablenkt bzw. die Suche auf dem Schreibtisch erschwert.

Sie können auch eine eigene Farbe definieren, indem Sie auf *Einfarbig* und im sich zeigenden Angebot auf *Eigene Farbe* klicken. Es öffnet sich Ihnen der schon bekannte Farbwähler und Sie können nach Lust und Laune eine ganz auf Sie persönlich abgestimmte Farbnuance kreieren.

Sind Apples optische Reize nichts für Sie, dann können Sie auch auf den Ordner *Bilder* (vorausgesetzt, Sie horten darin auch wirklich Fotos) bzw. auf jeden anderen Bild-Ordner ausweichen, wenn Sie auf den unterhalb der Liste liegenden *Plus*-Knopf klicken. Über den typischen *Öffnen*-Dialog klicken Sie sich auf Ihrer Festplatte durch die Verzeichnisse und weisen eine neue Auswahl zu. Alternativ können Sie auch Bilder im JPG-, TIFF- oder PNG-Format im Verzeichnis *Ihre Festplatte/Library/Desktop Pictures* ablegen, die dann unter *Apple Hintergrundbilder* erscheinen.

Benutzen Sie zum Verwalten, Präsentieren und Bearbeiten Ihrer Bilder iPhoto, Aperture oder neu die *Fotos*-App, so steht Ihnen auch dieser Bilder-Bestand zur Verfügung. In diesem Sinne dürfte es wohl an passenden Abbildungen für den Bildschirm-Hintergrund nicht mangeln.

Über »iPhoto« oder »Aperture« können Sie auf all Ihre Bilder in den Ereignissen bzw. Projekten zurückgreifen.

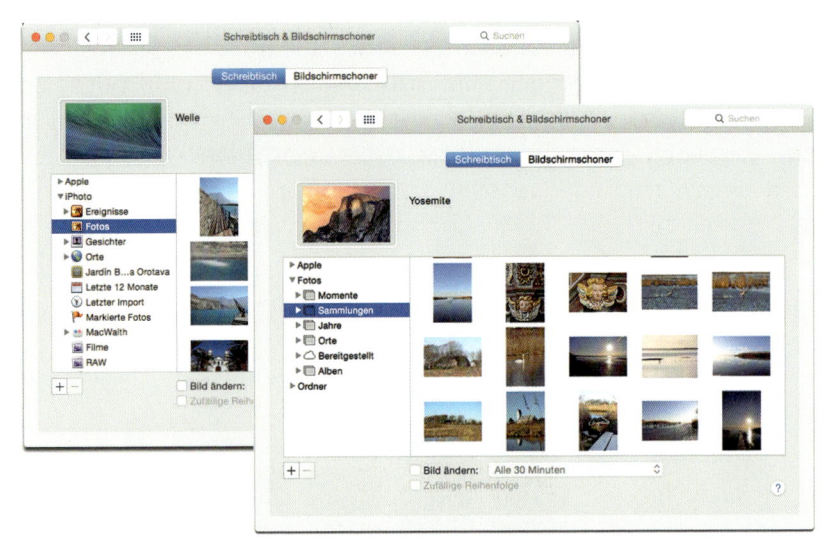

Möchten Sie ein Bild verwenden, dessen Format als Schreibtisch-Hintergrund nicht erkannt wird, so öffnen Sie es über das Programm *Vorschau* (Sie finden es im *Programme*-Ordner oder über *Launchpad*). Wählen Sie dort aus dem *Ablage*-Menü den Befehl *Exportieren…*, vergeben Sie einen aussagekräftigen Namen und

3 | Systemeinstellungen im Detail

bei *Format* die Einstellung *TIFF* oder *JPEG*. Nun dürfte einer Anzeige des Bildes nichts mehr im Wege stehen.

Für die ganz Flippigen steht auch die Option *Bild ändern* zur Debatte: Hierbei können Sie einen Zeitraum festlegen, in dem ein Wechsel des Hintergrund-Bildes stattfindet. Ob eine ganz persönliche Schreibtisch-Diashow im 5 Sekunden-Rhythmus, der tägliche Wechsel, nach der Anmeldung oder beim Beenden des Ruhezustands – es stehen Ihnen alle Türen offen. Klicken Sie zusätzlich noch *Zufällige Reihenfolge* an, so stehen abwechslungsreiche Zeiten ins Haus.

Der zweite Reiter im Bunde nennt sich *Bildschirmschoner*. Zur Auswahl stehen *Diashows* in verschiedenen Varianten (etwa *Reflexionen*, *Kacheln*, *Mobile*, *Fotowand* etc.) sowie die waschechten *Bildschirmschoner* wie beispielsweise *Wirbel*, *Zufall* oder *Shell*. Bei den *Diashows* steht es Ihnen frei, ob Sie dabei auf eigene Bilder (aus *iPhoto*, *Aperture* oder einem anderen Bilder-Ordner) oder auf Apples Standardsammlungen wie National Geographic, Luftaufnahme, Kosmos oder Naturmuster zurückgreifen. Definieren Sie folglich zuerst Ihr Bilderrepertoire und anschließend die Art der Diashow – im rechts liegenden Vorschaufenster lässt sich dann Ihre Auswahl schon einmal bewundern. Bewegen Sie noch dazu Ihren Mauszeiger in die Voransicht, so wird ein *Vorschau*-Button eingeblendet, der auf Mausklick hin Ihre Diashow abspielt – sozusagen zum Testen, ob denn alles so korrekt ist. Zum Schluss legen Sie dann noch einen Starttermin (zwischen einer Minute und einer Stunde) fest, nach dessen Zeitraum die Diashow loslegen soll, und fertig ist der ganz persönliche Bildschirmschoner.

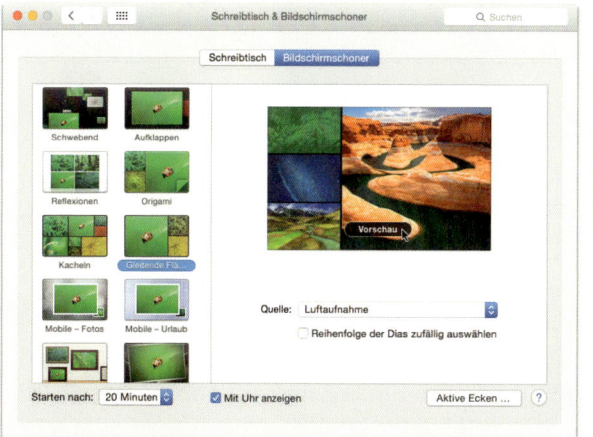

Für die Pause zwischendurch lässt sich mit eigenen Urlaubsbildern oder Apples Standardsammlungen als Bildschirmschoner schnell der triste Arbeitsalltag versüßen.

Die eigentlichen Bildschirmschoner entdecken Sie, wenn Sie im Angebot weiter nach unten scrollen. Während *Wirbel*, *Arabesque* oder *Shell* wahre Farben-Spektakel auf den Bildschirm zaubern, lässt sich über *Nachricht* eine eigene Mitteilung einblenden. Rufen Sie dazu die unter der Vorschau liegenden *Bildschirm-Optionen* auf und verfassen Sie einen Text – per Klick in den Vorschau-Button lässt sich dann Ihr Werk bewundern und gegebenenfalls nachbessern. Die *iTunes-Cover* wiederum zeigen die Cover-Abbildungen Ihrer im *iTunes Store* gekauften bzw. selbst importierten Musik, während *Word of the Day* ein zufällig generiertes Wort aus den in *OS X* integrierten Lexika einblendet und erklärt. Möchten Sie weitere Erklärungen zu diesem Stichwort, so müssen Sie laut Apple die Taste »D« drücken (was bei uns jedoch nicht funktionierte). Übrig bleibt noch der Zufalls-Bildschirmschoner, der genau das tut, was er verspricht: »Wenn ein Bildschirmschoner benötigt wird, wird dieser zufällig ausgewählt.«

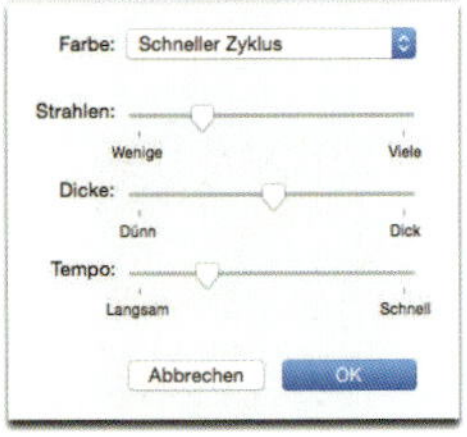

Egal, welchen Bildschirmschoner Sie nun bevorzugen: Klicken Sie auf jeden Fall einmal auf den Button *Bildschirmschoner-Optionen* (falls er denn zum ausgewählten Schoner erscheint), der Ihnen weitere Anpassungsmöglichkeiten zur Verfügung stellt. Bei *Wirbel*, dem Farbenkleckser, können Sie zum Beispiel auf die Farben, die Strahlen-Anzahl, die Dicke und Geschwindigkeit Einfluss nehmen, bei *iTunes-Cover* die Anzahl der Reihen sowie die Verzögerung bestimmen und bei *Word of the Day* das gewünschte Lexikon bestimmen.

Übrig bleiben noch die Möglichkeiten, sich eine Uhr mit anzeigen zu lassen sowie über den Button *Aktive Ecken* einer der Bildschirmecken eine bestimmte Funktion – darunter eben auch den *Bildschirmschoner* – zuordnen zu können.

Wählen Sie die gewünschte Ecke aus und ordnen Sie dieser beispielsweise den Bildschirmschoner zu. Bewegen Sie den Mauszeiger künftig in diese Ecke, so startet augenblicklich der Bildschirmschoner.

Der Bildschirmschoner kann auch zum Schutz des Computers am Arbeitsplatz eingesetzt werden, falls in der Systemeinstellung *Sicherheit* unter *Allgemein* ein Passwort nach Beginn des Ruhezustands oder des Bildschirmschoners verlangt wird. Lassen Sie folglich kurzzeitig Ihren Rechner allein, so starten Sie einfach

Ihren Bildschirmschoner (z. B. über eine *aktive Ecke*). Möchte nun jemand schnell einen Blick auf Ihre Daten werfen, so benötigt er zum Zugriff auf den Mac Ihr Kennwort, falls Sie die Bildschirmsperre über *Passwort erforderlich* aktiviert haben.

Dock

Das Dock haben wir ja bereits im vorangegangenen Kapitel ausführlich angesprochen und die mannigfachen Veränderungsmöglichkeiten erklärt. Da wir nicht noch einmal die gleiche Geschichte aufwärmen möchten, verweisen wir daher auf den Abschnitt »Das Dock – mit der Lizenz zum Starten …« im vorherigen Kapitel.

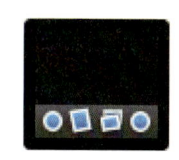

Mission Control – mehr Übersicht für den Schreibtisch

Mithilfe dieser Systemeinstellung lassen sich Vorkehrungen treffen, damit Sie gerade im professionellen Arbeitseinsatz mit dem Mac den Überblick behalten. Wie schon erwähnt, unterstützt Sie das *OS X* mit den Varianten *Mission Control, Programmfenster* sowie *Schreibtisch einblenden*, wenn Sie gerne mit vielen Fenstern oder offenen Dokumenten hantieren. Drücken Sie auf der Tastatur die Kombination *Controltaste-Pfeil nach unten*, so zeigen sich in Sekundenschnelle alle zum gerade benutzten Programm geöffneten Fenster oder Dokumente. *Schreibtisch einblenden (F11)* hingegen ist weniger wählerisch und blendet rigoros alle Fenster aus.

Die Exposè-Variante »Programmfenster« zeigt die geöffneten Fenster/Dokumente des aktuell aktiven Programms übersichtlich im oberen Teil des Schreibtisches an, während sich im unteren Bereich die zuletzt benutzten Dateien sowie jene im Dock befindlichen Dokumente tummeln.

Auch über das Trackpad lässt sich die *Exposé*-Funktionalität aufrufen. Die *Programmfenster* lassen sich einblenden, indem Sie drei bzw. vier Finger auf dem Trackpad nach unten bewegen. Wünschen Sie den *Schreibtisch* »fensterfrei«, spreizen Sie gleichzeitig den Daumen sowie drei Finger auseinander – zum Wiedereinblenden dann bitte die umgekehrte Richtung. Letztere Einstellungen finden Sie auch in der Systemeinstellung *Trackpad* unter *Weitere Gesten*.

Auch das *Dashboard* (zu deutsch das Armaturenbrett) mit den hilfreichen Extras á la *Widgets* lässt sich über eine Sondertaste (*F12*) bedienen. Auf Tastendruck hin werden dabei Hilfs-Programme eingeblendet, die etwa das aktuelle Wetter vorhersagen, einen Taschenrechner starten oder Weltzeituhren präsentieren. Diese lassen sich selbstverständlich noch erweitern und ergänzen. Da es hier reichlich zu sehen und viel zu tun gibt, möchten wir diese Funktionen im nächsten Kapitel gesondert behandeln.

Das »Dashboard« ist eine Ansammlung kleiner Programme, die allerlei nützlichen Mehrwert bieten.

Mission Control höchst persönlich bietet von allem etwas. Ist das Programm per Mausklick auf das entsprechende Icon im Dock bzw. per Vier-Finger-Wisch nach oben auf dem Trackpad gestartet, so werden alle Fenster, Dokumente, die Programme in Vollbild-Ansicht sowie eventuell vorhandene virtuelle Schreibtische (die sogenannten *Spaces*) eingeblendet. Auch diese Schreibtisch-Ansicht ist zweigeteilt: Oben liegend finden Sie nun jene Programme, die als Vollbild-App in Benutzung sind sowie das *Dashboard* und Ihre *Schreibtischbereiche*. Darunter

3 | Systemeinstellungen im Detail

befinden sich die im aktuellen Schreibtisch verwendeten Programme und Fenster, die durch das mitangezeigte Programm-Symbol auf einen Blick identifiziert werden können.

Wer mit vielen Programmen, Fenstern, Dokumenten und mehreren Schreibtischen hantiert, erhält der besseren Übersichtlichkeit halber über »Mission Control« einen Blick aus der Vogelperspektive (Zitat: Apple!).

Um noch tiefer in *Mission Control* einzutauchen und die mannigfachen Möglichkeiten des Navigierens genau unter die Lupe zu nehmen, werden wir dieses Programm ebenso im nächsten Kapitel einer ausführlichen Untersuchung unterziehen. Uns geht es in der Beschreibung der *Systemeinstellung* vorrangig um die Möglichkeiten der Tastatur- und Mausbefehle. Diese lassen sich nämlich auch nach persönlichen Vorlieben einrichten, sollten Ihnen die standardmäßig vergebenen nicht gefallen.

In der *Tastatur- und Mauskurzbefehle*-Ecke stehen Ihnen dazu allerhand Belegungen zur Verfügung. Halten Sie beim Definieren neuer Kombinationen die *Control-Taste* (ctrl), *Befehlstaste* (cmd), *Optionstaste* (alt) oder *Umschalttaste* gedrückt, so werden diese Tasten ebenso eingeblendet und können zusätzlich eingebaut werden.

Klicken Sie auf ein Popup-Menü, so fährt eine lange Liste mit zusätzlichen Möglichkeiten zum Aufrufen besagter Funktionen aus. Drücken Sie dabei selbstständig die Control-Taste (ctrl bzw. »^«, wie von Apple dargestellt), Befehlstaste (cmd), Optionstaste (alt) oder Umschalttaste so lassen sich auch diese mit einbauen.

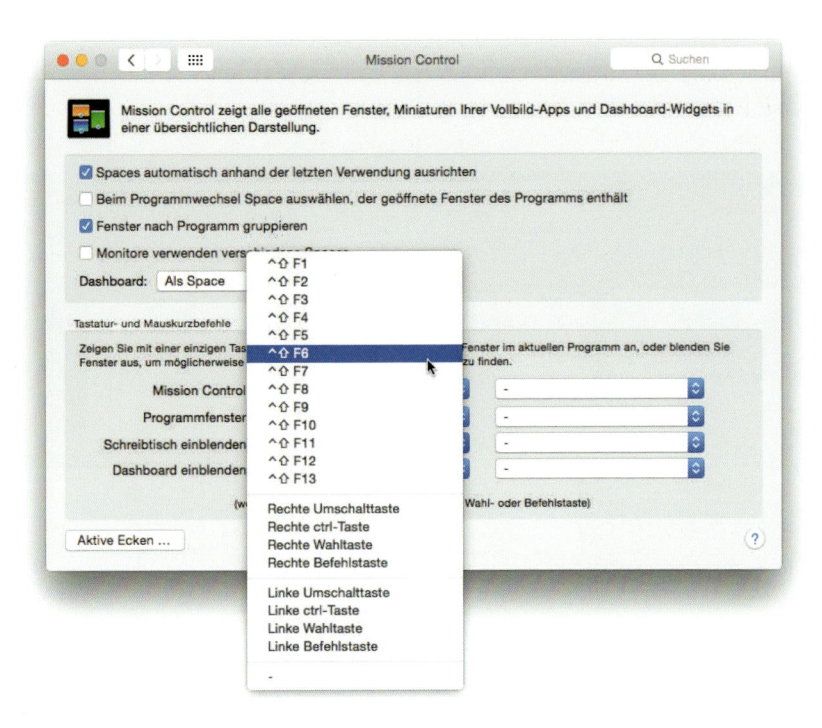

MacBook (Pro/Air)- sowie alle Mac-Nutzer mit den Alu-Tastaturen müssen zusätzlich noch die *fn*-Taste drücken, da den eben genannten Tasten Hardware-Funktionen wie beispielsweise *Tastaturbeleuchtung*, *Bildschirmhelligkeit* oder *Lautstärkeregelung* seitens Apple zugeordnet sind.

Ist Ihnen das mit dem ständigen zusätzlichen Drücken der *fn*-Taste zu umständlich, können Sie dies in der Systemeinstellung *Tastatur* im gleichnamigen Reiter ändern. Aktivieren Sie einfach die Option *Die Tasten F1, F2, usw. als Standard-Funktionstasten verwenden*, so wird die Vorgehensweise einfach umgekehrt, sprich die Software-Ausführungen funktionieren ohne *fn*-Taste, während die Hardware-Steuerung nur mehr mit *fn*-Taste klappt.

Weiterhin finden Sie neben den *Tastatur*-Einstellungen die Popup-Menüs für Mehrtasten-Mäuse, so dass Sie dort einzelnen Tasten eben genannte Aufgaben zuordnen können. Bei der älteren *Mighty Mouse* von Apple müssen Sie eine Änderung der Tastenbelegung über das Aufsuchen der Systemeinstellung *Maus* und der dortigen Einrichtung über die zur Verfügung stehenden Optionen vornehmen.

3 | Systemeinstellungen im Detail

Neben den Tastatur- und Mauskurzbefehlen gibt es eine weitere Variante, den Mac anzuweisen, die diversen Funktionen wie *Mission Control*, *Programmfenster* etc. aufzurufen – und zwar über die *Aktiven Ecken*. Wie schon beim *Bildschirmschoner* festgestellt, weist Ihr Bildschirm aller Wahrscheinlichkeit nach vier Ecken auf – und folglich lassen sich vier unterschiedliche Aufgaben vergeben. Die Einstellungen hierzu nehmen Sie im Bereich *Aktive Ecken* (siehe die Taste links unten in der Systemeinstellung) vor, indem Sie im erscheinenden Dialog-Fenster auf die entsprechenden Popup-Menüs klicken und eine der auftauchenden Optionen auswählen.

Sprache & Region – international auf allen Ebenen

Mit *OS X* erhalten Sie ein Betriebssystem, das weltweit verkauft wird, so dass es auch (fast) in allen Sprachen zur Verfügung steht (ausgenommen seien Dialekte wie Bayerisch, Sächsisch, Platt, Friesisch etc.). Das Gleiche gilt natürlich auch für andere Anwendungen wie Bildbearbeitung, Textverarbeitung usw. Das ein oder andere Mal mag es vorkommen, dass Sie vielleicht international zusammenarbeiten oder ein Programm erworben haben, das die deutsche Sprache nicht unterstützt. In diesem Fall greift die Software auf die in der Systemeinstellung *Sprache & Region* definierten Vorgaben zurück und zeigt die Menüs in der entsprechenden Sprache.

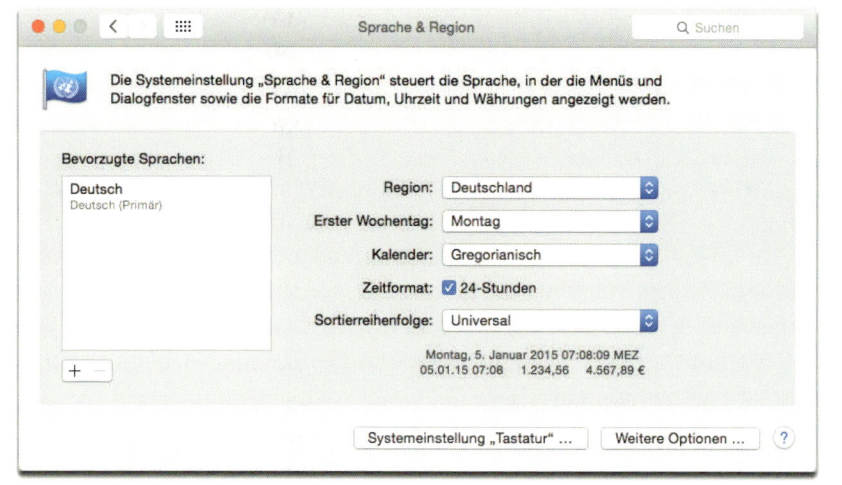

In der Systemeinstellung »Sprache & Region« tätigen Sie die Alternativ-Einstellungen, falls ein Programm Ihre Standardeinstellung nicht beherrscht.

Als Primärsprache wird hierbei Ihre Muttersprache betrachtet – wird diese von System oder anderen Apps unterstützt, so ist alles in Butter. Arbeiten Sie nun jedoch mit einem exotischen Programm, das beispielsweise nicht in die deutsche Sprache übersetzt wurde, so kommt automatisch die der Primärsprache nachfolgende Einstellung zum Zuge. Klicken Sie nun auf die *Plus*-Taste, so können Sie über den erscheinenden Dialog weitere Sprachen auswählen, diese über *Hinzufügen* auch als Primärsprache verwenden bzw. auf Wunsch auch Sprachen in der Reihenfolge verschieben.

Über die Plus-Schaltfläche lassen sich weitere Sprachen in die Liste befördern.

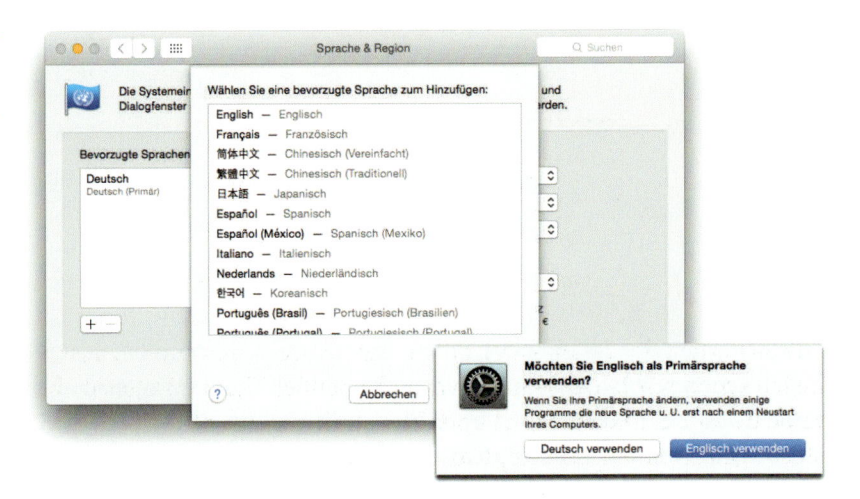

Möchten Sie nun Ihr *OS X* einmal in einer anderen Sprache bewundern oder Ihren Mac einem ausländischen Gast zur Verfügung stellen, so befördern Sie einfach die gewünschte Sprache an die erste Stelle (sie wird dann automatisch zur Primärsprache) und nach einem Neustart spricht Ihr Mac eine andere Mundart.

Die weiteren Optionen betreffen die landestypischen Ein- bzw. Darstellungen wie Datum, Uhrzeit, Zahlen und Währung. Je nach Heimatland (in Ihrem Falle wohl Deutschland, Österreich oder Schweiz) wählen Sie aus dem Popup-Menü bei *Region* die entsprechende Eintragung, wobei sich die anderen Felder danach ausrichten. Über die Schaltfläche *Weitere Optionen* können Sie zudem zusätzliche Details betreffend Datum und Uhrzeit definieren.

3 | Systemeinstellungen im Detail

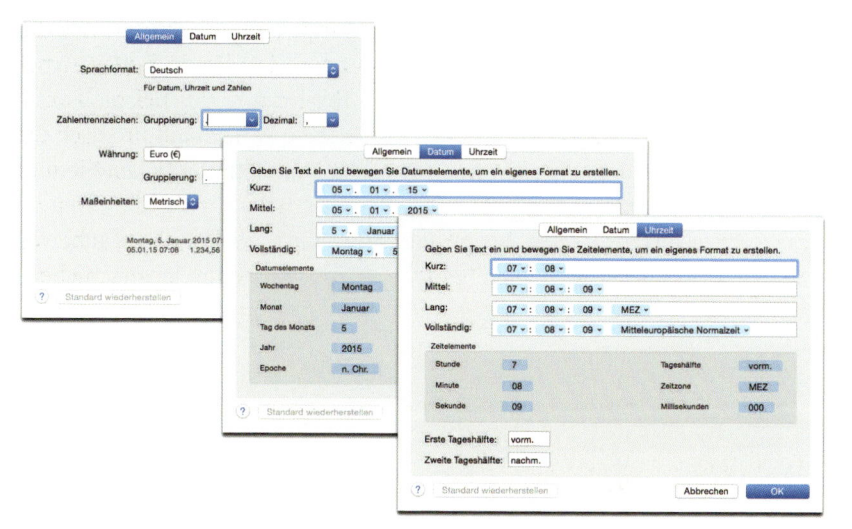

Für jeden Anwender die geeignete Form: Vom Standard abweichende Darstellung für Datum, Uhrzeit und Zahlen.

Sicherheit – zum Schutze des Rechners

Die Sicherheit der Daten ist gerade in der heutigen Zeit (und das schreibe ich schon seit Jahren) ein nervenaufreibendes Thema. Da wird ohne Ende belauscht und spioniert und die Politik mischt entweder mit oder steckt geflissentlich den Kopf in den Sand. Auch Apple hat selbstverständlich dem Thema »Sicherheit« eine *Systemeinstellung* gewidmet, auch wenn diese den staatlichen Schnüffeleien oder gar außer Rand und Band geratenen Geheimdiensten wahrscheinlich wenig entgegenzusetzen hat. Nichtsdestotrotz können sie Ihren Mac vor fremden Zugriffen schützen, was im (Arbeits-)Alltag auch recht gut gelingen sollte.

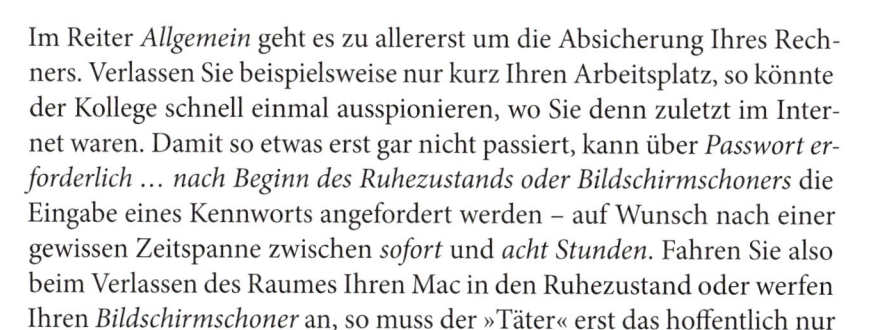

Im Reiter *Allgemein* geht es zu allererst um die Absicherung Ihres Rechners. Verlassen Sie beispielsweise nur kurz Ihren Arbeitsplatz, so könnte der Kollege schnell einmal ausspionieren, wo Sie denn zuletzt im Internet waren. Damit so etwas erst gar nicht passiert, kann über *Passwort erforderlich … nach Beginn des Ruhezustands oder Bildschirmschoners* die Eingabe eines Kennworts angefordert werden – auf Wunsch nach einer gewissen Zeitspanne zwischen *sofort* und *acht Stunden*. Fahren Sie also beim Verlassen des Raumes Ihren Mac in den Ruhezustand oder werfen Ihren *Bildschirmschoner* an, so muss der »Täter« erst das hoffentlich nur Ihnen bekannte Kennwort eingeben, um an die Daten zu kommen.

131

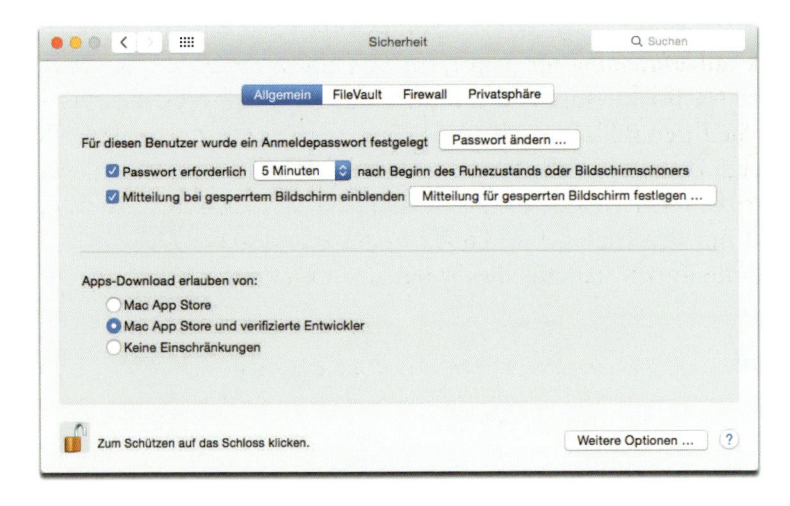

Die vielfältigen Optionen zum Schützen Ihres Rechners. Je nach Arbeitsumgebung sollten Sie sich also gut überlegen, was Sie gegen unbefugten Zutritt tun möchten.

Einige Systemeinstellungen sind von Haus aus geschützt und lassen nur Eingaben und Änderungen zu, wenn Sie sich zuvor über Ihr Benutzer-Passwort identifizieren. Das macht natürlich Sinn, denn was hätten Sie davon, wenn Sie Ihren Mac beispielsweise nach dem Ruhezustand per Kennwort schützen möchten, ein Fremder aber in Ihren *Systemeinstellungen* diesen Schutzmechanismus ohne Identitätsausweis aushebeln könnte. Links unten finden Sie dazu ein Schloss-Symbol, auf das Sie zuvor klicken müssen, ehe Sie auf die Systemeinstellung Einfluss nehmen können. Nach der Eingabe Ihres Benutzer-Kennwortes wird die Systemeinstellung dann freigeschaltet – erkennbar auch am nun geöffneten Schloss-Riegel.

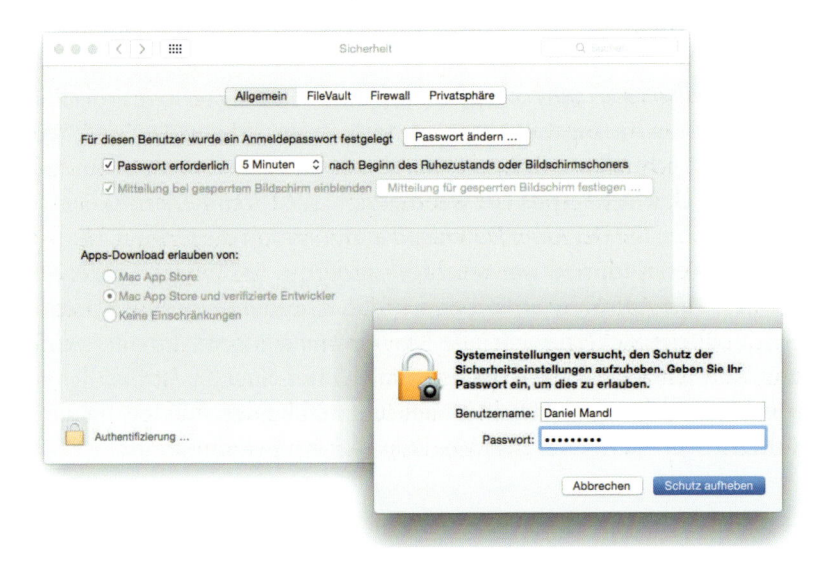

Hier geht nichts ungefragt! Erst nach Eingabe Ihres Benutzer-Kennwortes lässt sich auf die Systemeinstellung »Sicherheit« Einfluss nehmen.

3 | Systemeinstellungen im Detail

Über *Mitteilung bei gesperrtem Bildschirm einblenden* sowie dem Mausklick auf *Mitteilung für gesperrten Bildschirm festlegen* lässt sich eine kurze Nachricht eingeben, die automatisch mit eingeblendet wird, haben Sie Ihren Bildschirm beispielsweise per Passwort geschützt. Rüttelt nun ein Fremder an der Maus und möchte Ihren Rechner aus dem Bildschirmschoner-Modus oder dem Ruhezustand erwecken, so findet er nicht nur den Dialog zum Eingeben des Passwortes vor, sondern eben auch die Kurzmitteilung, die Sie bei dieser Option vergeben haben.

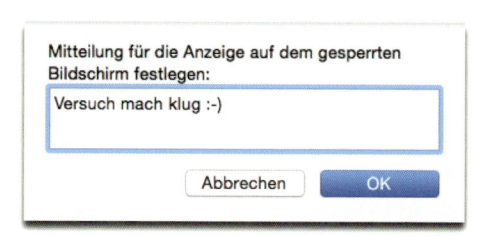

Neben der Eingabe des Passwortes können Sie Außenstehenden auch einen kurzen Kommentar anbieten, damit diese wissen, was Sache ist.

Sind Sie Einzelnutzer Ihres Rechners und haben in der Systemeinstellung *Benutzer* (dazu kommen wir noch) in den *Anmeldeoptionen* bestimmt, dass Ihr Mac ohne Anmeldeprozedur automatisch hochstarten soll, so ist dies in der Tat ein leichter Geschwindigkeits- und Zeitgewinn. Sind jedoch mehrere Anwender an Ihrem Rechner zu Gange, so lässt sich über *Automatische Anmeldung: Deaktiviert* diese Funktion übergreifend abschalten. Es wird also auf jeden Fall das Anmelde-Fenster eingeblendet und jeder Benutzer muss sich ganz brav unter Nennung seines Passworts, Blutgruppe, Personalausweis-Nummer und Haarfarbe identifizieren (kleiner Scherz – natürlich muss nur das Passwort eingegeben werden).

Mit *OS X Mountain Lion* hat Apple das Feature *Gatekeeper* (was soviel wie Torwächter heißt) eingeführt, das Sie vor dem Installieren »zwielichtiger« Programme schützen soll. Apple stellt Ihnen dabei drei Sicherheitsstufen zur Auswahl, welche Apps (Anwendungen) auf Ihren Rechner gelangen dürfen. Sofern Sie bei *Apps-Download erlauben von* die Option *Mac App Store* aktivieren, dürfen nur solche Programme installiert werden, die über den *Mac App Store* erworben wurden. Hierbei verspricht Apple die größtmögliche Sicherheit, da alle Programme aus dem *App Store* einen komplizierten Zulassungsweg durchlaufen. Der Nachteil ist jedoch, dass Sie sich in der Programmvielfalt vielleicht bescheiden müssen, da die gewünschte App nicht über den *Mac App Store* zu bekommen ist.

OS X verweigert das Öffnen von Programmen, die nicht über den Mac App Store geladen wurden.

Nichtsdestotrotz können Sie das Programm dennoch verwenden, indem Sie per Klick auf das betreffende Programm-Icon das Kontextmenü aufrufen (per Rechtsklick, Zweifingertipp oder Klick mit gedrückter *ctrl*-Taste) und daraus den Befehl *Öffnen* wählen. Auf diese Weise erhalten Sie ein Dialogfeld, das Ihnen das Starten des Programmes erlaubt. Und – einmal geöffnet – kann es immer ausgeführt werden.

Über das Kontextmenü sowie dem Befehl »Öffnen« erhalten Sie Zugang zum gewünschten Programm.

Die zweite Stufe im *Gatekeeper*-Programm nennt sich *Mac App Store und verifizierte Entwickler*. Neben Apps aus dem *Mac App Store* werden auch jene Programme zugelassen, deren Entwickler sich über Apple eine eindeutige Entwickler-ID haben geben lassen. Damit kann das jeweilige Programm digital signiert werden, so dass *Gatekeeper* deren Rechtmäßigkeit überprüfen und zum Öffnen zulassen kann. Wird ein Programm kontrolliert und dabei keine Entwickler-ID festgestellt, so wird ebenso das Starten der Anwendung blockiert. Das gilt im Übrigen auch für beschädigte Programme oder jene, die nachträglich (also nach einer digitalen Signierung) verändert wurden. Aber auch hier funktioniert der oben beschriebene Weg, sofern Sie das Programm dennoch verwenden möchten.

Die Option *Keine Einschränkungen* öffnet im Gegenzug allen Programmen Tür und Tor, da *Gatekeeper* damit schlichtweg deaktiviert wird. Wir persönlich verwenden die Einstellung *Mac App Store und verifizierte Entwickler* und hoffen, dass keine Schadsoftware den weisen Mannen bei Apple durchrutscht.

> Viele Programme – etwa *Mac App Store, Vorschau, Nachrichten, Mail, FaceTime, Kalender, Kontakte, Photo Booth* und *Lexikon*, aber auch *Schriften* oder *Safari*-Plug-Ins wie *Adobe Flash Player, Silverlight, QuickTime* und *Oracle Java* – unterliegen weiterhin Apples sogenanntem *Sandboxing*-Schutz. Hierbei werden Programme sowie Plug-ins isoliert von kritischen Systemkomponenten gehalten. Erfolgt nun ein Angriff oder werden Apps geschädigt, so werden diese blockiert und können keinen weiteren Schaden mehr anrichten.

Unten stehend finden Sie noch die Taste *Weitere Optionen*, die zusätzliche Einstellungen zum Schutz Ihres Rechners anbietet. Der Punkt *Abmelden nach xx Minuten Inaktivität* dürfte dabei klar sein: Sie stellen die gewünschte Zeit ein, nach deren Zeitspanne der Mac automatisch herunterfährt und den *Anmelde*-Dialog darstellt. Möchte nun jemand an den Rechner (inklusive Ihrer Person), so muss er sich erneut mit Passwort identifizieren, ehe das Betriebssystem wieder bereit ist.

Die Option *Administratorkennwort für den Zugriff auf systemweite Einstellungen verlangen* verstärkt die Schutzmaßnahmen, indem sie auch andere Systemeinstellungen wie etwa *Netzwerk, Freigaben, Drucken & Scannen, Energie sparen* etc. hinter Schloss und Riegel setzte. Bei Änderungen muss also zuerst auf das Schloss geklickt sowie das *Administrator-Passwort* eingegeben werden.

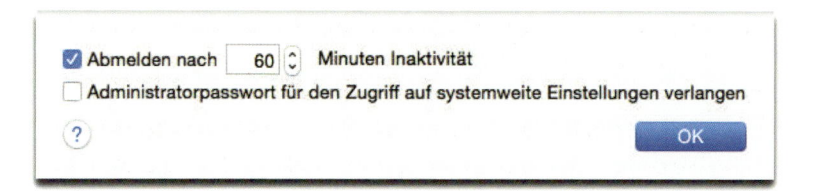

Zusätzliche Schutzmechanismen erreichen Sie über »Weitere Optionen«.

Rutschen wir einen Reiter weiter zu *FileVault*. Mit dieser Funktion können Sie Ihre sämtlichen Daten auf Ihrer Festplatte verschlüsseln. Benutzen Sie selbst die Daten, werden Sie bei Gebrauch automatisch entschlüsselt.

»FileVault« ist ein englischer Kunstbegriff und bedeutet übersetzt »Datei-Tresorraum«.

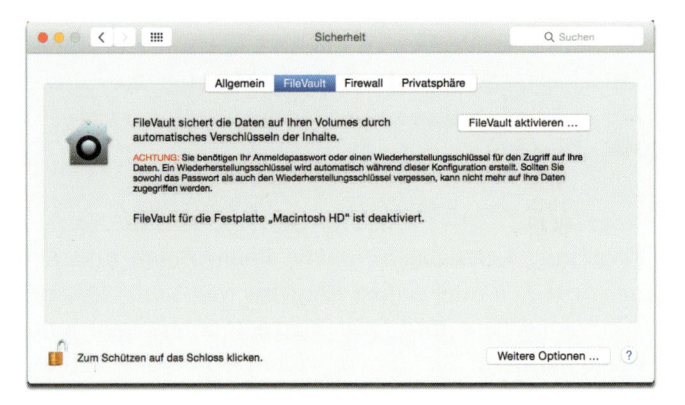

Da Ihre Daten im persönlichen *Benutzer*-Ordner mit dem *Administrator*-Passwort verschlüsselt werden, dürfen Sie dieses auf keinen Fall vergessen – ansonsten kommen Sie nämlich selbst an Ihre Daten nicht mehr heran. Damit dies nie eintritt, hat Apple zum Schutz gegen das Vergessen zwei Möglichkeiten eingebaut, die Verschlüsselungssperre dennoch zu umgehen. Das geschieht entweder über das Passwort Ihres *iCloud*-Accounts oder über einen durch *FileVault* generierten *Wiederherstellungsschlüssel*. Klicken Sie nun auf *FileVault aktivieren*, so können Sie eine der beiden Varianten wählen. Über *Fortfahren* wird Ihnen bei Wahl des *Wiederherstellungsschlüssels* dieser angezeigt und Sie sollten ihn geflissentlich notieren. Legen Sie dann diese Notiz mit der Buchstaben-/Zahlen-Kombination an einen Ort, auf den kein Fremder Zugriff darauf hat.

Es wird ernst, denn der »Wiederherstellungsschlüssel« kann Ihnen im Zweifel beim Wiederfreigeben Ihrer verschlüsselten Daten Kopf und Kragen retten.

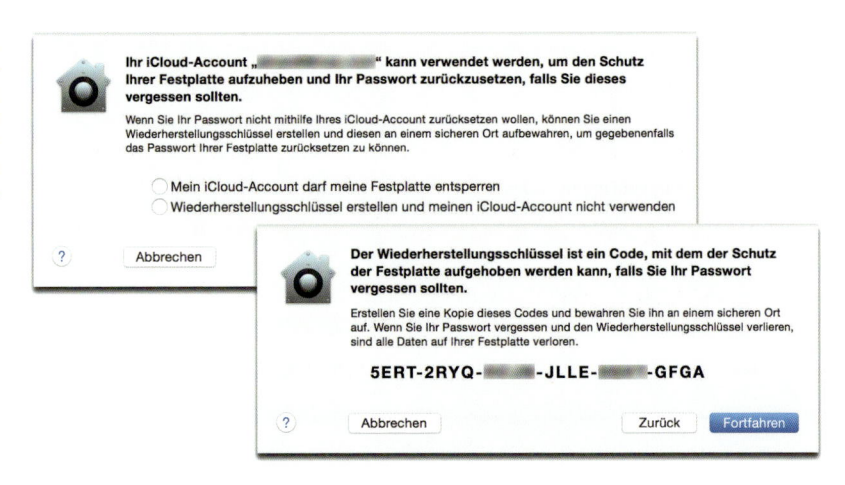

3 | Systemeinstellungen im Detail

Im Falle mehrerer *Benutzerkonten* müssen Sie die jeweiligen Mitbenutzer zuvor ebenso aktivieren, da diese ansonsten beim Anmelden nur mit Hilfe des Administrators Zugriff auf den Computer erhalten. Im Nachhinein (nach der Aktivierung von *FileVault*) angelegte *Benutzer* sind jedoch automatisch aktiviert.

Sie müssen im Falle der Verschlüsselung der Festplatte auch die anderen Benutzer freischalten, damit diese über ihr Passwort an die Daten gelangen können.

Mit Klick auf *Fortfahren* geht es zum nächsten Fenster, das nun den Neustart des Rechners fordert – anschließend beginnt die Verschlüsselung, die je nach Datenbestand auch länger dauern kann. Benutzen Sie ein MacBook (Air/Pro), so müssen Sie dieses am Netzteil angeschlossen lassen, da ansonsten keine Verschlüsselung stattfindet.

Sollte auch nur der leise Hauch eines Zweifels bestehen, so können Sie jetzt noch die Reißleine ziehen.

Unter *FileVault* erscheint der Anmelde-Dialog noch vor dem eigentlichen Mounten des Rechners. Da bis zu diesem Zeitpunkt noch nicht alle Treiber für die Eingabegeräte geladen sind, reagieren gerade Wireless-Geräte oftmals auf keine Anweisung. Sie müssen daher über die Pfeil-Tasten auf Ihrer Tastatur (das funktioniert sowohl mit der kabelgebundenen als auch der Wireless-Variante) den jeweiligen Benutzer auswählen und dann mit der Eingabetaste bestätigen. Danach geben Sie Ihr Passwort ein und bestätigen erneut – erst danach beginnt der Mac mit dem Hochstarten.

Ab *OS X Mavericks* lassen sich auch externe Festplatten und sogar USB-Sticks verschlüsseln. Am schnellsten geht das über das *Kontextmenü*, indem Sie darüber den Befehl »*Objektname« verschlüsseln* wählen (*Objektname* steht hier stellvertretend für Ihre Festplatte oder den USB-Stick). Im erscheinenden Dialog geben Sie nun eine Passwort sowie eine Merkhilfe ein und der Datenträger wird verschlüsselt. Einzige Voraussetzung bei dieser Variante: Ihr Datenträger muss für den Mac formatiert sein und die *GUID-Partitionstabelle* aufweisen.

Über das Kontextmenü wird der Befehl zum Verschlüsseln gewählt. Nach Vergabe von Kennwort und Merkhilfe ist Ihr Part für's Erste erledigt.

Alternativ können Sie zum Verschlüsseln auch das *Festplattendienstprogramm* verwenden. Diese Variante sollten Sie nutzen, wenn Sie Ihren Datenträger zum ersten Mal einrichten. Verbinden Sie daher das jeweilige Gerät mit dem Mac und wählen Sie es dann in der linken Liste aus. Klicken Sie dann in den Reiter *Löschen* und wählen Sie anschließend im Popup-Menü bei *Format* den Eintrag *Mac OS Extended (Journaled, Verschlüsselt)* aus. Über die *Sicherheitsoptionen* legen Sie den Grad der Sicherheit beim Löschen fest und mit Klick auf *Löschen* gelangen Sie zum Dialog zum Anlegen des Kennworts. Danach erfolgt die Formatierung.

Wenn Sie eine externe Festplatte oder einen USB-Stick mit der Einstellung *Mac OS Extended (Journaled, Verschlüsselt)* löschen (sprich neu formatieren), werden alle darauf befindlichen Daten unwiederbringlich entfernt. Legen Sie also bei wichtigen Daten zuvor ein Backup an, nicht dass Sie aus Versehen Material verlieren.

3 | Systemeinstellungen im Detail

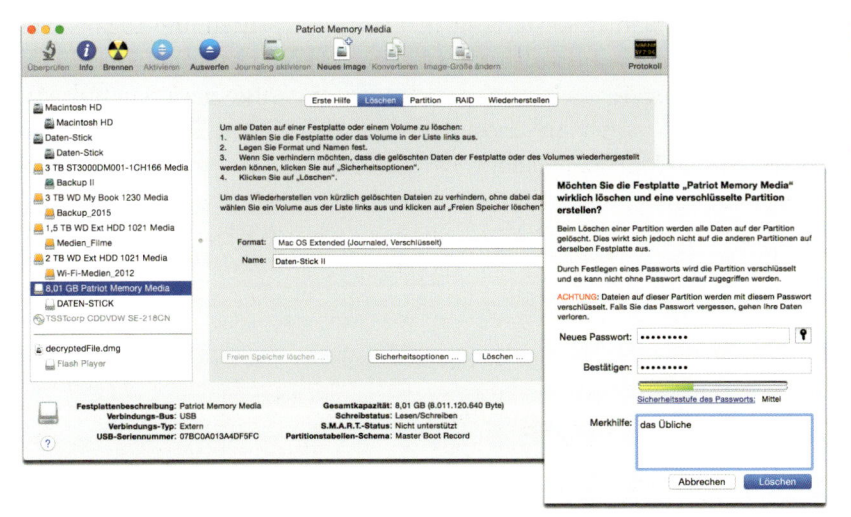

Zuerst müssen Sie das Medium (externe Festplatte oder in unserem Beispiel einen USB-Stick) entsprechend vorbereiten. Im zweiten Schritt erfolgt das Festlegen auf ein Passwort.

Ist das Medium nun entsprechend vorbereitet, so lässt es sich ganz normal mit Daten bespielen – beim Abmelden werden die darauf befindlichen Daten verschlüsselt. Interessant wird es erst, wenn Sie es später wieder anmelden (egal, ob an einem anderen oder denselben Rechner). Sie müssen zuerst das vergebene Kennwort eingeben und der Stick bzw. die externe Festplatte wird freigeschaltet. Aktivieren Sie zudem die Option *Passwort in meinem Schlüsselbund sichern*, so brauchen Sie das auch nur ein einziges Mal eingeben, denn das Passwort wird im Dienstprogramm *Schlüsselbundverwaltung* hinterlegt (siehe dazu auch das entsprechende Kapitel weiter hinten im Buch).

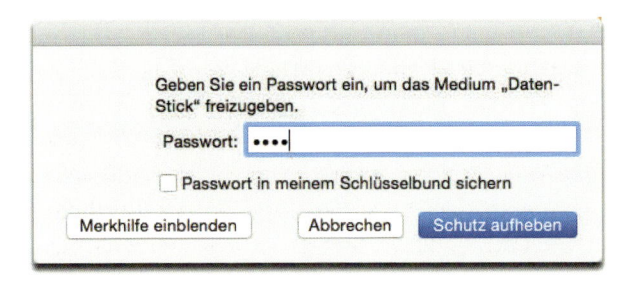

Ohne Passwort gibt es keinen Zutritt auf die verschlüsselten Daten.

Bitte immer daran denken: Sollte Ihnen einmal das Kennwort entfallen, können Sie letztlich auch Ihre Daten vergessen. Ohne Passwort lässt sich unter keinen Umständen mehr auf die Daten zugreifen! Möchten Sie Ihren Datenträger wieder ohne Verschlüsselung nutzen, so gehen Sie über das Kontextmenü und wählen dort den Befehl »*Objektname« entschlüsseln*.

Zurück zur Systemeinstellung *Sicherheit:* Der umgekehrte Weg – also das Deaktivieren von *FileVault* – ist natürlich ebenso möglich: Im *File-Vault*-Dialog nennt sich nun der Button *FileVault deaktivieren*. Mit Klick darauf können Sie dann im nächsten Dialog-Fenster die Verschlüsselung aufheben.

Rolle rückwärts: »File-Vault« wird deaktiviert – die Daten werden wieder entschlüsselt.

Der dritte Reiter im Bunde nennt sich *Firewall* (übersetzt etwa »Brandmauer«) und dient als eine Art Schutzschild für unerwünschte Zugriffe in einem Netzwerk oder über das Internet. Auch Ihr Mac lässt sich so einrichten, dass er etwa in einem Netzwerk oder über das Internet auch von Dritten angesprochen werden kann. Welche Dienste Sie genau zur Verfügung stellen, erledigen Sie in der Systemeinstellung *Freigaben* (dazu kommen wir noch im Netzwerk-Kapitel). Die dort aktivierten Dienste werden dann auch im *Firewall*-Fenster über *Weitere Optionen* angezeigt.

In diesem Dialog schalten Sie die Firewall ein (auf »Firewall aktivieren« klicken) und legen dann über »Firewall-Optionen« die Prioritäten für Ihre Firewall fest.

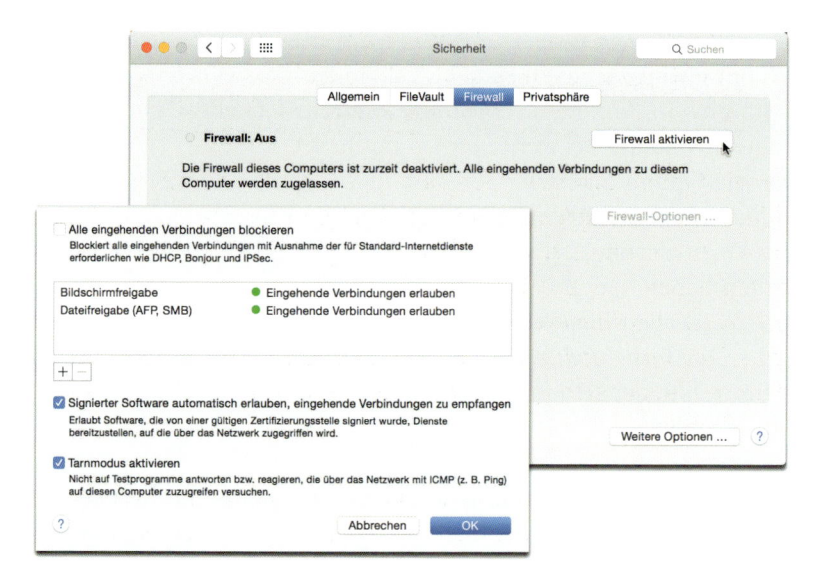

Alle eingehenden Verbindungen blockieren verfährt nach dem »Alles oder Nichts«-Prinzip und unterbindet jeglichen Zugriff von außen (selbstverständlich bis auf jene Programme, die für ein reibungsloses Funktionieren in einem Netzwerk und zum Finden der dort bereitgestellten

3 | Systemeinstellungen im Detail

Dienste notwendig sind). Dies sollten Sie beispielsweise einrichten, sofern Sie sich unterwegs in einem öffentlichen WLAN befinden.

Alle Freigabedienste werden über die Option »Alle eingehenden Verbindungen blockieren« gesperrt.

Auf der anderen Seite lässt sich über die *Hinzufügen*-Taste der Zugriff auf bestimmte Programme festlegen und Sie können einzelne Einschränkungen vergeben. Über der *Plus*-Taste für *Hinzufügen* öffnet sich der *Programme*-Ordner, aus dem sich einzelne Applikationen wählen lassen. Diese ausgesuchten Programme lassen sich nun wiederum für Verbindungen blockieren, wenn Sie auf die kleinen Pfeile klicken und daraus den entsprechenden Befehl wählen (etwa *Eingehende Verbindungen blockieren*).

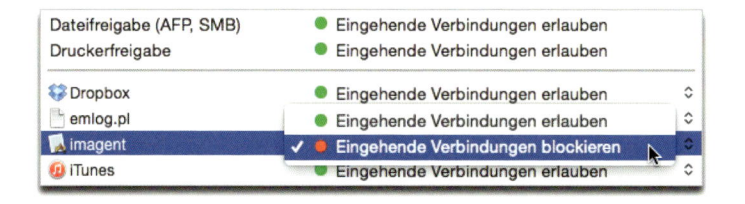

Die Möglichkeit zum weiteren Anpassen von Zugriffen.

Über die Option *Signierter Software automatisch erlauben, eingehende Verbindungen zu empfangen* ermöglichen Sie Programmen, die seitens einer Zertifizierungsstelle (wie etwa *Verisign*) einen Identitätsnachweis erhalten haben, das Bereitstellen von Diensten. Das gibt ein wenig Sicherheit, ist allerdings kein 100-prozentiger Schutz vor schadhaften Zugriffen. Der *Tarn-Modus* wiederum ist ebenso eine Möglichkeit, sich vor Datenverkehr, der sich unerkannt in ein Netzwerk einschleichen möchte, zu schützen.

Der vierte Reiter im Bunde nennt sich *Privatsphäre*. Dort lassen sich beispielsweise die *Ortungsdienste* aktivieren bzw. deaktivieren, über die sich Ihr aktueller Aufenthaltsort bestimmen lässt. Diese vom iPad/iPhone/iPod touch bekannte Technik ermöglicht es manchen Programmen, Ihren Mac über WLAN bzw. GPS zu orten und somit Ihren augenblicklichen Standort zu bestimmen. Die *Ortungsdienste* ermöglichen so eine ortsabhängige Erinnerung oder eine Routenberechnung über die

App *Karten*, und auch die *Wetter*-App in der *Mitteilungszentrale* kann so genaue Daten liefern. Über die von Apple *Core Location Technologie* genannte Technik wird auf diese Weise über Hotspots (das sind wiederum öffentliche drahtlose Internetzugriffspunkte) Ihr aktueller Standort bestimmt. Voraussetzung hierfür ist jedoch ein aktiviertes WLAN-Netzwerk, so dass Sie darüber – egal, wo Sie sich gerade aufhalten – der korrekten Zeitzone zugeordnet werden können.

Der Nachteil beim Deaktivieren der Ortungsdienste? Die *iCloud*-Funktion *Meinen Mac suchen* wird damit ebenso deaktiviert. Über diese Funktion, die bereits auf iPhone, iPad und iPod Anwendung findet (Stichwort *Mein iPhone suchen*), ist es möglich, im Falle des Verlustes (egal, ob Diebstahl, Vergesslichkeit etc.) seinen Mac aufzuspüren (eben per WLAN) bzw. zumindest eine Nachricht dorthin zu senden. Auch das Sperren des Rechners sowie das Fernlöschen der darauf befindlichen Benutzer-Daten ist möglich. Mehr dazu gibt es zur entsprechenden Systemeinstellung *iCloud*.

Wer die Ortungsdienste ausschalten möchte, erhält eine Warnmeldung, sofern dieser die Funktion »Meinen Mac suchen« aktiviert hat. Darüber können Sie sowohl über iOS-Geräte (über die App »Mein iPhone«) als auch über die Webseite www.icloud.com Ihren Mac orten (dazu später mehr).

Sofern Sie Programme installieren bzw. benutzen, die auf die *Ortungsdienste* zurückgreifen möchten, müssen diese um Ihre Erlaubnis bitten. Geben Sie dem nach, so werden sie in der rechts liegenden Liste aufgeführt. Weiterhin lässt sich über das *Kompassnadel*-Symbol auf einen Blick erkennen, welches dieser Programme innerhalb der letzten 24 Stunden Ihren Standort abgefragt hat.

Bevor ein Programm auf die Ortungsdienste zugreifen darf, muss es um Erlaubnis bitten.

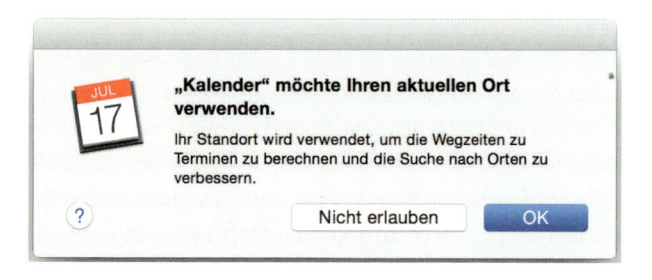

3 | Systemeinstellungen im Detail

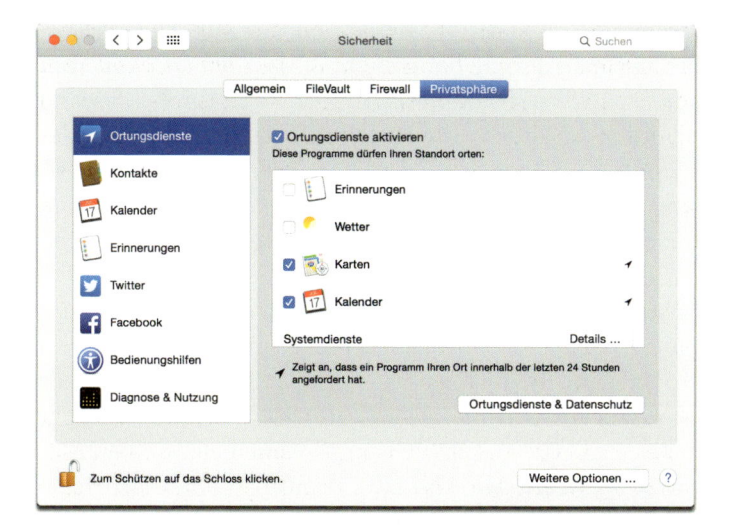

Die Liste führt jene Programme auf, die auf die Ortungsdienste zurückgreifen möchten. Sind Apps mit einem Haken versehen, so haben diese die Erlaubnis dazu erhalten. Das Kompassnadel-Symbol weist darauf hin, dass in den letzten 24 Stunden Ihre Standortdaten abgefragt wurden.

Auch wer wissen möchte, welchen anderen Programme auf Apps wie *Kontakte, Kalender, Erinnerungen, Facebook* etc. zurückgreifen möchte, findet eine Übersicht in der Abteilung *Privatsphäre*. Dort können Sie auch nachträglich die Erlaubnis erteilen oder entziehen.

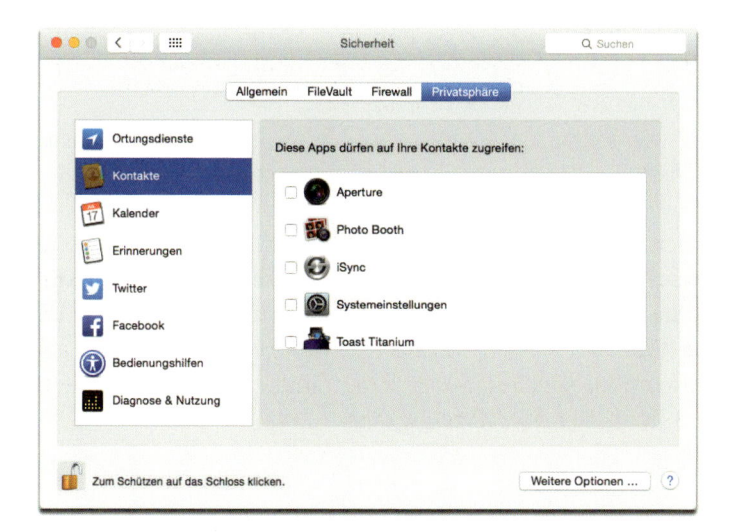

Programme mit Zugriffswunsch auf Ihre Kontakte, persönlichen Daten und Informationen werden rechter Hand aufgelistet.

Und dann haben wir da noch den Eintrag *Diagnose- & Nutzung*, über den Sie genau diese Daten an Apple senden können. Apple wertet diese dann aus und möchte so zum einen den Kunden besser verstehen, was dieser so alles auf seinem Mac treibt, zum anderen auch den Support optimieren, um so gezielter auf Anwenderfragen reagieren zu können.

Auch die fleißigen App-Entwickler können Sie mit Daten versorgen, damit diese ihre Programme hoffentlich schnell fehlerfrei bekommen.

Über »Diagnose & Nutzung« möchte dieses Mal ausnahmsweise Apple an Ihre Daten. Sofern Sie also zur Produktverbesserung (leider nicht Preisreduzierung) beitragen möchten, können Sie dies gerne tun.

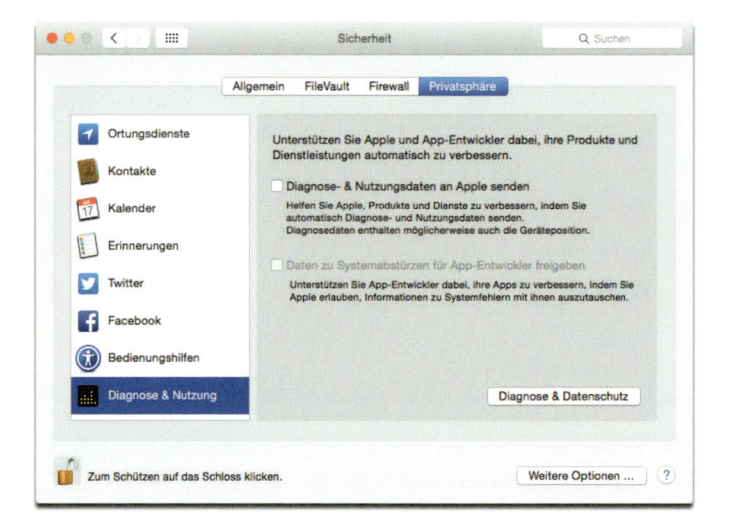

Der Wunsch nach Anwender-Informationen ist natürlich verständlich, wenn auch in der heutigen Zeit durchaus kritisch zu sehen. Da ein Skandal den nächsten jagt und man schon bald vor Arbeitsbeginn unter den Schreibtisch schaut, ob da nicht ein Geheimdienstler sitzt, bleiben wir grundsätzlich skeptisch, wenn individuelle Daten so einfach einer großen Firma zufließen sollen. Unsere Entscheidung ist daher ein klares Nein! Bei Interesse sollten Sie aber auf jeden Fall einmal Apples Statement zum Thema *Diagnose & Datenschutz* über die gleichnamige Schaltfläche lesen. Alternativ spricht auch Tim Cook über die Webseite www.apple.com/de/privacy über Apples Engagement in Sachen Datenschutz, wobei Sie dort auch die aktuellen Datenschutzrichtlinien abrufen können.

Spotlight – Suchen mit Komfort

Es gibt Anwender, die sich geradezu verbissen eine logische Struktur mit Ordnern und Unterordnern auf dem Rechner einrichten. Sie wissen genau, wo was liegt und kommen eigentlich selten in arge Not, weil sie diese oder jene Datei einfach nicht finden können. Im Gegensatz dazu lassen sich jedoch auch User beobachten, die das manuelle Suchen längst aufgegeben haben und sich voll und ganz auf die intelligente Suche über

Spotlight verlassen. Der Clou hierbei ist, dass sich die Suchfunktion nicht nur Datei-Titel einprägt, sondern auch Datei-Inhalte (also beispielsweise Text) sowie Informationen auf Metadaten-Ebene miteinbezieht. Jene unsichtbare Informationsstruktur zielt dabei auf Einträge, die beispielsweise bei Bildern, Musik oder Texten in Form von Schlüsselwörtern oder Datei-Informationen vergeben werden, wie Sie sie in den Programmen *iPhoto*, *Fotos*, *Vorschau*, *iTunes* oder *TextEdit* eintragen können. Aber auch Programme von Drittherstellern wie *Photoshop*, die ebenso die Vergabe von Informationen zulassen, werden berücksichtigt.

Spotlight indiziert nach der Installation bzw. Konfiguration des Betriebssystems die gesamte Festplatte, nachträglich hinzugefügte Dokumente und Dateien werden selbstverständlich ebenso in die Datenbank eingelesen. Aber auch externe Festplatten, die Sie an Ihren Mac anschließen, werden sogleich einer Indizierung unterworfen. Im Falle einer Such-Anfrage können Sie so möglichst schnell Ihre Ergebnisse erhalten.

Die Systemeinstellung *Spotlight* hilft Ihnen dabei, die Suchergebnisse in der gewünschten Reihenfolge aufzulisten. Unter dem Reiter *Suchergebnisse* finden Sie die Kategorien, die *Spotlight* abarbeitet. Ist Ihnen nun beispielsweise Ihre Korrespondenz in Form von E-Mails besonders wichtig, so schieben Sie sie einfach mit gedrückter Maustaste nach ganz oben. Möchten Sie einzelne Kategorien gar nicht in die Suche miteinbeziehen, so entfernen Sie den links stehenden Haken.

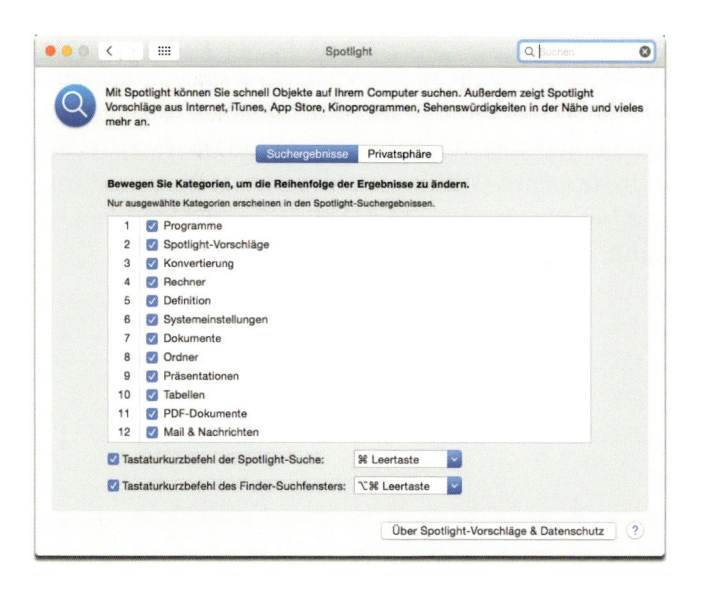

Die Suchergebnisse lassen sich ändern, wenn Sie die Kategorien in die von Ihnen gewünschte Reihenfolge bringen.

Neu unter *OS X Yosemite* ist die Option *Spotlight-Vorschläge*, die Ihnen ganz auf Ihre persönlichen Suchen ausgerichtete Ergebnisse liefern möchte. Diese Methodik klappt jedoch nur, indem »Ihre Suchanfragen, die benutzten Spotlight-Vorschläge sowie zugehörige Nutzungsdaten« an Apple zur Auswertung gesendet werden. Bei aktivierten Ortungsdiensten werden zudem Ihre Standortdaten mitgeliefert. Manche Suchbegriffe werden zudem an Microsofts Suchmaschine *Bing* weitergeleitet. Außen vor bleiben jedoch Ihre Suchergebnisse, die sich ausschließlich auf dem Gerät befinden (also Kontakte, Lesezeichen-Favoriten etc.). Möchten Sie die Weitergabe von Daten unterbinden, so sollten Sie die Optionen *Spotlight-Vorschläge* sowie *Bing Websuchen* deaktivieren. Weitere Informationen zur Datenweitergabe finden Sie auch über den in der Einstellung unten stehenden Link *Über Spotlight-Vorschläge & Datenschutz*.

Der erste Aufruf der Spotlight-Suche klärt schon einmal vorsichtig auf, dass im Falle der »Vorschläge« Daten an Apple gesendet werden.

Finden Sie die *Spotlight-Vorschläge* eigentlich gar nicht so schlecht und möchten nur Ihre Standortdaten verbergen, so erledigen Sie das über die Systemeinstellung *Sicherheit* und dort unter *Privatsphäre*. Wählen Sie den Punkt *Ortungsdienste*, klicken Sie bei *Systemdienste* auf *Details* und deaktivieren Sie dort den Punkt *Spotlight-Vorschläge*.

Unten den Kategorien liegend finden Sie die von Apple eingerichteten *Tastatur-Kurzbefehle* für die *Spotlight-Suche (cmd-Leertaste)* sowie das *Finder-Suchfenster (cmd-alt-Leertaste)*. Letzteres entspricht dem üblichen Suchen-Fenster, das Sie im *Finder* auch über den Befehl *Ablage | Suchen* bzw. *cmd-F* aufrufen können.

Der zweite Reiter der Systemeinstellung *Spotlight* nennt sich *Privatsphäre* und ist ebenfalls eine gelungene Einrichtung, da sich dort Ordner oder gar ganze Volumes (interne wie externe Festplatten, Partitionen etc.) von einer Indizierung und folglich der Suche ausschließen lassen. Dies können beispielsweise Ordner sein, die mit Ihrer Arbeit nichts zu tun haben und nur die Ergebnislisten verlängern würden.

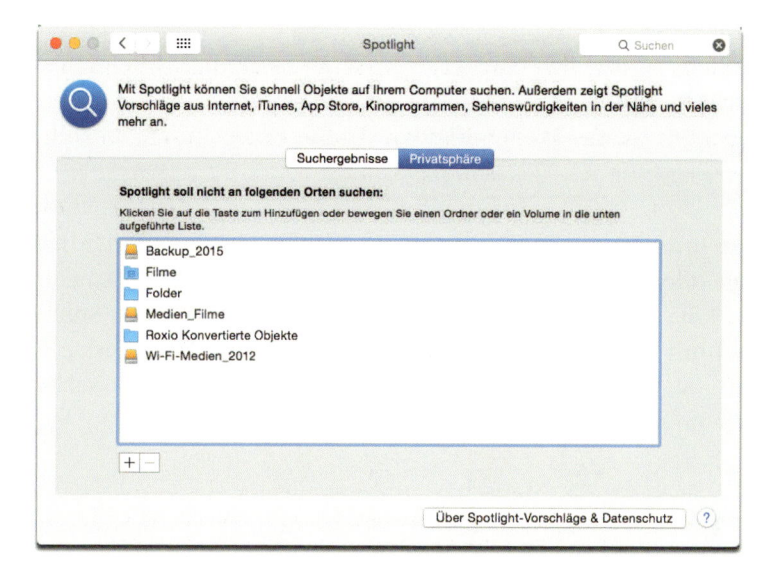

Über die Systemeinstellung »Spotlight« und dort über die Rubrik »Privatsphäre« lassen sich auch Ordner oder Teile einer Festplatte ausschließen.

Zum Ausschließen von Daten-Beständen klicken Sie entweder auf den *Plus*-Button und wählen den entsprechenden Speicherpfad aus, oder Sie ziehen einfach mit gedrückter Maustaste den oder diejenigen Ordner/Volumes in die Liste hinein.

> **Sollten Sie einmal das Gefühl bekommen, dass *Spotlight* mit der Zeit unzuverlässig agiert, so fügen Sie Ihre Festplatte/Partition/Ordner erst der Rubrik *Privatsphäre* hinzu, um Sie gleich anschließend wieder zu entfernen – danach indiziert *Spotlight* neu und die Daten sind wieder auf dem neuesten Stand.**

Nun aber zur eigentlichen Suche: Klicken Sie in der Menüleiste rechts oben auf das *Lupen*-Symbol oder drücken auf Ihrer Tastatur *cmd-Leertaste*, so rufen Sie das Eingabefeld der *Spotlight*-Suche auf. Tragen Sie dort einen Begriff ein, so beginnt *Spotlight* bereits mit den ersten Ergebnissen aufzuwarten, noch während Sie schreiben.

Nach dem Suchbegriff wird auf allen Ebenen, in allen Medien und innerhalb aller Dokumente gefahndet.

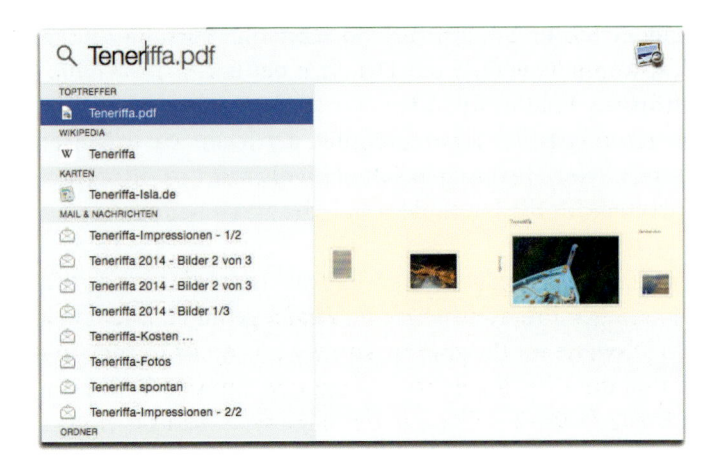

Zur Erinnerung: Egal, in welchem Fenster Sie sich gerade befinden oder welches Apple-Programm (*Mail*, *Kontakte*, *Kalender* etc.) Sie gerade geöffnet haben – Sie finden immer ein Suchenfeld mit einer kleinen stilisierten Lupe. Auch dort können Sie Ihre Such-Begriffe eingeben, auch wenn sich dieser ausschließlich auf die Inhalte auf Ihren Mac konzentriert.

Da das Suchenfenster statisch ist und sich nicht in der Größe verändern lässt, sollten Sie innerhalb der Ergebnisliste immer ein wenig scrollen, um auch die weiter unten liegenden Resultate zu beachten. Weiterhin haben Sie die Möglichkeit, sich eine Vorschau der angezeigten Ergebnisse anzeigen zu lassen, indem Sie auf die entsprechenden Einträge klicken.

Klicken Sie mit der Maus auf die angezeigten Ergebnis-Einträge, so kümmert sich »Spotlight« um eine angemessene Übersicht.

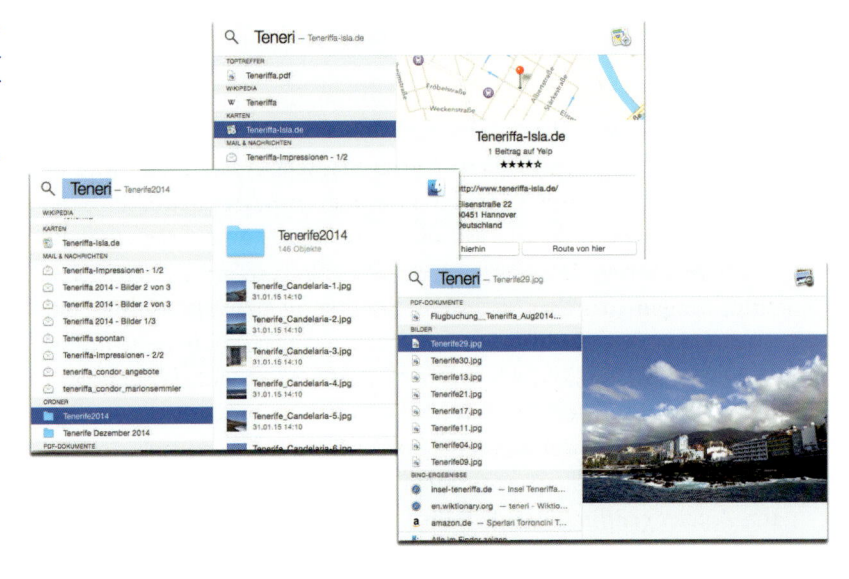

Markieren Sie einen Eintrag, so dass die Vorschau angezeigt wird, so können Sie über das Drücken der *Befehlstaste (cmd)* den zugehörigen Pfad einblenden. So lässt sich auf einen Blick erkennen, wo sich die Datei befindet. Drücken Sie hingegen die *Befehlstaste* und nachfolgend die *Eingabetaste*, so öffnet sich der entsprechende Ordner, in dem sich die Datei befindet.

Doppelklicken Sie hingegen einen Eintrag, so wird das zugehörige Objekt im jeweiligen Programm bzw. im *Finder* geöffnet. Bilder erscheinen also beispielsweise im Programm *Vorschau*, E-Mails werden in *Mail* angezeigt, und die *Bing-Ergebnisse* öffnen den Browser *Safari* und somit die ermittelte Webseite. Ganz unten lässt sich auch noch der Eintrag *Alle im Finder zeigen* entdecken, der auf Doppelklick hin ein Suchen-Fenster im *Finder* öffnet und sämtliche gefundenen Dateien innerhalb Ihres Rechners aufführt.

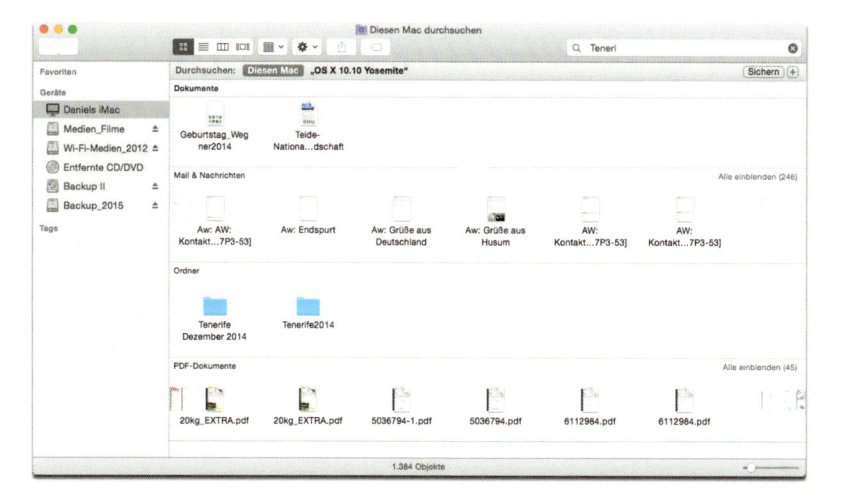

Der Doppelklick auf »Alle im Finder zeigen« öffnet die Finder-Suche und stellt die auf dem Mac gefundenen Ergebnisse übersichtlich dar.

In der *Listen-* bzw. *Cover Flow*-Ansicht lässt sich nun eine weitere Sortierung über einen Klick in die Spalten (beispielsweise nach *Name*, nach *Art, Zuletzt geöffnet*) vornehmen. Über das *Suchen-*Eingabefeld oben im Fenster können Sie zudem weitere Einschränkungen vornehmen, indem Sie den Suchbegriff verfeinern bzw. bei der Eingabe nur im *Dateinamen* fahnden lassen. Auch der Ort der Suche lässt wieder festlegen, also ob auf dem gesamten Computer *(Dieser Mac)* oder nur innerhalb des entsprechenden Ordners. Über den oben liegenden Button *Objektausrichtung ändern* können Sie auch eine andere Sortierung vornehmen, etwa nach *Zuletzt geöffnet*, der *Art* oder der *Größe* der Datei.

Da in manchen Kategorien wie *Bilder, PDF-Dokumente, Mail & Nachrichten* etc. oftmals nur ein Bruchteil der eigentlichen Ergebnisse angezeigt wird, sollten Sie Ihren Mauszeiger neben den Oberbegriff setzen und nachschauen, ob die Option *Alle einblenden* angezeigt wird. Klicken Sie darauf, öffnet sich ebenso eine *Finder*-Suche und zeigt ausschließlich die zur angeklickten Kategorie zugehörigen Ergebnisse an.

Auch die Möglichkeit des direkten Drag & Drop aus dem *Spotlight*-Ergebnismenü klappt. Haben Sie beispielsweise ein E-Mail-Fenster vor sich und möchten eine bestimmte, noch nicht gefundene Datei als Anhang dieser Mail mitversenden, so starten Sie über *Spotlight* Ihre Suche und ziehen diese einfach in Ihr *Mail*-Fenster. Auch der Datenaustausch klappt so bestens, wenn Sie beispielsweise über *AirDrop* ein Dokument an einen anderen Mac-Teilnehmer im Netzwerk weitergeben möchten. Auch in diesem Fall heißt es problemlos die Datei aus der Ergebnisliste zu packen und über *AirDrop* weiterzureichen.

Ein Dokument wird kurzerhand aus der »Spotlight«-Ergebnisliste herausgezogen und per »AirDrop« weitergereicht.

Um nun nicht alles doppelt wiedergeben zu müssen, empfehlen wir auch einmal den Besuch der *Mac-Hilfe (cmd-?)*, die Sie über die *Finder*-Menüleiste und dort über den Menü-Punkt *Hilfe | Mac-Hilfe* starten können. Geben Sie dort als Suchbegriff »Suchen mit Spotlight« ein, so erhalten Sie über Hilfethemen wie »Eingrenzen der Suchergebnisse« sowie »Suchen nach bestimmten Objekttypen« weitere Hilfestellung bzw. tiefergehende Möglichkeiten zu einer erfolgreichen Suche. So können Sie neben Begriffen auch nach Attributen (enthalten in Metadaten) fahnden oder eine Boolsche Abfrage (die Suche wird mit Hilfe sogenannter Boolscher Operatoren wie AND, OR und NOT verfeinert) starten.

3 | Systemeinstellungen im Detail

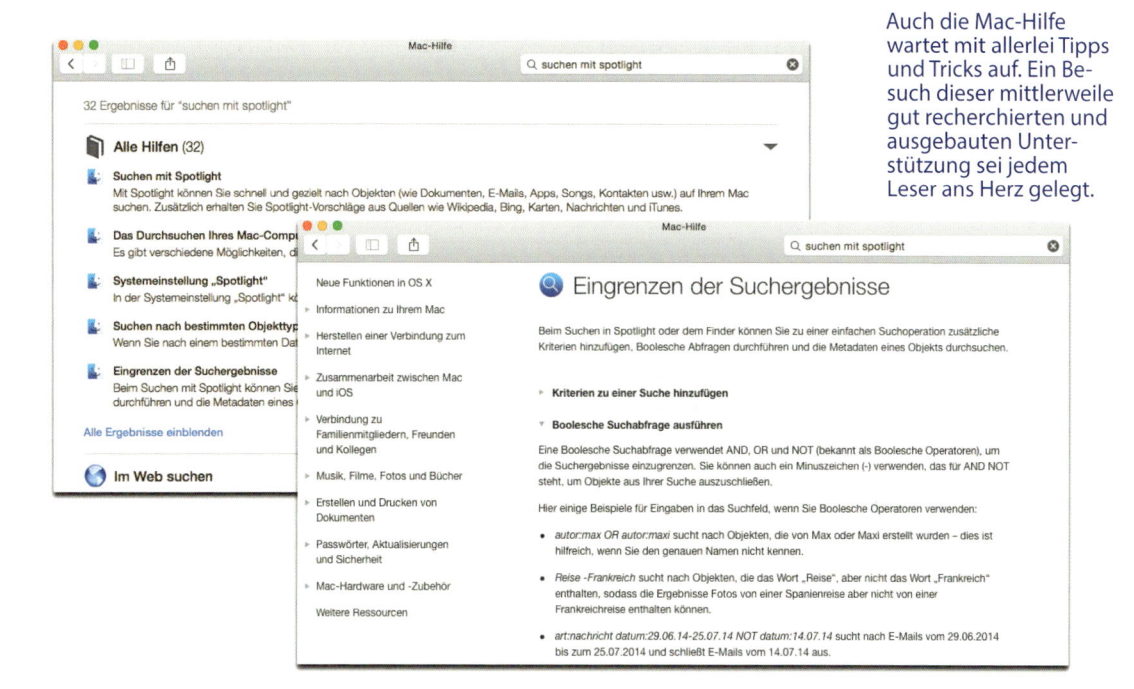

Auch die Mac-Hilfe wartet mit allerlei Tipps und Tricks auf. Ein Besuch dieser mittlerweile gut recherchierten und ausgebauten Unterstützung sei jedem Leser ans Herz gelegt.

Und noch ein Highlight bietet *Spotlight*: es beherrscht die einfachen Grundrechenarten. Möchten Sie also schnell einmal ein paar Zahlen addieren oder Ihr Jahresgehalt durch 12 teilen, so geben Sie einfach die Zahlen in *Spotlight* ein. Plus (+) und Minus (-) sollten bekannt sein, zum Dividieren benutzen Sie den Slash (»/«), zum Multiplizieren das Symbol »*«.

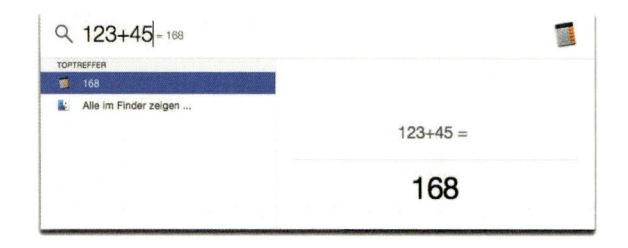

Wer es nicht im Kopf hat, der hat es wenigstens in den Fingern – schnell mal rechnen mit Spotlight.

Mitteilungen – die Nachrichtenzentrale für den Mac

Sofern Sie bereits mit iPad, iPhone oder iPod touch arbeiten, sollte Ihnen die *Mitteilungszentrale* ein Begriff sein. Dort legen Sie nämlich fest, wie mit ankommenden Meldungen – das können neue E-Mails sein, verpasste *FaceTime*-Anrufe, *Erinnerungen*, *Kalender*-Termine oder auch *Game Center*-Einladungen – zu verfahren ist.

Die Systemeinstellung »Mitteilungen« sorgt für Struktur im Meldungen-Dschungel.

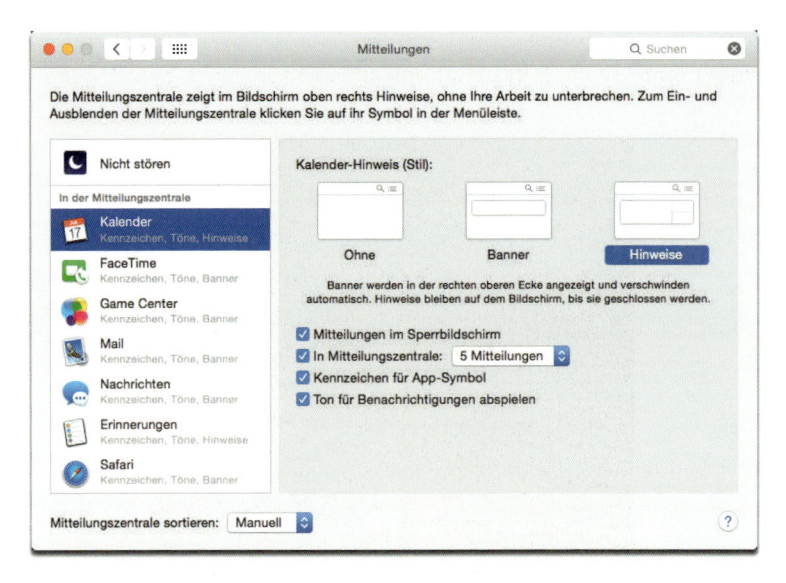

Bei geöffneter Systemeinstellung sind linker Hand jene Programme aufgeführt, die während des Betriebs Meldungen abgeben. Klicken Sie auf ein Programm-Symbol, so lässt sich der Hinweisstil – also ob *Banner*, *Hinweis* bzw. keines von beiden – festlegen. *Banner* werden dabei nur kurz rechts oben als Meldung eingeblendet und verschwinden von selbst, während ein *Hinweis* ein Eingreifen Ihrerseits erfordert, indem Sie entweder die Meldung schließen oder sich erneut (Taste *Erinnern*) anzeigen lassen. Tippen bzw. klicken Sie hingegen auf die angezeigten Einträge, so wechseln Sie automatisch zur ausgebenden App.

Links ein Hinweis mit der Möglichkeit zur Wiederholung, rechts zwei Banner, die nach wenigen Sekunden wieder vom Bildschirm verschwinden. Bewegen Sie Ihren Mauszeiger auf ein Banner, so werden je nach Nachricht ebenso Zusatzoptionen zum Reagieren eingeblendet.

Die *Mitteilungszentrale* selbst lässt sich aufrufen, indem Sie rechts oben in der Menüleiste auf das Listen-Symbol klicken oder auf dem Trackpad mit zwei Fingern vom rechten (Trackpad-)Rand nach links wischen (hierzu muss jedoch die zugehörige Option *Mitteilungszentrale* in der Systemeinstellung *Trackpad*, Rubrik *Weitere Gesten* aktiviert sein). Dabei zeigt sich eine Leiste, die nun alle noch nicht abgearbeiteten Meldun-

3 | Systemeinstellungen im Detail

gen aufführt. Auch hier genügt ein Klick (auf eine E-Mail, Erinnerung, Kalender-Eintrag etc.), um zum jeweiligen Programm zu gelangen.

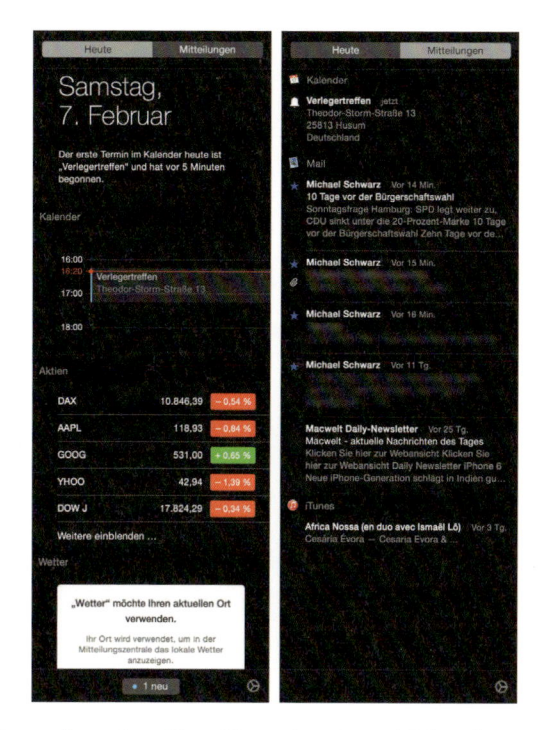

Rechter Hand vom Bildschirm lässt sich die Mitteilungszentrale aufrufen, die die zwei Rubriken »Heute« und »Mitteilungen« aufweist.

Während *Heute* den aktuellen Tag mit seinen Kalendereinträgen, Erinnerungen sowie einen Ausblick auf den nächsten Tag gibt, finden Sie unter *Mitteilungen* etwaige Eintragungen seitens diverser Apps, Ihre E-Mails, Nachrichten etc. Die Reihenfolge der Einträge in der *Mitteilungen*-Abteilung erledigen Sie über die zugehörige Systemeinstellung bei *Mitteilungszentrale sortieren*: entweder *manuell*, indem Sie die einzelnen App-Einträge mit der Maus packen und verschieben, oder *nach Zeit*. Bei letzterer Variante übernimmt das OS X die Regie und sortiert die jeweiligen Nachrichten nach Posteingang. Klicken Sie innerhalb der *Mitteilungszentrale* auf eine der angezeigten Meldungen, so wechseln Sie automatisch zur ausgebenden App und der Beitrag wird aufgerufen.

Die *Heute*-Ansicht weist zudem sogenannte *Widgets* (das heißt kleine Info-Programme) auf. Standardmäßig finden Sie dort eine *Wetter*- sowie *Aktien*-App – weitere lassen sich entdecken, indem Sie unten stehend auf *Bearbeiten* klicken. So gibt es einen *Rechner* oder die *Weltzeituhr*, ein Widget zum Posten in *Sozialen Netzwerken (Linked in, Facebook, Twitter, Nachrichten)* oder zur Steuerung von *iTunes*. Hinzufügen lassen sich diese kleinen Programme per Klick auf das kleine grüne Plus-Symbol, entfernen lassen sie sich wieder per Klick auf das rote Minus-Icon.

Im Bearbeiten-Modus lassen sich die kleinen Programmen der Mitteilungszentrale verwalten.

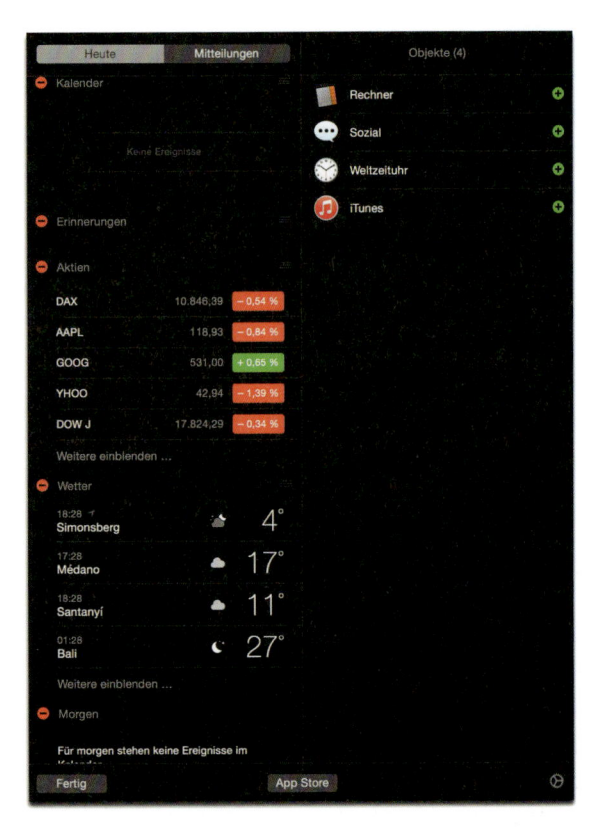

Das Aktivieren bzw. Deaktivieren der Widgets lässt sich auch über die Systemeinstellung *Erweiterungen* erledigen. Über den Eintrag *Heute* finden Sie dort alle Widgets, die Ihr *OS X* zur Verfügung stellt. Dort können Sie nun ebenso entsprechende Programme einschalten bzw. ausschalten.

Weitere *Widgets* finden Sie zudem über den *App Store,* der sich über den gleichnamigen Knopf (unten stehend) direkt aufrufen lässt. Meist handelt es sich dort um »ausgewachsene« Mac-Programme, die ein *Widget* sozusagen als Ableger für die *Mitteilungszentrale* anbieten. Diese werden dann entweder automatisch in die *Widget*-Liste integriert (und müssen von dort aus aktiviert werden) oder Sie werden beim ersten Öffnen der App danach gefragt, ob Sie eine tägliche Information innerhalb der *Mitteilungszentrale* wünschen.

3 | Systemeinstellungen im Detail

Über den »Mac App Store« lassen sich weitere Widgets für die Mitteilungszentrale laden und installieren.

Alle Widgets lassen sich natürlich anpassen. Bewegen Sie dazu Ihren Mauszeiger auf den App-Namen und klicken Sie dann in das kleine Info-Symbol. So lassen sich der *Wetter*-App neue Orte hinzufügen, Sie können weitere *Aktien* zur Beobachtung einbauen oder die *Weltzeituhr* mit weiteren Städten versehen. Handelt es sich um Apps von Apple, so werden die hinzugefügten Inhalte über die *iCloud* auch auf Ihre *iOS*-Geräte synchronisiert.

Über die Optionen der Systemeinstellung *Mitteilungen* können Sie nun – getrennt nach Programm – noch weitere Einstellungen treffen, etwa ob die jeweilige App dort überhaupt mit aufgeführt oder ausgeschlossen werden soll, indem Sie entweder den Haken bei *In Mitteilungszentrale* entfernen bzw. setzen. Alternativ können Sie auch einzelne Einträge der aufgeführten Apps mit der Maus packen und ganz nach unten in den Bereich *Nicht in der Mitteilungszentrale* verschieben. Weiterhin können Sie durch das Verschieben einzelner Programm-Symbole die Rangfolge bestimmen, also welche Meldungen oben stehen sollen. Auch die Anzahl der aufgeführten Meldungen (1, 5, 10 oder 20 Mitteilungen) lässt sich dort festlegen oder ob bei eingehenden Benachrichtigungen ein Ton abgespielt werden soll.

Die Option *Mitteilungen im Sperrbildschirm* ist ein wenig missverständlich, da es diesen ja eigentlich nur auf *iOS*-Geräten gibt. Gemeint ist auf dem Mac, dass Mitteilungen, die Sie während des Ruhezustand auf den Rechner geschickt bekommen, beim Aufwachen des Computers auf dem

Anmeldebildschirm aufgeführt werden. Hierbei sollten Sie immer daran denken, dass auf diese Weise jedermann einen Einblick in Ihre Korrespondenz (wenn auch nur auszugsweise) erhalten kann. Sensible Mitteilungen wie E-Mails oder Nachrichten sollten Sie daher lieber außen vor lassen (Haken bei *Mitteilungen im Sperrbildschirm* entfernen).

Zu den Apps *Mail* und *Nachrichten* finden Sie weiterhin die Option *Nachrichtenvorschau*, wobei Sie sich hier zwischen *wenn freigegeben* sowie *immer* entscheiden können. Erstere Einstellung ermöglicht eine Vorschau nur in dem Fall, dass Sie bei Ihrem Benutzer-Account angemeldet sind, die Option *immer* vernachlässigt dies und führt grundsätzlich eine Vorschau auf.

Übrig bleibt die Option *Kennzeichen für App-Symbol*, die jedoch schnell erklärt ist. Diese ist dafür verantwortlich, dass die Icons im *Dock* rote Ziffern anzeigen, die etwa die Anzahl der fälligen Erinnerungen oder eingegangenen E-Mails oder Nachrichten auf einen Blick erkennbar machen.

Kurz noch ein Wort zu den sozialen Netzwerken, falls Sie in *Facebook* tätig sind, gerne Tweets über *Twitter* veröffentlichen oder schnell mal eben eine Nachricht versenden möchten. Dies klappt rasch über die *Mitteilungszentrale*. Dazu finden Sie im entsprechenden Widget die dazugehörigen Schaltflächen, die auf Mausklick hin die jeweiligen Dialoge einblenden. Voraussetzung hierbei ist selbstverständlich ein bestehender Account – ansonsten heißt es sich zuerst dort anzumelden.

Wer gerne Kurzmitteilungen oder Nachrichten postet, kann das ebenso über die Mitteilungszentrale tun.

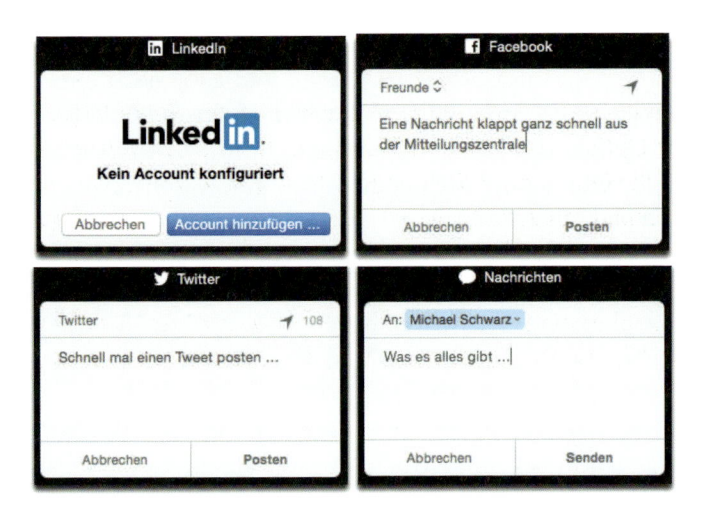

3 | Systemeinstellungen im Detail

Wenn Sie für das Programm *Nachrichten* als Stil *Banner* oder *Hinweise* verwenden, so lässt sich bei eintreffenden Nachrichten auch gleich antworten.

Wird eine Nachricht als »Banner« (oben) oder »Hinweis« (unten) auf dem Monitor angezeigt, so können Sie gleich antworten, ohne erst das zugehörige Programm öffnen zu müssen.

Ob nun die *Mitteilungszentrale* bzw. das ständige Eintrudeln von Bannern und Hinweisen Ihr Fall ist, können wir natürlich nicht beurteilen. Uns persönlich erscheint sie eher störend, da man ständig durch aufblinkende Meldungen aus der konzentrierten Arbeit herausgerissen wird. Sie können die Mitteilungszentrale jedoch auch kurzzeitig in den »Ruhezustand« versetzen, indem Sie die Funktion *Nicht stören* aktivieren. Hierbei erscheinen keine Banner und Hinweise und auch etwaige Nachrichten-Töne werden stumm geschaltet – Ihre E-Mails, Nachrichten oder sonstigen Mitteilungen werden jedoch weiterhin in die entsprechenden Apps verfrachtet. In der Systemeinstellung *Mitteilungen* können Sie es zudem einrichten, dass zumindest *FaceTime*-Anrufe (Option *Anrufe von allen erlauben*) sowie *Wiederholte Anrufe* von der Stummschaltung ausgenommen werden.

Das Aktivieren des *Nicht stören*-Modus erledigen Sie entweder mit gedrückter *Optionstaste (alt)* und Klick auf das *Mitteilungszentrale*-Symbol oder Sie öffnen die *Mitteilungszentrale* und scrollen diese (etwa auf dem Trackpad mit zwei Fingern) nach unten – hierbei zeigt sich die zugehörige Taste zum Ein-/Ausschalten. Alternativ können Sie die *Mitteilungszentrale* auch zu festen Zeiten in den *Nicht stören*-Modus versetzen, indem Sie über die Systemeinstellung die *Nicht stören*-Rubrik aufrufen und bei »*Nicht stören*« *aktivieren* Ihre Wunschzeiten definieren.

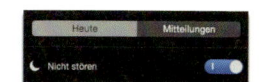

Über den »Nicht stören«-Modus herrscht zumindest zeitweise Ruge an der Arbeitsfront. Über die zugehörige Rubrik in der Mitteilungen-Systemeinstellung lassen sich dazu gezielt Einstellungen tätigen.

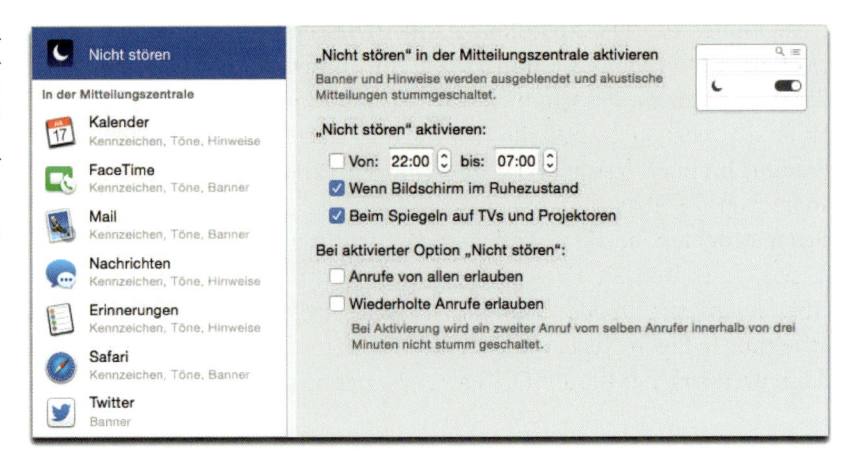

CDs & DVDs – die korrekte Medienverteilung

Für die Firma Apple gehören CDs und DVDs mittlerweile zum alten Eisen, so dass die dazu nötigen Laufwerke nach und nach aus den aktuellen Rechner-Generationen verschwunden sind. Sofern Sie also über kein *SuperDrive* (ehemals intern in iMacs oder MacBook Pros verbaut) oder über ein zusätzlich erworbenes externes Laufwerk verfügen, so taucht die Systemeinstellung *CDs & DVDs* erst gar nicht auf.

Lässt sie sich bei Ihnen entdecken, so weisen Sie Ihren Mac darüber an, wie er im Falle des Einlegens einer leeren, also bespielbaren CD oder DVD, einer Musik-CD, einer Bilder-CD oder einer Video-DVD reagieren soll.

Einmal eingerichtet werden Sie diese Systemeinstellung wohl nicht mehr besuchen.

Schieben Sie nun eine leere CD/DVD in Ihr Laufwerk, so öffnet die Option *Aktion erfragen* ein Dialog-Fenster, in dem Sie die jeweilige Aufgabe von Fall zu Fall entscheiden können. So lässt sich aus dem Popup-Menü entweder der *Finder öffnen*, der nun beispielsweise das Symbol einer beschreibbaren CD/DVD einblendet und in dessen Fenster – entsprechend einem *Brennordner* – Sie nun Daten zum Brennen ziehen können. Andererseits werden jedoch auch jene Programme aufgeführt, mit deren Hilfe sich ebenso Musik (in *iTunes*) oder Daten (*Festplattendienstprogramm*) brennen lassen. Wird Ihr Wunsch-Programm nicht aufgelistet, so suchen Sie über *Anderes Programm öffnen…* Ihren Lieblings-Kandidaten. Möchten Sie die getroffene Entscheidung grundsätzlich ablaufen lassen, so sollten Sie *Diese Aktion als Standard verwenden* aktivieren. Über *Ignorieren* umgehen Sie die Anfrage und nehmen die weitere Bearbeitung in Eigen-Regie vor (Sie starten also Ihr Programm und brennen dann darüber), der Button *OK* startet die definierte Aktion.

Der Dialog dient zur Nachfrage sowie zur Auswahl der angebotenen Aktionen.

Die Aktion »Finder öffnen« zeigt das Volume-Symbol der CD/DVD auf dem Schreibtisch und bietet in einem geöffneten Finder-Fenster direkt einen Brennordner an.

Sowohl bei *Musik-CD*, *Bilder-CD* und *Video-DVD* ist die Vorgehensweise fast genauso, einzig die Option *Aktion erfragen* fehlt. Sie legen also das Programm Ihrer Wahl fest oder erwirken zunächst keine Aktion, so dass das Medium automatisch auf dem Schreibtisch angezeigt wird. Über Doppelklick auf das CD-/DVD-Icon haben Sie dann Zugriff auf den Inhalt bzw. starten Ihre Wunsch-Applikation, um auf das Medium über den *Öffnen*-Dialog Einfluss zu nehmen.

Monitore – für den besseren Durchblick

Ohne geht's einfach nicht: Der Bildschirm ist mit die wichtigste Komponente im Arbeitsalltag. Je nach Bildschirm-Diagonale (gemessen in Zoll) stehen Ihnen hier unterschiedliche Auflösungen (also die Anzahl sowie Verteilung der Bild-Punkte/Pixel) zur Verfügung.

In der Systemeinstellung *Monitore* finden Sie nun die optionalen Auflösungen, die Möglichkeit der Farbprofilierung sowie weitere Features wie *Anordnen*, arbeiten Sie beispielsweise mit einem zweiten Monitor.

Die Systemeinstellung »Monitore« besteht aus den Reitern »Monitor« und »Farben«, über die Sie die Auflösung bestimmen sowie eine Kalibrierung vornehmen können. Je nach Bildschirm unterscheiden sich die angebotenen Optionen ein wenig.

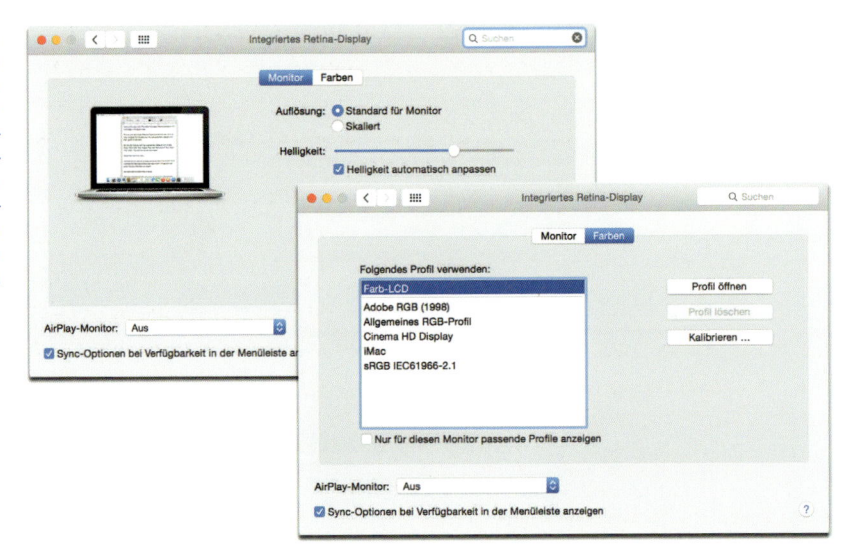

Unter *Auflösung* können Sie zwischen *Standard für Monitor* sowie *Skaliert* wählen. Ersteres beinhaltet die für Ihren Bildschirm bestimmte, sogenannte native Auflösung und ist mithin die beste Wahl. Unter *Skaliert* werden zusätzliche Auflösungen angeboten, die Ihr Monitor darstellen kann. Diese erlauben beispielsweise eine vergrößerte Darstellung, indem Sie die Auflösung heruntersetzen, erzeugen dabei aber eine meist unscharfe, verwaschene Bild-/Text-Darstellung. Setzen Sie hingegen beispielsweise bei einem Retina-Display die Auflösung herauf (also z. B. von 1440 x 900 Pixeln auf *Mehr Fläche* mit 1920 x 1200 Pixel), so können Sie zwar mehr Objekte auf dem Display wiedergeben – dies jedoch in stark verkleinerter Abbildung.

3 | Systemeinstellungen im Detail

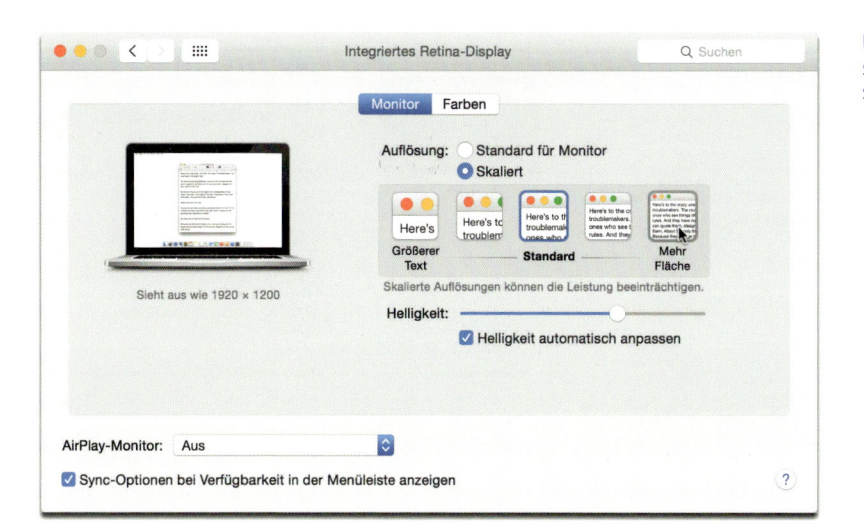

Über »Skaliert« lässt sich die Bildschirmdarstellung beeinflussen.

Klicken Sie mit gedrückter *Optionstaste (alt)* auf die Option *Skaliert*, so erhalten Sie teils weitere Auflösungs-Varianten.

MacBook (Pro/Air) sowie der iMac (Version ab Mitte 2011) besitzen weiterhin einen integrierten Umgebungslichtsensor, der automatisch die Helligkeit des Bildschirms an die aktuelle Beleuchtung im Zimmer regeln kann. Sofern Sie es also gerne wie von Geisterhand gesteuert haben, so sollten Sie die Option *Helligkeit automatisch anpassen* aktivieren.

Eine feine Sache ist auch das sogenannte *AirPlay-Mirroring* bzw. der *AirPlay-Bildschirm-Sync*. Damit lässt sich der Bildschirm-Inhalt Ihres Mac-Rechners über *Apple TV* auf einen externen HD-Fernseher spiegeln bzw. dieser sogar als zweiten Bildschirm verwenden. Ist Ihr *Apple TV*-Gerät in Ihr WLAN-Netzwerk eingebunden, so finden Sie sowohl in der Menüleiste (oben rechts) das *AirPlay*-Symbol als auch in der Systemeinstellung *Monitore* den Punkt *AirPlay-Monitor*. Über das Popup-Menü lässt sich nun auf *Apple TV* umschalten, so dass augenblicklich Ihr Desktop-Inhalt auf dem Fernseher erscheint.

Wird Ihr Apple TV im Netzwerk erkannt und Sie schalten bei »AirPlay-Monitor« auf »Apple TV« um, so wird der Bildschirm-Inhalt Ihres Rechners auf dem Fernseher eingeblendet.

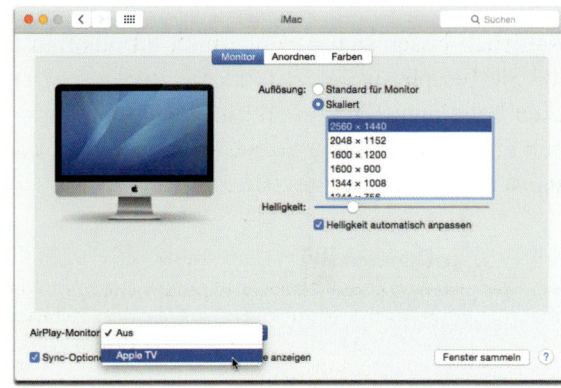

Damit Sie nun nicht verzweifeln, falls das *AirPlay-Mirroring* gerade auf Ihrem Mac nicht funktioniert: Sie benötigen zum einen mindestens ein *Apple TV* der zweiten Generation (oder höher) und eines der folgenden Mac-Modelle: iMac (Mitte 2011 oder neuer), Mac mini (Mitte 2011 oder neuer), MacBook Air (Mitte 2011 oder neuer) und MacBook Pro (Anfang 2011 oder neuer).

Die Möglichkeit des Spiegelns (auch *Bildschirme synchronisieren* genannt – siehe Reiter *Anordnen*) eignet sich natürlich hervorragend für Präsentationen, die Sie beispielsweise einem größeren Zuschauerkreis vorführen möchten. Alles, was Sie auf dem Mac vollziehen, wird auch auf dem großen Fernseher abgespielt. Um eine genauere Darstellung zu erhalten, sollten Sie auf *Optimal für AirPlay-Bildschirm* umschalten. Dabei wird die Auflösung Ihres Mac-Monitors an diejenige von *Apple TV* sowie dem Fernseher angeglichen, so dass eine wirkliche Übereinstimmung zwischen den Geräten besteht.

Sobald Sie über »AirPlay-Monitor« auf »Apple TV« umschalten, erscheint der Bildschirm-Inhalt Ihres Mac auf dem Fernseher.

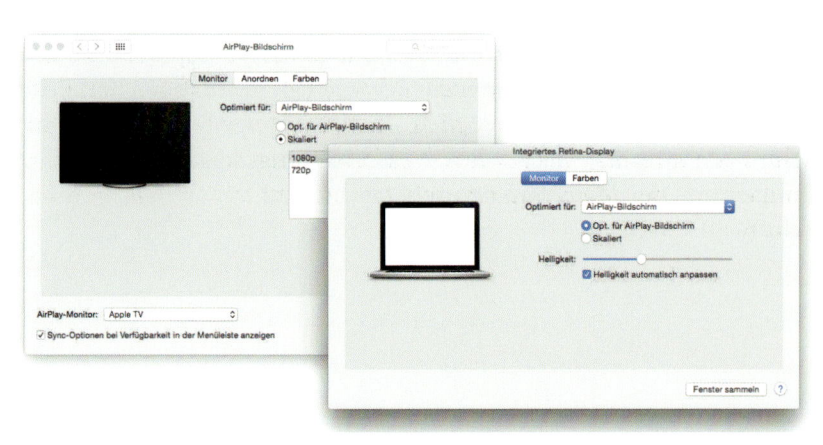

Natürlich lassen sich darüber auch Filme ohne Probleme wiedergeben, die Sie beispielsweise in *iTunes* verwalten. Starten Sie *iTunes* und klicken bei einem Film auf *Wiedergabe*, so spielt dieser automatisch über den Flachbildfernseher ab. Sie können jedoch auch über das Programm selbst auf *Apple TV* umschalten.

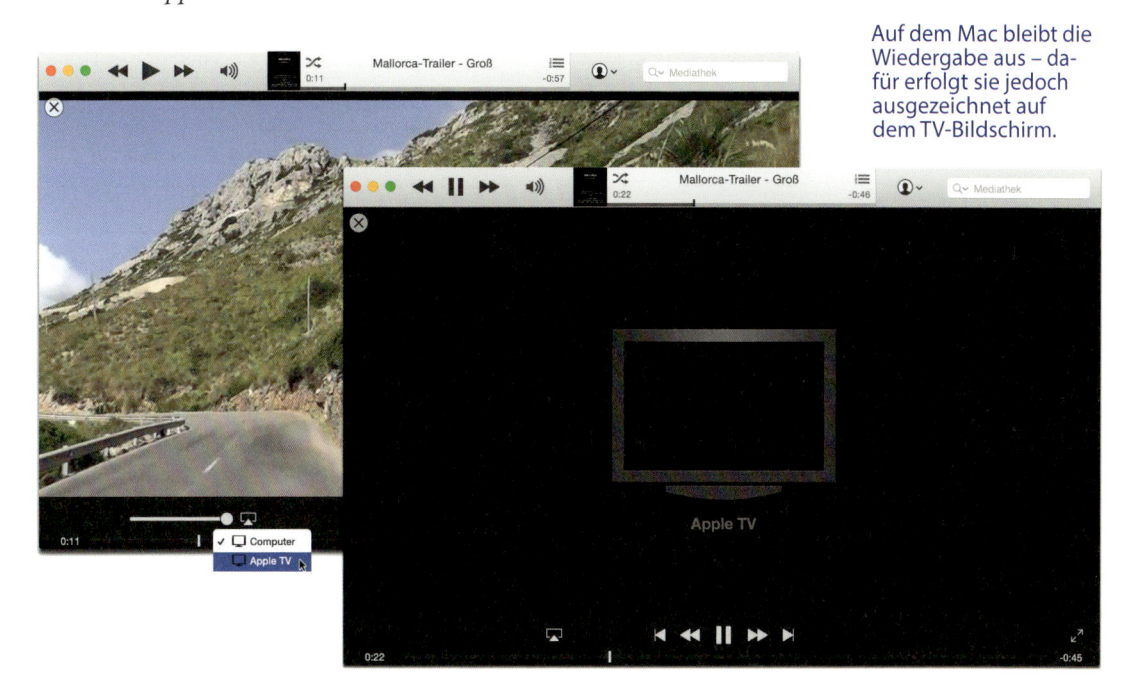

Auf dem Mac bleibt die Wiedergabe aus – dafür erfolgt sie jedoch ausgezeichnet auf dem TV-Bildschirm.

Ab *OS X Mavericks* ist auch die Möglichkeit gegeben, den HD-Fernseher sozusagen als zweiten Bildschirm zu benutzen (*Schreibtisch erweitern*). Hierbei deaktivieren Sie unter *Anordnen* die Option *Bildschirme synchronisieren* und Sie erhalten dieselben *Monitore*-Dialoge wie bei einem regulären Computer-Display auch auf dem Fernseher. Über den Reiter *Anordnen* ist es Ihnen nun möglich, die Reihenfolge (also welcher Bildschirm steht rechts, welcher links) zu bestimmen sowie die *Menüleiste* (einfach mit der Maus packen und verschieben) auf den anderen Bildschirm zu versetzen.

Bildschirme samt Menüleiste lassen sich via Apple TV auch mit dem HD-Fernseher anordnen.

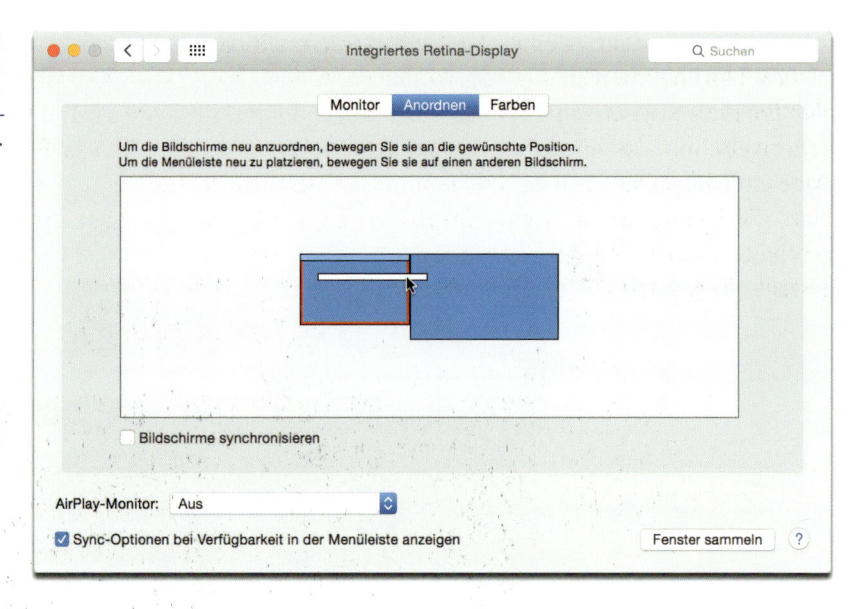

Sobald *Apple TV* im Netzwerk eingebunden ist, können Sie alle Einstellungen auch über das *AirPlay*-Symbol in der Symbolleiste ausführen. Dazu muss jedoch in der Systemeinstellung *Monitore* die Option *Sync-Optionen bei Verfügbarkeit in der Menüleiste anzeigen* aktiviert sein.

Auch über die Menüleiste lässt sich auf Apple TV umschalten.

Sofern Sie kein *Apple TV* besitzen, klappt das Bildschirme synchronisieren bzw. das Bildschirme erweitern auch per direkter Verbindung über ein *HDMI*-Kabel. Hierbei ist jedoch Voraussetzung, dass Ihr Mac über einen HDMI-Anschluss verfügt (MacBook Pro, Mac mini, Mac Pro).

3 | Systemeinstellungen im Detail

Rutschen wir in der Systemeinstellung *Monitore* einen Reiter weiter zu *Farben*. Dort nehmen Sie Einfluss auf die Farbdarstellung. Ist die Option *Nur für diesen Monitor passende Profile anzeigen* aktiviert, so wird üblicherweise nur das für dieses Display einzusetzende Profil (Farb-LCD, iMac etc.) aufgelistet, mit denen Sie standardisierte Werte für Rot, Grün, Blau, die Lichttemperatur etc. einsetzen. Ist diese Option dagegen ausgeschaltet, so werden eine ganze Reihe weiterer Profile zur Verfügung gestellt, die je nach Zweck die Bildschirm-Farben verändern.

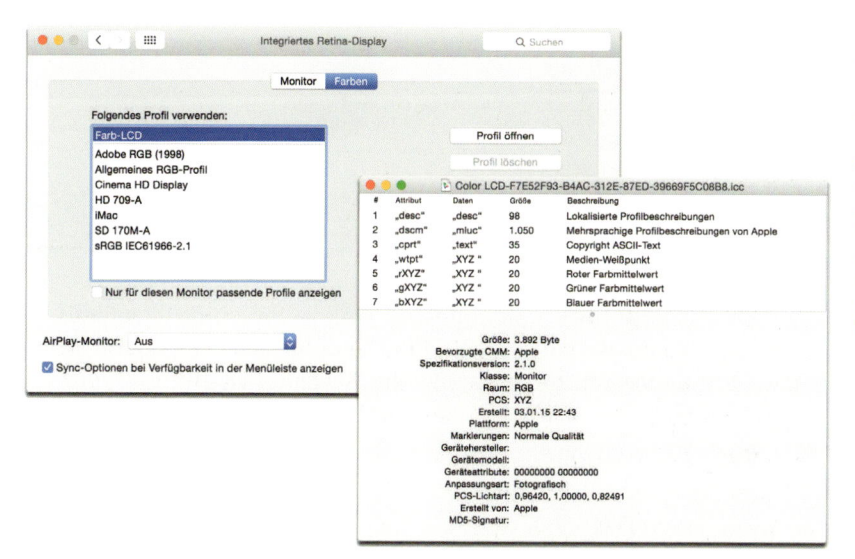

Farb-Profile dienen zur verbindlichen Farbdarstellung. Je nach Arbeitsgebiet stehen unterschiedliche Profile zur Verfügung, die in einem Workflow auf allen Monitoren einheitlich eingesetzt werden sollten. Klicken Sie auf »Profil öffnen«, so lassen sich auch die genauen Farb-Werte ablesen.

Lieben Sie es gerne professionell, so können Sie ein anderes Profil (etwa von Ihrem Arbeitgeber oder Ihrer Agentur) einladen (über den Pfad Macintosh *HD/Library/ColorSync/Profiles/Displays*), so dass beispielsweise die Farben auf Ihrem iMac annähernd so erscheinen wie auf Ihrem Monitor im Büro. Oder Sie erstellen Ihr eigenes Profil, indem Sie auf *Kalibrieren* klicken und Ihren Monitor über einen Assistenten neu justieren. Hierzu werden *Helligkeit* und *Kontrast*, die *Gamma-Werte* und die *Farbtemperatur* eingestellt sowie über einen *Experten-Modus* weitere Anpassungs-Möglichkeiten zugeschaltet. Zum Schluss heißt es einen Profil-Namen zu vergeben und Ihr Display besitzt neue Farb-Werte.

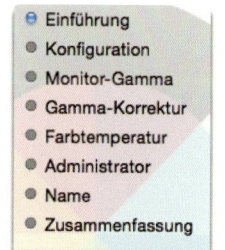

- Einführung
- Konfiguration
- Monitor-Gamma
- Gamma-Korrektur
- Farbtemperatur
- Administrator
- Name
- Zusammenfassung

Die Stationen zum eigenen Profil – dank Assistent und erklärender Worte verliert die Thematik ihren Schrecken.

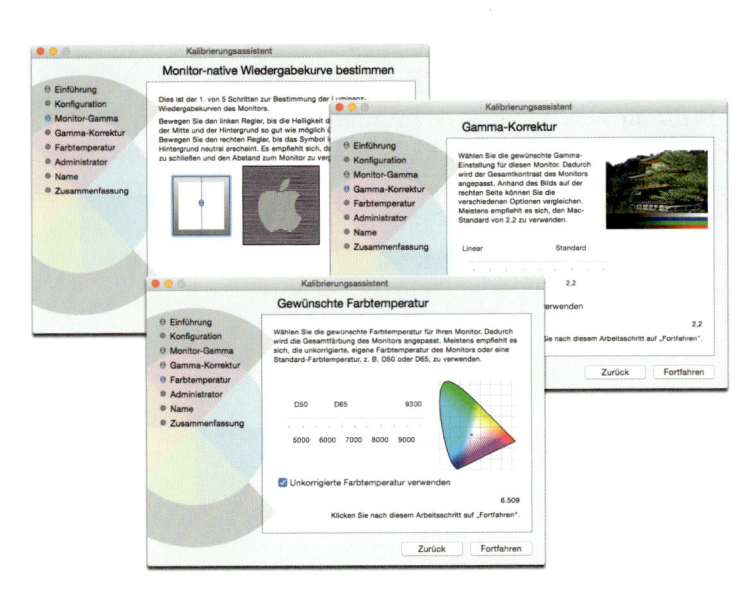

Die Profilierung über den *Kalibrierungs-Assistenten* dient in erster Linie für Bildröhren-Monitore. Sollten Sie einen Flachbildschirm besitzen, so sollten Sie beim Hersteller nachfragen, ob für diesen Typ spezielle Farb-Profile angeboten werden.

Über die Systemeinstellung *Monitore* lässt sich natürlich auch ein zweiter Bildschirm einrichten, was dem Vorgehen bei der Verbindung via *AirPlay* und dem Fernseher weitestgehend entspricht – es wird zwischen *Synchronisation* und der *Erweiterung des Schreibtisches* unterschieden. *Bildschirme synchronisieren* zeigt sowohl auf dem Hauptbildschirm als auch auf dem zusätzlich angeschlossenen Monitor dasselbe Bild, während bei der *Erweiterung des Schreibtisches* (bei *Bildschirme synchronisieren* keinen Haken setzen) der zweite Bildschirm als zusätzliche Arbeitsfläche dient. So können Sie einen Hauptbildschirm bestimmen, indem Sie die *Menüleiste* (symbolisiert durch einen weißen Balken) auf diesen Monitor ziehen, der zweite kann nun links oder rechts davon angeordnet werden. Im Betrieb lassen sich so Paletten, weitere Ordner oder Fenster usw. auf diesen auslagern.

Da sich viele Bildschirme um 90 Grad auf hochkant einstellen lassen, können Sie über die Option »Drehung« den Bildschirm-Inhalt darauf hin ausrichten.

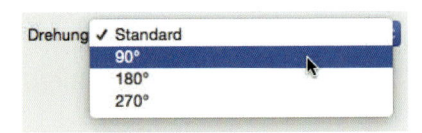

Energie sparen

Den Stromverbrauch zu reduzieren liegt mehr als im Trend. Das gilt besonders für die vielen MacBook Pro- und Air-Benutzer, denn je weniger Stromfresser am und im mobilen Rechner laufen, desto länger hält die Batterie im Akku-Modus. Die Systemeinstellung *Energie sparen* sorgt dafür, dass der Rechner große Verbraucher stets in Schach hält.

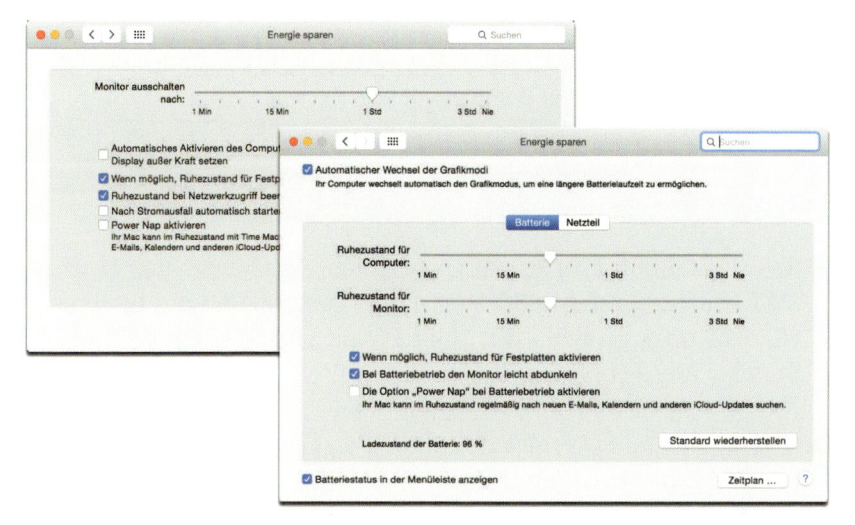

Links die »Energie sparen«-Systemeinstellung eines iMac, rechts die eines MacBook Pro, wobei sich hier unterschiedliche Einstellungen für Batterie- und Netzteil-Betrieb tätigen lassen.

Im Akku-Betrieb sollten Sie darauf achten, dass der Ruhezustand des Monitors nach möglichst kurzer Zeit einsetzt, da die Hintergrund-Beleuchtung eine der größten Stromfresser ist. Seit der Umstellung auf LED-Hintergrundbeleuchtung ist das zwar nicht mehr ganz so schlimm, doch macht bekanntlich auch Kleinvieh Mist. Vor dem Einsetzen des Ruhezustands wird der Bildschirm abgesoftet, wobei der Inhalt am Monitor weiterhin sichtbar ist – danach wird er völlig ausgeschaltet. Sobald Sie eine Taste drücken, wird wieder auf die normale Helligkeit umgeschaltet. Sie können auch schon im Vorfeld unterstützend mitwirken, indem Sie die Helligkeit des Monitors manuell herunterfahren. Laptop-Besitzer sowie iMac-Nutzer (Kaufdatum ab Juni 2011) sollten dann jedoch zusätzlich in der Systemeinstellung *Monitore* die Option *Helligkeit automatisch anpassen* deaktivieren.

Wird der Rechner eine geraume Zeit nicht verwendet, sollte das MacBook (Pro/Air) in den Ruhezustand versetzt werden, womit der Stromverbrauch gen Null tendiert. Auch Festplatten (interne wie externe) lassen sich in den Ruhezustand schicken. Dies bietet sich bei Tätigkeiten an, bei denen der Rechner nicht auf die Festplatte zugreifen muss (etwa reines Lesen oder Schreiben ohne Speicher-Aufforderung – erst beim Sichern von Veränderungen fährt die Festplatte wieder an). Wann nun welche Funktion greifen soll, stellen Sie über die Regler ein. Je kürzer die Zeitspanne bis zum Einsetzen des Ruhezustandes, desto effektiver ist die Strom-Ersparnis. Übertreiben Sie es mit der Ausweitung der Standardvorgabe, gibt es eine Meldung, die den verschwenderischen Energieverbrauch anprangert.

Man sollte es nicht übertreiben …

Beim MacBook Air/Pro mit verbautem Flash-Speicher (auch SSD-Laufwerk oder Solid-State-Drive genannt) ist die Energieeffizienz noch größer – die Akku-Dauer wird teils mit bis zu 12 Stunden angegeben.

Seit *OS X Mountain Lion* gibt es die Funktion *Power Nap* (übersetzt etwa Kraftschlaf), die neben Apples mobilen Rechnern mit Flash-Speicher ab *OS X Mavericks* nunmehr auch die Desktop-Modelle (mit *SSD*-Laufwerk sowie *Fusion Drive*) unterstützt. *Power Nap* ermöglicht es dabei dem Rechner, sogar während des Ruhezustands stündlich Daten bzw. Aktualisierungen abzurufen. Dazu gehören der E-Mail-Empfang, Kalenderaktualisierungen, Erhalt von Dokumenten über die *iCloud* bzw. Bildern über den *Fotostream*, *Time Machine*-Backups oder das Laden von Updates über den *Mac App Store*. Apple weist darauf hin, dass zu diesem Zweck – also bevor der Ruhezustand einsetzt – die Apps *Mail* und *Notizen* geöffnet sein müssen.

Die Funktion *Power Nap* ist standardmäßig deaktiviert, wenn sich Ihr MacBook im Batterie-Betrieb befindet. Möchten Sie dennoch nicht auf *Power Nap* verzichten, so lässt sich dies in der Systemeinstellung *Energie sparen* über den Reiter *Batterie* bei *Die Option »Power Nap« bei Batteriebetrieb aktivieren* einschalten.

Eine weitere Technik zur Ressourcenschonung nennt sich *App Nap*. Hierbei bekommen Programme, die im Hintergrund liegen bzw. von Fenstern verdeckt sind, nicht mehr die volle Prozessorleistung zugewiesen, was letztlich Strom spart und somit die Batterielaufzeit verlängert.

3 | Systemeinstellungen im Detail

Sobald Sie eines dieser Programme bei Bedarfin den Vordergrund holen, steht es wieder voll zur Verfügung.

> Was auf der einen Seite von Vorteil ist, kann jedoch manchmal auch nachteilig sein. Etwa dann, wenn Sie beispielsweise im Hintergrund einen Film in *iMovie* oder einen Song in *GarageBand* konvertieren möchten. Das dauert eh schon so lange, und falls die App nun in den Hintergrund geschickt wird, weil Sie beispielsweise die Wartezeit mit Surfen im Internet überbrücken möchten, so verlängern Sie diese Zeit enorm. Was also tun? Markieren Sie die entsprechende App im *Programme*-Ordner und wählen Sie *Ablage | Information (cmd-I)*. Im *Informationen*-Dialog schalten Sie nun die Option *App Nap deaktivieren* ein und das Programm kann von nun an auch im Hintergrund volle Leistung erbringen.

Möchten Sie Programme von der »App Nap«-Funktion ausnehmen, so erledigen Sie das über den Informationen-Dialog des jeweiligen Programms.

Bei einigen MacBook Pro-Geräten können Sie als Besonderheit zwischen einem leistungsstarken und einem eher Strom sparenden Grafikprozessor wählen. Bei älteren MacBook-Modellen wechseln Sie also manuell zwischen *Höhere Leistung* (mehr Stromverbrauch, dafür aber mehr zur Verfügung stehende Leistung für grafikintensive Arbeiten wie etwa Spiele …) und *Längere Batterielaufzeit*. Die aktuellen MacBook Pro-Serien wiederum nehmen diese Umschaltung auf einen leistungsstarken Grafikprozessor automatisch vor (Option *Automatischer Wechsel der Grafikmodi*).

Möchten Sie bei »Grafik« zwischen »Längere Batterielaufzeit« und »Höhere Leistung« umschalten, so müssen Sie sich bei den Modellen mit zwei Prozessoren zuvor abmelden und wieder anmelden.

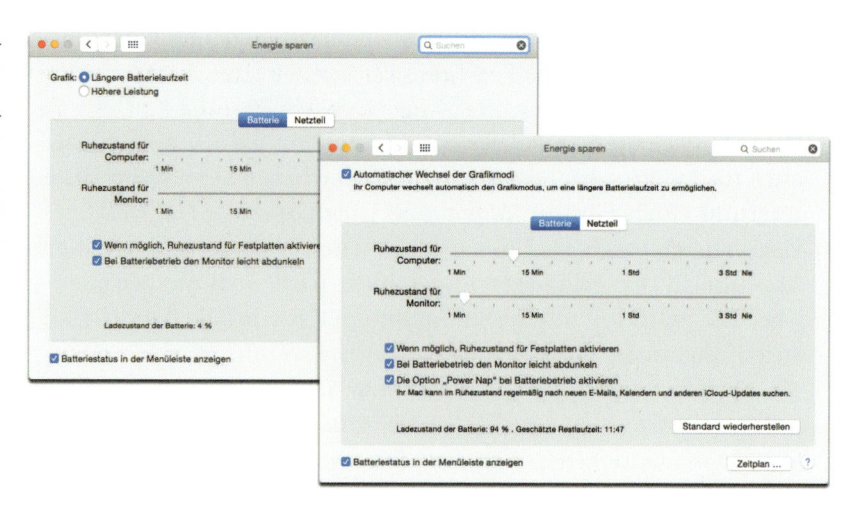

Sind die Details (Regler) geklärt, so können Sie sich den weiteren Optionen widmen. *Ruhezustand bei Netzwerkzugriff/WLAN-Netzwerkzugriff beenden* bezieht sich hierbei auf den Zustand, falls Ihr Mac in ein Netzwerk eingebunden ist. Bei Kontaktaufnahme von außen erwacht der Rechner daher automatisch aus dem *Ruhezustand*. Letztere Funktion steht bei Mac-Rechnern im Batterie-Betrieb nicht zur Verfügung.

Die Option *Bei Batteriebetrieb den Monitor leicht abdunkeln* erwirkt das automatische Herabsetzen der Helligkeit, um den Akku zu schonen, während *Nach Stromausfall automatisch starten* das selbstständige Hochfahren des Computers verspricht. *Wenn möglich Ruhezustand für Festplatten aktivieren* tut genau das, was es sagt: Es schickt Festplatten in den Schlaf, falls auf diese im Augenblick nicht zugegriffen wird.

Wir möchten darauf hinweisen, dass sich von Rechner zu Rechner die Optionen unterscheiden können und einige der hier aufgeführten Einstellungen vielleicht nicht auf Ihrem Mac anzutreffen sind.

Möchten Sie als Besitzer eines MacBook Pro/Air den *Batteriestatus in der Menüleiste anzeigen* lassen, so setzen Sie in der entsprechenden Option einen Haken. In der Menüleiste wird nun ein Batterie-Symbol eingeblendet, über das Sie auf einen Blick stets alle wichtigen Fakten im Blick haben (etwa ladend, leer, kaputt). Neigt sich die Akku-Kapazität ihrem Ende zu, so wechselt der schwarze Ladezustands-Balken von schwarz auf rot. Neben dem einfachen Batterie-Symbol lässt sich über

3 | Systemeinstellungen im Detail

die Option *Prozent anzeigen* der Ladezustand auch mit zusätzlicher Prozentangabe einblenden. Beachtenswert ist der Hinweis *Apps mit erheblichem Energieverbrauch*, der Ihnen jene Programme aufzeigt, die dem Akku mächtig zu schaffen machen.

Der pflichtbewusste Laptopper hat alles im Griff und Blickfeld: der Batterie-Status mit seinen Anzeige-Optionen.

Sofern Sie mit gedrückter *Optionstaste (alt)* auf das Batterie-Symbol in der Menüleiste klicken, so können Sie den sogenannten *Batteriestatus* abrufen. Hierbei steht *Normal* für alles in Ordnung, *Bald austauschen* für eine verringerte Kapazität, *Jetzt austauschen* für eine stark herabgesetzte Kapazität (im Vergleich zum Neuzustand) und *Batterie warten* für einen nicht optimal arbeitenden Akku.

Über das Dienstprogramm *Systeminformationen* (eventuell müssen Sie weiterhin auf *Systembericht* klicken) lässt sich über *Hardware | Stromversorgung* die aktuelle *Anzahl der Ladezyklen* anzeigen.

Bevor die Kapazität des Akku vollständig erschöpft ist und sich der Rechner in den Tiefschlaf begibt, erhalten Sie eine Warnmeldung, dass es nun allerhöchste Zeit sei, den Rechner mit Strom zu versorgen. Ist dem nicht so, so fährt der Rechner herunter und gibt erst wieder eine Ton von sich, wenn Sie die Batterie ans Netzteil hängen.

Interessiert Sie das Thema »Batterie«, so hält Apple auf seinen Webseiten weitere und noch mehr in die Tiefe gehende Infos für Sie bereit. Die Links dazu lauten www.apple.com/de/batteries und www.apple.com/de/batteries/notebooks.html.

Auch der rechts unten liegende Button *Zeitplan…* hat es in sich, womit sich Start- und Ausschalt-Zeiten Ihres Mac bestimmen lassen. Mit *Starten oder Ruhezustand beenden* und der Festlegung von Tagen sowie der Uhrzeit setzen Sie dabei die Einschalt-Zeiten, mit *Ruhezustand aktivieren, Neustart* bzw. *Ausschalten* (je nach Wahl aus dem Popup-Menü) bestimmen Sie das entsprechende Ende der Laufzeit. Wichtig ist hierbei zu wissen, dass Sie beim Ausschalten als derjenige Benutzer angemeldet sein müssen, der die Eintragungen vornahm, da sich ansonsten der Rechner verweigert. Das Gleiche gilt auch für das Einschalten: Benutzen mehrere Anwender den Mac, so bleibt der Rechner natürlich am *Anmelde-Dialog* hängen und wartet auf das Einloggen. Als alleiniger Benutzer sollten Sie in den *Benutzer*-Systemeinstellungen und dort in den *Anmelde-Optionen* festlegen, dass der Mac Sie als Administrator automatisch anmeldet. Weiterhin muss zum Starten bei Laptop-Modellen – bei iMac & Co. sowieso :-) – das Netzteil angeschlossen sein. Auf diese Weise finden Sie einen Arbeitsrechner vor, mit dem Sie sofort loslegen können.

Der vollautomatische Arbeitsalltag hält dank »Energie sparen« und dem »Zeitplan« Einzug.

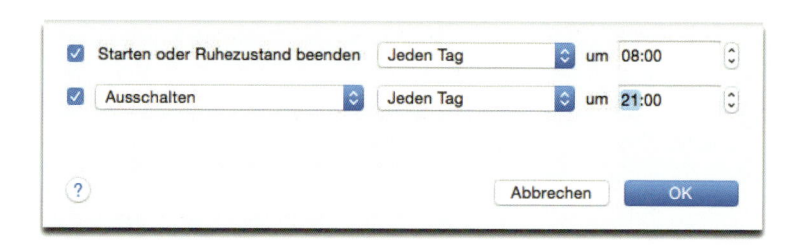

Tastatur – auch Tippen will gelernt sein

Die Tastatur ist wohl mit eine der wichtigsten Eingabe-Geräte. Da jeder so seine Vorlieben und Tipp-Technik hat, können Sie über die Systemeinstellung *Tastatur* weitere Anpassungen vornehmen. Falls Sie also beispielsweise aus Versehen die Buchstaben immer im Doppel- oder gar Dreifach-Pack eintippen, könnte das unter anderem daran liegen, dass sowohl die *Tastenwiederholung* als auch die *Ansprechverzögerung* zu schnell sind, was nichts anderes heißt, als dass Ihr Tipp-Stil eine »relativ« lange Verweil-Dauer auf einer Taste aufweist. Die Tastatur nimmt dies daher zum Anlass, öfter einmal mehrere gleiche Buchstaben einzugeben. Stellen Sie die Regler daher in Richtung *Langsam* bzw. *Lang*, so dürfte das Problem mit ein wenig Herumprobieren bald gelöst sein.

Für all jene, die ein *Apple Keyboard* (sowohl kabelgebunden als auch als Wireless-Variante) benutzen, ist die Option *Die Tasten F1, F2 usw. als Standard-Funktionstasten verwenden* vielleicht von Interesse. Da die Standardvorgabe über diese Tasten *Hardware-Funktionen* wie Bildschirmhelligkeit und Lautstärke auslösen, muss zum Anwenden anderer, Software-eigener Funktionen zusätzlich die *fn*-Taste gedrückt werden. Ist nun eben genannte Option aktiviert, so verhält es sich genau anders-

3 | Systemeinstellungen im Detail

herum: Die Software wird über die *F-Tasten* gesteuert, bei Gebrauch der Hardware-Funktionen muss die *fn*-Taste hinzugezogen werden.

Wenn's mal wieder nicht klappt mit dem fehlerfreien Tippen – »Tastenwiederholung« als auch »Ansprechverzögerung« sind eindeutig Kandidaten zum Experimentieren. Auch die Sondertasten lassen sich als Standard-Funktionstasten verwenden.

Für MacBook (Pro/Air)-Benutzer mit hintergrundbeleuchteter Tastatur ist die Option *Tastaturhelligkeit bei schwacher Beleuchtung anpassen* gedacht. Diese geniale Erfindung funktioniert richtig gut und erhellt bei Einsetzen der Dämmerung die Laptop-Tastatur. Das Ausschalten bei Inaktivität des Rechners nach einem bestimmten Zeitraum geschieht über den Regler darunter.

Bei Fremd-Tastaturen (etwa aus der Windows-Welt) ist es manchmal angebracht, unter Berücksichtigung einer geänderten Anordnung die Sondertasten (*Befehlstaste*, *Optionstaste*, *ctrl-Taste* sowie *Umschalttaste*) neu zu definieren. Aber auch für ganz persönliche Zwecke lässt sich diese Funktion über den Button *Sondertasten…* einrichten. Vom Vertauschen bis hin zum Deaktivieren ist dort alles machbar, auch die Wiederherstellung des Standards wird angeboten.

> Passiert es Ihnen auch manchmal, dass Sie aus Versehen die *Feststelltaste* betätigen und erst wenig später bemerken, dass Sie alles in Großbuchstaben geschrieben haben? Diesem Dilemma können Sie beispielsweise entgehen, indem Sie über den Button *Sondertasten* der *Feststelltaste* die Funktion *Keine Aktion* verpassen.

Über »Sondertasten« lassen sich neue Zuordnungen bestimmen.

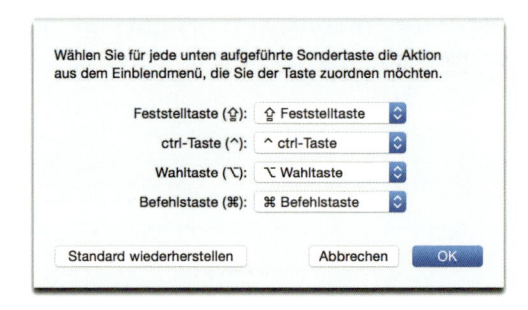

Tastaturen von Drittherstellern bzw. solche ohne spezielle Treiber können manchmal Probleme bereiten, etwa dass der Computer diese nicht zuordnen kann oder die Tasten vertauscht sind. Hierbei ist Ihnen der *Tastatur-Assistent* behilflich, der meist sofort nach dem ersten Anschließen seinen Auftritt hat. Über die Abfrage der neben der *Umschalttaste* liegenden Taste wird die Tastatur identifiziert und nach einer Verifizierung freigegeben.

Der Tastatur-Assistent in Aktion.

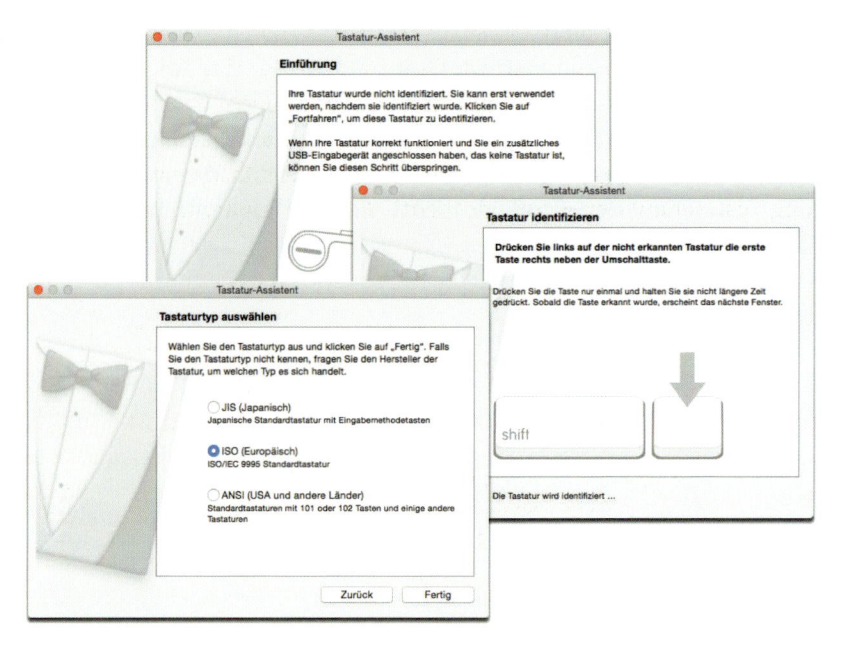

Markenhersteller wie *Logitech* bieten zu ihren Tastaturen meist auch passende Treiber für das *OS X* an. Nach dem Installieren finden Sie dann die entsprechenden Konfigurationsmöglichkeiten unten stehend in den *Systemeinstellungen*.

3 | Systemeinstellungen im Detail

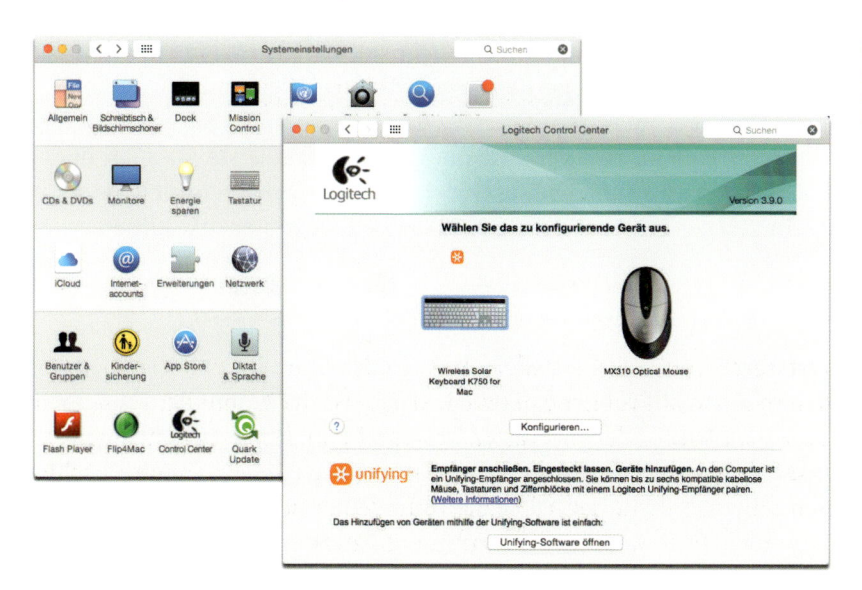

Mit den entsprechenden Treibern lassen sich Fremd-Tastaturen komfortabel betreiben.

Möchten Sie nachträglich etwa die *Wireless*-Variante der Apple-Tastatur konfigurieren, so sollten Sie als Erstes darauf achten, dass der Übertragungsweg *Bluetooth* aktiviert ist. Dies erledigen Sie über die Menüleiste über das *Bluetooth*-Symbol und den dortigen Befehl *Bluetooth aktivieren*. Danach sollten Sie das *Wireless Apple Keyboard* einschalten (bitte auf frische Batterien achten!) und dann innerhalb der Systemeinstellung *Tastatur* auf den Knopf *Bluetooth-Tastatur konfigurieren* klicken.

Das Apple Wireless Keyboard verlangt nach einem aktivierten Bluetooth sowie aufgeladenen Batterien. Erkennen sich Mac und Tastatur, wird die Bluetooth-Verbindung hergestellt, indem ein Code eingegeben werden muss.

Achten Sie immer auf den *Batteriestatus* Ihrer Tastatur, da es ansonsten zu unschönen Erlebnissen kommen kann – etwa, wenn Sie

175

Ihren Mac einschalten und Sie Ihr Anmelde-Kennwort nicht mehr eingeben können. Und dann müssen Sie erst einmal darauf kommen, dass es an leeren Batterien liegt! Apple warnt Sie zumindest sowohl mit im *Bluetooth*-Symbol in der Menüleiste als auch mit einem waschechten Dialog – und den Anweisungen sollten Sie als ein gesetzestreuer Bürger (sind Sie doch, oder?) nachkommen.

Achtung, Achtung – Bitte umgehend die Batterien wechseln! Als Beispiel soll hier das Trackpad dienen, das ebenso unter schwachen Akkus leiden kann.

Falls Sie vergessen haben, wie der Wechsel der Batterien vonstatten geht, so finden Sie in der Systemeinstellung *Tastatur* (gilt aber auch für das *Trackpad* sowie die *Apple Maus*) Hilfestellung – und zwar über die Schaltfläche *Batterie tauschen*, die automatisch eingeblendet wird, sollte der Batteriestatus unter 14 Prozent sinken.

Die »Batterie tauschen«-Bildergeschichte zum schnellen Verständnis (hier beispielsweise zum Trackpad).

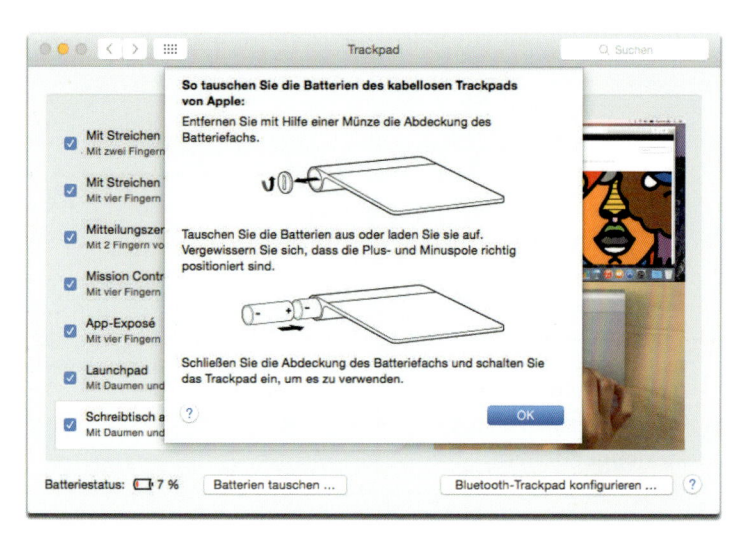

Der zweite Reiter im Bunde der Systemeinstellung *Tastatur* nennt sich *Text* und verspricht eine gute Hilfe für all jene, die sich häufiger mal vertippen oder die gerne mit Kürzeln arbeiten. Hierbei hat Apple schon

3 | Systemeinstellungen im Detail

ein paar Ersetzungen eingebaut, etwa »(c)« wird zu »©« oder »vlg« zu »Viele liebe Grüße«. Das heißt mit anderen Worten: Sie tippen nur die Kürzel und – sobald Sie die Leertaste drücken, um zum nächsten Wort zu wechseln – werden diese Buchstabenkombinationen durch die entsprechenden Ausdrücke ersetzt.

Selbstverständlich müssen Sie sich mit dem bestehenden Fundus nicht zufrieden geben. Denn über die *Plus*-Taste lassen sich weitere Textkürzel eingeben, etwa »udn« für »und« (zum Korrigieren von Buchstabendrehern), »mfg« für »Mit freundlichen Grüßen« (zum automatischen Ausschreiben von häufig gebrauchten Redewendungen) oder »sl« für »Sie Lump« (bei häufigen Mahnschreiben sehr beliebt). Zur Verfügung steht Ihnen dann diese Art der Schreibunterstützung etwa in Apples *Pages*, *TextEdit* oder *Nachrichten*, aber auch in Microsofts *Word*.

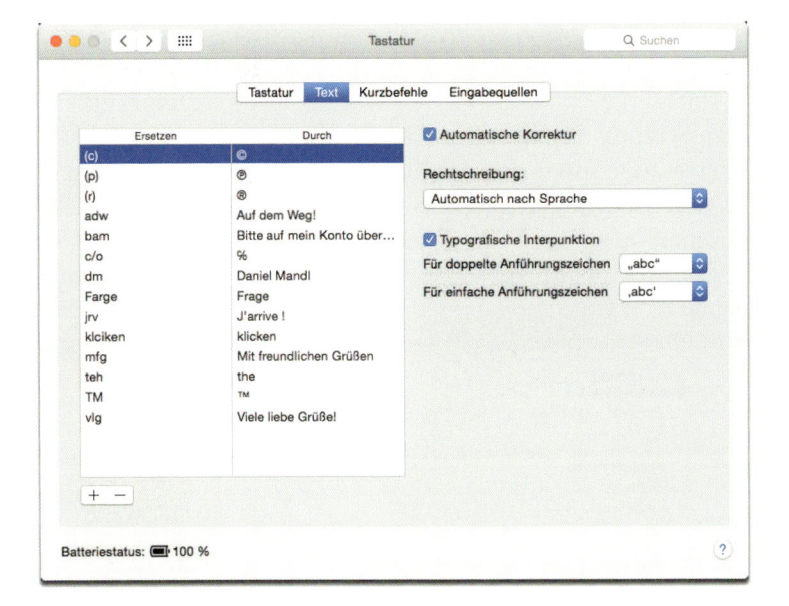

Immer dann, wenn Ihnen wieder ein Vertipper unterläuft oder Sie die ewige Suche nach Sonderzeichen satt haben, rufen Sie die Systemeinstellung »Tastatur« auf und tragen schnell das Kürzel ein – künftig sollte dies keine Probleme mehr bereiten.

Besitzen Sie mehrere Rechner, die alle in der *iCloud* mit derselben *Apple ID* angemeldet sind, so werden diese Ersetzungen miteinander abgeglichen.

Bei aktivierter Funktion *Automatische Korrektur* brauchen Sie nur den Text zu tippen und die Rechtschreibprüfung beseitigt bereits bei der Eingabe selbstständig ihr bekannte Fehler bzw. bietet Korrektur-Vorschläge an – alles andere als falsch oder unbekannt Deklariertes wird rot unter-

177

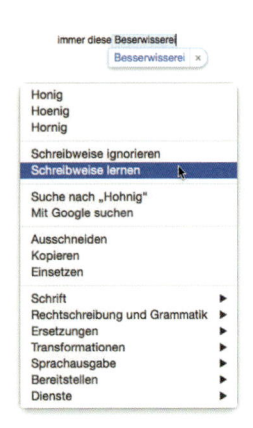

strichen. Das funktioniert meist prächtig, kann aber auch nerven, wenn beispielsweise Eigennamen ständig über die Korrektur einen anderen Sinn aufgezwungen bekommen. Sie sollten also nie die Vorschläge einfach übernehmen, sondern immer einen Blick darauf werfen. Trifft die Korrektur daher nicht zu, so klicken Sie in das *Entfernen*-Symbol und schreiben Ihre gedachte Variante. Eine zweite Möglichkeit besteht darin, die *Automatische Korrektur* anzulernen, indem Sie zuerst den Vorschlag ablehnen und nachfolgend das entsprechende Wort über das *Kontextmenü | Schreibweise lernen* dem Korrekturwortschatz hinzufügen.

Unter *Rechtschreibung* können Sie die Einstellung *Automatisch nach Sprache* ruhig belassen, da diese sich nach der unter dem Reiter *Sprachen* definierten Reihenfolge richtet. Übrig bleibt in diesem Dialog die *Typografische Interpunktion,* wobei hier zwischen einfachen (,') und doppelten („") unterschieden wird. Je nach Wunsch (verwendete Sprache, eigene Vorlieben etc.) treffen Sie hier Ihre Entscheidung und das Programm setzt dies so um.

> Voraussetzung für die korrekte Anwendung der Symbol- und Textersetzung sowie der intelligenten Anführungszeichen ist das Aktivieren der jeweiligen Funktion in den entsprechenden Programmen (etwa über den Befehl *Bearbeiten | Ersetzungen | Text ersetzen* bzw. *Bearbeiten | Ersetzungen | Intelligente Anführungszeichen* in *TextEdit*).

Bitte daran denken: Um die Vorteile von Ersetzungen oder korrekten Anführungszeichen zu nutzen, müssen diese Funktionen zuvor aktiviert werden (falls nicht schon standardmäßig eingerichtet).

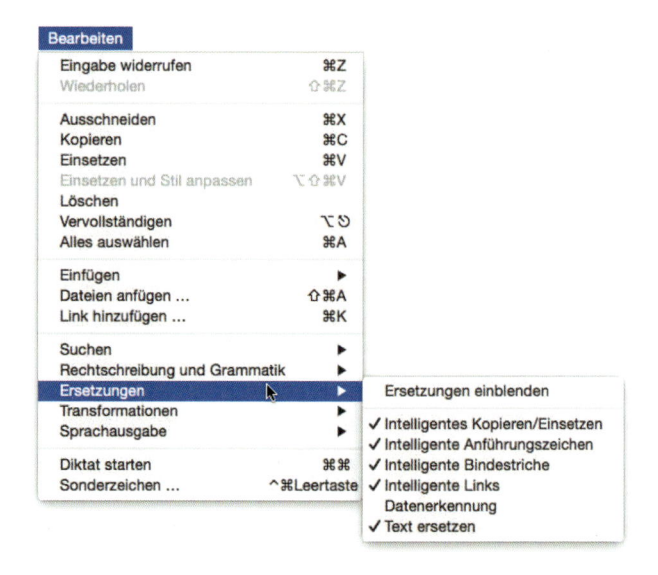

3 | Systemeinstellungen im Detail

Der dritte Reiter der Systemeinstellung *Tastatur* nennt sich *Kurzbefehle*. In diesem Dialog finden Sie eine Aufstellung aller möglichen Befehls-Kombinationen über die Tastatur, indem Sie die einzelnen Rubriken wie etwa *Launchpad & Dock, Bildschirmfotos, Tastatur* etc. anklicken. Über den Mausklick auf den bereits eingetragenen *Kurzbefehl* kann dieser nun geändert werden. Gibt es Überschneidungen, indem Sie eine Tasten-Kombination vergeben haben, die schon für eine andere Funktion angedacht ist, so wird dies wieder durch ein gelbes Warndreieck gekennzeichnet. Entweder ändern Sie Ihre Vorgabe oder deaktivieren jene Funktion mit demselben Kurzbefehl, indem Sie den Haken aus der Checkbox per Mausklick entfernen.

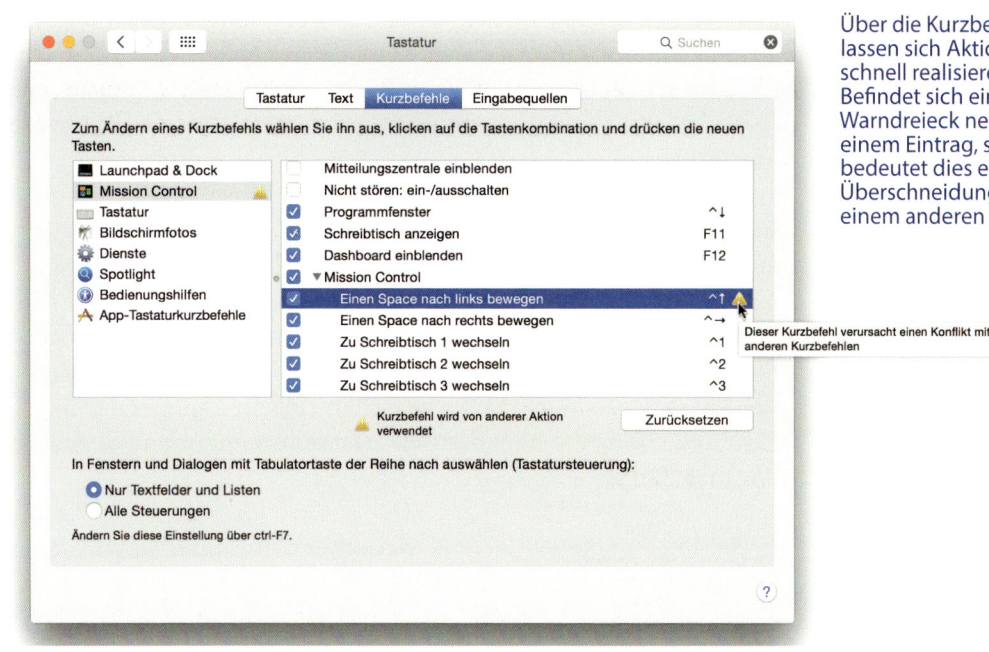

Über die Kurzbefehle lassen sich Aktionen schnell realisieren. Befindet sich ein Warndreieck neben einem Eintrag, so bedeutet dies eine Überschneidung mit einem anderen Befehl.

Ist die Rubrik *App-Tastaturkurzbefehle* markiert, so lassen sich über die *Plus*-Taste weitere Kurzbefehle hinzufügen. Hierbei sollten Sie jedoch bedenken, dass Sie diese nur für vorhandene *Menübefehle* vergeben können. Wenn Sie also in einem bestimmten Programm für eine viel genutzte Funktion einen Tastaturbefehl vermissen (weil dieser schlichtweg nicht existiert), so lässt sich in diesem Fall ein Kurzbefehl erstellen.

Klicken Sie also auf die *Plus*-Taste und wählen Sie aus dem Menü bei *Programm* die gewünschte Applikation. Danach müssen Sie den exakten Namen des Menübefehls eingeben und den *Tastatur-Kurzbefehl* kreieren. Nach einem erneuten Start des Programms steht nun dieser Befehl zur Verfügung. Auf diese Weise lassen sich auch bestehende Befehle verändern und die Bedienung Ihres Computers wird noch effektiver – vorausgesetzt, Sie kommen bei der Flut an Tasten-Kombinationen nicht durcheinander.

In unserem Beispiel haben wir in »iTunes« dem Menübefehl »Abmelden« einen Kurzbefehl zugewiesen. Und wirklich: Wo woher kein Befehl stand, ist nach der Überarbeitung nun unsere Tasten-Kombination zu bewundern. Und vor allem: Sie funktioniert auch.

Bei Befehlen, die programmübergreifend funktionieren, müssen Sie anstatt einer einzelnen, ausgewählten Anwendung bei *Programm* den Eintrag *Alle Programme* benutzen.

Im Dialogfenster *Kurzbefehle* tummeln sich viele Befehle, die aufgrund des kleinen Fensters nicht vollständig ausgeschrieben werden. Dem entgegenzuwirken gibt es zwei Möglichkeiten: Entweder Sie verharren mit dem Mauszeiger eine Sekunde über den Einträgen, bis diese komplett angezeigt werden – oder Sie parken den Mauszeiger in der Leiste zwischen Rubrik und Kurzbefehle-Liste und können so über das Größenveränderungs-Symbol mehr Platz für den jeweiligen Bereich schaffen.

In der linken Spalte finden Sie weiterhin den Punkt *Dienste*. Dabei handelt es sich um Funktionen, die in allen Programmen von Apple zusätzliche Features anbieten. Die Auflistung der angebotenen *Dienste* finden Sie grundsätzlich im *Programm*-Menü der jeweiligen Anwendung bzw. im Kontext-Menü (meist ganz unten stehend). Je nach Tätigkeit oder geöffnetem Dokument lassen sich so neben den Standard-Befehlen beispielsweise Notizen erstellen, Schriften exportieren, ausgewählter Text als E-Mail versenden oder zum Programm *TextEdit* kopieren und so weiter. Fehlt Ihnen hingegen die ein oder andere sinnvolle Funktion, so können Sie diese – wenn passend – über die Dienste innerhalb der *Tastaturkurzbefehle*-Abteilung freischalten.

3 | Systemeinstellungen im Detail

Last, but not least finden Sie unten stehend noch eine Option zur *Tastatursteuerung*. Dort stellen Sie die Vorgehensweise beim Drücken der *Tabulator-Taste* ein. In Fenstern springen Sie so von einem Objekt der Reihe nach zum Nächsten, während Sie in Dialogen jene Felder auswählen, die eine Text-Eingabe erfordern. Mit *Alle Steuerungen* werden bei Dialogen sämtliche Buttons miteinbezogen, die eine Funktion innehaben. Ist ein Button ausgewählt, brauchen Sie nur den *Zeilenschalter* zu drücken, um diesen auszulösen.

Aktivierte Dienste lassen sich über das Kontext-Menü (links) bzw. über das jeweilige Programme-/Finder-Menü (rechts) aufrufen.

Kommen wir zum Reiter namens *Eingabequellen*. Dort treffen Sie Ihre Entscheidungen hinsichtlich der Eingabemöglichkeiten über die Tastatur. Da die Tastatur-Belegung der Buchstaben von Land zu Land variieren kann, haben Sie hiermit die Möglichkeit, diese anzupassen. Über die *Plus*-Taste rufen Sie dazu einen Dialog auf, über den Sie weitere Länder mit ihren spezifischen Tastatur-Layouts als Eingabequellen bestimmen können.

Je nach Herkunftsland unterscheiden sich Tastatur-Layout sowie Schriftsymbole. Über den Klick auf die Plus-Taste lassen sich nun weitere »Eingabequellen« wählen.

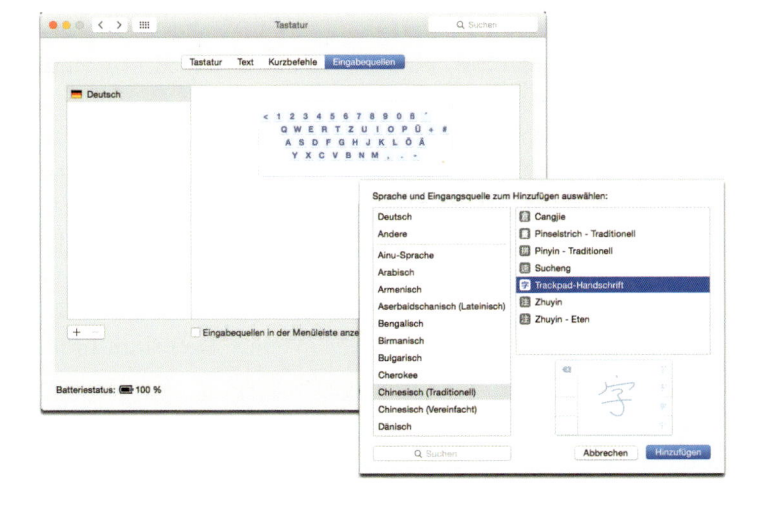

181

Bei Verwendung mehrerer Tastatur-Layouts aktiviert sich automatisch die unten stehende Option *Eingabequellen in der Menüleiste anzeigen*. Hierbei wird in der Menüleiste ein zusätzliches Menü-Symbol (oben rechts) eingebaut, über das Sie schnell die aktuell benutzte Tastatur-Belegung identifizieren sowie umstellen können.

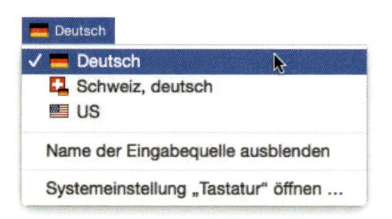

In der Systemeinstellung *Tastatur* und dort über den Reiter *Kurzbefehle* bei *Eingabequellen* finden Sie die beiden Kurzbefehle *Die vorherige Eingabequelle auswählen* (*cmd-Leertaste*) bzw. *Nächste Quelle aus dem Eingabemenü* auswählen (*cmd-alt-Leertaste*). Da diese beiden Tastenkombinationen standardmäßig für andere Aufgaben vergeben sind (nämlich für die *Spotlight-Suche* bzw. das *Finder-Suchfenster*), müssen Sie diese entweder ändern oder aber stattdessen die *Spotlight*-Funktionen deaktivieren.

Aufgrund der Tatsache, dass manche Buchstaben auf unterschiedlichen, internationalen Tastaturen vertauscht sind, sollten Sie vorsichtig im Umgang mit Kennwörtern sein. Das Wort »Lazarus« (geschrieben mit der deutschen Tasturbelegung) heißt bei amerikanischer Belegung »Layarus« und bei französischer »Lqyqrus«. Da kann man ganz schön ins Schwitzen kommen, wenn beispielsweise ein Passwort aufgrund falscher Tastaturbelegung abgelehnt wird, obwohl man es doch ständig richtig eingibt.

Interessant sind weiterhin die beiden Hilfsprogramme *Tastaturübersicht* sowie die *Zeichenübersicht*, die Sie über die Systemeinstellung *Tastatur* im Reiter *Tastatur* über die Option *Tastatur- und Zeichenübersichten in der Menüleiste anzeigen* aktivieren können. Die *Tastaturübersicht* blendet dabei eine digitale Tastatur ein, welche der augenblicklichen Tastatur-Belegung entspricht. Drücken Sie nun beispielsweise eine Sondertaste wie die *Befehlstaste (cmd)*, *Umschalttaste* oder *Optionstaste (alt)*, so werden alle zur Schrift gehörenden Sonderzeichen aufgezeigt. Mit anderen Worten: Suchen Sie ein besonderes Schriftzeichen des gerade ausgewählten Schriftsatzes, so werden Sie über die *Tastaturübersicht* garantiert fündig.

3 | Systemeinstellungen im Detail

Die Tastaturübersicht unterstützt Sie bei der Suche nach Sonder- und Schriftzeichen.

Wenn Ihnen die virtuelle Tastatur zu klein erscheint, so brauchen Sie den Mauspfeil nur zu einer der Ecken zu bewegen und Sie können sie mit gedrückter Maus-/Trackpad-Taste größer ziehen.

Arbeiten Sie mit einer Textverarbeitung wie beispielsweise *Pages*, *TextEdit* oder *Microsoft Word*, so spielt das *OS X* weitere Trümpfe aus, die es sich aus der *iOS*-Welt abgeguckt hat. Schreiben Sie häufig fremdsprachige Texte und suchen nach Akzent-Zeichen (Zirkumflex, Akut, Gravis etc.), so versuchen Sie einmal folgendes: Halten Sie bei den entsprechenden Buchstaben (etwa »a«, »e«, »o« etc.) die Taste beim Schreiben gedrückt, so erscheint ein Dialog mit den entsprechenden Sonderzeichen. Über die mitangezeigten Zahlen lässt sich nun schnell und schmerzlos das entsprechende Zeichen eingeben.

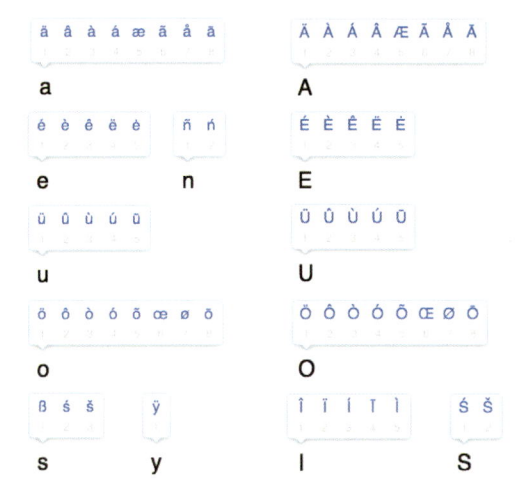

Akzente auf Buchstaben gleichen oftmals einer nervenaufreibenden Suche auf der Tastatur. Das »OS X« unterstützt Sie in dieser Hinsicht ganz hervorragend.

Die *Zeichenübersicht* hat sich im Gegensatz zur *Tastaturübersicht* ausschließlich auf die vielen Sonderzeichen spezialisiert. Schreiben Sie etwa einen Text, in dem Sie Symbole oder etwa mathematische Zeichen wie ‰, ÷, ± oder √ verwenden möchten, so können Sie über die *Zeichenübersicht* nachprüfen, ob diese Zeichen von Ihrem gerade genutzten Zeichensatz unterstützt werden. Im Falle der Nicht-Unterstützung werden alle verfügbaren Schriften aufgeführt, die dennoch diese Zeichen anbieten. Hilfreich ist weiterhin die Kategorisierung der Zeichen in *Mathematische*

Zeichen, Pfeile, Klammern, Währungen usw., so dass ein schnelles Auffinden bzw. das Suchen nach Alternativen gewährleistet ist. Über einen Doppelklick auf das entsprechende Sonderzeichen wird es bei geöffnetem Text auch gleich eingefügt. Häufig benutzte Zeichen lassen sich zudem über die Schaltfläche *Als Favorit sichern* separat speichern.

Einen Ausblick über die verfügbaren Sonderzeichen gibt die Zeichenübersicht. Durch die Kategorisierung können Sie eine Suche automatisch eingrenzen und oft benutzte Zeichen als Favoriten zum schnellen Einsetzen abspeichern.

Über das links oben liegende *Aktions-Menü* können Sie zum einen die *Zeichengrößen*-Ansicht bestimmen und zum anderen über *Liste bearbeiten* einen zusätzlichen, sehr umfassenden Fundus an weiteren Symbolen, Sonderzeichen sowie Schriftsystemen aus asiatischen Teilen der Welt als Kategorien einblenden lassen.

Ein wenig versteckt liegend finden Sie weitere Zeichen und Symbole en masse.

Denken Sie immer daran, dass das *OS X* die Scrollbalken meist nur dann einblendet, sofern Sie den Fensterinhalt bewegen. Gerade in der *Zeichenübersicht* denkt man anfangs, dass alles vollständig angezeigt wird. Aber Pustekuchen! Sobald Sie scrollen, tauchen auch die Scrollbalken auf und bieten noch viele weitere Zeichen an.

Wenn Sie nur eine einzige Tastaturbelegung benutzen, brauchen Sie eigentlich das *Tastatur*-Menü nicht einzublenden. Sind Sie auf der Suche nach Sonderzeichen, so können Sie auch im *Finder* bzw. in Programmen wie *TextEdit*, *Pages* oder *Vorschau* über das *Bearbeiten*-Menü den Befehl *Sonderzeichen* (alternativ *ctrl-cmd-Leertaste*) aufrufen, was ebenso die *Zeichenübersicht* startet.

Die Maus richtig konfigurieren

Ob Geschwindigkeit der *Zeigerbewegung*, des *Doppelklick-Intervalls* oder das *Scrollen* – hier sind Sie richtig, wenn Sie die Bedienung der Benutzeroberfläche über eine Maus vornehmen. Über die Regler stellen Sie nun die gewünschten Werte ein, und bei *Primäre Maustaste* bestimmen Sie, welche Taste für einen einfachen Klick zuständig ist (bei Rechtshändern üblicherweise die linke Taste, während die rechte Taste – auch *sekundäre Taste* genannt – das Kontextmenü aufruft).

Bei Verwendung der *Apple Mouse* definieren Sie unten liegend über die Scroll-Optionen, ob die kleine Kugel deaktiviert, *nur vertikal*, *vertikal und horizontal* oder gleich die vollen *360 Grad* scrollen soll. Jene Funktion, die auf Klick auf die Maus-Kugel ausgelöst werden soll, bestimmen Sie über das Popup-Menü, das umfangreiche Optionen anbietet.

Über die Systemeinstellung *Bedienungshilfen* und dort bei *Zoomen* lässt es sich über die Option *Zoomen: Scroll-Geste mit diesen Sondertasten* einrichten, dass Sie mit gedrückter *ctrl-Taste* (oder einer anderen Sondertaste) sowie dem Bewegen oder Drehen des Scrollballs bzw. des Mausrads den aktuellen Bildschirm-Ausschnitt vergrößern können.

Besitzer der Apple Mouse regeln über die Systemeinstellung »Maus« die Geschwindigkeit von Mauszeiger, Doppelklick und des Scrollens. Auch die Tastenbelegung wird dort festgelegt, wobei die linke Taste üblicherweise für den normalen Mausklick (Primäre Maustaste) reserviert ist, die rechte hingegen das Kontextmenü (Sekundäre Maustaste) aufruft.

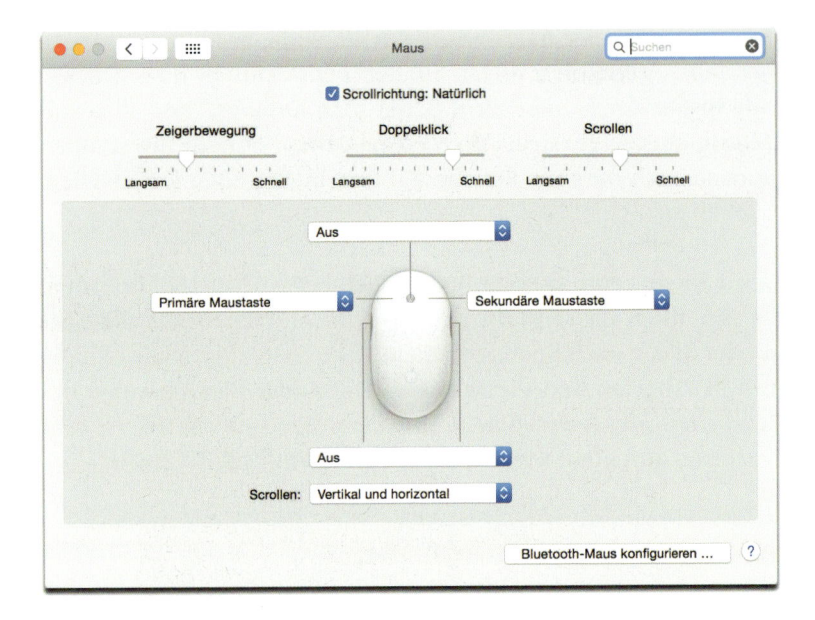

Die Schaltfläche *Bluetooth-Maus konfigurieren* ist für diejenigen interessant, die Apples schnurlose *Magic Mouse* mit dem Mac verbinden möchten. Wird darauf geklickt, wird im erscheinenden Dialog augenblicklich nach dem »Blauzahn-Nager« gesucht. Das gleiche Dialog-Fenster erscheint auch, sollte keine Maus am Mac angesteckt sein und Sie die Systemeinstellung *Maus* aufrufen. Wird *Bluetooth* nun fündig, so zeigt es den Namen an und über *Fortfahren* bekommt die Systemeinstellung *Maus* eine neue, auf die *Magic Mouse* angepasste Oberfläche.

Nachdem die Magic Mouse geortet und verbunden wurde …

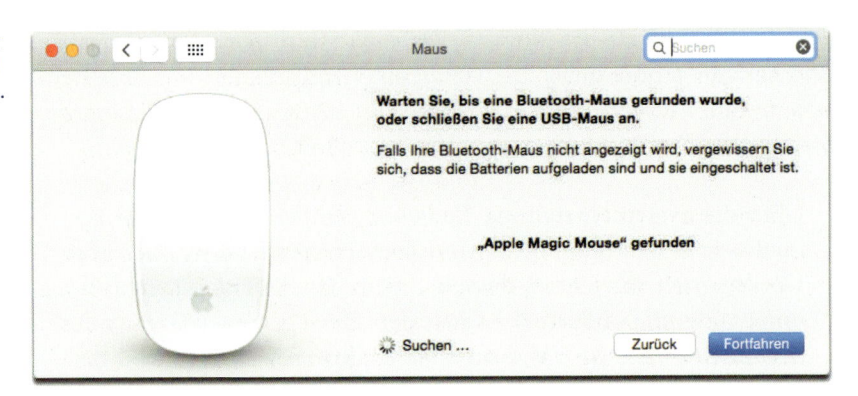

3 | Systemeinstellungen im Detail

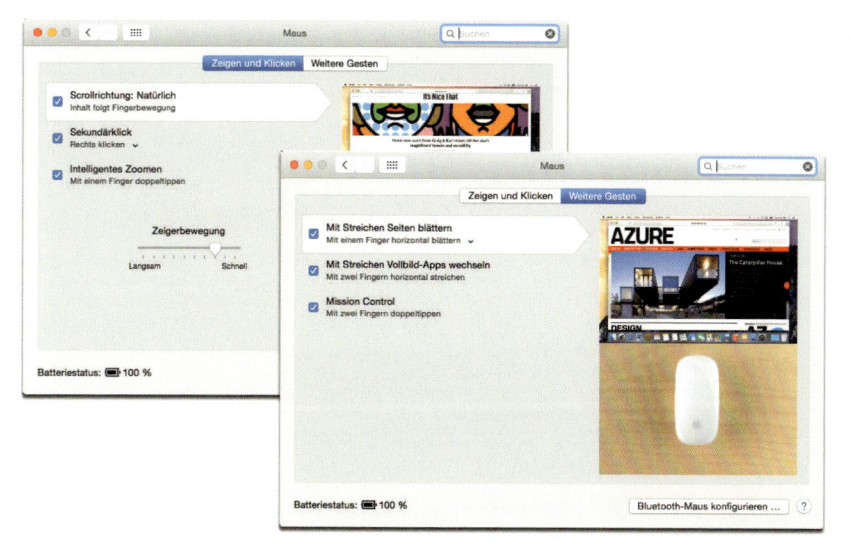

… dauert es noch ein kleines Weilchen, bis die passende Oberfläche der Systemeinstellung zur Magic Mouse aufgerufen wird.

Der Unterschied zur normalen Maus: Anstatt eines mechanischen Scroll-Balls oder -Rades erledigen Sie nun alle Bewegungen des Mauszeigers wie auf einem Trackpad – einzig das Klicken klingt noch nach echter asiatischer Wertarbeit. Fahren Sie nun mit dem Mauszeiger über die einzelnen Menüpunkte, so bekommen Sie die jeweilige Erklärung absolut jugendtauglich (mit Hilfe von bewegten Bildern) aufbereitet: Mit welchem Klick soll also das Kontext-Menü (der *Sekundärklick*) aufgerufen werden? Möchten Sie eine natürliche Scrollrichtung oder soll sich das Scrollen an den Laufbalken orientieren? Weiterhin können Sie ein intelligentes Zoomen per Doppeltipp mit einem Finger erreichen oder mit zwei Fingern die Funktion *Mission Control* aufrufen. Auch für das Wischen der Finger über die berührungsempfindliche Oberfläche gibt es raffinierte Funktionen: mit einem Finger blättern Sie in Dokumenten, und mit zwei wechseln Sie zwischen den Vollbild-Apps.

> **Selbstverständlich lassen sich auch Mäuse von Drittherstellern an den Mac anschließen. Sie sollten sich jedoch vorher genau erkundigen, ob die Treiber-Software *OS X*-kompatibel ist und auch unter *Yosemite* korrekt funktioniert. Meist finden Sie nach der Installation der Treiber eine neue Systemeinstellung vor. Wird eine »fremde« Maus angeschlossen, so wird dies kurz am Bildschirm angezeigt. In der dazugehörigen Systemeinstellung lassen sich nun ebenso Tasten und Mausrad konfigurieren.**

Denken Sie immer daran: Benutzen Sie eine (Mehr-Tasten-) Maus eines Fremdherstellers, so wird diese über eine eigene Systemeinstellung (z. B. »Logitech Control Center«) konfiguriert.

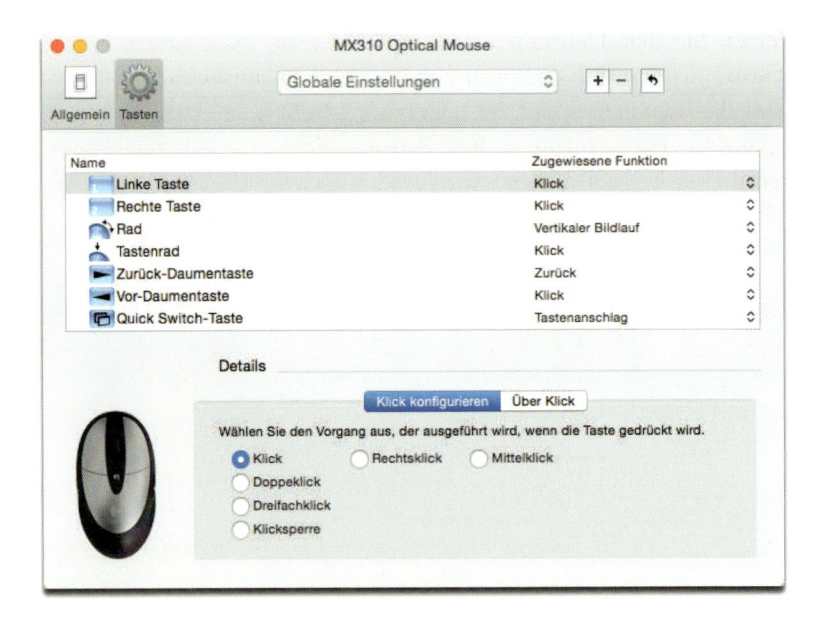

Trackpad – Multi-Touch-Feeling par excellence

In der Abteilung *Trackpad* geht es ebenso um die Steuerung der OS X-Benutzeroberfläche. Das *Trackpad* dient dabei als Maus-Ersatz und wird über Finger-Gesten bedient. Sobald Kontakt mit der Trackpad-Oberfläche besteht, wird die Bewegung des Fingers über die berührungsempfindliche Fläche übernommen – der Mauszeiger wandert in die vorgegebene Richtung. Weiterhin ist auch das »Mausklicken« möglich, indem Sie die *Trackpad*-Taste drücken bzw. mit dem Finger auf das Trackpad klopfen (dazu muss jedoch die Option *Klick durch Tippen* aktiviert sein). Neben dem Doppelklick zum Öffnen einer Datei oder eines Ordners (zwei Mal auf das Trackpad tippen bzw. die Trackpad-Taste drücken) ist auch das Bewegen von Objekten möglich (Option *Mit drei Fingern bewegen*).

Mit dem Multi-Touch-Trackpad sind weitere technische Innovationen hinzugekommen, beispielsweise das horizontale wie vertikale Scrollen in Fenstern und Ordnern mit zwei Fingern. Aber auch das Drehen von Bildern, das Vergrößern und Verkleinern über Daumen und Zeigefinger, das Aufrufen des Kontextmenüs über den »Tipp« mit zwei Fingern und, und, und sind möglich. Auch Vierfinger-Gesten zum Wischen zwischen den Vollbild-Apps oder zum Aufrufen von *Mission Control*.

3 | Systemeinstellungen im Detail

Spreizen Sie den Daumen und drei Finger, so lässt sich die *Exposé*-Funktion *Schreibtisch anzeigen* aufrufen, die gegensätzliche Bewegung startet das *Launchpad* zur schnellen Übersicht und zum Starten Ihrer Programme. Hinzuzufügen sei noch, dass alle diese Gesten auch an Ihre persönlichen Vorlieben anpassbar sind, wobei wir die seitens Apple vorgegebenen Vorschläge eigentlich für unschlagbar halten.

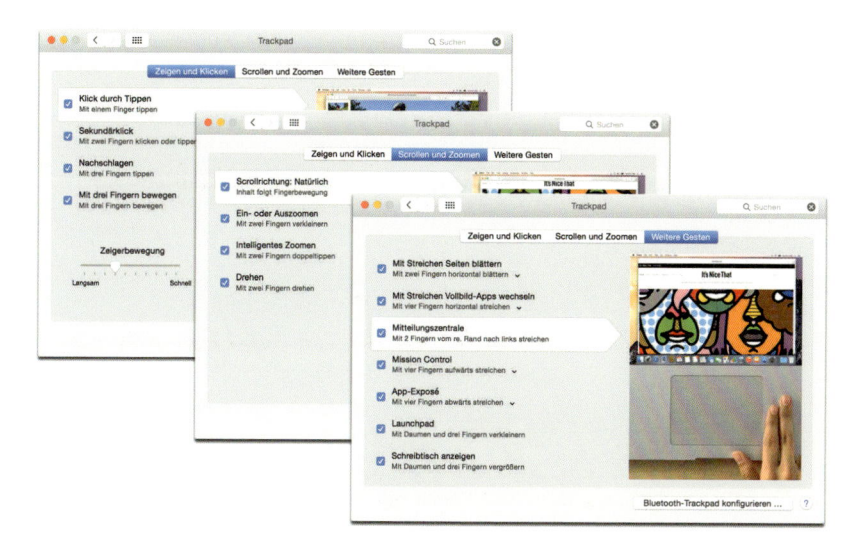

Das Trackpad wartet mit drei Reitern auf, die dem geübten Anwender eine Fülle von Gesten ermöglichen.

Die Systemeinstellung *Trackpad* macht es Ihnen besonders leicht, die vielfältigen Funktionen kennenzulernen. Sie brauchen dabei nur den Mauspfeil über eine Option zu parken, so dass diese durch einen hellen Balken hervorgehoben wird. Eine Sekunde später beginnt das große »Kino« und zeigt die Funktionsweise anhand eines Filmbeitrages auf.

Nicht unbedingt spannend, aber mit Sicherheit lehrreicher als Dschungelcamp & Co.: Trackpad-Möglichkeiten in Form von Kurzfilmen.

Ab April 2015 führte Apple bei MacBook sowie MacBook Pro mit Retina Display das sogenannte *Force Touch Trackpad* ein. Neben den üblichen Multitouch-Gesten, die auf einem Trackpad ausgeführt werden können, kommt dabei noch eine drucksensitive Komponente hinzu. Das Trackpad registriert über Drucksensoren also auch die Stärke, mit der Sie die

Oberfläche bearbeiten. So lassen sich über den Klick und dem Gedrückthalten des Fingers neue Funktionen aktivieren, beispielsweise das Nachschlagen eines Wortes über das Lexikon oder das Aufrufen der Schnellübersicht. Schauen Sie sich über den *QuickTime Player* einen Film an, so lässt sich über die Intensität des Fingerdrucks die Vor-/Zurückspul-Geschwindigkeit regeln. In Programme wie der Vorschau-App können Sie so auch die Dicke des Malstrichs beeinflussen, wenn Sie zum Beispiel Anmerkungen in einem PDF oder Bild anbringen. Neu ist auch, dass ein haptisches Feedback (Vibrieren) erfolgt. Da uns bis zum Abschluss dieses Buches kein Testgerät zur Verfügung stand, müssen wir in diesem Fall leider auf Abbildungen verzichten. Aber wie Sie Apple kennen, wird die dazugehörige Systemeinstellung mit Sicherheit Aufklärung bieten.

Drucksensoren sowie die Taptic Engine für ein haptisches Feedback sind die technischen Neuerungen des »Force Touch Trackpad«. (Bild: © Apple)

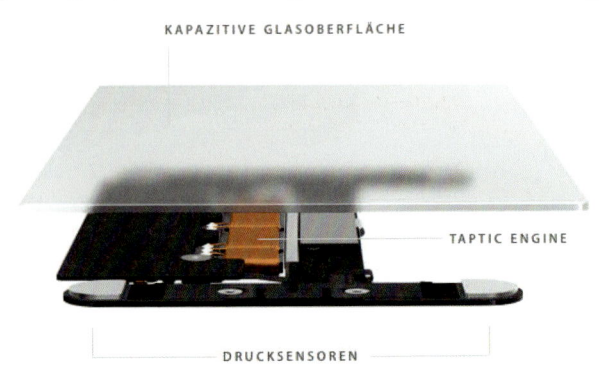

Und wenn Sie schon beim Einrichten Ihres Trackpad sind, so werfen Sie auch einen Blick in die Systemeinstellung *Bedienungshilfen* und dort in die Rubrik *Maus & Trackpad*. Über die unten stehenden *Trackpad*- bzw. *Mausoptionen* lassen sich weitere Details definieren, beispielsweise ob Sie einen Nachlauf beim Scrollen wünschen oder mit einem Ein-Fingertipp ein Einrasten erreichen möchten. Dabei tippen Sie zwei Mal etwa auf die Titelleiste eines Fensters, wobei beim zweiten Tipp die Fingerkuppe auf dem Trackpad verbleibt – nun können Sie das Fenster verschieben. Ein weiterer Tipp löst das Einrasten.

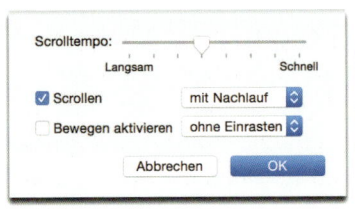

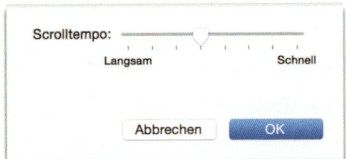

3 | Systemeinstellungen im Detail

Drucker & Scanner – bequem Papier ausgeben

Der Name ist Programm: Dort verwalten Sie Ihre(n) Drucker, stellen die Standard-Papiergröße bei Druckaufträgen ein und weisen die verwendete Software an, welchen Drucker Sie benutzen soll. Möchten Sie einen Drucker verwenden, der bereits im WLAN angemeldet ist, über die *AirPrint*-Technik verfügt oder mit einem anderen Mac verbunden ist, so geht das ganz schnell: Sobald Sie das USB-Kabel einstecken, wird dieser erkannt und bietet meist schon das Laden der zugehörigen Treiber an. Alternativ öffnen Sie die Systemeinstellung *Drucker & Scanner*, klicken auf den *Plus*-Button und wählen im aufklappenden Menü unter *Drucker in der Nähe* das entsprechende Modell – der Drucker wird automatisch konfiguriert und ist anschließend voll einsatzbereit.

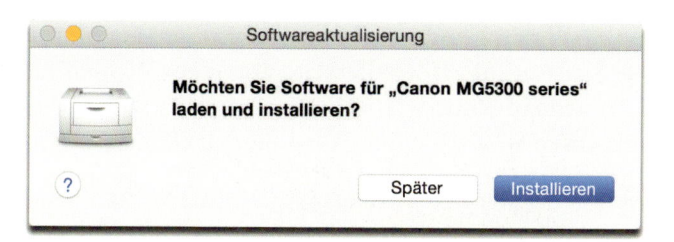

Oft wird bereits beim ersten Verbinden der Drucker erkannt und bietet das Laden und Installieren der zugehörigen Software an.

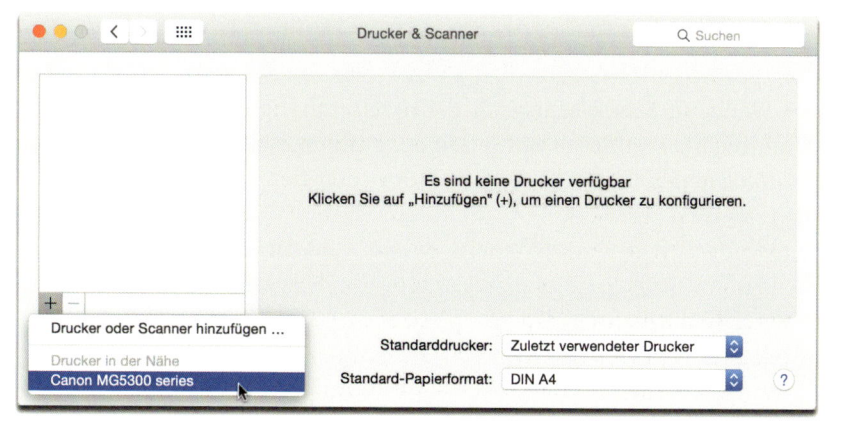

Die Systemeinstellung hat bereits einen Drucker über das Netzwerk ausfindig gemacht. Wird er ausgewählt, so können Sie nach der Konfiguration sofort darauf zugreifen.

Möchten Sie einen ganz neuen Drucker am Mac betreiben, so schließen Sie ihn an und wählen über die Systemeinstellung *Drucker & Scanner* den *Plus*-Button und aus dem erscheinenden Menü den Befehl *Drucker oder Scanner hinzufügen*. Im *Hinzufügen*-Dialog sollte nun der Drucker erscheinen. Klicken Sie den Eintrag an und über die Schaltfläche *Hinzufügen* erfolgt nun ebenso das Konfigurieren sowie Installieren der nötigen Software.

Wird ein Drucker über USB mit dem Mac verbunden, so wird er meist erkannt und das »OS X« bietet Ihnen an, die zugehörigen Treiber zu laden.

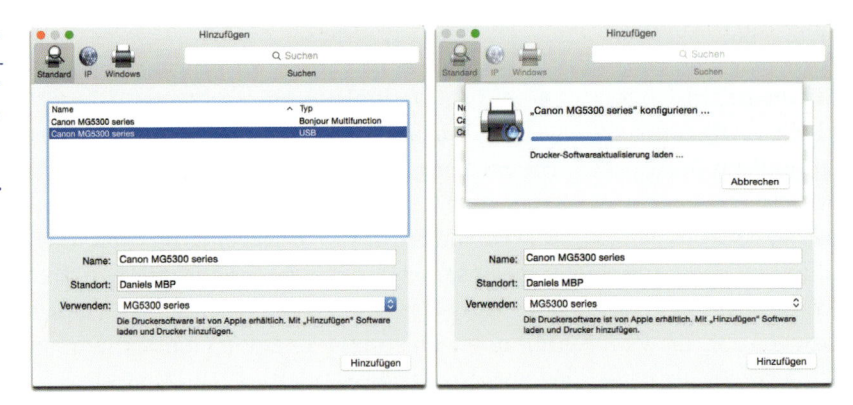

Sofern sich Ihr Rechner nicht gnädig erweist und weder Treiber anbietet noch den Drucker erkennt, so sollten Sie sich ins Internet begeben und die Herstellerseite aufrufen. Wählen Sie dort in der Download-Rubrik (etwa »Support«) Ihr Drucker-Modell aus und achten Sie auch darauf, ob dieser zu OS X 10.10 Yosemite kompatibel ist.

Befindet sich Ihr Drucker in der Geräteliste, so finden Sie rechts daneben weitere Informationen darüber. Der Button *Drucker-Warteliste öffnen* ruft beispielsweise ein Dialogfeld auf, das die zum markierten Drucker gehörigen Druckaufträge auflistet. Halten Sie gerne alle Fäden in der Hand, so lassen sich auch die bereits getätigten und nunmehr abgeschlossenen Aufträge mit anzeigen. Wählen Sie hierzu einfach in der Menüleiste den Punkt *Fenster* und dort den Befehl *Abgeschlossene Aufträge zeigen (cmd-2)*.

Die Drucker-Warteliste führt alle laufenden Druck-Aufträge auf – auf Wunsch auch die bereits abgeschlossenen.

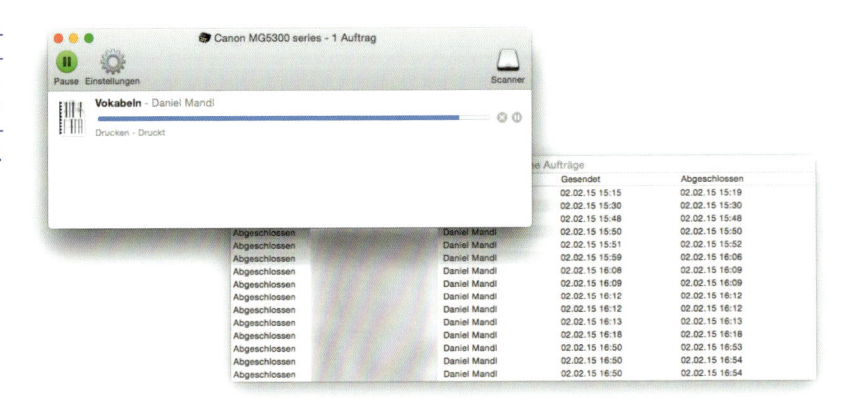

3 | Systemeinstellungen im Detail

Aber die *Drucker-Warteliste* kann noch mehr. So lassen sich gezielt einzelne Druckaufträge anhalten, weiter fortfahren und löschen, indem Sie auf die nebenstehenden Symbole klicken. Über den Button *Pause* in der Titelleiste des *Warteliste*-Fensters lassen sich alle Druckaufträge zugleich stoppen und wieder starten. Befinden sich mehrere Druckaufträge in der Warteliste, so können Sie auch über die Menüleiste *Aufträge* darauf einwirken: Markieren Sie den jeweiligen Auftrag und er lässt sich darüber löschen, anhalten oder gar eine *Auftragsübersicht* zum nachträglichen Kontrollieren einblenden. Bei mehrseitigen Dokumenten können Sie den Auftrag auch anhalten und auf einer anderen Seite fortsetzen.

Je nach Drucker-Modell (das hängt von der jeweiligen Drucker-Software ab) lassen sich auch die aktuellen *Füllstände* abrufen, so dass Sie auf einen Blick den noch verbliebenen Vorrat einschätzen können. Hierzu klicken Sie innerhalb der *Drucker-Warteliste* auf *Einstellungen* und nachfolgend auf *Füllstände* bzw. auf *Optionen & Füllstände* innerhalb der Systemeinstellung *Drucker & Scanner*. Dort lassen sich dann noch weitere Details wie etwa Druckername, der Standort oder eingestellter Treiber aufrufen.

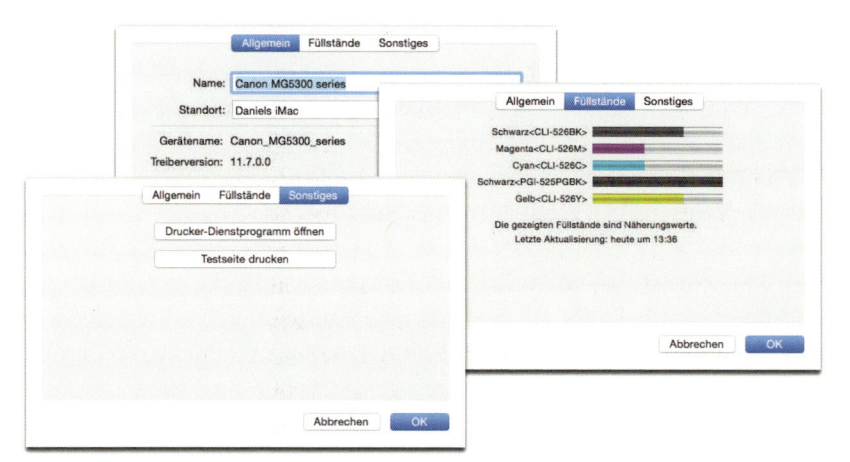

Bei aktuellen Druckern lassen sich über die installierte Treiber-Software weitere wichtige Informationen abrufen.

Über den Reiter *Sonstiges* gelangen Sie zum *Drucker-Dienstprogramm*, das sich beispielsweise um die Wartung des Druckers kümmert. So kann es durchaus vorkommen, dass mal die Tinte eintrocknet oder der Druck unschöne Streifen auf dem Papier aufweist. Ist das *Drucker-Dienstprogramm* aufgerufen, so werden Ihnen verschiedene Lösungen angeboten, unter anderem die Reinigung der Druckköpfe, eine erneute Druckkopfausrichtung usw.

Das Drucker-Dienstprogramm von Canon mit seinen mannigfachen Support-Einstellungen.

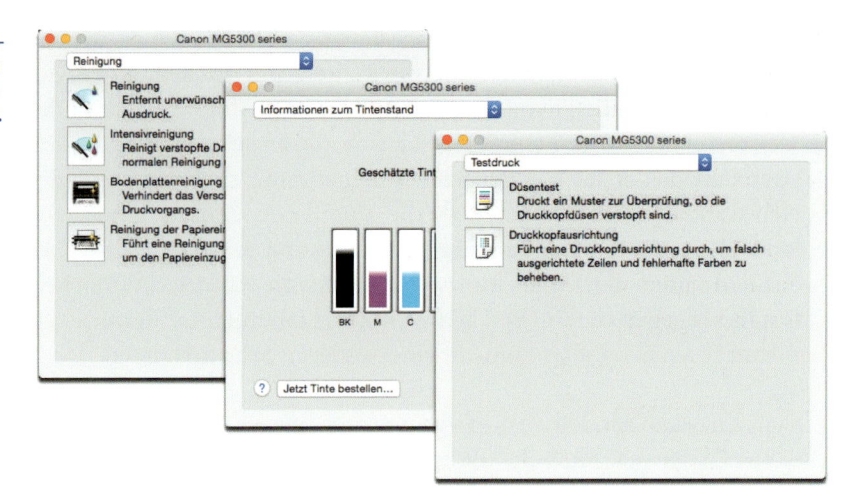

Es sei darauf hingewiesen, dass sich die Einstellungen je nach Druckermodell zum Teil deutlich unterscheiden. Sofern bei Ihrem Modell keine Anwendungen zur Wartung angezeigt werden, so können Sie diese Aufgaben oft auch direkt über den Drucker erledigen.

In der Systemeinstellung *Drucker & Scanner* bestimmen Sie weiterhin den Standarddrucker (entweder ein bestimmtes Drucker-Modell oder eben den zuletzt verwendeten Drucker), und bei *Standard-Papierformat* – wie soll es anders sein – die Papiergröße (was wohl DIN A4 sein wird).

Druck-Voreinstellungen managen

Wenn Sie die Schnell-Methode zum Drucken wählen, sollten Sie immer im Hinterkopf behalten, dass dabei jene Einstellungen verwendet werden, die in den *Voreinstellungen* konfiguriert sind. Üblicherweise nennen sich diese *Standardeinstellungen* und drucken im Falle eines Farbdruckers grundsätzlich farbig. Bei vielen Dokumenten muss das aber nicht sein, wenn eben nur der Text interessant ist (bei Farbdruckern wird oftmals selbst dem Schwarz ein Magenta, Yellow und Cyan beigemischt). Hier können Sie sich die Farbe sparen – teuer genug ist diese ja.

Haben Sie nun ein Dokument aufgerufen – egal, ob Bild oder Text – und wählen den Befehl *Drucken*, so finden Sie bei den *Voreinstellungen* die Auswahl *Standardeinstellungen* vor. Darunter – bei *Kopien* – legen Sie die Anzahl der Exemplare sowie bei *Seiten* die gewünschten Seitenzah-

3 | Systemeinstellungen im Detail

len (ob *Alle*, *Eine* oder einen ausgewählten Bereich) fest. Nun könnten Sie bereits auf *Drucken* klicken und die Sache wäre für Sie erledigt. Wir schreiben ausdrücklich »könnten«, denn …

Wenn Sie das erste Mal den Druck-Dialog aufrufen, so zeigt er sich wahrscheinlich in seiner Kurz-Ausführung, so dass die vielen weiteren Optionen gar nicht sichtbar sind. Über einen Klick auf den unten stehenden Button *Details einblenden* eröffnet sich Ihnen hingegen die wahre Vielfalt der Druck-Welt.

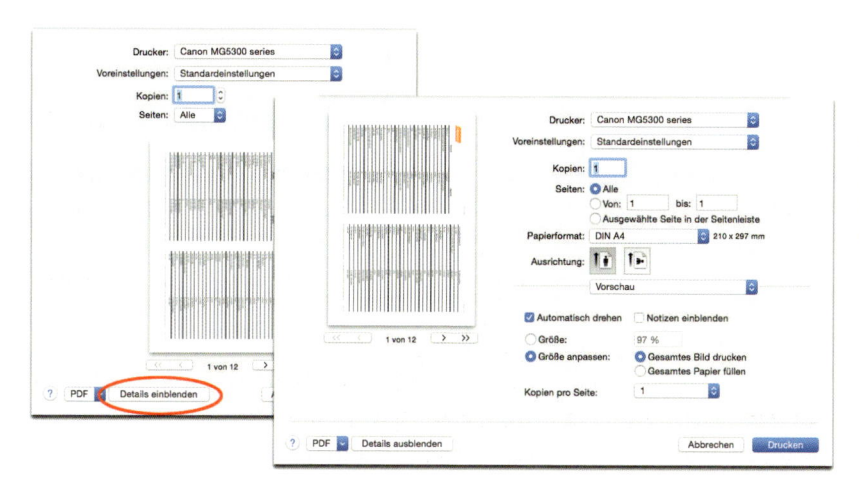

Unscheinbar und nichts zu konfigurieren: Der erste Aufruf des Drucken-Befehls ziert sich noch ein wenig. Erst per Klick auf den Button »Details einblenden« geht's so richtig zur Sache.

Hatten Sie bis jetzt noch keinen Drucker ausgewählt oder installiert, so lässt sich das auch über das Popup-Menü bei *Drucker* erledigen. Wählen Sie dazu *Drucker hinzufügen* bzw. rufen Sie die *Systemeinstellung »Drucken & Scannen«* auf.

Dort bestimmen Sie nun das *Papierformat* sowie die Ausrichtung (hochkant oder quer) des Papiers. Wenn Sie ein Gerät besitzen, das randlos drucken kann, so sollten Sie dort das korrekte Format (etwa *DIN A4 randlos* oder *10 x 15 cm randlos*) einstellen.

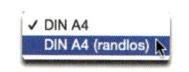

Darunter wiederum finden Sie ein weiteres Popup-Menü, das den Namen des gerade benutzten Programmes trägt und weitere Optionen zur Verfügung stellt, die sich jedoch von Drucker zu Drucker bzw. von Programm zu Programm unterscheiden und teilweise auch andere Bezeichnungen tragen. Klicken Sie sich vor dem Druck durch die Menüs und legen Sie Ihre Einstellungen fest. Im Beispiel haben wir ein Bild im

195

Programm *Vorschau* geöffnet und dann über die Menüleiste *Ablage* den Befehl *Drucken (cmd-P)* ausgewählt.

Über die vielfältigen Möglichkeiten können Sie nun beispielsweise festlegen, ob mehrere Bilder auf einer Seite untergebracht werden sollen, welche Art von Papier verwendet wird, ob eine Farbanpassung erfolgen soll und in welcher Qualität gedruckt werden soll.

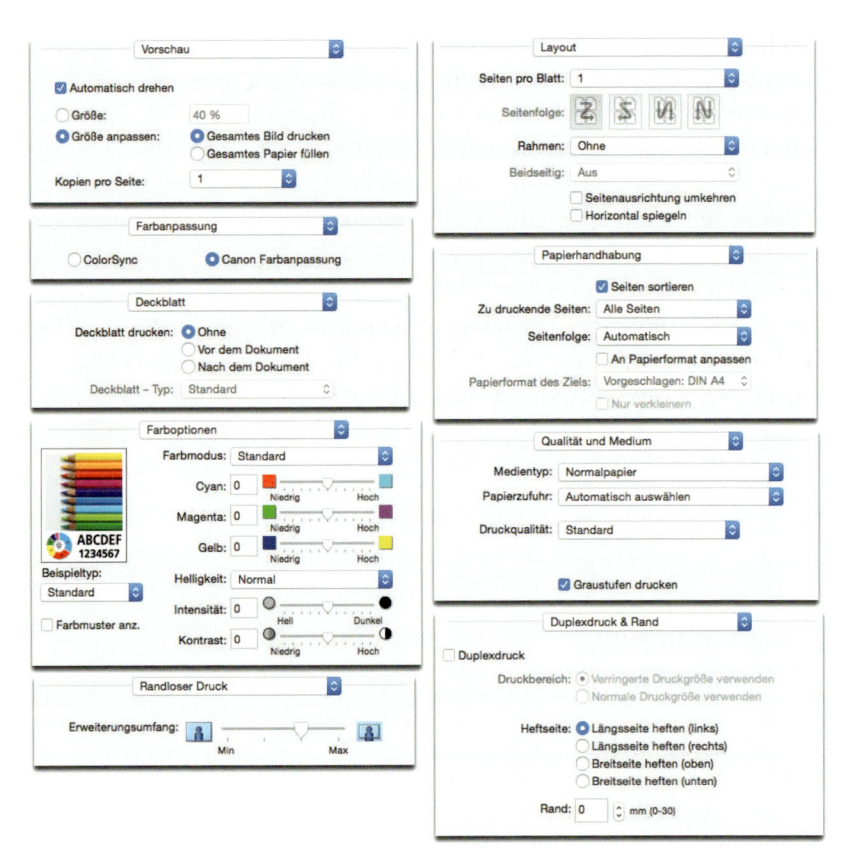

Sind nun alle Einstellungen getätigt, so können Sie auf *Drucken* klicken und das Dokument/Bild wird ausgegeben.

> Wie sich Druckeinstellungen für verschiedene Zwecke speichern lassen, zeigen wir Ihnen, wenn es um Programme geht, die der Textverarbeitung (*TextEdit*) bzw. als PDF-Reader/Bilder-Bearbeiter (*Vorschau*) dienen. Das Gleiche gilt für das Thema »*Scannen*« – dieses erläutern wir im Zusammenhang mit den Programmen *Digitale Bilder* sowie *Vorschau*.

3 | Systemeinstellungen im Detail

Der Ton macht die Musik

Dass Ihr Mac ab und an Geräusche von sich gibt, haben Sie sicherlich schon mitbekommen. Bereits beim Einschalten macht sich der Mac durch einen Gong beim Neustart bemerkbar. Als zusätzliche Unterstützung können Sie allerdings auch einen Kopfhörer oder externe Lautsprecher an den optisch-digitalen Audioausgang anschließen, um so die Mac-eigenen Lautsprecher stumm zu schalten.

In der Systemeinstellung *Ton* finden Sie drei Reiter, über die Sie die Warntöne nach Wunsch bestimmen sowie allerlei andere Toneffekte aktivieren können (beim Löschen von Objekten, beim Entleeren des Papierkorbs usw.). In der Abteilung *Toneffekte* legen Sie hierbei fest, welcher Warnton der Ihrige sein soll. Über das Anklicken der Sounds hören Sie den Ton und können dann entscheiden, ob er eher nervt oder seinen Zweck erfüllt. Bei *Toneffekte abspielen über* bestimmen Sie jene Tonquelle (meist *Interne Lautsprecher*), über die diese Effekte abgespielt werden sollen.

Hier spielt die Musik – Warntöne en masse sowie die Steuerung der Lautstärke.

Gefallen Ihnen die vorliegenden Sounds weniger, so lassen sich selbstverständlich auch eigene verwenden. Dazu brauchen Sie eine Ton-Datei (ein bis zwei Sekunden lang) im Format ».aiff«. Diese ziehen Sie dann in den Ordner *Sounds*, den Sie über den Pfad *Ihre Festplatte/System/Library/Sounds* finden. Bevor es ans Kopieren geht, müssen Sie sich noch als Administrator ausweisen. Schließen Sie die Systemeinstellung *Ton* und öffnen Sie sie erneut und Sie haben einen neuen Warnton.

Die *Warnton-Lautstärke* sowie die *Gesamtlautstärke* lassen sich getrennt voneinander regeln, wobei der Warnton die eingestellte *Gesamtlautstärke* nicht übertreffen kann. Möchten Sie die vielen *Toneffekte* hören, die manche Funktionen auslösen, so aktivieren Sie die Option *Toneffekte der Benutzeroberfläche verwenden*. Die Option darunter (*Beim Ändern der Lautstärke Ton abspielen*) spielt Ihnen jeweils beim Ändern der Regler den Ton in der gewählten Lautstärke vor, so dass sich dieser gut justieren lässt. Ganz unten können Sie dann wieder einen weiteren Punkt der Menüleiste hinzufügen (*Lautstärke in der Menüleiste anzeigen*), der sich in Form eines Lautsprecher-Symbols als *Lautstärke-Regler* zu erkennen gibt.

Über die (Ton-)*Ausgabe* (zweiter Reiter) lassen sich externe Quellen einrichten und auswählen. Lautsprecher oder Kopfhörer, die Sie in den integrierten *Kopfhörer-Anschluss* bzw. den *optischen Audioausgang* einstecken, werden meist sofort erkannt, indem diese die internen Lautsprecher deaktivieren. USB-Geräte müssen Sie hingegen nach dem Anschluss in diesem Dialog auswählen. Weiterhin bestimmen Sie dort die *Balance* sowie die *Gesamtlautstärke* bzw. können den Ton ganz ausschalten.

Hier spielt auch die Musik – allerdings eher für externe Geräte.

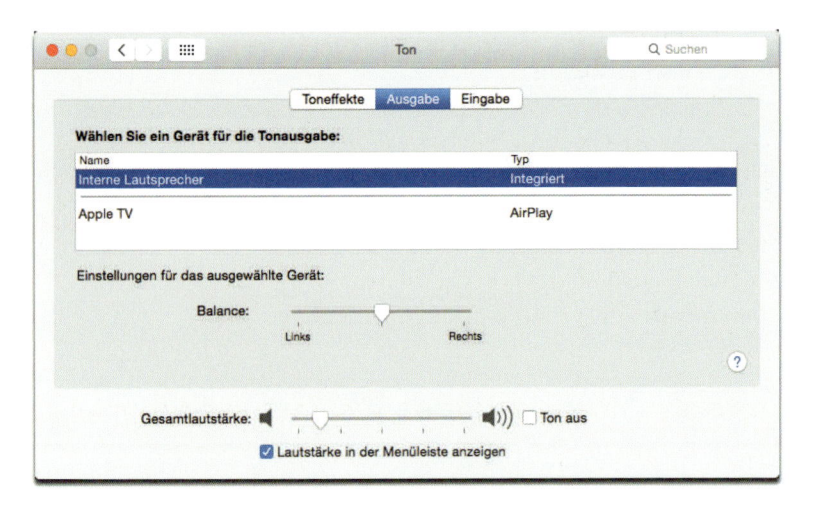

Der dritte Reiter im Bunde nennt sich *Eingabe*. Dort steuern Sie sowohl das interne Mikrofon als auch ein *Line-level*-Mikrofon (*Line Level* steht für »Signalstärke«), das über den optisch-digitalen Audioeingang (falls vorhanden) angeschlossen werden muss, über den *Eingangspegel* bzw. den Regler für die *Eingangslautstärke*. Dieser Regler ist dafür zuständig, dass aufgenommene Sprache oder Musik nicht zu laut oder gar verzerrt in den Computer gelangt. Im Zweifel senken Sie also den *Eingangspegel* ein wenig ab und probieren es erneut.

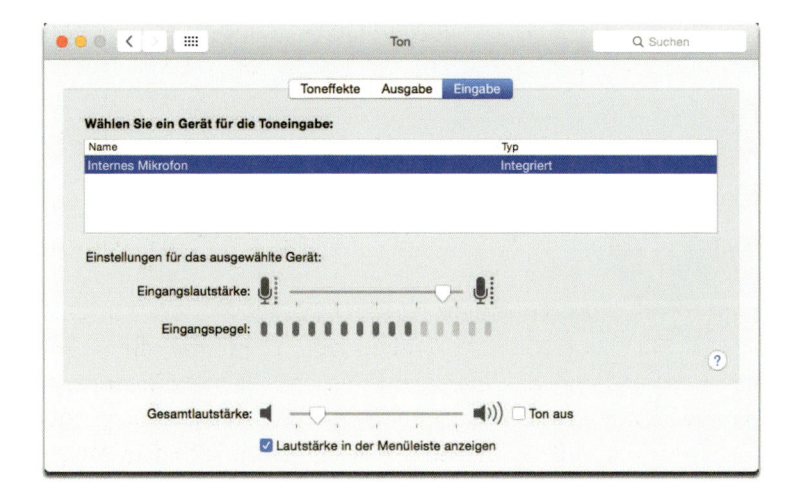

Die Schaltzentrale zum gelungenen Aufnehmen.

Mikrofone, die Sie per USB oder über ein Audiointerface (USB oder FireWire) an den Mac anschließen, sollten Sie direkt über das entsprechende Programm (wie beispielsweise *GarageBand*) wählen und aussteuern.

Sofern Sie die Option *Lautstärke in der Menüleiste anzeigen* aktiviert haben: Klicken Sie mit gedrückter *Optionstaste (alt)* auf das Lautsprecher-Symbol in der Menüleiste, so können Sie – falls Sie mehrere Geräte (etwa noch ein externes Mikrofon oder ein weiteres Paar Lautsprecher) am Mac betreiben – ohne Umweg über die Systemeinstellung *Ton* auf diese Quellen zugreifen bzw. umschalten.

Bluetooth – komfortables Senden und Empfangen

Bluetooth ist ein Standard für Kurzstreckenfunk und funktioniert nur in geringen Entfernungen bis 10 Meter, das heißt, die Kabel zwischen den Geräten bleiben weg, was eine komfortable Datenübertragung – wenn sie sich denn in Grenzen hält – verspricht. Geräte für diesen Standard sind beispielsweise Handys, Headsets, Lautsprecher, Tastaturen (z. B. *Wireless Apple Keyboard*) oder Maus/Trackpad (etwa *Magic Mouse* bzw. *Magic Trackpad*).

Vor einer Konfiguration mit einem weiteren Gerät sollten Sie zuerst sicherstellen, dass bei Ihrem Mac die Funktion *Bluetooth* aktiviert ist. Das erledigen Sie entweder über die Menüleiste oder über die Systemeinstellung *Bluetooth*, indem Sie auf *Bluetooth aktivieren* klicken.

Am Anfang heißt es Bluetooth zu aktivieren.

Unter *OS X Yosemite* ist Ihr Mac bei geöffneter Systemeinstellung *Bluetooth* automatisch sichtbar. *Sichtbar* bedeutet, dass der Rechner automatisch von anderen Geräten gefunden wird. Schließen Sie das Dialogfenster, so kann Ihr Mac nicht mehr geortet werden, auch wenn eine zuvor aufgebaute *Bluetooth*-Verbindung selbstverständlich bestehen bleibt.

Sie müssen dafür sorgen, dass auch jene Geräte, mit denen Ihr Mac Kontakt aufnehmen soll, diese Funktionen erfüllen. Dies können – wie schon angedeutet – ein anderer Mac sein, Ihr Handy oder Lautsprecher. Auch in diesen Fällen müssen Sie *Bluetooth* aktivieren und eventuell die Sichtbarkeit (bei Handys meist in den Menü-Einstellungen) gewährleisten.

Ist die Systemeinstellung *Bluetooth* geöffnet, so beginnt automatisch die Suche nach neuen Geräten, die dann in der Geräteliste aufgeführt werden. Bereits verbundene Hardware wird ebenso angezeigt.

Für eine Kontaktaufnahme – in unserem Beispiel zu einem Lautsprecher (ein großzügiges Werbegeschenk der Post :-)) – klicken wir nun auf *Verbinden*. Nun kommunizieren Mac und Lautsprecher und wenige Sekunden später erfolgt die Verbindung – der Ton kommt nun aus dem Lautsprecher.

3 | Systemeinstellungen im Detail

Über den Klick auf »Verbinden« werden die jeweiligen Geräte gekoppelt.

Möchten Sie zwei Macs miteinander koppeln, so klicken Sie ebenso auf *Verbinden* und die Koppelung erfolgt. Sowohl zum Senden als auch zum Empfangen von Daten müssen Sie nun noch die sogenannte *Bluetooth-Freigabe* aktivieren. Hierzu wechseln Sie in die Systemeinstellung *Freigaben* und setzen dort beim Dienst *Bluetooth-Freigabe* einen Haken in die Checkbox. In diesem Dialog legen Sie auch den Zugriffs- und Empfangs-Ordner fest bzw. teilen dem Rechner mit, ob er beim Empfang/Zugriff (*Beim Empfang von Objekten/Beim Zugriff anderer Geräte*) mit einer Meldung aufwarten (*Aktion erfragen*) oder alles einfach akzeptieren (*Akzeptieren und sichern/Akzeptieren und öffnen*) soll.

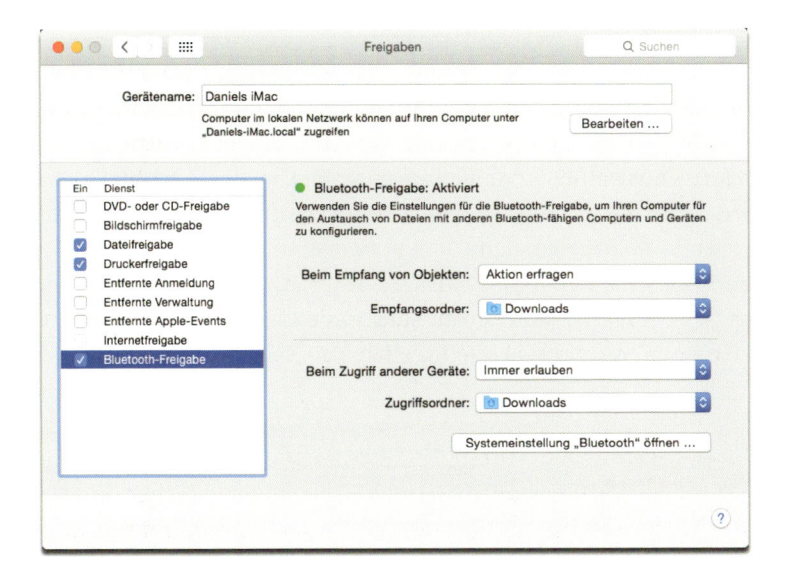

Wichtig: Ist Ihre Bluetooth-Freigabe nicht aktiviert, so ist kein Zugriff auf Ihren Mac möglich. Gerade dann, wenn Sie mit einem Zweit-Rechner arbeiten und somit ein kleines Bluetooth-Netzwerk betreiben, ist diese Aktivierung unabdingbar.

201

Zum Ändern des *Empfangs-* oder *Zugriffs*-Ordners klicken Sie auf das Popup-Menü und wählen den Eintrag *Andere*. Hierauf zeigt sich der typische *Öffnen*-Dialog des *Finders*, über den Sie nun einen neuen Ordner bestimmen bzw. einen dafür bestimmten Ordner neu anlegen. Über den Befehl *Öffnen* wird dieser künftig Ihre *Bluetooth*-Daten beherbergen bzw. zur Verfügung stellen.

Sind alle Einstellungen erledigt, so steht einem Datenaustausch nichts mehr im Wege. Sehr komfortabel geschieht dies, sofern Sie die Option *Bluetooth in der Menüleiste anzeigen* aktiviert haben. Damit können Sie alle Schritte bequem über das rechts oben angezeigte *Bluetooth*-Symbol vornehmen. Da die bereits konfigurierten Geräte mit aufgelistet werden, lässt sich schnell darauf zugreifen und entscheiden, ob Sie *Dateien senden* oder das angesprochene *Gerät durchsuchen* (sprich Dateien laden) wollen.

Über die Menüleiste können Sie schnell Ihre über Bluetooth zu erledigenden Arbeiten erledigen.

Möchten Sie nun eine *Datei senden*, so wählen Sie aus dem Menü Ihr Wunschgerät aus und verwenden den gleichnamigen Befehl. Dabei öffnet sich ein *Finder*-Fenster, mit dessen Hilfe Sie nun eine oder mehrere Dateien auswählen. Zur Erinnerung: Bei mehreren Dateien halten Sie die *Befehlstaste (cmd)* gedrückt und klicken die jeweiligen Objekte an. Über *Senden* geht's dann los: entweder direkt in den festgelegten Empfangsordner oder beim Erfragen einer Aktion zuvor über eine Bestätigung (bei mehreren Dateien sollten Sie die Option *Alle akzeptieren* aktivieren, da Sie ansonsten jedes einzelne Objekt bestätigen müssen).

Zuerst wird der Kontakt aufgenommen, dann legt das sendende Gerät los (links und mittig). Im Falle der Option »Aktion erfragen« der Bluetooth-Freigabe muss erst eine Empfangsbestätigung erteilt werden (rechts).

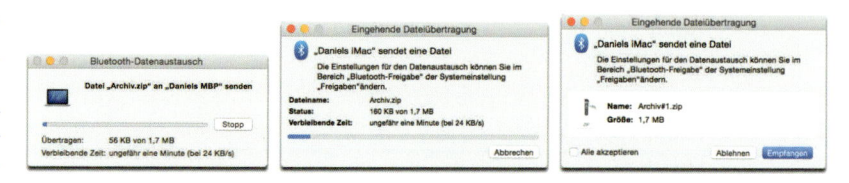

Möchten Sie stattdessen den umgekehrten Weg gehen und Dateien von einem anderen Gerät laden, so wählen Sie das Handy, den Computer oder was auch immer an und verwenden den Befehl *Dateien auf dem Gerät durchsuchen*. Es öffnet sich das *Durchsuchen*-Fenster und Sie können – je nach Gerät – auf die Daten zugreifen. Während Sie beispielsweise bei einem Handy (nicht Smartphone!) meist auf alle Inhalte zugreifen können, lässt sich dies ein Mac nicht so ohne Weiteres gefallen. Im Normalfall können Sie nur auf den Ordner *Öffentlich* samt seinem *Briefkasten* zugreifen (und auch dies nur auf Nachfrage), der über den Pfad Ihr *Benutzer-Ordner/Öffentlich* zu finden ist. Es müssen also vorab die zu holenden Objekte dort abgelegt werden. Es sei denn, Sie erteilen explizit in der Systemeinstellung *Freigaben* und dort beim Dienst *Bluetooth-Freigabe* einem anderen *Zugriffsordner* die Erlaubnis.

Erst nach einer Sicherheitsnachfrage darf auf unser MacBook Pro zugegriffen werden. »Drop Box« ist hierbei die englische Variante für den guten alten Briefkasten.

Ein Datenaustausch per *Bluetooth* zwischen Mac und Apples mobilen Geräten wie iPhone oder iPad ist nicht möglich. Allerdings können Sie beispielsweise über Ihr iPhone dem Mac einen Internetzugang über Mobilfunk ermöglichen. Dazu aktivieren Sie über die *iPhone-Einstellungen* die *Mobilen Daten* sowie über die Einstellung *Persönlicher Hotspot* die gleichnamige Option. Ist zudem auf dem iPhone *Bluetooth* aktiv, so lässt sich über die Systemeinstellung *Bluetooth* auf dem Mac eine Verbindung herstellen. Klicken Sie dazu neben dem iPhone-Eintrag auf *Verbinden* sowie anschließend auf dem iPhone auf *Koppeln* (es wird dabei eine Nummer angezeigt, die auf beiden Geräten übereinstimmen sollte).

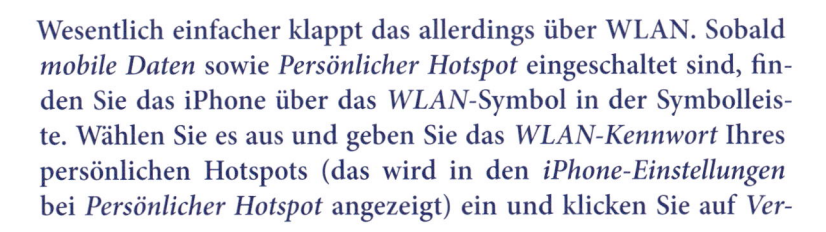

Wesentlich einfacher klappt das allerdings über WLAN. Sobald *mobile Daten* sowie *Persönlicher Hotspot* eingeschaltet sind, finden Sie das iPhone über das *WLAN*-Symbol in der Symbolleiste. Wählen Sie es aus und geben Sie das *WLAN-Kennwort* Ihres persönlichen Hotspots (das wird in den *iPhone-Einstellungen* bei *Persönlicher Hotspot* angezeigt) ein und klicken Sie auf *Ver-*

binden. Ab jetzt lässt sich auf dem Mac über das iPhone auf das Internet zugreifen.

Laufen iPhone (ab *iOS 8*) und Mac (ab *OS X Yosemite*) unter derselben *Apple ID*, so müssen Sie auf dem iPhone noch nicht einmal den *persönlichen Hotspot* einschalten – einzig ein aktiviertes *Bluetooth* wird auf dem Mobilgerät gefordert. Wählen Sie nun wieder über Ihren Mac das *WLAN*-Symbol in der Menüleiste an, finden Sie unter dem Eintrag *Persönlicher Hotspot* das iPhone als Internetgeber. Wird es ausgewählt, so steht wenige Sekunden später die Verbindung – das iPhone zeigt dies oben stehend über einen blauen Balken an.

Laufen iOS-Gerät und Mac unter derselben Apple ID, so klappt der Zugriff auf die mobilen Daten eines iPhone auch dann, wenn die Option »Persönlicher Hotspot« nicht ausdrücklich eingeschaltet ist. Diese Art der »Verbundenheit« klappt allerdings nur auf neueren Apple-Gerätschaften mit den aktuellen Betriebssystemen.. …

Werfen wir zum Abschluss noch einen Blick in die *weiteren Optionen* der Systemeinstellung *Bluetooth*, die die folgenden Offerten beinhaltet: Die ersten beiden Optionen wenden sich an Benutzer einer *Bluetooth*-Maus/-Tastatur oder eines *Magic Trackpads*, die nicht von einem Mac erkannt werden. Über *Bluetooth-Assistent beim Startvorgang öffnen, falls keine Tastatur/Maus oder Trackpad entdeckt wird* können Sie somit der Misere entgehen, dass Sie keine Befehlsgewalt über Ihren Mac mehr haben. Der *Bluetooth-Assistent* sollte daher die oder das Eingabegerät erkennen und konfigurieren.

Befindet sich Ihr Rechner im Ruhezustand, so wird dieser normalerweise per Tastendruck wieder geweckt. Klappt dies bei Ihnen üblicherweise nicht, so sollten Sie die Option *Bluetooth-Geräten ermöglichen, den Ruhezustand des Computer zu beenden* aktivieren.

Die »Weiteren Optionen« zum Anpassen des Rechners an unterschiedliche Vorgaben.

Wenn Sie mit *Bluetooth* nichts am Hut haben oder eher zu den ängstlichen Menschen gehören, so sollten Sie nach einer Datenübertragung oder einem Zugriff dieses wieder deaktivieren, so dass kein Missbrauch möglich ist (natürlich immer vorausgesetzt, dass Sie kein *Wireless Keyboard*, kein *Magic Trackpad* oder die *Magic Mouse* verwenden.) Bei einem MacBook Pro/Air sollten Sie auch immer im Hinterkopf haben, dass *Bluetooth* zusätzlichen Strom verbraucht.

Benutzer – einen Mac mit mehreren Anwendern teilen

OS X ist nicht nur als Einzelplatz-Version einsetzbar, sondern auch bestens für mehrere Anwender geeignet, um sich einen Rechner zu teilen. Sie selbst bzw. derjenige, der den Rechner wartet, das Betriebssystem konfiguriert und Programme installiert, sind der sogenannte *Administrator*. Nur er darf neue Software auf den Rechner installieren, da er das *Administrator-Kennwort* weiß und eingibt (es sei denn, ein weiterer Anwender bekommt es mitgeteilt bzw. erhält ebenso *Administrator*-Rechte).

Steht schon im Voraus fest, dass weitere Benutzer hinzukommen, so sollten Sie sich die Systemeinstellung *Benutzer* genauer ansehen, denn dort werden die Fäden zum Anlegen neuer Benutzer gezogen. Am Anfang ist nur der *Administrator* in der Account-Liste vertreten, wobei weitere jederzeit hinzugefügt werden können.

Noch steht der Administrator einsam in der Liste.

Da Passwörter eine heikle Sache sind, sollten Sie diese bei wirklich sensiblen Daten von Zeit zu Zeit wechseln. Komfortabel geht das über den Button *Passwort ändern*, wobei Sie zwischen dem Festlegen eines ganz neuen Kennworts (Option *Passwort ändern*) und dem Verwenden des iCloud-Passworts wählen können. Bei beiden Versionen müssen Sie sich zuerst über das bestehende Kennwort ausweisen – danach wird das neue angelegt.

»iCloud-Passwort verwenden« ermöglicht die Anmeldung auch über das iCloud-Kennwort, während »Passwort ändern« das Neuanlegen bewirkt.

Sofern Sie Ihr *Benutzer-Bild* ändern möchten, fahren Sie mit der Maus auf die kleine Abbildung und klicken darauf. Aus dem erscheinenden Fenster mit den bereits vorhandenen Bildern suchen Sie sich nun ein neues aus. Zur Auswahl stehen unter *Standard* Apples Bildersammlung mit allerlei bunten Symbolen, *Gesichter* aus *iPhoto*, *Aperture* bzw. *Fotos*,

3 | Systemeinstellungen im Detail

Mein Fotostream aus *iCloud*, *Verknüpft* (Fotos, die Sie bereits zugeteilt haben, etwa in den Kontakten) oder *Letzte* (Bilder, die Sie schon einmal als Benutzer-Porträt verwendet hatten). Und waren Sie in letzter Zeit beim Friseur oder sind gerade mit bewundernswerter Urlaubsbräune gesegnet, so lässt sich auch in Sekundenschnelle ein aktuelles Porträt anfertigen – und zwar über *Kamera* (sofern Ihr Mac über eine eingebaute *FaceTime HD-/iSight*-Kamera verfügt).

Egal, was Sie auch aufrufen: Über den Button *Bearbeiten* haben Sie die Möglichkeit, das aufgeführte Bild anzupassen, indem Sie einerseits den Ausschnitt über den Regler aufzoomen (auf das Plus-Symbol klicken) und es bei gedrückter Maustaste verschieben oder andererseits einen Effekt darauf anwenden. Über die unten stehenden Pfeiltasten können Sie dazu weitere Effekt-Möglichkeiten einblenden.

Jedes Bild lässt eine Anpassung des Ausschnittes zu – weitere »Verschönerungen« erreichen Sie über die zahlreichen Effekte.

Ansonsten lässt sich in diesem Dialog noch über *Visitenkarte* der zugehörige Kontakt zuweisen bzw. vervollständigen sowie die *Kindersicherung aktivieren*. Letztere können Sie als *Administrator* für sich selbst nicht vergeben, dafür aber für weitere Benutzer. Was dieses Feature noch so alles drauf hat, erklären wir gleich im Anschluss.

> **Damit Sie auf alle Optionen zugreifen können, müssen Sie zuvor den Schutz der Systemeinstellung per Klick auf das Schloss-Symbol sowie der Eingabe Ihres Administratoren-Kennwortes aufheben.**

Über den oben stehenden Reiter *Anmeldeobjekte* lassen sich weiterhin jene Programme anzeigen, die automatisch nach dem Hochfahren des Betriebssystems und der Anmelde-Prozedur starten sollen. Und Sie können selbstverständlich weitere hinzufügen. So ist es durchaus sinnvoll, beispielsweise *Safari* (den Internet-Browser) und *Mail* (das E-Mail-Programm) automatisiert starten zu lassen, falls Sie diese Applikationen ständig benutzen. Über das *Plus*-Symbol unterhalb der Auflistung öffnet sich Ihr *Programme*-Ordner, aus dem Sie sich nun bedienen können, das *Minus*-Symbol entfernt hingegen markierte Anwendungen.

Programme, die in der »Anmeldeobjekte«-Liste aufgeführt sind, starten automatisch, sobald der Mac einsatzbereit ist.

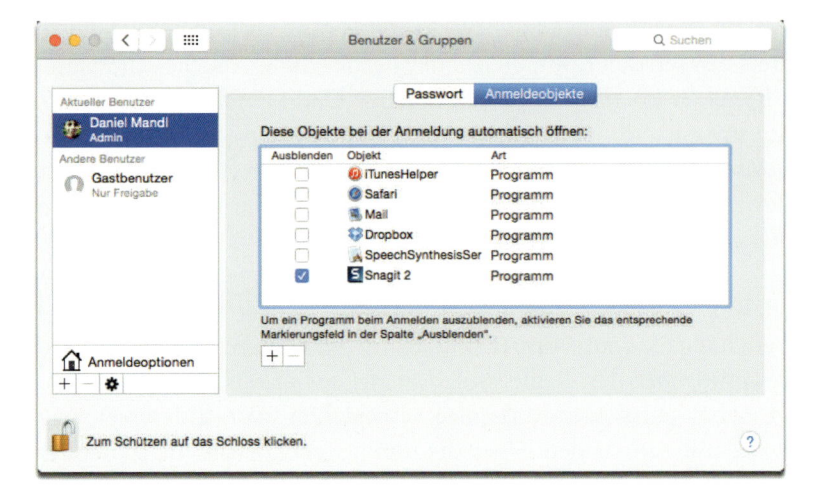

Übrig bleiben vorerst noch die *Anmeldeoptionen*, die unterhalb der Accounts stehen. Sind die angezeigten Einträge grau und es lassen sich keine Änderungen vornehmen, so müssen Sie zuerst in das Schloss ganz unten klicken und es über die Eingabe des *Administrator-Kennworts* öffnen. Diese Sicherheitsvorkehrung wird standardmäßig nach jedem Schließen dieser Systemeinstellung wieder aktiv.

Für Alleinherrscher bietet es sich an, das System automatisch, also ohne Anmelde-Dialog hochstarten zu lassen. Denn wenn kein Zweiter an den Rechner kommt, kann auch niemand Schaden anrichten (schließen wir mal bei dieser gewagten These den Diebstahl des Rechners sowie das Einschleusen von Viren etc. über das Internet & Co. aus). Sind mehrere Benutzer zugange, so sollten Sie in der Tat die Option *Automatische Anmeldung* auf *Deaktiviert* stellen und stattdessen das Anmelde-Fenster mit der *Liste der Benutzer* (und Eingabe des Passworts) oder mit *Name und Kennwort* (Eingabe des Benutzer-Namens sowie Kennwort) einblenden lassen. Auf Wunsch können Sie auch die Tasten *Ruhezustand*, *Neustart* und *Ausschalten* anzeigen.

Eingabequellen im Anmeldefenster anzeigen ist dagegen hilfreich, wenn Sie mehrere Tastatur-Layouts verwenden (siehe auch Systemeinstellung *Tastatur* und dort den Reiter *Eingabequelle*). Hiermit können Sie schon im Vorfeld festlegen, mit welcher Tastaturbelegung gestartet werden soll. Die Funktion *VoiceOver im Anmeldefenster verwenden* liest die Namen des Start-Volumes sowie der Eingabe-Felder vor, und die *Merkhilfe für Passwörter anzeigen* blendet genau diese ein.

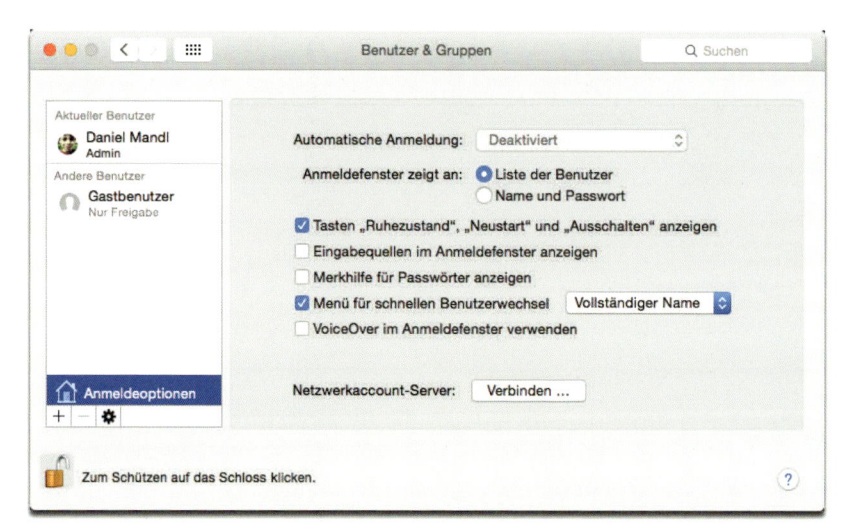

Es finden sich reichlich Optionen, um den Anmelde-Vorgang komfortabel und dennoch einigermaßen sicher zu gestalten.

Der *schnelle Benutzer-Wechsel* ist dann für Sie von Belang, sofern Sie weitere Benutzer angelegt haben. Dazu klicken Sie unterhalb der Account-Liste auf den *Plus*-Button und vergeben im auftauchenden Dialog den vollständigen Namens sowie den Accountnamen (entspricht dem Namen des Benutzerordners). Als Kennwort lässt sich wieder zwischen einem *iCloud-Passwort* sowie einem davon abweichenden, separaten Passwort wählen. Letzteres müssen Sie ein zweites Mal zur Bestätigung eingeben sowie optional – allerdings empfohlen – eine Merkhilfe formulieren.

Suchen Sie nach dem perfekten Kennwort, so klicken Sie im Falle des separaten Passworts auf das kleine *Schlüssel*-Symbol, um den *Passwortassistenten* zur Mithilfe zu bewegen. Darüber können Sie nun ein eigenes Passwort (bei *Vorschlag*) eingeben und dessen Qualität bewerten lassen. Über das Popup-Menü bei *Art* werden sogar Alternativen (einprägsame Kennwörter, Passworte aus Buchstaben und Ziffern, zufällige Wortgebilde etc.) angeboten, und über den Regler *Länge* können Sie die Anzahl der Zeichen festlegen. Die *Tipps* geben dabei kleinere Hilfestellungen zum Erfinden eines unschlagbaren Passwortes.

Mal ganz spontan ein gutes Passwort generieren: Während das angeblich am häufigsten vergebene Kennwort gnadenlos durchfällt, scheint der vom Passwortassistenten vorgeschlagene Begriff ziemlich sicher. Die Frage ist nur: Wer kann sich so etwas merken?

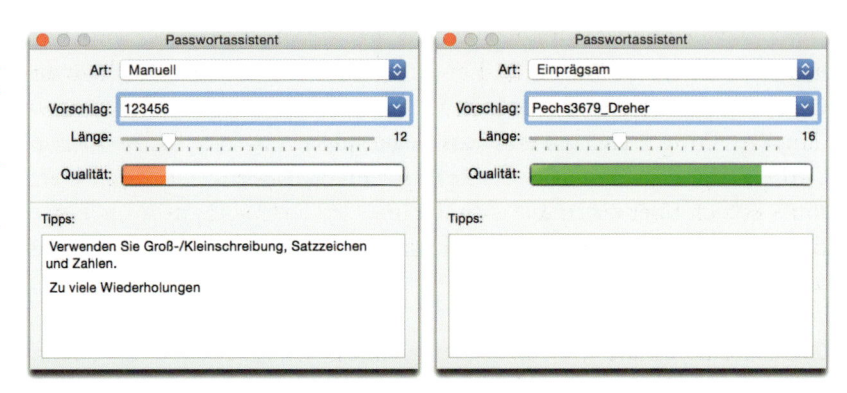

Auch die Art des *Accounts* müssen Sie im Vorfeld festlegen. Dies erledigen Sie über das Popup-Menü bei *Neuer Account*: Als *Administrator* erhält der neue Benutzer die gleichen Rechte wie Sie – sprich, er darf alles installieren, neue Benutzer anlegen usw. Der *Standard-Account* besitzt ebenso eine eigene Arbeitsoberfläche, in der man schalten und walten kann, wie man möchte. Einzig das Anlegen eines Benutzers bleibt diesem verwehrt. Die Option *Verwaltet durch die Kindersicherung* wiederum hat deutliche Einschränkungen bzw. solche, die Sie in der Systemeinstellung *Kindersicherung* (dazu später mehr …) festgelegt haben. Dies können unter anderem anstößige Internet-Inhalte sein oder das Untersagen des Zugriffs auf bestimmte Programme.

Die *Kindersicherung* können Sie auch im Nachhinein noch für Benutzer aktivieren. Sie müssen sich also nicht schon im Vorfeld festlegen, ob der Benutzer durch die *Kindersicherung* verwaltet werden soll.

Ein neuer Benutzer ist in wenigen Sekunden angelegt.

3 | Systemeinstellungen im Detail

Nur Freigabe bedeutet hingegen, dass der Benutzer keinen Eintrag im Anmeldefenster bekommt und er sich somit auch nicht einfach so am Computer anmelden kann. Stattdessen räumen Sie ihm über die Systemeinstellung *Freigaben* ein, dass er beispielsweise nur auf bestimmte Ordner zugreifen darf oder die *Bildschirmfreigabe* benutzen kann. Dazu muss er sich über einen anderen Rechner im Netzwerk als *Registrierter Benutzer* mit Name und Kennwort anmelden und erhält dann Zugriff auf die freigegebenen Ordner.

Das Gleiche gilt auch für eine *Gruppe*, die als solches ebenso erst einmal kein eigener Account ist. Vielmehr können Sie damit sozusagen einen Oberbegriff benennen, über den sich verschiedene Benutzer-Accounts zusammenfassen lassen. Auch damit können Sie den Zugriff nur auf bestimmte Bereiche einschränken.

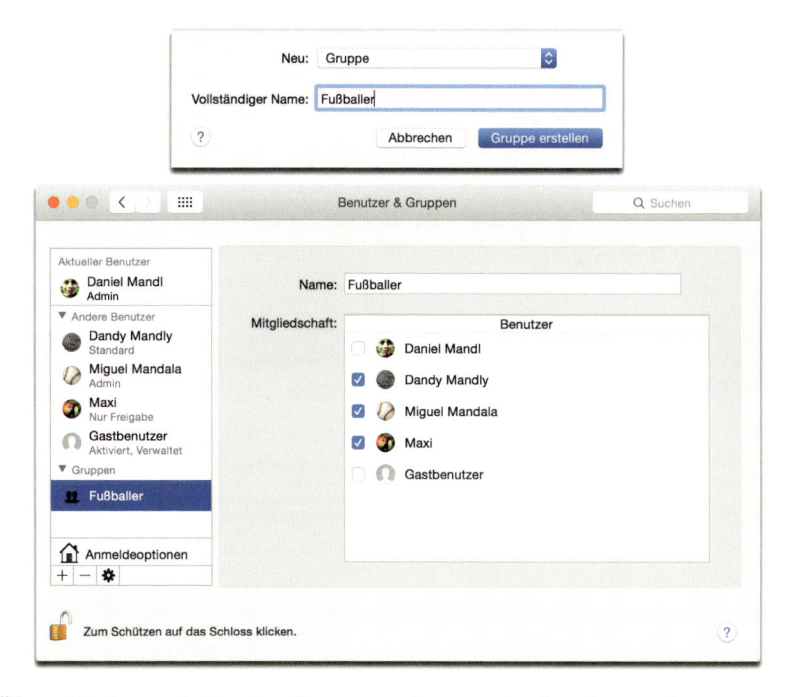

Das Anlegen einer Gruppe macht nur Sinn, wenn mehrere Benutzer-Accounts vorliegen. Danach können Sie bestimmen, wer zu welcher Gruppe gehören darf.

Übrig bleibt noch der *Gastbenutzer*, der standardmäßig in der Account-Liste auftaucht, der aber dennoch manuell aktiviert werden muss (Option *Gästen erlauben, sich an diesem Computer anzumelden*). Der Gast kann anschließend wie ein ganz normaler Benutzer am Computer arbeiten. Das dicke Ende kommt jedoch erst ganz zum Schluss, nämlich dann, wenn er sich abmelden möchte:

Na wenn das keine gute Nachricht ist ...

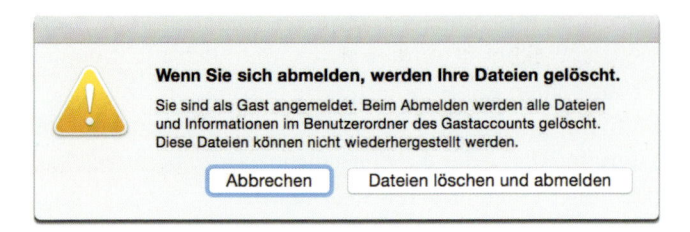

Was heißt das nun für den Gast? Möchte er seine Daten gerettet wissen, so muss er sie zuvor in Sicherheit bringen. Das kann das Brennen eines Mediums sein, das Kopieren auf eine externe Festplatte bzw. einen USB-Stick oder das Sichern der Daten, indem er diese in freigegebene Ordner legt. Das ist entweder der *Briefkasten* eines öffentlichen Ordners (eines bestimmten Benutzers) oder der Ordner *Für alle Benutzer*, der sich in der Festplatten-Hierarchie ganz oben befindet (*Macintosh HD/Benutzer/Für alle Benutzer*). Alternativ können Sie einem *Gast* auch wieder bestimmte Ordner zuteilen. Dazu aktivieren Sie die Option *Gästen den Zugriff auf freigegebene Ordner erlauben* und richten dann über die Systemeinstellung *Freigaben* über den Seiteneintrag *Dateifreigabe* die jeweiligen Ordner ein (das zeigen wir auch ein wenig später ...).

Der Gast-Account muss erst aktiviert werden: »Gästen erlauben, sich an diesem Computer anzumelden«.

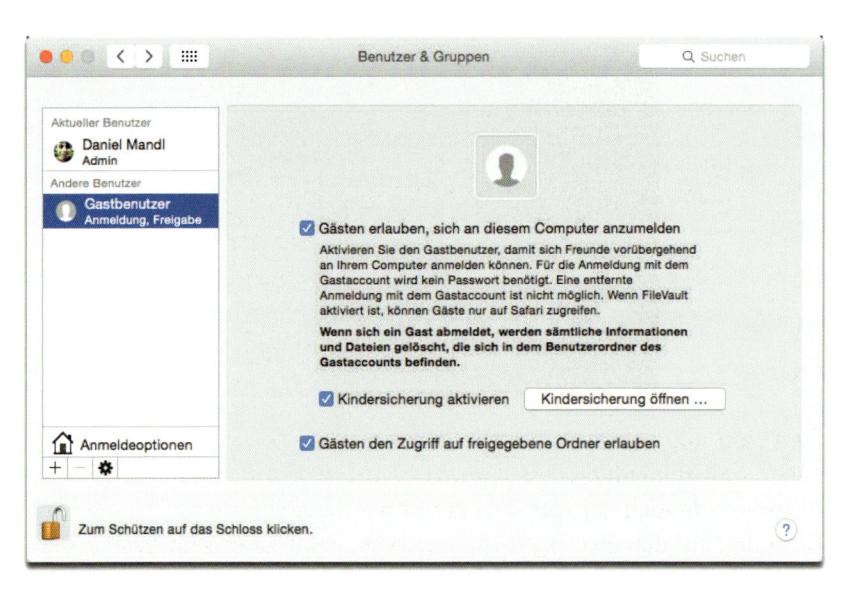

3 | Systemeinstellungen im Detail

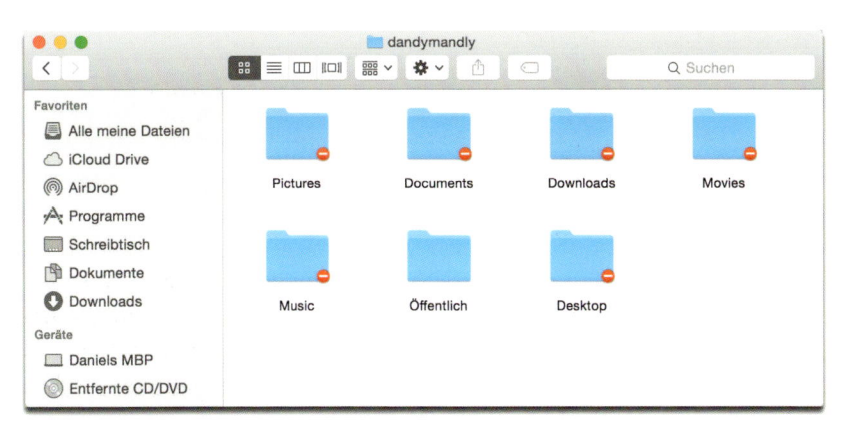

Dem Gast bleiben alle Benutzer-fremden Ordner verschlossen – einzig der Briefkasten im Ordner »Öffentlich« darf verwendet werden, um beispielsweise erstellte Dokumente weiterzureichen.

Wenn Sie Ihren Mac über *FileVault* verschlüsselt haben und ein Gastbenutzer Zugang haben möchte, so wird der Rechner neu gestartet und mit einer speziellen Version des Browsers *Safari* hochgefahren. Da unser Testrechner dabei jedoch arge Schwierigkeiten hatte, ständig abstürzte und kein Gastzutritt möglich war, brachen wir das ganze Vorgehen ab. Erst als wir wieder *FileVault* deaktivierten, klappte der Gastzugang ohne Problem.

Ist der Rechner über »FileVault« verschlüsselt, so wird beim Zugriff über einen Gastbenutzer der Mac erst neu gestartet – und dies mit einer »speziellen« Version von »Safari«.

Sind nun alle Accounts erstellt, so werden nach einem Neustart bzw. nach dem Abmelden eines Benutzers sowohl der *Standard*-, der *Administrator*- als auch der *Gast*-Account im Anmeldefenster mit aufgeführt. Per Klick auf den Benutzer kann man sich nun über sein Passwort anmelden und die Sache ist erledigt. Keiner kommt dem anderen in die Quere oder verändert ungefragt Datenbestände.

Die Benutzer in Reih und Glied. Klicken Sie nun auf einen Namen, so wird nach Eingabe des Kennwortes der jeweilige Account gestartet.

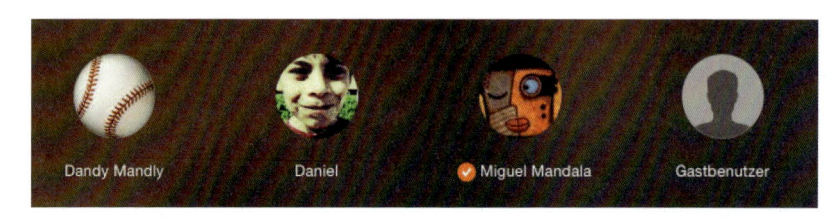

Über die »Anmeldeoptionen« der Systemeinstellung »Benutzer & Gruppen« lassen sich Art und Weise des Menü-Designs bestimmen. Über die Menüleiste selbst haben Sie nun sofortigen Zugriff auf die Accounts. Die mit einem orangefarbenen Marker versehenen Benutzer werden so als bereits angemeldet gekennzeichnet.

Das Anmelde-Fenster: Nach Eingabe des Passworts befinden Sie sich schon im neuen Account.

Wird nun bei den *Anmeldeoptionen* die Funktion *Menü für schnellen Benutzerwechsel* aktiviert (als *Vollständiger Name*, *Accountname* oder nur als *Symbol*), so finden Sie in der Menüleiste einen neuen Punkt, der den aktuellen Benutzer anzeigt. Klicken Sie darauf, so klappt eine Leiste mit den jeweiligen Benutzern herunter, die nun gewählt werden können. Nun muss nur noch das Passwort eingegeben werden und Schwupps dreht sich der *Finder* wie ein Würfel und der Benutzer befindet sich in seinem Territorium.

Wie Sie bereits kennengelernt haben, besitzt jeder Benutzer seine eigene Ordner-Struktur mit Dokumenten-, Musik-, Bilder-Ordner usw. Damit nun nicht jeder in den Ordnern des anderen herumwühlen kann, sind nur die eigenen Ordner zugänglich – diejenigen der anderen Benutzer sind gesperrt.

Es gilt folglich das Gleiche wie für den Gast-Account: Um zwischen den angelegten Benutzern Daten austauschen zu können, gibt es die Ordner

3 | Systemeinstellungen im Detail

Für alle Benutzer und *Öffentlich*. Ersteren finden Sie über das *Startvolume* und dort im Ordner *Benutzer*. Daten, die dort hineingelegt werden, sind für alle zugänglich und können weiterbearbeitet werden.

Der Ordner *Öffentlich* enthält hingegen noch einen weiteren Ordner namens *Briefkasten*, in den Dateien von anderen Benutzern abgelegt werden können, die jedoch nur der entsprechende Adressat einsehen kann. Daten, die dort eingeworfen werden, werden mit einem Dialogfenster quittiert, das darauf hinweist, dass diese – einmal abgelegt – weder zurückgeholt noch selbst eingesehen werden können.

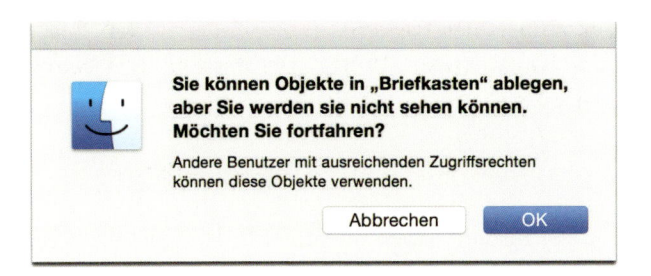

Legen Sie Daten in einen Briefkasten, so lassen sich diese ausschließlich vom zugehörigen Benutzer einsehen.

Der Ordner *Öffentlich* selbst dient zum Austausch von Daten über ein Netzwerk, wobei wir dieses Thema ein wenig später erklären möchten.

Selbstverständlich lassen sich einmal eingerichtete Benutzer und Gruppen auch wieder entfernen. Dazu markieren Sie den jeweiligen Namen und klicken dann auf die *Minus*-Taste. Während der *Freigabe*-Account nach kurzer Bestätigung gelöscht wird, haben Sie bei einem *Standard*- sowie *Administrator*-Account drei Möglichkeiten, sich von diesem Benutzer zu verabschieden: Zum einen lässt sich der *Benutzerordner als Image sichern*, wobei von sämtlichen Daten ein genaues Abbild angefertigt wird, das dann in einen neu angelegten Ordner namens *Gelöschte Benutzer* (innerhalb des allgemeinen Ordners *Benutzer*) bewegt wird. Dieses *Image* lässt sich nun beispielsweise auf eine andere Festplatte bewegen. Per Doppelklick kann dieses Image jederzeit geöffnet werden, so dass Sie weiter Zugriff auf den Inhalt haben.

Die zweite Option nennt sich *Benutzerordner nicht ändern*, was nichts anderes heißt, als dass zwar der ursprüngliche Benutzer keinen Zutritt mehr zum Rechner erhält, sein ehemaliger Ordner aber dennoch für den Administrator zugänglich bleibt – er liegt schlichtweg an jenem Platz, auf dem er sich schon immer befand: *Macintosh HD/Benutzer/*. Die letzte Option *Benutzerordner löschen* macht allerdings »Tabula rasa« und befördert den Ordner ins Tal der toten Benutzer-Ordner-Seelen – er wird schlicht von der Festplatte gelöscht (auf Wunsch auch durch Überschreiben, was sicherer ist) und es verbleiben auch keine heißen Spuren im Sand.

Bei Freigabe-Accounts geht es nach dem »Alles oder Nichts«-Prinzip, während bei Standard- und Administrator-Accounts – je nach Wunsch – die Daten auf dem Rechner verbleiben oder rigoros entfernt werden können.

Die Kindersicherung – für kleine und große Trickser

Mit der *Kindersicherung* haben Sie ähnlich den *Einschränkungen* unter *iOS* ein wunderbares Instrument an der Hand, um Computer-Funktionen einzuschränken. Das Aktivieren erledigen Sie für bestehende Accounts über die Systemeinstellung *Benutzer & Gruppen* (Account markieren und die Option *Kindersicherung aktivieren* einschalten) oder über die Systemeinstellung *Kindersicherung* (Option *Einen neuen Benutzeraccount mit Kindersicherung erstellen* und Klick auf *Fortfahren*). In beiden Fällen müssen Sie sich als Administrator identifizieren.

Der Start der Kindersicherung ist schnell erledigt.

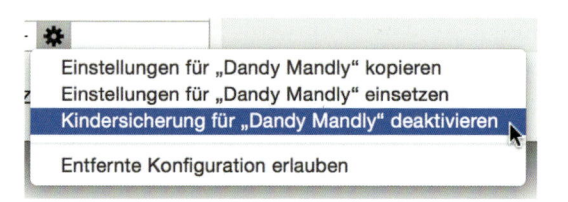

Beim Neuanlegen eines verwalteten Accounts tragen Sie noch Name und Kennwort ein und die Einstellungen der *Kindersicherung* werden freigeschaltet. In der linken Liste finden Sie nun den entsprechenden Accountnamen, weitere lassen sich über den *Plus*-Button einrichten. Klicken Sie danach einen entsprechenden Account an, so können Sie die *Kindersicherung aktivieren*.

3 | Systemeinstellungen im Detail

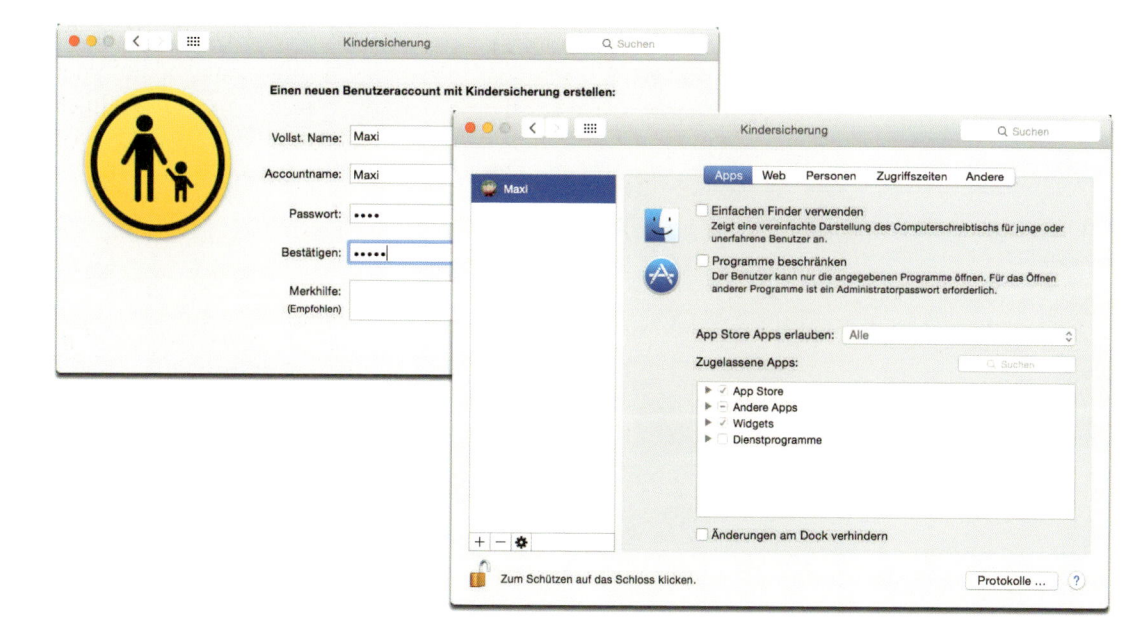

Die *Kindersicherung* ist eingeteilt in die Rubriken *Apps*, *Web*, *Personen*, *Zugriffszeiten* und *Andere*. Im ersten Reiter – *Apps* – lässt sich schon einmal der Mac gut an das Alter eines Anwenders anpassen. Wie Apple richtig schreibt, richtet sich die erste Option – *Einfachen Finder verwenden* – eher an jüngere Benutzer, welche die volle Funktionsvielfalt eigentlich nicht benötigen. So werden alle *Finder* spezifischen Funktionen sowie das Verändern des *Docks* gesperrt, auch können keine Dokumente oder Programme verschoben werden. Einzig von Ihnen zugeordnete Programme (das können natürlich auch nachträglich installierte Spiele oder Edutainment-Titel sein) werden zugelassen, indem der Benutzer einen eigenen Ordner namens *Meine Programme* erhält. Unter *Zugelassene Apps* legen Sie nun fest, welche Programme der Benutzer starten darf. Dabei wird unterschieden zwischen dem *App Store* und dort erworbenen Anwendungen, den *Anderen Apps* (das sind jene, die Sie beispielsweise über DVDs oder das Internet geladen sowie installiert und im *Programme*-Ordner abgelegt haben), den *Widgets* (kleine Hilfsprogramme) sowie den *Dienstprogrammen* (zu finden im *Programme*-Ordner). Setzen Sie nun Haken in die Checkboxen bzw. entfernen Sie sie und die *Kindersicherung* kümmert sich um den Rest.

Während Sie beim Neuanlegen noch Name und Passwort vergeben müssen, befinden sich bestehende Accounts bereits in der linken Liste der Kindersicherung. Nun müssen Sie sich entscheiden zwischen einfachem Finder und der Beschränkung auf ausgewählte Programme.

217

Der einfache Finder macht Tabula rasa – einzig freigegebene Programme werden angezeigt.

Möchte der neue Benutzer irgendetwas am *Finder* oder sonst wo ändern, was nicht explizit erlaubt ist, so braucht er überall den Administrator-Namen sowie dessen Passwort.

Wer versucht, die vom Administrator eingesetzten Einschränkungen zu umgehen, der bekommt was auf die Finger. Der Mac weigert sich nämlich beharrlich und verwehrt den Zugriff auf nicht freigegebene Funktionen – es sei denn, der Benutzer weiß Name und Kennwort des »Computer-Chefs«.

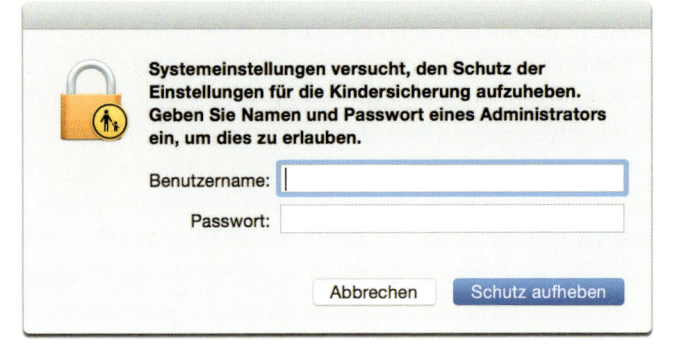

Wird der *einfache Finder* für einen Benutzer aktiviert, so darf dieser nicht bereits angemeldet sein. Ansonsten heißt es erst abmelden und wieder anmelden – danach erst gelten die zuvor getätigten Einstellungen.

Legt ein Benutzer im *einfachen Finder* Dokumente an, so lassen sich diese nicht so ohne Weiteres bewegen. Anstatt eines Doppelklicks werden nämlich die Dateien auf einmaligen Klick hin geöffnet. Möchten Sie dennoch Dokumente übergeben – beispielsweise einem anderen Benutzer übertragen – so öffnen Sie

3 | Systemeinstellungen im Detail

die jeweilige Datei und wählen aus dem *Ablage*-Menü den Befehl *Bewegen* (es funktioniert auch *Exportieren*). Danach bestimmen Sie als Speicher-Ort den Ordner *Für alle Benutzer* oder *Öffentlich*. Alternativ dazu kann ein Administrator über die Menüleiste *Finder* kurzfristig den *kompletten Finder aktivieren*. Sind Ihre Aufräumarbeiten erledigt, so lässt sich binnen Sekunden über denselben Menüleistenplatz (Befehl *Zurück zum einfachen Finder*) wieder zum Ausgangszustand zurückkehren.

Statt des *Einfachen Finders* lassen sich auch nur *Programme beschränken*. Dabei sitzt der Benutzer vor der ganz gewöhnlichen OS X-Benutzeroberfläche – einzig zugelassene Apps dürfen benutzt werden. Dasselbe gilt für die Option *Änderungen am Dock verhindern:* Ist die Option aktiviert, so lassen sich keine Icons verschieben oder Programme dem Dock hinzufügen. Lassen Sie den *App Store* als Programm zu, so können Sie über das Popup-Menü bei *App Store Apps erlauben* eine Altersbeschränkung einrichten. Programme, die nun nicht dieser Beschränkung entsprechen, lassen sich folglich nicht laden.

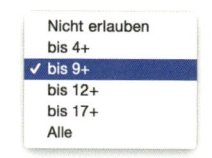

Der zweite Reiter *Web* kümmert sich hingegen um *Website-Beschränkungen*. Zum einen lässt sich dort der *unbeschränkte Zugriff auf Websites erlauben*. Ganz klar: Der Benutzer darf im WWW surfen, wie er möchte, und unterliegt keinerlei Einschränkung.

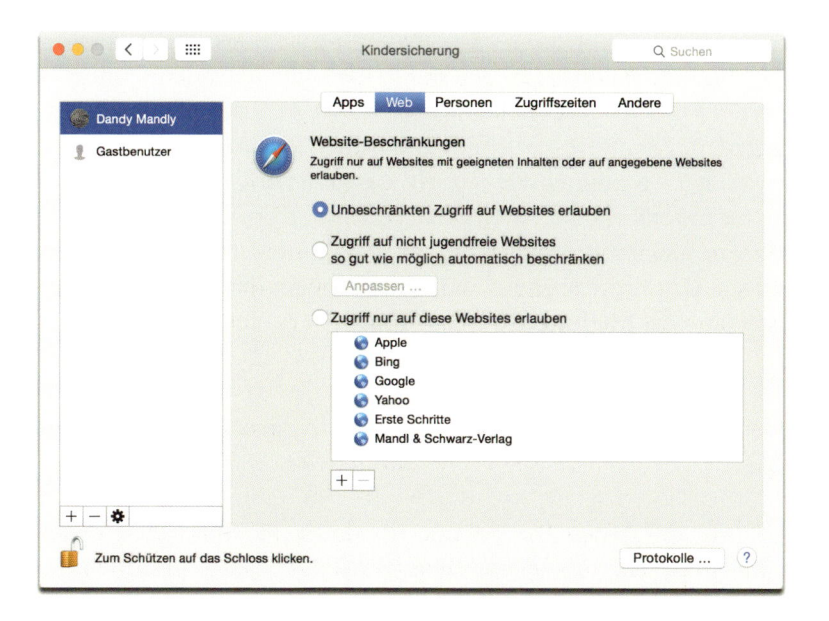

Die Web-Abteilung kümmert sich darum, dass im Kinderzimmer (Arbeitszimmer, Büro, auf der Terrasse) alles mit rechten Dingen zugeht.

Ganz anders sieht die Sache jedoch mit *Zugriff auf nicht jugendfreie Websites so gut wie möglich automatisch beschränken*. Auch wenn der Apple-eigene Filter schon gut arbeitet und einen Großteil an Websites ausschließt – eine hundertprozentige Kontrolle ist nicht möglich. Sie können jedoch weitere Internet-Inhalte hinzufügen oder ausklammern. Klicken Sie auf *Anpassen*, so können Sie im eingeblendeten Dialog diese Eingaben vornehmen. Wie immer heißt es hier auf den *Plus*-Knopf zu drücken und die jeweilige Web-Adresse einzugeben.

Über »Anpassen« lässt sich der automatische Filter zum Blocken von Websites fein justieren.

Wird nun eine jener Webseiten aufgerufen, die über den manuell verfeinerten Filter ausgeschlossen wurde, so weigert sich *Safari*, diese Site aufzurufen. Kommt es zu Fleh- und Bettel-Szenen seitens der Heranwachsenden, so können Sie jedoch – großherzig, wie Sie nun einmal sind – dennoch schnell eingreifen, indem Sie auf *Website hinzufügen* klicken und sich mit Ihrem *Administrator-Namen* sowie *Kennwort* identifizieren. Passen Sie aber auf, dass Ihnen dabei niemand über die Schulter schaut – das könnte ein Trick sein …

3 | Systemeinstellungen im Detail

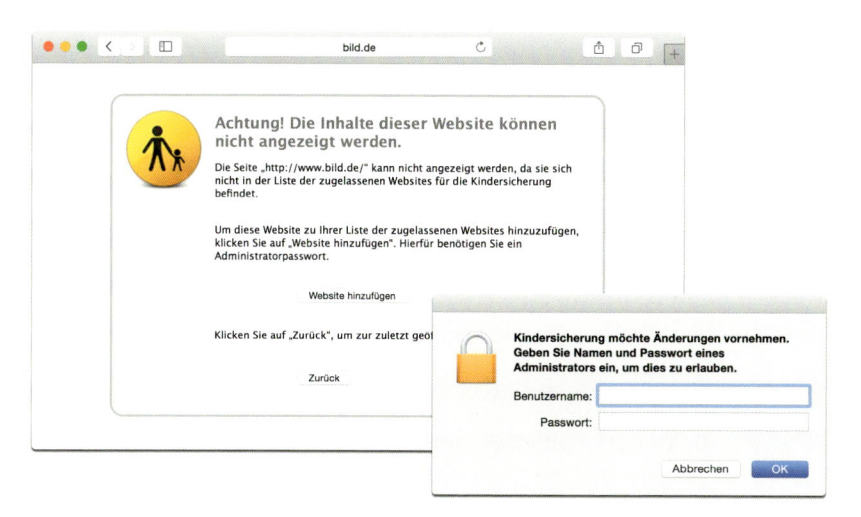

»Safari« bei aktivierter Kindersicherung: Das wird wohl so nix. Es sei denn, Sie führen aufklärende Gespräche, ehe Sie doch noch weich werden.

Noch restriktiver verhält sich die Option *Zugriff nur auf diese Websites erlauben*, denn sie filtert eigentlich alles – bis eben auf jene Seiten, die Sie zulassen und in der Liste ergänzen. Für kleine Kinder ist dies sicherlich nicht verkehrt, für Heranwachsende aber eher ein Grund zum Heulen.

Hier heißt es viel Handarbeit anzulegen: Über »Lesezeichen hinzufügen« öffnet sich ein Dialog, über den Sie den Titel der Webseite sowie die genaue URL (Internet-Adresse) eingeben können.

Für alle, die wissen möchten, was denn der neue Benutzer so alles an seinem Rechner treibt, sind die *Protokolle* eine nicht zu unterschätzende Wissensquelle. Den zugehörigen Knopf zum Aufrufen dieser digitalen Spurensuche finden Sie unten liegend. Ob besuchte oder geblockte Websites, welche Programme gestartet wurden oder welche Nachrichtenaustausch stattfand – in den Protokollen sind Sie immer im Bilde und können die Betreffenden eiskalt mit ihren Taten konfrontieren. Über die Popup-Menüs lässt sich dabei noch der erfasste Zeitraum (*Aktivität anzeigen von: Einer Woche, Einem Monat, drei Monate* usw.) sowie eine Gruppierung nach Webseiten oder per Datum einrichten.

221

Da kann aber jemand ganz schön ins Schwitzen kommen …

> Offen gesprochen halten wir derartige Kontrollen für ziemlich »hinterlistig« und plädieren ganz klar zum Ignorieren jener Protokolle (sie lassen sich nämlich nicht ausschalten). Auch wenn die Amerikaner ziemliche Kontroll-Freaks sind und die Aktivitäten ihrer Kinder schon per GPS verfolgen, so hat das rein gar nichts mehr mit Erziehung oder Verantwortung zu tun. Schenken Sie Ihrem Nachwuchs stattdessen lieber Vertrauen oder sitzen Sie zusammen vor dem Rechner und amüsieren Sie sich auf kindgerechten Seiten.

Über den Reiter *Personen* geht es weiter mit der Bevormundung. Dort können Sie nämlich ganz gewaltig im »Freundeskreis« des Benutzers herumwerkeln. Möchten Sie das Spielen über Netzwerk und Internet verhindern, so sollten Sie beiden ersten Optionen *Game Center-Spieler für Multiplayer erlauben* sowie *Hinzufügen von Game Center Freunden erlauben* deaktivieren. Aber auch die Programme *Mail* und *Nachrichten* lassen sich beschränken: Ist das Häkchen gesetzt, so tragen Sie jene Mail-Adressen und Kontakte in die Liste (*Zugelassene Kontakte*) ein, bei denen Sie eine Kontaktaufnahme dulden. Auf Wunsch können Sie sich auch jeden Kontakt genehmigen lassen, indem sich der Benutzer bei Adressen, die nicht gestattet sind, zuerst an jene eingetragene E-Mail-Adresse wenden muss, die bei *Anfragen senden an* vorgegeben ist.

3 | Systemeinstellungen im Detail

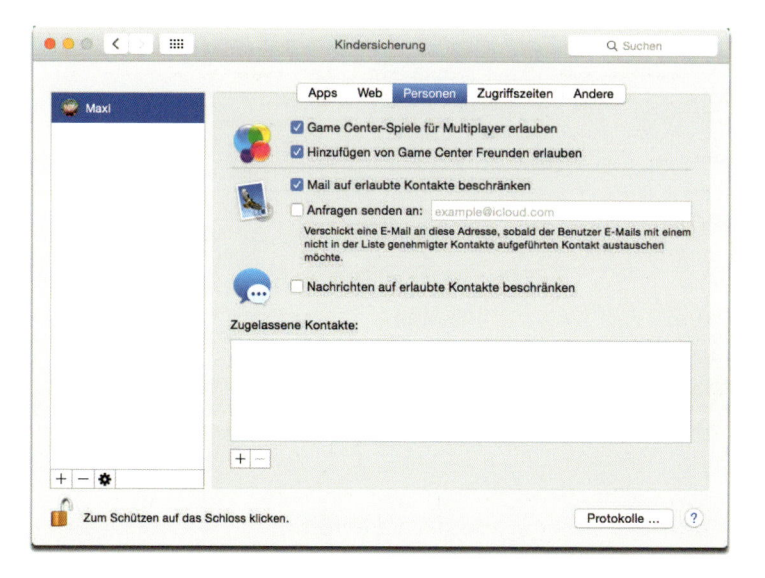

Auch wenn es eine Menge Arbeit bedeutet: Fürchten Sie um den Umgang Ihrer angelegten Benutzer, so können Sie E-Mail- und Nachrichten-Partner festlegen.

Eine gute Sache ist unserer Meinung nach die Regelung der *Zugriffszeiten*. Und darunter versteht Apple nicht etwa nur das Surfen im Internet, sondern meint den Computer allgemein. Über die *Zugriffszeiten* lässt sich somit sowohl an *Werktagen* wie auch an *Wochenenden* die Nutzungsdauer beschränken sowie eine elterlich verordnete Nachtruhe einrichten. Die Zeiten sind flexibel handhabbar und infolgedessen an jedes Alter anzupassen. Ist die Nutzdauer abgelaufen, so wird der jeweilige Benutzer abgemeldet und kann sich erst wieder am Folgetag anmelden.

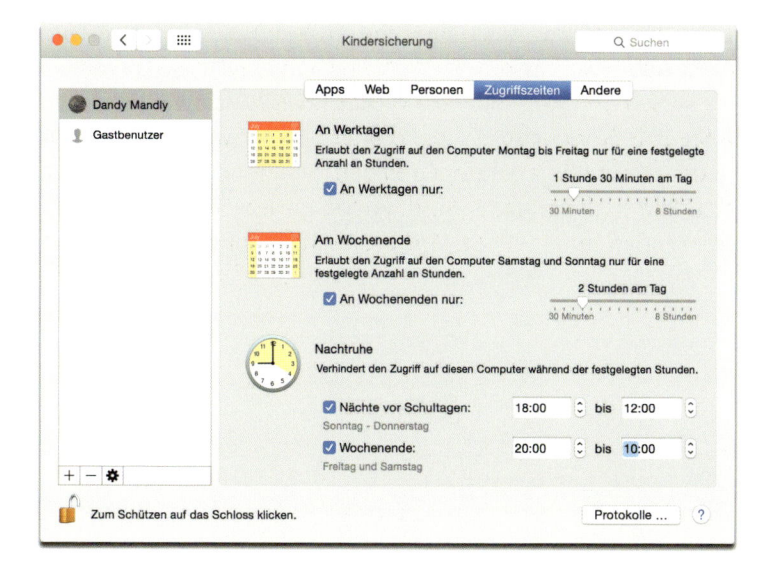

Sie können beruhigt schlafen, ist doch eine Computer-eigene Kontrolle Tag und Nacht zugange.

223

Die Zeit läuft ab: Der Benutzer muss sich nun sputen, da seine Verweildauer am Computer festgelegt ist. Einzig mit Administrator-Name und Passwort lässt sich noch ein zusätzliches Zeitfenster öffnen.

Übrig bleibt der Reiter *Andere*. Damit können Sie weitere Funktionen unterbinden – etwa das Benutzen der eingebauten Kamera oder der Diktierfunktion, das Brennen von CDs oder DVDs oder das Ändern des Benutzer-Passworts. Auch können dem »armen« Benutzer das Suchen nach anstößigen Ausdrücken im *OS X*-eigenen *Lexikon* sowie das Anlegen oder Entfernen von Druckern verboten werden.

Die Rubrik »Andere«: Neben anstößigen Lexika-Eintragungen lässt sich auch die Druckerverwaltung, das CD- wie DVD brennen sowie das Kennwort deaktivieren beschränken.

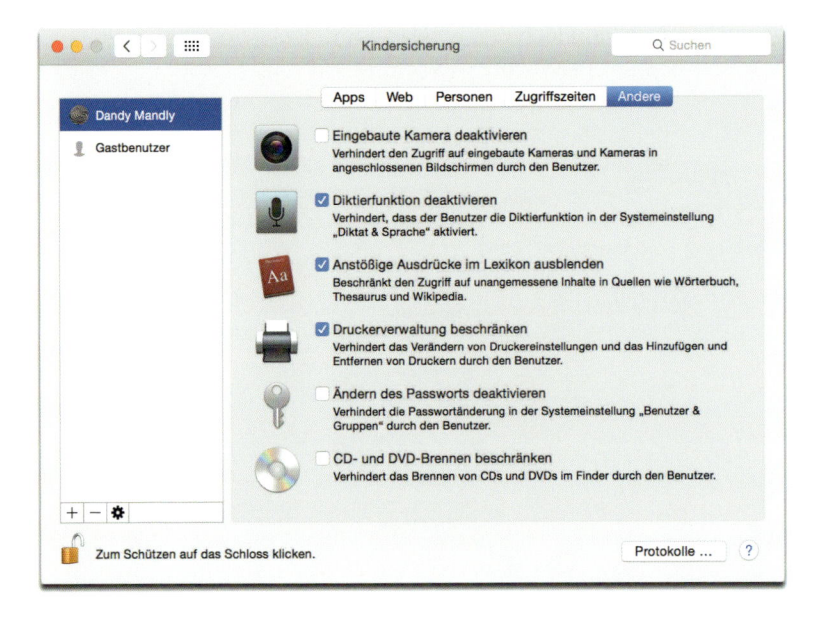

224

3 | Systemeinstellungen im Detail

Möchten Sie mehreren Benutzern dieselben Einstellungen zukommen lassen, so müssen Sie das nicht für jeden einzeln eintragen. Passen Sie einfach die *Kindersicherung* an einen Benutzer an und wählen Sie dann unten aus dem Aktions-Menü die Option *Einstellungen für »Benutzername« kopieren*. Danach wechseln Sie zu den weiteren Benutzern und wählen dann wiederum aus dem Aktions-Menü den Eintrag *Einstellungen für »Benutzername« einsetzen*. Und schon werden alle getätigten Anpassungen und Einschränkungen übertragen.

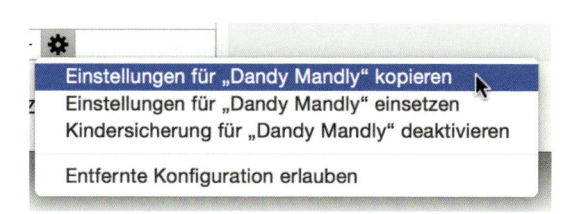

Da Kinder wie Jugendliche meist mit einem eigenen Computer hantieren, ist es meist recht schwierig, im Nachhinein Änderungen an der *Kindersicherung* vorzunehmen. Der Grund ist recht simpel: Der oder diejenige rücken das Gerät einfach nicht mehr raus. Aber Apple wäre nicht eines der bedeutendsten Unternehmen, wenn es nicht auch dafür eine Lösung parat hätte: den *Fernzugriff*. Dieser lässt sich bereits vor dem Aktivieren der *Kindersicherung* (Option: *Kindersicherung von einem anderen Computer aus verwalten*), aber auch noch während des Einrichtens einschalten (über das Aktions-Menü die Option *Entfernte Konfiguration erlauben*).

Über die Option »Kindersicherung von einem anderen Computer aus verwalten« können Sie über ein WLAN-Netzwerk auch auf die Computer der »Kleinen« zugreifen und Änderungen vornehmen.

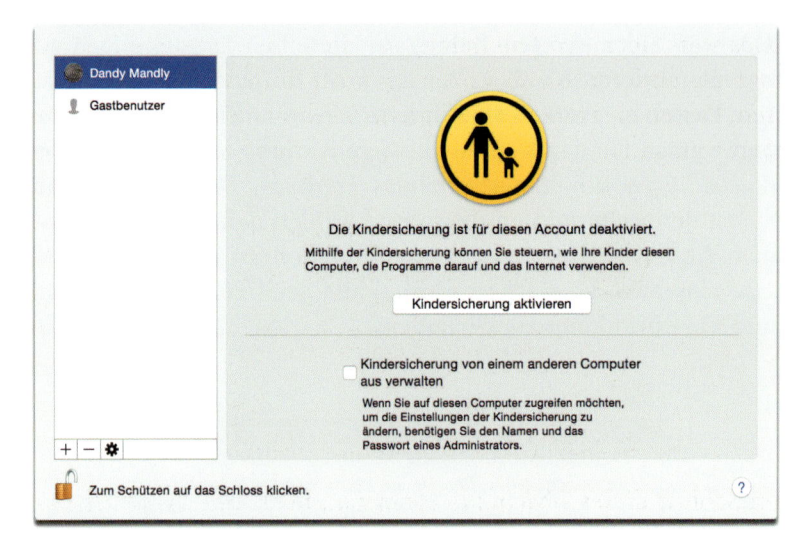

Da auf einem Mac zum Einrichten und Konfigurieren stets mindestens ein Administrator vorhanden sein muss und gleichzeitig die *Kindersicherung* für einen *Administrator*-Account nicht möglich ist, befinden sich in diesem Fall zwei Benutzer-Accounts auf dem Computer: Sie selbst (der Administrator) als auch der über die *Kindersicherung* verwaltete Benutzer-Account. Sind nun die entsprechenden Rechner (der Ihrige sowie derjenige des betroffenen Benutzers) im selben Netzwerk angemeldet, so erscheint dieser Computer bei Ihnen in der Systemeinstellung *Kindersicherung* in der Seitenleiste unter der Rubrik *Andere Computer*. Wählen Sie ihn aus, so müssen Sie sich als Administrator samt Passwort ausweisen – danach sollten Sie Zugriff auf die *Kindersicherung* bekommen.

Das Vorspiel stimmte noch: Der andere Rechner taucht in der Seitenleiste der Kindersicherung auf. Einmal ausgewählt heißt es nun den Namen eines Administrators samt Kennwort einzugeben.

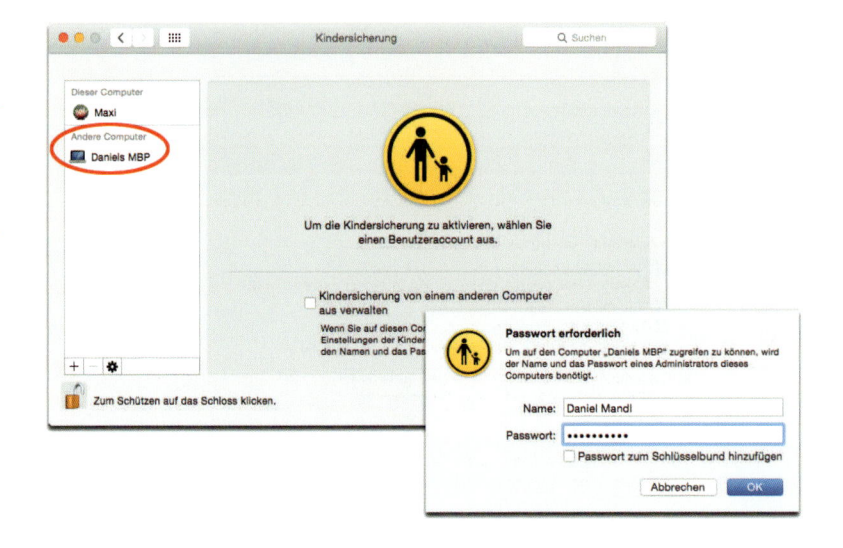

3 | Systemeinstellungen im Detail

Das war leider nix: Uns gelang es von keinem unserer Rechner, auf des anderen *Kindersicherung* (trotz vorhandenem verwaltetem Benutzer-Account) zuzugreifen. Woran auch immer das gelegen mag …

Das bittere Ergebnis: Egal, was wir auch eingaben – es wurde alles abgelehnt.

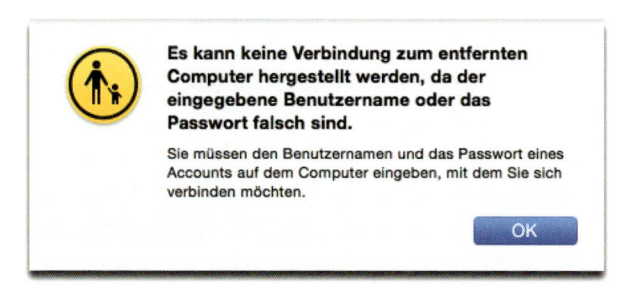

Zum Schluss dieses Abschnitts bleibt nun noch eine Frage offen: Wie können Sie die *Kindersicherung* wieder aufheben? Völlig unverdächtig und klein finden Sie die entsprechende Option im *Aktions*-Menü: Sie nennt sich *Kindersicherung für »Benutzername« deaktivieren*. Als Alternative dazu können Sie jedoch auch in die Systemeinstellung *Benutzer & Gruppen* wechseln und dort die *Kindersicherung* deaktivieren.

App Store – immer auf dem neuesten Stand

Sowohl das Betriebssystem als auch die Software-Programme werden seitens der Hersteller regelmäßig mit Updates bedacht. Damit werden meist Sicherheitslücken gestopft, kleinere Fehler behoben und manchmal auch neue Funktionen hinzugefügt. Wie das Ganze geregelt wird – ob automatisch oder manuell – sehen Sie in der Systemeinstellung *App Store*.

Hier werden die Einstellungen getroffen, damit Aktualisierungen fast unbemerkt geladen und installiert werden.

227

Einzige Voraussetzung für ein störungsfreies Gelingen ist eine funktionierende Online-Verbindung, denn bei der Suche nach Updates nimmt Ihr Rechner Kontakt zu einem Apple-Server auf, der wiederum Ihren Mac auf Herz und Nieren prüft. Üblicherweise sucht der Mac automatisch nach Updates und lädt diese auch gleich im Hintergrund herunter. Sobald diese auf dem Rechner sind, lassen sie sich auch gleich installieren. Dasselbe gilt auch für Systemdatendateien und Sicherheitsupdates.

Das automatische Laden passiert im Hintergrund, wobei Sie sich darauf aufmerksam machen lassen und selbst entscheiden können, wann das Installieren beginnen soll.

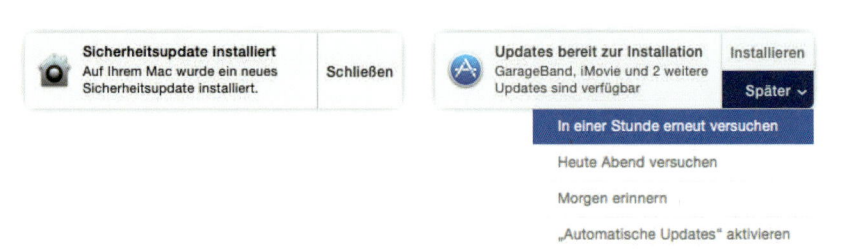

Sofern Sie nun dieser Variante eher zwiespältig gegenüberstehen und lieber wissen möchten, was denn so alles an eventuellen Aktualisierungen auf dem Rechner landet, so sollten Sie die standardmäßig aktivierten Optionen *Automatisch nach Updates suchen*, *Neu verfügbare Updates im Hintergrund laden*, *App-Updates installieren*, *OS X-Updates installieren* sowie *Systemdatendateien und Sicherheits-Updates installieren* deaktivieren bzw. einen Kompromiss daraus erstellen (etwa nur *Automatisch nach Updates suchen* aktiviert lassen).

Sobald der Mac nun fündig wird, zeigt er dies zum einen über das *Mac App Store*-Icon im Dock mit einer roten Zahl an. Da wissen Sie also gleich, wie viele Aktualisierungen auf Sie zukommen. Sofern Sie das automatische Laden im Hintergrund aktiviert haben, erhalten Sie weiterhin einen Hinweis eingeblendet, der Sie über *Details* auf die entsprechende Update-Seite im *Mac App Store* verweist bzw. über *Neustart* auch gleich die Installation vornimmt.

Weiterhin können Sie jederzeit auf den Button *Suchen* klicken, der automatisch den *Mac App Store* startet und in die Abteilung *Updates* umschaltet. Hat der Mac bereits im Hintergrund Aktualisierungen aufgespürt, so nennt sich der Button anstatt *Suchen* nunmehr *Updates anzeigen*. Auch darüber werden nun die eventuellen Aktualisierungen angezeigt.

3 | Systemeinstellungen im Detail

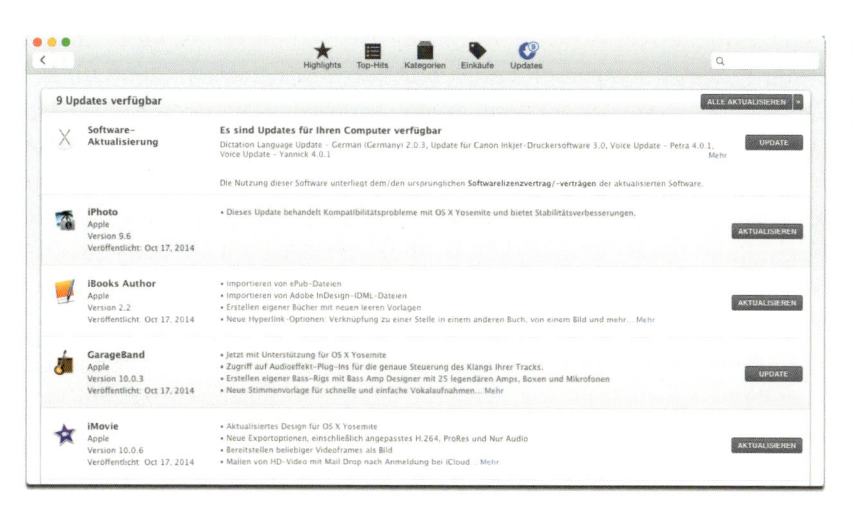

Die Abteilung »Update« führt eine genaue Aufstellung, welche Software zur Verfügung steht.

Zum Installieren müssen Sie nur noch auf *Alle aktualisieren* bzw. *Update* klicken und sich teils mit Ihrer *Apple ID* ausweisen. Danach beginnt der Download mit anschließender Installation. Bei Systemupdates erfolgt die Installation erst über einen Neustart.

Auch über die Support-Seiten von Apple (`support.apple.com/de_DE/downloads/`) lassen sich diverse Updates herunterladen. Nach dem Download öffnen sich die Pakete meist selbstständig und beginnen auch gleich die Installation. Die Pakete als solches liegen im Ordner *Downloads* (zu finden im Dock sowie in Ihrem *Benutzer-Verzeichnis*), wo sie auf Doppelklick hin ebenfalls gestartet werden können.

Bei den manuellen Downloads handelt es sich meist um Dateien mit der Endung ».dmg«, was für *Disk Image* steht. Werden diese doppelgeklickt (bzw. öffnen sich selbsttätig), so zeigen sie sich als eigenes Laufwerks-Symbol im *Finder* (auf dem Schreibtisch oder auch in der Seitenleiste eines Fensters). Darin wiederum befindet sich nun die eigentliche Installationsdatei, die wiederum die Endungen ».pkg« bzw. ».mpkg« (steht für »Package« bzw. »meta-Packages«) aufweisen. Per Doppelklick darauf startet dann der eigentliche Installer.

Beispiele für typische Download-Dateien.

229

Zurück zur Systemeinstellung *App Store:* Dort finden Sie zudem noch den Punkt *Gekaufte Apps automatisch auf andere Macs laden.* Diese *iCloud*-Funktion erleichtert Ihnen den Abgleich, sofern Sie mehrere Macs Ihr Eigen nennen. Laufen diese alle unter derselben *Apple ID*, so brauchen Sie bei aktivierter Option ein im *Mac App Store* gekauftes Programm nur auf einen Rechner zu laden – die *iCloud* sorgt dann dafür, dass dieses Programm automatisch auch auf die anderen Rechner gelangt, sobald diese eingeschaltet sind.

Falls Sie diese Funktion nicht in Anspruch nehmen möchten, so denken Sie auch an die Abteilung *Einkäufe* im *Mac App Store*. Auch darüber lassen sich alle Programme, die Sie über Ihre *Apple ID* erworben haben, ebenso erneut herunterladen.

Diktat & Sprache – der Mac versteht den Benutzer

Diese Systemeinstellung beinhaltet sowohl die Spracheingabe als auch die Ausgabe. Im Gegensatz zu *Siri* auf iPhone und iPad handelt es sich bei der Spracheingabe jedoch »nur« um eine Diktierfunktion. Das heißt, Sie können keine Fragen stellen (etwa »Wie wird das Wetter?«), sondern nur Text einsprechen. Apple unterscheidet zudem zwischen einer macbasierten sowie einer serverbasierten Diktierfunktion.

In der Systemeinstellung »Diktat & Sprache« lässt sich die Diktierfunktion einschalten sowie der Kurzbefehl zum Starten festlegen.

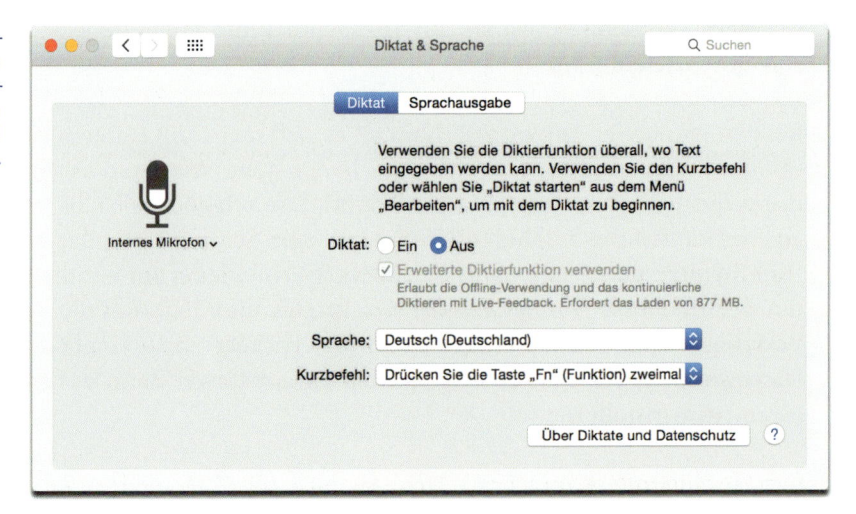

3 | Systemeinstellungen im Detail

Sobald Sie nun die *Diktierfunktion* einschalten, wird Ihnen die sogenannte *Erweiterte Diktierfunktion* angeboten. Diese umfasst ungefähr 900 Megabyte an Daten und wird auf den Mac geladen. Bei dieser Version handelt es sich um die macbasierte Diktierfunktion, die im Falle der Spracherkennung keinerlei Daten an Apple sendet.

Lehnen Sie hingegen die *erweiterte Diktierfunktion* ab, möchten aber dennoch die Funktionalität in Anspruch nehmen, so läuft das Ganze über Apples Server ab. Das bedeutet für Sie: Während des Diktierens werden Ihre Spracheingaben auf Apples Server übertragen. Dazu gehören aber nicht nur die gesprochenen Worte, sondern auch Anreden oder beispielsweise Adressangaben. Apple weist aus gutem Grund darauf hin – nicht, dass Sie später behaupten, Sie hätten von nichts gewusst. Ausführlichere »Spielregeln« erhalten Sie weiterhin über den unten stehenden Button *Über Diktate und Datenschutz* bzw. über die Webseite www.apple.com/de/privacy.

Wir empfehlen ausdrücklich das Laden der erweiterten Diktierfunktion, da in diesem Fall keinerlei Informationen an Apple übertragen werden.

Wenn Sie die serverbasierte Diktierfunktion deaktivieren bzw. auf die *Erweiterte Diktierfunktion* umsteigen, so löscht Apple Ihre Benutzerdaten sowie Ihre neuesten Spracheingabedaten. Ältere Spracheingabedaten, die keine Rückschlüsse auf Ihre Person zulassen, bleiben möglicherweise vorübergehend gespeichert. Das stammt aus dem Munde Apples und wir wollen hoffen, dass hier kein Schindluder getrieben wird.

Sofern Sie eine andere Sprache als Deutsch bevorzugen, da Sie vielleicht des Öfteren ausländische Konversation betreiben oder Sie eine andere Muttersprache Ihr Eigen nennen, so klicken Sie auf das Menü bei *Spra-*

che und wählen *Sprache hinzufügen*. Sobald Sie nun eine andere/weitere Sprache aktivieren, wird das zugehörige Sprachenpaket geladen.

Sie müssen sich nicht auf eine Diktier-Sprache festlegen. Über »Sprache hinzufügen« lassen sich jederzeit weitere Sprachpakete laden.

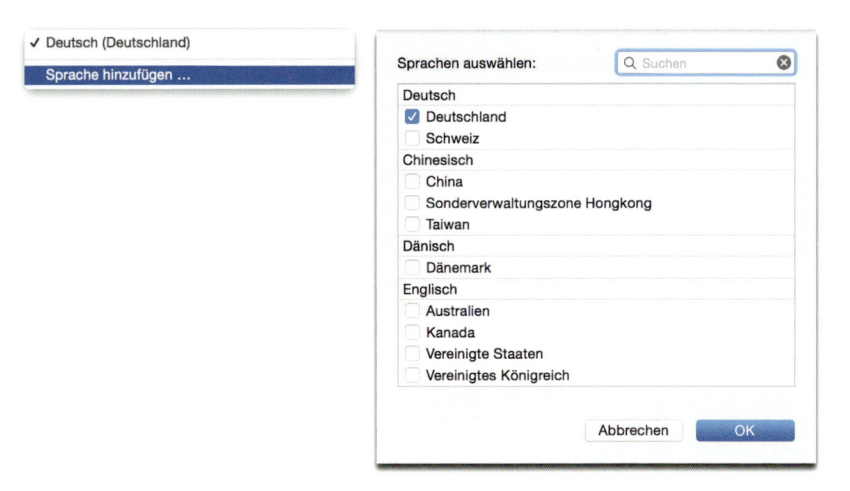

Die Anwendung selbst ist relativ simpel: Haben Sie beispielsweise eine neue E-Mail aufgerufen oder ein Dokument einer Textverarbeitung wie *TextEdit* oder *Microsoft Word* vor sich, in das Sie Text eingeben möchten, so setzen Sie als Erstes die Einfügemarke an jene Stelle, an der der Text beginnen soll. Anschließend drücken Sie die *Funktionstaste fn* (oder eine der Alternativen) zwei Mal, woraufhin sich ein symbolisches Mikrofon zeigt. Sofern Sie mehrere Sprachen geladen haben, stellen Sie bitte zuvor die gewünschte ein. Danach können Sie auch schon loslegen …

Sie können in fast allen Programmen, die eine Texteingabe ermöglichen, die Diktierfunktion verwenden. Zum Aktivieren drücken Sie entweder den Kurzbefehl oder wählen *Bearbeiten | Diktat starten* aus der Menüleiste.

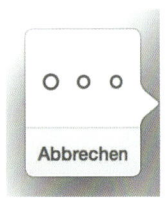

Bitte sprechen Sie laut und deutlich und nicht zu schnell. Wenn es sich irgendwie einrichten lässt, sprechen Sie auch hochdeutsch und ohne allzu viel Dialekt. Möchten Sie ein Satzzeichen setzen, so benennen Sie es einfach, also *Komma*, *Punkt*, *Ausrufezeichen*, *Strichpunkt*, *Anführungszeichen unten/oben*, *Klammer auf/zu* etc. Auch Sonderzeichen wie *Dollarzeichen* ($), *Eurosymbol* (€), *Klammeraffe* (@), *Urheberrechtssymbol* (©) oder *Prozentzeichen* (%) sind möglich. Möchten Sie einen neuen Absatz beginnen, so sagen Sie *Neue Zeile* oder *Neuer Absatz* und der nächste Satz beginnt entsprechend neu. Sobald Sie fertig sind, klicken Sie entweder auf *Fertig* bzw. drücken erneut zweimal die *Funktionstaste*

fn. Während bei der macbasierten Diktierfunktion der Text augenblicklich geschrieben wird und Sie jederzeit über die Tastatur korrigierend eingreifen können, wird bei der serverbasierten Variante nach Abschluss des Diktierens der gesprochene Text zuerst analysiert (an Apples Server gesendet) und nachfolgend niedergeschrieben.

> Über das Apple-Support-Dokument mit der URL http://support.apple.com/de-de/HT6482 finden Sie eine detaillierte Liste der unter *OS X* möglichen Diktierbefehle. Letztere finden Sie auch über die *Mac-Hilfe (cmd-?)*, wenn Sie als Suchbegriff »Befehle zum Diktieren von Text« eingeben.

> Mit Hilfe von Diktierbefehlen lassen sich auch Aktionen auf Ihrem Mac ausführen. Eine Auflistung finden Sie in der Systemeinstellung *Bedienungshilfen* unter *Diktat*. Das Thema *Bedienungshilfen* sprechen wir jedoch in einem gesonderten Kapitel an, welches Sie kostenfrei über den Support-Bereich unserer Verlags-Webseite unter www.mandl-schwarz.de/support herunterladen können. Im Grundlagen-eBook ist dieses Kapitel bereits mit enthalten.

Selbstverständlich brauchen Sie einen Text nicht in einem Rutsch einsprechen. Sie können stets die Eingabe unterbrechen und später fortsetzen, indem Sie Ihren eingestellten Kurzbefehl zur Spracheingabe nutzen. Wie dem auch sei: Die Diktierfunktion benötigt ein wenig Training – und zwar für beide Seiten. Uns persönlich ist nach wie vor das Tippen lieber, auch wenn die erweiterte Diktierfunktion recht gut funktioniert und fast fehlerfrei schreibt.

Der zweite Reiter der Systemeinstellung kümmert sich um die *Sprachausgabe*. Diese liest Ihnen auf Wunsch den Inhalt von Warnungen und Hinweisen vor bzw. nimmt Kontakt zu Ihnen auf, wenn ein Programm etwas von Ihnen will. Oder Sie markieren in einer Textverarbeitung einen Abschnitt und lassen sich diesen Text auf Tasteneingabe hin vorlesen.

Die als Standard vorgefundene Stimme (bei uns nennt sie sich Anna) spricht anfangs sehr synthetisch, was im ersten Moment nicht so toll klingt. Aus dem Popup-Menü bei *Systemstimme* können Sie daher über *Anpassen* eine Alternative wählen, wobei Sie darauf achten sollten, dass die Option *Auf hochwertige Qualität aktualisieren* aktiviert ist. Bestätigen Sie mit *OK*, so wird die gewünschte Stimme geladen, was jedoch mit circa 1 Gigabyte virtuell zu Buche schlägt.

Über »Anpassen« lassen sich hochwertige Stimmen laden, die einen wesentlich besseren Eindruck hinterlassen.

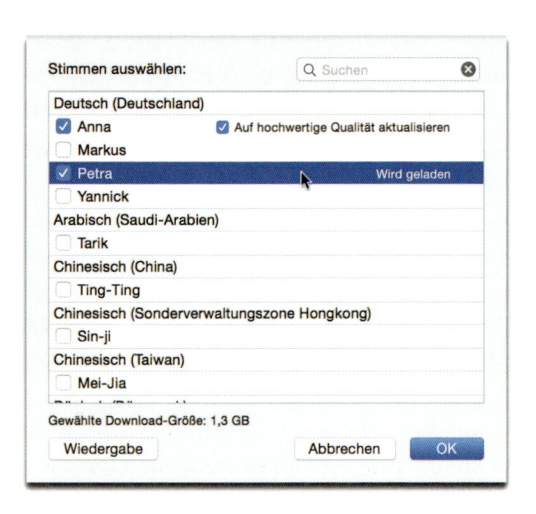

Klicken Sie auf eine Stimme (nicht in die Checkbox!) und anschließend auf die unten stehende Schaltfläche *Wiedergabe*, so wird Ihnen eine Vorschau vorgespielt, die Ihnen einen guten Eindruck gibt, wie das Ganze letztlich klingt. Und klicken Sie ruhig auch auf die fremdländischen Namen, um einmal in die ganze Vielfalt der verschiedenen Sprachen hineinzuhören.

Haben Sie nun ein Text-Dokument vor sich (ein *Vorschau*-PDF, einen *TextEdit*-Text oder auch nur eine Webseite in *Safari*), so können Sie über die Menüleiste *Bearbeiten | Sprachausgabe | Sprachausgabe beginnen* das Vorlesen starten. Alternativ klappt das auch für auszugsweise hervorgehobenen Text (mit gedrückter Maustaste über die Zeilen streichen) sowie über das Kontext-Menü, wobei dies nicht in allen Programmen zur Verfügung steht.

Die Sprachausgabe klingt bei unpassender Systemstimme nicht berauschend. Achten Sie daher darauf, dass auch wirklich eine zur Muttersprache passende Stimme sowie als Option »Auf hochwertige Qualität aktualisieren« ausgewählt wurde.

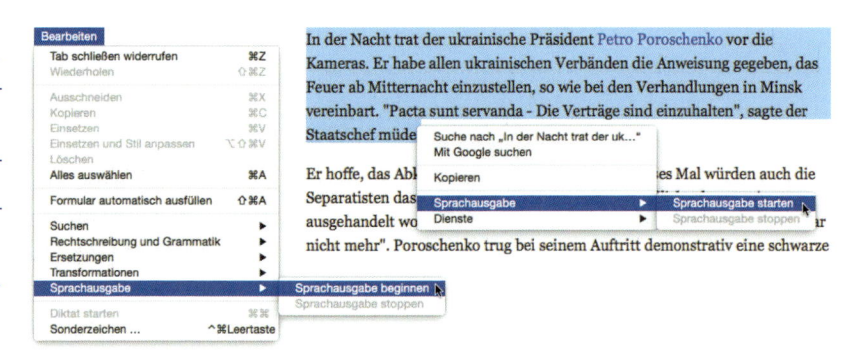

3 | Systemeinstellungen im Detail

Anstatt über das Kontextmenü oder die Menüleiste lässt sich die Sprachausgabe auch unkompliziert über die Tastenkombination *Optionstaste-esc (alt-esc)* starten, sofern Sie die Funktion *Ausgewählten Text beim Drücken einer Taste sprechen* aktiviert haben. Alternativ lässt sich dafür über *Taste ändern* auch eine andere Tastenkombination vergeben.

Datum & Uhrzeit – damit Sie keinen Termin verpassen

Wie der Name ganz klar intendiert, geht's hier um die korrekten Zeit- und Datums-Einstellungen. Normalerweise müssen Sie hier nicht viel umstellen, haben Sie doch gerade erst Ihr Betriebssystem installiert und im Konfigurations-Modus diese Daten (etwa über die *Ortungsdienste*) festgelegt. Nichtsdestotrotz: Vielleicht sind Sie ja in ein anderes Land gezogen oder aufgrund eines Rechner-Absturzes hat sich die aktuelle Zeit verstellt.

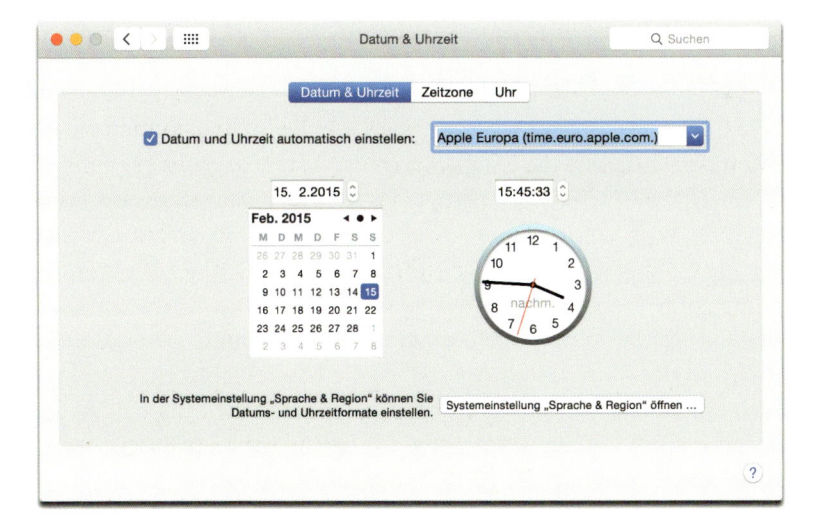

Hier treffen Sie die aktuellen Zeit- und Datums-Einstellungen.

Neben der manuellen Eingabe des korrekten Datums und der genauen Uhrzeit – die allerdings nur möglich ist, wenn das Häkchen bei *Datum & Uhrzeit automatisch einstellen* entfernt wird – können Sie bei einer bestehenden Online-Verbindung diese Daten auch über einen Server (also einen Netzwerk-Rechner, der für genau diese Aufgabe gedacht ist) aktualisieren lassen. Das dauert nur eine Sekunde und ist topaktuell.

Wie die Datums- und Uhrzeitformate angezeigt werden sollen, können Sie über die Systemeinstellung *Sprache & Region* definieren, die wir weiter oben schon erklärt haben und zu denen Sie über den rechts unten liegenden Button gelangen.

Auch die *Zeitzone* dürfte Ihnen bekannt vorkommen, denn auch sie tauchte bei der erstmaligen Zusammenstellung Ihrer persönlichen Eingaben auf. Gibt es also Änderungen, so tun Sie das hier.

Die Zeitzone mit Auswahl jener (Groß-)Stadt, die sich in der Nähe Ihres Heimatortes befindet.

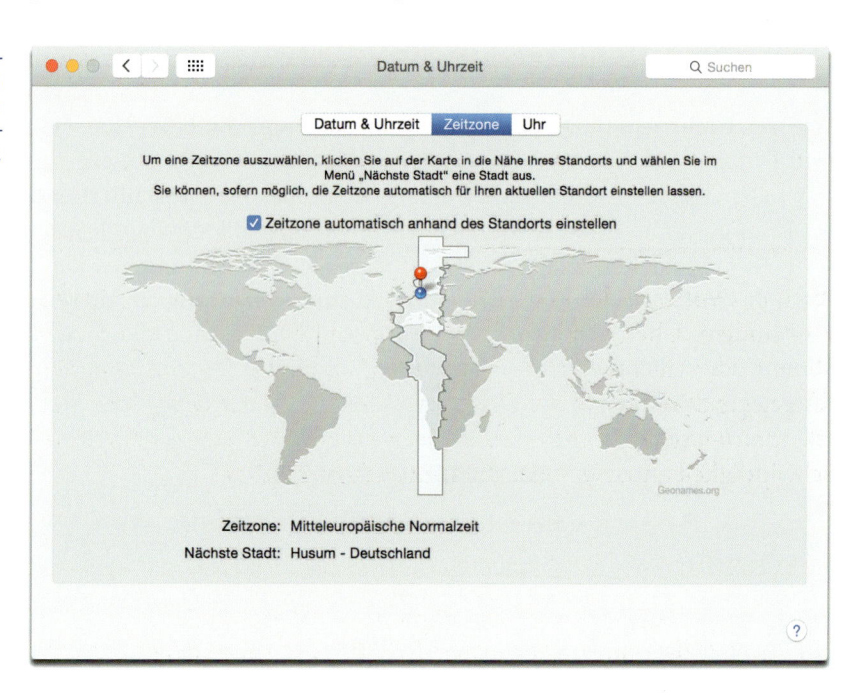

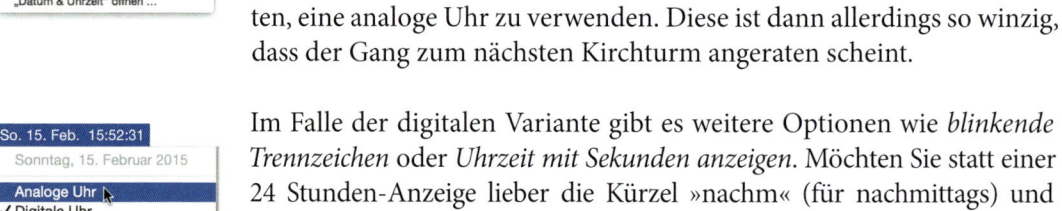

Im letzten Reiter – *Uhr* – geht es um die Darstellung. Normalerweise lässt sich in der Menüleiste oben rechts die Uhrzeit ablesen. Klicken Sie auf das Menü, wird neben dem Datum auch noch die Möglichkeit geboten, eine analoge Uhr zu verwenden. Diese ist dann allerdings so winzig, dass der Gang zum nächsten Kirchturm angeraten scheint.

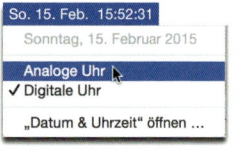

Im Falle der digitalen Variante gibt es weitere Optionen wie *blinkende Trennzeichen* oder *Uhrzeit mit Sekunden anzeigen*. Möchten Sie statt einer 24 Stunden-Anzeige lieber die Kürzel »nachm« (für nachmittags) und »vorm« (für vormittags) einblenden lassen, so müssen Sie dafür die Variante *24 Stunden verwenden* deaktivieren. Neben der Uhrzeit lassen sich auch der Wochentag sowie das aktuelle Datum in der Menüleiste anzeigen.

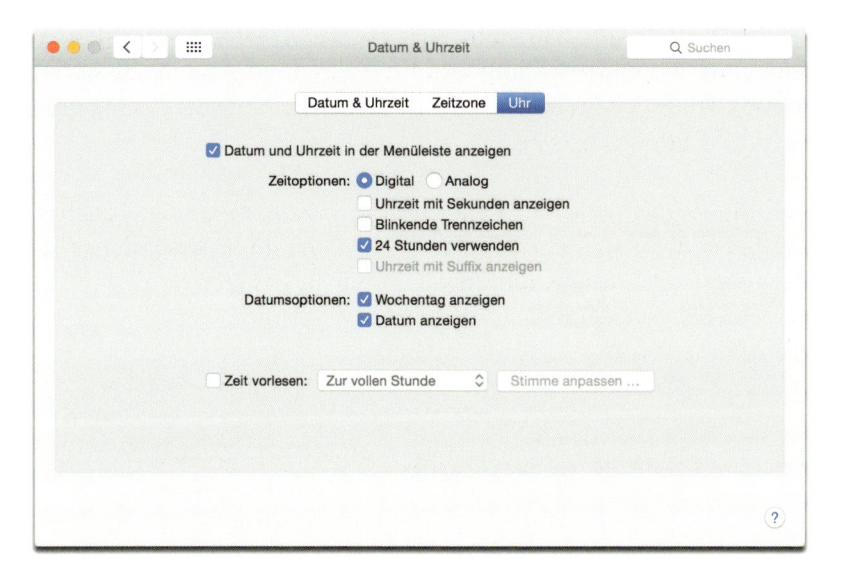

Nicht weltbewegend, aber gut zu wissen, dass man Uhrzeit und Datum auf einen Blick am oberen Bildschirmrand ablesen kann.

Auch das Vorlesen der Zeitwerte ist möglich, und zwar alle 15, 30 oder 60 Minuten. Über *Stimme anpassen* können Sie zwischen der *Systemstimme* oder einem anderen Part wählen, wobei die *Systemstimme* jene festgelegte Stimme aus der Systemerweiterung *Diktat & Sprache*, Rubrik *Sprachausgabe* ist. Mit den Reglern können Sie dann noch die Geschwindigkeit anpassen oder die Lautstärke verändern.

Startvolume – Welches System darf's denn sein?

Hier geht es darum, von welchem Medium oder von welcher Partition aus Sie Ihren Rechner hochfahren möchten. Wichtigste Voraussetzung (ohne die geht nämlich nichts) ist natürlich, dass sich darauf ein startfähiges Betriebssystem befindet. Dies muss nicht zwingend *OS X Yosemite* sein, denn auch die Vorversionen (*OS X 10.9 Mavericks, OS X 10.8 Mountain Lion OS X 10.7 Lion* oder *Mac OS X 10.6 Snow Leopard*) sind möglich – je nachdem, was Ihr Rechner unterstützt. Haben Sie über *Boot Camp* eine *Windows*-Partition angelegt, so lässt sich auch diese als *Startvolume* wählen.

> Auf einer partitionierten Festplatte können Sie unterschiedliche Betriebssystem-Versionen auf den jeweiligen Volumes installieren, wobei immer nur ein einziges pro Partition vorherrschen kann.

Die *Systemeinstellung* führt nun alle in Frage kommenden Volumes auf. Markieren Sie nun per Mausklick ein Volume, so wird der Computer nach einem Neustart darüber hochgefahren.

Hier wird der Start-Motor ausgewählt. In der Abbildung befindet sich neben dem regulären Startvolume auch eine Boot Camp-Partition mit Windows.

Zum Auswählen eines Startvolumes können Sie statt über die Systemeinstellung auch beim Starten des Rechners die *Optionstaste (alt-Taste)* gedrückt halten. In diesem Fall werden alle startfähigen Partitionen samt des *Recovery*-Volumes (Wiederherstellungspartition) aufgeführt und können ausgewählt werden. Falls Sie eine *FileVault*-Verschlüsselung eingerichtet haben, zeigt sich keine Wiederherstellungspartition. In diesem Fall müssen Sie über *Befehlstaste-R (cmd-R)* Ihren Rechner starten.

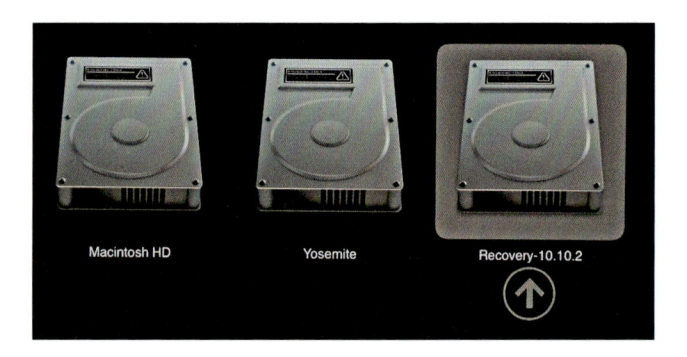

Eine weitere Methode finden Sie ebenfalls hier: den *FireWire-Festplattenmodus* (auch *Target*-Modus genannt). Hierbei wird Ihr Rechner als externe Festplatte ausgegeben, die Sie via *FireWire*- oder *Thunderbolt*-Kabel an einen anderen Mac anschließen können. Nach dem Verbinden der beiden Mac-Rechner per *FireWire* oder *Thunderbolt* klicken Sie auf *Neustart*.

3 | Systemeinstellungen im Detail

Die schnelle Art, Daten von einem Mac auf einen anderen zu kopieren.

Sie werden als *Benutzer* abgemeldet und der Computer fährt das System herunter. Danach wandert nurmehr das *FireWire*- bzw. *Thunderbolt*-Symbol über den Bildschirm und Ihr Mac wird nun als externe Festplatte auf dem Schreibtisch als auch in der Seitenleiste eines Finder-Fensters unter *Geräte* angezeigt. Sie können nun darauf zugreifen, um beispielsweise Daten zu kopieren bzw. zu übertragen oder das *Festplatten-Dienstprogramm* mit einer Überprüfung des Volumes zu beauftragen. Nach getaner Arbeit entfernen Sie zuerst das Volume aus der Seitenleiste des *Finder*-Fensters über den *Auswerfen*-Button bzw. über die Menüleiste *Ablage | »Volume« auswerfen (cmd-E)* und schalten dann den Mac (jenen, der als externe Festplatte diente) aus, indem Sie einfach den Ein-/Ausschalter drücken bzw. einige Sekunden lang gedrückt halten.

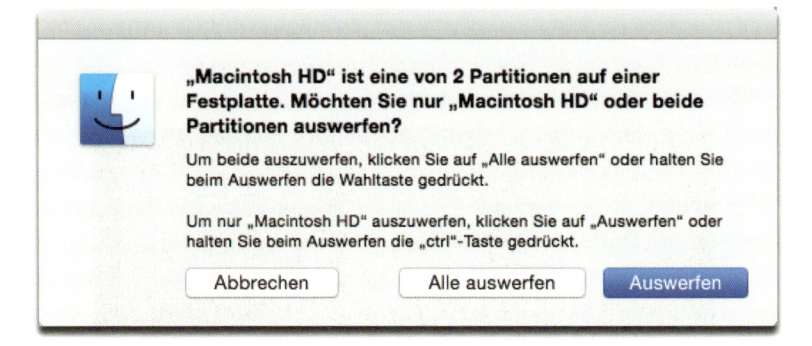

Bei einem Mac, der mehrere Partitionen aufweist und als externe Festplatte gestartet wird, müssen Sie jede Partition abmelden. Meist springt Ihnen hier jedoch ein Dialog zur Seite, der das Auswerfen aller Partitionen zugleich anbietet.

Time Machine – mit Leichtigkeit zum Backup

Time Machine nennt sich die Backup-Lösung von OS X und sollte mehr oder minder ein Muss für jeden engagierten Apple-Nutzer sein. Die Technik als solches ist einfach und genial: Sie wählen eine externe Festplatte als Speichermedium aus, auf das *Time Machine* regelmäßig Sicherungskopien Ihrer Dateien anlegt. Beim ersten Mal wird eine Komplett-Kopie mit allem Drum und Dran angefertigt, danach werden stündlich alle Veränderungen (etwa das Löschen von Dateien, das Verschieben von Ordnern, das Umbenennen von Dokumenten usw.) fein säuberlich protokolliert und als Backup gesichert. Durch diese Funktionsweise wird Ihre Arbeit also automatisch und regelmäßig gespeichert, um Sie vor einem möglichen Datenverlust zu schützen. Sie können somit jederzeit auf die alten Daten-Bestände zurückgreifen und so im Falle des versehentlichen Löschens diese Dokumente wieder hervorzaubern.

Um von vorneherein etwaige Probleme beim Backup auszuschließen, sei noch einmal darauf hingewiesen, dass Ihre externe Festplatte im Voraus das korrekte *Partitionslayout* erhalten sollte. Da die meisten Festplatten herstellerseitig mit dem sogenannten *Master Boot Record-Partitionslayout* (also Windows-kompatibel) ausgeliefert werden, kann das zu Problemen führen. Über das *Festplattendienstprogramm* (im Ordner *Dienstprogramme* liegend) wählen Sie bitte Ihre externe Festplatte aus und klicken dann auf den Reiter *Partition*. Nach Auswahl des *Partitionslayouts* (die Anzahl der Partitionen) klicken Sie bitte auf den unten stehenden Button *Optionen*. Im sich öffnenden Dialog wählen Sie nun *GUID-Partitionstabelle* für einen Mac mit Intel-Prozessor. Bitte beachten Sie unbedingt, dass bei einer Formatierung sämtliche, bereits dort vorliegende Daten unwiderruflich gelöscht werden.

Selbst dann, wenn Sie noch nie etwas von *Time Machine* gehört haben, ruft sich das Programm beim ersten Start einer externen Festplatte ins Gedächtnis, indem es einen Dialog öffnet. Dort finden Sie neben einem ersten erläuternden Text auch den Button *Als Backup-Volume verwenden*, der auf Klick hin dieses Medium als zukünftige Sicherungsfestplatte einrichtet. Und kaum geklickt, geht es auch schon los mit dem Kopieren Tausender privater wie systembedingter Dateien (Programme, Accounts, Ihre Fotos und Filme usw.).

3 | Systemeinstellungen im Detail

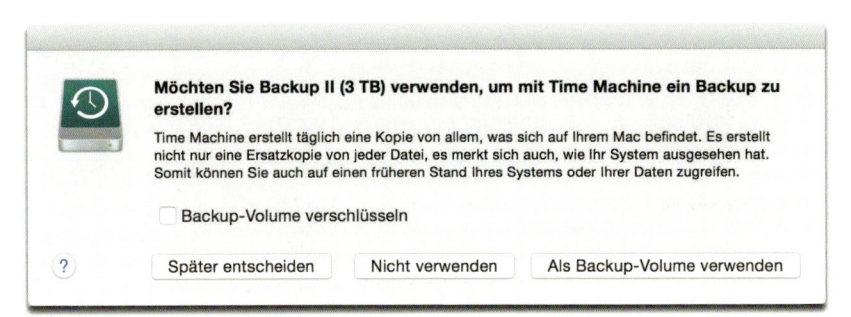

Das OS X fragt, ob die gerade eingeschaltete externe Festplatte als Backup-Volume verwendet werden darf. Passt es Ihnen nicht, so klicken Sie einfach auf »Nicht verwenden« bzw. »Später entscheiden« und die Sache ist vorerst für Sie erledigt. Auch später lassen sich noch Medien zuordnen.

Auch ein *Time Machine*-Backup lässt sich verschlüsseln. Sofern Sie also schon für Ihre interne Festplatte *FileVault* aktiviert haben, ist es nur logisch, dies auch für Ihr *Time Machine*-Backup vorzunehmen. Bevor es also mit dem Kopieren der Daten losgeht, heißt es die Option *Backup-Volume verschlüsseln* zu aktivieren und ein Backup-Passwort festzulegen.

Die Vergabe eines Passwortes zur Verschlüsselung des Time Machine-Backups.

Öffnen Sie die Systemeinstellung *Time Machine*, so lassen sich auf einen Blick die aktuellen Daten der Sicherung ablesen. Dazu gehören die verfügbare Kapazität des Backup-Mediums sowie der älteste und letzte Backup-Zeitpunkt. Entdecken Sie neben einem Volume ein rotes Info-Symbol, so scheint es dort Probleme zu geben – ein Klick darauf gibt Auskunft.

Da wir selbst immer mit zwei externen Festplatten unsere Backups abwickeln, die im regelmäßigen Wechsel getauscht werden und an einem sicheren Ort lagern, konnte »Time Machine« unser »Backup I«-Volume nicht finden.

Die Systemeinstellung »TimeMachine«: Alle wichtigen Details im Blick.

Weiterhin finden Sie dort auch zwei Knöpfe namens *Volume auswählen* (bei mehreren laufenden Backup-Volumes nennt sich der Punkt *Backup-Volume hinzufügen oder entfernen*) sowie *Optionen*.

Über *Volume auswählen* lässt sich nun ganz schnell eine andere Festplatte auswählen, sollte es beispielsweise zu Kapazitätsengpässen kommen. Im Dialog werden alle verfügbaren wie möglichen Festplatten aufgeführt, die auf Mausklick hin ausgewählt werden können. Das können in einem Netzwerk freigegebene Volumes sein, interne Festplatten oder Partitionen bzw. Festplatten, die über eine *AirPort Extreme Basisstation* angeschlossen sind.

3 | Systemeinstellungen im Detail

Das Wechseln des Backup-Mediums ist eine Sache von Sekunden.

Apple selbst bietet für *Time Machine* sein drahtloses System *Time Capsule* an. Hierbei handelt es sich im Endeffekt um eine *AirPort Extreme Basisstation* mit eingebauter Festplatte (mit Größen von 2 oder 3 Terabyte), die aufgrund der integrierten Schnittstellen auch weitere Geräte wie Drucker und/oder zusätzliche Festplatten (eventuell mit Hilfe eines weiteren USB-Hubs) managen kann. Mit diesem Gerät können Sie – auch wenn Sie mehrere Rechner in ein drahtloses Netzwerk eingebunden haben – all Ihre Backups erledigen, wobei der Kopiervorgang deutlich langsamer als mit einer »normalen« externen Festplatte (per USB, FireWire oder Thunderbolt mit dem Mac verbunden) läuft. Das Einrichten der Drahtlos-Verbindung erledigen Sie über das *AirPort-Dienstprogramm*.

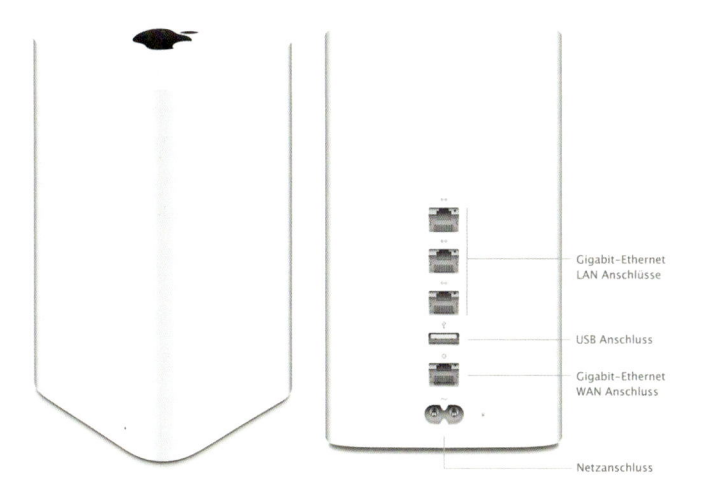

Wer Komfort ohne viel Kabelgewirr bevorzugt, der sollte sich einmal »Time Capsule« näher ansehen. Weitere Infos hierzu finden Sie auch auf Apples Webseite über die URL »www.apple.com/de/timecapsule«. (Abbildungen: © Apple)

243

Wer bereits eine *AirPort Extreme Basisstation* besitzt und daran eine Festplatte betreibt, der kann *Time Machine* dazu bewegen, auch diese als Backup-Medium zu verwenden. In der Systemeinstellung *Time Machine* klicken Sie dazu auf *Volume auswählen* und markieren die gewünschte Festplatte. Nachdem Sie auf *Backup-Festplatte verwenden* geklickt haben, müssen Sie noch den Namen des Servers sowie das zugehörige Passwort eingeben – und schon kann das große Kopieren beginnen.

Das Verwenden eines drahtlosen »Time Machine«-Backups funktioniert unter »OS X Yosemite« einwandfrei.

Über die *Optionen* wiederum lassen sich alle Daten, Ordner, Festplatten und so weiter bestimmen, die von einem Backup ausgeschlossen werden sollen. Entweder Sie erledigen das über den *Plus*-Button und die anschließende Auswahl (mit deren Hilfe sich sogar die unsichtbaren Objekte vom Betriebssystem mit einblenden lassen), oder Sie ziehen einfach die entsprechenden Medien per *Drag & Drop* (ziehen & loslassen) in das Fenster hinein.

Sofern Sie eine *Boot Camp*-Partition mit aufgespieltem *Windows 7/8* verwenden: *Time Machine* wird diese nicht in sein Backup miteinbeziehen. In diesem Fall müssen Sie sich gesondert darum kümmern, beispielsweise mit dem *Carbon Copy Cloner* bzw. mit den Windows-eigenen Backup-Programmen.

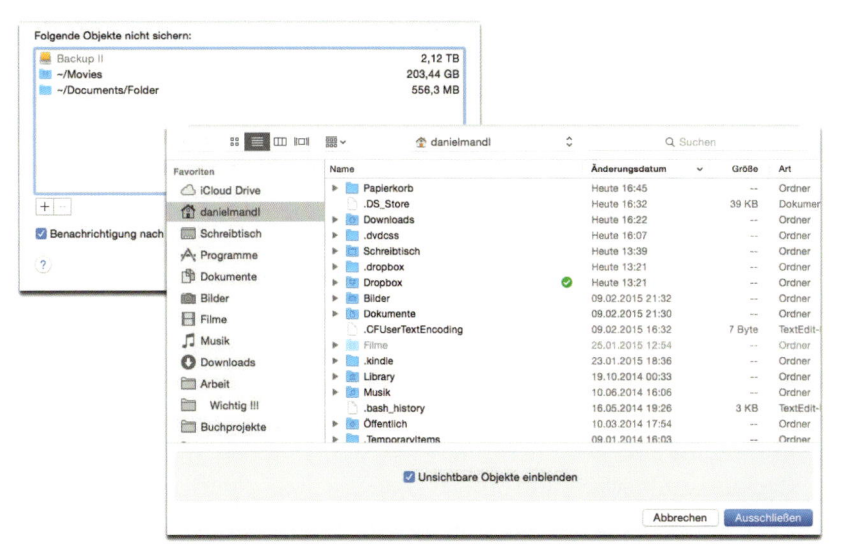

Mit Hilfe des Auswahl-Dialoges lassen sich schnell und unkompliziert Objekte vom Backup ausschließen. Alles, was folglich nicht gespeichert werden soll, landet in der Abteilung »Folgende Objekte nicht sichern«.

Bei Verwendung eines Virtualisierers wie *Parallels* oder *VMWare*, die das parallele Arbeiten von *Windows* und *OS X* ermöglichen, tauchen jedoch Schwierigkeiten anderer Art auf: *Time Machine* kopiert nämlich jedes Mal die gesamte Partition als Backup, auch wenn Sie als einzige Veränderung nur eine kleine Datei verschoben oder bearbeitet haben. Da eine *Windows*-Partition meist mehrere Gigabyte aufweist, sind selbst große Festplatten in Nullkommanichts voll, ganz zu schweigen vom Zeitaufwand. In diesen und ähnlich gelagerten Fällen (das werden Sie automatisch mitbekommen) lohnt es sich, derlei »Kapazitäts-Schlucker« von der Sicherung auszuschließen.

Auf Wunsch lässt sich *Time Machine* auch über die Menüleiste bedienen, sofern Sie in der Systemeinstellung die Option *Time Machine in der Menüleiste anzeigen* aktivieren. Auf diese Weise können Sie schnell ein Backup starten, wenn Sie etwa gerade besonders wichtige Daten verarbeitet haben. Dort sehen Sie nun den Status des letzten Backups bzw. können per Mausklick die Systemeinstellung *Time Machine* aufrufen. Ein weiterer Vorteil besteht darin, dass Sie anhand der gezeigten Symbole sofort erkennen, was Sache ist: Von alles in Ordnung, *Time Machine* läuft gerade, *Time Machine* hat seit mehreren Tagen kein Backup mehr vorgenommen oder das Backup ist fehlgeschlagen – die Symbole zeigen den aktuellen Status an. Bei Symbolen mit Ausrufezeichen sollten Sie den Ursachen auf den Grund gehen, da ansonsten auch Ihr Backup als solches in Gefahr sein kann. Eine Möglichkeit zur Problemlösung besteht beispielsweise darin, dass Sie *Time Machine* über die Systemeinstellung ausschalten und dann das Sicherheitsmedium über das *Festplattendienstprogramm* überprüfen und gegebenenfalls reparieren. Hilft das alles nichts, so sollten Sie in Betracht ziehen, auf einer weiteren Festplatte eine erneute Sicherung des Rechners vorzunehmen.

Irgendwann ist wohl immer der Zustand erreicht, an dem Ihre Festplatte voll ist, sprich für den Inhalt des Backups kein Platz mehr auf dem Volume zur Verfügung steht. *Time Machine* **greift sich daher den Platz der ältesten Backups, um überhaupt noch seine Daten unterbringen zu können. Gleichzeitig macht das Programm Sie aber darauf aufmerksam und bietet an, weitere ältere Backups zu löschen, um wieder Speicherplatz zu erhalten. Bestätigen Sie die Meldung, wird ein wenig klar Schiff gemacht, indem bei älteren Backups (die ja im Stunden-Takt angelegt werden) die Abstände zwischen den einzelnen Sessions vergrößert werden – es werden also nicht alle älteren Sicherungskopien gelöscht. Als Alternative steht es Ihnen natürlich vollkommen frei, eine weitere externe Festplatte zu bestimmen und diese für** *Time Machine* **zu konfigurieren.**

Die Struktur der Backups auf der Festplatte – fein säuberlich nach Datum werden die einzelnen Sicherungskopien archiviert.

Ist alles geregelt und eingestellt, so können Sie sich erst einmal beruhigt zurücklehnen und darauf vertrauen, dass *OS X* die sensible Datensicherung (die doch meist arg vernachlässigt wird) für Sie übernimmt. Interessant wird es erst dann wieder, wenn wirklich einmal Not am Mann ist. Falls Sie also einmal aus Versehen ein wichtiges Dokument gelöscht haben oder die Kinder Ihren Schreibtisch zu sehr aufgeräumt haben, so ist das ganz klar ein Fall für *Time Machine*. Wie nun eine Wiederherstellung von einem einzelnen Dokument über Ordner bis hin zu einem bestimmten System-Zustand genau abläuft, erklären wir Ihnen ausführlich im Kapitel zu den Programmen.

Auch gut zu wissen: Sofern Sie auf einem Mobil-Computer wie MacBook Pro/Air arbeiten, werden – sofern Sie *Time Machine* in der Systemeinstellung aktiviert und ein erstes »großes« Backup angelegt haben – auch dann Backups angefertigt, wenn die übliche Backup-Festplatte nicht angeschlossen ist. Apple spricht hier von *lokalen Schnappschüssen*, die im Stundentakt Änderungen von Dateien sichert und auf der internen Festplatte des Rechners ablegt. Schließen Sie später Ihre *Time Machine*-Festplatte wieder an, so werden die Daten in das Backup übertragen.

Wie Sie gesehen haben, verfügt der Mac über zahlreiche Optionen unter der Haube, die der Normalanwender normalerweise selten bis gar nicht erahnt. Alle diese Einstellungen werden von System zu System überarbeitet, teilweise verfeinert und ausgebaut. Im nächsten Kapitel kümmern wir uns um den Zugang zum Internet, wie man im Internet surft und seine E-Mails abruft. Auch stellen wir Ihnen die *iCloud* vor, die seit Jahren einer stetigen Überarbeitung unterliegt. Das Ganze wird immer komplexer und bedarf doch der ein oder anderen Erklärung, die wir Ihnen nachfolgend liefern möchten.

iCloud – Mehrwert für Mac & Co.

Im Oktober 2011 wurde die *iCloud* aus der Taufe gehoben und ist nun bereits bestens in das System integriert. Daten wie Lesezeichen, E-Mails, Kontakte, eBooks, Bilder usw. werden automatisch in die *iCloud* geladen und von dort aus auch auf Ihre anderen Rechner und Mobilgeräte kopiert. Selbst Windows-PCs bleiben dabei nicht außen vor – vorausgesetzt, dass sie die nötige *iCloud-Systemsteuerung* installiert haben. Mit *OS X Yosemite* kommen nun die neuen Features *Familienfreigabe*, *iCloud Fotomediathek* sowie *iCloud Drive* hinzu.

Windows-Nutzer erhalten *iCloud für Windows 4.0* (und höher) über das Programm *Apple Software Update* angeboten, sobald Sie *iTunes* auf dem Rechner installiert haben (über `www.apple.com/de/itunes/download` oder `support.apple.com/de_DE/downloads`). Nach dem Download sowie der anschließenden Installation öffnet sich diese von selbst und Sie müssen sich anmelden. Alternativ können Sie die *iCloud* auch über *Start* sowie die Auflistung Ihrer Apps öffnen.

Über das »Apple Software Update« wird die iCloud-Komponente angeboten und stets aktuell gehalten.

Nach der Installation müssen Sie sich beim ersten Start anmelden.

Um nun einen reibungslosen Abgleich der Daten zu gewährleisten, müssen sämtliche betroffenen Geräte (etwa iPad, iPhone, MacBook Pro/Air, iMac usw.) mit derselben *Apple ID* angemeldet sein. Sofern Sie Ihren Mac neu mit *OS X Yosemite* erworben bzw. das System auf einem älteren Rechner installiert haben, sollten Sie bereits beim Konfigurieren Ihre *Apple ID* vergeben haben. Fall noch nicht geschehen, können Sie das über die Systemeinstellung *iCloud* nachholen.

Aller Anfang ist die Systemeinstellung »iCloud« zum Anmelden in der iCloud.

Als Windows-Anwender müssen Sie die *Apple ID* über ein iPad, iPhone oder einen iPod touch mit *iOS 5* oder neuer bzw. über die Webseite `https://appleid.apple.com/de/` erstellen.

Die Apple ID neu erstellen

Nach der Eingabe von Ort (eher Heimatland) und Geburtsdatum verwenden Sie entweder eine schon bestehende E-Mail-Adresse oder holen sich eine kostenlose »@icloud.com«-Adresse. In letzterem Fall kann es durchaus vorkommen, dass Sie mehrere Anläufe brauchen, falls Ihre angestrebte Wunschadresse schon vergeben ist. Es folgen die Angabe Ihres vollständigen Namens sowie die Vergabe eines Kennwortes, das mindestens acht Zeichen verwenden muss – darunter eine Zahl, ein Groß- sowie ein Kleinbuchstabe. Abschließend heißt es wieder einige Sicherheitsfra-

4 | iCloud – Mehrwert für den Mac & Co.

gen auszuwählen und diese zu beantworten, etwa nach dem Lieblingslehrer, dem ersten getroffenen Prominenten, Ihren Traumberuf oder dem ersten gekauften Musikalbum. Über *Weiter* heißt es dann die Lizenzbedingungen zu akzeptieren (hierbei müssen Sie den Text ganz nach unten scrollen und gleichzeitig einen Bestätigungshaken setzen).

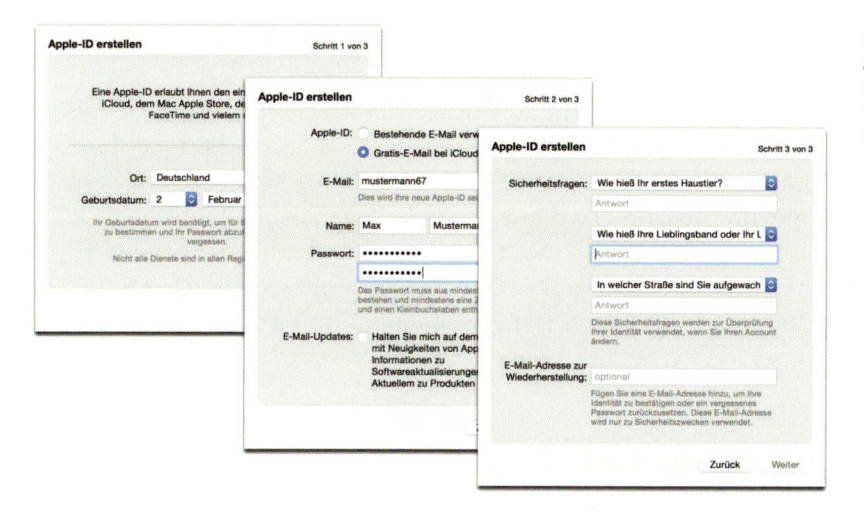

Das Erstellen einer Apple-ID ist relativ simpel. Und denken Sie nur an die tolle »iCloud.com«-Adresse …

Sie werden anschließend gefragt, ob Sie Ihre Daten (Kontakte, Lesezeichen etc.) sowie die Funktion *Meinen Mac suchen* über *iCloud* verwenden möchten. Als Nächstes steht die Einrichtung der *iCloud Drive* an. Über letztere Funktion lassen sich Dokumente in der *iCloud* ablegen, so dass Sie von überall aus darauf zugreifen können. Bedenken sollten Sie hierbei aber, dass ein Zugriff nur mit Geräten unter *iOS 8* sowie *OS X Yosemite* (Windows allerdings auch) möglich ist. Setzen Sie Geräte mit älteren Versionen ein, so sollten Sie in diesem Fall auf *Abbrechen* klicken.

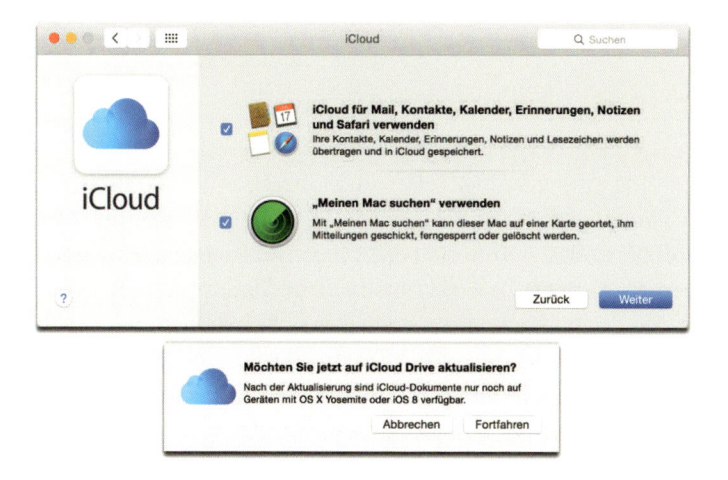

Die Systemeinstellung fragt nach, ob Ihre Kontakte, Kalender, Erinnerungen usw. zur »iCloud« transferiert werden sollen und ob die Funktion »Meinen Mac suchen« verwendet werden soll, die Ihnen im Falle des Verlorengehens oder des Diebstahls Ihres Mac bei der Suche behilflich sein kann. Auch auf »iCloud Drive« lässt sich aktualisieren, damit Sie unter iOS 8 sowie OS X Yosemite von überall aus den Zugriff auf Ihre Dokumente haben.

251

Ab *OS X 10.9 Mavericks* lässt sich zusätzlich der *iCloud-Schlüsselbund* konfigurieren. Letzterer dient dazu, Ihre vergebenen Passworte und Kreditkartendaten auf all Ihren Geräten synchron zu halten. Zum Schutz können Sie dazu einen Sicherheitscode einrichten, der im Falle der Einrichtung eines Neugerätes zum Zuge kommt. Nach Eingabe Ihres *iCloud-Kennwortes* wird standardmäßig ein vierstelliger Zahlencode angeboten, über *Weitere Optionen* lassen sich jedoch weit ausgefeiltere Kennworte einrichten. Zur Auswahl stehen dabei *Komplexen Sicherheitscode verwenden* (entspricht einer selbst zusammengestellten Buchstaben-/Zahlen-Kombination), *Zufälligen Sicherheitscode verwenden* (hierbei erstellt OS X eine schwer zu knackende Version) oder *Sicherheitscode nicht erstellen*. Bei den beiden erstgenannten Möglichkeiten sollten Sie die Codes auf jeden Fall aufschreiben oder auswendig lernen, da Apple im Falle des Vergessens oder Verlorengehens diesen nicht wiederherstellen kann.

Unter »OS X Mavericks/Yosemite« kommt der »iCloud-Schlüsselbund« ins Spiel, der Ihnen die Handhabe mit Kennwörtern und Kreditkartendaten erleichtert.

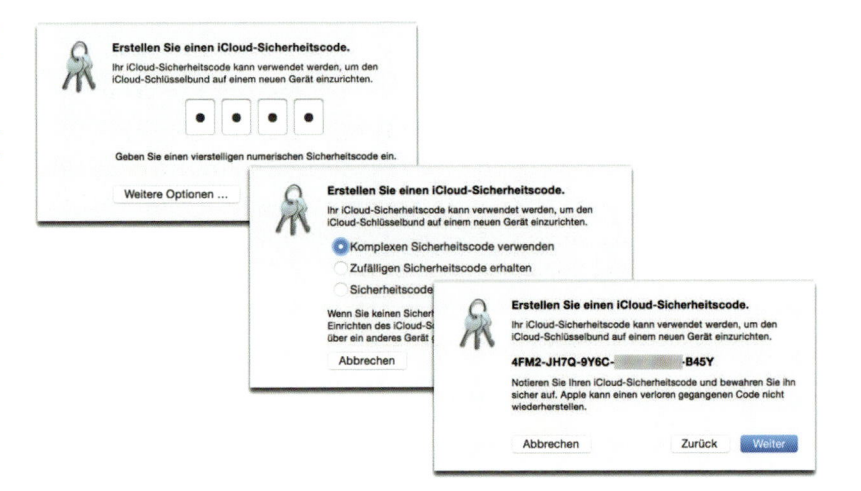

Vorhandene Apple ID verwenden

Bei einer bereits bestehenden *Apple ID* werden Sie nach dem Eingeben von *Apple ID* sowie *Kennwort* gefragt, ob Sie Ihre Daten (Kontakte, Lesezeichen etc.) sowie die Funktion *Meinen Mac suchen* über *iCloud* verwenden möchten. Weiterhin wird darum gebeten, Ihren Standort bestimmen zu dürfen, damit der Mac korrekt geortet werden kann. Dies alles können Sie entweder sofort, aber auch nachträglich in der Systemeinstellung/Systemsteuerung vornehmen. Dazu aktivieren Sie sämtliche

4 | iCloud – Mehrwert für den Mac & Co.

Programme, die die *iCloud* auf all Ihren Geräten (Mac, PC, iPad usw.) immer auf dem gleichen Stand halten soll. Geben Sie also beispielsweise in Ihr Programm *Kontakte* (unter *OS X* oder *iOS*) oder in *Outlook* (Windows) eine neue Adresse ein, so sorgt die *iCloud* dafür, dass dieser Kontakt augenblicklich auf allen Rechnern und Mobilgeräten erscheint.

Die Systemeinstellung fragt nach den zu verwendenden Daten, die zur »iCloud« transferiert werden sollen. Weiterhin stellt sich die Funktion »Meinen Mac suchen« vor, die Ihnen bei Verlust oder Diebstahl Ihres Mac bei der Suche behilflich sein kann.

Sofern Sie den *iCloud-Schlüsselbund* schon auf einem anderen Mac oder einem *iOS*-Gerät verwenden, so müssen Sie diesen über eines dieser Geräte bestätigen. Dazu erscheint ebenso ein Dialog, über den Sie nun über die Eingabe Ihrer *Apple ID* die Rechtmäßigkeit bestätigen und somit die Erlaubnis zur Verwendung des *iCloud-Schlüsselbunds* erteilen. Alternativ klappt das auch über einen auf Ihr iPhone gesandten Code, der nun ebenso eingetragen werden muss.

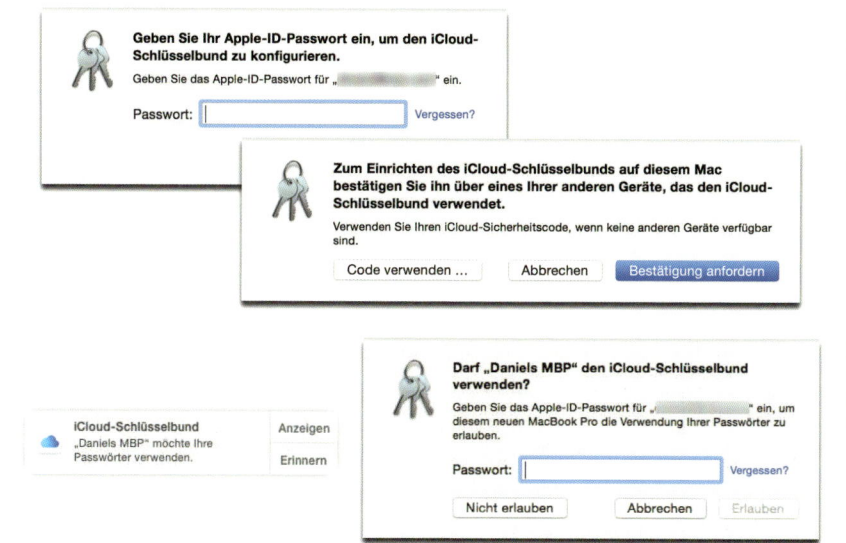

Bevor der iCloud-Schlüsselbund auf einem neuen Rechner aktiv wird, muss er über ein anderes Gerät, dass unter derselben Apple ID läuft, bestätigt werden.

Die Erlaubnis wird über ein Drittgerät erteilt, das dieselbe Apple ID benutzt.

Ist auch das erledigt, so führt die Systemeinstellung *iCloud* all jene Dienste auf, über die sich Daten abgleichen lassen. Ihre E-Mails, Kontakte, Kalender, Erinnerungen und Notizen werden dabei über die Apps *Mail, Kontakte, Kalender, Erinnerungen* sowie *Notizen* synchronisiert. Für *Lesezeichen* zeichnet sich der Browser *Safari* verantwortlich und über *Fotos* werden Ihre neu hinzukommenden Bilder auf die angemeldeten Geräte verteilt.

Seitens Apple wird Ihnen ein kostenloser Speicherplatz von insgesamt fünf Gigabyte zur Verfügung gestellt. Die jeweilige Auslastung sehen Sie zum einen unten stehend in der Systemeinstellung *iCloud*, und etwas detaillierter, indem Sie auf *Verwalten* klicken. Hierbei werden die einzelnen Programme aufgeführt und angezeigt, wie viel Speicherplatz jedes einzelne besetzt.

Die Speicherplatz-Verwaltung: Auf einen Blick lässt sich erkennen, welches Programm wie viel Speicher benutzt.

Kommen Sie dann irgendwann einmal an die Grenzen der kostenfreien Kapazität, so lässt sich selbstverständlich auch ein weiteres Kontingent (20 GB, 200 GB, 500 GB oder 1 TB) nachkaufen. Klicken Sie dazu auf *Mehr Speicher kaufen* und Ihnen werden die monatlich zu entrichtenden Mietzahlungen (0,99/3,99/9,99/19,99 Euro) eingeblendet. Der jeweils verwendete Speicherplan ist dabei jederzeit kündbar, und auch ein Herunterstufen ist möglich. Ihre Einkäufe bei Apple (Musik, Bücher, Programme, TV-Sendungen etc.) sowie der *Fotostream* werden im Übrigen nicht berechnet, was wir als ungemein großzügig empfinden.

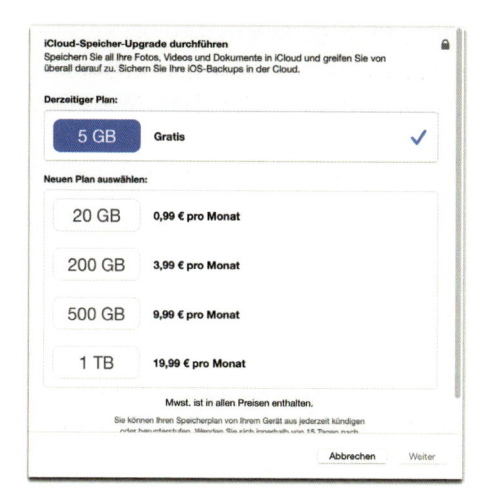

Falls mal alle Stricke reißen – Apple hat noch ein wenig Platz für Sie.

Sobald Sie sich einmal von *iCloud* abmelden möchten, wird Ihnen ein ganzes Arsenal an Abmeldedialogen unterbreitet. So wird unter anderem darauf hingewiesen, dass bei Verwendung der *iCloud Drive* die dort hinterlegten Dokumente vom Computer gelöscht werden. Dies betrifft aber nur jenen Rechner, von dem Sie sich abmelden – auf Ihren anderen Geräten bleiben die Dokumente erhalten. Auch haben Sie die Möglichkeit, eine Kopie Ihrer *iCloud-Kontakte* auf dem Rechner zu behalten, verlieren jedoch jene *Kalender*, *Erinnerungen* und *Notizen*, die Sie über die *iCloud* angelegt haben, da diese vom Mac gelöscht werden. Weiterhin können Sie auch eine Kopie der über *Safari* hinterlegten Passwörter behalten, um zumindest diese weiter zu verwenden. Nichtsdestotrotz ist das alles kein Beinbruch, denn sofern Sie sich später wieder einmal anmelden, werden die Daten wieder neu transferiert.

Klingt gefährlicher, als es ist, denn bei einer Neuanmeldung über die Systemeinstellung »iCloud« lässt sich alles wieder zusammenführen.

Sofern Sie sich auf Ihrem Mac bei der Anmeldung über Ihre *Apple ID* samt Passwort identifizieren, so müssen Sie beim Abmelden von der *iCloud* ein neues Kennwort generieren, das unabhängig vom *iCloud*-Account funktioniert.

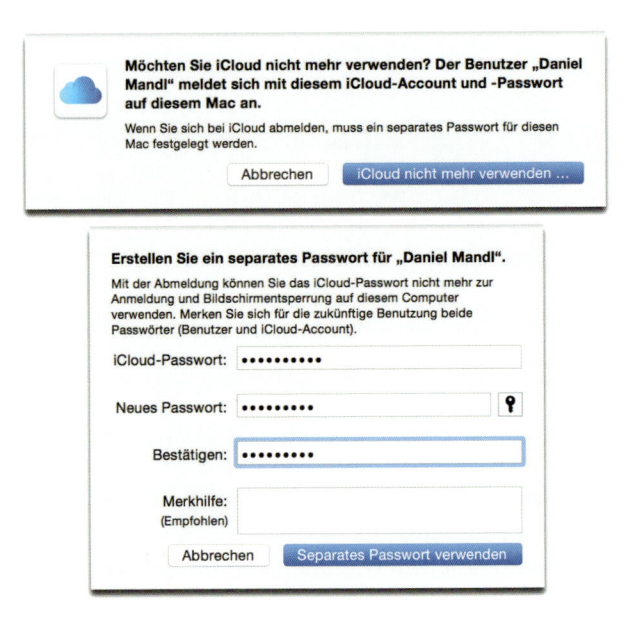

Sofern Sie sich von der iCloud abmelden, heißt es ein neues Passwort für den Anmeldeprozess am Mac zu vergeben.

Die iCloud-Einstellungen im Einzelnen

Jede Funktion der *iCloud*-Einstellungen hat so seine Vor- und Nachteile. Damit Sie diese besser verstehen und kennen lernen, möchten wir uns nachfolgend ein wenig detaillierter um die einzelnen Bereiche kümmern.

iCloud Drive – Ihre Dokumente in der iCloud

iCloud Drive
iCloud Drive konfigurieren …

Die *iCloud Drive* ist der Nachfolger von *Dokumente & Daten* und sozusagen ein rein virtueller Speicherbereich, auf den Sie von überall aus zugreifen und in den Sie Dateien jeglicher Formate legen können. Einzige Beschränkung ist hierbei die Dateigröße, die 15 MB nicht überschreiten darf. Während Sie unter *OS X Mavericks* bereits Daten in die *iCloud* legen konnten, werden diese bei einer Aktualisierung in die *iCloud Drive* bugsiert. Ab diesem Zeitpunkt erfolgt eine Synchronisierung nur mehr auf Geräten, die unter *iOS 8*, *OS X Yosemite* oder *Windows 7/8* mit der *iCloud für Windows 4.0*-Erweiterung laufen – ein Zurück ist nicht möglich.

4 | iCloud – Mehrwert für den Mac & Co.

Wenn Sie auf die »iCloud Drive« aktualisieren, können Sie auf den Inhalt nur mehr von Geräten zugreifen, die unter iOS 8, OS X Yosemite oder Windows 7/8 mit der iCloud für Windows 4-Erweiterung laufen.

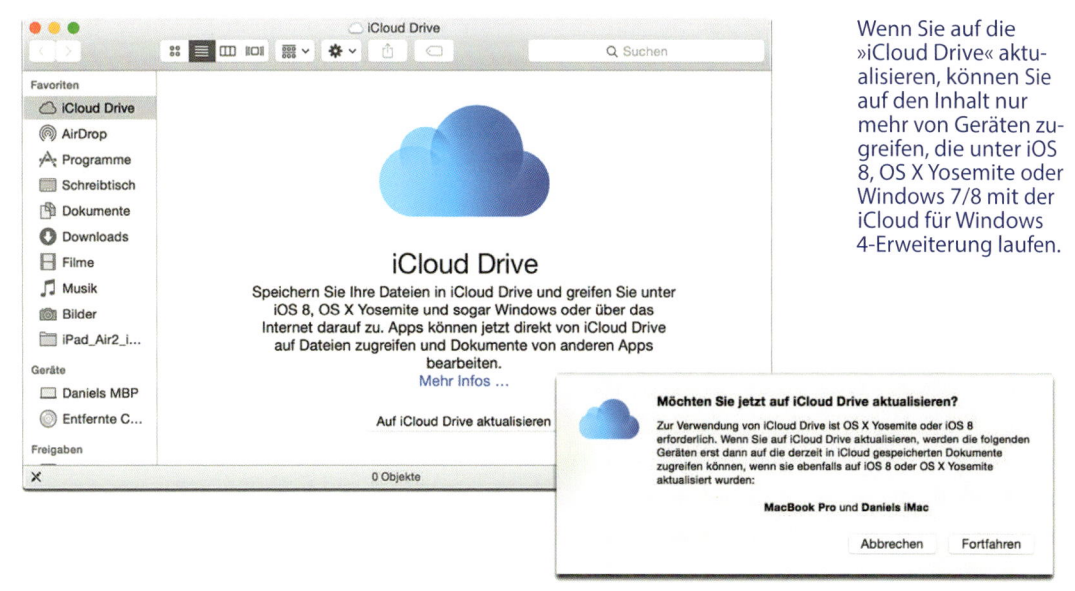

Die *iCloud Drive* lässt sich selbstverständlich auch über Ihr *iOS*-Gerät aktivieren – entweder ganz zu Anfang beim Konfigurieren Ihres Gerätes oder über die *Einstellungen | iCloud | iCloud Drive*.

Unter *OS X* und *Windows* finden Sie dazu im *Finder* bzw. im *Windows Explorer* einen separaten Eintrag namens *iCloud Drive*. Hierüber lassen sich Ihre Dokumente einfach verwalten, öffnen und in Ordnern unterbringen. Letztere werden von Programmen, die *iCloud Drive* unterstützen, automatisch angelegt. Bearbeiten Sie nun eine Datei und speichern diese in die *iCloud Drive*, so wird dieses Dokument automatisch mit all Ihren anderen Geräten abgeglichen und somit aktualisiert.

Sobald Sie Dokumente in »iCloud Drive« ablegen, erscheinen diese auf all Ihren Geräten, die unter derselben Apple ID laufen. Wird ein Dokument verändert, so findet zusätzlich eine Aktualisierung auf allen Geräten statt, so dass Sie immer und überall auf Ihre aktuellen Dokumente zurückgreifen können.

257

Arbeiten Sie auf zwei Geräten parallel an einem Dokument, so kann es durchaus passieren, dass Änderungen nicht sofort aktualisiert werden und es zu Überschneidungen beim Sichern gibt. In diesem Fall macht Sie die *iCloud Drive* darauf aufmerksam und Sie müssen sich für eine Version entscheiden.

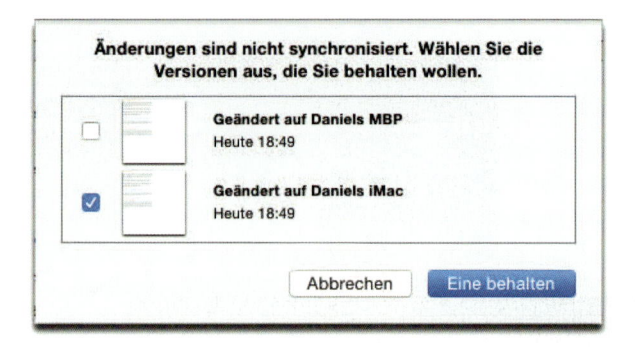

Wird in zu kurzen Abständen gesichert, so dass zuvor keine Synchronisierung stattfand, so meldet sich die »iCloud Drive« und bitte um Ihre Entscheidungshilfe.

Dokumente lassen sich aber auch anderen zur Verfügung stellen, indem Sie sie innerhalb der *iCloud Drive* über das *Bereitstellen*-Symbol bzw. per *Kontextmenü | Bereitstellen* etwaige Dokumente freigeben – per *E-Mail*, *Nachrichten* oder *AirDrop*, auf *Twitter*, *Facebook* oder *Flickr*. Auch das Kopieren ist selbstverständlich möglich, indem Sie Dateien unter *OS X* beispielsweise per gedrückter *alt*-Taste auf den Schreibtisch ziehen und dann weiterreichen. Letztere Dateien sind dann allerdings außerhalb der *iCloud Drive* und werden bei einem Abgleich nicht berücksichtigt.

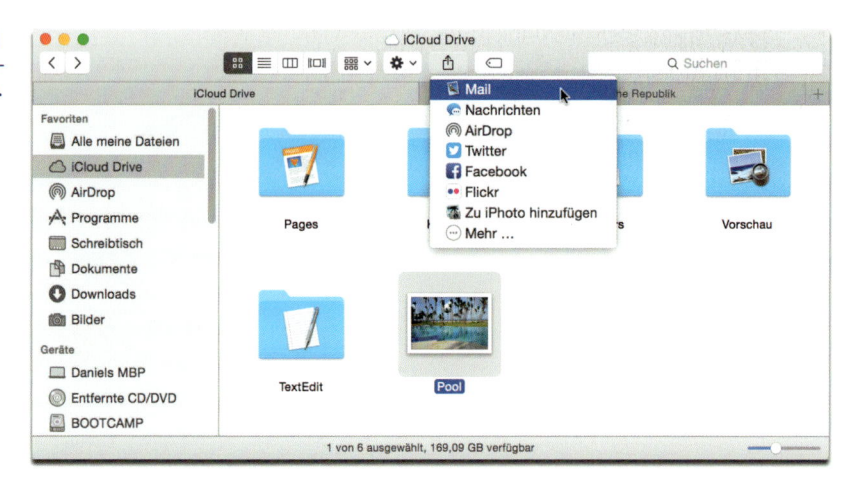

Dokumente auf »iCloud Drive« lassen sich jederzeit weiterreichen.

4 | iCloud – Mehrwert für den Mac & Co.

Auch über das Internet können Sie jederzeit auf *iCloud Drive* zurückgreifen. Dazu öffnen Sie den Browser Ihrer Wahl und geben als Web-Adresse (URL) `icloud.com` ein. Melden Sie sich nun mit *Apple ID* und Kennwort an und Sie stoßen auf die Eingangsseite, über die sich die *iCloud Drive* anzeigen lässt.

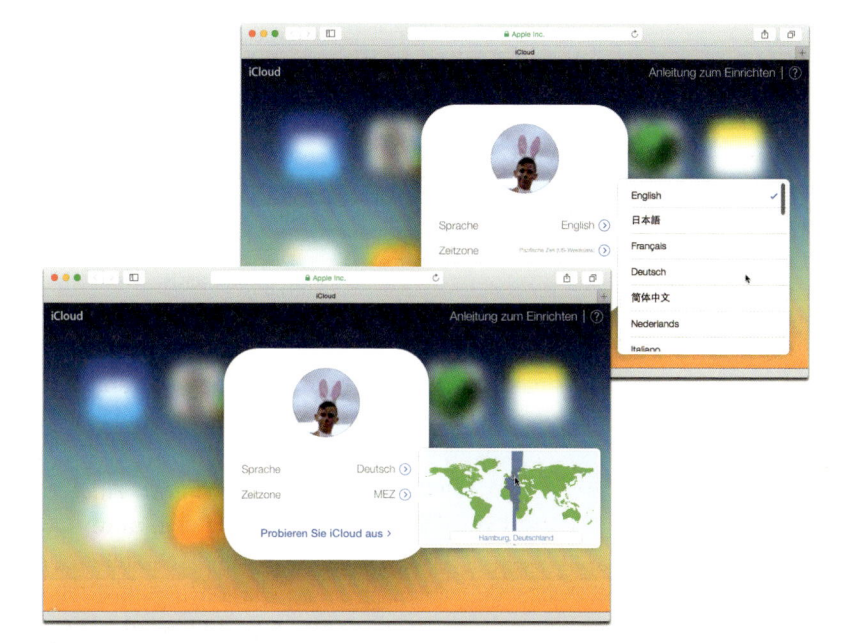

Beim ersten Zugang zur iCloud über das Internet müssen Sie gegebenenfalls noch einige kleine Einstellungen wie »Sprache« und »Zeitzone« einrichten.

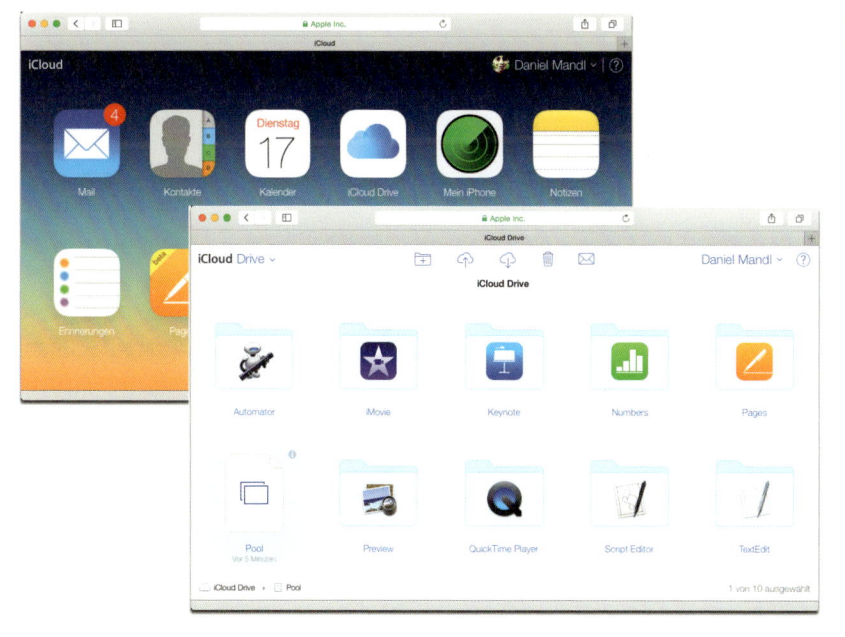

Nach der Anmeldung finden Sie alle zur Verfügung gestellten Dienste der iCloud vor – darunter auch die »iCloud Drive«.

Im Bereich *iCloud Drive* lassen sich nun neue Ordner anlegen, neue Dokumente der *iCloud Drive* hinzufügen, bestehende herunterladen oder löschen bzw. per E-Mail versenden.

Auch die *iCloud Drive* nagt selbstverständlich an den kostenlos zur Verfügung gestellten fünf Gigabyte an Speicherplatz. Aber Sie wissen ja: Geld regiert die Welt und Sie können sich gut und gerne bis zu einem Terabyte bei Apple mieten.

Bearbeiten Sie nun Dokumente oder legen neue an, so lassen sich diese über den *Sichern*-Dialog bei *Ort* in die *iCloud Drive* ablegen. Grundsätzlich können Sie eigentlich unter *OS X* alles dort unterbringen.

Der Speichern-Dialog von »TextEdit« bietet die »iCloud Drive« über das Popup-Menü bei »Ort« an.

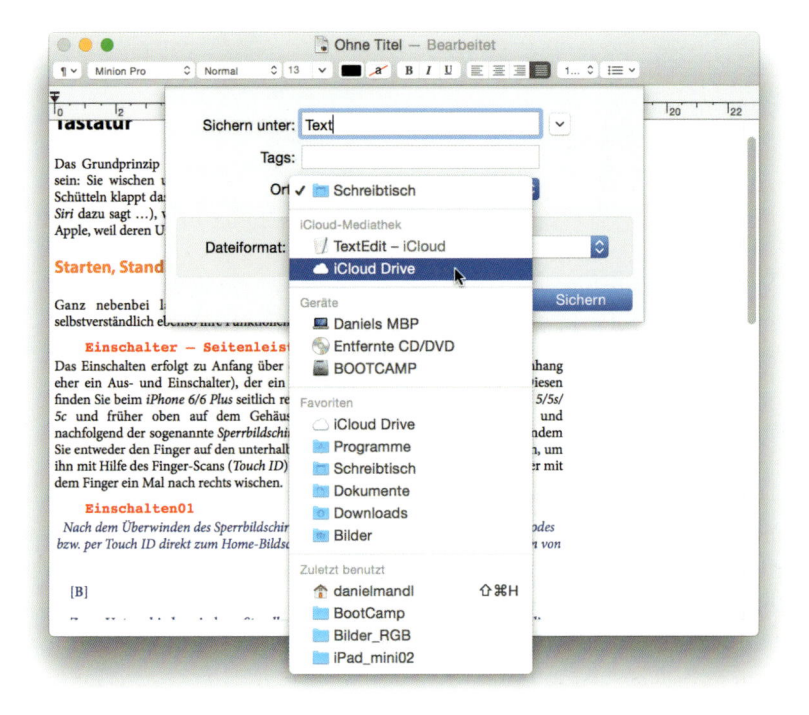

Das Gleiche funktioniert natürlich auch umgekehrt: Möchten Sie beispielsweise in *Pages* eine Datei öffnen, so starten Sie das Programm und es werden Ihnen über *Ablage | Öffnen (cmd-O)* automatisch die Dokumente innerhalb der *iCloud Drive* angeboten.

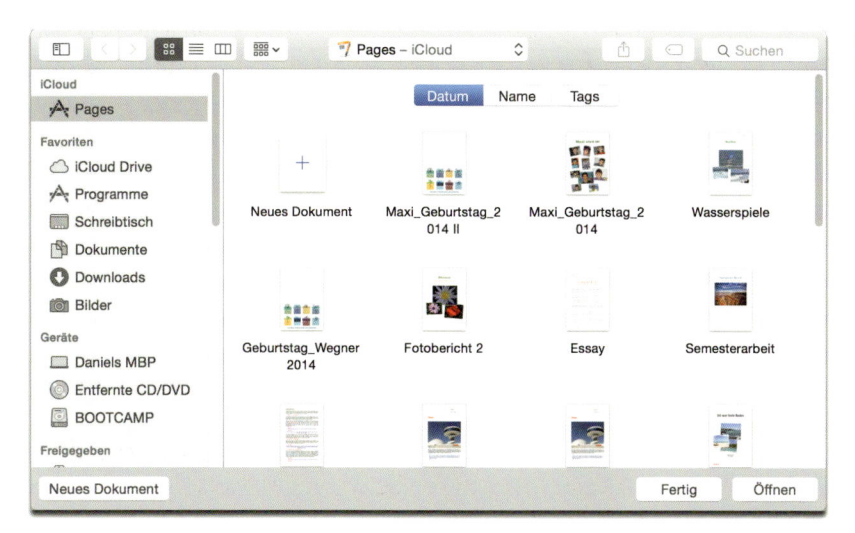

Der Zugriff auf iCloud Drive-Inhalte lässt sich über Apples Programme schnell ausführen.

Zum Schluss dieses Abschnitts folgt nun nicht das Wort zum Sonntag, aber der Hinweis zum Nachdenken über den Datenschutz. Wie üblich, wenn es sich um die *iCloud* dreht, landen Ihre Daten nicht in der sicheren Schweiz, sondern auf Servern in Amerika. Nun sind die Amerikaner ja keine schlechten Menschen, aber Sie besitzen zumindest den Hang zu einer übertriebenen Neugier auf alles, was nicht bei drei auf den Bäumen ist. Wir empfehlen Ihnen daher, sensible Daten lieber nicht in die *iCloud* zu verlegen, da man schlicht keine Kontrolle hat, wer was letztlich liest. Handelt es sich hingegen um Comics oder lustige Bilder, so können Sie das ruhig machen – schließlich unterhält man doch gerne seine Späh-Freunde.

Mail, Kontakte, Kalender, Erinnerungen & Co.

In der Systemeinstellung *iCloud* finden Sie weiterhin die Punkte *Mail*, *Kontakte*, *Kalender*, *Erinnerungen* und *Notizen*. *Mail* zeichnet sich dafür verantwortlich, dass E-Mails per Synchronisierung auf all Ihren Geräten immer aktuell vorliegen. Das betrifft in erster Linie den gesamten Mail-Verkehr, der über Ihre *iCloud*-Adresse läuft. Sobald Sie die *iCloud* beispielsweise auf Mac oder PC eingerichtet haben, erscheint der *iCloud-Account* für *Mail* automatisch auf den *iOS*-Geräten wie iPad oder iPhone – immer vorausgesetzt, dass Sie diese unter derselben *Apple ID* angemeldet haben.

Die »iCloud«-Einstellungen auf iPad und iPhone. Aktivieren Sie dort jene Funktionen, deren Daten Sie auf all Ihren Geräten synchron halten möchten.

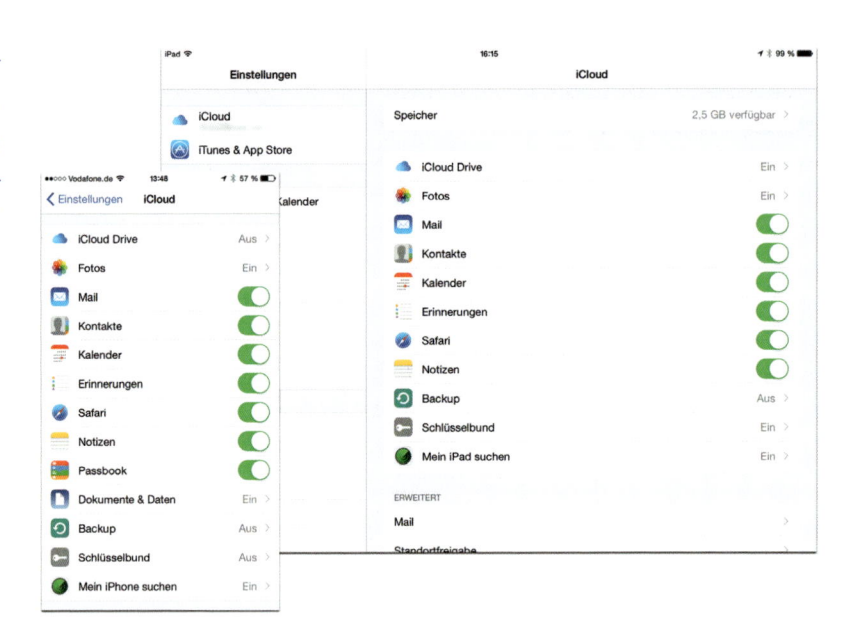

Die *Kontakte* sowie *Kalender* dürften klar sein: Fügen Sie innerhalb Ihres *iCloud-Accounts* eine neue Adresse ein oder setzen Sie einen Termin in Ihrem Kalender, so werden diese Daten auch auf alle anderen Geräte übertragen, die unter derselben *Apple ID* laufen. Das Gleiche gilt auch für *Erinnerungen* (unter »Outlook« *Aufgaben* genannt) sowie *Notizen* (unter Windows nicht verfügbar). Wie das genau im Einzelnen funktioniert, lernen Sie im Kapitel zu den Programmen kennen.

Die Rubrik »Fotos« zum Abgleich von Bildern

Der wichtigste Begriff in diesem Zusammenhang ist der *Fotostream*. Dieser sorgt dafür, dass ein Foto automatisch auf dem virtuellen Speicherplatz in der *iCloud* gesichert und von dort aus auf alle Ihre Geräte verteilt wird. Das funktioniert, indem Sie beispielsweise über iPad, iPhone oder iPod touch ein Foto aufnehmen, ein Bild auf Ihren Mac (über *iPhoto*, *Aperture* oder die *Fotos*-App) oder PC (über den *Uploads*-Ordner) importieren bzw. innerhalb von *iPhoto/Aperture* auf den *iCloud*-Eintrag in der Seitenleiste ziehen.

Auf dem Mac finden Sie dann das Bild innerhalb von *iPhoto* als monatlich angelegtes *Fotostream*-Ereignis (bzw. in der Abteilung *iCloud* – siehe *iPhoto*-Seitenleiste), auf *Apple TV* über die Schaltfläche *iCloud-Fotos* und darin über den Eintrag *Mein Fotostream* oder auf *iOS*-Geräten in der *Fotos-App* unter *Alben* | Rubrik *Mein Fotostream*. Auf dem PC besitzen Sie dazu den Ordner *iCloud-Fotos*, der die drei Unterordner *Freigegeben*, *Mein Fotostream* sowie *Uploads* beinhaltet. Bilder, die Sie in den *Uploads*-Ordner legen, werden dabei in den *Fotostream* geladen – Sie finden Sie dann auch auf Ihren anderen Geräten. Der Ordner *Mein Fotostream* wiederum beinhaltet jene Bilder, die über andere Geräte in den *Fotostream* geladen wurden.

In der *Fotos*-App finden Sie in der *Alben*-Rubrik ebenso das Album *Mein Fotostream*, das alle Bilder, die über den *Fotostream* laufen, abbildet. Aber auch in den *Sammlungen* und *Momenten* lassen sich die Bilder finden.

> **Die aktuellen Bilder (bis zu 1000 Fotos) bleiben 30 Tage in der *iCloud* gespeichert, so dass Sie Vorsorge dafür tragen müssen, diese über ein WLAN-Netzwerk letztlich auf einen Mac, PC oder ein *iOS*-Gerät zu übertragen. Auf dem Mac wird monatlich automatisch ein Ereignis (in *iPhoto*) angelegt, das diese *Fotostream*-Bilder sichert, in der *Fotos*-App landen die Bilder in den *Momenten* und *Sammlungen*. Kommen zu 1000 bestehenden Bildern weitere hinzu, so fliegen die ältesten Fotos in der entsprechenden Anzahl jeweils aus dem *Fotostream*.**

Der *Fotostream* muss auf all Ihren Geräten aktiviert werden. Auf Ihrem Mac regeln Sie das beispielsweise über *iPhoto*, indem Sie in der Seitenleiste auf den Eintrag *iCloud* klicken und darüber den *Fotostream* aktiveren. Unter *Aperture* finden Sie den Eintrag *Fotostream* in Ihrer Mediathek. Sofern Sie mit mehreren *iPhoto*- oder *Aperture*-Mediatheken arbeiten, müssen Sie sich zwangsläufig für eine entscheiden. Das Gleiche gilt für die *Fotos*-App: Das Aktivieren des *Fotostreams* erledigen Sie über die *Einstellungen* | *iCloud*, wobei ebenso immer nur eine Mediathek (die so genannte *Systemfotomediathek*) verwendet werden kann. Letztere legen Sie über die *Einstellungen* | *Allgemein* und dort über die Schaltfläche *Als Systemfotomediathek verwenden* fest.

Sie müssen sowohl über »iPhoto« als auch über »Aperture« den »Fotostream« aktivieren. Ab diesem Zeitpunkt werden die Bilder in bzw. aus der iCloud geladen.

Falls mehrere Geräte unter einer *Apple ID* laufen, so möchte vielleicht der ein oder andere nicht unbedingt, dass Bilder vom iPhone/iPad auch auf den Mac geladen werden und umgekehrt. Während Sie über die *iCloud-Systemeinstellung* bei *Fotos* sowie die *Optionen* nur den *Fotostream* als Ganzes deaktivieren können, bieten die Programm-Einstellungen zu *iPhoto* bzw. *Aperture* detailliertere Mechanismen. Sofern Sie also abstellen möchten, dass beispielsweise alle neu in *iPhoto* oder *Aperture* importierten Bilder automatisch in die *iCloud* gesendet werden, so deaktivieren Sie die Option *Automatischer Upload*. Fotos, die Sie dennoch an den **Fotostream** senden möchten, ziehen Sie dann einfach manuell auf den Eintrag *iCloud* in der *iPhoto-* bzw. der *Aperture-Mediathek*-Seitenleiste. Möchten Sie hingegen verhindern, dass Ihre mit dem iPhone/iPad geschossenen Bilder selbstständig in *iPhoto* oder *Aperture* landen, so deaktivieren Sie die Option *Automatischer Import*. Der *Fotostream* kann hierbei ruhig aktiviert bleiben, wenn Sie doch das ein oder andere Mal ein Bild aus der Anwendung in die *iCloud* versenden wollen. Für Windows-Anwender stehen derlei Optionen leider nicht zur Verfügung. Diese müssen darauf achten, wohin sie ihre Bilder speichern. Wird ein Foto über ein *iOS*-Gerät geschossen, so wird es automatisch über die *iCloud* in den *Mein Fotostream*-Ordner auf dem PC übertragen. Dort müssen Sie es dann manuell löschen.

4 | iCloud – Mehrwert für den Mac & Co.

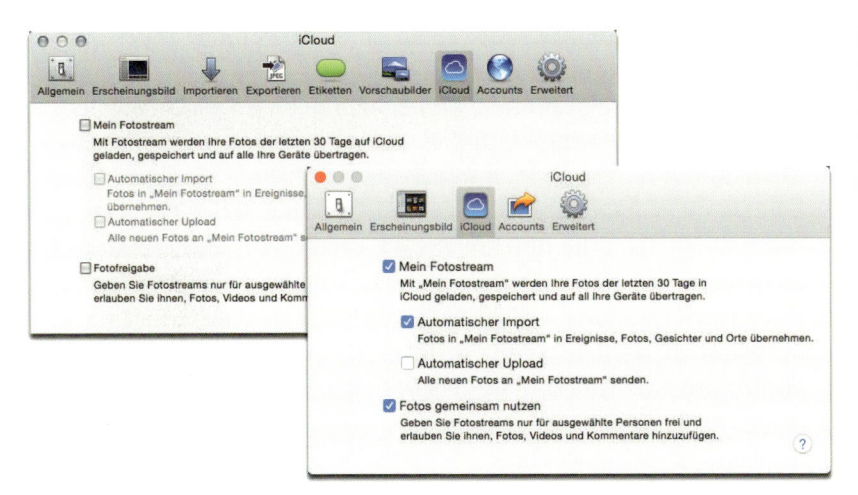

Die Einstellungen der betroffenen Programme (iPhoto und Aperture) ermöglichen das Deaktivieren eines vollautomatischen Up- bzw. Downloads.

Die *Fotos*-App unterscheidet leider nicht zwischen *Automatischer Import* und *Automatischer Upload*. Ist die Option *Mein Fotostream* aktiviert, so laufen grundsätzlich alle Bilder, die über andere Geräte erstellt werden, in den *Fotostream*. Noch schlimmer: Alles, was Sie in die *Fotos-Mediathek* importieren (beispielsweise einen Ordner mit 200 Bildern) wird in den *Fotostream* gelegt und hochgeladen. Da es sich zum Zeitpunkt der Bucherstellung noch um eine Beta-Version handelt, wollen wir stark hoffen, dass hier noch nachgebessert wird.

Bilder lassen sich selbstverständlich auch manuell aus dem *Fotostream* entfernen. Markieren Sie innerhalb *iPhoto/Aperture/Fotos* einfach ein oder mehrere Bilder und ziehen Sie sie auf den *Papierkorb* bzw. betätigen Sie die *Löschen*-Taste auf der Tastatur. In *iPhoto* und *Aperture* erscheint dabei ein Warndialog, der Ihnen das unwiderrufliche Löschen ankündigt (in der *Fotos*-App sind die Bilder ohne Rückwarnung weg). Bestätigen Sie mit *Fotos löschen*, so werden diese Fotos entfernt – und zwar auf all Ihren Geräten, deren *Fotostream* aktiviert ist und die unter derselben *Apple ID* in der *iCloud* angemeldet sind. Unter Windows löschen Sie einzelne Bilder, indem Sie sie aus dem Ordner *Mein Fotostream* in den Papierkorb befördern.

iPhoto und *Aperture* unter *OS X* werden im Frühjahr 2015 von dem neuen Programm *Fotos* abgelöst. Damit einher geht auch die neue *iCloud-Fotomediathek*, die zum Zeitpunkt der Bucherstellung nur als Beta-Version bestand. Hierbei laden Sie Ihre vollständige Bildersammlung der *Fotos*-App samt der dort angelegten Ordner-Struktur und inklusive der Videos in die *iCloud*. Änderungen an einzelnen Bildern werden dann ebenso synchronisiert, so dass Sie dann wirklich auf all Ihren Geräten immer dieselbe Mediathek mit dem exakten Bilder-Bestand haben. Einziger Nachteil: Da die *iCloud-Fotomediathek* im Gegensatz zum *Fotostream* voll und ganz auf die fünf Gigabyte kostenloser Speicherplatz angerechnet wird, bedeutet dies – natürlich abhängig von der Größe Ihrer Fotosammlung –, dass Sie damit wohl mit Sicherheit nicht auskommen werden. Somit heißt es also das virtuelle Speicherkontingent aufzustocken, was wieder Mehrkosten mit sich bringt.

Meinen Mac suchen

In der Systemeinstellung *iCloud* finden Sie weiterhin die Funktion *Meinen Mac suchen*. Da Apple-Geräte weltweit beliebt – und teuer – sind, erwecken sie leider auch das Begehren bei einer Gruppe von Menschen, die wenig Wert auf Ehrlichkeit legen. Aber auch die Vergesslichkeit kann einem gehörig zusetzen, verlieren Sie beispielsweise Ihr MacBook oder lassen es in einem öffentlichen Verkehrsmittel liegen. Der Ärger ist groß, die Verzweiflung noch größer, und das Loch im Portemonnaie für ein neues Gerät toppt sie alle. Und dennoch – es gibt eventuell Hilfe in der Not …

In so einem Fall springt nämlich eventuell die Option *Meinen Mac suchen* in die Bresche. Voraussetzung hierbei ist jedoch, dass Sie zum einen diese Option in den *Systemeinstellungen* | *iCloud* aktiviert und zum anderen die *Ortungsdienste* (Systemeinstellungen *Sicherheit* | Rubrik *Privatsphäre*) eingeschaltet haben. Über die *iCloud*-Webseite auf Mac oder PC rufen Sie nun die Anwendung *Mein iPhone* auf bzw. starten auf iPad, iPhone oder iPod touch die gleichnamige App. Über die Schaltfläche *Geräte* lässt sich nun das gesuchte Gerät orten.

Tippen/Klicken Sie auf das gefundene Gerät, so können Sie im besten Fall einen Ton zum Orten (es erfolgt ein zweiminütiger Klingelton) abspielen lassen, falls es sich in der Nähe (beispielsweise im Garten oder im Auto liegen gelassen) befindet. *Sperren* wiederum gibt Ihnen die Möglichkeit, einen Code zu vergeben, ohne den das Gerät nicht gelöscht werden kann. Weiterhin lässt sich eine Nachricht eintippen, die an das Gerät gesendet

4 | iCloud – Mehrwert für den Mac & Co.

wird. Ein ehrlicher Finder kann so zu Ihnen Kontakt aufnehmen. Übrig bleibt die Option *Mac löschen*, womit Sie sämtliche Daten auf Ihrem Gerät eliminieren und zugleich das Gerät per Passcode sperren. Auch eine Nachricht lässt sich wieder einblenden. Bekommen Sie das gelöschte Gerät später doch wieder zurück, so können Sie die Daten beispielsweise über ein *Time Machine*-Backup wieder auf den Mac kopieren.

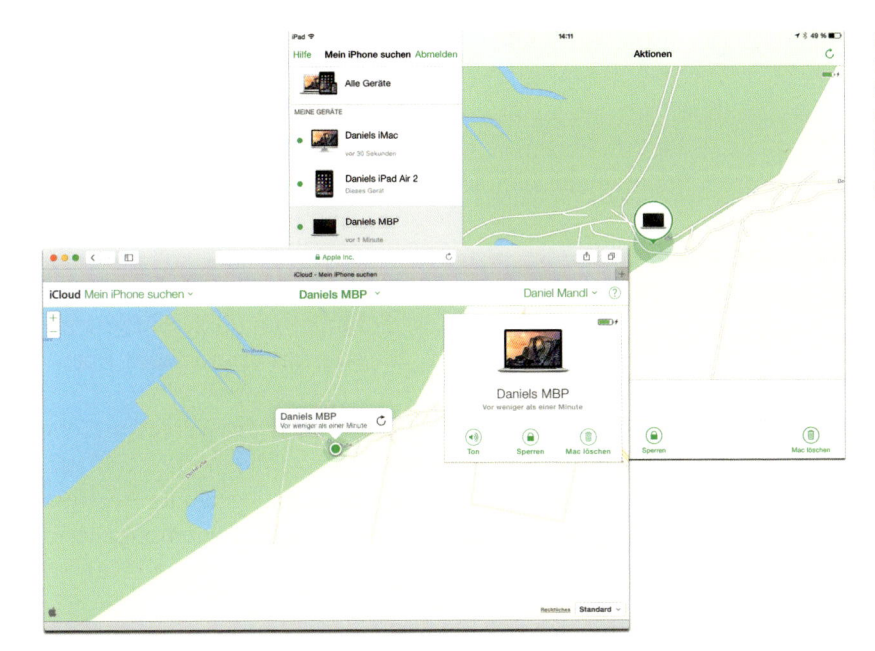

Und schon geht es los mit dem Orten auf iPad (hintere Abbildung) oder Mac, denn wenige Sekunden später lassen sich Ihre Geräte genau bestimmen.

Ein verschwundener Mac lässt sich vorsichtshalber per Code sperren, mit einer Nachricht versehen und im Zweifel sogar fernlöschen.

Apple weist darauf hin, dass *Mein iPhone suchen* nur korrekt funktioniert bzw. ein anderes Gerät aufspüren kann, wenn dieses sowohl eingeschaltet als auch mit einem registrierten WLAN-Netzwerk verbunden ist. Bei *iOS*-Geräten mit Mobilfunk-Anbindung müssen diese über einen aktiven 3G-Tarif verfügen.

Datenschutz und Sicherheit für die iCloud

Gerade im Zuge der NSA-Daueraffäre und diversen Hacker-Angriffen auf bekannte Webseiten kommt man aus dem Grübeln nicht mehr raus, ob es denn eine so gute Idee ist, seine Daten der *iCloud* anzuvertrauen (noch dazu, wo die Server in Amerika stehen). Apple verspricht hier zwar eine Verschlüsselung sowohl beim Übertragen als auch beim Verwahren der Daten, doch eine hundertprozentige Sicherheit gibt es einfach nicht (Stichwort »Hintertüren«).

Wozu wir Ihnen auf jeden Fall raten möchten, ist die zweistufige Bestätigung, die als Option für Ihre *Apple ID* angeboten wird. Hierbei greifen zusätzliche Schutzmaßnahmen, ehe auf Ihren *iCloud*-Account zugegriffen oder darüber etwas erworben werden kann. Dies geschieht neben Ihren üblichen Eingabedaten wie *Apple ID* und Passwort über einen Bestätigungscode, der auf eines Ihrer *iOS*-Geräte oder ein anderes Mobiltelefon (von Apple »vertrauenswürdige Gerät« genannt) geschickt wird. Letztere müssen über eine SMS-fähige Rufnummer ansprechbar sein.

Das Einrichten erledigen Sie über die Webseite `https://appleid.apple.com/de`, indem Sie auf *Ihre Apple ID verwalten* klicken und sich nachfolgend anmelden. Anschließend geht es in die Abteilung *Passwort und Sicherheit*, wobei Sie in diesen Bereich nur Zutritt erlangen, wenn Sie zwei Ihrer Sicherheitsfragen korrekt beantworten (etwa »Wie hieß Ihr erstes Haustier?«). In *Passwort und Sicherheit* können Sie nun Ihre bislang vergebenen Daten wie Ihr Passwort oder Ihre Sicherheitsfragen überarbeiten und ändern, was in unserem Fall jedoch nicht auf der Tagesordnung steht. Wichtig ist für Sie der Link *Erste Schritte* bei der Überschrift *Zweistufige Bestätigung*, der Sie in den folgenden Dialogen noch einmal mit Informationen versorgt. Unter anderem erfahren Sie dort die Tatsache, dass die bislang vergebenen Sicherheitsfragen obsolet werden, Sie einen *Wiederherstellungsschlüssel* seitens Apple bekommen (falls Sie mal Ihr Passwort vergessen sollten) und Sie mithin die einzige Person sind, die künftig Ihr Passwort zurücksetzen kann (selbst Apple kann dies dann nicht mehr tun).

4 | iCloud – Mehrwert für den Mac & Co.

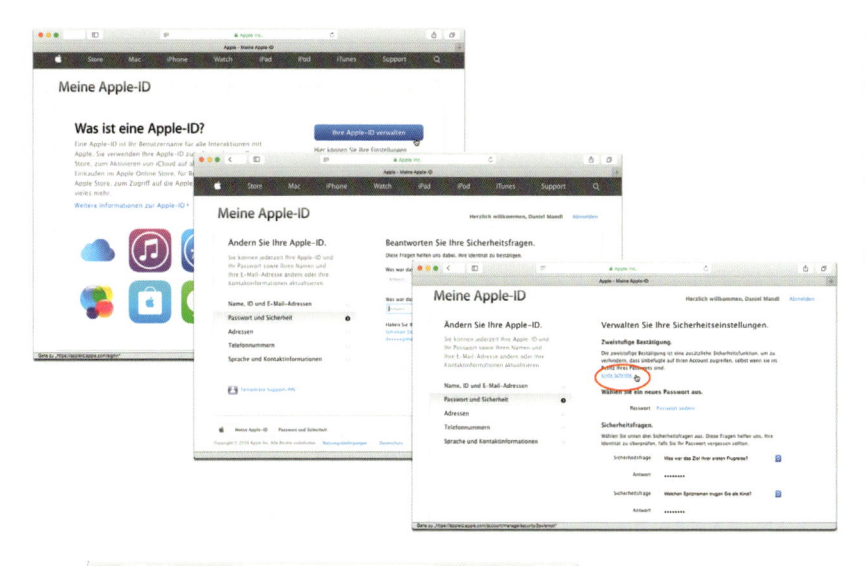

Nach der Anmeldung über »Ihre Apple-ID verwalten« sowie der Beantwortung zweier Sicherheitsfragen geht's in die Abteilung »Passwort und Sicherheit«, in der Sie bei »Zweistufige Bestätigung« den Link »Erste Schritte« wählen.

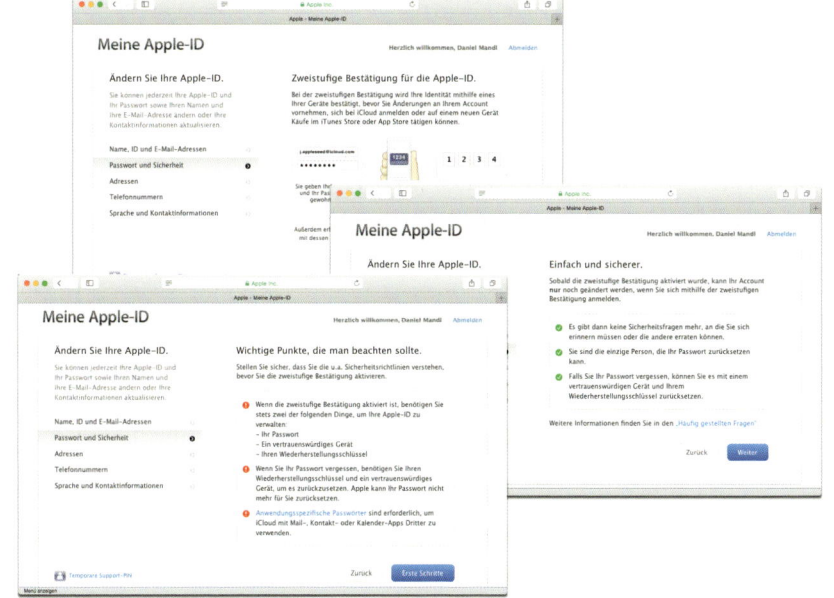

Es folgen diverse Informationen, die noch einmal auf das weitere Vorgehen hinweisen. Das klingt im ersten Moment alles ziemlich beängstigend – aber vertrauen Sie Ihrem Bauchgefühl und tun Sie es einfach :-)

Danach heißt es die vertrauenswürdigen Geräte einzurichten, indem Sie eine oder mehrere Telefonnummern hinterlegen, über die Sie SMS-Nachrichten empfangen können. Sobald die erste Nummer angegeben ist, bekommen Sie auch schon den ersten vierstelligen Bestätigungscode auf Ihr Gerät gesandt, den Sie nun am Mac/PC einzugeben haben. Letzteres bestätigt sozusagen die Identität.

Das Einrichten Ihrer vertrauenswürdigen Geräte ist schnell erledigt, indem Sie eine SMS-taugliche Telefonnummer hinterlegen, die sogleich mit einer SMS samt vierstelligem Code bestätigt wird.

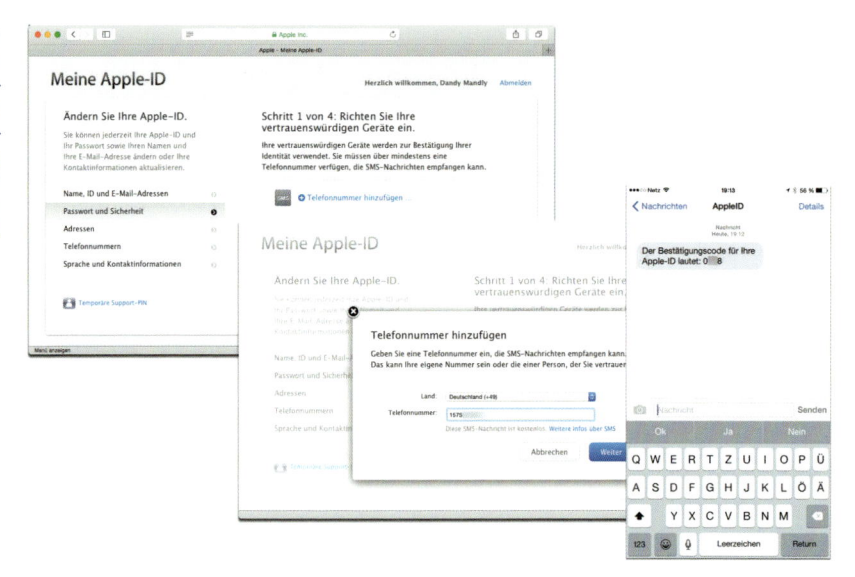

Danach generiert Apple einen *Wiederherstellungsschlüssel*, den Sie sich tunlichst abschreiben und gut verstauen sollten. Dieser *Wiederherstellungsschlüssel* ist für Sie unabdingbar, sollten Sie einmal Ihr Passwort für den Account vergessen oder Ihr vertrauenswürdiges Gerät abhanden gekommen sein. Zur Bestätigung tragen Sie nun diesen *Wiederherstellungsschlüssel* ein weiteres Mal manuell ein. Eine letzte Belehrung folgt, die Sie per Setzen eines Bestätigungshakens akzeptieren müssen. Über *Zweistufige Bestätigung aktivieren* wird abschließend das Prozedere eingeleitet – die *Zweistufige Bestätigung* steht.

Der Wiederherstellungsschlüssel ist von enormer Bedeutung, falls Sie mal Ihr Passwort vergessen oder Ihr »vertrauenswürdiges« Gerät zum Empfang der Bestätigungscodes verlieren sollten. Nach einer letzten Belehrung wird die »Zweistufige Bestätigung« aktiviert.

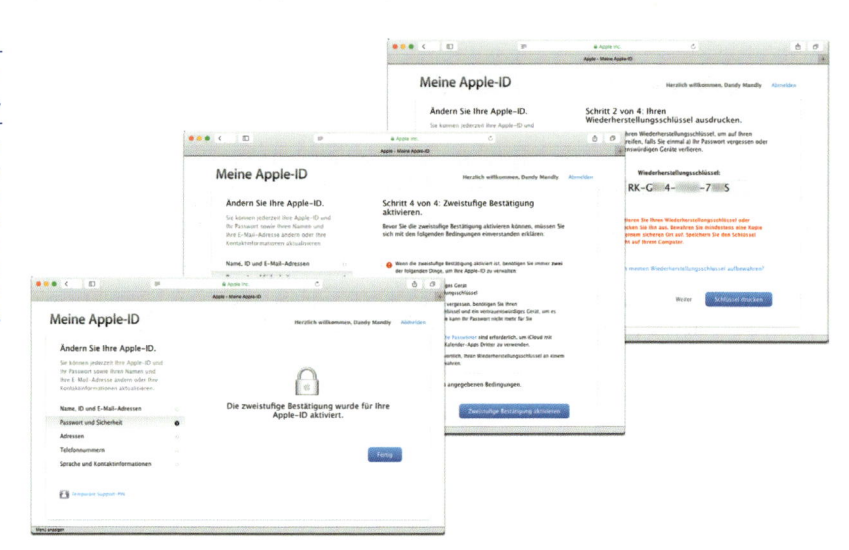

Sollte Ihnen einmal der *Wiederherstellungsschlüssel* abhanden kommen, so melden Sie sich wieder über die URL `https://appleid.apple.com/de` bei *Ihre Apple-ID verwalten* an und begeben sich in den Bereich *Passwort und Sicherheit*. Dort lässt sich über *Wiederherstellungsschlüssel* die Option *Verlorenen Schlüssel ersetzen* wählen. Sollten Sie Ihr üblicherweise verwendetes vertrauenswürdiges Gerät verlieren, so besuchen Sie ebenso *Ihre Apple-ID verwalten* und nachfolgend *Passwort und Sicherheit*. Über *Vertrauenswürdige Geräte hinzufügen oder entfernen* lässt sich nun das alte Gerät aus der Liste streichen und ein neues hinzufügen. Da der Zugriff in den Bereich *Passwort und Sicherheit* ebenso einen Bestätigungscode verlangt, müssen Sie sich im Zweifel über Ihr *Apple ID*-Passwort sowie den *Wiederherstellungsschlüssel* dort einloggen.

Sollten Sie vor dem Aktivieren der *Zweistufigen Bestätigung* bereits Änderungen an Ihrem Account vorgenommen haben, so kann es passieren, dass als Sicherheitsmaßnahme die Aktivierung erst einige Tage später vorgenommen wird. Sie bekommen dazu eine E-Mail, die Sie auf Ihr Ansinnen der zweistufigen Bestätigung aufmerksam macht. Sie müssen sich dann noch ein wenig gedulden, ehe eine Aktivierung erfolgt.

Wichtig ist auch noch zu wissen, dass Sie für Programme, die nicht von Apple stammen und somit die zweistufige Bestätigung nicht unterstützen (aber dennoch Zugriff auf die *iCloud* haben wie etwa *Outlook*), ein sogenanntes programmspezifisches Passwort verwenden müssen. Dieses legen Sie über die Webseite `https://appleid.apple.com/de` bei *Ihre Apple-ID verwalten* im Bereich *Passwort und Sicherheit* an. Klicken Sie dazu auf *Erstellen eines anwendungsspezifischen Passworts* und vergeben Sie ein *Label* (also einen Überbegriff wie beispielsweise *E-Mail* oder *Kalender*) als Erinnerungsstütze, damit Sie später leichter zuordnen können, welches Passwort für welches Programm vergeben wurde. Über *Erstellen* wird nun ein Kennwort generiert, das Sie in das betreffende Passwortfeld eingeben. Danach sollte das entsprechende Programm funktionieren.

Programme, welche die zweistufige Bestätigung nicht unterstützen und dennoch Zugriff auf die iCloud haben möchten, benötigen ein programmspezifisches Passwort. Dieses lässt sich über die Webseite »Meine Apple-ID« (`https://appleid.apple.com/de`) generieren.

Und wenn Sie sich nun später nach all den vielen Bestätigungen, Passwörtern, SMS-Fluten und Sicherheitsmaßnahmen ärgern, was Sie sich denn da wieder Kompliziertes ins Haus geholt haben, so können wir freudig verkünden, dass Sie die *zweistufige Bestätigung* auch wieder deaktivieren können. Und wie üblich geht's wieder über die URL `https://appleid.apple.com/de` in den Bereich *Passwort und Sicherheit*, über den Sie unten stehend den Link *Zweistufige Bestätigung deaktivieren* finden. Einmal angeklickt, heißt es wieder Sicherheitsfragen festzulegen und eine E-Mail-Adresse zur Wiederherstellung anzugeben. Über *Weiter* müssen Sie Ihr Ansinnen noch einmal bestätigen, ehe es dann wieder heißt: Die zweistufige Bestätigung wurde deaktiviert.

Keine Bange: Die zweistufige Bestätigung lässt sich auch wieder deaktivieren. Und das geht in jedem Fall schneller als das Aktivieren.

4 | iCloud – Mehrwert für den Mac & Co.

Die Familienfreigabe – Teilen von Inhalten und Käufe freigeben

Neu in *OS X Yosemite* und *iOS 8* ist die *Familienfreigabe*, die bis zu sechs Personen (mit jeweils eigener *Apple ID*) über einen zahlenden Account laufen lässt. Auch *iTunes*-Inhalte, *iBooks*- und *App Store*-Einkäufe lassen sich hierbei teilen. Auf Wunsch können Sie sogar einen Kalender innerhalb der Familie führen und auch Fotos gemeinsam nutzen.

Diese Einrichtung eignet sich in erster Linie für jene, die minderjährige Kinder haben, da eine Kontrolle über etwaige Einkäufe vorliegt bzw. Sie diese Käufe genehmigen lassen können. Bezahlt wird grundsätzlich über das Kreditkartenkonto des Familienoberhauptes, was bei Ihnen sicherlich erst mal Fluchtgedanken aufkommen lässt. Aber keine Angst – ruinieren lassen müssen Sie sich nicht, wenn Sie die nachfolgenden Schritte beherzigen.

Aller Anfang ist wie üblich das Konfigurieren der *Familienfreigabe*. Das können Sie am Mac über die Systemeinstellung *iCloud* bzw. auf iPad oder iPhone über die *Einstellungen | iCloud* und den Punkt *Familienfreigabe einrichten*. Wir gehen die Sache selbstverständlich über den Mac an, denn schließlich geht es hier um *OS X Yosemite*.

Über die Systemeinstellung »iCloud« sowie den Button »Familienfreigabe einrichten« geben Sie den Startschuss.

Nach dem üblichen Eingangsgeplänkel und etwaigen Informationen (die Sie auf jeden Fall lesen sollten) geht's dann recht schnell ans Eingemachte. Sie als Familienorganisator müssen sozusagen die Familie im Zaume halten, denn letztlich sind Sie verantwortlich für alle Einkäufe. Und weil das so ist, müssen Sie die Käufe freigeben und zustimmen, dass diese allesamt über Ihre Kreditkarte gelenkt werden.

Im nächsten Schritt werden die Zahlungsmodalitäten geklärt, wobei Ihnen Apple eigentlich keine andere Chance lässt als zu blechen.

Sofern Sie noch keine Zahlungsmethode festgelegt haben, werden Sie automatisch in den *iTunes Store* verwiesen. Sind die Daten eingegeben und alles für korrekt erklärt, wechseln Sie bitte wieder in die Systemeinstellung *iCloud* und führen obige Schritte erneut durch.

Im nachfolgenden Bildschirm müssen Sie die Nutzungsbedingungen seitens Apple akzeptieren und können danach eine *Standortfreigabe* für Ihre Familie erteilen. Auf diese Weise lässt sich allen Mitgliedern stets mitteilen und in Erfahrung bringen, wo Sie sich gerade aufhalten. Ob das nun so eine gute Idee ist, bleibt selbstverständlich Ihnen überlassen. Das war's dann aber auch schon – Sie sind nun als Organisator festgelegt und können weitere Familienmitglieder einladen.

Über die »Standortfreigabe« lässt sich der aktuelle Aufenthaltsort untereinander mitteilen. Der abschließende Bildschirm ermöglicht es Ihnen nun, weitere Familienmitglieder hinzuzufügen.

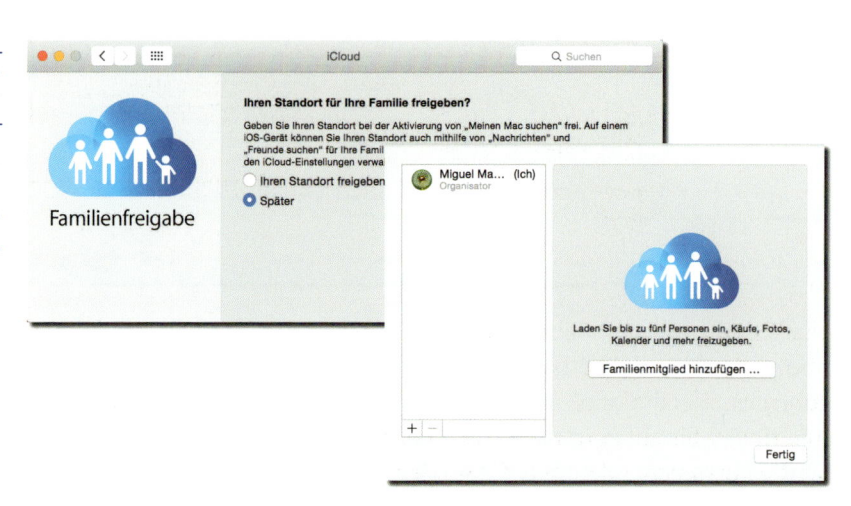

4 | iCloud – Mehrwert für den Mac & Co.

Da Minderjährige unter 13 Jahren üblicherweise keinen Account besitzen dürfen, lässt sich über die *Familienfreigabe* eine *Apple ID* extra für Kinder einrichten. Hierzu klicken Sie in der Systemeinstellung zuerst auf *Familie verwalten* und anschließend auf *Familienmitglied hinzufügen*. Im erscheinenden Dialog wählen Sie dann die Option *Erstellen Sie eine Apple-ID für ein Kind, das keinen Account hat* und klicken auf *Fortfahren*. Nun heißt es wieder Daten einzutragen, indem Sie das Geburtsdatum, den Namen, die Festlegung der E-Mail-Adresse für die *Apple ID* samt Passwort sowie drei Sicherheitsfragen (Wer war …, Wie heißt … etc.) angeben. Den Abschluss bilden dann noch die Optionen zur *Standortfreigabe* sowie einer *Kaufanfrage*. Zur *Kaufanfrage* raten wir auf jeden Fall, da somit jeder Kauf erst von Ihnen über eine Genehmigungsfrage erlaubt werden muss. Das schützt Sie zwar vor ausufernden Kreditkartenbelastungen, führt aber wahrscheinlich unweigerlich zu überbordenden Diskussionen (das kostet aber wenigstens nur Ihre Zeit). Sind dann alle Fragen beantwortet und alle Dialoge bestätigt, so wird die Kinder-*Apple-ID* automatisch als Familienmitglied hinzugefügt.

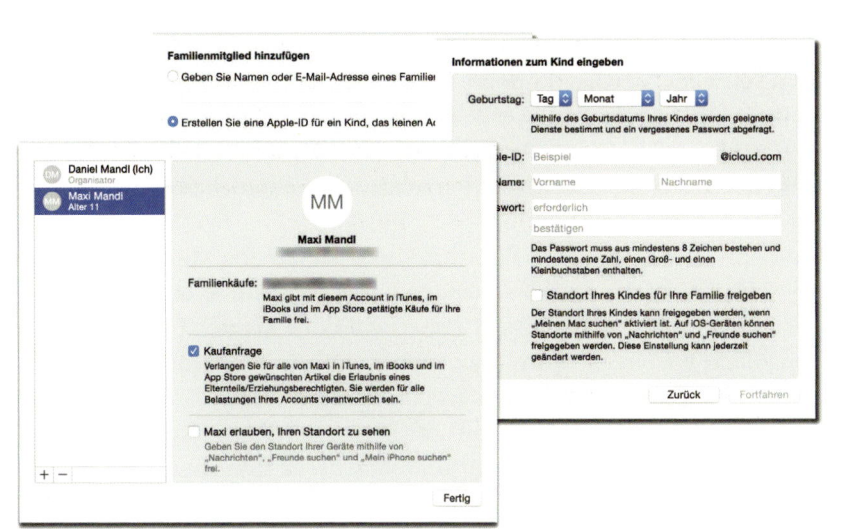

Über die Option »Erstellen Sie eine Apple-ID für ein Kind, das keinen Account hat« können Sie für unter 13-jährige eine Apple ID anlegen, die automatisch als Familienmitglied geführt wird und zudem eine Kaufanfrage beinhaltet.

Unabhängig von der Kinder-*Apple-ID* lassen sich weitere Kandidaten über *Familienmitglied hinzufügen* bzw. den Klick in die Plus-Taste bestimmen oder einladen. Tragen Sie dazu die entsprechende *Apple ID* ein und tippen Sie auf *Fortfahren*. Nun können Sie entweder eine Einladung an die entsprechende *Apple ID* senden oder gleich selbst das Kennwort

275

eintragen. Das künftige Familienmitglied erhält eine Einladung auf seinen Mac oder *iOS*-Gerät, die er ablehnen (schön doof!) oder annehmen (was sonst!) kann. Im Falle der Annahme erklärt sich jedoch der Betroffene ebenso bereit, seine Käufe für die anderen Familienmitglieder freizugeben.

Sobald ein Familienmitglied eine Einladung erhält, kann er diese annehmen, muss jedoch im Gegenzug seine eigenen Käufe den anderen freigeben.

Die Option *Kaufanfrage* zum Versenden einer Kaufgenehmigung funktioniert nur bei Personen bis zum 18. Lebensjahr. Über dieses Alter hinaus gelten alle Familienmitglieder als Erwachsene, die stattdessen jedoch als *Elternteil/Erziehungsberechtigter* ausgezeichnet werden können. Letzteren kann damit die Verantwortung übertragen werden, etwaige von Kindern versandte *Kaufanfragen* zu genehmigen. All diese Optionen finden Sie, indem Sie die entsprechende Person in der Seitenleiste auswählen.

Und nun kommt die Probe aufs Exempel: Der kleine Maxi will sich ein Spiel kaufen, das ganz klar nicht seiner Altersgruppe entspricht. Und wir reden hier nicht von *Mein Bauernhof* oder *Kleiner Eisbär*, sondern von *Modern Combat 5*, wo man nur überleben kann, indem man sich den Weg freischießt (also ganz wie im richtigen Leben …). Drückt nun der kleine Maxi auf seinem iPod aufgeregt den *Kaufen*-Button, weil er ja schon immer wissen wollte, warum Erwachsene sich über Waffen unterhalten, taucht über die *Familienfreigabe* der Hinweis auf, dass er dazu die Erlaubnis seines Erziehungsberechtigten einholen muss. Sobald nun auf *Einholen* getippt wird, bimmelt es auf den Geräten der Eltern und diese können entscheiden, ob sie das erlauben oder ablehnen. Auch diese Entscheidung wird wieder kommuniziert und Maxi wird sich wohl ärgern, dass er es nun wieder nichts mit Mord und Totschlag wird.

4 | iCloud – Mehrwert für den Mac & Co.

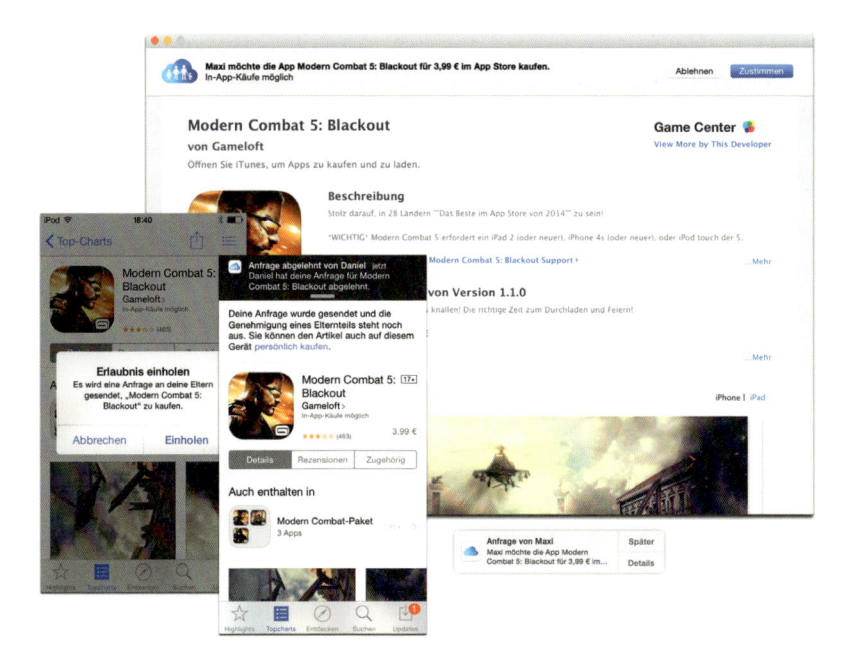

Bei einem versuchten Kauf des Kindes muss dieses eine Erlaubnis einholen. Die Eltern bekommen innert Sekunden die Anfrage auf den Mac oder ihr iOS-Gerät zugesandt und können sich positiv wie negativ entscheiden.

Ein weiterer Vorteil der *Familienfreigabe* ist das gemeinsame Nutzen von erworbenen Apps, Büchern und Musik. So können Familienmitglieder über *iTunes Store*, *(Mac) App Store* oder *iBooks* jeweils über die Abteilungen *Käufe (iOS)* bzw. *Einkäufe (OS X)* sowohl auf die eigenen als auch über die freigegebenen Medien der anderen Familienmitglieder zugreifen und diese auf ihre Geräte laden.

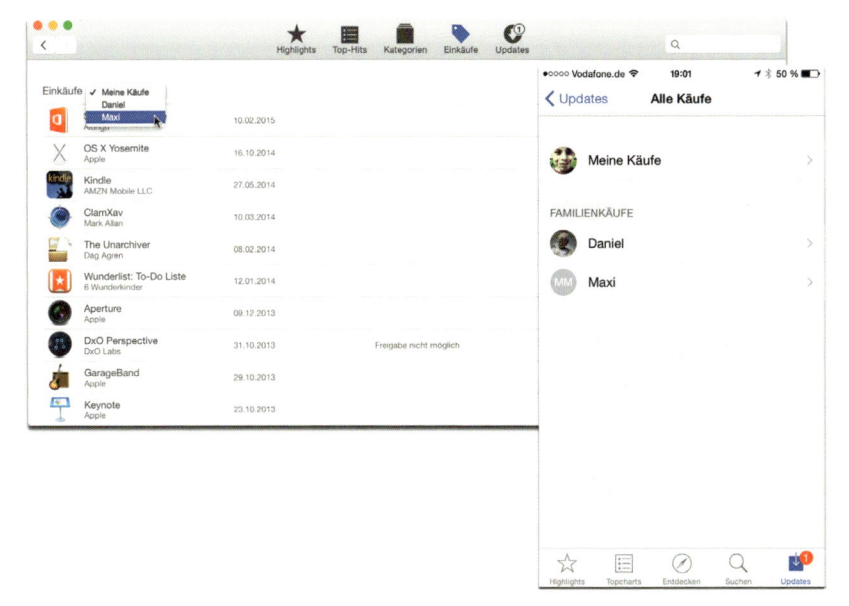

Da jedes Familienmitglied sozusagen verpflichtet wird, seine Käufe innerhalb des Familienzirkels freizugeben, kann man über die jeweiligen Käufe-Abteilungen die Medien der anderen auf sein Gerät laden.

277

Nachdem Sie nun wissen, wie es um die *iCloud* bestellt und ist und welche Dienste sich darüber abwickeln lassen, geht es im nächsten Kapitel ins Internet. Wir zeigen Ihnen, wie Sie einen Zugang bekommen, wie sich über den Browser *Safari* das World Wide Web erkunden lässt und was das Programm *Mail* so alles drauf hat. Sie sehen schon: Sie kommen Ihrem Ziel, den Mac zu beherrschen und zu verstehen, immer näher …

Online kommunizieren – mit dem Mac im Internet, E-Mails und Nachrichten

Das Internet hat die Welt verändert, wie sich fast jeden Tag von neuem im Fernsehen bewundern oder in seriösen Zeitungen nachlesen lässt. Egal ob Revolution, Spähaffären oder Promitreff – die Kommunikation verläuft zu großen Teilen auf digitalem Wege, der Umgang mit Daten erfolgt über Online-Speicher und selbst das Denken wird sich im Laufe der Jahrzehnte umstellen. Immer mehr Informationen werden in virtuelle Datenspeicher ausgelagert, sodass man sich vieles einfach nicht mehr merkt, sondern eben *Google* anwirft. Ob das nun der große Wurf für die Menschheit ist?

Solch bedeutende Fragen können wir selbstverständlich nicht klären, doch können wir mit Sicherheit behaupten, dass Apple seinem Betriebssystem *OS X* alles Wichtige mitgegeben hat, was Sie für die digitale Welt da draußen benötigen. Im Grunde können Sie in wenigen Minuten loslegen – vorausgesetzt, Sie haben sich bereits um einen Provider gekümmert, der Ihnen die Zugangs-Daten übermittelt – natürlich per Post. Ist dieser Punkt geklärt, so steht einem Besuch im World Wide Web oder einer ersten E-Mail an die Lieben nichts mehr im Wege …

Internet-Zugang konfigurieren

Sofern Sie Zuhause über *DSL (Digital Subscriber Line)* bzw. sogar *VDSL (Very High Speed Digital Subscriber Line)* verfügen, so haben Sie schon einmal gute Karten. Üblicherweise bekommen Sie von Ihrem Provider eine Kiste mit allerlei Kabeln und natürlich dem DSL-Modem bzw. (WLAN-)Router (etwa *DSL EasyBox* oder *Speedport*) geliefert, die sich mit Hilfe ausgefeilter Bedienungsanleitungen meist recht schnell anschließen lassen.

Je nachdem, welchen Mac Sie besitzen, können Sie sich entscheiden, ob Sie Ihren Mac per Kabel oder drahtlos per WLAN ins Internet bringen möchten. Bei den MacBook Pro/Air-Modellen klappt eigentlich nur

WLAN, da eine Ethernet-Schnittstelle nicht mehr vorhanden ist (es sei denn, Sie benutzen den *Apple Thunderbolt auf Gigabit-Ethernet Adapter*).

Die Konfiguration per Kabel erfolgt über den Internet-Browser, wobei Sie entweder eine Adresse wie beispielsweise `autokonfig.telekom.de` (Telekom), `easy.box` (Vodafone), `fritz.box` etc. eingeben oder der Browser automatisch Kontakt zum Router aufnimmt. Danach müssen Sie meist einen Installationscode oder Ihre Zugangsnummer eingeben, die Sie von Ihrem Provider erhalten haben – anschließend sollte die Internet-Verbindung stehen (achten Sie dabei auf die entsprechenden LED-Lämpchen an Ihrem Router).

Im Fall der WLAN-Variante sollten Sie im Vorfeld den Router in Ihrer Nähe bereithalten, da sich dort auf der Rückseite wichtige Daten wie das Geräte-Passwort etc. befinden. Ist das Gerät korrekt verbunden, sollte es bereits senden. Ist am Mac *WLAN* aktiviert, so wird der *WLAN-Name* (SSID) bzw. *Gerätename* bereits als Netzwerk angeboten. Wählen Sie es aus und geben Sie dann den *WLAN-Schlüssel* an. Damit ist der drahtlose Zugriff auf das Gerät möglich.

Nach der Wahl des korrekten WLAN-Namens tragen Sie den WLAN-Schlüssel (WPA2) ein, den Sie auf der Rückseite der Geräte finden.

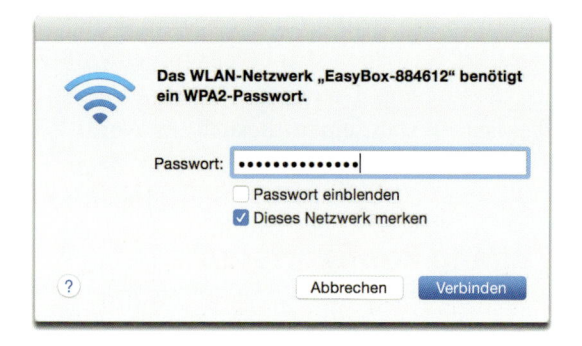

Danach heißt es am Mac den Browser *Safari* zu starten und ebenso in das Adressfeld die vom Provider mitgeteilte Internet-Adresse einzugeben. Über die Eingabe des Geräte-Passwortes bzw. die Vergabe eines Passwortes zum Zugriff auf die Anmelde-Oberfläche stoßen Sie auf den Assistenten, der Sie nun Schritt für Schritt zum Eingeben der persönlichen Daten (Anschlusskennung, T-Online-Nummer, Kennwort etc.) auffordert. Anschließend werden die vergebenen Daten an das jeweilige Gerät gesendet und der Internetzugang sollte nun ohne Probleme drahtlos funktionieren.

5 | Online kommunizieren

Statt eines DSL-Routers können Sie auch ein DSL-Modem an einer *AirPort Extreme Basisstation* betreiben. Neben dem drahtlosen E-Mailen und Surfen im Internet können Sie damit auch ein Netzwerk aufbauen, in dem sich ohne Verkabelung andere Computer ansprechen und Daten übertragen lassen. Oder Sie schließen einen USB-Drucker oder eine externe USB-Festplatte an, die Sie dann ohne große Umschweife im digitalen Arbeitsalltag nutzen können.

Die »AirPort-Extreme-Basisstation« (links und mittig das aktuelle Modell, rechts das Vorgängermodell) bietet neben dem komfortablen drahtlosen Surfen im WWW auch den Anschluss weiterer Geräte wie Drucker oder anderer Macs/PCs. (Bilder: © Apple)

AirPort-Express-Basisstation – der Clou hierbei ist auch das schnurlose Musikhören über angeschlossene Lautsprecher. (Bild: © Apple)

Bevor Sie nun eine neue Umgebung anlegen, sollten Sie zuvor die Hardware richtig verkabeln. Dazu muss selbstverständlich die *AirPort-Extreme-/AirPort Express-Basisstation* an das Stromnetz sowie das Ethernet-Kabel samt Kabel- bzw. DSL-Modem in die richtige Buchse (trägt die Bezeichnung WAN – siehe auch Betriebsanleitung zum *AirPort*-Gerät). Gehen Sie dann in den Ordner *Dienstprogramme* (zu finden im Ordner *Programme*) und rufen Sie dort das *AirPort-Dienstprogramm* auf. Dieses führt Sie nun Schritt für Schritt zum gewünschten Ziel.

> **Tauchen keine Geräte in der *Airport-Geräteliste* auf, so vergewissern Sie sich bitte, ob denn auch über Ihren Mac WLAN aktiviert ist. Das erledigen Sie entweder über die Menüleiste oder über die Systemeinstellung *Netzwerk*, in der Sie über die Port-Liste auf *WLAN* und nachfolgend auf *WLAN aktivieren* klicken.**

281

Das »AirPort-Dienstprogramm« hat eine Basisstation gefunden und bietet diese zur Konfiguration an.

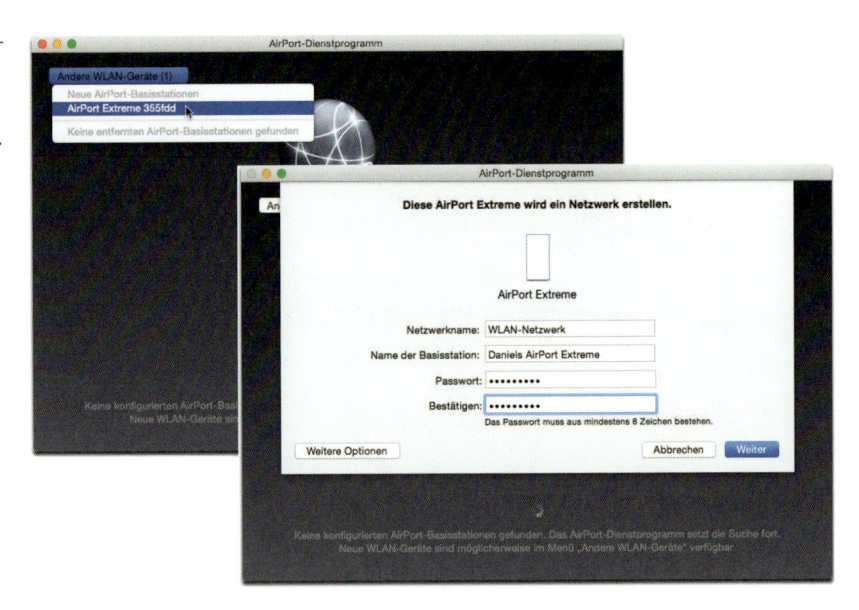

Zu Anfang vergeben Sie einen Namen sowohl für das künftige Netzwerk als auch für die *Basisstation* und legen ein Kennwort fest. Letzteres sollten Sie auf jeden Fall wahrnehmen, damit niemand unberechtigt und ohne größere Hürden auf Ihr WLAN-Netzwerk bzw. die *AirPort Extreme Basisstation* zurückgreifen kann. Über *Weiter* klären Sie dann noch ab, ob Sie Daten zur Diagnose und Nutzung zur Produktverbesserung an Apple senden möchten. Ein weiterer Klick auf *Weiter* und das Netzwerk steht.

Nach der Vergabe von Name und Kennwort heißt es noch über den Dialog »Diagnose & Nutzung« zu entscheiden. Danach steht der Netzwerkzugang.

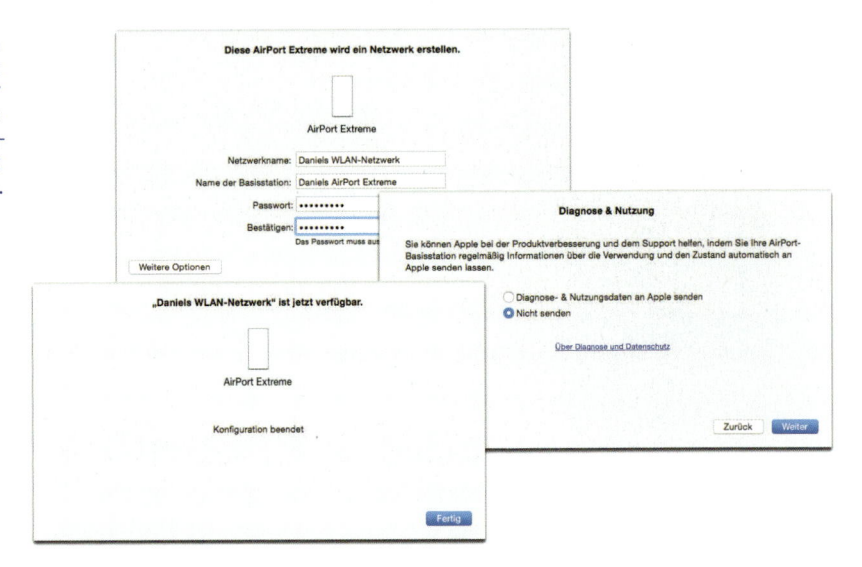

5 | Online kommunizieren

Die Schaltfläche *Weitere Optionen* bietet neben dem Erstellen eines neuen Netzwerkes weitere Möglichkeiten an. So können Sie die jeweilige *Basisstation* auch zum Erweitern eines Netzwerkes konfigurieren oder eine bestehende ersetzen. Da in unserem Fall noch kein Netzwerk besteht, ist automatisch *Neues Netzwerk erstellen* ausgewählt.

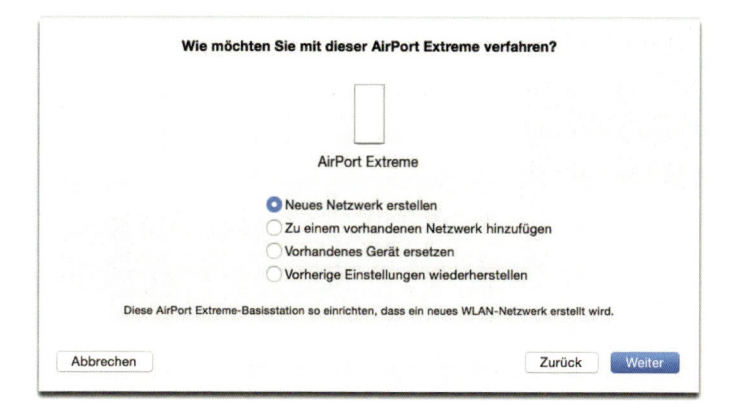

Über »Weitere Optionen« lassen sich alternative Aufgaben seitens der Basisstation auswählen.

Das *AirPort-Dienstprogramm* zeigt nun die neu angemeldete Basisstation als Symbol und Sie können per Mausklick darauf über *Bearbeiten* auf die mannigfachen Einstellungen zugreifen.

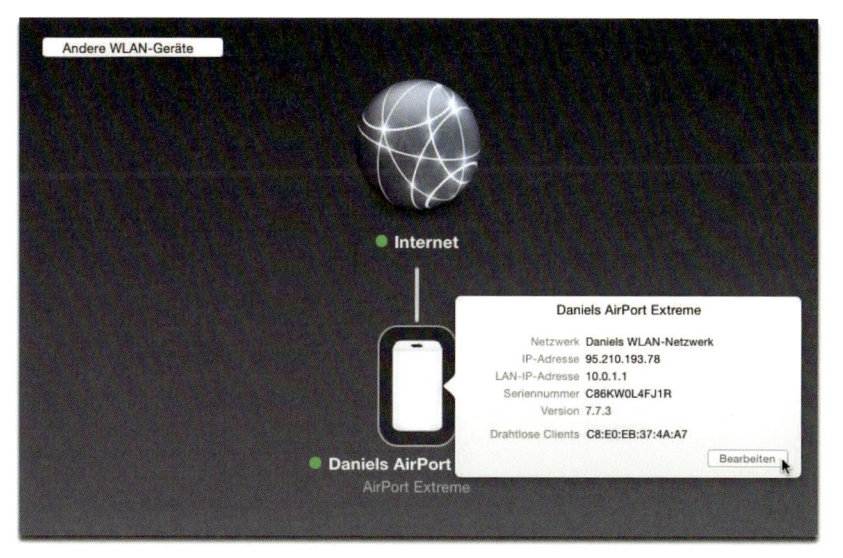

Die Basisstation ist nun für Internet und Netzwerk konfiguriert. Über Bearbeiten können Sie nun weitere Einstellungen vornehmen.

Das von Ihnen bislang vergebene Passwort dient einerseits zum Zugriff auf die Basisstation als auch gleichzeitig zum Einwählen ins Netzwerk bzw. zum Benutzen der Internet-Verbindung. Als zusätzlichen Schutz können Sie über den Reiter *Drahtlos* ein separates Kennwort vergeben, indem Sie das bereits festgelegte mit einem neuen *Netzwerkpasswort* überschreiben.

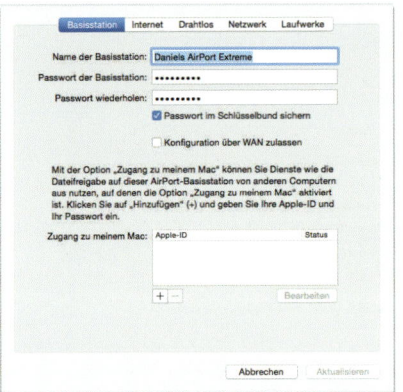

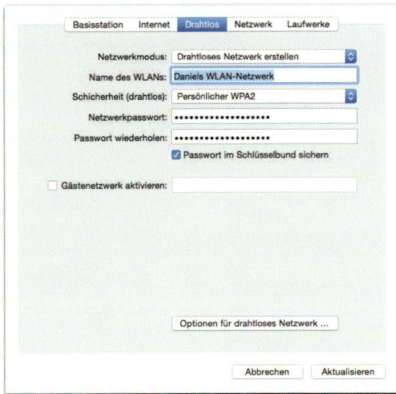

Sicher ist sicher: Benutzen Sie sowohl für den Zugriff auf die Basisstation als auch für das Netzwerk unterschiedliche Passworte, so erschweren Sie den Missbrauch durch potentielle Täter.

Im Reiter *Drahtlos* lässt sich zudem ein sogenanntes *Gästenetzwerk* aktivieren. Damit können Sie anderen Benutzern den Zugang zum Internet erlauben, ohne dass diese jedoch auf Ihr persönliches Netzwerk zugreifen können. Dieses *Gästenetzwerk* können Sie ebenso mit einem Passwort schützen (wozu wir dringend raten).

Auch beim Einrichten eines Gästenetzwerk sollten Sie auf jeden Fall Vorsicht walten lassen und ein Kennwort vergeben.

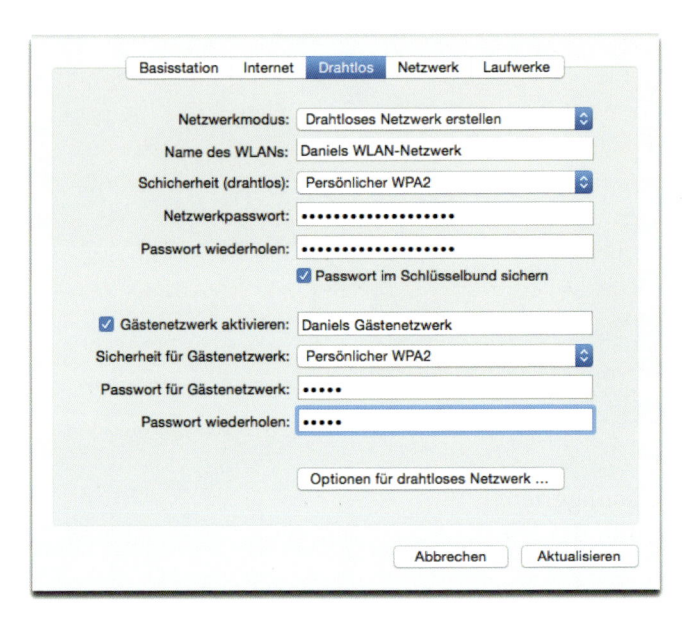

5 | Online kommunizieren

Werfen Sie nun einen Blick in die Systemeinstellung *Netzwerk*, so befindet sich der Eintrag *WLAN* in der Dienste-Liste ganz oben, der Status sollte *Verbunden* sein. Aktivieren Sie auf jeden Fall die Option *WLAN-Status in der Menüleiste anzeigen*, da Sie über das erscheinende Symbol nun schnell und unkompliziert *WLAN aktivieren* oder *deaktivieren* bzw. auch auf andere Netzwerke/Hot Spots zugreifen können.

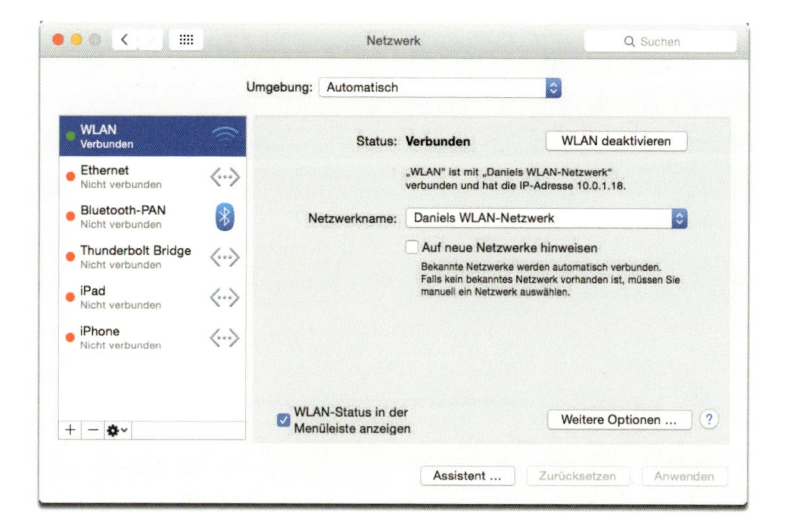

Die Systemeinstellung zeigt die erfolgreiche Verbindung über WLAN.

Über *Weitere Optionen* finden Sie den Reiter *WLAN*, in denen Sie im Falle mehrerer Netzwerke die Reihenfolge der bevorzugten Netzwerke einrichten, indem Sie diese mit der Maus packen und mit der Maus verschieben.

Der Mac merkt sich alle Netzwerke, in die er sich bislang erfolgreich eingewählt hat. Pendeln Sie also zwischen Wohnung und Arbeit oder Bekannten, deren Netzwerke Sie bereits in Anspruch nahmen, so müssen Sie die jeweiligen Zugangsdaten nicht erneut eingeben – der Mac wählt sich automatisch ein. Nur bei neuen Netzwerken heißt es einmal das Zugangspasswort einzutippen. Letztere werden Ihnen ebenso automatisch angeboten, sofern Sie die Option *Auf neue Netzwerke hinweisen* aktiviert haben.

Wohnen Sie in einer großen Wohnung oder einem weitläufigen Haus, so können Sie ein weiteres *AirPort Extreme*- oder *AirPort Express*-Gerät zur Reichweitenvergrößerung der WLAN-Abdeckung konfigurieren. Wählen Sie dazu über das *AirPort*-Dienstprogramm das jeweilige Gerät aus, das nun automatisch in das vorhandene Netzwerk zur Erweiterung der WLAN-Reichweite eingebunden wird. Ist dem nicht so, so wählen Sie über *Weitere Optionen* den Eintrag *Zu einem vorhandenen Netzwerk hinzufügen*.

Falls es in manchen Räumlichkeiten zu Engpässen in Sachen Internet kommt, so können Sie die Reichweite der WLAN-Abdeckung erweitern.

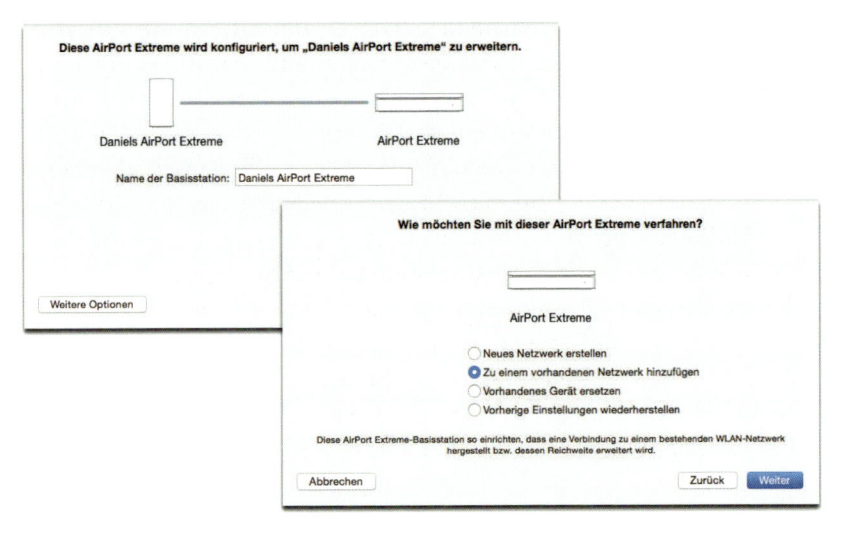

Falls Sie unterwegs sind und zu einem *Hot Spot* Kontakt aufnehmen möchten, so wählen Sie über die Menüleiste das *WLAN*-Symbol und klicken darauf. Alle gefundenen drahtlosen Netzwerke werden dort aufgeführt und können direkt daraus gewählt werden. Ist das Gewünschte nicht dabei, so wählen Sie den Befehl *Mit anderen Netzwerken verbinden*. Hierauf werden Sie aufgefordert, den entsprechenden Netzwerknamen inklusive Kennwort einzutragen. Über *Netzwerke anzeigen* wiederum führt der Rechner alle infrage kommenden Netzwerke auf. Mit Klick auf das gewünschte Netz werden Sie verbunden.

Über die Menüleiste und das WLAN-Symbol lässt sich nach anderen Netzwerken fahnden. Die Aktivierung erfolgt über die Eingabe des Netzwerknamens (plus eventueller Sicherheitsabfrage, sprich Kennwort) oder über »Netzwerke anzeigen«.

5 | Online kommunizieren

Wenn mit dem WLAN Probleme auftauchen (etwa ständige Internetaussetzer), kann Ihnen das Programm *Diagnose für drahtlose Umgebungen* Unterstützung bieten. Sie finden es entweder über den Pfad *Macintosh HD/System/Library/CoreServices/Applications* oder indem Sie mit gedrückter *Optionstaste (alt)* auf das *WLAN*-Symbol in der Menüleiste klicken und es darüber starten. Während der Assistent diverse Diagnosetests, eine WLAN-Überwachung und letztlich mit einem Diagnosebericht aufwartet, der beispielsweise an Apple gesendet werden kann, lässt sich über die Menüleiste *Fenster | Scan (cmd-4)* ein weiteres Programm hervorzaubern. Über den Klick auf *Jetzt suchen* scannt es sämtliche WLAN-Netzwerke in Ihrer Umgebung und zeigt zudem die für Sie besten Sendekanäle an. Letzteres – das Umschalten auf einen festen Sendekanal erledigen Sie über das *AirPort*-Dienstprogramm im Reiter *Drahtlos | Optionen für drahtloses Netzwerk*. Das kann manchmal durchaus hilfreich sein, wenn Ihr heimisches WLAN-Netzwerk etwa über einen LTE-Funkturm gehörig gestört wird.

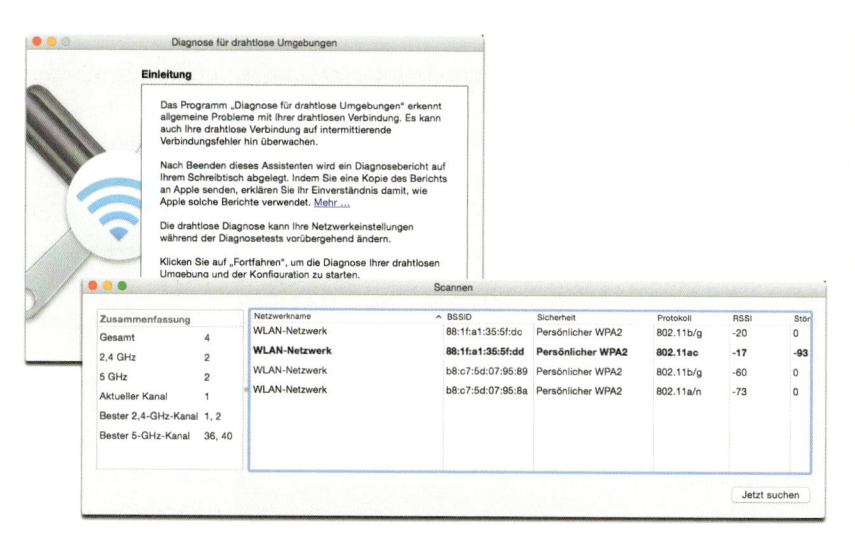

Das Programm »Diagnose für drahtlose Umgebungen« bietet sowohl einen Assistenten zum Checken der WLAN-Verbindung als auch ein Dienstprogramm zum Ermitteln der besten Netzwerke in der Umgebung (samt Sendekanal-Vorschlag).

Über GPRS, UMTS, HSDPA, LTE & Co. ins Netz der Netze

Falls bei Ihnen (V)DSL ein unerfüllter Traum ist, so könnte eventuell der Mobilfunk zu einer realitätsnahen Alternative werden. Die Rede ist von mobilen Breitbandformaten wie *GPRS, EDGE, UMTS, HSDPA* und als Krönung des Ganzen *LTE*.

GPRS (*General Packet Radio Service*) gilt als Standard, wobei die übertragenen bzw. geladenen Daten in kleine Pakete zerlegt werden, um Sie beim Empfänger wieder zusammenzusetzen. Geschickt gemacht, doch erreichen Sie mit GPRS auch nur Übertragungsgeschwindigkeiten wie mit einem uralten Modem. Ein wenig schneller geht es mit *EDGE* (*Enhanced Data Rates for GSM Evolution* mit bis zu 260 KBit/s, was in etwa der vierfachen ISDN-Geschwindigkeit entspricht) sowie mit *UMTS* (*Universal Mobile Telecommunications System* oder auch *3G*), wobei hier Datenübertragungsraten bis zu 384 kbit/s erreicht werden (das entspricht in etwa der 6-fachen ISDN-Geschwindigkeit). Noch schneller klappt die Übertragung mit *HSDPA* (*High Speed Downlink Packet Access*), das mit Geschwindigkeiten von max. 14 MBit/s im Download und als *HSUPA* (*High Speed Uplink Packet Access*) 1,8 MBit/s im Upload glänzt – das ist dann schon richtig DSL-Feeling. Der Star unter den Breitbandformaten heißt jedoch *LTE* (*Long-Term-Evolution* – oder kurz *4G*). Dieser Mobilfunkstandard trumpft mit Downloadraten von sage und schreibe bis zu 100 Megabit auf und stellt alle bisher genannten Dienste locker in den Schatten.

Die Geschwindigkeiten der einzelnen Systeme unterscheiden sich teils enorm. (Bild: © Vodafone)

Der Mobilfunk der 5. Generation (5G) ist im Übrigen auch schon in der Entwicklung. Dieser soll bis zum Jahr 2020 fertig sein und dann Datenübertragungsraten von bis zu 10 GBit/s bieten. Ob wir das wohl noch erleben?

Die verschiedenen großen Provider wie Vodafone, Telekom etc. bieten zu allen Mobilfunkstandards schon etliche Tarife an, die sowohl mit Zeit- als auch Volumenbegrenzung aufwarten. Ob Sie nun in den Genuss dieser Techniken kommen können, klärt oft ein Besuch beim entsprechenden Anbieter bzw. von deren Webseiten, die mit sogenannten Verfügbarkeits-Checks über die Angabe von Postleitzahl/Ort und dem Straßennamen dies schnell prüfen können. Wir drücken Ihnen auf jeden Fall die Daumen.

Neben den üblichen Tarifen für Geschäftsreisende, die von unterwegs aus auf das Internet bzw. ihre E-Mails zurückgreifen möchten, gibt es auch spezielle Privat-Tarife. Hierbei wird um Ihren Wohnsitz eine virtuelle Grenze (meist zwei Kilometer im Umkreis) gezogen, in der Sie einem sogenannten Zuhause-Bereich zugeordnet werden (den Sie jedoch nicht verlassen dürfen – zum Einkaufen natürlich schon, aber nicht zum Internet surfen). Diese Tarife sind meist günstiger zu haben, sodass sich ein Blick über den DSL-Tellerrand durchaus für Sie lohnen kann.

Eine weitere Alternative zum schnellen DSL nennt sich *Internet via Satellit*. Hierbei handelt es sich um satellitengestützte Internetverbindungen, die Übertragungsraten von bis zu 20 MBit/s (und höher) bieten. Der größte Vorteil hierbei ist jedoch, dass diese Art der Übertragung wirklich überall verfügbar ist. Weitere Informationen zu diesen Dienstleistungen, Preise sowie etwaige Volumenbegrenzungen finden Sie auch über die Webseiten www.toowaysat.com, www.filiago.org, www.stardsl.de, www.skydsl.eu **oder** www.satspeed.de.

Surfen mit Safari

Apples Browser nennt sich *Safari* und ist das Programm der Wahl, wenn Sie sich durch das Internet bewegen möchten. »To browse« bedeutet so viel wie »durchblättern«, und genau das macht *Safari*: Sie navigieren von Webseite zu Webseite, indem Sie entweder eine *URL* (*Uniform Resource Locator* = Internet-Adresse) eintragen oder auf einer Webseite auf einen *Link* (von *Hyperlink*, was eine Verknüpfung auf eine andere Webseite oder ein Dokument darstellt) klicken. Auf diese Weise können Sie unzählige Informationen und Dokumentationen abrufen, aber auch Shopping-Seiten oder unterhaltsame Programme (in jedwede Richtung) aufsuchen.

Apples Browser ist schnell und funktional – wie Sie noch sehen werden.

Starten Sie nach Aufnahme der Online-Verbindung den Browser *Safari*, so erscheinen meist die sogenannten *Top Sites* bzw. wird die Seite `www.apple.com/de` aufgerufen. Diese gibt einen Überblick über die aktuellsten Nachrichten und News rund um die Firma Apple – allerdings ungefragt. Klicken Sie nun mit der Maus in die oben liegende Adress-Zeile, so wird diese markiert und lässt sich überschreiben. Klicken Sie ein weiteres Mal, so setzen Sie den Cursor in die Adress-Zeile (um beispielsweise Teile davon zu entfernen), doppelklicken Sie, so markieren Sie ein Wort und per Dreifachklick kennzeichnen Sie wieder die gesamte URL, die nun überschrieben werden kann. Drücken Sie anschließend den *Zeilenschalter,* so wird die eingetragene Internet-Adresse angesteuert.

Safaris Einstellungen

Safari bietet Ihnen umfangreiche Einstellungen, die das Grundverhalten merklich beeinflussen. Zuerst sollten Sie daher einen Blick auf die vielen Optionen werfen, damit Sie später ohne größere Hintergedanken gleich loslegen können. Über *Safari | Einstellungen* oder *Befehlstaste-Komma* erhalten Sie darauf Zugriff.

5 | Online kommunizieren

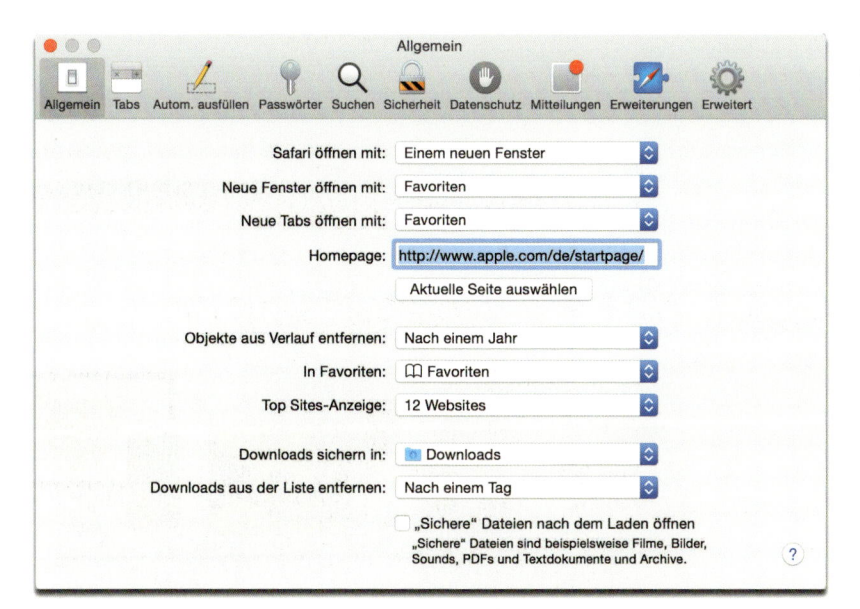

Die Einstellungen von »Safari« sind sehr umfangreich und brauchen doch die ein oder andere Erklärung.

Damit Sie es nicht vergessen: Den *Standard-Webbrowser* legen Sie über die Systemeinstellung *Allgemein* fest. Damit bestimmen Sie, welches Programm per Klick auf einen Hyperlink (beispielsweise in einem Dokument oder einer Mail) starten soll. Als Alternativen zu *Safari* gibt es beispielsweise noch *Firefox* (`https://www.mozilla.org/de/firefox/new`) oder *Google Chrome* (`www.google.com/chrome`), die sehr beliebt sind und durch Erweiterungen weiter angepasst werden können. Auch bei Internet-Seiten, die Apples hauseigenem Browser *Safari* Schwierigkeiten bereiten, sollten Sie *Firefox* oder *Google Chrome* in petto halten, da diese meist ohne Probleme diese Hürde umgehen.

Wie sich *Safari* oder ein neues Fenster (*Ablage | Neues Fenster* bzw. *cmd-N*) zeigen sollen, stellen Sie über die Popup-Menüs bei *Safari öffnen mit* sowie *Neue Fenster öffnen mit* ein. Hierbei können Sie eine eigene URL (Option *Homepage* für Ihre ganz persönliche Startseite) eintragen oder eine der anderen Optionen (*Favoriten, Leere Seite, Alle Fenster der letzten Sitzung, Neues privates Fenster* etc.) wählen. Das Gleiche gilt selbstverständlich für die *Tabs*. Hierbei werden keine separaten *Safari*-Fenster geöffnet, sondern die einzelnen Web-Beiträge als Reiter innerhalb eines einzigen Fensters angelegt. Mehr dazu gibt es gleich im Anschluss zu den *Tabs-Einstellungen*.

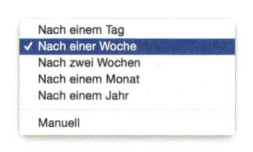

Der *Verlauf* beschreibt Ihren Weg durch das WWW (World Wide Web). Jede Seite, die Sie besuchen, wird erst einmal festgehalten, so dass Sie zum einen wissen, wo Sie waren, und zum anderen diese Seiten schnell wieder anwählen können. Ihren *Verlauf* finden Sie bei *Safari* in der Menüleiste unter gleichnamiger Rubrik. In den *Allgemein-Einstellungen* lässt sich nun einrichten, wie lange der *Verlauf* Ihre Webseiten-Besuche protokollieren soll, ehe die ältesten Einträge gelöscht werden (*Objekte aus Verlauf entfernen*). Je nach Nutzerverhalten ist für jeden etwas dabei – von einem Tag bis zu einem Jahr sowie die manuelle Löschmethode über *Verlauf | Verlauf und Websitedaten löschen* über die Menüleiste.

Der Verlauf merkt sich Ihre Wege durch das WWW. Das ist auf der einen Seite sehr praktisch, hat aber auch den Nachteil, dass andere Anwender nachvollziehen können, wo Sie sich denn so herumtummeln.

Webseiten stellen oftmals auch Dateien (PDFs, Bilder, Programme, Filme und vieles weitere mehr) zum Herunterladen (sogenannte *Downloads*) auf den eigenen Rechner zur Verfügung. Bei *Downloads sichern in* können Sie Ihren bevorzugten Pfad angeben, so dass die Daten nach dem Laden genau dort landen. Den standardmäßig dafür angelegten Ordner *Downloads* finden Sie im Übrigen auch schon im Dock, so dass auf Mausklick hin alle dorthin verfrachteten Daten zur Verfügung stehen.

Einen Überblick über Ihre Downloads finden Sie im Dialogfeld *Downloads*, das normalerweise automatisch eingeblendet wird, sollten Sie den Befehl zum Herunterladen geben. Als Alternative können Sie auch auf den zugehörigen Button rechts oben im *Safari*-Fenster klicken, der daraufhin ebenso seinen Inhalt zeigt. Die Liste wird wahrscheinlich je nach »Ladelust« mit der Zeit länger und länger, so dass Sie sie ab und zu

5 | Online kommunizieren

löschen sollten. Entweder erledigen Sie das manuell über den *Löschen*-Button im Fenster oder über *Downloads aus der Liste entfernen*, indem Sie aus den Optionen *Nach einem Tag, Beim Beenden von Safari* oder *Nach erfolgreichem Laden* im Popup-Menü wählen.

Weiter geht's zum Reiter *Tabs:* Diese hilfreiche Funktion erlaubt es Ihnen, mehrere Fenster mit unterschiedlichen Webseiten in nur einem geöffneten *Safari-Fenster* anzeigen zu lassen. Hierbei werden wie in einem Karteikasten die einzelnen Webseiten nebeneinander geladen und jede erhält ihr eigenes kleines Register, auf das Sie nur zu klicken brauchen, um diese bestimmte Seite in den Vordergrund zu holen. Mit anderen Worten: Fünf Webseiten nebeneinander sind besser als fünf geöffnete Fenster, die übereinander liegen und über das *Fenster*-Menü organisiert werden müssen.

Mit der ersten Option *Seiten in Tabs anstelle von Fenstern öffnen* lässt sich nun festlegen, wie sich *Safari* verhalten soll, klicken Sie auf einer Webseite auf einen Link, der üblicherweise auf ein neues *Safari*-Fenster verweisen würde. *Nie* bedeutet hierbei, dass ausschließlich auf derselben Seite bzw. mit neu geöffneten Fenstern weitergesurft wird. Mit *Immer* werden hingegen stets Tabs angelegt. *Automatisch* arbeitet hauptsächlich mit Tabs und nur in Ausnahmefällen – beispielsweise Werbefenster oder ähnlich geartete Webseiten, die ein spezielles Format ausweisen – werden neue *Safari*-Fenster gestartet.

Tabs sind praktisch und halten das allgemeine Fenster-Chaos auf kleinen wie großen Bildschirmen in Schach.

Bewegen Sie sich nun im Internet und möchten eine neue Seite aufrufen, so wählen Sie *cmd-T* für *Neuer Tab* (ebenfalls im *Ablage*-Menü zu finden) bzw. klicken auf das Plus-Symbol in der *Tab*-Leiste. Die neu aufgerufene Internet-Adresse wird nun direkt neben der schon bestehenden Seite eingeblendet. Auch bei *Links*, auf die Sie klicken, können Sie die Seiten in *Tabs* darstellen lassen, sofern Sie die Option *cmd-Klick öffnet einen Link in einem neuen Tab* aktiviert haben. Möchten Sie zwischen den *Tabs* hin- und herschalten, so wählen Sie *ctrl-Tabulator* bzw. *ctrl-Umschalttaste-Tabulator* für den nächsten bzw. vorherigen Tab.

Über die Taste *Alle Tabs einblenden* werden alle vorhandenen Tabs miniaturisiert dargestellt, so dass Sie schnell einen Überblick über alle geöffneten Seiten haben. Ein Klick auf eine bestimmte Seite und schon liegt sie vor Ihnen.

Über die Taste »Alle Tabs einblenden« können Sie sich schnell einen Überblick über alle geöffneten Internetseiten verschaffen.

Trackpad-Nutzer können auch statt der Schaltfläche *Alle Tabs einblenden* einfach Daumen und Zeigefinger zusammenzuziehen und bekommen so dieselbe Ansicht geboten.

Möchten Sie hingegen einzelne Seiten wieder schließen, so gelingt dies über *cmd-W* bzw. per Klick in das kleine x-Symbol in der Reiter-Miniatur. Weitere Raffinessen finden Sie zudem im *Einstellungen*-Fenster, Reiter *Tabs*.

5 | Online kommunizieren

Tabs sind ideal für Surfer, die viele Seiten auf einmal laden und beispielsweise Preise auf unterschiedlichen Webseiten miteinander vergleichen möchten.

Aber *Tabs* können noch mehr: Zum einen lassen sie sich mit der Maus packen und an eine andere Stelle in der Sortierfolge ziehen. Oder Sie befördern einen *Tab* einfach raus aus dem Browser-Fenster, so dass sich die Seite nun in einem eigenen Fenster zeigt. Haben Sie zwei separate Browser-Fenster geöffnet, die jeweils mehr als zwei *Tabs* aufweisen, so lassen sich diese *Tabs* auch zwischen den beiden Fenstern hin und her bewegen.

Nutzer der *iCloud* verfügen über einen weiteren Service: die *iCloud-Tabs*. Hierbei werden alle auf Ihren Mobilgeräten sowie weiteren Mac-Rechnern geöffneten Tabs in die *iCloud* geladen und lassen sich über die Taste *Alle Tabs einblenden* aufrufen. Voraussetzung hierbei ist, dass alle Ihre Geräte (MacBook Pro/Air, iMac, iPad, iPhone etc.) mit derselben *Apple ID* angemeldet sind und Sie die geöffneten Tabs beim Beenden des Programms nicht schließen.

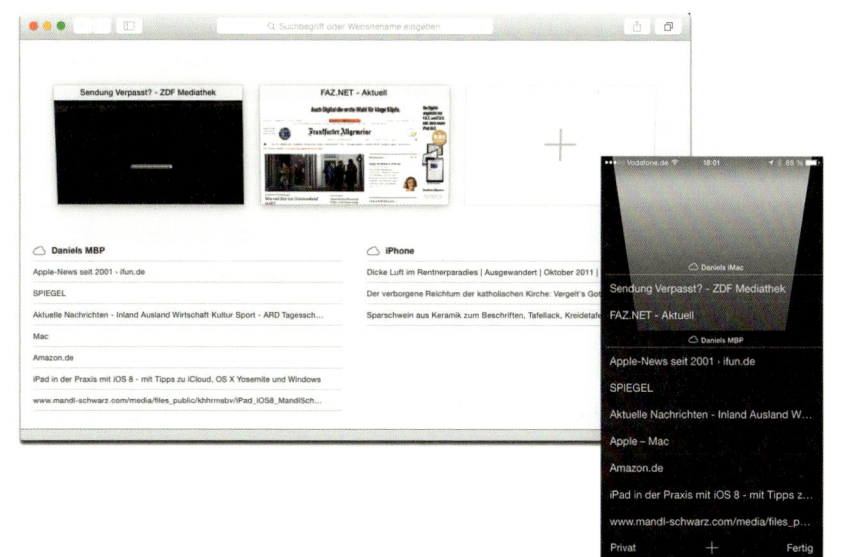

Über die iCloud werden geöffnete Webseiten bzw. Tabs synchronisiert, so dass sie auf all Ihren Geräten (im Beispiel Safari auf Mac und iPhone) zur Verfügung stehen.

Rutschen wir in den *Safari-Einstellungen* zum nächsten Reiter *Automatisch ausfüllen*. Sofern Sie des Öfteren Info-Material anfordern oder online einkaufen, so kann es manchmal ein wenig nerven, ständig Namen und Anschrift eingeben zu müssen. Und damit Sie nun zum Profi-Shopper werden, stellt Ihnen *Safari* die hilfreiche Option *Webformulare automatisch ausfüllen* zur Verfügung. Stoßen Sie hierbei auf ein typisches Formular, in dem Sie Ihre Adresse, Telefon-Nummer und Ähnliches eintragen müssen, so klicken Sie in ein auszufüllendes Feld. Sobald Sie nun den ersten Buchstaben tippen, bietet Ihnen *Safari* bereits an, dieses automatisch auszufüllen. Alternativ können Sie dies auch über die Menüleiste *Bearbeiten | Formular automatisch ausfüllen (cmd-Umschalttaste-A)* erledigen. Meist klappt das ganz gut und Sie müssen nur wenig nachbessern.

Wenn Sie etwas von dritter Seite möchten, müssen Sie sich identifizieren und angeben, wer Sie sind und wo Sie wohnen. Die Tipparbeit kann Ihnen »Safari« abnehmen.

Alle Daten, die Sie in der *Kontakte*-App zu Ihrer *Visitenkarte* zur Veröffentlichung eingeben (sowie freigegeben) haben, werden blitzschnell in die leeren Felder des Formulars eingetragen. Möchten Sie hier einiges lieber für sich behalten, so klicken Sie in *Bearbeiten*, um die *Kontakte*-App zu starten und Anpassungen vorzunehmen (dazu später mehr).

Im Programm *Kontakte* können Sie in den *Einstellungen* unter *vCard* die Option *Filter für private Daten auf meiner Visitenkarte aktivieren* einschalten. Klicken Sie danach in der *Kontakte*-App auf Ihren Eintrag und wählen *Bearbeiten*, so finden Sie neben den üblichen Angaben wie Adresse oder E-Mail jeweils ein Kästchen, dessen nebenstehenden Eintrag Sie aktivieren oder deaktivieren können. Nur die aktivierten Felder werden in die Visitenkarte übernommen – der Rest bleibt außen vor.

5 | Online kommunizieren

Auch *Benutzernamen* und *Passwörter*, die Sie auf einzelnen Seiten vergeben, lassen sich automatisch ausfüllen und speichern – und dies sowohl lokal auf dem Rechner in der *Schlüsselbundverwaltung* als auch über die *iCloud* und den *iCloud-Schlüsselbund*. Letzterer übernimmt den Transfer der Daten in die *iCloud*, so dass Benutzername und Passwort auch auf Ihren anderen Gerätschaften zur Verfügung stehen. Voraussetzung ist das Aktivieren der Option *Benutzername und Passwörter* in der Rubrik *Automatisch ausfüllen* sowie das Einschalten der Option *Benutzernamen und Kennwörter automatisch ausfüllen* in der Abteilung *Passwörter* (jeweils *Safari-Einstellungen*).

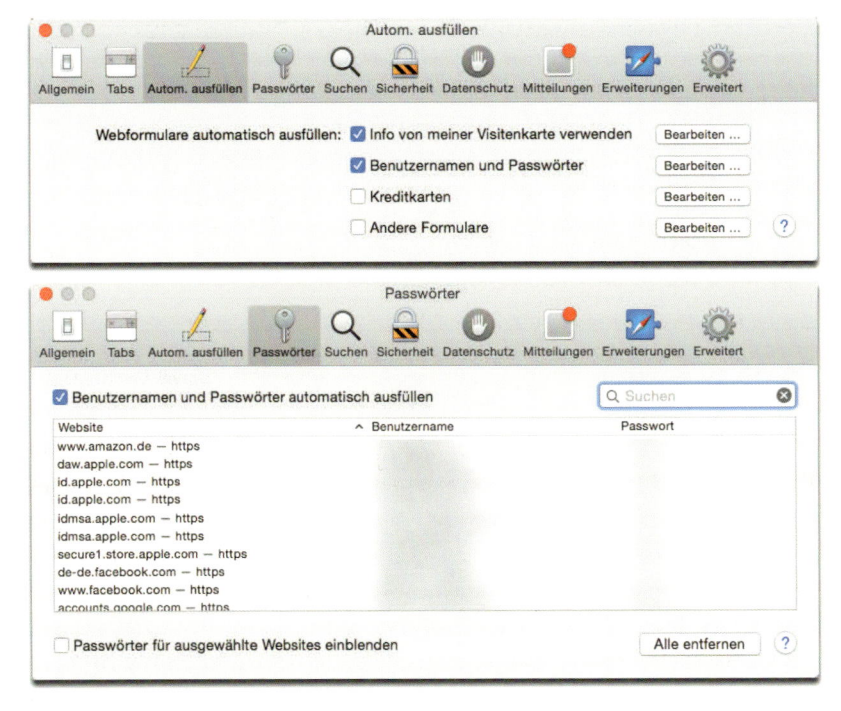

In den Safari-Einstellungen legen Sie über die Abteilungen »Automatisch ausfüllen« sowie »Kennwörter« den Grundstein für ein komfortables Surfen.

Das Ganze spielt sich im Grunde immer gleich ab: Auf Webseiten, die ein Passwort verlangen, wird Ihnen nach dem Eintragen der Daten vorgeschlagen, diese in Ihrem *iCloud-Schlüsselbund* zu sichern und künftig die Felder automatisch auszufüllen. Wünschen Sie das, so klicken Sie auf *Passwort sichern* und *Safari* merkt sich dieses. Rufen Sie nun später dieselbe Webseite auf, so sind alle Felder ausgefüllt und Sie können sich sofort einloggen.

Auf Nachfrage lassen sich Benutzername und Kennwort bei der erstmaligen Eingabe sichern. Bei späteren Sitzungen werden die Daten dann automatisiert nach dem Aufrufen der Webseite eingetragen.

Als »Krönung« des Ganzen können Sie auch Ihre Kreditkartendaten abspeichern lassen. Entweder direkt nach Eingabe auf einer Webseite oder über die *Safari-Einstellungen* | Rubrik *Automatisch ausfüllen* und den Klick auf *Bearbeiten*. Über *Hinzufügen* lassen sich nun Kartennummer, Ablaufdatum etc. eintragen und abspeichern.

Auch Ihre Kreditkartendaten lassen sich einmalig eingeben, um diese dann automatisiert bei entsprechenden Feldern abrufen zu lassen.

Einen Überblick über all Ihre gesammelten Websites samt Zugangsdaten bietet Ihnen – wie schon erwähnt – die Rubrik *Passwörter*. Dort lassen sich nun einzelne bzw. alle Einträge entfernen oder die Kennwörter einblenden, falls Sie sie mal vergessen sollten. Um diese in Klartext anzuzeigen, müssen Sie sich als Administrator samt Kennwort ausweisen.

Per Doppelklick sowohl auf Kennwörter als auch auf Kreditkartennummern müssen Sie sich identifizieren, um hier Änderungen vorzunehmen oder diese anzeigen zu lassen.

Bei Webseiten, die eher sensibler Natur sind wie etwa das Online-Banking oder der *iCloud*-Zugang über das Internet, sollten Sie es sich gut überlegen, ob Sie derlei Passwörter dem System anvertrauen möchten. Wir persönlich raten davon ab und wählen gerade für das Online-Banking stets die Option *Niemals für diese Webseite*.

Und wo wir schon dabei sein: Das Thema *Sicherheit* findet natürlich ebenso Gehör, ist es doch mit einer der wichtigsten Punkte beim Surfen im WWW. So können Sie selbst bestimmen, ob auf Komponenten wie *Plug-ins* zurückgegriffen bzw. Java-Programme ausgeführt werden sollen. Letztere bergen zwar nachweislich immer ein gewisses Risiko, doch beschneidet man sich selbst oft im Funktions-Umfang. So werden manche Internet-Seiten erst gar nicht geladen, haben gravierende Darstellungsfehler oder Formulare und Eingabe-Schaltflächen zeigen keine Reaktion. Besser ist hier der Ratschlag, wirklich nur vertrauenswürdige Webseiten zu besuchen und nur Daten herunterzuladen bzw. Dialoge zu bestätigen, die Sie verstehen und von denen Sie genau wissen, was auf Sie zukommt. Dazu müssen Sie zwar oft auch das Kleingedruckte lesen, doch investieren Sie besser diese Zeit als im Nachhinein eine Menge Geld. Apropos Dialoge: Alles, was zum Klicken auffordert, bitte genau durchlesen. Werden Sie mit ausländischen Texten konfrontiert, die Sie nicht übersetzen können, so lassen Sie lieber die Finger davon (im Notfall einfach *Safari* beenden und wieder neu starten).

Plug-ins sind kleine Hilfsprogramme, die den Funktions-Umfang von Programmen – im Beispiel *Safari* – erweitern. So lassen sich mit dem Browser nicht nur HTML-Seiten, sondern auch *QuickTime-*, *Flash-* oder *Windows Media Player*-Filme abspielen, MP3-Musik anhören oder *PDF*-Dokumente anzeigen. Immer dann, wenn Sie auf Dateien stoßen, die sich in der Standard-Ausführung so nicht ausführen lassen, wird Ihnen meist der Download des entsprechenden Plug-ins angeboten. Nichtsdestotrotz sollten Sie immer wachsam sein, was Ihnen da so alles untergejubelt werden soll. Einen Überblick über alle vorliegenden *Plug-ins* erhalten Sie über die Einstellung *Sicherheit*, indem Sie bei *Internet-Plug-ins* auf *Website-Einstellungen* klicken.

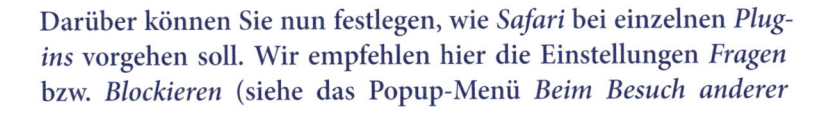

Darüber können Sie nun festlegen, wie *Safari* bei einzelnen *Plug-ins* vorgehen soll. Wir empfehlen hier die Einstellungen *Fragen* bzw. *Blockieren* (siehe das Popup-Menü *Beim Besuch anderer*

Websites). Im ersteren Fall muss eine Webseite grundsätzlich um Erlaubnis bitten, das *Plug-in* einsetzen zu dürfen. Ihnen bekannten Seiten können Sie dies somit erlauben, anderen jedoch auch verbieten. Gerade was den *Adobe Flash Player* angeht, ist das eine gute Wahl, da dieser in letzter Zeit vermehrt mit Negativschlagzeilen (Sicherheitslücken, über die Angreifer Webseiten manipulieren können) auf sich aufmerksam gemacht hat. Und blockieren Sie den *Flash Player*, so haben Sie als netten Nebeneffekt auch noch weniger Werbung auf dem Bildschirm.

Plug-Ins können eine Menge Ärger bereiten, so dass Sie sich gut überlegen sollten, welche auf ihren Rechner dürfen. Im Zweifel bitte die Einstellungen »Fragen« oder »Blockieren« verwenden und diese explizit einzelnen Webseiten erlauben.

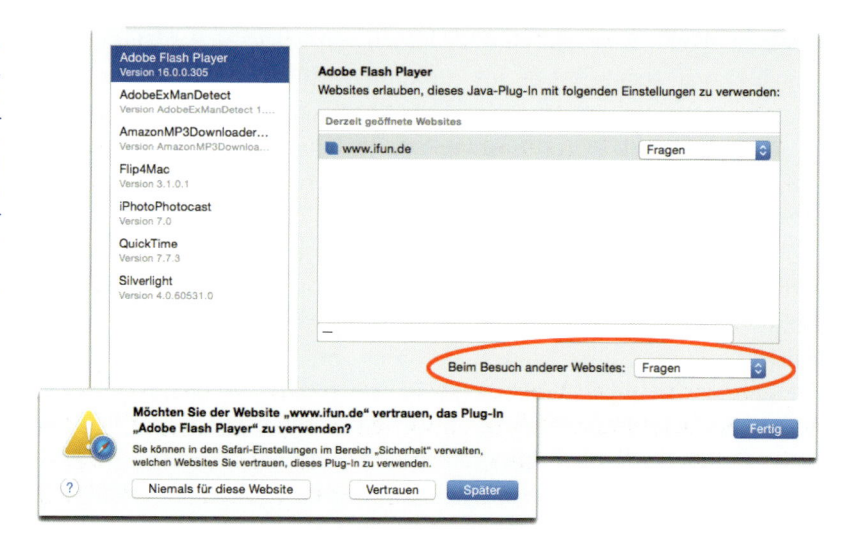

Was wir auf jeden Fall noch empfehlen, ist das Unterdrücken von Pop-Ups – jene absolut nervigen Fenster, die bei manchen Webseiten zu Dutzenden aufspringen und Werbung beinhalten. Meist verdecken diese den eigentlichen Inhalt der Seiten und bringen den Adrenalinspiegel auf Touren. Sei's drum – ist die Option *Pop-Ups blockieren* aktiviert, herrscht in 90 Prozent der Fälle Ruhe.

Das Leben wird wohl immer komplizierter – damit es sicherer wird, gibt's die Abteilung »Sicherheit«.

5 | Online kommunizieren

In der Abteilung *Datenschutz* geht es um die allseits beliebten *Cookies* (zu deutsch Kekse oder Plätzchen), die der ein oder andere gerne verspeist, die jedoch im Zuge des Internet-Zeitalters zu kleinen Dateien mutiert sind. Diese werden beim Besuch von Webseiten (betrifft allerdings nicht alle) auf der Festplatte abgespeichert und beinhalten das individuelle Surf-Verhalten des Nutzers sowie – bei Eingabe persönlicher Daten – dessen Eingaben zur Identifizierung. Sind Sie also auf Shopping-Tour und interessieren sich für bestimmte Musik-Gruppen, so wird Ihnen der Webseiten-Betreiber bei einem nachfolgenden Besuch ähnliche Musik anbieten. Wie üblich sollten Sie immer abwägen, welche Daten Sie wo angeben und sich nicht ins Bockshorn jagen lassen.

Der goldene Mittelweg ist wohl die Option *Nur von Websites erlauben, die ich besuche*, so dass zumindest gewährleistet ist, dass Ihnen keine Cookies fremder Webseiten untergejubelt werden. Mit der Einstellung *Immer blockieren* ist das so eine Sache, vermittelt Sie doch einerseits Anonymität und Schutz, die es allerdings im Internet so nicht gibt. Auf der anderen Seite lassen sich jedoch manche Dienste wie das Internet-Banking oder ein Bestellvorgang nicht durchführen.

Wenn Sie nach einigen Wochen (meist schon nach ein paar Tagen) mal wieder die *Datenschutz*-Rubrik aufsuchen, werden Sie Augen machen. Klicken Sie beispielsweise bei *Cookies und Website-Daten* auf *Details*, so bekommen Sie eine genaue Aufstellung, wer bereits welche Cookies abgelegt hat. Das sind meist mehrere Dutzend und der geringste Teils davon lässt sich überhaupt eindeutig zuordnen. Wir empfehlen aus dieser Sicht ab und zu einmal den Radikalschritt über *Alle Website-Daten entfernen*.

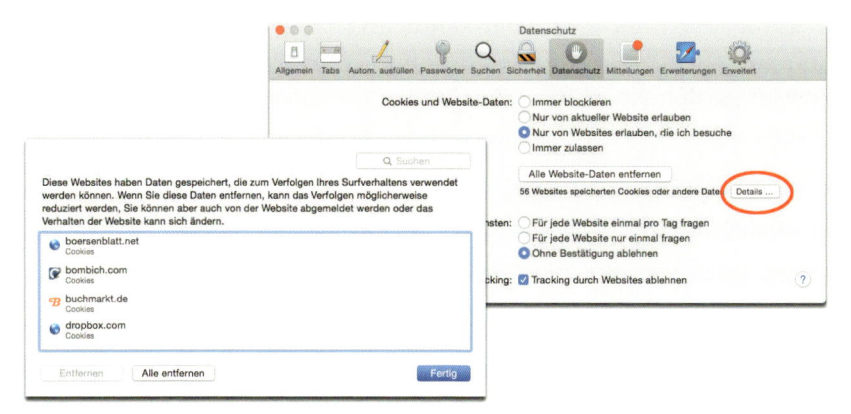

In der Abteilung »Datenschutz« der »Safari«-Einstellungen lassen sich gespeicherte Cookies oder andere Daten über »Details« einsehen. Am besten werfen Sie ab und zu mal einen Blick darauf und löschen sämtliche Website-Daten.

Ein weiteres zweifelhaftes Unterfangen betrifft die *Ortungsdienste*. Hierbei geht es darum, dass einige Webseiten auch gerne wissen möchten, wo Sie sich gerade aufhalten. Mit dieser Information können Ihnen dann die Betreiber genau auf Sie zugeschnittene Werbung unterbreiten. Sind Sie also beispielsweise mit dem Laptop unterwegs, so bekommen Sie vielleicht Hotel- oder Gastronomie-Angebote aus der jeweiligen Gegend als Werbung präsentiert. Wohnen Sie zufällig neben einer McDonalds- oder Burger King-Filiale, dann werden Sie wohl des Öfteren mit Hamburger-Angeboten konfrontiert. Damit dieser Zugriff auf Ihren Standort nun nicht unbemerkt passiert, zwingt *Safari* diese Webseiten, zumindest einmal nachzufragen, ob Ihnen dies überhaupt recht ist. Wie oft oder ob überhaupt das passieren soll, legen Sie bei *Website-Verwendung von Ortungsdiensten* fest. Zur Auswahl stehen *Für jede Website einmal pro Tag fragen*, *Für jede Website nur einmal fragen* oder *Ohne Bestätigung ablehnen*. Unser Favorit ist ganz klar letzterer Punkt – ob das jedoch auch für Sie in Frage kommt, müssen Sie wohl oder übel selbst entscheiden.

Und weiter geht's mit dem Durchleuchten des Anwenders: Über das sogenannte *Website-Tracking* können Seiten-Betreiber ein Nutzer-Profil erstellen, indem unter anderem überprüft wird, von welcher Webseite Sie gerade kommen, welchen Browser Sie benutzen, welche Suchbegriffe Sie verwenden oder wie lange Sie auf der gerade anvisierten Internetseite verweilen. Ja, da kommt Freude auf … Als Gegenmittel hilft hier nur, die Option *Tracking durch Websites ablehnen* zu aktivieren und zu hoffen, dass das auch wirklich eingehalten wird.

Die Rubrik *Mitteilungen* der *Safari-Einstellungen* kümmert sich wiederum um Webseiten, die Ihnen die neuesten Nachrichten oder Warnhinweise als *Hinweise* oder *Banner* mitteilen möchten. Auch diese Seiten müssen zuvor bei Ihnen nachfragen. Falls Sie Ihr Einverständnis dazu geben, werden die betreffenden Seiten fein säuberlich in der Abteilung *Mitteilungen* aufgeführt und lassen sich im Nachhinein auch darüber entfernen. Die Mitteilungen als solches huschen dann wieder als Banner oder Hinweis über den Bildschirm und sind über die *Mitteilungszentrale* einsehbar. Klicken Sie dort auf einen Eintrag, so springen Sie zur entsprechenden Seite und können den gesamten Bericht nachlesen.

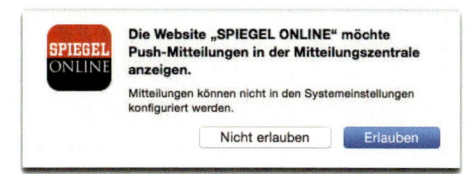

5 | Online kommunizieren

Webseiten, die Ihnen Mitteilungen schicken möchten, müssen zuvor um Erlaubnis bitten. Wird dieser nachgegeben, erscheinen Hinweise oder Banner rechts oben am Bildschirm bzw. lassen sich über die Mitteilungszentrale über »Mitteilungen« nachlesen.

Falls Sie grundsätzlich keine Mitteilungen erhalten möchten, so lässt sich das über die Systemeinstellung *Mitteilungen* einrichten. Markieren Sie dazu in der Seitenleiste den Eintrag *Safari* und deaktivieren Sie die Option *In Mitteilungszentrale* – ab sofort sollten Sie keine Mitteilungen mehr erhalten.

Sowohl die Safari-Einstellung »Mitteilungen« als auch die Systemeinstellung »Mitteilungen« kümmern sich um etwaige Meldungen seitens Webseiten.

Kommen wir zu den *Erweiterungen*. Hierbei handelt es sich um kleine Programme, über die man den Funktionsumfang von *Safari* ausbauen kann. Das sind oftmals Spielereien, manche können aber durchaus hilfreich sein. Als Beispiele mögen eine Amazon-Wunschliste dienen, ein Werbebanner-Blocker, ein eBay-Manager zum Beobachten Ihrer Transaktionen oder ein Übersetzer-Tool namens *Translate*. Eine Aufstellung möglicher Erweiterungen bietet auch die Webseite `https://extensions.apple.com/`, die Sie über den Button *Erweiterungen holen* bzw. über die Menüleiste *Safari | Safari-Erweiterungen* aufrufen können.

In der Abteilung »Erweiterungen« verwalten Sie jene »Safari«-Zusätze, die den Funktionsumfang des Programmes ausbauen.

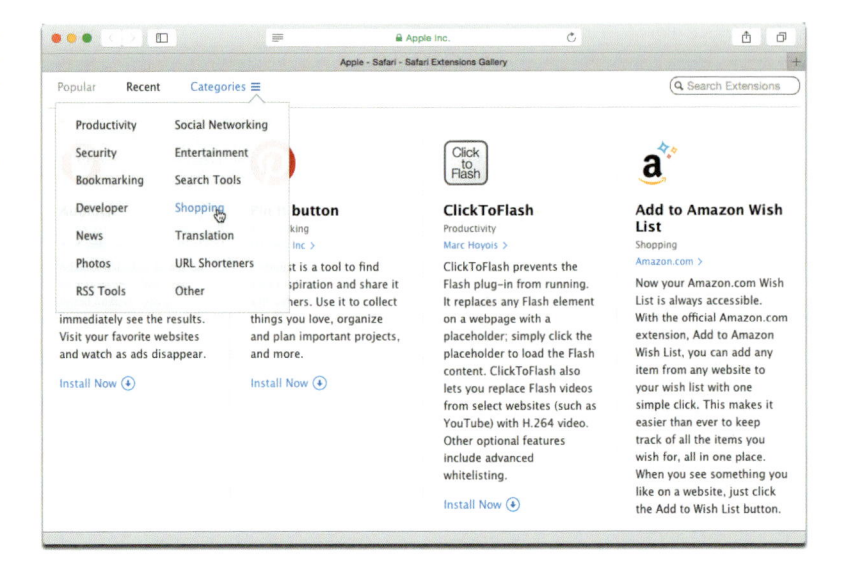

Rutschen wir ein letztes Stückchen weiter zum Punkt *Erweitert*. Die Option *Vollständige Websiteadresse anzeigen* betrifft die Darstellung der aufgerufenen Internetadresse. Als Standard hat es Apple so eingerichtet, dass immer nur die Hauptadresse – etwa `apple.com` – erscheint, auch wenn Sie sich bereits in Unterseiten aufhalten. Erst der Klick in das Adressfeld zeigt die vollständige URL an. Das können Sie letztlich handhaben, wie Sie möchten, da dieses »Problem« eher ästhetischer Natur ist.

Möchten Sie die komplette URL Ihrer gerade aufgerufenen Webseite sehen, klicken Sie in das Adressfeld. Falls Sie die Option »Vollständige Websiteadresse anzeigen« aktivieren, wird diese immer eingeblendet.

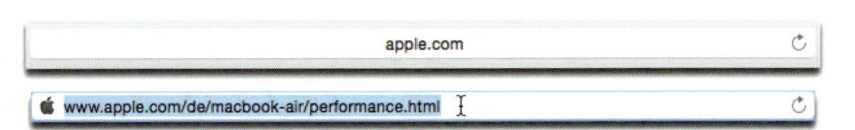

Im Bereich *Bedienungshilfen* geht es eher um den »Komfort«. Je höher die Auflösung Ihres Bildschirms, desto kleiner scheint die Schrift. Ist nun auf einer Webseite die Schriftgröße 12 Punkt vorgegeben, mag das auf einem 15-Zoll-Monitor wunderbar rüberkommen, auf einem 27-Zoll-Display ist das Ganze dann schon ein wenig klein. Stellen Sie also bei *Keine Schriftgrößen verwenden, die kleiner sind als x Punkt* etwa »14« als Punktgröße ein, so wird automatisch die Schrift vergrößert und das Problem ist gelöst. Auch hier werden Sie zwar ab und an auf Darstellungsfehler treffen (da eben der Umbruch anders verläuft und sich vielleicht mit den Bildern nicht verträgt), die sich aber meist in Grenzen halten.

5 | Online kommunizieren

Wenn Sie die Schriftgröße flexibel handhaben möchten, so gibt es da zum einen die Funktion des *intelligenten Zoomens*, das von *iOS*-Geräten wie dem iPad herrührt. Hierbei tippen (nicht klicken!) Sie mit zwei Fingern auf dem Trackpad bzw. einem Finger auf der *Magic Mouse* doppelt auf entsprechende Textstellen, so dass der entsprechende Ausschnitt stark vergrößert dargestellt wird. Alternativ können Sie zum *Vergrößern* bzw. *Verkleinern* von Schriften auch die Tastenkombinationen *Befehlstaste-Plus (cmd-+)* sowie *Befehlstaste-Minus (cmd--)* verwenden, was den Befehlen *Vergrößern* sowie *Verkleinern* der Menüleiste *Darstellung* entspricht. Wenn gewünscht, lässt sich auch nur der Text (ohne die zugehörigen Bilder) als solches manipulieren, indem Sie die Option *Nur Text zoomen* im Menü *Darstellung* aktivieren.

Mit dem *Tabulator* lässt sich wiederum bei eingeschalteter Option *Über Tabulator jedes Objekt auf einer Webseite hervorheben* zu sämtlichen Buttons und Bedienungs-Feldern springen, und halten Sie zusätzlich noch die *Optionstaste (alt)* gedrückt, suchen Sie nur die Text-Eingabefelder auf.

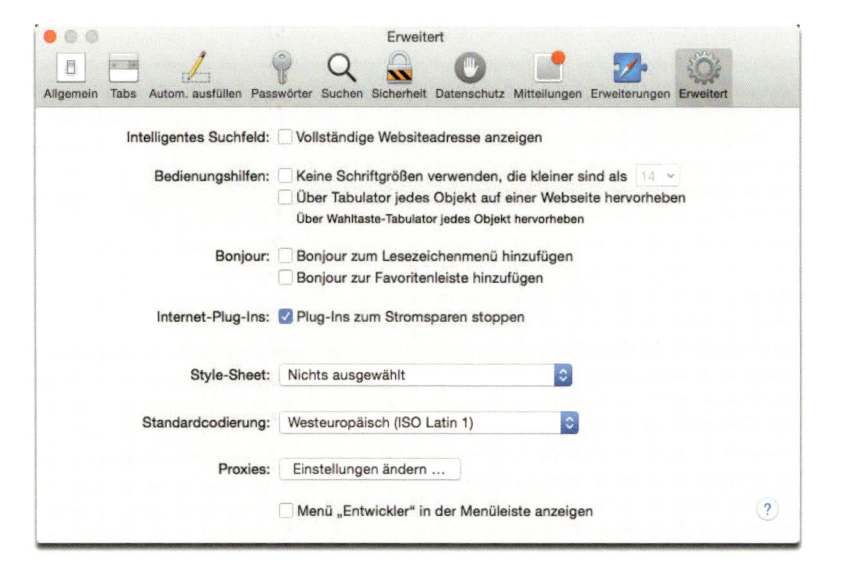

Die Endstation der »Safari-Einstellungen« nennt sich »Erweitert« und kümmert sich um Bedienungshilfen und Lesekomfort.

Über die Option *Plug-Ins zum Stromsparen stoppen* lässt sich genau dies erreichen, wobei dies wohl eher für Mobilgeräte von Belang ist, die auf einen Akku angewiesen sind. Das Ganze nennt Apple auch den *Safari Power Saver*, der so clever ist, dass er unterscheiden kann, was der Anwender eigentlich genau sehen möchte. Inhalte wie Flash-Animationen, die häufig für Werbebanner benutzt werden, werden auf diese Weise nicht gestartet, sondern warten erst auf den Einsatzbefehl des Nutzers (der beispielsweise per Mausklick auf das Banner den Startbefehl erteilt). Plug-in-Inhalte werden teilweise aber auch erst nach einer gewissen Zeit der Inaktivität (die Seite befindet sich etwa auf einem anderen Tab) gestoppt. Webseiten, die derlei Technik verwenden, lassen sich über *Details* einsehen und auf Wunsch auch entfernen.

So soll es sein: Animierte Werbung beginnt erst auf Kundenwunsch und spart zusätzlich Energie.

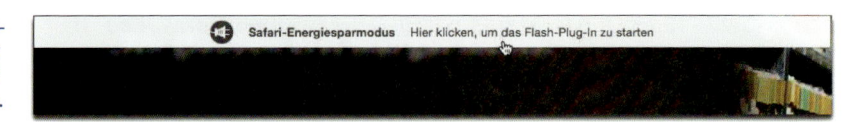

Mit *Style Sheets* ordnen Sie Webseiten explizit gewisse Schrift-Typen, Schriftgrößen und Auszeichnungen zu. Um solche auszuwählen, müssen diese allerdings erst programmiert werden. Doch das ist wieder ein ganz anderes Thema, ebenso wie die Thematik *Proxies*, bei der es sich um einen Server handelt, der zwischen Ihrem Computer und dem Internet zwischengeschaltet ist. Möchten Sie hier Änderungen vornehmen, so tun Sie das in der Systemeinstellung *Netzwerk* unter *Weitere Optionen* (bzw. in Absprache mit dem Provider oder Ihrem Administrator).

Die Bedienung von Safari

Die Adresszeile

Nach so viel Theorie kommt weitere hinzu, denn *Safari* kann enorm viel. Zu allererst möchten wir uns um das Erscheinungsbild kümmern. Im Blick haben Sie als Erstes die Symbolleiste mit dem Rechts- und Links-Pfeil zum Vorwärts- und Zurückblättern, die schon angesprochene Taste zum Einblenden der Tab-Miniaturen bzw. der *iCloud-Tabs*, die *Senden*-Schaltfläche mit den Optionen wie *Lesezeichen hinzufügen, Zur Leseliste hinzufügen, Diese Seite mailen* usw. Der Ladevorgang einer Webseite lässt sich anhand eines blauen Balkens, der unterhalb der Web-Adresse nach rechts wandert, beobachten und über Symbole auf Wunsch hin stoppen bzw. aktualisieren. Die große Webadressenzeile dient neben der Eingabe von URLs auch zum Eintragen von Such-Begriffen, die über die Suchmaschine *Google* abgefragt werden. Möchten Sie stattdessen einen anderen Dienst beauftragen, so stellen Sie das in den *Safari-Einstellungen* unter *Suchen* bei *Suchmaschine* (zur Auswahl stehen *Google, Yahoo!, Bing* und *DuckDuckGo)* ein.

5 | Online kommunizieren

Die Bedienung von »Safari« erfolgt intuitiv und ist relativ simpel.

Falls Ihnen die Suchmaschine *DuckDuckGo* nichts sagt: Hier handelt es sich um einen Dienst, der sich im Gegensatz zu den großen Mitspielern am Markt den Datenschutz sowie das Respektieren der Privatsphäre auf die Fahnen geschrieben hat. Es werden somit weder persönliche Daten der Anwender gesammelt noch IP-Adressen gespeichert.

Falls Sie die Symbolleiste ein wenig mager bestückt finden, so sollten Sie wieder den Menü-Punkt *Darstellung* in der Menüleiste aufsuchen. Über den Befehl *Symbolleiste anpassen* könnte ein ganzer Schwung neuer Buttons Ihr Browser-Fenster zieren – wenn Sie es denn wollen. Vom *automatischen Ausfüllen* etwaiger Formulare über das *Einstellen der Schriftgröße* bis hin zum *Drucken*-Befehl ist alles vorhanden.

Lesezeichen und deren Verwaltung

Lesezeichen nennen sich jene Internet-Adressen, die in *Safari* gespeichert werden und die sich auf Klick hin später wieder aufrufen lassen. Besuchen Sie des Öfteren dieselbe Seite, so sollten Sie diese den *Lesezeichen* hinzufügen. Dazu klicken Sie auf den *Senden*-Button und wählen dort *Lesezeichen hinzufügen* bzw. verwenden den gleichnamigen Befehl aus der Menüleiste *Lesezeichen (cmd-D)*. Daraufhin werden Sie aufgefordert, einen Namen zu vergeben sowie den Speicherort zu bestimmen. Da oftmals nur die eigentliche URL oder ein ellenlanges Sammelsurium als Name angeboten wird, sollten Sie die Vorgabe entweder stark verkürzen oder durch einen eigenen prägnanten Titel ersetzen. Der Hintergrund hierbei: Legen Sie die Website als *Favorit* an und lassen sich dazu noch die *Favoritenleiste* einblenden, so passen einfach mehr davon nebeneinander bzw. werden zu lange Titel nur unvollständig angezeigt.

Je kürzer der Lesezeichen-Titel, desto mehr lassen sich in der Favoritenleiste unterbringen.

Ansonsten haben Sie freie Auswahl, wohin das Lesezeichen gespeichert werden soll, wobei Apple hier einige Möglichkeiten offeriert. Wählen Sie den Ordner *Lesezeichen*, so lässt sich der Eintrag später sowohl über die Menüleiste *Lesezeichen* als auch über die Seitenleiste und dort im *Lesezeichen*-Bereich aufrufen. Arbeiten Sie schon länger am Mac und haben bereits Ordner und Links in früheren *Safari*-Versionen über die Menüleiste *Lesezeichen* abgelegt, so wird Ihnen dies als *Lesezeichenmenü* angeboten. Als weitere Alternative lässt sich eine Internetadresse auch als *Favorit* abspeichern. Diese Möglichkeit sollten Sie immer dann wahrnehmen, wenn es sich um eine Webseite handelt, die Sie des Öfteren oder vielleicht sogar täglich aufrufen. Favoriten werden Ihnen standardmäßig beim Klicken in die Adresszeile und beim Anlegen eines neuen Fensters oder Tabs angeboten.

Für einen schnellen Zugriff auf ihre *Favoriten* können Sie sich auch die *Favoritenleiste* oberhalb der eigentlichen Webseite anzeigen lassen. Dazu wählen Sie über die Menüleiste *Darstellung | Favoritenleiste einblenden (cmd-Umschalttaste-B)*. Haben Sie später Ihre Favoriten-Lesezeichen auch noch in Ordner gepackt, so lassen sich diese ebenso mit anzeigen. Offen gesprochen ist uns dieser Zugriff auf URLs die liebste Version.

Ihre Favoriten lassen sich auf Wunsch als Favoritenleiste dauerhaft oberhalb der Webseite anzeigen, was einen schnellen Zugriff darauf ermöglicht. Auch der Klick in die Adresszeile öffnet Ihre Favoritensammlung.

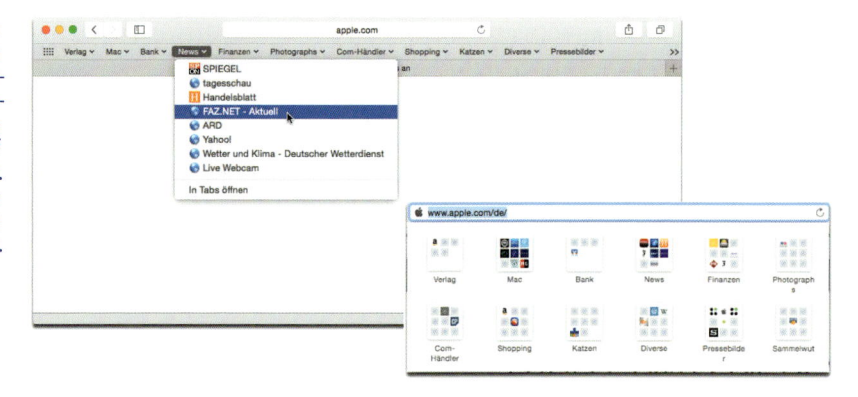

5 | Online kommunizieren

Zum Ablegen von Lesezeichen steht auch noch die Option *Top Sites* zur Wahl, die sich im Grunde wie eine intelligente Lesezeichen-Sammlung verhält. Webseiten, die Sie besonders häufig aufrufen, werden von *Safari* registriert, als *Top Site* markiert und bereits im Hintergrund geladen. Sie lassen sich entweder über die Menüleiste *Verlauf | Top Sites einblenden* (bzw. *cmd-Umschalttaste-1*) oder bei eingeblendeter *Favoritenleiste (cmd-Umschalttaste-B)* über die entsprechende Schaltfläche aufrufen, worüber Sie die Voransichten dieser Webseiten zum direkten Ansteuern erhalten. Möchten Sie dort Änderungen vornehmen, so bewegen Sie Ihren Mauszeiger über eine miniaturisierte Vorschau. Über die eingeblendeten Symbole können Sie nun die angezeigten Seiten als permanente *Top Site* bestimmen oder sie für alle Ewigkeit ausschließen. Die Anzahl der angezeigten Seiten legen Sie über die *Safari-Einstellungen | Rubrik Allgemein* bei *Top Sites-Anzeige* fest.

»Top Sites« geben einen schnellen Überblick über die meist besuchten Webseiten. Ohne langes Suchen lassen sich damit auf Mausklick hin Ihre Favoriten aufrufen.

Über *Hinzufügen* wird nun das Lesezeichen gesichert und steht von nun an zur Verfügung. Aufrufen können Sie es über die Menüleiste *Lesezeichen*, über einen einfachen Klick, falls Sie es in der *Favoritenleiste* abgelegt haben, oder Sie blenden die Seitenleiste in *Safari* ein, die ebenso das vollständige Lesezeichen-Repertoire aufweist.

Die Seitenleiste ermöglicht den Zugriff auf alle gesammelten Lesezeichen. Klicken Sie dabei auf ein Ordner-Symbol (z. B. Favoriten oder Lesezeichenmenü), so präsentiert sich der zugehörige Inhalt.

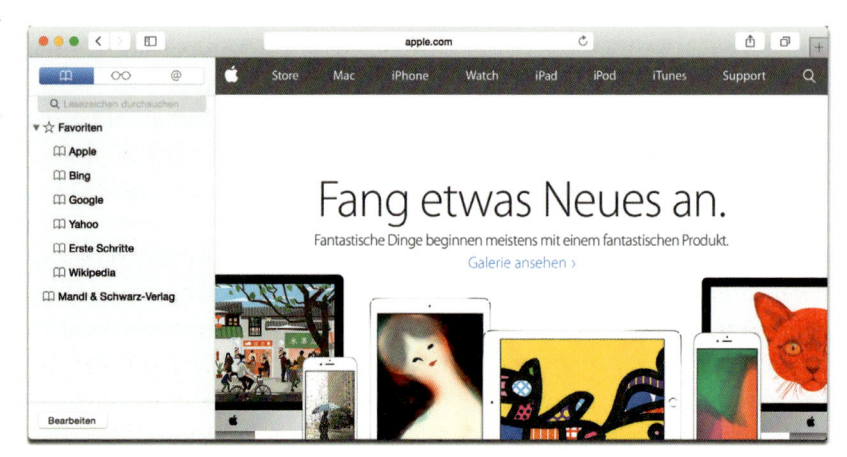

Um Ihre gesammelten URLs etwas zu ordnen, können Sie diese in Unterordnern strukturieren. Dies klappt am besten über das Einblenden der Seitenleiste und den Klick auf den unten stehenden Button *Bearbeiten*. Klicken Sie auf einen Ordner-Eintrag, so öffnet sich dieser und Sie können die einzelnen Links verschieben. Markieren Sie einen Link per Mausklick und klicken leicht verzögert ein zweites Mal, so können Sie diesen anpassen oder gegebenenfalls korrigieren. Über die Schaltfläche *Neuer Ordner* lassen sich nun weitere Ordner anlegen, die Sie zuerst sinnvoll benennen und anschließend an den korrekten Ort verschieben sollten. Ziehen Sie diesen auf einen weiteren Ordner, so öffnet sich dieser automatisch. Eine blaue Kennlinie dient Ihnen dabei immer zur Orientierung, sollten Sie den Ordner loslassen und einsetzen. Alle zuvor genannten Befehle lassen sich auch über das Kontextmenü ausführen.

In der Seitenleiste lassen sich sowohl Lesezeichen als auch Ordner (alte wie neue) verschieben und umbenennen. Neue Ordner werden dabei über die gleichnamige Schaltfläche angelegt, die sich nun mit weiteren URLs füllen lassen.

5 | Online kommunizieren

Die Leseliste zum Sammeln
Sind Sie unterwegs oder stehen ein wenig unter Termindruck, so lassen sich Webseiten und Verlinkungen auch für den späteren Gebrauch speichern. Die für diesen Zweck eingerichtete *Leseliste* rufen Sie über die Seitenleiste und dort über das *Lesebrillen*-Symbol bzw. über die Menüleiste *Darstellung | Seitenleiste für Leseliste einblenden* (ctrl-cmd-2) auf.

Surfen Sie nun im Internet und stoßen auf diverse informative Seiten, deren Inhalt Sie brennend interessiert, Ihnen aber gleichzeitig die Zeit zum nötigen Lesen fehlt, so sollten Sie diese Webseiten in die *Leseliste* befördern. Das klappt zum einen über die *Senden-* und dem dortigen Befehl *Zur Leseliste hinzufügen*, per Mausklick mit gedrückter *Umschalttaste* auf einen Link, bei geöffneter *Leselisten*-Leiste per Drag & Drop einer URL oder Verlinkung direkt in den *Leselisten*-Bereich oder per Kontextmenü auf einen Link und dem Befehl *Link zur Leseliste hinzufügen*.

Die Leseliste dient der Verwaltung jener Webseiten, denen Sie sich erst zu einem späteren Zeitpunkt widmen können.

Ihre *Leselisten*-Beiträge lassen sich auch offline lesen, also selbst dann, wenn Sie nicht mit dem Internet verbunden sind. Fügen Sie einen Eintrag der Leseliste hinzu, so wird diese zuerst vollständig geladen und gesichert. Das klappt sogar bei Webseiten, die sich über mehrere Seiten hinziehen, indem *Safari* auch die nachfolgenden Seiten selbstständig zwischenspeichert.

Leselisten-Beiträge werden über die *iCloud* auf all Ihre Geräte synchronisiert. Sofern Sie also unterwegs Beiträge auf iPad oder iPhone der *Leseliste* hinzufügen, so können Sie diese abends auf Ihrem Mac in Ruhe zu Ende lesen.

In der *Leseliste* selbst brauchen Sie nun nur auf einen Eintrag zu klicken und die entsprechende Seite wird angezeigt. Den Eintrag als solches löschen Sie dann mit Klick auf das kleine *Entfernen*-Symbol. Scrollen bzw. Wischen Sie die Leseliste ein wenig nach unten, so können Sie die in der *Leselisten*-Leiste liegenden Webseiten nach *allen* oder *ungelesenen* ordnen bzw. auch die Leseliste nach Einträgen durchsuchen.

Falls Sie gerne längere Texte in *Safari* lesen, so sollten Sie auch immer einen Blick in die Adresszeile werfen, ob dort links stehend das Symbol für die *Reader*-Ansicht angezeigt wird. Diese Schaltfläche erleichtert nämlich ungemein das Lesen. Klicken Sie darauf, so wird der Haupttext hervorgehoben und alles störende Beiwerk (Werbebanner, zugehörige Kolumnen, weitere Themen-Verlinkungen etc.) ausgeblendet. Sie können zudem die Schriftgröße anpassen und natürlich über das *Senden*-Symbol den Text weiterreichen.

Ohne aufdringliche Werbung: Für lange Texte ist die Funktion »Reader« oftmals eine Wohltat.

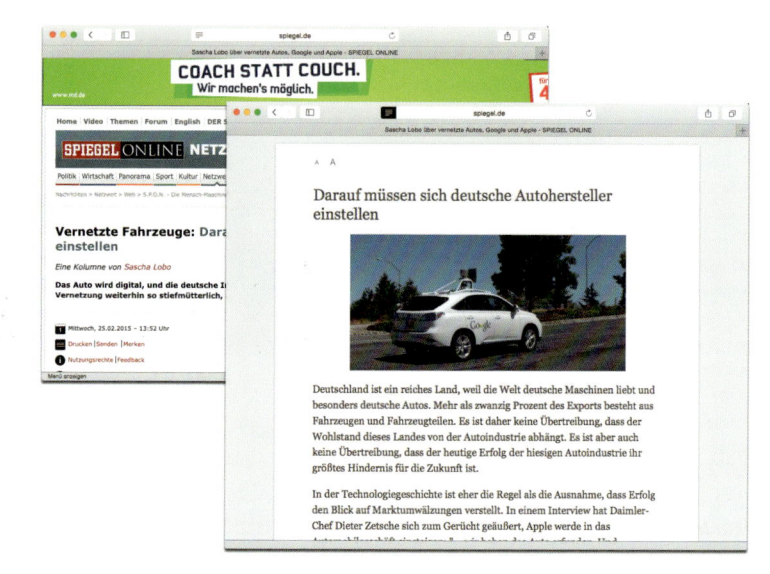

Der *Reader* ist ebenso clever wie die *Leseliste*: Streckt sich ein Beitrag über mehrere Webseiten, so erkennt er dies und lädt automatisch die Folgeseiten.

Denken Sie daran: Haben Sie keine Zeit zum sofortigen Lesen, so fügen Sie den Beitrag einfach der *Leseliste* hinzu. Zum Aufheben können Sie einen aufgerufenen Beitrag auch über *Ablage | Als PDF exportieren* als PDF-Datei aufbereiten, die sich nun wegsortieren oder weiterreichen lässt. Oder Sie versenden die Story per E-Mail (über den *Senden*-Knopf), was sich gerade über die Reader-Ansicht anbietet, da so der Text bereits schön aufbereitet ist.

Verlauf und SnapBack

Als *Verlauf* bezeichnet man die Abfolge der besuchten Webseiten. Wenn Sie also zwei oder drei Stunden im Internet verbringen, sammeln sich so mit der Zeit Dutzende von besuchten Webseiten-Adressen. Über die Menüleiste *Verlauf* finden Sie daher ein Protokoll Ihres Surf-Verhaltens.

Egal, welche Seiten Sie aufsuchen – der Verlauf hält sie im Gedächtnis.

Sofern Sie bereits mehr als zwei Webseiten besucht haben, so können Sie sich sowohl über die Pfeile in der Symbolleiste als auch – wesentlich eleganter – durch horizontales Wischen mit zwei Fingern auf dem *Trackpad* bzw. einem Finger auf der *Magic Mouse* zur vorhergehenden bzw. zur nächsten Seite bewegen.

Das Sammeln von Seiten über den Verlauf ist zum einen ein Vorteil, denn so können Sie schnell auf zurückliegende Webseiten springen und deren Inhalte wiederholt betrachten – das klappt auch über mehrere Tage. Schlecht ist es allerdings, wenn es sich um einen Firmen-Computer handelt und somit der Chef nachvollziehen kann, was denn der Mitarbeiter so alles am Tage treibt. Um hier ein wenig die Spuren zu verwischen, sollten Sie den *Verlauf* regelmäßig auf Null setzen, indem Sie über das Menü *Verlauf* den Befehl *Verlauf und Websitedaten löschen* wählen.

Sie können einen zeitlichen Rahmen bestimmen, innerhalb dessen der Verlauf gelöscht werden soll. Ganz nebenbei werden bei dieser Aktion auch Cookies und andere Websitedaten entfernt.

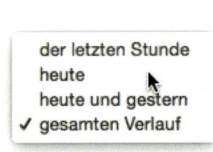

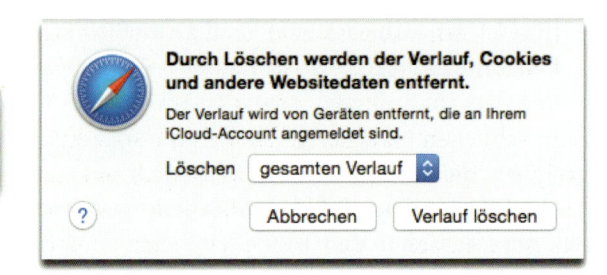

Während man unter *OS X Mavericks* noch gezielt ausschließlich den *Verlauf* löschen konnte, klappt das unter *OS X Yosemite* nur mehr im Gesamtpaket mit sämtlichen Cookies, Websitedaten, Warnhinweisen usw. Es lässt sich also leider nicht verhindern, dass danach wieder sämtliche Meldungen nach etwaigen Push-Nachrichten etc. auftauchen und bestätigt werden wollen. Das ging schon mal einfacher …

Das automatische Entfernen des *Verlaufs* lässt sich auch über die *Safari-Einstellungen | Allgemein* bei *Objekte aus Verlauf entfernen* festlegen.

Oder Sie gehen gleich von Anfang an auf Nummer Sicher und surfen nur über private Fenster, die erst gar keinen Verlauf zulassen, da laut Apple das Nutzungsverhalten, die besuchten Seiten, der Suchverlauf oder Informationen beim automatischen Ausfüllen nicht aufgezeichnet werden. Dies klappt über *Ablage | Neues privates Fenster (cmd-Umschalttaste-N)*. Ihre Webseiten werden nur im geöffneten Fenster gespeichert – sobald Sie dieses schließen, sind alle Spuren weg. Ein privates Fenster erkennen Sie am dunklen Adresseingabefeld.

Heiße Spuren im Browser – dank der Option »Privates Surfen« wird das Leben ein wenig unauffälliger.

Auch ein *privates Fenster* gaukelt Ihnen nur Anonymität vor. Für einen anderen Benutzer Ihres Rechners mag das zwar zutreffen, für Ihren Provider jedoch nicht. Für Abrechnungszwecke, etwaige Vorratsdatenspeicherungen, Geheimdienste & Co. wird meist

5 | Online kommunizieren

Ihre IP-Adresse gesichert, so dass der Provider stets nachvollziehen kann, wann Sie wo und wie oft im Internet unterwegs waren.

Zum schnellen Navigieren ist auch die sogenannte *SnapBack-Funktion* geeignet, die sich jedoch hauptsächlich auf Websuchen konzentriert. Nach Eingabe eines Suchbegriffes kann es dann schon einmal passieren, dass Sie sich in den Tiefen der vielen Hyperlinks verlieren und den Weg zur ursprünglichen Internet-Seite nicht mehr finden. Über den Befehl *SnapBack zur Suchergebnis-Seite (cmd-alt-S)* aus dem *Verlauf*-Menü kommen Sie jedoch zurück zur Ausgangsseite.

Vom Suchen und Finden im WWW

Ein ganz wesentlicher Punkt ist auch das *Suchen*, wobei hinzugefügt werden sollte, dass sich die Suche nach Informationen im WWW als ziemlich schwierig erweisen kann. Das liegt nun weniger an einer komplizierten Bedienung des Browsers, sondern vielmehr an der schier unüberschaubaren Fülle von Ergebnissen, zumal viele davon reine Werbeseiten sind.

Die Adresszeile läuft gleichzeitig als intelligentes Suchfeld und hilft Ihnen bei der Suche.

Geben Sie nun einen Begriff ein, so schlägt Ihnen schon einmal die in den *Safari-Einstellungen* | Rubrik *Suchen* bei *Suchmaschine* eingestellte App alternative Begriffe vor. Das kann zwar durchaus hilfreich, manchmal jedoch auch störend sein. Zudem sollte Ihnen bewusst sein, dass Ihre Suchbegriffe gegebenenfalls von der eingestellten Suchmaschine aufgezeichnet werden. Dies passiert in der Annahme, Ihnen vielleicht später bei einer ähnlich gearteten Suche schon einmal bessere Treffer anbieten zu können. Das Gleiche gilt auch für etwaige *Spotlight-Vorschläge*, die wir bereits im Kapitel zu den Systemeinstellungen kritisch erwähnt haben. Auch in diesem Fall werden üblicherweise Daten von Ihnen an Apple weitergeleitet, so dass deren Auswertung bei künftigen Suchen auf Sie persönlich zugeschnittene Ergebnisse (darunter auch Medien aus *iTunes*, Apps oder Restaurants in Ihrer Nähe etc.) liefert. Und dann ist da auch noch die *Schnelle Website-Suche*, die sich Ihre Suchen innerhalb einer Webseite merkt. Dies alles zusammen ergibt dann wahrscheinlich eine tolle Trefferquote, aber auch einen ziemlich gläsernen Nutzer.

Selbst wenn sich Apple in Sachen Datenschutz schon fast vorbildlich zeigt, lassen sich natürlich all diese Späh- und Aufzeichnungsorgien auch deaktivieren. Möchten Sie nun grundsätzlich keine Vorschläge erhalten, so können Sie dies über die *Safari-Einstellungen*, Rubrik *Suchen* und dort über das Deaktivieren der Optionen *Suchmaschinenvorschläge einbeziehen*, *Spotlight-Vorschläge einbeziehen* sowie *Schnelle Website-Suche aktivieren* erledigen.

Sie müssen sich entscheiden zwischen Datenweitergabe an Dritte, aber dafür besseren Suchergebnissen, oder persönlicher Datenschutz und schlechterer Behandlung. Tja, was tun?

Bei der Suchbegriff-Eingabe erhalten Sie meist seitens der Suchmaschine alternative Vorschläge.

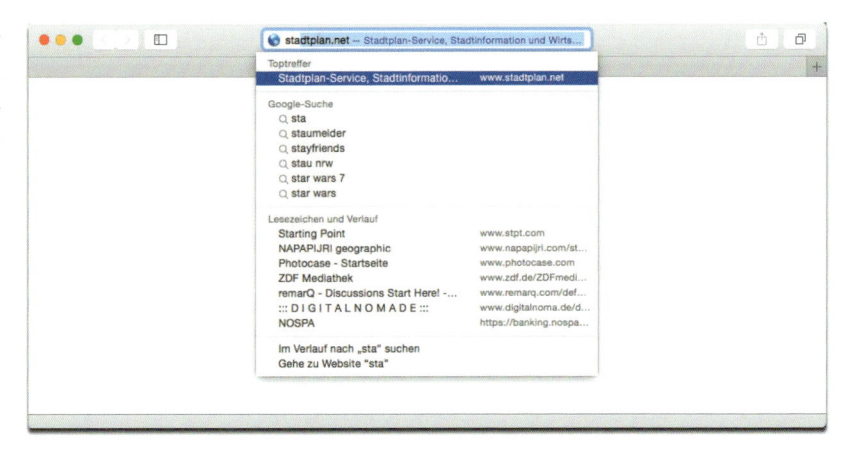

Egal, für was Sie sich nun entscheiden und was auch immer Sie im Suchfeld eingeben: Drücken Sie den *Zeilenschalter*, so werden Ihnen binnen Sekunden meist Tausende von Ergebnis-Seiten präsentiert. Ein Begriff wie »iWatch« zaubert »schlappe« 20.300.000 mögliche Treffer und das Ding ist noch nicht mal auf dem Markt (Feb. 2015). Da spricht man doch von einem Info-GAU.

Bei derlei zahlreichen Ergebnissen sollten Sie zum einen die von der Suchmaschine angebotenen Suchoptionen bzw. eine *erweiterte Suche* in Anspruch nehmen, da sich damit weiter differenzieren lässt. Oder Sie schreiben gleich mehrere Such-Begriffe in das Eingabe-Feld und setzen diese in Anführungszeichen, womit nur Webseiten aufgelistet werden, die alle diese Wörter enthalten.

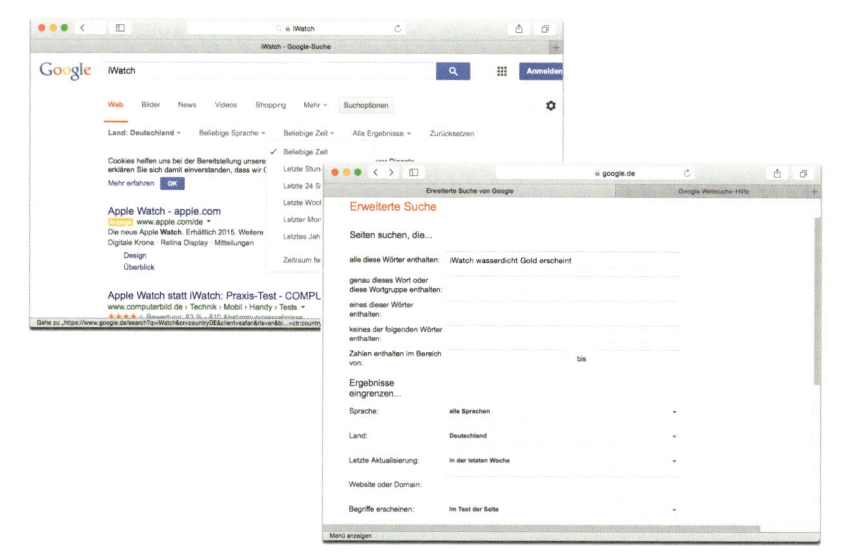

Die Suchoptionen seitens Google bieten Filter, um Land, Sprachraum und Zeitrahmen ein wenig einzugrenzen. Über die »Erweiterte Suche« lässt sich die Informationsflut zusätzlich reduzieren. Weitere Hilfestellungen zum Suchen finden Sie auch auf der Webseite » support.google.com/websearch« bzw. bei den Suchtipps für die erweiterte Suche, die allgemeine Grundregeln erläutern und Ihnen weitere Vorschläge unterbreiten.

Suchergebnisse erhalten Sie natürlich nicht nur über *Google*, sondern über alle bekannten Portale wie *Yahoo* (de.yahoo.com), *bing* (www.bing.com) und wie sie alle heißen. Interessant ist hierbei noch der Ansatz von *MetaGer*, einer Meta-Suchmaschine, die nach einem Suchbegriff fahndet, indem Sie gleichzeitig mehrere Suchmaschinen befragt. Die URL hierzu: www.metager.de.

Egal, welche Such-Ergebnisse Sie auch erhalten: Über einen Mausklick auf die angegebenen Hyperlinks (das sind die unterstrichenen Begriffe) werden Sie automatisch dorthin geleitet und können somit die ganze Welt des Wissens und des Kommerzes erobern.

Daten speichern in und über Safari

Ehe Sie nun Stunden im Internet verbringen und während einer Online-Sitzung alles in sich reinsaugen, ist es manchmal vernünftiger, sich gewisse Daten (Texte, Bilder, Handbücher im PDF-Format usw.) herunterzuladen. Das Speichern geht meist recht schnell und ohne große Probleme, so dass Sie auch Tage später noch darauf zurückgreifen können.

Einfache Text-Inhalte speichern Sie am besten so, wie sie sind, und zwar gleich in *Safari*. Die beste Methode bei interessanten Artikeln ist mit Sicherheit das Öffnen in der *Reader*-Ansicht und das Abspeichern über *Ablage | Als PDF exportieren*. Vergeben Sie einen Namen (oder kürzen/übernehmen den vorgegebenen), bestimmen Sie den Speicher-Ort, vergeben Sie auf Wunsch *Tags* und bestätigen Sie mit *Sichern*. Sie können es dann später über das Programm *Vorschau* lesen oder auch weiterleiten.

Aus einem Online-Bericht ein PDF zu generieren ist dank OS X keine Hexerei.

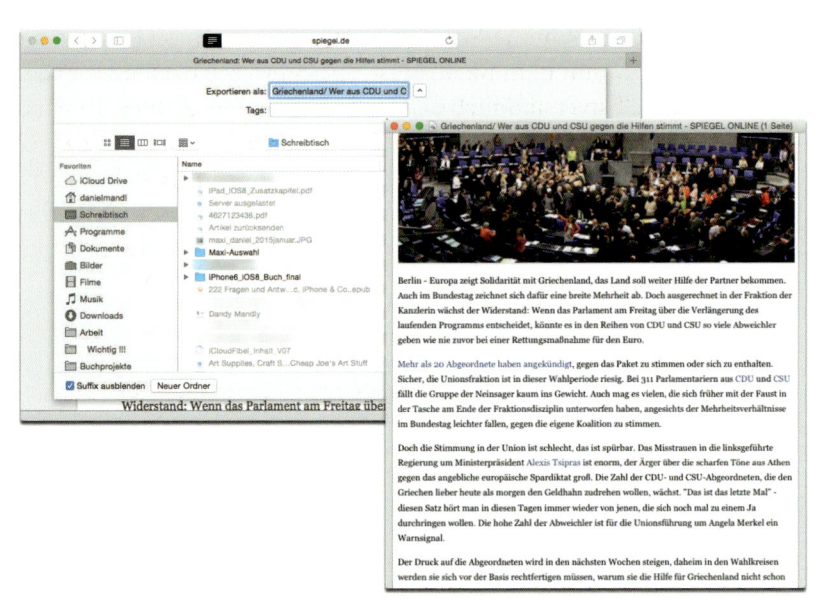

Ein PDF lässt sich auch über den *Drucken*-Dialog generieren. Wählen Sie hierzu *Ablage | Drucken (cmd-P)* und anschließend über die *PDF*-Schaltfläche links unten den Befehl *Als PDF sichern*. Hierbei erhalten Sie auch die Möglichkeit, über die *Sicherheitsoptionen* ein Kennwort zum Öffnen, Drucken oder Verändern zu vergeben. Auf Wunsch lässt sich Ihr Dokument über die *PDF*-Schaltfläche auch gleich zur *iBooks*-App transferieren, zum Programm *Mail* (über *PDF versenden*) weiterreichen oder in *Vorschau* öffnen.

Halten Sie auch immer Ausschau nach hilfreichen Zusatzfunktionen auf der jeweiligen Webseite. Oftmals stellen schon die Seiten-Betreiber bei längeren Texten Optionen wie *Text drucken* oder *per E-Mail weiterleiten* zur Verfügung. Bei ersterer Möglichkeit wird der Text vollständig (und nicht auf mehrere Webseiten verteilt) angezeigt, so dass Sie über den *Drucken*-Befehl

5 | Online kommunizieren

schnell wieder ein PDF erstellen können. Oder Sie senden sich den Bericht an die eigene E-Mail-Adresse zum späteren Durchlesen. Aber Achtung: Manche Internet-Seiten wollen auch nur E-Mail-Adressen sammeln und Sie landen so womöglich auf einem Spam-Verteiler.

Drucken | Senden | Merken

Auch *PDF*-Dateien, auf die Sie stoßen, werden in *Safari* angezeigt. Hier können Sie auf Dokumente treffen, die mehrere Hundert Seiten aufweisen, so dass eine Online-Sitzung über Tage zum Lesen eingeplant werden müsste. Damit dem nicht so ist, speichern Sie nach dem Laden der Seiten wie selbstverständlich das große Dokument. Achten Sie dabei auf die Bedienleiste am unteren Rand des *Safari*-Fensters, sobald Sie Ihren Mauspfeil in diesen Bereich bewegen. Darüber lässt sich nun das angezeigte PDF zum einen vergrößern und verkleinern, zum anderen können Sie es im Programm *Vorschau* öffnen oder sich gleich in den Ordner *Downloads* herunterladen.

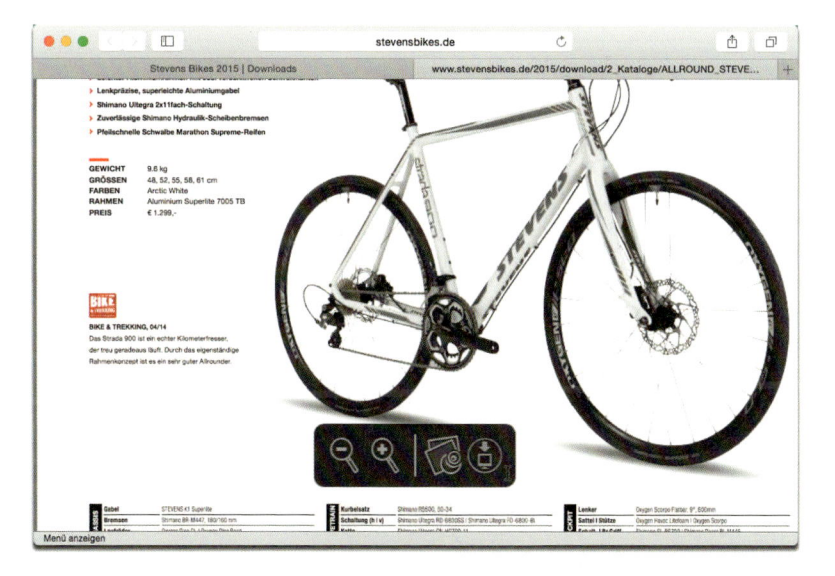

PDFs lassen sich meist in nur wenigen Sekunden laden und speichern.

Interessante Berichte lassen sich selbstverständlich auch an Dritte weiterversenden. Das kann per E-Mail, über die App *Nachrichten* oder an soziale Netzwerke wie *Twitter* oder *Facebook* geschehen. Letztere beide erfordern dabei einen gültigen Account. Haben Sie eine entsprechende Webseite aufgerufen, so tippen Sie auf das *Senden*-Symbol. Es erscheint der Ihnen bereits bekannte Dialog zum Anlegen von Lesezeichen oder zum Ablegen in der Leseliste. Weiterhin finden Sie die Möglichkeiten, Ihre Webseite anderen mitzuteilen. Tippen Sie auf die entsprechenden

Einträge und tragen Sie im Falle der E-Mail Empfänger und Betreff, bei einer Nachricht die Adresse, bei *Twitter* sowie *Facebook* den gewünschten Text ein. Und dann kann es auch schon auf die Reise gehen …

Über das »Senden«-Symbol gelangen Sie an die Offerten zum Weiterreichen von Inhalten.

Natürlich lassen sich auch Bilder speichern, und zwar einfacher, als Sie denken. Die schnellste Methode: Packen Sie das Bild mit der Maus und ziehen Sie es aus dem Browser heraus auf Ihre Festplatte (in einen Ordner oder erst einmal zum Sammeln auf den Schreibtisch). Eleganter geht's jedoch über das *Kontextmenü*, indem Sie mit gedrückter *ctrl-Taste* bzw. per Rechtsklick/Zweifinger-Tipp auf das entsprechende Bild klicken. Das *Kontext*-Menü bietet Ihnen nun eine Reihe von Optionen an, die über das Öffnen des Bildes in einem neuen Fenster oder Tab bis hin zum Sichern auf dem Schreibtisch/als Schreibtisch-Hintergrund oder zum Hinzufügen in das *iPhoto*-Archiv reichen. Auch die Bildadresse, sprich die zugehörige URL, können Sie kopieren, wenn es sich beispielsweise um geschützte Bilder handelt, die einem Copyright unterliegen. Oder Sie kopieren das Bild einfach in die Zwischenablage (*Bild kopieren*) und fügen es dann in einem anderen Programm wieder ein.

> Die meisten Bilder, die Sie im Internet antreffen, sind mit einem *Copyright* versehen, das den Gestalter oder Fotografen vor unbefugtem Zugriff ihrer Werke durch Dritte schützt. Denken Sie also bitte daran, diesen Schutz zu wahren und nicht anderweitig zu veröffentlichen oder gar Handel damit zu treiben. Das kann nicht nur teuer für Sie werden, sondern zollt auch den Künstlern Anerkennung für ihre Werke. Das gilt selbstverständlich nicht nur für Bilder, sondern auch für Text-Dokumente, Film- und Musik-Dateien.

Beenden wir das *Safari*-Stelldichein mit der neuen Funktion *Handoff*, über die Sie Webseiten innerhalb der Apple-Welt von einem Gerät auf ein anderes weiterreichen können. Surfen Sie beispielsweise unterwegs mit einem *iOS*-Gerät oder dem Laptop und Sie kommen nach Hause, werfen den iMac an und möchten darüber weiterarbeiten, so sollte sich im Dock ganz links außen das entsprechende *Handoff*-Symbol zu *Safari* zeigen. Klicken oder tippen Sie darauf und die entsprechende

Webseite lädt automatisch. Voraussetzung hierbei ist, dass alle Geräte unter derselben *Apple ID* laufen und dass sowohl *Bluetooth* als auch die *Handoff*-Funktion auf allen Ihren Geräten eingeschaltet ist. Letzteres erledigen Sie auf dem Mac über die Systemeinstellung *Allgemein* und dort unscheinbar unten stehend über die Option *Handoff zwischen diesem Mac und Ihren iCloud-Geräten erlauben*. Auf *iOS*-Geräten wiederum finden Sie diese Option über die *Einstellungen | Allgemein | Handoff & App Vorschläge*. Mehr zum Thema *Handoff* gibt es im nächsten Kapitel über die Programme.

Nach diesem ausführlichen Rundgang durch den Internet-Browser *Safari* wenden wir uns nun dem E-Mailen zu. Das Einrichten des Programms sowie der Umgang mit E-Mails ist gar nicht so schwer, wie Sie auf den folgenden Seiten sehen werden.

Das Programm »Mail«

Konfiguration eines Accounts

Um mit dem Mailen so richtig loslegen zu können, benötigen Sie einen Account. Sofern Sie bei der Installation und Konfiguration von *OS X Yosemite* bereits einen *iCloud*-Account eingerichtet haben, so ist die *Mail*-App startklar und Sie können sofort loslegen. Weitere Accounts lassen sich sowohl über die *Mail*-Einstellungen (*cmd-Komma*) als auch über die Systemeinstellung *Internetaccounts* einrichten.

Klicken Sie dazu auf das Plus-Symbol bzw. auf einen der angebotenen Provider und tragen Sie dann die Zugangsdaten ein. Im Falle von *iCloud* brauchen Sie nur die *Apple ID* sowie das Kennwort einzutragen und auf *Anmelden* zu klicken. Anschließend markieren Sie noch die gewünschten Dienste und der Account wird angelegt. Sofern Sie Provider wie *Google Mail*, *Yahoo!* etc. verwenden, so ist es ebenso ein Leichtes, diese Accounts zu konfigurieren. Nach Eingabe der jeweiligen *ID* bzw. der E-Mail-Adresse, der Kennwörter sowie dem Markieren der in Anspruch genommenen Dienste werden automatisch die Zugänge erstellt.

Sowohl über die »Mail«-Einstellungen als auch über die Systemeinstellung Internetaccounts lassen sich weitere Accounts anlegen.

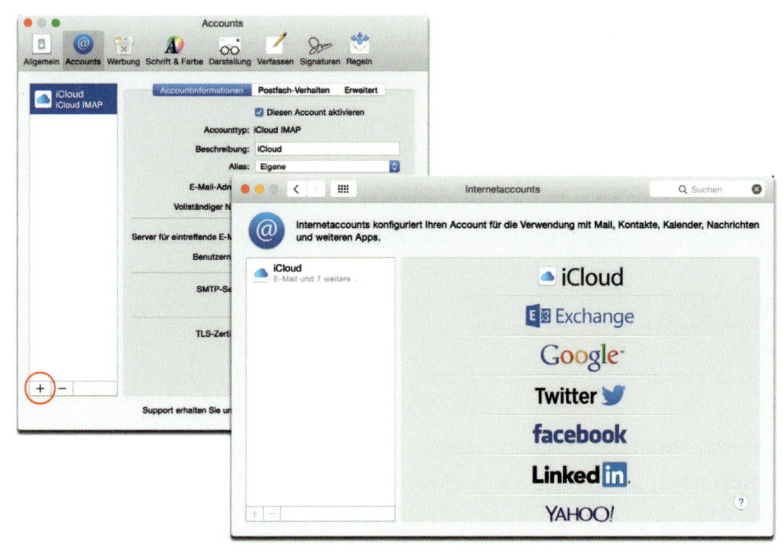

Bei gängigen E-Mail-Accounts reichen meist E-Mail-Adresse und Passwort aus.

Benutzen Sie stattdessen *T-Online*, *1und1* oder einen anderen Anbieter, so müssen Sie den Eintrag *Anderen Account hinzufügen* verwenden. Geben Sie dann Ihren Namen, die E-Mail-Adresse sowie Ihr Passwort ein und klicken Sie auf *Erstellen*. Die Mail-App versucht nun selbstständig, diese Daten abzufragen und den Account zu konfigurieren. Entspricht Ihr Account nicht dem gängigen Muster, so werden Sie gebeten, Ihren Account manuell zu erstellen. Hierzu benötigen Sie Ihre Zugangs-Daten Ihres Providers, wobei wir uns ganz sicher sind, dass Sie diese mit einem Griff ins Regal parat haben :-)

5 | Online kommunizieren

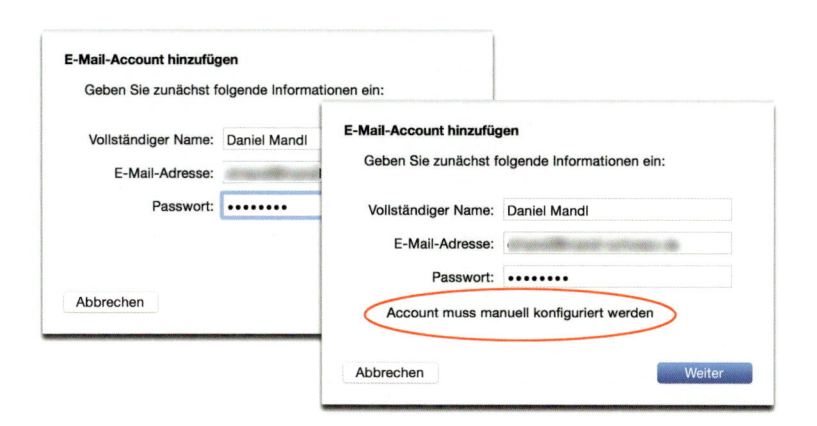

Nach dem Auswählen des gewünschten Account-Typs heißt es zuerst Daten einzutragen. Wird der Server nicht erkannt, müssen Sie selbst Hand anlegen.

Wenn Ihnen ab und zu einmal die Kennwörter abhanden gekommen sind, so finden Sie im Ordner *Dienstprogramme* (innerhalb des Ordners *Programme*) die *Schlüsselbundverwaltung*, die alle Passworte verwaltet und dort auch eingesehen werden können. Sie dürfen nur nicht Ihr *Administrator-Kennwort* vergessen, denn dann ist Schicht im Schacht. Weiteres dazu gibt's im entsprechenden Kapitel zu den Dienstprogrammen.

Der erste Dialog betrifft hierzu den Server für eintreffende Mails. Bei einem *POP*-Server (*Post Office Protocol*) übertragen Sie beispielsweise Ihre Mails direkt auf den Computer, während bei einem *IMAP*-Server (*Internet Messaging Access Protocol*) diese üblicherweise auf dem Server verbleiben. Wenn Sie also häufig unterwegs sind oder mehrere Rechner oder Mobil-Geräte wie iPhone oder iPad benutzen, so ist *IMAP* von großem Nutzen, da Sie stets von allen Orten aus auf Ihre E-Mail-Postfächer zugreifen können und stets auf dem gleichen Stand sind. Die *iCloud* sei hier als Beispiel für einen *IMAP*-Account genannt.

Wenn Sie es noch nicht herausgefunden haben sollten: Das @-Zeichen schreiben Sie über *Optionstaste-L* (alt-L).

Haben Sie schon zuvor ein E-Mail-Programm benutzt, so sollten Sie dort Ihre Konten bzw. Accounts aufrufen und die eingetragenen Daten von dort abschreiben, falls sie Ihnen im Moment nicht auf schriftlichem Wege vorliegen. Auch die Provider bieten auf ihren Webseiten im jeweiligen Support-Bereich Hilfestellung, welche Daten Sie bei *POP* oder *IMAP* eintragen sollten.

323

Zum Überprüfen, ob alles funktioniert, klicken Sie auf *Weiter*. Danach tragen Sie die Daten des Servers für ausgehende Mails ein. Dieser ist dafür zuständig, Ihre Mails zu versenden (auch Postausgangsserver genannt). Es erfolgt die Bestimmung der Sicherheits-Richtlinien, die im Normalfall nur die Abfrage des Kennworts beinhaltet. Über *Erstellen* wird der Account nun angelegt.

Der Assistent zum Einrichten des Accounts macht es Ihnen leicht. Die jeweiligen Angaben wie Ihr Benutzer-Name (oder auch Konto-ID) bzw. Ihr Kennwort können Sie aus Ihren Provider-Unterlagen entnehmen.

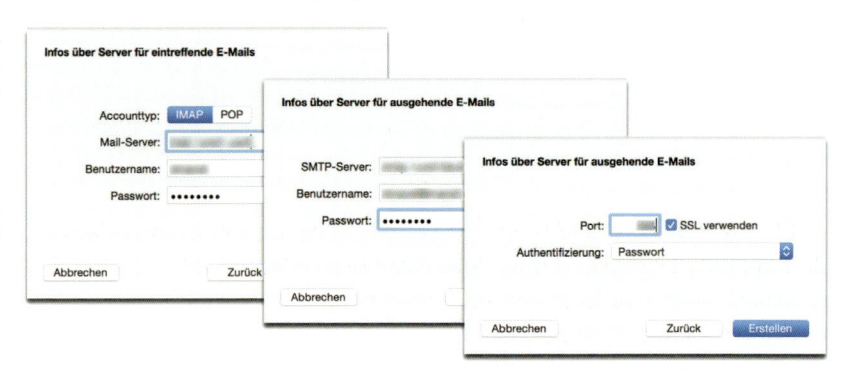

Im Zuge ständiger Späh-Äffären, Bespitzelungen und krimineller Abfangmethoden sollten Sie Ihre E-Mail-Accounts derart gestalten, dass E-Mails für eine sichere Datenübertragung verschlüsselt gesendet werden. Das Schlüsselwort hierzu lautet *SSL-Verschlüsselung (Secure Sockets Layer)*. Auch alle großen Online-Mailer wie T-Online, GMX, 1 & 1, Freenet etc. sollten diese SSL-Verschlüsselung gewährleisten. Über die *Mail-Einstellungen | Accounts* müssen Sie dazu sowohl in der *Erweitert*-Abteilung als auch über *Accountinformationen* bei *SMTP-Server | SMTP-Serverliste bearbeiten* (bitte den korrekten Server dort auswählen) und über *Erweitert* die Option *SSL verwenden* aktivieren. Die jeweiligen Provider haben dazu auf ihren Webseiten zum Stichwort *SSL-Verschlüsselung* diverse Schritt für Schritt-Anleitungen veröffentlicht, die auch die zugehörigen Port-Nummern nennen.

Die Einstellungen von Mail

Wie auch bei den anderen Programmen finden Sie in den *Einstellungen* eine Menge an Optionen und Möglichkeiten, Ihr Programm so einzurichten, dass es Ihren Wünschen entspricht. Unterteilt in mehrere Rubriken ist folglich für jeden Zweck und Anlass etwas dabei, wie Sie gleich sehen werden.

5 | Online kommunizieren

Allgemein

In dieser Rubrik bestimmen Sie das E-Mail-Programm Ihrer Wahl als Standard und legen gleichzeitig fest, ob der Empfang von E-Mails automatisch, nach festgelegten Zeiten (minütlich, alle 5, 15 oder 30 Minuten bzw. stündlich) oder manuell (auf Knopfdruck) erfolgen soll.

> Benutzen Sie die *iCloud*, so ist das sogenannte *Push*-Verfahren aktiviert. Dies ermöglicht eine sofortige Weiterleitung auf Ihre Geräte, sollte eine E-Mail auf dem Server des Anbieters eintreffen. Andere Provider wiederum sammeln die an Sie gerichteten E-Mails auf ihren Servern und leiten Sie erst auf Abruf an Sie weiter.

Geht eine E-Mail ein, können Sie diesem Vorgang einen Ton zuweisen, den Sie sich über das Popup-Menü anhören können. Die Option *Ungelesene E-Mails im Dock anzeigen* blendet direkt im *Mail*-Icon ein kleines Symbol mit der Anzahl der neu eingetroffenen Nachrichten ein. Sie können dabei festlegen, ob dies nur den *Posteingang* oder *Alle Postfächer* betreffen soll.

Was die *Mitteilungen* (also die erscheinenden Banner oder Hinweise am rechts oben liegenden Bildschirmeck) angeht, so aktivieren Sie diese Funktion zuallererst in der Systemeinstellung *Mitteilungen*. Welche Nachrichten genau angezeigt werden sollen, bestimmen Sie wiederum bei *Mitteilungen bei neuen Nachrichten*: Alles, was im Posteingang landet, nur E-Mails, die von VIPs kommen, E-Mails, deren Absender sich bei Ihnen in den *Kontakten* befinden etc.

Bekommen Sie von Dritten eine *Einladung*, so stellen Sie das weitere Prozedere bei *Einladungen zu Kalender hinzufügen* ein: *Automatisch* oder *Nie* (Informationen zu *Kalender* erhalten Sie im Kapitel »Die Welt der Programme«). In ersterem Fall müssen Sie nur auf den Link der *.ics*-Datei klicken, um das Ereignis in *Kalender* eintragen zu lassen.

Bei E-Mails mit Anhängen, die Sie empfangen, können Sie einen Ordner festlegen, der standardmäßig vorgeschlagen wird, möchten Sie mitgesendete Anhänge sichern. Als Standard ist der Ordner *Downloads* angegeben, den Sie in Ihrem Benutzer-Ordner finden. Wie mit Downloads zu verfahren ist, die noch nicht gesichert sind, stellen Sie bei *Nicht bearbeitete Downloads entfernen* ein.

Die »Allgemein«-Rubrik konfrontiert Sie mit allerhand Optionen.

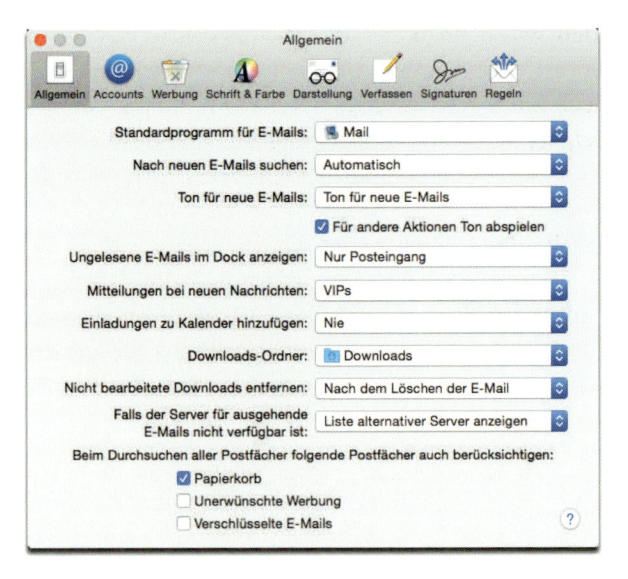

Möchten Sie eine E-Mail versenden und es tauchen Probleme dabei auf, so können Sie über die Option *Falls der Server für ausgehende E-Mails nicht verfügbar ist* entscheiden, wie sich *Mail* verhalten soll: Entweder wird eine Liste alternativer Server angezeigt (falls vorhanden) oder *Mail* versucht es einfach später noch einmal, die E-Mail über den bisherigen Server zu versenden.

Der letzte Punkt betrifft die Suche: Falls Sie später in der Fülle Ihrer E-Mails nach einer ganz bestimmten Nachricht fahnden, so lassen sich neben den selbst angelegten Ordnern auch die Ordner *Papierkorb*, *Unerwünschte Werbung* sowie *Verschlüsselte E-Mails* durchsuchen.

Accounts

In der Rubrik *Accounts* lassen sich – wie eben gezeigt – jene Daten eintragen, die Sie von Ihrem Provider erhalten haben. Zumeist werden Sie nur einen Account besitzen, den Sie bereits über die Systemeinstellung *Internetaccounts* bzw. in den *Mail-Einstellungen* über *Mail | Account hinzufügen* eingaben. Möchten Sie weitere anlegen, so können Sie dies auch über einen Klick auf den kleinen *Plus*-Button links unten erwirken. In der Rubrik *Postfach-Verhalten* regeln Sie, wie sich die einzelnen Postfächer für *Entwürfe* (Mails, die Sie schon geschrieben und gesichert, aber noch nicht abgesendet haben), *Gesendete E-Mails* (Mails, die bereits verschickt worden sind), *Werbung* (das können sinnvolle Mails, aber auch Schrott sein) und den *Papierkorb* verhalten sollen. Diese Einstellungen unterscheiden sich je nach Server-Typ – also *IMAP* (die Mails bleiben auf dem Server) oder *POP* (die Mails landen auf Ihrer Festplatte) – und betreffen auch das Lösch-Verhalten. Das Gleiche gilt auch für die Rubrik *Erweitert*, bei der Sie die Einstellungen so belassen sollten.

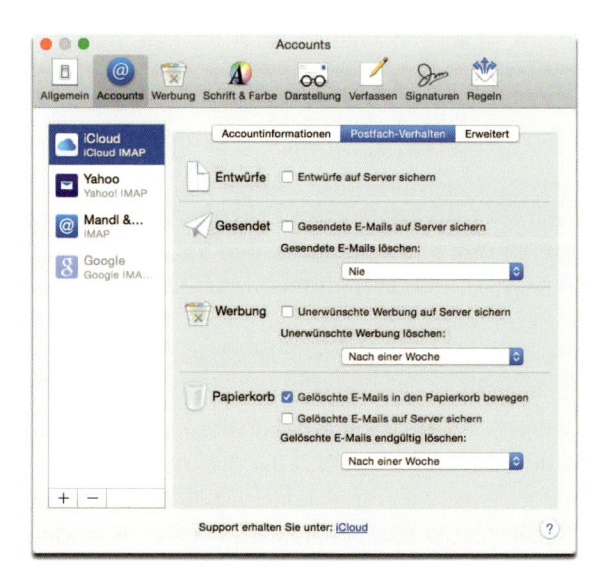

Über das »Postfach-Verhalten« bestimmen Sie Optionen, wie mit E-Mails in den einzelnen Ordnern umgegangen werden soll.

Werbung
Mit der Werbung ist das so eine Sache. Da gibt es jene Newsletter und Mails, die Sie vielleicht anfordern, da Sie die Angebote interessieren. Auf der anderen Seite werden jedoch millionenfach Mails verschickt, die Ihnen neben einer Body-Frischzellenkur und etwaigen Geldgeschenken auch tolle Frauen oder dicke Autos versprechen. Diese Art der ungefragten Werbung nennt man *Spam* (übersetzt »Müll«).

Die meisten Mails stammen dabei aus Amerika, China oder Russland und Sie haben wohl keine Chance, hier Ihren Rachegelüsten freien Lauf zu lassen. Hinzu kommt, dass meist Computer von ahnungslosen Anwendern zum Verschicken dieser Mail-Flut missbraucht werden, die davon gar nichts wissen. Tun Sie sich daher selbst bzw. allen anderen den Gefallen und geben Sie Ihre E-Mail-Adresse nur an Ihnen bekannte Personen weiter. Vermeiden Sie es, wo es nur irgendwie geht, sie auf irgendwelchen Webseiten zu hinterlassen. Bei Einkäufen oder der Anforderung von Informationen verwenden Sie am besten sogenannte Free-Mailer (*GMX*, *Google*, *Yahoo!* etc.), die Ihnen kostenlos eine E-Mail-Adresse zur Verfügung stellen. Hat es Sie dann erwischt und Sie werden mit unsinnigen Mails zugemüllt, wechseln die einfach die E-Mail-Adresse und Sie haben wieder ein wenig Zeit gewonnen. Ihre Haupt-Adresse geben Sie bitte nur Stellen, denen Sie vertrauen – beispielsweise dem Mandl & Schwarz-Verlag bei Ihrer nächsten Bestellung ;-)

Es wird Ihnen sicherlich nicht erspart bleiben, dass Sie auch sogenannte *Phishing*-Mails erhalten, deren Absender sich mit uns bekannten Banken oder Bezahldiensten schmücken. Ob Postbank, Deutsche Bank, PayPal oder sonstige Kreditkarten-Institutionen: Meist werden Sie dazu aufgefordert, sich aufgrund von Betrügereien, Kreditkarten- oder Datenbank-Umstellungen neu autorisieren zu müssen. Hierzu werden Sie gebeten, persönliche Bank-Daten sowie TANs zu hinterlassen. Tun Sie das auf keinen Fall, denn keine Bank der Welt würde Sie dazu auffordern, sensible Daten per E-Mail oder auf Internet-Formularen einzugeben. Apple spricht in diesem Zusammenhang von der *Antiphishing-Technologie* in *Safari*, die selbstständig betrügerische Websites erkennt, diese blockiert und Sie per Meldung warnt.

Sind Sie schon in die Falle getappt, nehmen Sie am besten umgehend Kontakt mit Ihrer Bank auf und schildern Sie ihr den Fall. Diese sollten wiederum schleunigst Ihre Kontoverbindung für das Online-Banking sperren bzw. die Zugangsdaten ändern.

In der Rubrik *Werbung* treffen Sie nun die ersten Maßnahmen gegen Spam & Co. Hierzu bietet Ihnen *Mail* einen Filter an, der anhand der Versender-Adresse diese Mails relativ zuverlässig heraussuchen kann. Was nun damit geschieht, regeln Sie über die dargestellten Optionen. Zuerst sollten Sie die Standardeinstellung *Als unerwünschte Werbung markieren, aber im Posteingang belassen* verwenden. Hierbei werden fragliche E-Mails mit dem Zusatz *[Spam?]* gekennzeichnet, die Sie wiederum über die beiden in *Mail* vorliegenden Buttons für *unerwünschte Werbung* bzw. für *unerwünschte Werbung aufheben* zuordnen sollten. In diesem Modus können Sie zudem überprüfen, wie sich das Programm bei Ihren E-Mails verhält und inwieweit Spam von Ihren »richtigen« Nachrichten unterschieden und erkannt wird.

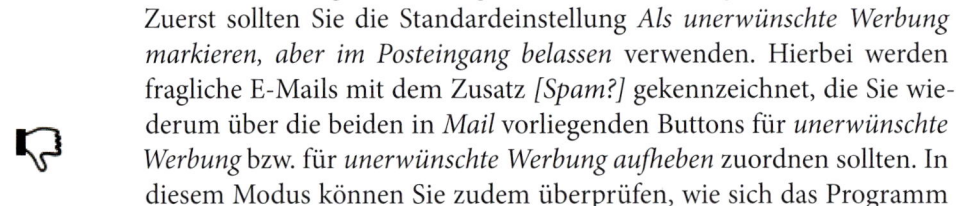

Das Programm *Mail* bringt sozusagen von Haus aus eine Art interne Datenbank mit, mit deren Hilfe sie Werbung ausfindig machen kann. Und das Beste daran: Diese Datenbank ist lernfähig.

Das heißt für Sie als Anwender, dass bei häufigem Gebrauch der Zuteilung von *Unerwünschte Werbung* bzw. *Keine Werbung* Ihr Spam-Filter ausgebaut und aktualisiert wird und von Mal zu Mal genauer arbeitet.

Ist der Filter über einen gewissen Zeitraum gelaufen und Sie sind zufrieden mit der Erkennungsrate, so können Sie über die *Mail-Einstellungen* | Rubrik *Werbung* in den Modus *In das Postfach für unerwünschte Werbung bewegen* wechseln. Diesem von *Mail* angelegten neuen Postfach sollten Sie allerdings nicht blind vertrauen, denn manchmal rutscht auch eine wichtige Nachricht dort hinein. Von nun an laufen sämtliche Werbe-Mails in das Postfach namens *Werbung* – Ihr eigentliches Eingangs-Postfach wird dabei spürbar entlastet.

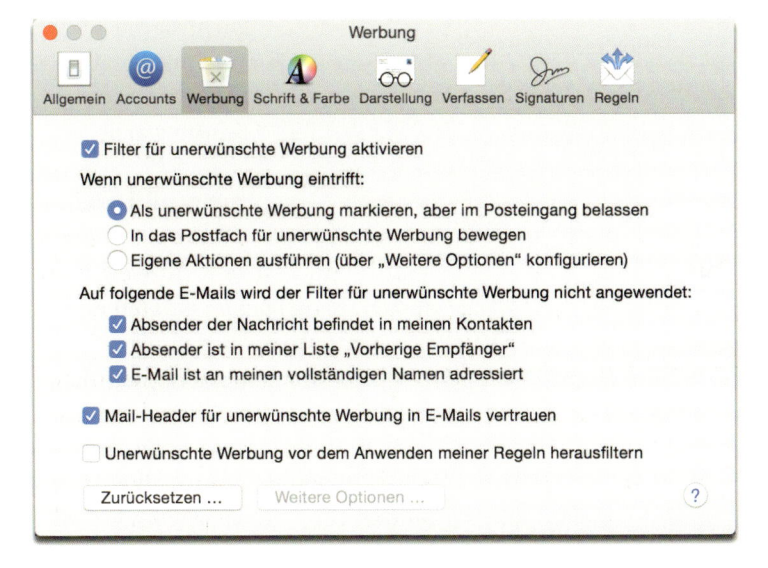

Den Kampf gegen Spam werden Sie zwar nie gewinnen, aber Sie können zumindest Teilerfolge erzielen.

Bei allzu vielen Ungereimtheiten können Sie die leidige Angelegenheit auch selbst in die Hand nehmen, indem Sie die Option *Eigene Aktionen ausführen (über »Weitere Optionen« konfigurieren)* wählen. Hierbei stellen Sie Ihre eigenen Regeln auf, indem Sie auf den Button *Weitere Optionen* klicken und im auftauchenden Dialog Ihre Einstellungen eingeben. Dabei legen Sie zum einen fest, unter welchen Bedingungen die Kategorie *Werbung* erfüllt sein muss. Dies kann unter anderem eine nicht in *Kontakte* vorhandene E-Mail-Adresse oder eine unvollständige Adressierung an Sie als Empfänger sein. Über den *Plus*-Button können Sie auch weitere Regeln bestimmen. Nach diesen Festlegungen definieren Sie die Aktion, die bei Erfüllung der erst genannten Bedingungen erfolgen soll. Die E-Mails können dann etwa in einen bestimmten Ordner verschoben, farbig markiert oder auch gleich gelöscht werden. Mit der Zeit können dann die Regeln immer weiter angepasst werden, so dass eine immer höhere Trefferquote erreicht wird.

Etwas mühsam, aber was tut man nicht alles, um seine Ruhe zu bekommen.

Damit nun eine gewisse Beständigkeit in die Suche und Unterscheidung in Sachen unerwünschte Werbung kommt, lassen sich weiterhin in der *Werbung*-Rubrik einzelne Optionen aktivieren, die der Spam-Filter zum Anlass nimmt, diese E-Mails nicht als Werbung zu betrachten. Darunter fallen etwa *Absender der Nachricht befindet sich in meinen Kontakten*, *Absender ist in meiner Liste »Vorheriger Empfänger«* und *E-Mail ist an meinen vollständigen Namen adressiert*.

Zusammenfassend lässt sich sagen, dass das Spam-Problem wohl nie ganz gelöst wird, doch ein wenig gemindert werden kann. Sie sollten dennoch immer auf der Hut sein, damit Sie sich a) keinen Virus auf den Rechner laden und b) Ihnen keine wichtigen Mails durch die Lappen gehen. Und tun Sie sich selbst den Gefallen und antworten Sie nie auf eine Werbe-Mail im Sinne von »Lassen Sie mich gefälligst in Ruhe!« oder »Ich zeige Sie an!«. Das erzeugt bei den Verursachern nur ein müdes Lächeln und gibt Ihnen gleichzeitig eine Bestätigung, dass Ihre Mail-Adresse existiert. In Zukunft würden Sie dann wohl noch mehr Werbe-Mails bekommen.

5 | Online kommunizieren

Wenn Sie unterwegs sind und den heimischen Rechner verlassen, sammeln sich im schlimmsten Fall in einigen Tagen schon einmal mehrere Dutzend E-Mails an, die als Spam zu betrachten sind. Wir haben uns mittlerweile angewöhnt, wichtigen Geschäftspartnern mitzuteilen, bis wann man unterwegs ist, so dass hiervon schon einmal keine wichtigen Nachrichten kommen werden. Als zweiten Schritt gehen wir auch im Ausland ins Internet und löschen bereits auf dem Server des Providers den gröbsten Schwung an unerwünschter Werbung. Bitte beachten Sie hierbei unbedingt, sich auf fremden Rechnern immer korrekt von Ihrem Mail-Server abzumelden (Logout!), damit sich nachkommende Benutzer nicht in Ihren Postfächern tummeln.

Schrift & Farbe
Sowohl für die Darstellung der E-Mail-Liste als auch für das Verfassen von Mails können Sie Ihre Lieblingsschrift heranziehen. Wie Sie noch sehen werden, lässt sich ein Mail-Text formatieren (das sind dann sogenannte HTML-Mails) und ganz nach Ihren Wünschen gestalten. Und dennoch beanspruchen reine Text-Mails weniger Platz und sind meist leichter zu lesen. Echte Formatier-»Profis« bringen es auf bis zu fünf verschiedene Schrifttypen, acht unterschiedliche Farben und schreiend große Buchstaben, so dass man sich manchmal, ob wohl die Kindergartenzeit zu kurz war. Im Geschäfts-Verkehr sind reine Text-Mails angesagt, und zwar ohne viel Brimborium und in knapper, aber sinnvoller Form.

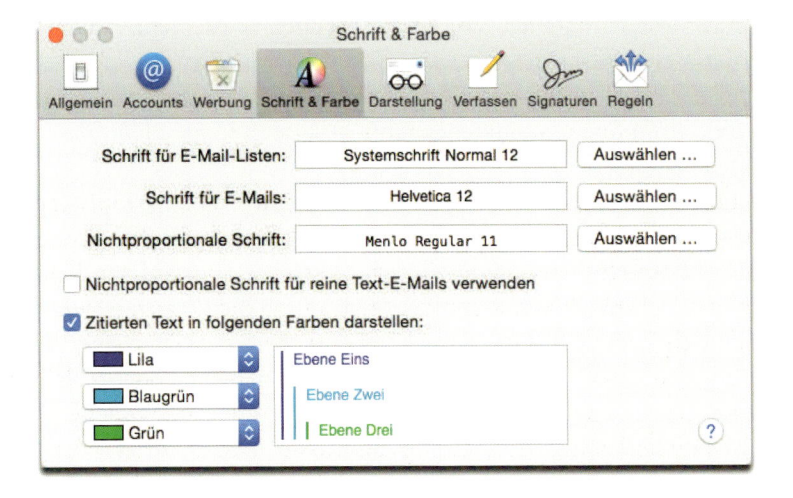

Damit etwas Abwechslung ins Spiel kommt, die jedoch nicht von allen erwünscht ist.

Das Zitieren von Text-Teilen in E-Mails ist ebenso Standard. Hierbei wird der Inhalt einer E-Mail, die Sie erhalten und der Sie antworten möchten (E-Mail in der Liste markieren und den Button *Antworten* drücken), beim Rücksenden farblich gekennzeichnet. So können Sie jene Text-Abschnitte, die unwichtig sind, herauslöschen und unter den Rest jeweils Ihren Kommentar schreiben. Verschicken Sie nun die E-Mail und Sie erhalten sie wieder, so ist der vormals als Zitat gesetzte Text (blaue Farbe) noch eine Ebene weiter nach unten gerutscht. Dieser wird nun in grüner Farbe dargestellt, während Ihre Kommentare in blau gehalten werden. Drücken Sie nun wieder den *Antworten*-Button, so verschiebt sich der Inhalt der Mail wieder um eine Ebene. Auf diese Weise lässt sich in einem Mail-Verkehr, der vielleicht eine anregende Diskussion enthält, nachvollziehen, von wem das Geschriebene stammt und wie alt es ist. Achten sollten Sie nur darauf, dass Sie die jeweils unwichtigen Text-Stellen herauslöschen, da ansonsten die E-Mail-Unterhaltung einen ewig langen »Rattenschwanz« nach sich zieht.

Wenn Ihnen nun die vorgegebenen Farben nicht gefallen, so lassen sich diese bei *Zitierten Text in folgenden Farben darstellen* neu einrichten. Wir empfehlen dies nachdrücklich nicht zu tun, sind doch die bereits bestehenden Farb-Vorschläge in allen E-Mail-Programmen Standard und werden somit von allen Anwendern sofort verstanden (im Gegensatz zu einer völlig neuen Farbgestaltung).

Darstellung

In dieser Kategorie treffen Sie Entscheidungen hinsichtlich der Darstellung der Benutzer-Oberfläche. Da *Mail* ein Layout anwendet, das dem *iOS* für die mobilen Geräte ähnelt (Postfächer, E-Mails sowie deren Inhalt werden in Spalten darstellt), heißt das noch lange nicht, dass dies auch jedem gefällt. Wünschen Sie sich das alte Layout aus *OS X Leopard*- oder *Snow Leopard*-Zeiten zurück, dann aktivieren Sie die Option *Klassisches Layout verwenden* und Sie dürften wieder glücklich sein.

5 | Online kommunizieren

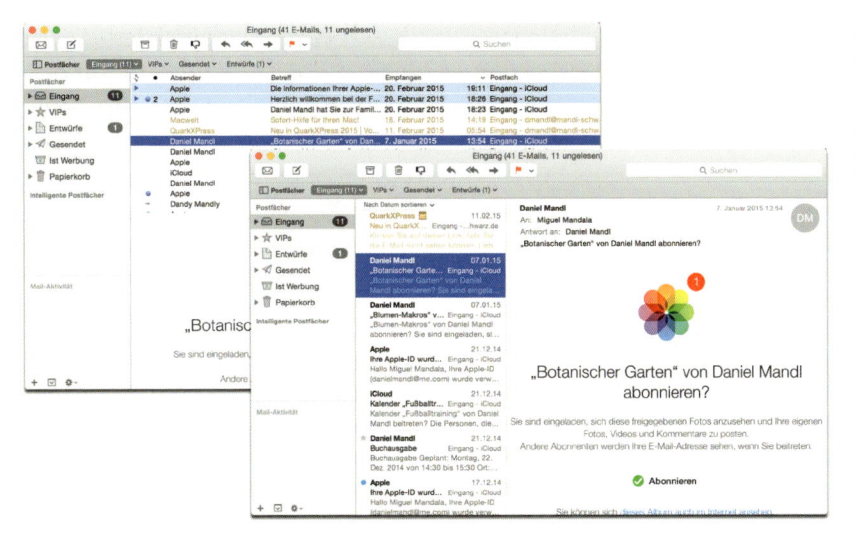

Ob klassisches Layout der früheren OS X-Vorversion (hinten) oder das aktuelle, an iOS angelehnte Design – das dürfen ganz allein Sie selbst entscheiden.

Weiterhin lassen sich bei den Übersichten der einzelnen E-Mails Etiketten für Empfänger sowie Kopien einblenden (*Etikett für Empfänger/Kopie in der E-Mail-Liste anzeigen*) sowie auf Wunsch auch die entsprechenden Kontaktbilder der jeweiligen Adressaten einblenden (*Kontaktfotos in der E-Mail-Liste anzeigen*).

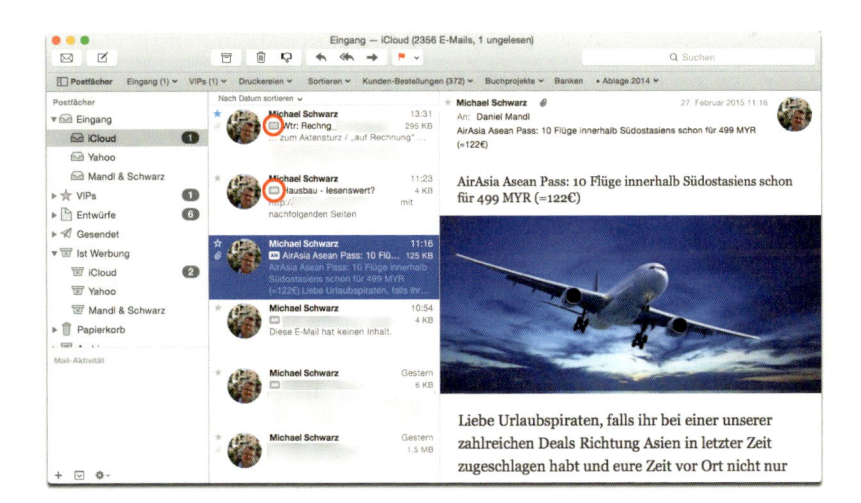

Sie können auf Wunsch hin in der Nachrichtenliste Etiketten (kleine Symbole) für Empfänger (An)/Kopie (CC) sowie Kontaktfotos anzeigen lassen.

Zu jeder Mail können Sie zudem bestimmen, wie viele Textzeilen (*Keine* bis *5 Zeilen*) in der E-Mail-Liste zu jedem Eintrag als Vorschau angezeigt werden sollen. Je mehr Sie davon einstellen, desto eher können Sie sich einen ersten Überblick über den Inhalt einer Mail verschaffen.

333

Markieren Sie nun eine E-Mail, so wird diese im großen Übersichtsbereich eingeblendet. Oben finden Sie den sogenannten *Header*, also jenen Teil, in dem die Eintragungen zu Absender, Empfänger, Datum und Betreff stehen. Eine vollständige Ansicht aller relevanten Daten, also über welche Server die E-Mail lief, sowie technische Details erhalten Sie über die Menüleiste *Darstellung | E-Mail | Alle Header*.

Der Header befindet sich über dem eigentlichen Mail-Inhalt und zeigt Ihnen Informationen wie Datum und Herkunft an. Wer die vollständigen Header-Informationen benötigt, kann sich auch diese anzeigen lassen.

Zur Unterscheidung zwischen bereits gelesenen und noch nicht begutachteten Mails bietet es sich an, die ungelesenen Mails in Fettschrift anzeigen zu lassen. Diese Option betrifft jedoch ausschließlich das klassische Layout, da normalerweise ein blauer Punkt diese Aufgabe übernimmt. Sobald Sie nun eine E-Mail anklicken, werden diese als gelesen betrachtet und in Normalschrift (bzw. ohne blauen Punkt) dargestellt.

Auch die Bilder kommen nicht zu kurz, wobei die Einstellung *Entfernte Inhalte in Nachrichten laden* nur für jene interessant ist, die Ihre Mails auf einem Server belassen. Ist die Option aktiviert, so werden bei einer bestehenden Internet-Verbindung und dem Markieren einer E-Mail automatisch die zugehörigen Bilder geladen. Ist stattdessen die Option deaktiviert, so erscheint nur der Text und anstatt der Bilder zeigen sich Platzhalter. Erst per Klick auf den Button *Entfernte Inhalte laden* werden auch diese angezeigt. Der Vorteil dabei: Bei einer langsamen Online-Verbindung werden einerseits die Mails schneller angezeigt, und zum anderen lassen sich über manipulierte Bilder (ja, auch das gibt es ...) so keine Schädlinge auf den Rechner einschleusen (das passiert dann erst beim Laden).

Zugehörige Bilder werden erst auf Wunsch geladen, wenn Sie die Option »Entfernte Inhalte in Nachrichten laden« deaktivieren.

Legen Sie eine neue E-Mail an und geben in der Adress-Zeile die ersten Buchstaben des Empfängers ein, so werden in einem Popup-Menü alle in Frage kommenden Adressen eingeblendet, so dass Sie im positiven Falle gar nicht weiterschreiben müssen, sondern gleich im Menü zugreifen können. Ist nun die Option *Intelligente Adressen verwenden* aktiviert, so steht in der *Empfänger-Zeile (An)* anstatt der E-Mail-Adresse nur der vollständige Name – was zum einen freundlicher aussieht und zum anderen weiteren Adressaten die jeweilige E-Mail-Adresse des anderen verbirgt.

Der letzte Punkt betrifft die *Konversationen*, also das Zusammenfassen zusammengehöriger Mails. Die Haupteinstellung dazu finden Sie über die Menüleiste *Darstellung | Nach Konversationen ordnen*, die standardmäßig aktiviert ist. So werden alle Mails mit dem gleichen Betreff-Inhalt als zusammengehörig erachtet, was gerade bei großem Mail-Aufkommen ein wenig Erleichterung bringen kann. Eine Zahl zeigt dabei die Anzahl der Mails an, und wird auf diese geklickt, so lassen sich nun diese Mail-Pakete öffnen. Die Optionen bei *Anzeige von Konversationen* beziehen sich zum einen auf die Möglichkeit, falls die besagte Einstellung *Nach Konversationen ordnen* nicht eingeschaltet ist. Mit *Nicht gruppierte E-Mails farblich hervorheben* findet dennoch eine Kennzeichnung statt, indem Sie eine Mail in der E-Mail-Liste markieren und alle dazugehörenden zumindest farbig als zusammengehörend gekennzeichnet werden. Ist weiterhin *Zugehörige Mails einbeziehen* aktiviert, so werden auch E-Mails, die sich vielleicht schon in anderen Postfächern befinden, ebenso bei der Kennzeichnung berücksichtigt. Die Optionen *Beim Öffnen einer Konversation alle Nachrichten als gelesen markieren* sowie *Neueste E-Mail oben anzeigen* sind aus unserer Sicht selbsterklärend.

Über die »Mail-Einstellungen« lässt sich Ihr E-Mail-Programm für die Darstellung von E-Mails optimal anpassen.

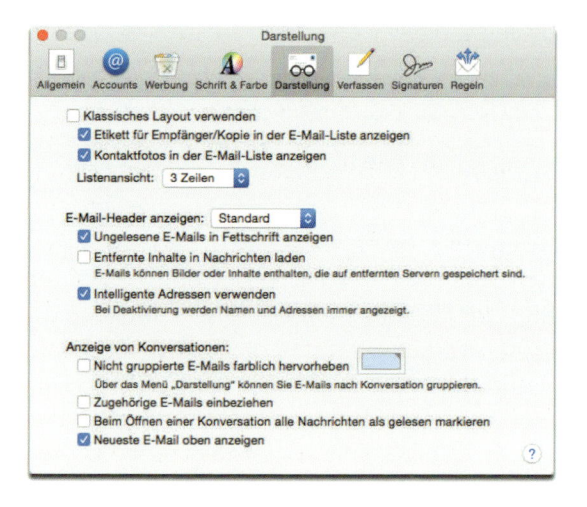

Verfassen

Hier geht's um das Verhalten Ihrer neu zu erstellenden oder zu beantwortenden E-Mail. Sie legen also fest, ob Ihre Mail als formatierter (als auszuzeichnender) oder reiner Text gestaltet wird und wie die Rechtschreib-Kontrolle eingreifen soll. Nebenbei können Sie auch festlegen, ob Sie von Ihrem elektronischen Brief-Verkehr grundsätzlich eine Kopie erhalten möchten (was eigentlich unnötig ist, haben Sie doch automatisch ein Postfach *Gesendet*, das Ihre Ausgänge speichert). Weiterhin lassen sich bei E-Mails an eine Gruppe alle Mitglieder einblenden sowie der ausgehende Account (bei mehreren Accounts) einrichten (Option *Neue E-Mails senden von*).

Wie hätten Sie es denn gerne? – Verfassen und Antworten leicht gemacht.

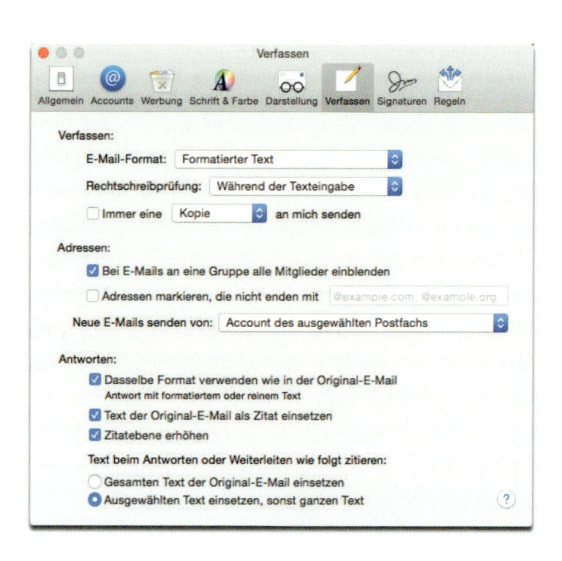

Mails, die Sie wiederum beantworten, können ebenfalls eingerichtet werden, indem Sie beispielsweise das Text-Format festlegen (etwa *Dasselbe Format verwenden wie in der Original-E-Mail*) und bestimmen, dass der Antwort-Text grundsätzlich als Zitat erfolgt und bei häufigem Hin- und Hersenden einer E-Mail die Zitatebene automatisch höher gesetzt wird.

> Möchten Sie eine vor sich liegende Mail beantworten, aber nicht den gesamten Text übernehmen, so markieren Sie zuvor jene Zeilen, die Ihnen wichtig erscheinen. Drücken Sie danach den *Antworten*-Button, so wird nur der markierte Text-Abschnitt in die Antwort-Mail eingefügt.

Signaturen

Die Signatur ist in diesem Zusammenhang eine vorgefertigte Absender-Adresse, die Sie je nach Zweck der Mail gestalten und zum Schluss anbringen können. So lässt sich bei geschäftlichen Anlässen Ihre Büro-Adresse angeben, während Sie bei privatem Mail-Verkehr die Ihres Wohnortes verwenden. Auch eine Grußformel lässt sich mit einfügen, um sich das leidige »Mfg« künftig einzusparen.

> Auch bei E-Mails sollten Sie eine gewisse Etikette wahren, denn ständige Abkürzungen, keine ausgeschriebene Anrede oder nur Kleinschreibung können Ihnen von etwaigen Geschäftspartnern negativ angelastet werden.

> Wenn Sie ein Fan von Abkürzungen sind, so denken Sie bitte an die Systemeinstellung *Tastatur* | Reiter *Text*. Tragen Sie dort zum Beispiel bei *Ersetzen* »mfg« und bei *Durch* »Mit freundlichen Grüßen« ein, so nimmt Ihnen das Programm *Mail* künftig die Schreibarbeit ab und ergänzt ganz brav mit vollständiger Schreibweise. Sollte es dann immer noch nicht funktionieren, so aktivieren Sie über *Bearbeiten* | *Ersetzungen* die Option *Textersetzung*.

Legen Sie zuerst den Account fest und drücken Sie den *Plus*-Button. Vergeben Sie einen Namen für die *Signatur* und gestalten Sie dann Name und Adresse, vielleicht noch eine Grußformel oder einen weisen Spruch – fertig. Kommen später weitere Accounts hinzu, so brauchen Sie bestehende Signaturen (Seitenleiste: *Alle Signaturen*) nur auf diese Accounts zu ziehen und sie stehen auch darüber zur Verfügung.

Vorgefertigte Signaturen können Ihnen mit der Zeit viel Tipp-Arbeit ersparen.

Legen Sie eine neue Mail an, können Sie je nach Ansprechpartner schnell die dazu passende Signatur einstellen. Wählen Sie im Popup-Menü bei *Signatur* Ihre Wunsch-Präferenz, das Programm fügt automatisch Ihre Zeilen ein. Nun brauchen Sie nur noch eine freundliche Anrede und einen sinnvollen Text verfassen und alle Welt freut sich über geistreiche Kommunikation.

Auf Knopfdruck zeigen Sie Stil und Respekt gegenüber dem Empfänger.

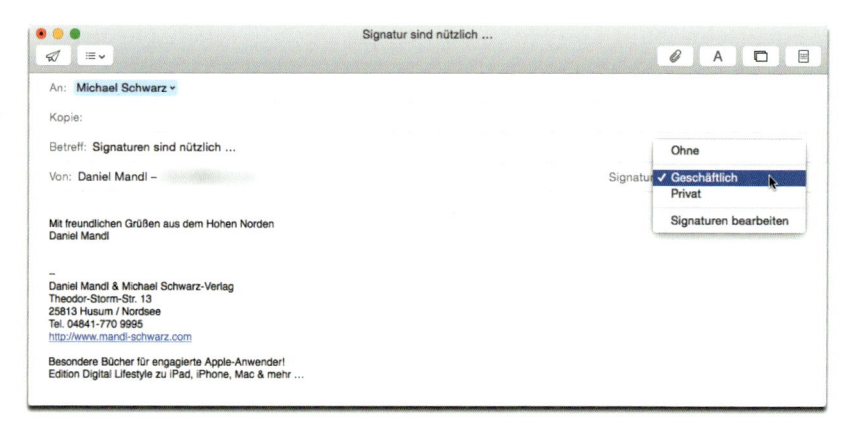

Möchten Sie die Signaturen nicht ständig manuell vergeben, so lässt sich in den *Einstellungen* über *Signatur auswählen* eine Grußformel automatisch eintragen.

5 | Online kommunizieren

Regeln

Alle Welt spielt nach Regeln, und so soll es auch beim E-Mail-Verkehr sein. Auch wenn der Vergleich ein wenig hinkt, haben Regeln bei umfangreichem Mail-Verkehr ihren Sinn. So lassen sich Mails mit bestimmtem Absender automatisch in ein vorher festgelegtes Postfach manövrieren oder ungeliebte Angebote gleich in den Papierkorb befördern. Das Vorgehen gleicht dem Einrichten beispielsweise eines intelligenten Ordners, indem Sie Bedingungen aufstellen und bei Erfüllung dieser Gegebenheiten eine Aktion veranlassen.

Dazu klicken Sie zuerst in *Regel hinzufügen* und vergeben einen aussagekräftigen Namen mit Wiedererkennungswert. Danach legen Sie die Bedingungen fest und dann die Aktion – fertig ist die Regel. So lassen sich bestimmte Mails in Postfächer bewegen, farblich kennzeichnen oder mit einem bestimmten Ton untermalen. Wie üblich hilft hier der Forschergeist, indem Sie sich damit ausführlich auseinander setzen. Der Vorteil ist ganz klar eine stete Vorsortierung Ihrer Mails und damit ein enorm entlastetes Eingangs-Postfach. Ist die Regel erstellt, so heißt es diese noch zu bestätigen, damit sie in Kraft treten kann.

Umfangreiche Kriterien ermöglichen detaillierte Regeln, um der Mail-Flut Herr zu werden.

E-Mails versenden

Im Grunde eine einfach Übung: Sie klicken auf den Button *Neue E-Mail erstellen* bzw. wählen *Ablage | Neue E-Mail (cmd-N)*, woraufhin sich ein neues E-Mail-Fenster öffnet. In die Zeile bei *An* geben Sie die Empfänger-Adresse ein, wenn gewünscht auch mehrere. Sobald Sie Buchstaben eintippen, werden vom Programm Vorschläge jener E-Mail-Adressen unterbreitet, die mit den in Ihrem Adressbuch *Kontakte* vorliegenden übereinstimmen. Ist einer der Vorschläge korrekt, müssen Sie nur den *Zeilenschalter* drücken. Folgen weitere Empfänger, tragen Sie einfach den Nächsten ein. In das Feld *Kopie* können Sie ebenso E-Mail-Adressen eingeben. Damit zeigen Sie dem Haupt-Empfänger (*An*), dass auch andere diese Mail erhalten. Die Namen sind dabei für alle sichtbar – im Gegensatz zu den eigentlichen E-Mail-Adressen, sofern Sie in den *Mail-Einstellungen*, Rubrik *Darstellung*, die Option *Intelligente Adressen verwenden* aktiviert haben. In der *Betreffzeile* sollten Sie stichwortartig anreißen, worum es sich in der E-Mail handelt. Bitte keinen Roman, sondern nur wenige Worte, die den Sachverhalt schildern.

So soll sie aussehen: Die Mail ist bereit zum Versenden.

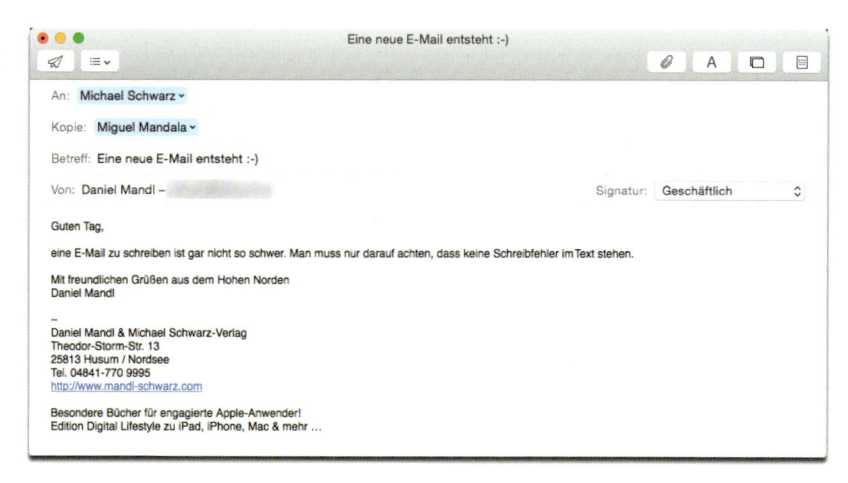

Möchten Sie eine E-Mail an eine Gruppe – bestehend aus mehreren Empfängern – versenden, so brauchen Sie nur den entsprechenden Gruppen-Namen, den Sie über die *Kontakte*-App angelegt haben, einzutippen und mit der Eingabetaste bestätigen. Im Nu werden alle dazugehörigen Adressen bei *An:* eingetragen. Wie man Gruppen erstellt, lernen Sie im nächsten Kapitel zu den Programmen kennen.

Bei mehreren Accounts wird automatisch ein weiteres Feld namens *Von* eingeblendet, in dem Sie zuvor den entsprechenden Account auswählen sollten. Das gilt ebenso für die gewünschte *Signatur*, sollten Sie welche angelegt haben.

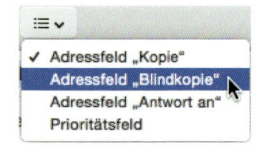

Linker Hand finden Sie noch die Schaltfläche zum Anpassen der Kopfzeile. Darüber können Sie definieren, welche weiteren Felder im *Header*

vorkommen sollen. Zur Auswahl stehen die Felder *Blindkopie*, *Antwort an* sowie *Prioritätsfeld*.

Über die *Blindkopie* bekommen eingetragene Adressaten ebenfalls eine Kopie der Mail, wobei der eigentliche Empfänger jedoch nichts davon mitbekommt. *Antwort an* bestimmt hingegen, an welche Adresse die E-Mail gehen soll, sollte der Empfänger antworten wollen. Tragen Sie also dort eine von der Absender-Adresse abweichende E-Mail-Adresse ein. Der *Prioritäts-Status* wiederum gibt dem Empfänger zu verstehen, wie hoch die Dringlichkeit der Mail ist.

Werfen wir noch einen Blick auf die Symbolleiste der E-Mail. Der Button *E-Mail senden* schickt die E-Mail auf Reise, während Sie über *Anhang* eine Datei (PDF, Bilder, Text-Daten etc.) der E-Mail hinzufügen können. Zum Auswählen öffnet sich der typische *Öffnen*-Dialog, aus dem Sie nun die Datei markieren (bei mehreren die *Befehlstaste* drücken) und dann auf *Datei wählen* klicken. Befinden sich unter den Angeschriebenen auch Empfänger, die auf einem Windows-Computer arbeiten, so sollten Sie weiterhin die Option *Anhänge Windows-kompatibel senden* aktivieren. Die Daten werden dann augenblicklich der E-Mail beigefügt. Das klappt im Übrigen auch per *Drag & Drop*, also indem Sie einfach die gewünschte Datei auf dem Schreibtisch oder in einem Ordner mit der Maus packen und in die E-Mail ziehen.

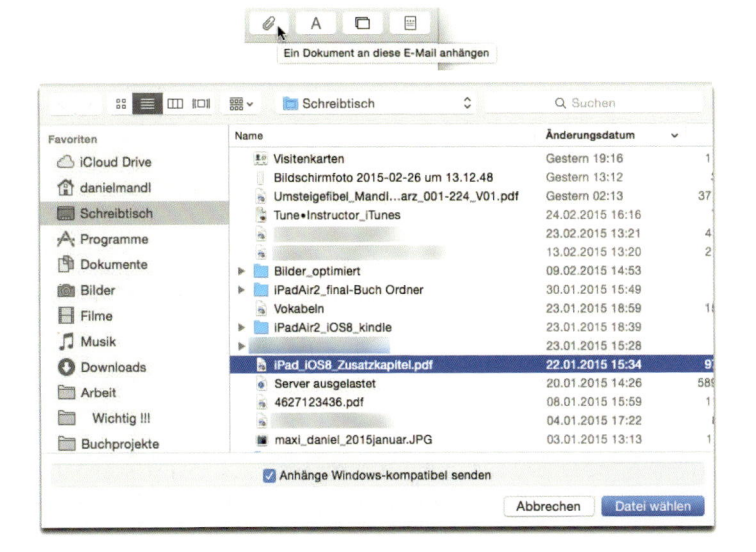

Datei-Anhänge einbauen ist ebenfalls eine leichte Sache.

Achten Sie darauf, dass Ihre Anhänge stets eine den Empfängern annehmbare Größe aufweisen, da viele Benutzer nach wie vor nur über eine langsame Datenleitung verfügen bzw. auch manche Provider eine Obergrenze für Anhänge (meist zwischen 10 und 100 Megabyte) vorschreiben. Sollte die Datei dennoch umfangreicher als gedacht sein, so ist es oftmals nicht verkehrt, dies vorher anzukündigen bzw. um Erlaubnis zu fragen.

Neu in *OS X Yosemite* ist zudem die Funktion *Mail Drop*, die für besonders große Anhänge gedacht ist und die für *iCloud*, *IMAP* sowie *Exchange*-Accounts verfügbar ist. Hierbei bugsieren Sie ganz normal Ihren Anhang (der bis zu fünf Gigabyte groß sein darf) in Ihre zu versendende E-Mail und versenden diese. Der Mail-Anhang wird dabei in die *iCloud* geladen und liegt dort für dreißig Tage verschlüsselt zur Abholung bereit. Haben Sie als Empfänger einen *OS X Yosemite*-Nutzer mit dem Programm *Mail* auf der anderen Seite, so bekommt er Ihre Nachricht ganz normal mit angefügtem Anhang. Handelt es sich jedoch um andere Systeme, so erhält der Empfänger stattdessen einen Download-Link samt Ablaufdatum zugesandt, auf den er nur zu klicken braucht. Hierbei öffnet sich die *iCloud*-Seite und der Download sollte automatisch starten. Voraussetzung für *Mail Drop* ist die aktivierte Option *Große Anhänge mit Mail Drop senden*, die Sie über die *Mail-Einstellungen | Accounts* und dort über den Reiter *Erweitert* finden.

Große Anhänge werden in »Mail« per Mail Drop ganz regulär eingeladen und verschickt. Die Gegenseite erhält bei Überschreiten etwaiger Obergrenzen seitens des Providers nur einen Link, über den er die mitgesendete Datei herunterladen kann.

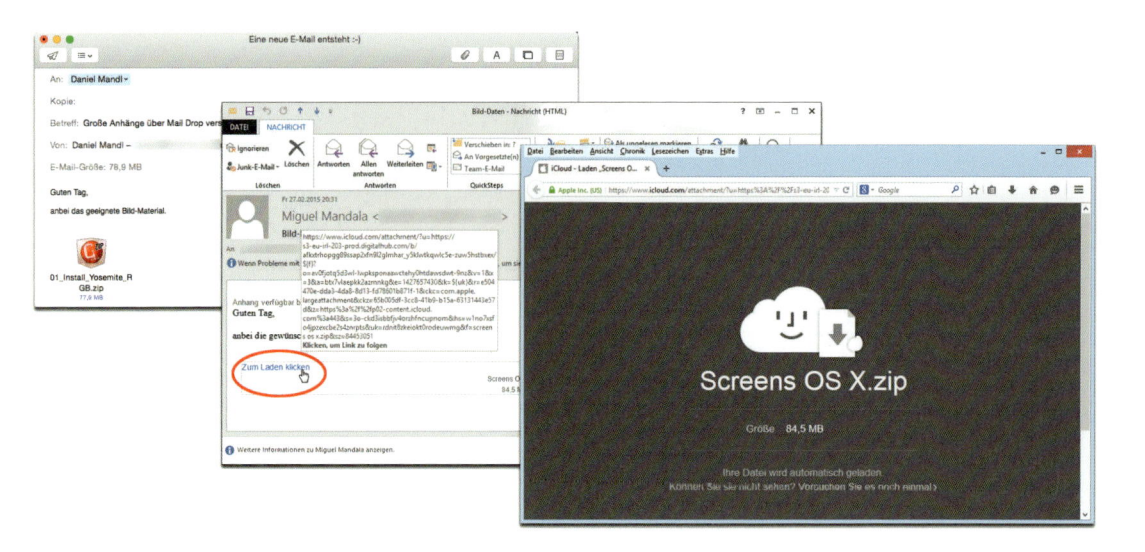

Sofern Sie für einen Account die Option *Große Anhänge mit Mail Drop versenden* nicht aktiviert haben, werden Sie automatisch beim Versenden danach gefragt.

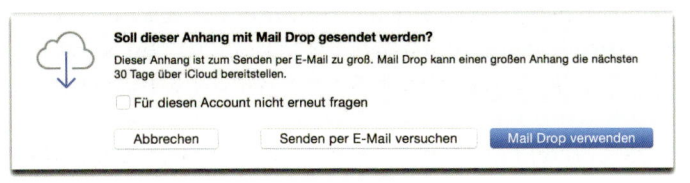

Datei-Anhänge (ab mehreren Megabyte) sollten Sie immer zuvor komprimieren. Dabei werden die Daten verkleinert, indem unwichtige Informationen durch einen Algorithmus herausgerechnet werden. Beim Empfänger werden dann die Daten wieder dekomprimiert, sprich die Informationen wiederhergestellt. Apple bietet Ihnen im *Finder* diese Art der Verarbeitung an, indem Sie zuerst die Datei (oder auch mehrere) markieren und dann über die Menüleiste *Ablage* bzw. über das Kontextmenü den Befehl *»Muster-Datei« komprimieren* wählen (»Muster-Datei« soll hier stellvertretend für den jeweiligen Datei-Namen dienen, bei mehreren Daten wird die Anzahl der Objekte aufgeführt). Dabei wird ein Archiv mit dem Suffix *.zip* erstellt, was der am häufigsten verwandten Komprimier-Methode entspricht. Erhält nun der Empfänger einen »gezippten« Anhang, so muss er diesen nur doppelklicken, um an den Inhalt zu gelangen. *JPEG*-Bilder brauchen Sie im Übrigen nicht mehr zu komprimieren, da es sich dabei schon um ein komprimiertes Format handelt.

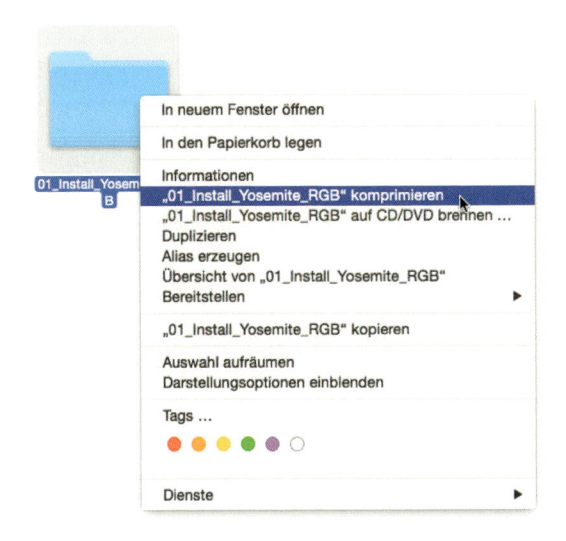

Über »Ablage | „Muster-Datei" komprimieren« bzw. das Kontext-Menü wird eine ZIP-Datei angelegt, die sich auf Doppelklick hin entpackt.

Werden Anhänge einer E-Mail angefügt, so landen diese normaler Weise dort, wo sich gerade die Einfügemarke befindet. Sie können die jeweiligen Daten jedoch auch an eine andere Stelle ziehen. Bevorzugen Sie es eher, dass Anhänge immer an das Ende einer E-Mail gehängt werden, so schließen Sie alle E-Mail-Nachrichten (bis auf das Hauptfenster von *Mail*) und wählen dann aus der Menüleiste den Befehl *Bearbeiten | Anhänge | Anhänge immer am Ende der Mail einfügen.*

Auch das Formatieren von Mails fällt leicht, indem Sie auf den Knopf zum Einblenden der *Formatierungsleiste* klicken. Oberhalb der Eingabefelder für Adressen und Betreff erscheinen dabei weitere Schaltflächen, über die Sie alle auf Ihrem Rechner befindlichen Schrift-Typen wählen und sowohl *Schriftgröße* als auch die *Farbe* bestimmen können. Weiterhin lassen sich Worte, Sätze oder Absätze auszeichnen (fett, kursiv, unterstrichen) sowie die Ausrichtung (linksbündig, zentriert, rechtsbündig) einstellen. Wie in *TextEdit* sind auch Aufzählungen bzw. nummerierte Listen sowie Einzüge möglich. Dennoch sei gesagt, dass eine reine Text-Mail im Geschäftsverkehr eher angebracht ist als eine virtuelle Post in schreiend bunten Farben und »haushohen« Lettern.

Über die Formatierungsleiste können Sie aus Dutzenden von Schrifttypen, Schriftgrößen und Farben wählen. Aber übertreiben Sie es nicht …

5 | Online kommunizieren

Der Text-Inhalt der Mail wird bei aktivierter *Rechtschreibprüfung* bereits während des Schreibens kontrolliert. Wörter, die unbekannt oder falsch geschrieben sind, werden automatisch rot unterstrichen – darauf sollten Sie unbedingt noch einmal einen kritischen Blick werfen. Klicken Sie per Kontextmenü auf das Wort, so erhalten Sie eine Korrektur angeboten.

sich verrschreibt.

Ist für Sie das Ganze eher unangenehm, so können Sie über das Menü *Bearbeiten | Rechtschreibung und Grammatik | Rechtschreibprüfung* die Korrektur deaktivieren. Noch besser ist es, wenn Sie in den *Mail-Einstellungen* in der Rubrik *Verfassen* bei *Rechtschreibprüfung* die Einstellung *Nie* wählen – dann ist auch bei den folgenden Mails Ruhe.

Sobald Sie Ihre E-Mail sichern *(cmd-S),* wird diese als sogenannter *Entwurf* geführt. Hierbei wird die Mail noch nicht verschickt, sondern vorerst in das Postfach *Entwürfe* transferiert. Diese Mails können Sie nun zu einem späteren Zeitpunkt wieder hervorkramen und auf Vordermann bringen. Erst wenn alles sitzt und passt, drücken Sie auf *Senden* und die Sache ist erledigt.

> Denken Sie bitte immer daran, dass bei einem *IMAP*-Server (unter anderem auch der *iCloud*-Account) die Daten auf dem Server und nicht auf der Festplatte liegen. Sie müssen also online sein und eine Verbindung besitzen, damit Sie auf die Daten zugreifen können – es sei denn, Sie haben in den *Mail-Einstellungen* unter *Accounts* die Rubrik *Postfach-Verhalten* so eingerichtet, dass sowohl *Entwürfe* als auch *Gesendete E-Mails* explizit nicht auf dem Server gesichert werden sollen.

Mit ein Highlight im Programm *Mail* sind die beiden Knöpfe *Fotoübersicht* sowie *Vorlagen*. Über die *Fotoübersicht* öffnen Sie eine Palette, über die Sie auf all Ihre in *iPhoto, Aperture, Photo Booth* bzw. *Fotos* (ab Frühjahr 2015) archivierten Bilder zurückgreifen können. Packen Sie einfach ein oder mehrere Bilder und ziehen Sie sie an die gewünschte Stelle. Über das oberhalb der Vorschau liegende Popup-Menü *Bildgröße* stellen Sie nun noch eine entsprechende Größe (Originalgröße, Groß, Mittel, Klein) ein und fertig ist die Überraschungs-Mail.

345

Die »Fotoübersicht« ermöglicht das rasche Auffinden und Einbauen von Fotos aus Ihrem gesamten Bild-Bestand.

Wenn Sie Ihren Mauszeiger auf die rechte obere Ecke eines eingeladenen Bildes bewegen, zeigt sich ein Symbol, das auf Klick hin die Option *Markierungen* einblendet. Wählen Sie diese aus, so erhalten Sie diverse Werkzeuge, um Anmerkungen (sei es Text, Pfeile, verschiedene Formen etc., und dies in allen Farbvarianten) oder sogar eine Unterschrift einzubauen. Das klappt natürlich nicht nur bei Bildern, sondern auch angehängten Text-Dokumenten oder PDF-Dateien. Was hier alles möglich ist, zeigen wir Ihnen im Programme-Kapitel zur App *Vorschau*.

Über Markierungen lassen sich Bilder und Dokumente mit Anmerkungen und allerlei Formen versehen.

5 | Online kommunizieren

Auch mit den *Vorlagen* können Sie mächtig Eindruck schinden. Klicken Sie auf den Knopf *Vorlagen einblenden*, so finden Sie diverse Themen-Vorschläge für verschiedenste Belange, darunter Geburtstage, Ankündigungen oder Foto-Mails. Suchen Sie sich einfach Ihr gewünschtes Motiv und füllen Sie die Text-Platzhalter mit eigenen Worten. Bilder wiederum können Sie mit eigenen Fotos austauschen – Sie müssen nur Ihre Bilder aus der *Fotoübersicht* oder aus einem anderen Ordner auf die vorgefertigten Abbildungen ziehen. Klicken Sie auf ein Bild, so lässt es sich weiter auf den gewünschten Ausschnitt optimieren. Auch manche Vorlagen wechseln auf Mausklick hin die Farbe.

Vorlage wählen und mit eigenen Inhalten füllen – so schnell kommt keiner an professionelle Mails heran.

Das war aber noch längst nicht alles. Werfen Sie einen Blick auf die Menüleiste und dort insbesondere auf den Menüpunkt *Darstellung*, so finden Sie dort wieder den Befehl *Symbolleiste anpassen*, über den Sie weitere Buttons der Symbolleiste hinzufügen können – und zwar getrennt für das eigentliche E-Mail-Fenster sowie für die Benutzer-Oberfläche des Programms.

Für jeden Zweck die gewünschte Symbolleiste – »Symbolleiste anpassen« aus dem Menü »Darstellung« für das Programm (hinten) sowie das E-Mail-Fenster.

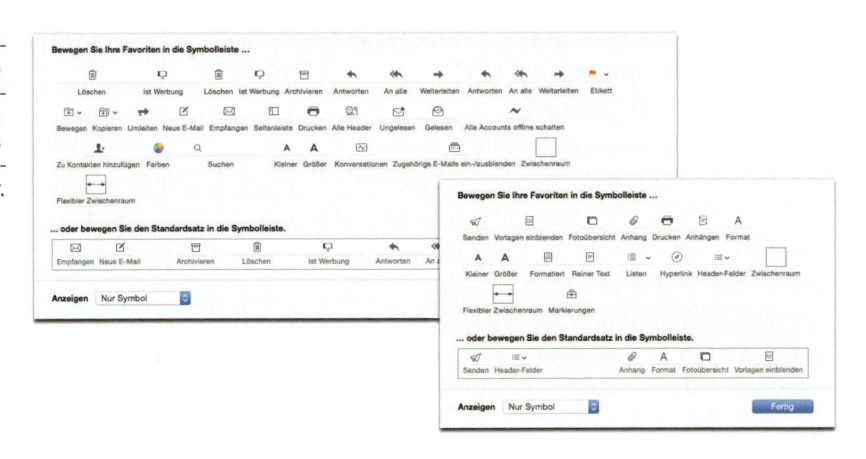

Für alle in der Symbolleiste vorhandenen Knöpfe finden Sie auch in der Menüleiste die entsprechenden Befehle samt Tasten-Kombinationen.

Mails abrufen und empfangen

Auch für das Empfangen sowie das Ordnen von E-Mails stehen Ihnen viele Funktionen zur Verfügung. Als erste Voraussetzung ist wie immer der Online-Zugang und die Verbindung zum Internet zu nennen. Danach müssen Sie nur auf den Button *Empfangen* klicken und die E-Mails sollten eintrudeln. Haben Sie in den *Mail*-Einstellungen unter *Allgemein* bei *Nach neuen E-Mails suchen* eine Zeiteinheit eingestellt, so läuft der Empfang automatisch ab. Das Gleiche gilt für Accounts wie *iCloud*, die über *Push* die E-Mails erhalten.

Bei neu eingerichteten Accounts wird eventuell noch das Kennwort als Identifikation verlangt, welches Sie gleich im Schlüsselbund sichern sollten (Option *Dieses Kennwort in meinem Schlüsselbund sichern*) – es wird dann kein zweites Mal danach gefragt.

Ist dieser Punkt abgehakt, finden Sie in Ihrem Postfach *Eingang* die eingelaufenen E-Mails – schön geordnet nach dem jeweiligen Account. Die angezeigten Zahlen geben dabei den Umfang der Neuzugänge an. Klicken Sie Ihren Account oder den übergeordneten Eintrag *Eingang* an, so werden die E-Mails aufgelistet. Klicken Sie wiederum eine Mail an, so zeigt sich der Inhalt im großen Ansichts-Bereich. Wenn Sie nur über einen kleinen Bildschirm verfügen, so lässt sich die links stehende

5 | Online kommunizieren

Postfachliste auch ausblenden, indem Sie entweder auf die Schaltfläche *Postfächer* der Favoritenleiste klicken oder den Befehl *Darstellung | Postfachliste ausblenden* wählen.

> **Sofern Sie noch mit dem klassischen *Mail*-Layout arbeiten:** Über die Menüleiste *Darstellung | Spalten* können Sie definieren, was letztlich im Mail-Bereich angezeigt werden soll. Neben *Absender* und *Empfangs-Datum* stehen Ihnen auch Informationen zur Mail-*Größe*, das *Postfach*, das *Gesendet-Datum* und vieles weitere mehr zur Verfügung. Im *iOS*-Look nennt sich das Ganze *E-Mail-Attribute* – und die sind unserer Meinung nach zum einen weit weniger auskunftsfreudig und zum anderen drängen sich zu viele Infos auf zu wenig Platz.

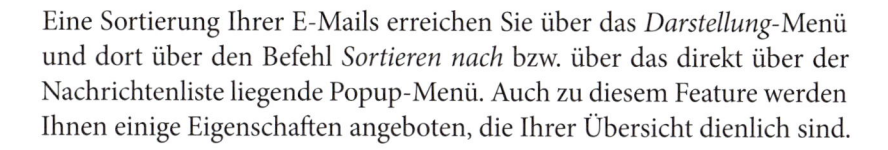

Eine Sortierung Ihrer E-Mails erreichen Sie über das *Darstellung*-Menü und dort über den Befehl *Sortieren nach* bzw. über das direkt über der Nachrichtenliste liegende Popup-Menü. Auch zu diesem Feature werden Ihnen einige Eigenschaften angeboten, die Ihrer Übersicht dienlich sind.

Enthält eine E-Mail *Anhänge*, so lassen sich diese auf verschiedenen Wegen abspeichern. Bewegen Sie Ihren Mauspfeil auf die schmale Linie zwischen Header und eigentlichem Text, so zeigen sich einige Schaltflächen – darunter jene zum Abspeichern von Anhängen. Klicken Sie darauf, so können Sie sich entscheiden, ob Sie entweder eine vollständige Sicherung vornehmen (Option *Alles sichern*) oder nur eine einzelne Datei separat speichern, indem Sie das gewünschte Objekt anklicken. In beiden Fällen öffnet sich ein Dialog, der den in den *Mail-Einstellungen* unter *Allgemein* festgelegten *Downloads*-Ordner anbietet.

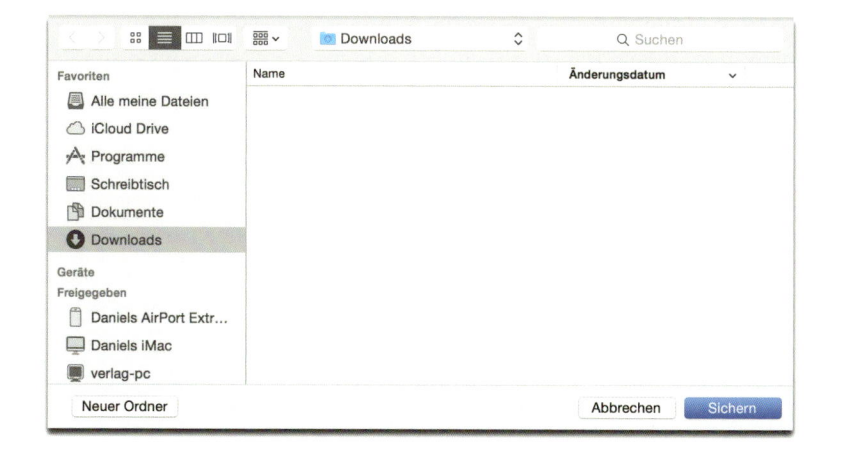

Wählen Sie eine oder alle Dateien aus, so können Sie diese an einem Ihnen angenehmen Platz abspeichern.

349

Weiterhin steht Ihnen bei Bildern die Möglichkeit zur Verfügung, diese in das Programm *iPhoto* bzw. *Fotos* zu transferieren. Das geht schnell und erspart Ihnen das doppelte Hantieren mit diesen Dateien an anderen Orten.

Und auch die Voransicht darf natürlich nicht fehlen. Egal ob PDF-, Bild-, Video oder Text-Datei – im Menüpunkt *Übersicht* können Sie schon mal einen Blick in die Datei werden.

Wählen Sie mit gedrückter *Optionstaste (alt)* den Eintrag *Übersicht*, so wird daraus *Diashow* und die Anhänge werden in der bildschirmfüllenden Großansicht wiedergegeben.

Bitte achten Sie immer darauf, von wem Sie E-Mails erhalten, denn nicht immer sind Freunde, Verwandte oder Arbeitskollegen am Werk. Gewiefte Gauner können oftmals aufgrund des bloßen Öffnens einer Datei schadhafte Programme auf Ihren Rechner schleusen. Sofern Sie also E-Mails von unbekannten Absendern erhalten, die noch dazu mit zweifelhaften Betreff-Zeilen versehen sind oder in fremdländischer Sprache diverse Gewinne anpreisen, so markieren Sie diese Mails als Werbung und löschen Sie sie.

Ist nun eine E-Mail gelesen, heißt es für Sie: Wohin damit? Zum einen können Sie diese natürlich umräumen. Dazu packen Sie die E-Mail mit der Maus und ziehen sie mit gedrückter Maustaste in ein anderes Postfach. Letzteres legen Sie an, indem Sie innerhalb der Postfachliste links unten auf das *Plus*-Zeichen klicken und dort den Befehl *Neues Postfach* wählen. Bestimmen Sie dann noch den Ort und vergeben Sie wie üblich einen ganz tollen Namen. *Lokal* bezieht sich in diesem Fall auf das Anlegen auf der Festplatte Ihres Rechners, andere Accounts wie beispielsweise die *iCloud, Yahoo!* oder *Google* werden separat aufgeführt. Haben Sie bereits Postfächer angelegt, so können Sie auch innerhalb dieser Ordner weitere Unterordner erstellen. Mit der Zeit werden Sie ein Gespür dafür bekommen, was wirklich wichtig ist und aufgehoben werden soll, im Gegensatz zu belanglosen E-Mails, das Sie nie wieder hervorkramen werden und besser löschen sollten.

5 | Online kommunizieren

Neue Postfächer braucht das Land – entweder für den jeweiligen Account oder innerhalb eines schon bestehenden Postfachs.

Postfächer, die Sie in der *iCloud* anlegen, werden binnen Sekunden auch auf Ihre anderen Geräte synchronisiert. Das funktioniert wie üblich auch andersherum: Legen Sie neue Postfächer beispielsweise über Ihr iPad oder über das Internet (www.icloud.com) an, so erscheinen diese wenig später auch auf Ihrem Mac.

Postfächer lassen sich auch aus anderen Programmen bzw. aus einer anderen Kopie von *Mail* importieren. Dazu wählen Sie *Ablage | Postfächer importieren* und geben im erscheinenden Dialog das Programm Ihrer Wahl an. Eine andere Möglichkeit besteht darin, dass Sie die zu importierenden Postfächer zuvor aus einem anderen Programm heraus exportieren und dabei das *mbox*-Format verwenden. *Mail* kann dieses Format lesen und beim Importieren diese Dateien als Postfach anlegen.

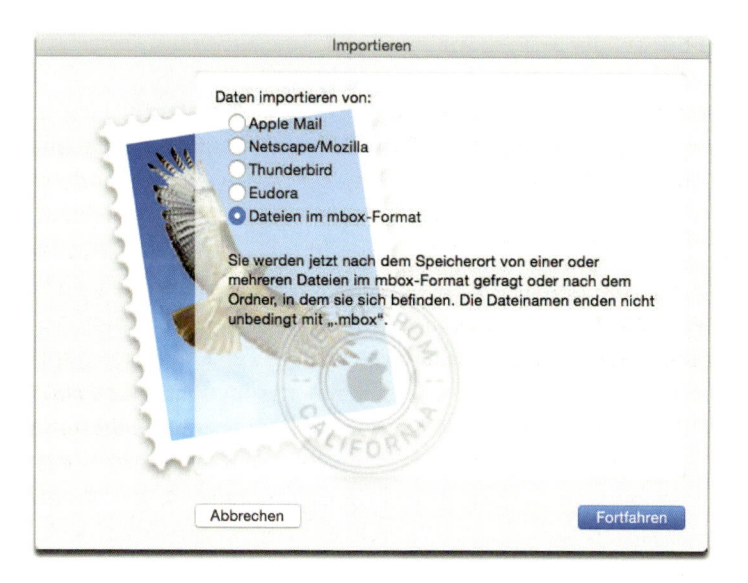

Zuerst bestimmen Sie das gewünschte Programm bzw. wählen die Option »Dateien im mbox-Format«. Über »Fortfahren« werden dann die jeweiligen Postfächer zum Importieren oder auch Ausschließen angezeigt.

Eine weitere Hilfestellung für alle, die gerne mit vielen Postfächern arbeiten, besteht darin, diese in die *Favoritenleiste* zu bugsieren. Ist diese bei Ihnen nicht angezeigt, so lässt sie sich über *Darstellung | Favori-*

tenleiste einblenden aufrufen. Hierbei packen Sie einfach das gewünschte Postfach und ziehen es in die Symbolleiste. Der Klick darauf zeigt sofort den Inhalt. Aber auch aus der Nachrichtenliste heraus lassen sich schnell einzelne E-Mails dort hinein befördern, indem Sie sie einfach darauf ziehen und loslassen. Befinden sich in einem Postfach weitere Unterordner, so werden auch diese mitaufgeführt.

Postfächer, die häufig gebraucht werden, können Sie auch in der Favoritenleiste unterbringen. Sobald Sie eine E-Mail dorthin bewegen, öffnet sich die Liste und zeigt – sofern vorhanden – die zugehörigen Postfächer an.

Wenn Sie häufiger zwischen den Postfächern in der Favoritenleiste hin- und herwechseln, so merken Sie sich am besten deren Reihenfolge. So erhält nämlich das erste Postfach die Tastenkombination *cmd-1*, das Zweite *cmd-2*, das Dritte *cmd-3* usw. Alternativ können Sie dies auch über die Menüleiste *Postfach | Favoriten-Postfach öffnen* erledigen.

Auch ein *VIP-Postfach* gibt es zu bewundern. Dieses intelligente Postfach legt sich automatisch an, sobald Sie im E-Mail-Kopfbereich auf den kleinen Stern neben der Absender-Adresse einer Nachricht klicken. Das *VIP-Postfach* finden Sie daraufhin in der Postfachliste präsent an zweiter Stelle. Jedes dort abgelegte Postfach trägt dabei den Namen des entsprechenden Absenders und versammelt alle bereits eingetroffen wie künftigen E-Mails dieses wichtigen Kontaktes.

5 | Online kommunizieren

VIPs (die sogenannten »very important people«) sollten Sie einrichten, wenn Sie bestimmte Personen als bedeutsam betrachten und alle dazugehörigen E-Mails per Mausklick parat haben möchten.

Wenn Sie nur *VIP*-E-Mails als Benachrichtigungen über die *Mitteilungszentrale* erhalten möchten, so erledigen Sie das über die *Mail-Einstellungen*, Rubrik *Allgemein* und dort über die Option *Mitteilungen bei neuen Nachrichten*. Stellen Sie das Menü auf *VIPs* und schon verpassen Sie keine E-Mail dieser bedeutenden Persönlichkeit(en).

Bei E-Mails, die Sie beantworten möchten, stehen Ihnen die beiden Buttons *Antworten* und *An alle Empfänger* der Symbolleiste zur Verfügung. Alternativ klappt das auch über den Vorschau-Bereich einer E-Mail, da dort ebenso eine Schaltfläche mit den wichtigsten Befehlen eingeblendet wird. *Antworten* bezieht sich hierbei nur an einen Einzel-Absender, während *An alle Empfänger* sämtliche Adressaten (also auch jene, die eine Kopie der Mail erhalten haben) betrifft. Die Mail wird neu geöffnet und die ehemaligen Absender werden automatisch als neue Empfänger eingetragen. Die *Betreff*-Zeile erhält ein *Re:* (für *reply* – antworten) vorangestellt und der Mail-Text wird – wie weiter oben beschrieben – als *Zitat* und somit farbig wiedergegeben. Haben Sie zuvor nur einen Ausschnitt des Textes markiert, so wird nur dieser als Zitat in der Antwort-Mail eingebettet. Bereits empfangene Anhänge werden beim *Antworten* ausgeschlossen, da diese ja bereits ihren Zweck erfüllt haben.

Das Beantworten geht recht schnell, da Ihnen das Programm »Mail« alles fix und fertig aufbereitet – nur den Antwort-Text müssen Sie noch eingeben.

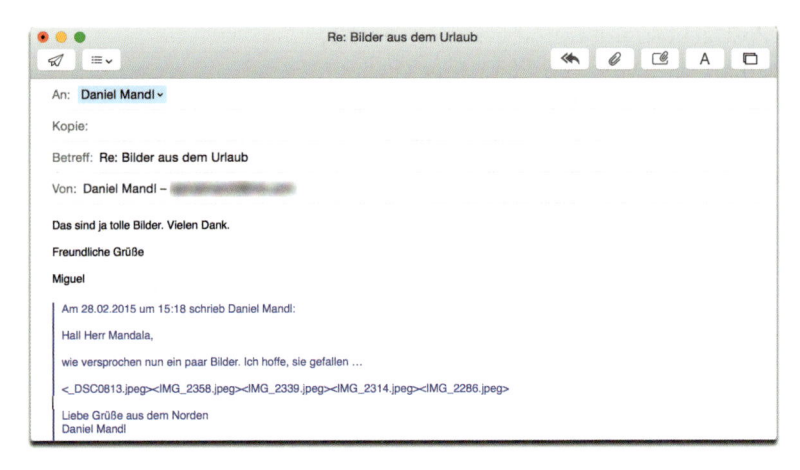

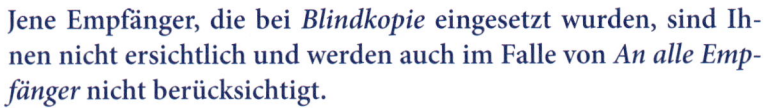

Jene Empfänger, die bei *Blindkopie* eingesetzt wurden, sind Ihnen nicht ersichtlich und werden auch im Falle von *An alle Empfänger* nicht berücksichtigt.

Als Alternative zur Antwort-Mail steht Ihnen die *Weiterleitung* zur Verfügung. Hierbei markieren Sie ebenfalls die betreffende Mail und klicken dann auf den Button *Weiterleiten*. Nun müssen Sie nur mehr einen oder mehrere neue Adressaten eingeben und die Mail kann so, wie Sie sie erhalten haben, versendet werden. Der ursprüngliche Mail-Text ist wieder als Zitat eingefügt und der Empfänger erkennt die Weiterleitung am vorangestellten *Fwd* (für *forward* – weiterleiten). Auch hier bleibt es Ihnen natürlich überlassen, weiteren Text einzufügen oder zu einzelnen Text-Ausschnitten Ihre Kommentare zu hinterlassen. Beim *Weiterleiten* werden übrigens alle Anhänge mitgeschickt, also bitte aufpassen, wenn Sie dies nicht wünschen.

Neben den vielen wichtigen Mails gelangen auch unerwünschte Mails in Ihre Postfächer. Denken Sie daran, diese als Werbung zu kennzeichnen, so dass der Spam-Filter trainiert wird. Oder Sie löschen gleich die Mails – wie sollte es anders sein – über den *Löschen*-Knopf mit dem Papierkorb-Symbol. Die entsprechenden Nachrichten landen dann im Postfach *Papierkorb* und werden darin sozusagen zwischengelagert. Erst wenn Sie den Befehl *Postfach | Objekte endgültig löschen* sowie den betreffenden Account (oder *In allen Accounts*) auswählen, verschwinden sie – nach nochmaliger Bestätigung – vollständig von der Bildfläche. Letzterer Befehl steht Ihnen im Übrigen auch über das Kontextmenü zur Verfügung.

5 | Online kommunizieren

In Postfächern mit umfangreichen Mail-Sammlungen ist es manchmal ziemlich schwierig, überhaupt noch den Durchblick zu wahren. Hier hilft Ihnen die *Mail*-eigene Suche, indem Sie in das Suchfeld einen Begriff (Betreff, Datum, Absender, Schlüsselwort etc.) eingeben. *Mail* arbeitet hierbei recht schnell und bietet schon einmal Unterstützung an, indem es zu den eingegebenen Buchstaben schon einmal eventuelle Adressen bzw. Themengebiete aus bereits vorliegenden E-Mails auflistet. Weiterhin können Sie in nur in bestimmten Postfächern suchen lassen bzw. im Sucheingabefeld selbst schon eine Kategorie festlegen.

Begeben Sie sich häufiger in das Feld *Suchen* – und zwar mit immer denselben Begriffen –, sollten Sie diese Suche sichern. Klicken Sie rechter Hand auf den Button *Sichern*, so wird als Pendant zum *intelligenten Ordner* im *Finder* ein *intelligentes Postfach* angelegt. Sie vergeben einen Namen und übernehmen entweder die vorgegebenen Eigenschaften oder passen diese weiter an. Als Ergebnis erhalten Sie einen Ordner, der sich ständig neu aktualisiert und dabei Ihre vorgegebenen Such-Wünsche berücksichtigt (siehe auch übernächster Absatz).

Haben Sie stattdessen eine E-Mail aufgerufen und suchen dort nach bestimmten Schlagwörtern, so drücken Sie zuerst *cmd-F* (für *Bearbeiten | Suchen*) und geben dann den Begriff ein. Gefundene Textstellen werden dabei farbig hervorgehoben und über die Pfeiltaste bzw. über *cmd-G* für *Weitersuchen* können Sie sich von Ergebnis zu Ergebnis hangeln.

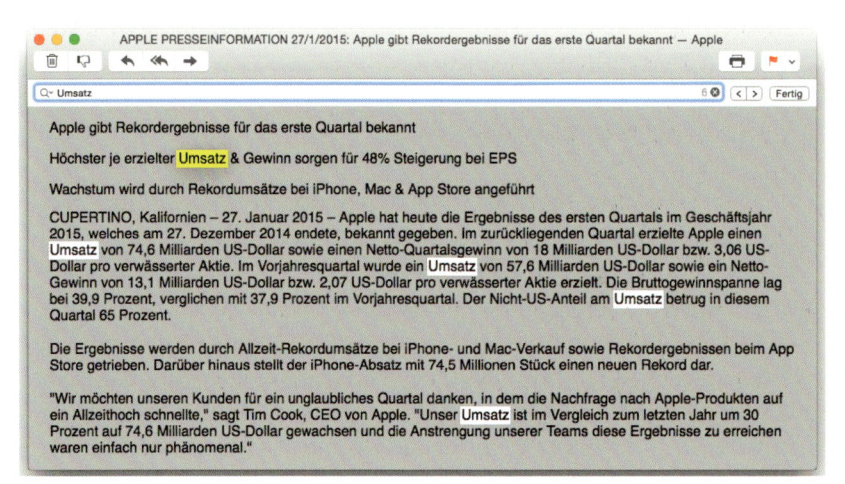

Auch eine Text-Suche innerhalb von E-Mails nach bestimmten Schlüsselbegriffen ist möglich.

355

Intelligente Postfächer lassen sich über die Menüleiste *Postfach* bzw. über den unten stehenden Plus-Button der Postfachliste sowie den Befehl *Neues intelligentes Postfach* anlegen. Nach der Vergabe eines sinnvollen Namens bestimmen Sie zuerst die Bedingungen, die erfüllt werden müssen, damit eine Mail automatisch in den Ordner gelangt. So können Sie beispielsweise alle Mails mit der höchsten Priorität sammeln oder etwa ein Sammel-Postfach für die letzten sieben Tage einrichten – alles was älter ist, fliegt dann wieder raus. Und denken Sie daran: Nichts ist für die Ewigkeit, so dass Sie jederzeit per Doppelklick auf den intelligenten Ordner bzw. über *Postfach | Intelligentes Postfach bearbeiten* Bedingungen zusätzlich einbauen oder wieder entfernen bzw. den Postfach-Namen umbenennen können.

Ein Sammelbecken für wichtige Nachrichten wird eingerichtet – danach geht Ihnen nichts mehr durch die Lappen.

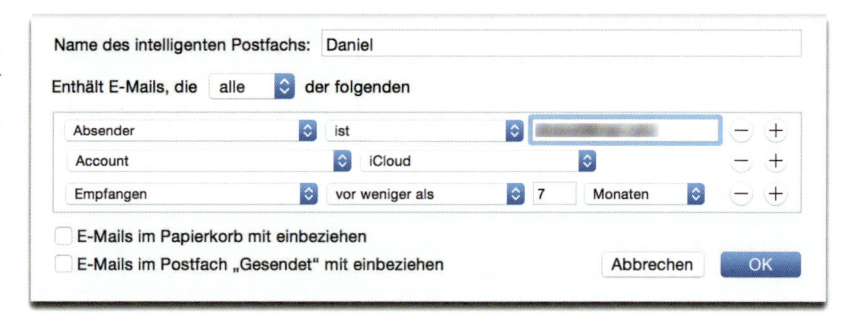

Wird die Liste von intelligenten Postfächern mit der Zeit immer umfangreicher, so sollten Sie diese in Ordner packen, und zwar über *Postfach | Neuer Ordner für intelligente Postfächer*. Hier hinein lassen sich nun diese ziehen bzw. darin auch alle weiteren anlegen. So wird auf der einen Seite Platz gewonnen, auf der anderen Seite ist alles übersichtlicher.

E-Mails sichern bzw. archivieren

Ja nach Umfang Ihrer E-Mail-Tätigkeit sammeln sich über die Jahre vielleicht Tausende von E-Mails zuzüglich diverser Anhänge an. E-Mails, die noch aus den Vorjahren stammen, sollten Sie nun – je nach Wichtigkeit – entweder löschen oder archivieren. Neben der Backup-Lösung *Time Machine*, die selbstverständlich automatisch eine Sicherheitskopie Ihrer Postfächer erstellt, kann es aber auch nicht verkehrt sein, diese auf DVD gebrannt bzw. auf einer weiteren externen Festplatte zu horten.

Zum Anlegen einer Sicherheitskopie markieren Sie ein oder mehrere Postfächer und wählen dann über die Menüleiste *Postfach* bzw. das Kontextmenü den Befehl *Postfach exportieren*. Bestimmen Sie den Speicher-Ort und ob alle im ausgewählten Postfach enthaltenen Unterordner mit exportiert werden sollen (Option: *Alle Unterordner exportieren*). Der Klick auf *Auswählen* gibt dann den Befehl zum Export und Sie erhalten entweder einen Ordner mit den darin befindlichen Unterordnern oder direkt eine Datei mit der Endung ».mbox«.

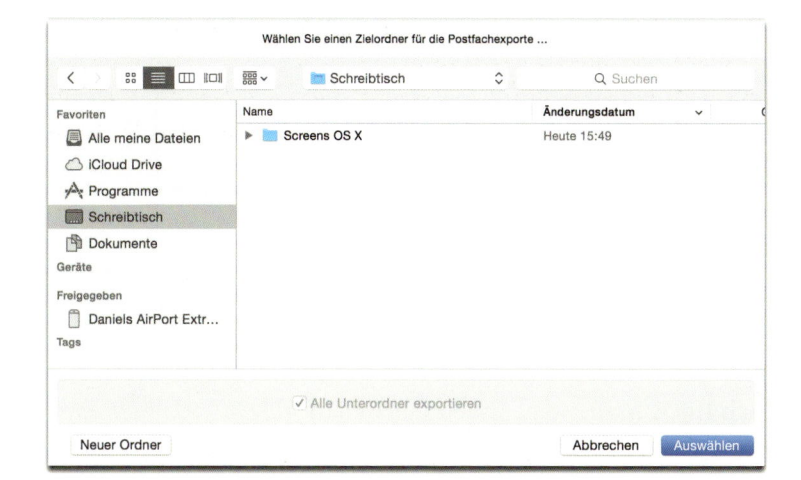

Bestimmen Sie zuerst die gewünschten Postfächer und wählen Sie dann »Postfach | Postfach exportieren«. Alternativ klappt das auch über das Kontextmenü, das ebenso diesen Befehl bereitstellt.

Sie können nun entweder das archivierte Postfach aus *Mail* entfernen oder das exportierte ».mbox«-Paket als Sicherheitskopie betrachten und das Postfach in entsprechenden Zeitabständen erneut archivieren. In letzterem Fall wird die bestehende Datei im Übrigen nicht überschrieben, sondern erhält als Unterscheidungsmerkmal eine Ziffer angehängt.

Zum Wiederherstellen eines Postfaches benutzen Sie entweder *Time Machine*, indem Sie zuerst *Mail* starten und dann *Time Machine* aufrufen. Navigieren Sie dann innerhalb von *Time Machine*, bis Sie zu jener *Mail*-Version gelangen, die das Postfach erhält. Markieren Sie es und klicken Sie dann auf *Wiederherstellen*. Haben Sie stattdessen Ihre Postfächer auf einer externen Festplatte archiviert, so wählen Sie in *Mail* über die Menüleiste *Ablage* den Befehl *Postfächer importieren*. Im auftauchenden Dialog klicken Sie nun bei *Daten importieren von* auf die Option *Apple Mail* bzw. *Dateien im mbox-Format* und dann auf *Fortfahren*. Über den *Öffnen*-Dialog weisen Sie nun die entsprechende Datei zu und klicken dann auf *Auswählen*.

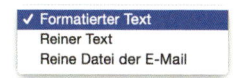

Auch einzelne E-Mails, die Ihnen besonders wichtig sind, lassen sich abspeichern, indem Sie sie entweder einfach auf den Schreibtisch ziehen oder über *Ablage* den Befehl *Sichern unter* wählen. Zur Auswahl sehen drei Format-Möglichkeiten: Als *formatierter Text* bleiben alle Textauszeichnungen und Farben erhalten, während *reiner Text* genau diese entfernt. Wird bei diesen beiden Formaten zusätzlich die Option *Anhänge anfügen* ausgewählt, so werden auch diese mit in das Text-Dokument integriert. Das Format *Reine Datei der E-Mail* wiederum erhält die E-Mail samt aller Informationen (inklusive Kopfzeilen) und legt eine Datei an, die auf Doppelklick hin im Programm *Mail* geöffnet wird.

Ob »Reiner Text«, »Formatierter Text« oder »Reine Datei der E-Mail« – E-Mails lassen sich auch außerhalb des Programms »Mail« problemlos abspeichern.

Auch für E-Mails steht Ihnen der Befehl *Ablage | Als PDF exportieren* zur Verfügung, wobei auch Bilder mit in das PDF eingebaut werden.

Nachrichten – Text-Chat de luxe

Spricht man von Kurznachrichten, so denkt man wohl als Erstes an den *Whats App Messenger* von *Facebook*, der mittlerweile mehr als 700 Millionen aktive Nutzer aufweist. Und sieht man sich auf der Straße um, dann weiß man auch, warum: Überall tippende Gestalten, die mal eben eine Kurznachricht an Freunde und Verwandte verschicken. Auch Apple mischt hier mit und nennt dies *iMessage*, also eine Art von Sofortbenachrichtigung, über die Sie Nachrichten innerhalb der Mac-Gemeinde an iPad, iPhone, iPod touch oder einen Mac versenden können. Der Empfänger kann wiederum sofort reagieren. Hierbei können Sie Ihren Beiträgen auch Bilder oder Filme mitgeben. Das alles verpackt in einer übersichtlichen Benutzeroberfläche und mit bunten Spielereien (etwa Emoji-Symbole) ergibt das eine wunderbare Art der Konversation.

Apple hat hierbei das Programm *Nachrichten* im Gepäck. Und wie so üblich ist aller Anfang mal wieder der Account, um den *iMessage*-Dienst zu aktivieren. Besitzen Sie bereits einen *iCloud*-Account, der beim Konfigu-

5 | Online kommunizieren

rieren Ihres Mac eingegeben wurde, ist die App *Nachrichten* sofort startklar. Alle anderen aktivieren bitte *iMessage* beim ersten Start oder rufen die *Nachrichten-Einstellungen* und dort die Rubrik *Accounts* auf. Über die *Plus*-Taste lässt sich nun ein solcher *Nachrichten*-Account kreieren.

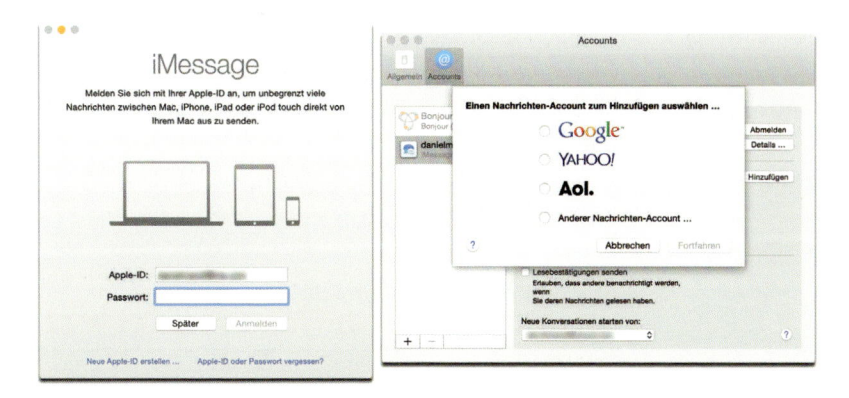

Bei iCloud-Nutzern ist die App »Nachrichten« sofort nach dem Start einsatzbereit. Über die »Einstellungen | Accounts« lassen sich weitere Nachrichten-Accounts einrichten.

Über die *Nachrichten-Einstellungen* | Rubrik *Accounts* lassen sich weitere E-Mail-Adressen (die an die *Apple ID* gekoppelt sind) anlegen (Button *Hinzufügen*). Weiterhin ist auch die Erreichbarkeit über Ihre iPhone-Telefonnummer (etwa +49170123456) möglich, die Sie statt einer E-Mail-Adresse eingeben. Diese wird nach Abschluss (mit der *Eingabetaste* bestätigen) überprüft und Sie erhalten eine E-Mail, um die Einrichtung abzuschließen. Unten stehend bei *Neue Konversationen starten von* legen Sie bei mehreren Adressen jene fest, die beim Angeschriebenen als Absender-Adresse erscheinen soll.

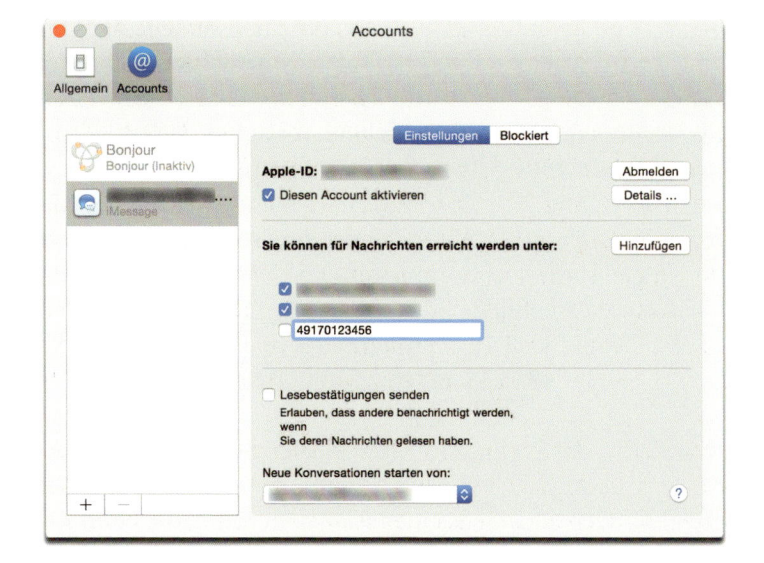

Auch Ihre iPhone-Telefonnummer lässt sich zum Ankontakten verwenden.

Sobald das Nachrichten-Fenster erscheint, tragen Sie die E-Mail-Adresse bzw. Telefonnummer des zu Kontaktierenden bei *An:* ein, wobei Sie Unterstützung in Form der angebotenen Kontakte erhalten. Es lassen sich auch mehrere Empfänger eintragen, sofern Sie ein Gruppen-Messaging starten möchten. Dazu schreiben Sie einfach die weiteren Adressen in die Adresszeile. Über das neben stehende blaue *Plus*-Symbol lässt sich direkt auf die *Kontakte*-App zugreifen, falls Sie eine bestimmte Adresse suchen. Tippen Sie den Gewünschten an bzw. schreiben Sie die Adresse fertig. Anschließend geben Sie im unten liegenden Textfeld Ihre Nachricht ein und bestätigen mit der *Eingabetaste*.

Die ersten Schritte bestehen in der Eingabe des Textes sowie dem Drücken der Eingabetaste.

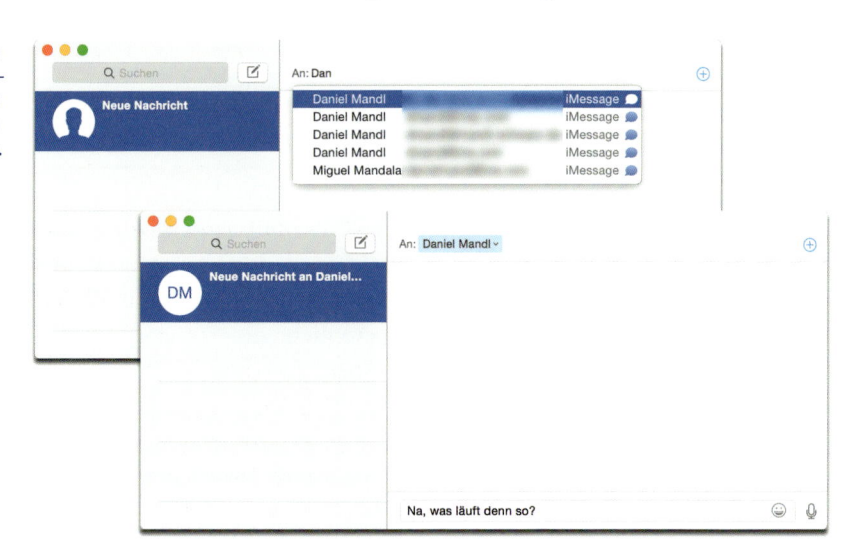

Verwenden Sie eine Kontaktadresse, die nicht für *iMessage* registriert ist, wird diese rot dargestellt. Per Klick darauf erhalten Sie die entsprechende Fehlermeldung und es werden – falls vorliegend – weitere Adressen eingeblendet, worunter hoffentlich auch eine funktionierende Alternativ-Adresse ist.

Sofern nicht registrierte Empfänger-Adressen eingetragen werden, werden diese in Rot angezeigt.

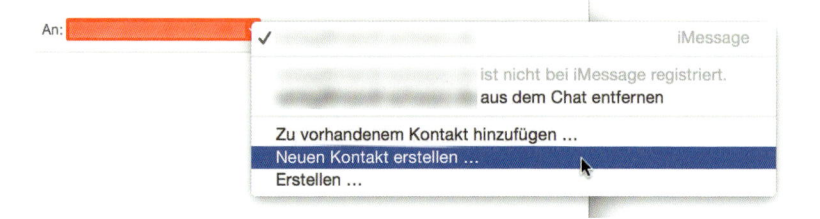

5 | Online kommunizieren

Möchten Sie *Emoji*-Zeichen zum Auflockern verwenden, so können Sie dies über einen Mausklick auf das *Emoji*-Symbol rechts von der Texteingabe erledigen. Dabei öffnet sich ein kleiner Dialog, der neben zahlreichen *Emoticons* auch viele weitere Symbole aufführt.

Wenn Sie es ein wenig bunter mögen …

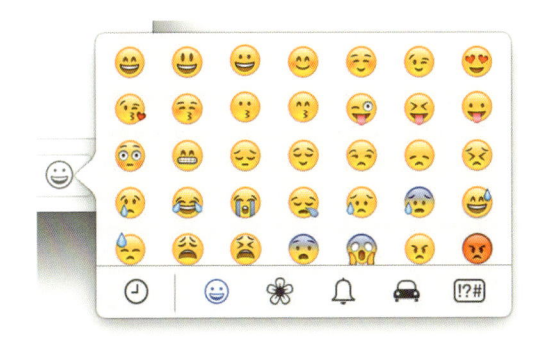

Nach dem Absenden bekommt der Empfänger auf seinem Mac einen Hinweis/ein Banner auf dem Bildschirm eingeblendet. Und auch das *Nachrichten*-Symbol im Dock zeigt an, dass jemand Kontakt aufnehmen möchte bzw. schon einen Beitrag gesendet hat.

Sofern Sie in der Systemeinstellung *Mitteilungen* für die *Nachrichten*-App bei *Nachrichten-Hinweis* als Stil *Hinweise* verwenden, so können Sie bereits über das Hinweis-Fenster die ankommende Nachricht lesen sowie per Klick auf *Antworten* einen Antworttext formulieren und abschicken.

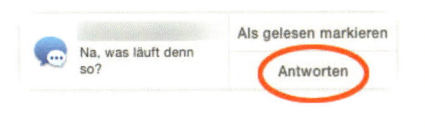

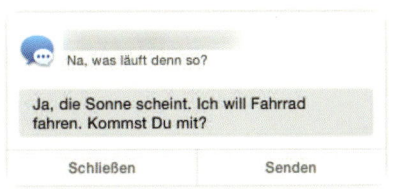

Schnell mal eine Konversation führen: Das geht auch ohne »Nachrichten«-App, sofern Sie ankommende Nachrichten als Hinweis (nicht Banner!) festgelegt haben.

Falls die App *Nachrichten* schon läuft, zeigt sich der von Ihnen eingegebene Text sofort. Verfasst der Empfänger nun einen Antworttext und bestätigt mit der *Eingabetaste*, so erscheinen diese Zeilen flugs bei Ihnen. Das geht nun so lange hin und her, bis man sich verabschiedet.

Eine angeregte Diskussion ist in vollem Gange …

Nachrichten, die Sie beendet haben, können Sie im Übrigen jederzeit fortführen. Dazu rufen Sie diese aus der Nachrichtenliste auf und tippen einfach Ihren Text – es erfolgt dann wieder die Kontaktaufnahme mit jenem Empfänger, der schon zuvor Ihr Ansprechpartner war.

Auf Wunsch lassen sich auch Fotos oder Text-/PDF-Dateien (bis zu 100 Megabyte) mitverschicken, indem Sie diese einfach in das Texteingabefeld ziehen. Das Medium wird nun in die Konversation eingebaut und geht per Bestätigung auf die Reise zum Gesprächspartner. Auch Filme sind möglich, wenn gewünscht sogar recht spontan. Starten Sie dazu *Photo Booth* (siehe auch im Programme-Kapitel weiter hinten im Buch) und nehmen Sie sich oder Ihre Umgebung auf. Sobald die Sequenz fertig ist, lässt sie sich über die *Bereitstellen*-Schaltfläche zur *Nachrichten*-App transferieren.

Das Versenden von Medien klappt einfach und schnell – entweder direkt in die Nachrichten-App gezogen oder über einen kleinen Umweg z. B. über »Photo Booth«. Das Objekt wird dann automatisch dem richtigen Chat-Protokoll zugewiesen.

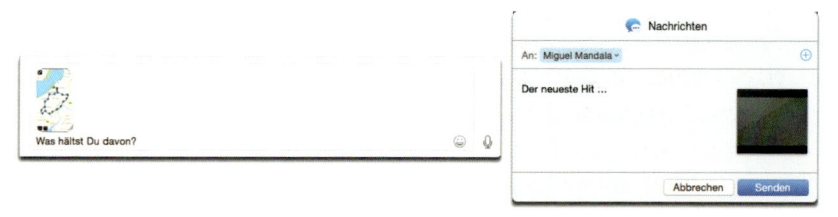

Mit *OS X Yosemite* lassen sich über die *Nachrichten*-App nun auch Sprachnachrichten zustellen. Dazu klicken Sie auf das kleine *Mikrofon*-Symbol rechts neben dem Texteingabefeld und beginnen zu sprechen oder auch einen anderen Sound aufzuzeichnen. Ein Klick auf das rote *Aufnahme*-Symbol beendet die Prozedur. Da man die Aufnahme leider

5 | Online kommunizieren

nicht gegenhören kann (erst nach dem Versand), bleibt Ihnen nichts anderes übrig als auf *Senden* (oder eben *Abbrechen*) zu klicken – die Sprachsequenz wird übertragen.

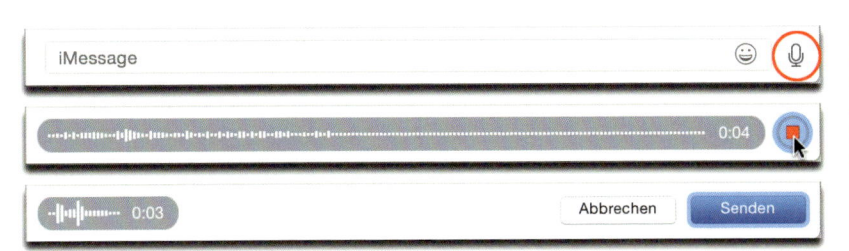

Über das kleine Mikrofon-Symbol lassen sich Umgebungsgeräusche oder auch eigene Sprachnachrichten schnell aufnehmen und versenden.

Da Ton-Aufnahmen meist recht umfangreich sind, werden diese sowohl auf dem versendenden Gerät als auch beim Empfänger (hier jedoch erst nach dem erstmaligen Anhören) nach zwei Minuten gelöscht. Das ist eigentlich recht sinnvoll, können doch *Nachrichten* auch auf *iOS*-Geräten wie iPhone oder iPad empfangen werden, die nur eine begrenzte Speicherkapazität aufweisen. Während sich diese Zeitspanne auf *iOS*-Geräten deaktivieren lässt (über die *Einstellungen | Nachrichten | Videonachrichten*), ist das unter OS X nicht möglich. Hier heißt es schnell sein und unterhalb der Ton-Aufnahme auf die kleine Option *Behalten* zu tippen. Alternativ kann der Empfänger auf einem Mac die Sprachnachricht auch per Kontextmenü über den Befehl *Als gesprochenen Titel zu iTunes hinzufügen* eben zu *iTunes* transferieren.

Medien (Bilder, PDFs, Filme etc.), die den Empfänger erreichen, lassen sich per *Quick Look* (markieren und Leertaste drücken, Dreifingertipp auf dem Trackpad oder Doppelklick mit der Maus) in einer Vorschau bereits ansehen, wobei es egal ist, ob es sich um ein Bild, ein Video, ein PDF, eine Text-Datei oder z. B. eine Visitenkarte handelt. Über das Kontextmenü erhalten Sie nun alle relevanten Befehle wie etwa *Im Downloads-Ordner sichern, Öffnen* oder *Übersicht*. Über *Weiterleiten* öffnet sich ein neues *Nachrichten*-Fenster und Sie können ein gerade erhaltenes Dokument gleich weiterreichen. Filme und Videos lassen sich auch einfach auf den Schreibtisch oder gleich direkt in den gewünschten Ordner ziehen. Empfangene Internetadressen können weiterhin angeklickt und im Browser aufgerufen werden. Telefonnummern wiederum zeigen, sobald sich der Mauszeiger darüber befindet, eine gestrichelte Umrandung samt Ausklapp-Dreieck, das auf Mausklick hin das Kopieren, das Hinzufügen zu vorhandenen Kontakten oder das Neuerstellen eines Kontaktes offeriert.

Während sich Bilder und Filme einfach auf den Schreibtisch ziehen lassen, können Sie Dokumente (etwa PDF-Dateien) per Kontextmenü in den »Downloads«-Ordner sichern. Aus mitgesendeten Telefonnummern lassen sich wiederum neue Kontakte erstellen bzw. diese bestehenden Adressen hinzufügen.

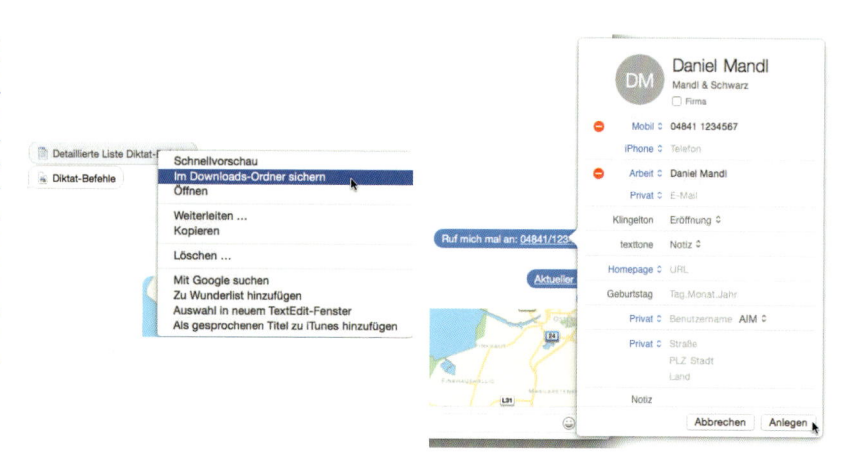

Möchten Sie Ihren augenblicklichen Aufenthaltsort senden, so begeben Sie sich zuerst in die App *Karten* und klicken dort auf die Taste mit der Kompassnadel. Klicken Sie auf den Standort und nachfolgend auf das *Info*-Symbol, so dass die genaue Adressangabe erfolgt. Über die *Bereitstellen*-Taste wählen Sie anschließend den Eintrag *Nachrichten*, tragen die *iMessage*-Adresse der aktuell laufenden Konversation ein und klicken auf *Senden*. Die aktuelle Adresse wird nun augenblicklich verschickt und gleichzeitig in die gerade stattfindende Unterhaltung einbaut. Der Empfänger braucht nun bloß auf den Eintrag *Aktueller Ort* doppelzuklicken und in der Übersicht über *In Karten öffnen* zu klicken, um den Standort zu erfahren.

Schnell mal eben den Standort versenden geht über die Karten-App ganz hervorragend.

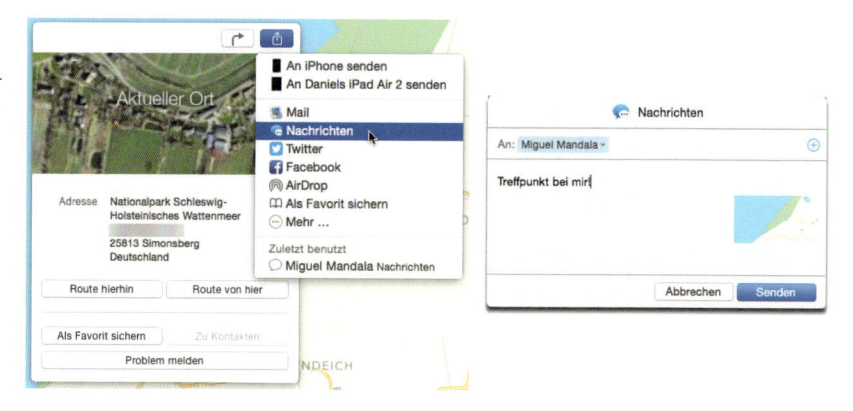

Sofern Sie mehrere Apple-Geräte mit derselben *Apple ID* betreiben, können Sie eine *iMessage*-Unterhaltung auf dem Mac beginnen und diese später auf iPad oder iPhone fortführen.

iMessage-Nachrichten zwischen *iOS*-Geräten und Mac-Computern sind grundsätzlich kostenlos. Sofern Sie nun Ihren Mac unter *OS X Yosemite* betreiben und noch dazu ein iPhone mit mindestens *iOS 8.1* besitzen, so lassen sich auch SMS- sowie MMS-Nachrichten empfangen wie versenden. Als Voraussetzung müssen Sie zum einen die *SMS-Weiterleitung* am iPhone aktivieren, was Sie über die *Einstellungen | Nachrichten* und dort über die Option *Weiterleitung von SMS* bewerkstelligen. Tippen Sie auf den Eintrag, so werden alle Geräte aufgeführt, die sich für diesen Dienst eignen. Und damit nun alles seine Rechtmäßigkeit bekommt, müssen Sie den jeweiligen Geräten die Erlaubnis erteilen, zusammen mit dem iPhone auf SMS-Jagd zu gehen. Legen Sie den Schalter um und haben auf dem betreffenden Gerät die *Nachrichten*-App geöffnet, so wird ein Code angezeigt, der auf dem iPhone eingegeben muss. Tippen Sie danach auf Erlauben und der Vorgang ist abgeschlossen. Weiterhin müssen auf allen beteiligten Geräten *Bluetooth* sowie WLAN eingeschaltet, um in Kontakt zu sein.

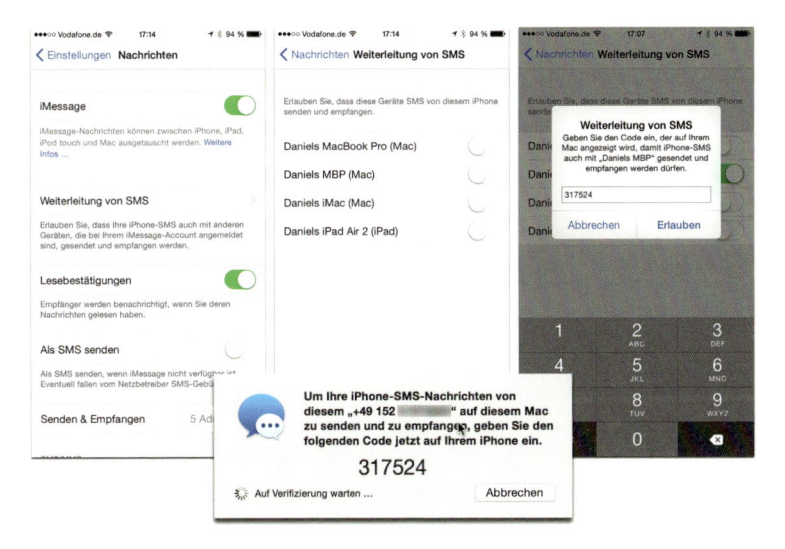

Zuerst heißt es auf dem iPhone die »Weiterleitung von SMS« zu aktivieren, womit Sie jenen Geräten die Erlaubnis erteilen, beim Versand sowie Empfang das iPhone benutzen zu dürfen.

Ab diesem Zeitpunkt werden SMS-Nachrichten, die an Ihr iPhone gesendet werden, auch auf dem Mac angezeigt. Und umgekehrt lassen sich nun über die *Nachrichten*-App nicht nur registrierte *iMessage*-Adressen verwenden, sondern es lassen sich alle Arten von Nachrichten versenden – eben per Umweg über das iPhone. Und damit Sie auch wissen, dass es sich hierbei um eine meist kostenpflichtige Angelegenheit handelt, ist zum einen die Sprechblasenfarbe grün und anstatt *iMessage* weist das Texteingabefeld den Eintrag *Nachricht* auf.

Klasse: Der SMS-Versand über den Mac via iPhone funktioniert auf Anhieb.

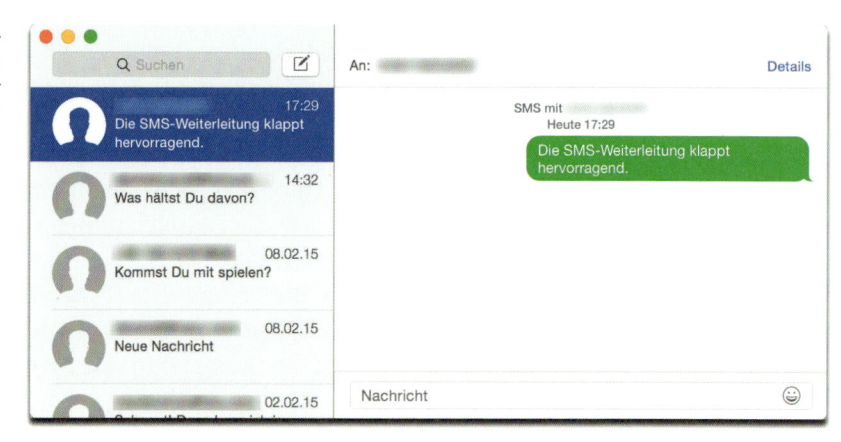

Im *Nachrichten*-Fenster finden Sie oben rechts noch die Option *Details*, die zum einen eine genaue Aufstellung der in der Konversation vorliegenden Medien gibt als auch die Möglichkeit eröffnet, den Chat-Partner alternativ anzukontakten – sei es per *FaceTime Video,* per *FaceTime Audio* oder per *Bildschirmzugriff* (dazu später mehr).

Erwähnen möchten wir natürlich auch noch kurz die *Nachrichten-Einstellungen*. Zum einen deshalb, da Sie dort über *Accounts* und über das Aktivieren von *Bonjour* das Netzwerk-Messaging einschalten können (*Bonjour-Instant-Messaging aktivieren*). Somit lässt sich innerhalb aller im selben Netzwerk befindlichen Rechner kommunizieren und auch Daten hin- und hersenden. Als Voraussetzung müssen jedoch alle *Bonjour*-Partner das *Instant-Messaging* aktivieren sowie sich über die *Bonjour*-Liste (*Fenster | Freunde* bzw. *cmd-1*) als *Verfügbar* zu erkennen geben.

Sobald die Voraussetzungen erfüllt sind, zeigen sich auch schon alle anwesenden, potentiell bereitstehenden Gesprächspartner in der *Bonjour*-Liste. Über die unten stehenden Schaltflächen können Sie nun sowohl einen Text-, Audio- wie Video-Chat beginnen.

5 | Online kommunizieren

Beim Netzwerk-Chat müssen Sie als Status »Verfügbar« einstellen – danach steht einem gepflegtem Netzwerk-Chat nichts mehr im Weg.

Die *Nachrichten-Einstellungen* weisen weiterhin diverse Optionen auf, wobei jedoch viele nur die *Bonjour*-Einrichtung bzw. die alternativ anzulegenden Accounts (*Google Talk*, *Yahoo!* oder *AIM/AOL Instant Messenger*) betreffen. Letztere werden auch nur angezeigt, sofern Sie das Netzwerk-Messaging aktiviert haben.

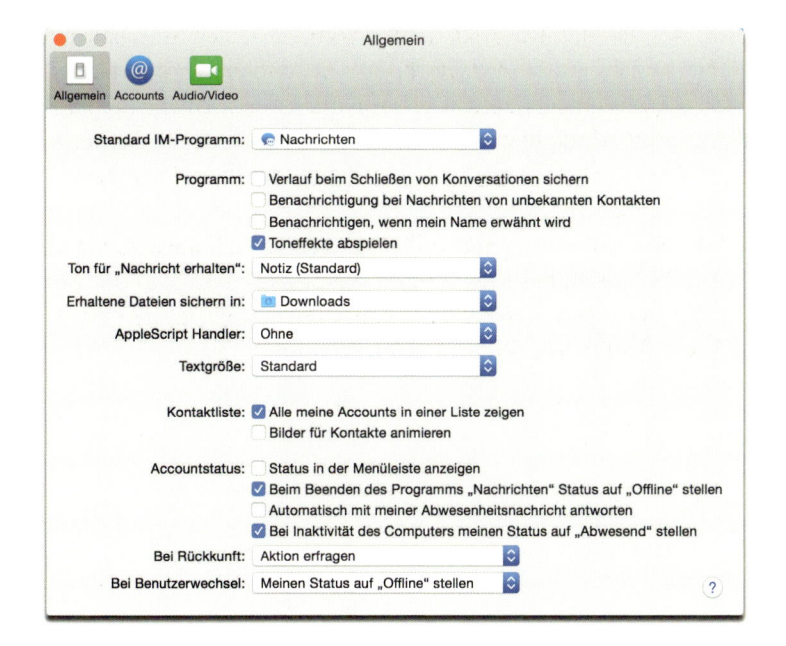

Die Einstellungen bei aktiviertem Bonjour-Account sind weitaus umfassender als bei reiner iMessaging-Nutzung.

367

Nach so viel Internet-, E-Mail- und Nachrichten-Konversation kümmen wir uns im nächsten Kapitel um die vielen Programme, die Sie auf Ihrem Mac finden. Es bleibt also aufregend …

Die Welt der Programme

Wenn Sie das *Launchpad* aufrufen oder einen Blick in Ihren Ordner *Programme* werfen, so sehen Sie, dass Ihnen Apple eine Menge Apps mit auf den Weg gegeben hat. Nicht alle können und wollen wir in diesem Kapitel aufführen, aber zumindest einen Großteil davon. Einige finden Sie in anderen Kapiteln dieses Buches wieder, andere gehören wiederum nicht zur Basisausstattung von *OS X Yosemite* und werden daher vernachlässigt.

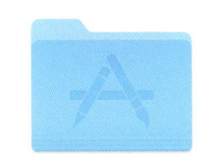

Alle nachfolgend aufgeführten Programme liegen im Ordner *Programme* und können auf Doppelklick/Doppeltipp hin gestartet werden. Natürlich lassen sich Ihre häufig genutzten Anwendungen auch im *Dock* unterbringen, so dass ein einzelner Klick darauf genügt. Oder Sie rufen das *Launchpad* auf, das per Finger-Geste (Daumen und drei Finger zusammenziehen) oder per Klick auf das *Launchpad*-Icon im Dock alle Anwendungen fein säuberlich einblendet. Alle Programme lassen sich über den Befehl *Beenden (cmd-Q* – das »Q« steht für *Quit*) im *Programme*-Menüpunkt schließen.

»Launchpad« lehnt sich stark an die Benutzer-Oberfläche von iOS-Geräten (iPad, iPhone, iPod touch) an. Je nach Wunsch und Bedarf lassen sich auch weitere bildschirmfüllende Seiten anlegen.

369

Launchpad – Programme starten und verwalten

Obwohl wir in diesem Kapitel die Programme eigentlich in alphabetischer Reihenfolge abhandeln, beginnen wir dennoch mit *Launchpad*, da Apple dies als Ausgangspunkt zum Starten von Programmen vorsieht. Wie wir schon erläutert haben, gibt es auch Alternativen dazu – das *Dock*, den *Programme*-Ordner, oder gar das Öffnen von Programmen über *Spotlight* (einfach die ersten Buchstaben eintippen, bis die entsprechende Applikation erscheint, danach die *Eingabetaste* drücken).

Auf dem *Trackpad* ziehen Sie Daumen sowie Zeige-, Mittel- und Ringfinger zusammen und schon zeigt sich das *Launchpad*. Mit der *Magic Mouse* oder herkömmlichen Mäusen müssen Sie hingegen auf das zugehörige Icon im Dock klicken. Sobald sich mehr Programme auf Ihrem Mac tummeln, als auf der Bildschirmfläche dargestellt werden können, zeigen sich unterhalb der Programme kleine Punkte, die die Anzahl der Programme-Seiten symbolisieren. Über das horizontale Wischen mit zwei Fingern oder das Klicken auf die Punkte können Sie navigieren.

Launchpad lässt sich auch über die Tastatur aufrufen. Jene Apple-Tastaturen, die seit Erscheinen von *OS X Lion* auf dem Markt sind, weisen spezielle Tasten auf – beispielsweise die Sondertaste *F4* für *Launchpad* sowie *F3* für *Mission Control*. Tastaturen der Vor-*OS X Lion*-Ära starten hingegen über *F4* das *Dashboard*. Auch das aufgedruckte Layout für diese Tasten änderte sich:

Oben die alte Version, unten die aktuelle OS X Lion-/Mountain Lion-/Mavericks-/Yosemite-Variante.

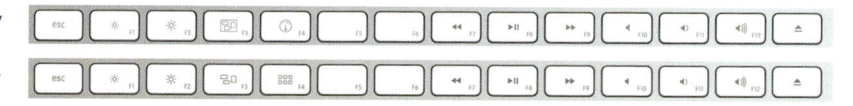

Auf der ersten Seite finden Sie grundsätzlich alle über das *OS X* installierten Programme, auf den weiteren jene von anderen Herstellern. Zum Starten tippen bzw. klicken Sie auf ein Programm und schon geht's los.

Möchten Sie selbstständig weitere Seiten in *Launchpad* anlegen, so brauchen Sie nur ein Programm-Icon zu packen und es ganz an den Rand des Displays zu bewegen. Nach einer kleinen Wartesekunde wechselt *Launchpad* die Seite und Sie haben automatisch eine weitere hinzugefügt.

Programme, die Sie täglich benutzen, sollten Sie einfach über *Launchpad* in das *Dock* befördern. Noch komfortabler geht's,

6 | Die Welt der Programme

wenn Sie diese Anwendungen in der Systemeinstellung *Benutzer & Gruppen* in der Rubrik *Anmeldeobjekte* zum automatischen Starten festlegen.

Weiterhin lassen sich einzelne Programme in Ordnern sammeln. Ein Beispiel hierzu ist der Ordner *Andere*, den Apple automatisch anlegt. Klicken Sie auf den Ordner, so öffnet sich dieser und preist seinen Inhalt an. Zum Starten einer Anwendung brauchen Sie auch in diesem Fall nur darauf zu klicken bzw. zu tippen (je nach Eingabegerät).

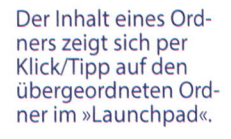

Der Inhalt eines Ordners zeigt sich per Klick/Tipp auf den übergeordneten Ordner im »Launchpad«.

Je nachdem, wie viele Programme Sie selbst besitzen, können Sie auch selbst Hand anlegen, um eine ganz persönliche Ordnung zu schaffen. Zum einen lassen sich die Programme umstellen, indem Sie das zugehörige Icon davon mit der Maus packen und einfach an eine andere Stelle bewegen – der Rest reiht sich brav drumherum. Oder Sie bauen sich beispielsweise einen Ordner für die Videobearbeitung oder bringen sämtliche Spiele innerhalb eines Ordners unter. Auch dazu brauchen Sie nur ein Programm zu packen und auf ein zweites zu ziehen. Sobald Sie das Programm loslassen, zeigt sich die entsprechende Unterordner-Arbeitsfläche. Klicken Sie außerhalb des Ordner-Bereiches, geht es eine Ebene zurück und Sie können weitere Ordner hinzufügen.

Ein Unterordner entsteht, indem Sie ein Programm auf ein weiteres ziehen. Zum Umbenennen klicken Sie einfach auf den Namen, um ihn zu markieren. Nun lässt er sich mit einer sinnvollen Variante überschreiben.

Auch das Löschen von Programmen können Sie über das *Launchpad* erledigen, wenn auch unter Erschwerniszulage. Für Programme, die Sie über den *Mac App Store* geladen haben, müssen Sie auf das Programm klicken und dabei die Maustaste gedrückt halten. Nach etwa einer Sekunde beginnen die Symbole zu wackeln und zeigen das *Entfernen*-Symbol. Klicken Sie darauf, so wird noch einmal nachgefragt, ob Sie denn auch ganz sicher sind. Bestätigen Sie mit *Löschen*, so verschwindet das Programm von der Bildfläche.

Das Löschen von Programmen, die über den »Mac App Store« geladen wurden, geschieht über das kurzzeitige Gedrückthalten und den Klick auf das Entfernen-Symbol.

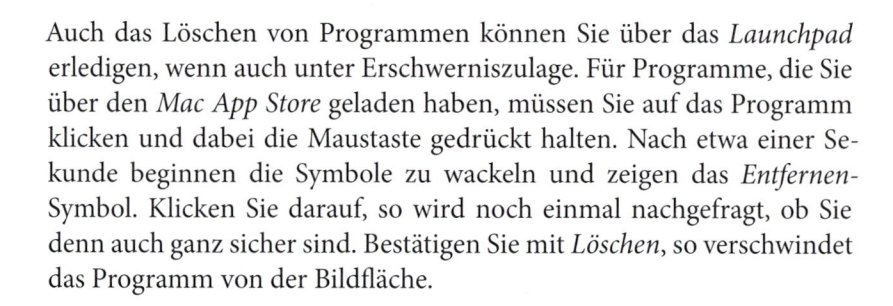

Das Wackeln der Symbole lässt sich im Übrigen auch starten, indem Sie einfach die *Optionstaste (alt)* drücken.

Haben Sie aus Versehen Programme gelöscht, die Sie über den *Mac App Store* erworben hatten, brauchen Sie sich nur im *Mac App Store* über Ihre *Apple ID* einschließlich Kennwort anzumelden und können sie über die Abteilung *Einkäufe* erneut laden.

Was nun die anderen Programme betrifft, die Sie von einer Webseite geladen oder per DVD installiert haben, so müssen Sie sich im *Finder* in den *Programme*-Ordner begeben und diese von dort aus in den Papierkorb ziehen. Manche Software-Programme liefern auch ein separates Deinstallationsprogramm mit, das Sie per Doppelklick ausführen können.

Apps, die zu *OS X* gehören und darüber installiert werden, lassen sich im Übrigen auch über gutes Zureden nicht löschen. Diese Vorkehrung dient zu Ihrer Sicherheit, nicht dass Sie aus Versehen einmal ein Programm entfernen, welches das System zum problemfreien Funktionieren benötigt.

6 | Die Welt der Programme

Mission Control – mehr Übersicht im Arbeitsalltag

OS X möchte Ihnen das Arbeitsleben erleichtern, indem es zahlreiche Features anbietet, die der Übersicht dienen. In der Systemeinstellung *Mission Control* haben wir einige davon schon angesprochen, ebenso im Kapitel zur Arbeitsoberfläche. Das Programm *Mission Control* bündelt nun die Funktionen *Programmfenster*, *Schreibtisch einblenden*, *Spaces*, die *Vollbildapps* sowie das *Dashboard* und möchte Ihnen ein unbeschwertes Navigieren zwischen Programmen, Fenstern und Schreibtischen ermöglichen.

Programmfenster und *Schreibtisch einblenden* dienen dazu, die vielen Fenster in Schach zu halten – etwa über das Anzeigen aller geöffneten Fenster des aktuell geöffneten Programms (*ctrl-Pfeil nach unten*) oder das Verschwinden lassen aller Fenster, um einen Blick auf den Schreibtisch zu werfen (*F11*). Vollbildapps (anzulegen per Klick auf den grünen Punkt im Dokumentenfenster) bieten die Möglichkeit, ihre Programm-Oberfläche über den gesamten Bildschirm auszubreiten, so dass Sie sich ungestört ohne überflüssiges Beiwerk auf Ihre Arbeit konzentrieren können. Jedes Programm, das im Vollbild-Modus vorliegt, erhält automatisch einen eigenen virtuellen Schreibtisch. Über die *Spaces* (also die virtuellen Schreibtische) lässt sich nun von Arbeitsumgebung zu Arbeitsumgebung springen, wobei Sie auch mehrere Programme einem Schreibtisch zuordnen bzw. einzelne Anwendungen von einem Schreibtisch ausschließen können. *Mission Control* nimmt sich nun all dieser Funktionen an und blendet per Tastendruck (*F3* bzw. *ctrl-Pfeil nach oben*) oder über eine Vier-Finger-Wischgeste nach oben seine Variante vom übersichtlichen Bildschirm ein. Das Ganze klappt im Übrigen auch bei Verwendung eines zweiten Bildschirms.

»Mission Control« in Aktion: links der iMac, rechts davon ein angeschlossenes 23-Zoll-Display. Oben liegen nun das Dashboard und der Schreibtisch, den Rest des Platzes nehmen die geöffneten Programme samt ihrer Fenster ein.

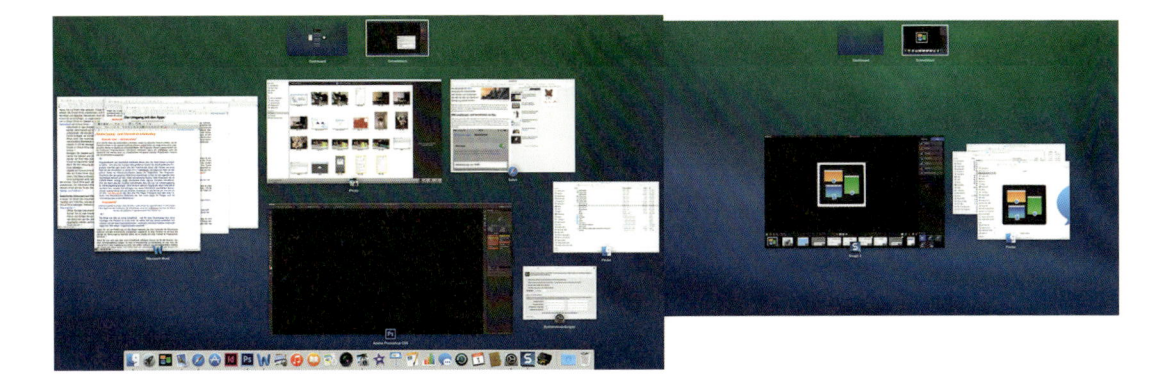

Lassen Sie uns also mit den *Spaces* beginnen, die dem Anwender die Einrichtung mehrerer virtueller Schreibtische ermöglichen. Angedacht ist diese Funktion für all jene, die ständig mit Platzmangel zu kämpfen haben, da sie ständig mit einer Vielzahl an Programmen hantieren.

Damit Sie nun nicht alles über einen Schreibtisch erledigen, können Sie für alle Bereiche eine extra Arbeitsumgebung anlegen. So wäre es beispielsweise zu überdenken, ob man nicht für Internet & Co. eine Umgebung einrichtet, eine andere vielleicht nur mit multimedialen Inhalten wie *iTunes* und *iPhoto/Aperture/Fotos* belegt. Eine Dritte wird zur Arbeitsplattform, in der zum Beispiel die Profiprogramme *Photoshop* und *Illustrator* jeweils als Vollbildapps laufen. Zusammenstellen lässt sich das letztendlich über die aufgerufene *Mission Control*-Umgebung.

Bewegen Sie Ihren Mauszeiger bei aufgerufenem *Mission Control* auf dem Bildschirm nach oben, so zeigt sich die entsprechende Schaltfläche zum Anlegen neuer Schreibtische. Klicken Sie darauf, so erscheint neben dem *Dashboard* sowie dem schon bestehenden *Schreibtisch* ein weiterer – noch leerer –*Schreibtisch 2*.

Per Mausklick lassen sich weitere Schreibtische hinzufügen.

Diesem neuen Schreibtisch können Sie nun Programme zuordnen. Das erledigen Sie zum einen über das aufgerufene *Mission Control* und dem Ziehen einzelner Programme aus der Übersicht auf diesen Schreibtisch. Oder Sie rufen diesen Schreibtisch auf und klicken mit gedrückter *Control*-Taste bzw. mit Rechtsklick oder Doppeltipp auf das Trackpad auf ein Programm-Icon im Dock, so dass sich das Kontextmenü zeigt. Darin navigieren Sie nun auf den Eintrag *Optionen*, der das Zuweisen zu einem Schreibtisch ermöglicht: *Alle Schreibtische* bedeutet dabei, dass das ausgesuchte Programm auf sämtlichen Schreibtischen erscheint. Wechseln Sie beispielsweise von *Schreibtisch 1* zu *Schreibtisch 2*, so wandert das Programm mit. Wählen Sie hingegen die Option *Dieser Schreibtisch*, so zeigt sich die Anwendung nur auf diesem zugeordneten Schreibtisch. Wechseln Sie also wieder zu einem anderen Schreibtisch, so verbleibt das Programm auf dem zuvor zugewiesenen *Space*. Die Option *Ohne* wiederum lässt das Programm nur dort erscheinen, wo Sie es gerade starten. Bewegen Sie sich auf einen anderen Schreibtisch, so verbleibt es auf dem zuvor besuchten. Möchten Sie das Programm auf einem anderen Schreibtisch haben, so müssen Sie es entweder über *Mission Control* auf einen anderen Schreibtisch ziehen oder es beenden und auf dem anderen Schreibtisch wieder starten.

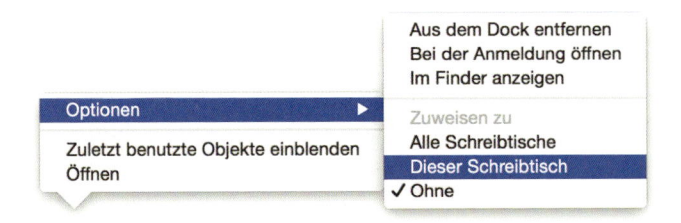

Über die Optionen des Kontextmenüs weisen Sie ein Programm einem oder allen Schreibtischen zu.

Dokumenten- bzw. Finder-Fenster lassen sich auch von einem Schreibtisch auf einen anderen ziehen, indem Sie es packen und ganz an den (linken oder rechten) Bildschirmrand bewegen. Verharren Sie dort etwa eine Sekunde, so rutscht automatisch der nächste Schreibtisch in den Vordergrund.

Ist alles konfiguriert, so fallen die Änderungen erst ins Auge, wenn Sie beispielsweise ein Bild doppelklicken und die Arbeitsumgebung auf einmal wechselt. Möchten Sie dann wieder zu einem anderen Schreibtisch zurück – etwa ins Internet –, so erledigen Sie das entweder per horizontaler Wisch-Geste (je nach Eingabegerät mit zwei, drei oder vier Fingern), mit Klick auf das entsprechende Programm-Icon im Dock, oder eben über das Aufrufen von *Mission Control* und dem Klick auf den gewünschten Schreibtisch.

Sie können zwischen den einzelnen Schreibtischen auch über die Tastatur hin und her wechseln. Das klappt zum einen über die gedrückt gehaltene *Control-Taste* (*ctrl*) sowie dem Einsatz des Links- oder Rechtspfeiles. Möchten Sie hingegen gezielt auf einen bestimmten Schreibtisch, so rufen Sie die Systemeinstellung *Tastatur* und dort die Rubrik *Kurzbefehle* auf. Klicken Sie auf den Eintrag *Mission Control*, so lassen sich rechter Hand – je nach Anzahl der angelegten Schreibtische – die entsprechenden Kurzbefehle aktivieren (das Symbol »^« verwendet Apple im Übrigen für die *Control-Taste*): über *ctrl-1* geht's zum *Schreibtisch 1*, mit *ctrl-2* zum *Schreibtisch 2* usw.

Die Systemeinstellung »Tastatur« bietet über die »Kurzbefehle« den Luxus des schnellen Springens zu ausgewählten Schreibtischen.

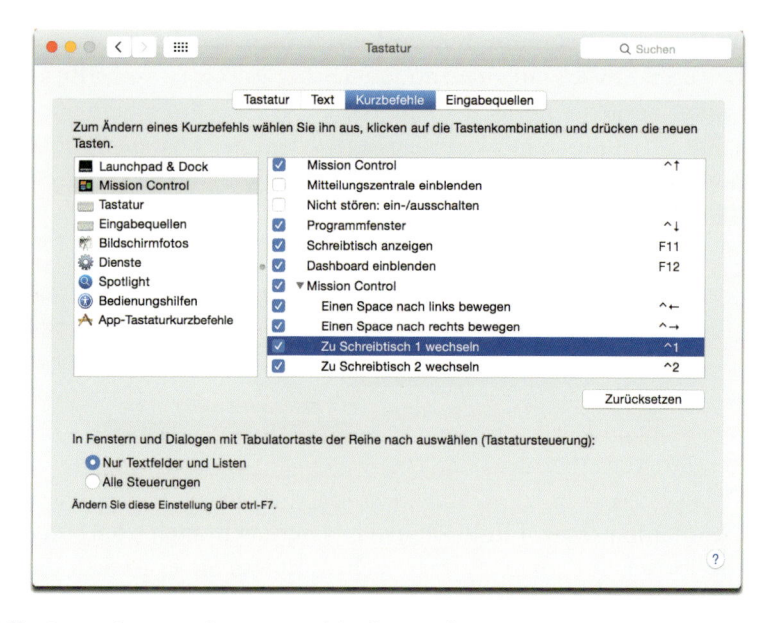

Falls Sie sich nun dazu entschließen sollten, weitere Schreibtische inklusive zugehöriger Programme anzulegen, so ist in der Tat *Mission Control* das Mittel zur Wahl, um einen raschen Überblick zu erhalten. So können Sie zum einen die einzelnen Schreibtische gezielter anspringen, da Sie ja die darauf befindlichen Objekte besser erkennen. Darüber hinaus lassen sich so einzelne Fenster oder Programme schnell anderen Schreibtischen zuordnen. Auch das Blättern zwischen den einzelnen *Spaces* per Wisch-Geste klappt ganz hervorragend. Je nachdem, was Sie benötigen: Klicken Sie einfach darauf und das Gewünschte landet im Vordergrund.

Löschen lassen sich einzelne Schreibtische natürlich auch: Rufen Sie dazu *Mission Control* auf und drücken Sie die *Optionstaste (alt)*. Bei jedem Schreibtisch zeigt sich nun wieder der schon bekannte *Schließen*-Button. Klicken Sie darauf, so wird der Schreibtisch aufgelöst – die darauf befindlichen Programme samt Fenster werden dann dem aktuell eingeblendeten Schreibtisch zugeordnet.

Sofern sich mehrere Fenster eines Programmes hintereinander reihen, lässt sich über *Mission Control* nur unzureichend erkennen, um welche Inhalte es sich handelt. Es gibt jedoch zwei Lösungen: Zum einen können Sie die Fenster auseinanderfächern, indem Sie auf dem Trackpad mit zwei Fingern bzw. mit der *Magic Mouse*

mit einem Finger nach oben streichen. Noch übersichtlicher wird das Ganze, indem Sie den Mauszeiger auf das betreffende Fenster bewegen und dann die Leertaste drücken – die *Übersicht* (*Quick-Look*) tritt nun in Erscheinung und blendet das Fenster in der Originalgröße ein. Ein weiteres Betätigen der Leertaste reiht das Fenster wieder an seinen Ursprungsort ein.

Was ebenso manchmal störend ist: Haben Sie ein Programm allen Schreibtischen zugewiesen und entsprechende Fenster geöffnet, so springen Sie automatisch immer genau zu dieser Arbeitsumgebung, auch wenn Sie nur ein weiteres zugehöriges Fenster auf einem anderen Schreibtisch öffnen möchten. Abhilfe schafft hier nur die Option *Beim Programmwechsel Space auswählen, der geöffnete Fenster des Programms enthält* in der Systemeinstellung *Mission Control* zu deaktivieren.

Automatisch sichern und Versionen

Das *OS X* möchte die Benutzerfreundlichkeit in den Vordergrund stellen. Dazu gehören die gerade vorgestellten Programme *Launchpad* und *Mission Control*. Der Anwender soll intuitiv mit seinem Mac umgehen und Praktiken einsetzen, die ihm den Umgang mit Dateien und Dokumenten erleichtern. Eine oftmals vernachlässigte Tätigkeit ist dabei das Sichern. Denken Sie mal darüber nach: Wie oft haben Sie schon vergessen, ein Dokument zu speichern und sich im Nachhinein grün und blau geärgert, dass wertvolle Arbeit verloren ging?

Das *OS X* bietet Ihnen zur Unterstützung die Funktion *Automatisch sichern*. In allen Programmen, mit denen Sie sozusagen produzieren, also Texte verfassen und layouten (*TextEdit*, *Pages*), Präsentationen erstellen (*Keynote*) oder Bilder optimieren (*Vorschau*), steht Ihnen diese Funktion zur Verfügung.

Wenn Sie ein neues Dokument erstellen, sollten Sie es über die Menüleiste *Ablage | Sichern (cmd-S)* mit einem aussagekräftigen Titel versehen und abspeichern. Als Ort der Sicherung können Sie interne Festplatte des Rechners, eine externe angeschlossene Festplatte oder auch jeden USB-Stick verwenden. Auch die *iCloud Drive* lässt sich natürlich wählen, wodurch das Dokument auf all Ihren Geräten zur Verfügung steht und etwaige Änderungen synchronisiert werden.

Nach dem Anlegen eines neuen Dokumentes sollten Sie gleich zu Beginn eine Speicherung vornehmen – lokal auf der Festplatte oder über die iCloud Drive, die zwischen programmeigenen Ordnern (im Beispiel »TextEdit – iCloud«) sowie dem einfachen Ablegen ohne Ordner (nur »iCloud Drive«) unterscheidet.

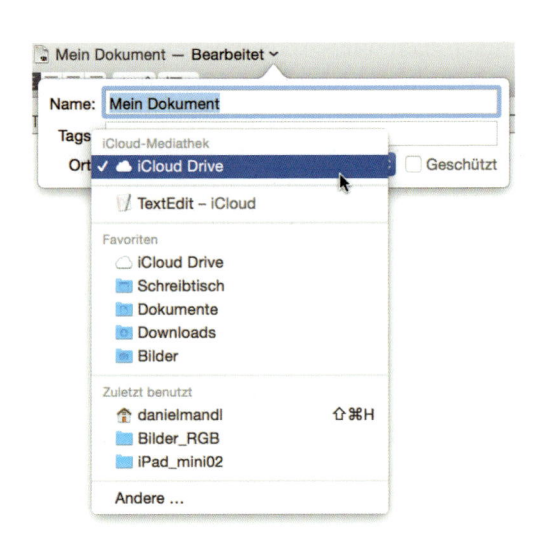

Bearbeiten Sie Ihr Dokument, indem Sie weiteren Text hinzufügen, Bilder einbauen oder Abschnitte löschen, so werden diese Änderungen automatisch gesichert. Je nach Änderungsintensität passiert dies circa alle fünf Minuten bis zu einer Stunde, wobei es Ihnen stets frei steht, auch selbst über *Ablage | Sichern (cmd-S)* den Stand der Bearbeitung festzuschreiben. Möchten Sie Ihr Dokument schließen und die letzten Umstellungen sind noch nicht gesichert, so werden Sie automatisch darauf aufmerksam gemacht.

Falls Sie das Sichern vergessen sollten, so werden Sie spätestens beim Schließen des Dokumenten-Fensters dazu aufgefordert.

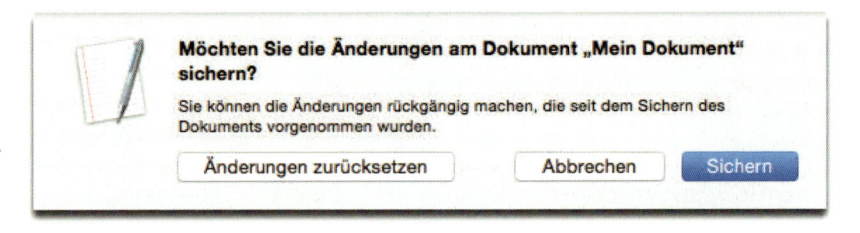

Der Clou dieser im Hintergrund ablaufenden Speicherung ist jedoch, dass Sie auf ältere Versionen zurückgreifen können, die in bestimmten Zeitabständen seitens des Programms bzw. zusätzlich über *cmd-S* von Ihnen erstellt wurden. Wenn Sie sich also irgendwann einmal verrannt haben und vielleicht wichtige Textstellen gelöscht haben, die Sie nun doch wieder benötigen, so lässt sich diese fehlerhafte Veränderung wieder rückgängig machen. Das klappt über das *Ablage*-Menü und den Befehl *Zurücksetzen auf*. Zur Wahl stehen nun die Möglichkeiten, das Dokument wiederherstellen zu lassen, und zwar in den Zustand der letzten Sicherung (*Zuletzt gesichert*), des letzten Aufrufens (*Zuletzt geöffnet*)

6 | Die Welt der Programme

bzw. einer älteren Version, indem Sie über *Alle Versionen durchsuchen* die möglichen Zwischenstationen Ihres Dokumentes durchforsten.

Die Option *Alle Versionen durchsuchen* ändert die Bildschirm-Ansicht und Sie bekommen neben dem aktuellen Dokument alle bislang gesicherten Versionen davon präsentiert. Links befindet sich der aktuelle Arbeitsstatus, rechts davon die veränderten Ableger. Klicken Sie nun entweder in die Titelleisten der rechts liegenden Dokumente bzw. bewegen Sie den Mauszeiger nach rechts in die Zeitleiste, um auf vorhergehende Versionen zu stoßen. Sie können nun vergleichen und bis zu jenem Zustand wandern, den Sie gerne wieder hätten. Haben Sie einen zufriedenstellenden Status gefunden, so klicken Sie unterhalb des Dokumentes auf die Schaltfläche *Wiederherstellen* und Ihr Dokument erhält das gewünschte Aussehen zurück.

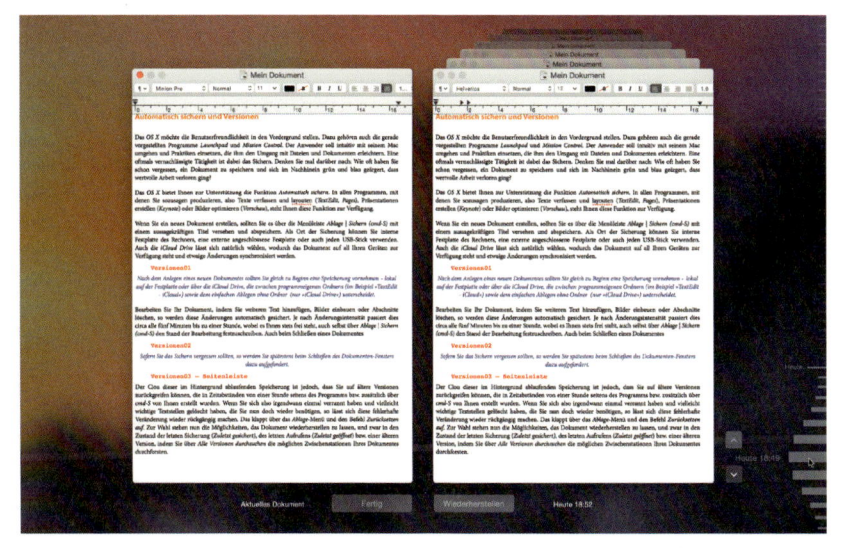

Über die Möglichkeit, auf ältere Versionen Ihrer Arbeit zurückgreifen zu können, erhalten Sie einen nicht zu unterschätzenden Sicherheitspuffer.

Sofern Sie nur kleine Textstellen oder vielleicht eine Tabelle aus einer älteren Version wiederherstellen möchten, so lässt sich dieser Bereich auch über *Kopieren* und *Einfügen* berichtigen. Suchen Sie sich das gewünschte Dokument und markieren Sie die entsprechende Stelle mit gedrückter Maustaste. Wählen Sie *cmd-C* für *Kopieren* und setzen Sie dann den Mauszeiger an jene Stelle, an der dieser Textteil eingefügt werden soll. Wählen Sie *cmd-V* für *Einsetzen* und Sie haben beispielsweise versehentlich gelöschten Text wiederhergestellt.

Kleinere Veränderungen, etwa wenn Sie nur einer Überschrift einen besonderen Stil (etwa »fett«) verpassen, der Ihnen nun doch nicht so zusagt, können Sie über den Befehl *Widerrufen (cmd-Z)* aus dem *Bearbeiten*-Menü rückgängig machen. Damit lassen sich immer die zuletzt getätigten Schritte revidieren – und zwar so lange, bis wieder eine Sicherung erfolgte. Diesen Befehl sollten Sie sich gut einprägen und immer zeitnah verwenden. Liegt hingegen die Änderung schon zwei Stunden oder gar drei Tage zurück, so sollten Sie auf die gespeicherten *Versionen* zurückgreifen.

Ist ein Dokument fertiggestellt und Sie möchten es vor unbeabsichtigten Änderungen schützen, so klicken Sie in die Titelleiste rechts neben den Dokumenten-Namen und anschließend in die kleine Checkbox bei *Geschützt*. Das Dokument zeigt nun im Datei-Icon ein kleines Schloss und erhält den Zusatz *Geschützt*. Ein weiteres Bearbeiten ist nun nicht mehr möglich.

Wird ein Dokument geschützt, so zeigt es unübersehbar seinen Sicherungs-Status.

Ein »Unwissender«, der nun dennoch Änderungen vornehmen möchte, bekommt in Sekundenschnelle einen Warn-Dialog vorgesetzt, der auf den geschützten Zustand der Datei hinweist. Es bleiben demnach zwei Möglichkeiten zur Weiterbearbeitung bestehen: Zum einen lässt sich das Dokument wieder freigeben, indem Sie auf Schutz aufheben klicken – der Inhalt kann danach wieder ohne Probleme weiterbearbeitet werden. Die zweite Alternative besteht im *Duplizieren*, indem eine identische Kopie des Dokumentes angelegt wird – das Original bleibt davon unberührt. Dem Duplikat können Sie einen neuen Namen verpassen bzw. dies auch später über *Ablage | Umbenennen* bzw. über das Titelleisten-Menü erledigen.

Der Warn-Dialog lässt keinen Zweifel an seiner Standfestigkeit.

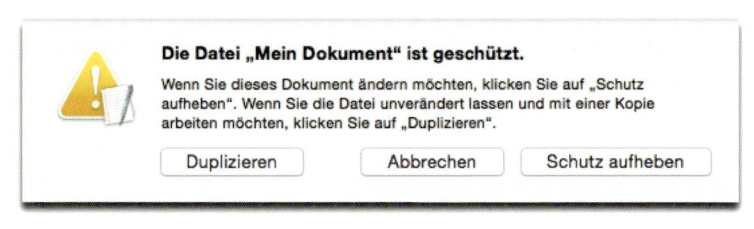

6 | Die Welt der Programme

Egal, wie viel Arbeit Ihnen *OS X* letztlich abnimmt und Ihnen vielleicht sogar ein klein wenig Sorglosigkeit mit wichtigen Dokumenten anerzieht: Sichern Sie bitte auch selbstständig bzw. fertigen Sie selbst über *Duplizieren* Kopien von wichtigen Dokumenten an, die Sie auch an weitere Mitarbeiter oder Bekannte zur Sicherung auf einem anderen Rechner weitergeben sollten. Niemand ist 100-prozentig perfekt, weder das *OS X* noch Sie selbst – der Autor natürlich schon :-). Und falls einmal wirklich alle Stricke reißen, so können Sie zumindest auf Dokumente zurückgreifen, die an anderer Stelle liegen.

Nach so viel Sichern und Speichern gehen wir nun über zum großen Rundumschlag in Sachen Programme. Lassen Sie sich also inspirieren und überraschen, was so alles auf Ihrem Mac zu finden ist …

Mac App Store – virtuelles Shopping-Erlebnis

Was für *iOS* der App Store, ist für *OS X* der *Mac App Store*. Alle Programme, die Sie im *Mac App Store* finden, werden von Apple zuvor geprüft und zugelassen, so dass die Gefahr, sich einen Schädling auf den Mac zu holen, relativ gering ist. Apps, die Sie darüber laden (egal, ob gekauft oder kostenlos), lassen sich zudem komfortabel mit Aktualisierungen versorgen – sei es vollautomatisch oder per visuellem Hinweis: über das *App Store*-Icon im Dock, das eine Zahl (für die Anzahl der zu aktualisierenden Anwendungen) in einem roten Kreis einblendet, über einen eingeblendeten Hinweis bzw. über die direkte Suche per *Softwareaktualisierung* über die Systemeinstellung *App Store* und dort über *Suchen*. Noch einfacher: Sie besuchen einfach den *App Store* und klicken dort auf die Rubrik *Updates*.

Alle Anfang virtuellen Shoppens ist jedoch die *Apple ID*, damit Sie auch identifiziert werden können und sich die Software um alle Ihre Belange kümmern kann. Klicken Sie dazu in der Seitenleiste (*Alles auf einen Klick*) auf *Anmelden* (bzw. über die Menüleiste *Store | Anmelden*) und tragen Sie dort Ihre Daten ein. Besitzen Sie noch keine »Apple-Zulassung«, so benutzen Sie die Schaltfläche *Apple ID erstellen*.

Das Paradies für all jene, denen der Geldbeutel ziemlich locker in der Hose sitzt …

Damit der »Mac App Store« den Anwender samt seiner Programme zuordnen kann, benötigt er die »Apple ID« samt Kennwort.

Die *Apple ID* ist sozusagen der Freifahrtsschein zum Einkauf im *Mac App Store*. Und dort gibt es vieles zu entdecken … Die Rubrik *Highlights* etwa lässt Sie die aktuellen Neuzugänge überblicken, während Sie unter *Top-Hits* die Bestseller für die meistgekauften, meistgeladenen sowie umsatzstärksten Apps bewundern dürfen. Mit den *Kategorien* kommt ein wenig Ordnung ins Geschehen und es lassen sich die vielen Programme gezielter begutachten.

Die Abteilung *Einkäufe* wiederum listet jene Programme auf, die bereits erworben wurden. Hierhin müssen Sie sich auch wenden, falls Sie aus Versehen ein Programm gelöscht und dieses nun wiedererlangen möchten. Da über Ihre *Apple ID* alle Käufe registriert werden, lässt sich so nachweisen, dass Sie schon einmal bezahlt haben. Der Clou ist weiterhin, dass Sie diese Apps auf all jene Rechner laden können, die Ihre *Apple ID* führen. Das funktioniert sogar vollautomatisch, sofern Sie in der Systemeinstellung *App Store* die Option *Gekaufte Apps automatisch auf andere Macs laden* aktiviert haben.

6 | Die Welt der Programme

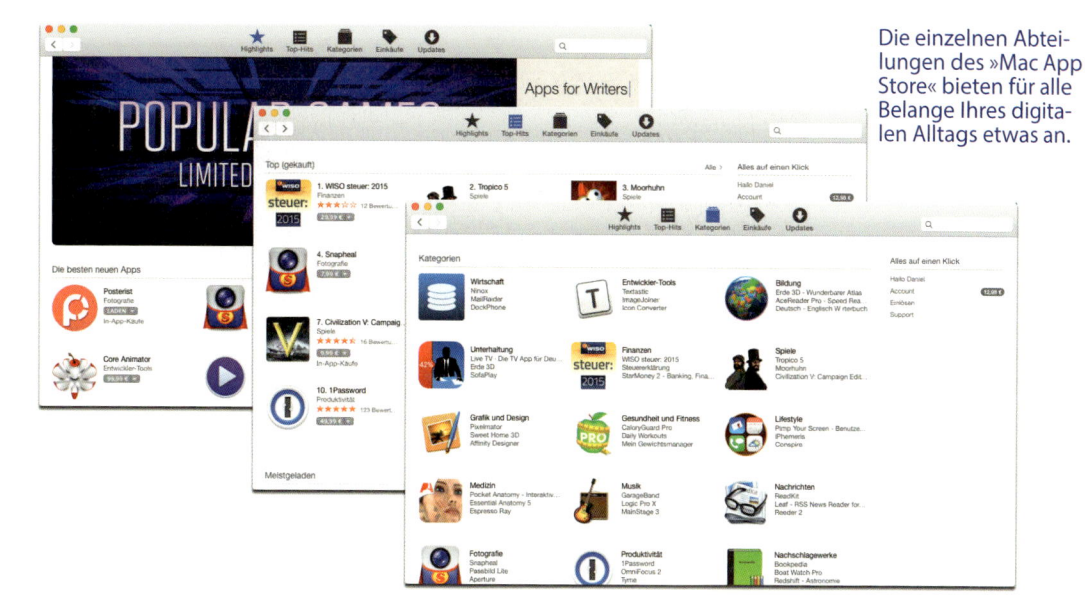

Die einzelnen Abteilungen des »Mac App Store« bieten für alle Belange Ihres digitalen Alltags etwas an.

Die Einkäufe-Rubrik führt alle Apps auf, die bereits Ihr Eigentum sind. Diese lassen sich darüber erneut laden und installieren.

Sollte Ihre Einkäufe-Liste mit der Zeit zu lang werden, so können Sie unwichtige Einträge auch ausblenden. Rufen Sie dazu zur jeweiligen App das Kontextmenü auf und wählen Sie *Einkauf ausblenden*. Bestätigen Sie den darauf erscheinenden Dialog nochmals mit *Einkauf ausblenden* und die App verschwindet aus der Liste. Über *Alles auf einen Klick* sowie Ihren *Account* können Sie später im Bereich *Ausgeblendete Artikel* (auf *Verwalten* klicken) diese Objekte wieder einblenden.

Artikel, die aus der Einkäufe-Liste verschwinden sollen, lassen sich rasch entfernen.

Übrig bleibt die Kategorie *Updates*. Wie schon erwähnt, erscheinen dort alle Anwendungen, für die ein Update seitens der jeweiligen Hersteller bereitgestellt wurde. Hierbei müssen Sie nur auf die nebenstehende Schaltfläche *Aktualisieren/Update* bzw. oben rechts stehend auf *Alle aktualisieren* klicken – alles weitere übernimmt die Software.

Kommen wir nun zum wichtigsten Unterfangen: dem Shoppen. Sie können sich natürlich von der Vielfalt inspirieren lassen, aber vielleicht haben Sie auch in einem Fachmagazin eine Software-Empfehlung gelesen. Geben Sie nun einfach den Namen des Programms in das Suchfeld oben rechts ein und bestätigen Sie mit der *Eingabetaste*. In wenigen Sekunden erhalten Sie das Ergebnis. Ist das Gesuchte dabei, so klicken Sie entweder auf den Namen bzw. das Icon des Programmes, um weitere Infos (Inhalt, Screenshots etc.) zu erhalten. Möchten Sie die App erwerben, klicken Sie auf *Laden* bzw. den angezeigten Preis – der Button ändert sich in *App kaufen* bzw. *App installieren*.

Zu jeder App finden Sie ausführliche Informationen, Vorschau-Bilder sowie etwaige Kundenbewertungen.

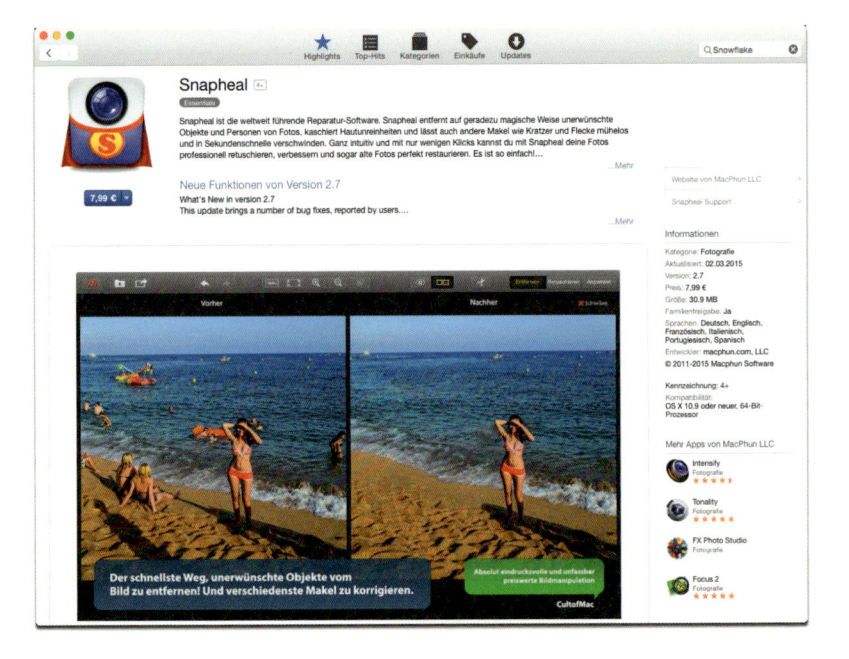

Zur Absicherung seitens Apples müssen Sie mit Ihrer *Apple ID* samt Kennwort Ihr Vorgehen bestätigen. Danach erfolgt der Ladevorgang, die sich sowohl über das Dock im *Launchpad*-Icon als auch über das *Launchpad* selbst nachverfolgen lässt.

> Falls Sie mal einen Gutschein geschenkt bekommen haben, so wählen Sie in der Seitenleiste unter *Alles auf einen Klick* den Eintrag *Einlösen*. Im folgenden Fenster tragen Sie nun den Code ein und der Betrag wird Ihnen gutgeschrieben. Möchten Sie hingegen Adressdaten oder Kreditkarten-Nummern neu angeben, so erledigen Sie das über *Account*.

Integration – Systemübergreifende Bedienung von Apps

Mit *OS X Yosemite* sowie dem System *iOS 8* für die Mobilgeräte führte Apple die Funktion *Continuity* (in diesem Kontext übersetzt etwa übergreifende Bedienung) und läuft im deutschsprachigen Raum unter dem Begriff *Integration*. Hierbei setzt Apple Techniken ein, die ein übergangsloses Arbeiten zwischen *iOS*-Geräten sowie *OS X* versprechen. Dazu verbinden sich die Geräte intern, was jedoch zwingend *OS X Yosemite* und *iOS 8* voraussetzt. Auch sollten Ihre Gerätschaften einigermaßen aktuell sein: iPhone ab Version 5, iPad ab 4. Generation, iPad mini, iPad mini mit Retina-Display, iPod touch 5. Generation. Für den Mac gelten folgende Voraussetzungen: MacBook Air ab 2012, MacBook Pro ab 2012, iMac ab 2012, Mac mini ab 2012, Mac Pro ab 2013. Weitere Voraussetzungen bedingen ein aktiviertes *Bluetooth* sowie die Vorgabe, im selben WLAN wie im gleichen *iCloud*-Account angemeldet zu sein.

Sind alle Voraussetzungen erfüllt, so lässt sich über die Apple-Apps *Mail*, *Safari*, *Pages*, *Numbers*, *Keynote*, *Karten*, *Nachrichten*, *Erinnerungen*, *Kalender* sowie *Kontakte* nahtlos von einem Gerät zum anderen wechseln und weiterarbeiten. Beginnen Sie also auf dem iPhone eine E-Mail zu schreiben und merken, dass dies doch ein längeres Unterfangen wird, so können Sie direkt am Mac oder auf dem iPad weiterschreiben. Bei dieser *Handoff* genannten Vorgehensweise wird auf allen Geräten die jeweils geöffnete App angezeigt: Auf dem Mac finden Sie dazu links außen vom Dock das entsprechende App-Symbol, auf den *iOS*-Geräten befindet es sich auf dem Sperrbildschirm links unten und bei geöffneter *Multitasking*-Ansicht (Doppelklick der *Home*-Taste) ebenso ganz links stehend.

Ist eine E-Mail auf dem iPhone geöffnet, so finden Sie das entsprechende Programm-Symbol unter OS X links außen im Dock. Auf iPad, iPod touch und auch iPhone wird das Symbol im Sperrbildschirm links unten (einfach nach oben ziehen) oder in der Multitasking-Ansicht (ebenso links außen liegend) angezeigt. Bei all diesen Möglichkeiten kann nun die E-Mail auf einem anderen Gerät fortgeführt werden.

Sollte bei Ihnen *Handoff* nicht funktionieren, so werfen Sie auf dem Mac als Erstes einen Blick in die *Systemeinstellungen | Allgemein* und dort unten stehend auf die Option *Handoff zwischen diesem Mac und Ihren iCloud-Geräten erlauben*. Auf den *iOS*-Geräten suchen Sie die *Einstellungen | Allgemein | Handoff & App Vorschläge* auf und kontrollieren, ob die entsprechende Option aktiviert ist.

Wie erwähnt klappt *Handoff* nicht in allen Programmen. Wir werden jedoch darauf hinweisen, wenn und wie dies möglich ist.

Dashboard – Programme per Schnellabruf

Dashboard – übersetzt das Armaturenbrett – nennt sich eine *Widgets*-Sammlung unter *OS X*, die per Mausklick (über das *Launchpad*) oder horizontaler Wischgeste (auf dem *Trackpad* mit vier Fingern nach rechts bzw. auf der *Magic Mouse* mit zwei Fingern) kleine Programme einblendet, die Ihnen das Leben erleichtern sollen. Da Apple fast dieselbe Programmvielfalt nun auch in die *Mitteilungszentrale* packt, gehen wir davon aus, dass das Dashboard künftig wohl gestrichen wird.

6 | Die Welt der Programme

Ob Taschenrechner, Kalender, die aktuelle Uhrzeit oder das Wetter – per Knopfdruck oder per Wischen-Geste lassen sich die gewünschten Informationen abrufen.

Damit Sie immer auf dem aktuellsten Stand sind, ist bei einigen *Widgets* eine Verbindung ins Internet unerlässlich, da diese je nach Aufgabenbereich ihre Informationen von verschiedenen Online-Diensten beziehen. Das ist besonders wichtig, sofern Sie beispielsweise Währungen umrechnen oder Ihre Aktienkurse immer im Blick haben möchten. Auch die Daten für das Wetter werden über *Weather.com* bezogen, einer internationalen Wetterstation. Die meisten *Widgets* können weiterhin angepasst werden: Bewegen Sie den Mauszeiger über ein Programm, so zeigt sich unten rechts ein kleines Info-Symbol, das auf Klick hin weitere Optionen anbietet.

Ist *Dashboard* aufgerufen, so finden Sie links unten ein *Plus*- sowie *Minus*-Symbol. Ein Klick auf *Plus* blendet eine weitere Auswahl der bereits Apple-seitig mitgegebenen *Widgets* ein, darunter Programme zum Umrechnen oder für Übersetzungen, ein Puzzle-Spiel oder beispielsweise zum Anlegen eines Aktienportfolios. Klicken Sie nun ein *Widget* mit der Maus an, so wird es den anderen hinzugefügt. Sie können im Übrigen auch mehrere *Widgets* der gleichen Sorte einblenden, was sich insbesondere bei der *Weltzeituhr* oder den *Wettervorhersagen* anbietet.

Das *Minus*-Symbol hingegen ist für das Löschen zuständig. Per Klick darauf erhalten die *Widgets* ein x-Symbol, über das ausgesuchte Programme wieder entfernt werden können. *Widgets* können Sie auch verschwinden lassen, wenn Sie bei gedrückter *Optionstaste (alt)* mit der Maus über das entsprechende Programm fahren – auch dabei wird das »x« eingeblendet.

387

Apple hat Ihnen schon einmal eine reichhaltige Auswahl spendiert, die jedoch jederzeit erweitert werden kann.

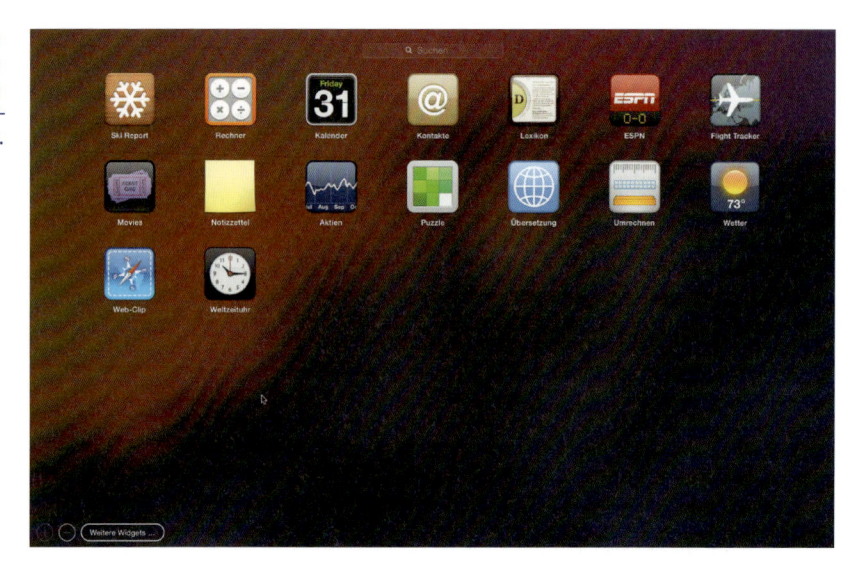

Jene Widgets, die Sie bereits auf dem Mac vorfinden, entsprechen sozusagen der Grundausrüstung. Wobei hinzugefügt werden muss, dass die meisten davon eher dem amerikanischen Anwender eine Hilfe sind, da die Inhalte sich auch nur darauf beziehen. Klicken Sie hingegen auf den *Plus*-Button zum Aufrufen der *Widget*-Sammlung, so finden Sie weiterhin die Schaltfläche *Weitere Widgets*, die per Mausklick darauf automatisch den Browser *Safari* startet und die Webseite `www.apple.com/downloads/dashboard` aufruft, auf der Sie eine riesige Auswahl – sinnvoll unterteilt nach Kategorien – vorfinden.

Sind Sie ins Internet eingeloggt, werden Sie auf Apples Webseite zum Herunterladen Hunderter von Widgets verbunden.

Das Integrieren neuer *Widgets* ist relativ simpel: Nachdem Sie sich einen Favoriten ausgesucht haben, klicken Sie auf *Download* oder *Herunterladen* (das kann unterschiedlich heißen). Das *Widget* wandert nun auf Ihre Festplatte und möchte meist auch gleich installiert werden. Bestätigen Sie den Dialog mit *Installieren* und Sie haben ein *Widget* mehr in Ihrer Sammlung. Alternativ landen Widgets auch oft nur im *Download*-Ordner und müssen von dort aus per Doppelklick installiert werden.

Das Widget-Installationsprogramm bittet um Bestätigung.

Bei *Widgets* kann es durchaus des Öfteren passieren, dass Ihnen der *Gatekeeper* einen Strich durch die Rechnung macht. Starten Sie dann den Installationsprozess über das Kontextmenü und dem dortigen Befehl *Öffnen*.

Wenn Sie *Dashboard* häufig nutzen, Ihnen aber das ständige Wischen zum extra angelegten Schreibtisch (*Space*) gar nicht in den Kragen passt, dann denken Sie an die Systemeinstellung *Mission Control*. Dort lässt sich über das Popup-Menü bei *Dashboard* als Option *Als Überlagerung* wählen. Drücken Sie nun die Sondertaste *F12*, bzw. klicken über das *Launchpad* auf das *Dashboard*-Icon, wird anstatt eines eigenen Schreibtisches das *Dashboard* über dem aktuell angezeigten Schreibtisch eingeblendet.

Digitale Bilder – Bild-Import über Digitalkamera und Scanner

Auch wenn es *iPhoto, Aperture, Fotos, Pixelmator, Photoshop Elements* und viele weitere Programme zur Bildverwaltung und Bearbeitung gibt, hält Apple eisern an *Digitale Bilder* fest. Das Programm unterstützt Sie vorrangig beim Import von Bildern, so dass Sie darüber beispielsweise eine persönliche Ordnerstruktur für Ihre Fotos einrichten können. Starten Sie also das Programm und schließen eine Kamera, Ihr iPhone oder iPad an bzw. stecken eine Speicherkarte in einen externen oder internen Card-Reader (so nennt man das Kartenlesegerät), so erscheint in der Liste bei *Geräte* die Kamera/Speicherkarte. Mit Klick auf den Eintrag werden alle Bilder, die sich darauf befinden, aufgeführt.

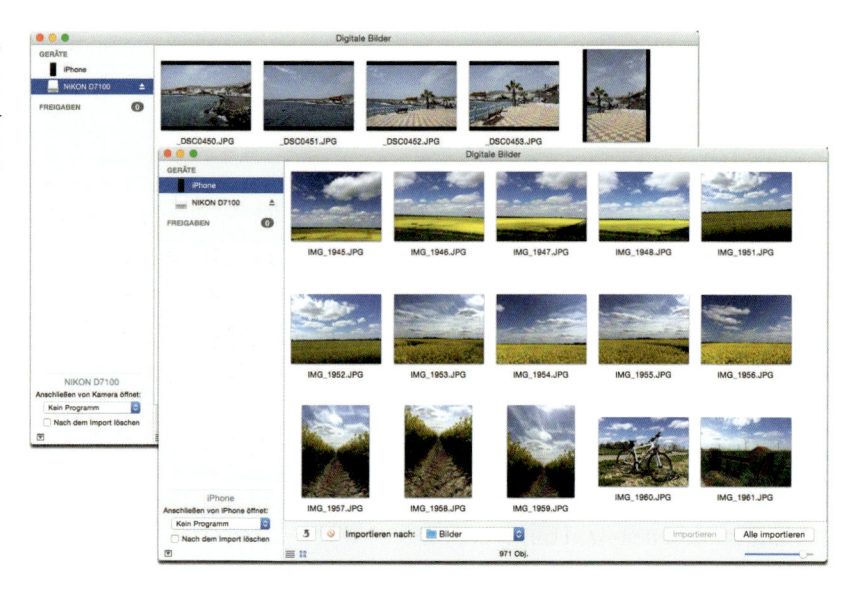

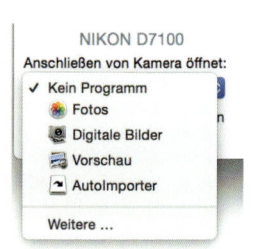

Schließen Sie Ihr iPhone, eine Kamera oder eine Speicherkarte an den Mac an, so liest »Digitale Bilder« die Fotos ein und stellt sie dar.

Startet statt des Programms *Digitale Bilder* eine andere Anwendung (z. B. *iPhoto* oder *Fotos*), so müssen Sie *Digitale Bilder* per Mausklick öffnen. Bei der unten stehenden Option *Anschließen von Kamera öffnet* (eventuell müssen Sie zuvor einen Eintrag unter *Geräte* auswählen und auf das unten stehende Dreieck-Symbol klicken) wählen Sie nun aus dem Popup-Menü jenes Programm, das standardmäßig starten soll, sobald Sie Ihre Digitalkamera an den Mac stöpseln. Möchten Sie einen automatischen Import von Bildern einrichten, um also beim Anschließen eines Gerätes selbstständig und ohne weiteres Zutun die Fotos auf den Computer zu übertragen, so wählen Sie den Eintrag *AutoImporter*. In diesem Fall wird in Ihrem Ordner *Bilder* (innerhalb Ihres Benutzer-Accounts liegend) ein weiterer namens *AutoImporter* eingerichtet, in den automatisch die Bilder fließen.

Vor dem Import sollten Sie weiterhin überlegen, ob Sie wirklich alle Bilder oder nur eine Auswahl davon übertragen möchten – missglückte Bilder bleiben also von Vorneherein unberücksichtigt. Zur besseren Kontrolle lassen sich über die unten stehenden Knöpfe zwei verschiedene Ansichten verwenden: als *Liste* oder als *Symbole*. Über die *Symbol*-Ansicht lässt sich hervorragend ein erster Eindruck verschaffen und Sie können bereits einzelne oder mehrere Bilder links- oder rechtsherum drehen. Halten Sie dabei die *Optionstaste (alt)* gedrückt, so dreht sich das Bild in die entgegengesetzte Richtung. Bilder, die verwackelt oder aus Versehen ausgelöst wurden, lassen sich sofort löschen, indem Sie den *Entfernen*-Knopf betätigen. Erscheinen Ihnen die Voransichten zu winzig, so denken Sie an den Regler *Größe der Miniaturen* rechts unten, über den die Bild-Ansichten vergrößern können.

In der *Listen*-Ansicht erfahren Sie hingegen Informationen satt: Ob Dateigröße, Farbtiefe, Breite und Höhe in Pixel, Brennweite, Verschlussgeschwindigkeit und, und, und – die sogenannten *EXIF*-Daten machen's möglich. Klicken Sie auf eine der Spalten, so können Sie damit die Sortierung ändern, etwa nach Größe oder Datum.

> **Die Bild-Informationen, die von der Kamera automatisch mitgespeichert und an das jeweilige Import-Programm übergeben werden, nennen sich *EXIF*-Daten. *EXIF* steht für *Exchangeable Image File Format*. Hier werden die Informationen wie Blende, Belichtungszeit, Filmempfindlichkeit, Kameratyp und vieles weitere mehr gespeichert. Kann Ihre Kamera auch GPS-Werte (intern oder per externem Empfänger) verarbeiten und in die *EXIF*-Daten schreiben, so werden auch diese über *Digitale Bilder* unter der Rubrik *Ort* zur Verfügung gestellt.**

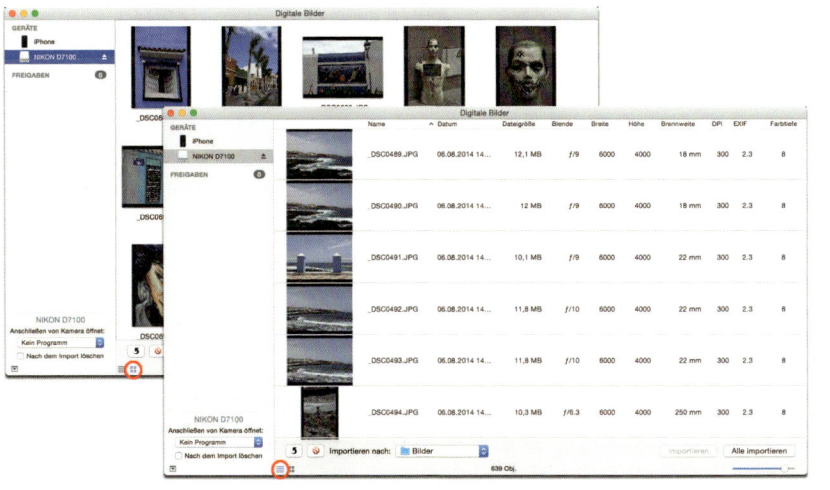

Während sich in der Symbol-Ansicht Bilder bereits vor dem Importieren begutachten und wenn nötig auch drehen oder entfernen lassen, bietet die Listen-Ansicht einen umfassenden Überblick über die Daten der Fotos.

Nach einer ersten Durchsicht lautet nun die Frage, wohin die Bild-Dateien gespeichert werden sollen. Dies richten Sie bei *Importieren nach* ein. Zum einen lassen sich die Dateien einfach in Ordner verschieben, beispielsweise *Bilder* oder *Dokumente*, oder auf den Schreibtisch kopieren. Als Alternative können Sie die Bilder auch zu *Fotos*, *iPhoto* oder *Aperture* transferieren, wo sie als eigenständiges Ereignis/Projekt angelegt werden, oder in *Vorschau* darstellen, wobei die Fotos gleichzeitig in den Ordner *Bilder* kopiert werden. Möchten Sie Bilder per E-Mail versenden, so ist der Eintrag *Mail* für Sie interessant. Nach der Auswahl und dem Klick auf *Importieren* (bei einer Auswahl) bzw. *Alle importieren* öffnet sich sogleich das Programm *Mail* und packt die Bilder einer E-Mail als Anhang bei. Sie müssen nun nur noch Adresse und Betreff eintragen, eventuell die Bildgröße neu bestimmen und der elektronische Brief kann versendet werden.

Befinden sich Ihre Bilder nach dem Import auf der Festplatte, so lassen sich diesen über den *Informationen*-Dialog *(cmd-I)* unterhalb des Bildtitels *Tags* (Schlüsselwörter) zuweisen. Das Gleiche klappt natürlich auch über das Kontextmenü oder über die *Tag*-Schaltfläche in der Titelleiste des Fensters. Bei einer Suche nach entsprechenden Bildern finden Sie später in Sekundenschnelle die gewünschten Objekte.

»Tag«-Vergabe über den Informationen-Dialog: Markieren Sie ein Bild per Mausklick und wählen Sie »Ablage | Informationen« (cmd-I). Nun können Sie Tags vergeben oder neue kreieren.

6 | Die Welt der Programme

Laden Sie des Öfteren Bilder von der Digitalkamera auf den Mac, so sollten Sie sich auf jeden Fall einmal das Programm *Fotos* (Nachfolger von *iPhoto* und *Aperture*) ansehen. Der Import klappt hier ebenso ganz hervorragend und es werden Ihnen Dutzende an Möglichkeiten zur Verwaltung, zur Bildbearbeitung sowie zum Weiterreichen angeboten.

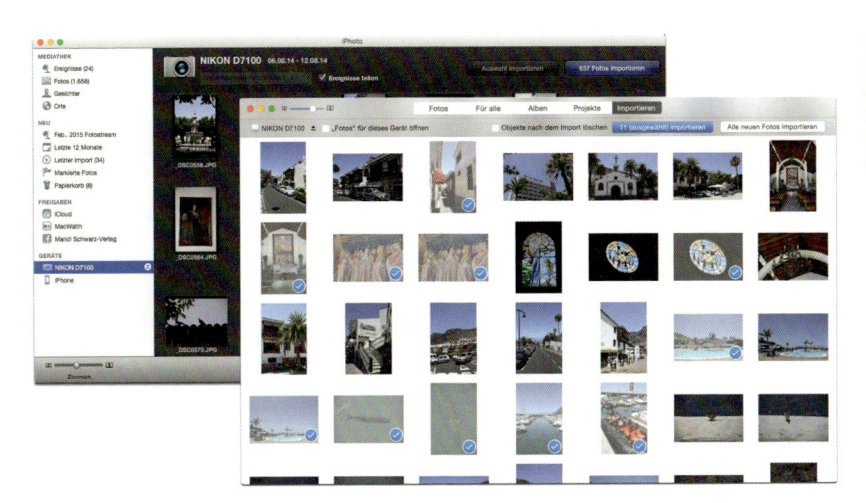

Das Programm »Fotos« ersetzt »iPhoto« (hinten) und »Aperture« und erledigt seine Arbeit schnell und komfortabel.

Als weitere Option können Sie Ihre Bilder auch als PDF-Datei aufbereiten lassen. Dazu markieren Sie eine Auswahl an Bildern (oder nehmen einfach alle), wählen bei *Importieren nach* den Eintrag *MakePDF* und klicken abschließend auf *Importieren/Alle importieren*. Die Bilder werden nun sowohl in den *Bilder*-Ordner geladen als auch im Programm *MakePDF* geöffnet. Über die Menüleiste *Layout* wählen Sie nun die gewünschte Größe (An 10 x 15 anpassen, auf 13 x 18 beschneiden, Kontaktbogen, Neues Layout usw.), die sich sofort anwenden lässt. Sie können nun das Ergebnis gleich nachprüfen und bei Nichtgefallen ändern, indem Sie einfach über das *Layout*-Menü eine neue Version erstellen lassen.

Der Unterschied zwischen *Anpassen* und *Beschneiden*? Beim *Beschneiden* werden je nach Auflösung eventuell Bildteile abgeschnitten, was jedoch am Bild-Format liegt. Während digitale Kameras eher im Verhältnis 4:3/16:9 ablichten (Ausnahmen bilden hier meist digitale Spiegelreflex-Kameras), betragen die vorgeschlagenen Größen die üblichen Analog-Maße von 3:2. Beim *Anpassen* werden diese Unregelmäßigkeiten berücksichtigt und Ihre Bilder werden als Ganzes dargestellt, können aber im Gegenzug weiße Ränder aufweisen.

Sitzt und passt alles und sind Sie mit dem Ergebnis zufrieden, so wählen Sie *Ablage | Sichern (cmd-S),* vergeben einen aussagekräftigen Namen, tragen eventuell ein paar Tags ein und bestimmen den Speicher-Ort.

Nach dem Import sowie der Aufbereitung über das »Layout«-Menü können die erstellten PDFs gesichert werden. Die aufbereiteten Bilder-Seiten lassen sich nun weitergeben (beispielsweise für Freunde und Verwandte zum Nachbestellen), für eigene Zwecke archivieren oder auch ausdrucken.

Eine weitere Möglichkeit zum Aufbereiten der Bilder aus *Digitale Bilder* nennt sich *Webseite erstellen.* Hierbei werden die Bilder in zwei Größen aufbereitet: 200 x 132 Pixel (bzw. umgekehrt bei Hochformat) für die Vorschau-Bilder sowie 800 x 530 Pixel (bzw. umgekehrt bei Hochformat) für volle Größe (die Bildergrößen können je nach Auflösung Ihrer Kamera ein wenig variieren). Daneben werden weiterhin die entsprechenden HTML-Seiten angelegt, die von jedem Browser (*Safari, Internet Explorer, Firefox* etc.) interpretiert werden können. Alle diese Daten finden Sie in Ihrem *Bilder*-Ordner und dort in einem Ordner namens *Webseite* mit *Datum* und *Uhrzeit* im Titelnamen. Klicken Sie darin die Seite *index.html* doppelt an bzw. ziehen diese auf ein Browser-Icon, so wird die Internet-Seite korrekt geladen. Um die Seite nun ins Internet zu stellen, benötigen Sie neben Speicherplatz (den Ihnen Ihr Provider zuteilt) ein *FTP*-Programm, um die Daten in Ihr Verzeichnis zu laden.

6 | Die Welt der Programme

Nach dem Aufbereiten der Daten öffnet sich der Browser und offenbart das Ergebnis. Mit Klick auf die Vorschauen zeigen sich dann die Bilder in voller Pracht.

Links unten finden sich weiterhin noch die Option *Nach dem Import löschen*, die nichts anderes tut, als die Bilder nach dem Import auf die Festplatte von der Speicherkarte der Kamera zu löschen. Wir empfehlen das nicht, denn geht irgendetwas schief, haben Sie die Bilder weder auf der Festplatte noch auf der Speicherkarte.

Aber *Digitale Bilder* ist auch in der Lage, Bilder einzuscannen. Meist erkennt *Digitale Bilder* Ihren Scanner oder Ihren Multifunktions-Drucker automatisch, sobald Sie diesen einschalten (falls nicht, müssen Sie zuvor die entsprechenden *OS X*-Treiber der Scanner-Software installieren). Auch sollten Sie darauf achten, dass der Drucker per USB mit dem Mac verbunden ist. Danach sollte er in *Digitale Bilder* ebenso unter *Geräte* auftauchen.

Befindet sich nun ein Bild auf dem Scanner und Sie starten *Digitale Bilder*, so sollten Sie als Erstes Speicher-Ort und Format bestimmen. Auch ein automatischer Prozess wie das Öffnen im Programm *Vorschau* oder *Mail* zur Weiterbearbeitung oder zum Versenden kann wieder optional eingerichtet werden.

Möchten Sie weitere Optionen in *Digitale Bilder* freischalten, so sollten Sie vor einem Scan-Durchgang auf den Knopf *Details einblenden* klicken, der auch gleichzeitig einen Übersichts-Scan startet. Und siehe da: In diesem Fall werden weitere Möglichkeiten zum Anpassen geboten, beispielsweise die Festlegung des *Typs* (Farbe, Text, Schwarzweiß), der Auflösung oder der Formate beim Sichern (TIFF, JPEG, PDF etc.).

395

Neben einer automatischen *Bildkorrektur* (Tonwerte, Helligkeit usw.) lässt sich auch auf *Manuell* umschalten, so dass Sie in diesem Modus händisch auf Helligkeit, Färbung, Temperatur sowie die Sättigung Einfluss nehmen können. Klicken Sie noch dazu auf ein Bild, so lassen sich über Anfasser sowohl der Bildausschnitt als auch eine Rotation (bei schief eingescannten Bildern) des Rahmens vornehmen.

Über »Details einblenden« werden weitere sinnvolle Optionen zum manuellen Eingreifen angeboten.

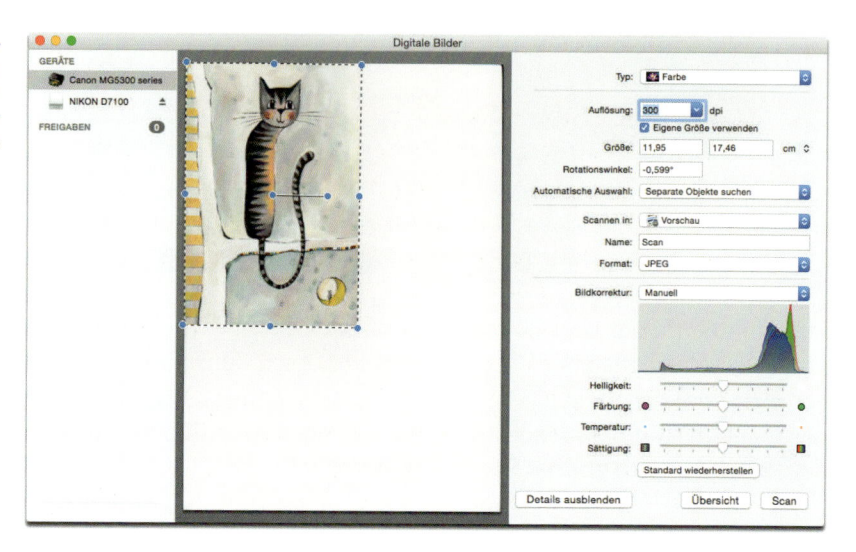

Sofern Sie gleich mehrere Bilder scannen wollen, die verstreut über die Oberfläche des Flachbett-Scanners liegen, so sollten Sie unbedingt die Option *Eigene Größe verwenden* aktivieren und bei *Automatische Auswahl* den Eintrag *Separate Objekte suchen* wählen. Hierbei werden nach einem ersten *Prescan* (mit Klick auf *Übersicht* wird eine Vorschau erstellt) alle weiteren Bilder separat nochmals eingelesen und gegebenenfalls sogar begradigt.

DVD Player – des Anwenders Liebling

Die DVD ist bei Apple schon seit Jahren auf dem aussterbenden Ast und man wundert sich, dass das Programm *DVD-Player* überhaupt noch unter *OS X Yosemite* zu finden ist.

Normalerweise sollte eine käuflich erworbene oder geliehene DVD automatisch abzuspielen beginnen, wenn Sie sie in das interne oder auch externe Laufwerk schieben. Benutzen Sie das erste Mal Ihr Laufwerk zum Abspielen einer DVD, so müssen Sie meist zuerst den *Länder-* bzw.

6 | Die Welt der Programme

Regionalcode einstellen. Diese Kennung wird von der Industrie eingesetzt, damit Spielfilme nur in bestimmten Regionen abgespielt werden können. Insgesamt können Sie fünf Mal eine Umstellung vornehmen, dann ist der *DVD-Player* fest eingestellt und es lassen sich keine DVDs mehr aus anderen Regionen abspielen. Der Code für West-Europa (also für unsere Region nennt sich *Ländercode 2*, der für USA und Kanada *1*. *3* ist für Südostasien, *4* für Mexico, Mittel- und Südamerika sowie den Südpazifik, *5* für Afrika, Nord- und Südasien, *6* für China.

> **Offen gesprochen ist das *SuperDrive* (also das bislang intern verbaute Laufwerk für den Mac) für Leih-DVDs ziemlich ungeeignet, da diese oftmals noch mit aufgeklebten Etiketten versehen sind. Dabei kann es zu haarsträubenden Situationen kommen, wenn Sie zum einen mit ziemlich beängstigenden Geräusche konfrontiert werden und zum anderen der Mac sich auf einmal weigert, die DVD wieder auszuspucken. Hier hilft oftmals ein Neustart mit gedrückter Maustaste/Trackpad-Taste zum erzwungenen Auswerfen. Als Ergebnis dieser Missstände spielen wir DVDs nur mehr über ein externes Laufwerk ab, das über eine Notfall-Auswurfmechanik verfügt. Man weiß ja nie …**

Und dann kann's aber auch wirklich losgehen. Meist befinden Sie sich nach einem kurzen Einleitungsfilm im Haupt-Menü, das neben dem eigentlichen Filmstart das Anspringen einzelner Kapitel, Untertitel sowie allerlei Trailer oder Specials bietet. Über die Pfeil-Tasten können Sie sich nun durch das Menü bewegen – und mit dem *Zeilenschalter* bestätigen Sie Ihre Eingabe.

Das Haupt-Menü ist Ausgangspunkt für alle Eingaben.

Beginnt Ihr Film nicht wie gewohnt automatisch zu spielen, so starten Sie einfach händisch das Programm *DVD-Player* – nun sollte er auch die DVD erkennen. Funktioniert dies nicht, so müssen Sie über die Menüleiste *Ablage* den Befehl *DVD-Medien öffnen (cmd-O)* verwenden. Im *Finder*-Fenster wählen Sie dann bei *Geräte* Ihre DVD aus. Wurde der Film von einer DVD extrahiert und liegt bereits auf der Festplatte, so müssen Sie den Ordner *Video_TS* auswählen.

Als Standard bereits von Apple in den *DVD-Player-Einstellungen* vorgegeben ist die Wiedergabe in der *Vollbilddarstellung*, das heißt das gesamte Display wird ausgenutzt, was selbstverständlich den meisten Spaß bringt. Wünschen Sie hingegen eine andere Ansichts-Größe, so erledigen Sie das über das Menü *Darstellung*: Sie können wählen zwischen *Halbe Größe (cmd-0)*, *Originalgröße (cmd-1)*, *Doppelte Größe (cmd-2)* sowie *An Bildschirm anpassen (cmd-3)*. Das *Vollbild (ctrl-cmd--F)* ist jedoch unser Favorit und sollte bevorzugt verwendet werden.

Sowohl über die Tastatur als auch über die virtuelle *Steuerung* über den Bildschirm per Maus können Sie sich nun durch den Film bewegen und Anpassungen vornehmen. Zur Verfügung stehen zwei verschiedene Steuerungen: Diejenige im *Vollbild*-Modus, die erscheint, sobald Sie die Maus bewegen, sowie jene, die bei allen anderen DVD-Ansichten eingeblendet wird. Die *Steuerung* (*Fenster | Steuerung einblenden*) arbeitet wie die Fernbedienung bei Ihnen zu Hause und lässt Sie den Film starten, stoppen, vorwärts oder rückwärts laufen usw.

Für jeden Geschmack das richtige Instrument.

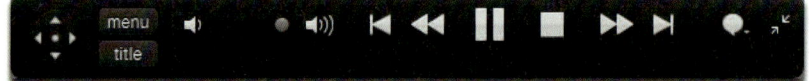

Am besten ist wie üblich, Sie prägen sich die Tastenkombinationen in den Menüs *Steuerung* und *Gehe zu* ein, da Sie auf diese Weise ihren Film effizient durchlaufen können. Oder Sie verwenden das Kontext-Menü, das ebenso eine reiche Auswahl an Befehlen zum Navigieren im Film bereithält.

6 | Die Welt der Programme

Die Kurzbefehle taugen nicht nur als Gehirn-Jogging, sondern auch zum schnellen Navigieren bzw. Anpassen der DVD.

Der *DVD-Player* bietet jedoch auch weitreichende Möglichkeiten zum Anpassen von Bild und Ton, deren Dialoge (*Video-Zoom*, *Videofarbe* und *Audio-Equalizer*) Sie über das *Fenster*-Menü finden. Über Regler ändern Sie somit *Breite* und *Höhe* des Video-Fensters (wenn gewünscht inklusive des Beibehaltens des Seitenverhältnisses), üben Einfluss auf *Helligkeit*, *Kontrast*, *Farbe* und *Färbung* und peppen den Ton über den *Audio-Equalizer* auf. Alle diese Dialog-Felder überlassen Ihnen das händische Anpassen oder geben Ihnen vorgegebene Optimierungs-Möglichkeiten an die Hand.

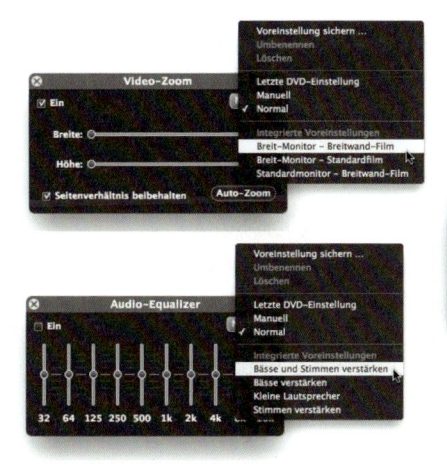

Ob Sound-Optimierungen, Farb- und Helligkeits-Anpassungen oder Video-Zoom – die im DVD-Player zur Verfügung gestellten Menüs bieten allerlei Features für die perfekte Wiedergabe.

Auf Wunsch und je nach Ausstattung der Spielfilm-DVD können Sie auch direkt über die *DVD-Player*-Steuerung beispielsweise die Sprache oder die Darstellung der Untertitel bestimmen oder ändern. Auch eine Präsentation in Zeitlupe oder als Einzelbilder ist möglich.

Mandl & Schwarz | Grundlagenbuch zu Yosemite

Wer gerne Filme im Original ansieht, der kann auf Wunsch diese Sprache definieren.

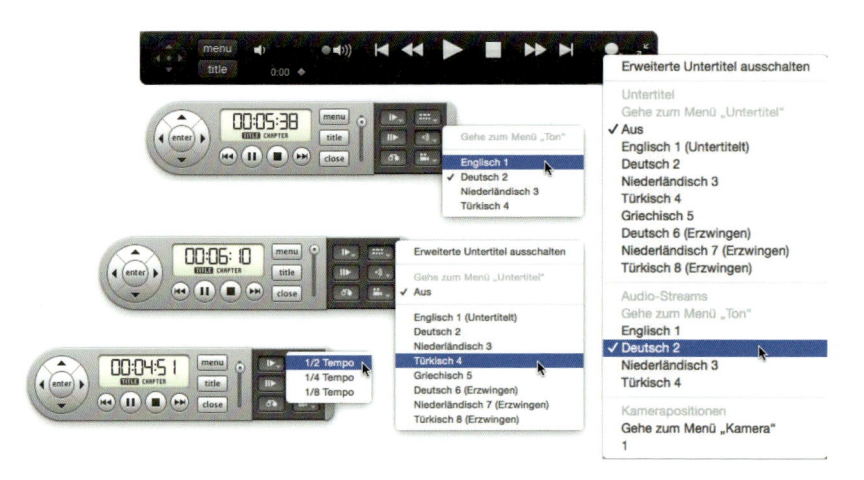

In fast allen Filmen lassen sich *Lesezeichen* zum direkten Anspringen bestimmter Szenen einbauen. Auch dies erledigen Sie über das *Fenster*-Menü | Option *Lesezeichen (cmd-B)*. Dabei wird ein extra Fenster eingeblendet, über dessen unten liegenden Plus-Knopf Sie das *Lesezeichen* vergeben.

Als kleinen Extra-Service setzt der *DVD-Player* automatisch eine Markierung, wenn Sie den Film während des Abspielens abbrechen. Legen Sie die DVD später wieder ein, wird der Film automatisch von dieser Position aus zu spielen beginnen. Voraussetzung ist allerdings die aktivierte Option *Letzte Abspielposition* in den *Einstellungen* (*DVD-Player* | *Einstellungen*) in der Rubrik *Zuletzt angesehen*.

Wie immer lohnt sich auch ein ausführlicher Blick in die *Einstellungen*, die das Grundverhalten des *DVD-Players* (*automatischer Start, Vollbild-Modus, erweiterte Untertitel* usw.) sowie das Abspielverhalten (*Ton, Untertitel, DVD-Menü*) beeinflussen. Schauen Sie sich am besten die einzelnen Reiter einmal durch – es lohnt sich.

Als Alternative zum *DVD-Player* von Apple können wir den kostenlosen *VLC Media Player* empfehlen, der mit einer beachtlichen Unterstützung verschiedenster Formate aufwartet (unter anderem AVI, DivX, DVD, MP3, MPEG 1, MPEG 2, MPEG 4, SVCD, VCD, und WAV). Die aktuellste Version kann unter der URL `www.videolan.org/vlc` heruntergeladen werden. Diese Option sollten Sie sich auf jeden Fall offen halten, wenn sich Apples *DVD Player* mal weigern sollte, ein bestimmtes Format abzuspielen.

6 | Die Welt der Programme

Erinnerungen – damit Sie nichts vergessen …

Die App *Erinnerungen* dient in erster Linie dazu, sich an zu erledigende Aufgaben erinnern und darauf aufmerksam machen zu lassen. Weiterhin kommt bei diesem Programm die *iCloud* ins Spiel, denn tragen Sie eine Erinnerung ein, so dauert es auch gar nicht lange, und alle Ihre Geräte (iMac, MacBook Air, iPhone, iPad etc.), die unter derselben *Apple ID* angemeldet sind, erhalten wenige Sekunden später ebenso diese Eintragung.

Erinnerungen werden in sogenannten Listen eingetragen, die einem bestimmten Account zugewiesen sind. Besitzen Sie beispielsweise nur diesen einen Rechner und haben mit Internet und *iCloud* nichts am Hut, so befindet sich die standardmäßig angelegte Liste *Erinnerungen* sozusagen *Lokal* auf der Festplatte. Sobald Sie nun die *iCloud* aktivieren, wird die Liste *Erinnerungen* hingegen auf den *iCloud*-Server verlegt und das Programm *Erinnerungen* greift darüber auf die jeweiligen Einträge zurück. Besitzen Sie weitere Accounts (*Yahoo!*, *Google* etc.), können Sie dort ebenso Listen anlegen, die dann über diesen Account synchronisiert werden. Das Hinzufügen weiterer Listen erledigen Sie über die unten liegende Schaltfläche *Neue Liste*, der Ihnen die Auswahl an vorhandene Accounts ermöglicht. Bestimmen Sie nun den betreffenden Account und überschreiben Sie dann den Eintrag *Neue Liste* mit einer eigenen Kreation (etwa Arbeit, Aufgaben, nicht vergessen usw.). Die Liste können Sie nun auch in der Reihenfolge verschieben, indem Sie sie mit der Maus packen und an eine andere Stelle bewegen.

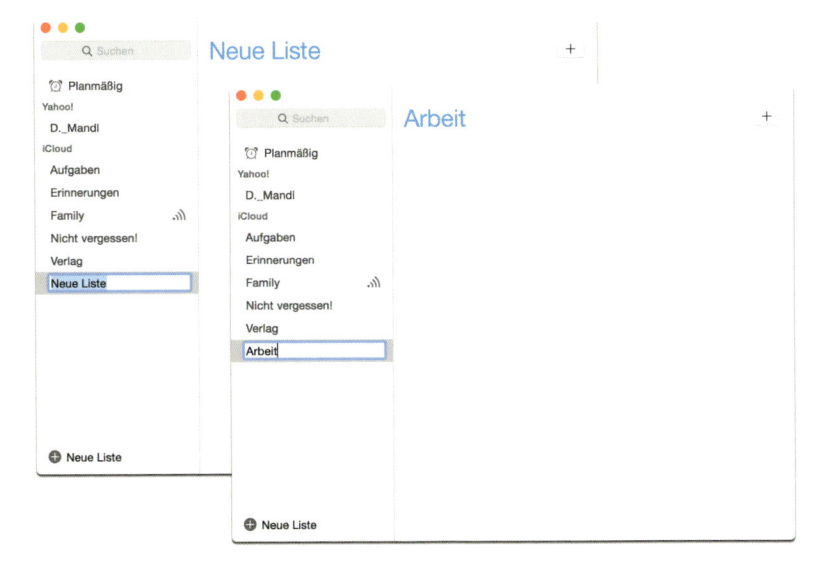

Zuerst legen Sie fest, welchem Account die neue Liste zugeordnet werden soll. Danach überschreiben Sie den vorgegebenen Eintrag nach Ihren eigenen Wünschen.

401

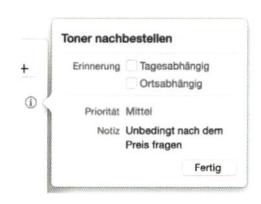

Die *Erinnerung* selbst legen Sie nun an, indem Sie zuerst Ihre Liste wählen, nachfolgend rechts oben auf das *Plus*-Symbol oder in die erste leere Zeile klicken und dann Ihr Begehren eingeben. Möchten Sie weitere Angaben machen, so klicken Sie rechter Hand auf das Info-Symbol, das einen weiteren Dialog einblendet. Aktivieren Sie die Option *Tagesabhängig* per Mausklick in die Checkbox, so können Sie dort Datum und Uhrzeit festlegen, bei *Wiederholen* den Turnus, an dem ein Hinweis erfolgen soll. Sobald ein Wiederholvorgang bestimmt wird, lässt sich auch ein Zeitpunkt (*Nie* oder *An diesem Datum*) legen, an dem diese Wiederholung beendet werden soll. Über *Priorität* können Sie weiterhin die Wichtigkeit (*Gering, Mittel, Hoch*) einrichten sowie bei *Notiz* etwaige weitere Informationen eingeben.

Wichtig sind das Bestimmen von Datum und Zeit sowie die etwaige Festlegung einer Wiederholung.

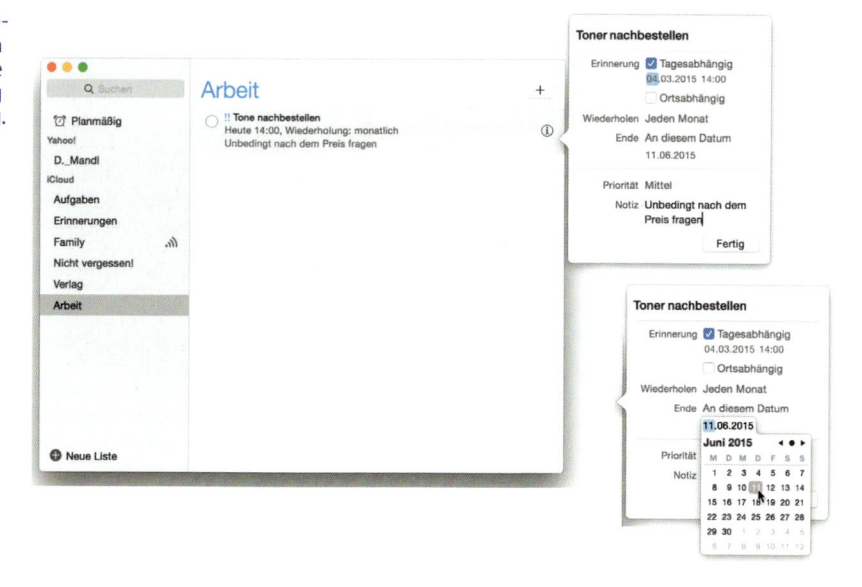

Die Option *Ortsabhängig* wiederum setzt noch eins drauf, indem Sie festlegen können, dass an einem bestimmten Standort diese Erinnerung gemeldet werden soll. Als Voraussetzung müssen Sie jedoch für die App *Erinnerungen* die *Ortungsdienste* (Systemeinstellung *Sicherheit*, Rubrik *Privatsphäre*) aktiviert haben, da ansonsten Ihre Adresseingaben bei *Ortsabhängig* ignoriert werden. Geben Sie dann die Anschrift des Standortes ein (Straße und Ort) und bestätigen Sie Ihre Angaben per Eingabetaste. Danach heißt es noch zu bestimmen, ob Sie Ihre Erinnerung bei *Abfahrt* (also beim Verlassen der genannten Adresse) oder bei *Ankunft* erhalten möchten.

6 | Die Welt der Programme

Klicken Sie letztlich auf *Fertig*, so steht die *Erinnerung* und wird auch sogleich an all Ihre Geräte gepusht – auf Ihre anderen Mac-Rechner, auf das iPhone, den iPod touch oder das iPad. Diese melden sich dann zum angegebenen Zeitpunkt bzw. am festgelegten Standort. Erfolgt ein Hinweis, so können Sie über *Erinnern (OS X)* bzw. *Optionen (iOS)* eine erneute Meldung veranlassen.

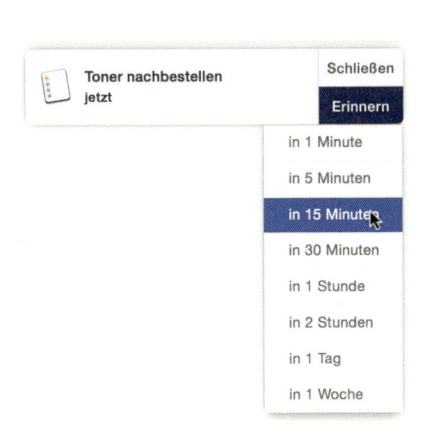

Auf iPad, iPhone/iPod touch und Mac: Es bimmelt – mal wieder. Das Programm »Erinnerungen« macht auf sich aufmerksam.

Ortsabhängige Erinnerungen funktionieren natürlich nur auf Geräten, die eine Ortung via GPS bzw. über eine *crowd-sourced*-Datenbank (bestehend aus WLAN-Hotspots und Mobilfunkmasten) vornehmen können. Apple weist weiterhin darauf hin, dass ortsabhängige Erinnerungen nicht in Kalendern von *Outlook* oder *Microsoft Exchange* gesichert werden können.

Sofern Sie mit *Windows* und dort mit *Microsoft Outlook* arbeiten, lassen sich ebenso Ihre *Erinnerungen* (*Outlook* nennt diese *Aufgaben*) anzeigen sowie auch von dort vergeben. Voraussetzung hierfür ist jedoch, dass Sie die *iCloud*-Systemsteuerung geladen, installiert und eingerichtet haben. Weitere Informationen hierzu finden Sie im *iCloud*-Kapitel sowie über die Apple-Webseite `www.apple.com/de/icloud/setup/pc.html`.

Auch über »Outlook« lassen sich Erinnerungen (Aufgaben genannt) anlegen und mit OS X sowie iOS über die iCloud synchronisieren.

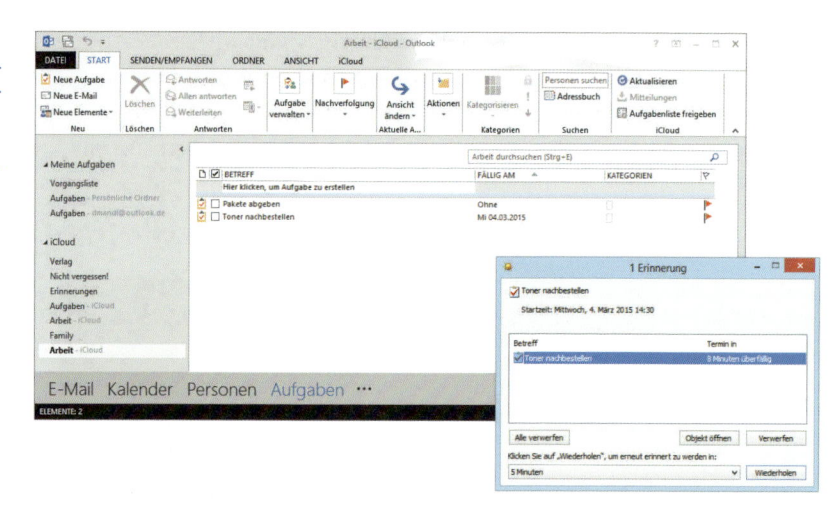

Möchten Sie vielleicht später eine Erinnerung in eine andere Liste verschieben, so ist auch das kein Problem. Packen Sie einfach den Eintrag und ziehen Sie ihn auf eine andere Liste. Benutzen Sie mehrere Erinnerungslisten, so können Sie ganz einfach über das horizontale Wischen mit zwei Fingern auf dem Trackpad zwischen diesen Listen wechseln.

Eine alternative Eingabemöglichkeit von *Erinnerungen* besteht auch über das vorherige Bestimmen des Datums. Dazu blenden Sie sich über die Menüleiste *Darstellung* den *Kalender* ein und bestimmen zuerst den Zeitpunkt, indem Sie den betreffenden Tag auswählen. Tragen Sie eine *Erinnerung* ein, so ist der Zeitpunkt bereits grob (bis auf die Uhrzeit) vorgegeben. Passen Sie nun auch wieder die anderen Optionen an. Blättern Sie im Kalender, so werden Tage mit bestehenden Erinnerungen mit einem kleinen Punkt visualisiert.

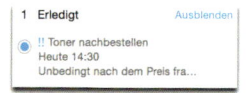

Ist nun eine *Erinnerung* abgearbeitet, so können Sie sie linker Hand per Klick in den kleinen Kreis abhaken – sie wandert dann automatisch in den Bereich *Erledigt*. Wird sie nun gar nicht mehr benötigt, so lässt sie sich selbstverständlich auch löschen. Dazu markieren Sie einfach die *Erinnerung* und drücken die *Entfernen*-Taste oder erledigen das Löschen über den gleichnamigen Befehl aus dem Kontextmenü.

Angelegte Erinnerungen lassen sich auch exportieren. Dazu wählen Sie über die Menüleiste *Ablage* den Befehl *Exportieren*. Versenden Sie nun diese Datei (mit der Endung ».ics«) per E-Mail an einen anderen Mac-Nutzer, so braucht der Empfänger diese nur doppelt

6 | Die Welt der Programme

anzuklicken. Es öffnet sich sogleich das Programm *Erinnerungen* und der Betreffende kann nach Auswahl seiner Wunschliste diese Erinnerung integrieren. Unter *OS X Lion* (und früher) werden diese Erinnerungen in das Kalenderprogramm *iCal* importiert.

Erinnerungen lassen sich auch importieren, sofern Sie sie als Datei zugeschickt bekommen.

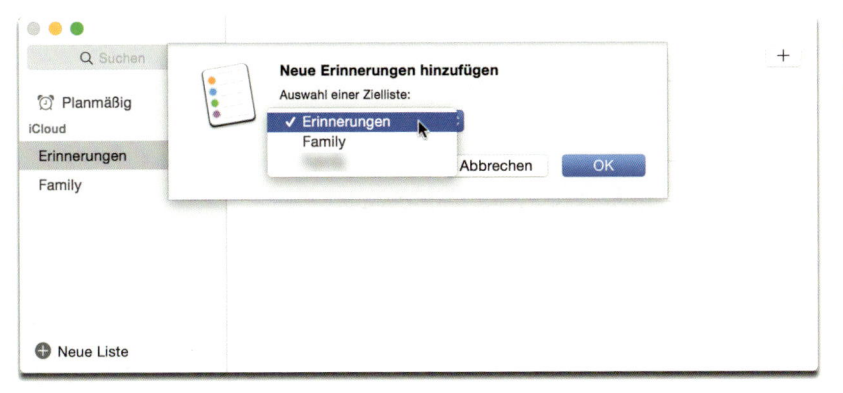

FaceTime – clever Videotelefonate führen

Das Programm *FaceTime* dient in erster Linie zum Austausch zwischen Apple-Anwendern, da der Einsatz auf Mac-Rechner, iPhones (ab 4. Generation), iPads (ab 2. Generation) sowie iPod touch begrenzt ist. Das klappt sowohl per Video-Übertragung (*FaceTime Video*) als auch per reiner Sprach-Kommunikation (*FaceTime Audio*). Für eine Video-Kommunikation benötigen Sie auf jeden Fall ein Apple-Gerät mit eingebauter Kamera, ansonsten weiterhin eine *Apple ID* (bestehend aus gültiger E-Mail-Adresse sowie Passwort) sowie im Falle des Mac ein WLAN-Netzwerk (mit iPhone und iPad klappt das auch über Mobilfunk), über das letztendlich die Verbindung zustande kommt.

Wenn Sie das Programm zum ersten Mal starten, müssen Sie *FaceTime* erst einmal aktivieren. Das funktioniert zum einen über die Eingabe einer *Apple ID* sowie des zugehörigen Kennwortes, oder – falls diese Kombination noch nicht vorliegt – im Erstellen eines neuen Accounts.

Ist *FaceTime* einsatzbereit, lässt sich in das oben angebotene Feld ein Name, eine E-Mail-Adresse oder eine Telefonnummer eingeben. Beginnen Sie mit dem Tippen, erhalten Sie die ersten Vorschläge aus Ihren Kontakten mit den zur Verfügung stehenden Symbolen für *FaceTime*

Video sowie *FaceTime Audio*. Alternativ können Sie auch vor Eingabe irgendwelcher Buchstaben oder Ziffern auf das rechts im Eingabefeld liegende *Plus*-Symbol tippen und somit einen Dialog mit Ihren vollständigen Kontakten einblenden. Weiterhin zeigen sich bei reger Nutzung der *FaceTime*-App Ihre zuletzt geführten Kontakte.

Möchten Sie nun eine Verbindung starten, so klicken Sie auf eines der neben dem Namen angebotenen Symbole bzw. wählen zuvor oben stehend, ob Sie eine Video- oder reine Audio-Übertragung wünschen. Wenig später bimmelt es auf der Gegenseite – und zwar gleichzeitig auf allen für *FaceTime* freigeschalteten Geräten.

Bei einer Videoübertragung bekommt der Angerufene nun eine *FaceTime*-Einladung, die verschiedene Vorgehensweisen zulässt. Zum einen hat er die Möglichkeit, die Kontaktaufnahme anzunehmen oder auch abzulehnen. Wird einfach auf *Ablehnen* geklickt, so bricht der Vorgang ab und der Kontaktierende erhält die Meldung, dass der Teilnehmer nicht verfügbar ist. Ein wenig freundlicher gestaltet sich das Ganze, wenn der Kontaktierte auf den kleinen Pfeil neben *Ablehnen* klickt. Zum einen hat er die Möglichkeit, sich in einer bestimmten Zeitspanne daran erinnern zu lassen, zurückzurufen. Somit wird in hektischen Situationen dem totalen Vergessen vorgebeugt. Noch besser ist es jedoch, dem Anrufer schnell eine Nachricht zuzusenden, damit er weiß, dass die Kontaktaufnahme zumindest wahrgenommen wurde. Über *Mit Nachricht antworten* kann somit ein kurzes Statement abgegeben werden, das augenblicklich den Kontaktsuchenden aufklärt.

Der Mac meldet sich mit einem FaceTime-Anruf. Der Angerufene kann nun annehmen oder ablehnen, wobei Letzteres diverse Möglichkeiten bietet (Mitte). Am nettesten ist mit Sicherheit die Variante »Mit Nachricht antworten« (rechts).

6 | Die Welt der Programme

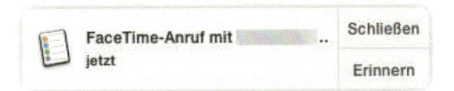

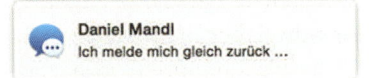

Links die Erinnerung, damit der FaceTime-Anruf nicht vergessen wird, rechts die Nachricht, die der Angerufene bekommt.

FaceTime-Anrufer wie auch unverbesserliche *Nachrichten*-Schreiber lassen sich grundsätzlich blockieren, wenn Sie schlichtweg ständig stören oder schon fast als Stalker agieren. Rufen Sie dazu die *FaceTime*-Einstellungen auf und fügen Sie den betreffenden Kontakt innerhalb der Rubrik *Blockiert* über das unten stehende Plus-Symbol hinzu.

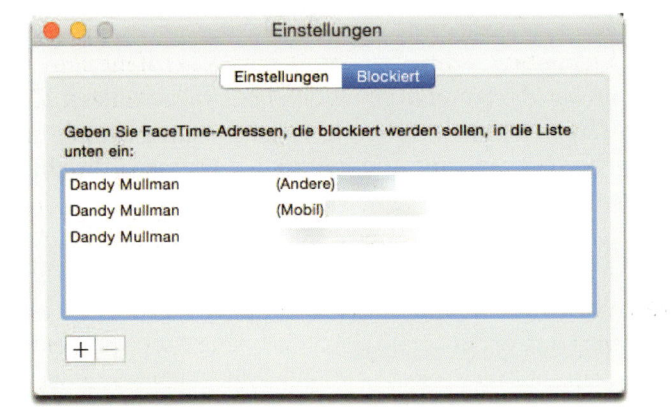

Es hat sich ausgebimmelt: Aufdringliche »FaceTime«-Kontakte lassen sich über die Einstellungen in der »Blockiert«-Abteilung ausschließen.

Im Falle der Annahme einer Video-Session wird das Gegenüber eingeblendet und alles störende Beiwerk der *FaceTime*-Anwendung verschwindet. Sie können sich also nun ganz ungezwungen unterhalten und die neuesten Nachrichten austauschen. Benutzt der Gesprächspartner ein *iOS*-Gerät und dreht dieses beispielsweise um 90 Grad, so wird diese Bewegung automatisch auch auf Ihrem Rechner ausgeführt. Auch können iPhone oder iPad-Benutzer zwischen *FaceTime*- und *iSight*-Kamera wechseln, um beispielsweise schnell einmal die Umgebung zu zeigen. Bewegen Sie Ihren Mauszeiger in das *FaceTime*-Fenster, so können Sie zum einen in die Vollbild-Ansicht wechseln oder das Gespräch stumm schalten.

Während einer *FaceTime*-Plauderei können Sie jederzeit auf andere Programme zugreifen, etwa weil Sie schnell mal einen Kontakt suchen oder die neuesten Spiel-Ergebnisse durchgeben wollen.

407

Der angerufene Part kann zwischen »Annehmen« und »Ablehnen« entscheiden. Wird der Kontaktaufnahme zugestimmt, so lässt sich ganz ungezwungen unterhalten – und das im Hoch- wie Querformat.

Im Falle von *FaceTime Audio* (über das Telefonhörer-Symbol) läuft das Ganze im Grunde genauso ab, nur dass eben kein Bild mit angezeigt wird. Auch hierbei kann der Angerufene aus diversen Optionen wählen, wenn er ablehnen möchte.

Falls die Frisur nicht so richtig sitzt: »FaceTime« ohne Bild geht auch …

Verpasste *FaceTime*-Anrufe lassen sich sowohl über das *Launchpad* als auch über das Dock anhand des *FaceTime*-Icons überblicken. Während *iOS* in *FaceTime* innerhalb der Anruferliste die nicht stattgefundenen Gespräche rot markiert und man über das *Info*-Symbol sogar Uhrzeit und Datum des Anrufes in Erfahrung bringen kann, schaut man, sobald man *FaceTime* unter *OS X* öffnet, ins Leere.

Zum Schluss des *FaceTime*-Abschnitts lassen Sie uns noch kurz einen Blick in die *FaceTime-Einstellungen* werfen. Dort gibt es zwar nicht viel, dafür aber Wichtiges zu definieren – nämlich beispielsweise das Hinzufügen weiterer E-Mail-Adressen sowie Telefonnummern, über die Sie selbst erreichbar sind. Auch lässt sich bei mehreren *FaceTime*-Adressen jene angeben, die bei ausgehenden Gesprächen dem Kontaktierten angezeigt werden sollen. Auch der Klingelton lässt sich dort bestimmen.

6 | Die Welt der Programme

Und nun, ganz zum Schluss, es wird schon Abend und Sie dachten, Sie könnten sich nun entspannen, da kommt die große Nachricht, dass sich über den Mac nun auch telefonieren lässt. Allerdings – und das ist die schlechte Nachricht – brauchen Sie dazu ein iPhone (ja, das ist bitter und vor allem teuer …). Besitzen Sie schon eines, so können Sie ab *iOS 8* sowie *OS X Yosemite* Anrufe, die über das iPhone kommen, nun auch über Ihren Mac oder Ihr iPad (oder ein anderes *iOS*-Gerät) annehmen. Ja sogar das Telefonieren darüber klappt. Als Voraussetzung müssen Sie unter *OS X Yosemite* in den *Einstellungen* zu *FaceTime* in der Rubrik *Einstellungen* die Option *iPhone-Funknetzanrufe* aktivieren. Auf *iOS*-Geräten gelingt dies in den *FaceTime-Einstellungen* über die Option *iPhone-Mobilanrufe*. Weiterhin müssen sich iPhone und Mac (oder andere *iOS*-Geräte) im selben WLAN befinden und selbstverständlich unter derselben *Apple ID* angemeldet sein.

Kommt nun ein Anruf herein und Sie haben gerade Ihr iPhone nicht zur Hand, so bimmelt es auf all Ihren anderen Geräten. Auf dem Mac zeigt sich dabei ein Banner, über das Sie den Anruf entgegennehmen oder auch ablehnen können. In letzterem Fall können Sie sich wieder in diversen Zeitabständen daran erinnern lassen.

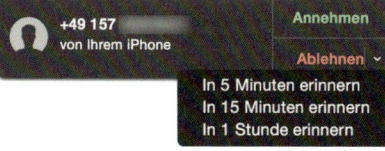

Unter »OS X Yosemite« auf dem Mac erscheint ein Banner, über das Sie Anrufe über Ihr iPhone entgegennehmen können.

Das Herausrufen über iPad oder Mac ist ebenso simpel: Rufen Sie dazu Ihre Kontakte auf und tippen Sie einfach auf die entsprechende Telefonnummer. Auf dem Mac zeigt sich nun wieder rechts oben der entsprechende Dialog, der unterhalb der angefunkten Person den Zusatz *mit Ihrem iPhone* aufweist.

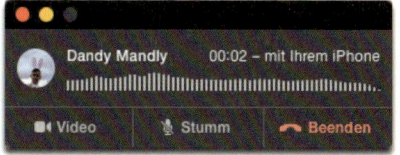

Da sich das iPhone automatisch mit Ihrem Mac verbindet und als sogenannter Instant Hotspot anbietet, ist es ein Leichtes, darüber auch Telefonate zu führen.

Als Alternative zu *FaceTime* können wir Ihnen *Skype* empfehlen. Neben dem kostenlosen Telefonieren über das Internet (das sogenannte *VoIP – Voice over iP*) von *Skype*-Anwender zu *Skype*-Anwender lassen sich auch Videoanrufe tätigen. Aber auch Telefonate ins Festnetz sowie zum Handy sind möglich, wobei diese Variante ein wenig Geld kostet. Telefonate ins oder vom Ausland sind im Gegensatz zu den üblichen Anbietern geradezu lächerlich niedrig (zwischen fünf und zehn Cent). Die aktuellen Tarife sowie etwaige Abonnements erfahren Sie aktuell über die Webseite www.skype.com/de/ bzw. www.skype.com/de/rates/. Sobald Sie die *Skype*-Software geladen und installiert und über die Webseite ein Konto erstellt und sich darüber angemeldet haben, kann es auch schon losgehen. Das heißt, nun müssen Sie noch den *Skype*-Namen Ihres Gegenüber wissen, was Sie entweder über die Suche bei Kontakt hinzufügen oder im persönlichen Gespräch in Erfahrung bringen können. Sind alle Voraussetzungen erfüllt und Ihr Gegenüber ebenso online, so lässt sich binnen Sekunden ein Videoanruf oder Sprachanruf starten bzw. auch eine Nachricht senden.

Es geht los: Sobald ein Kontakt vorhanden ist, lässt sich ein Video- oder Sprachanruf beginnen. Ganz nebenbei bemerkt: Nachdem Microsoft Skype gekauft hat, behält sich die Firma eine kommerzielle Verwendung der Skype-Verbindungen vor. Ob das in der EU Bestand hat?

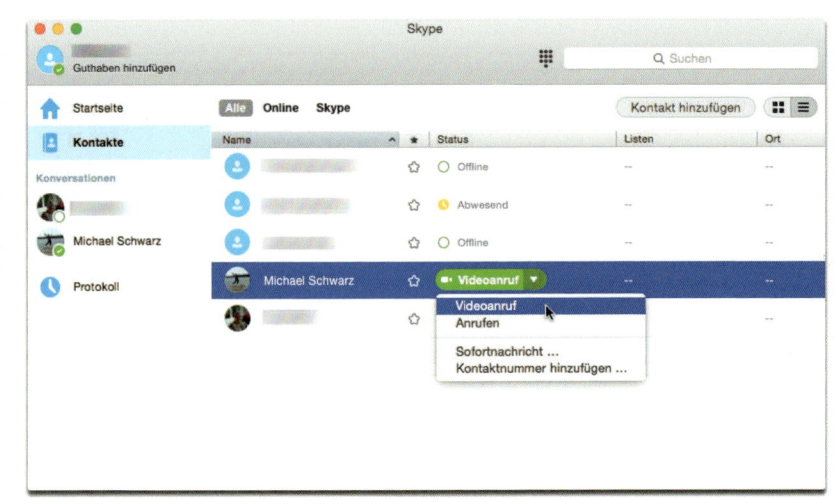

Möchten Sie hingegen außerhalb der *Skype*-Teilnehmer ins Festnetz (etwa ins Ausland) telefonieren, so müssen Sie – wie bereits erwähnt – sich um ein Guthaben bemühen. Letzteres klappt sowohl über die Webseite als auch über die *Skype*-Software, indem Sie oben stehend auf *Guthaben hinzufügen* tippen. Sie werden dabei auf die *Skype*-Webseite verlinkt, über die Sie nun das Guthaben erwerben können. Auf *iOS*-Geräten lässt sich ein Guthaben per Eingabe Ihrer *Apple ID* und *Kennwort*

bzw. per *Touch ID* kaufen. Der Anruf selbst ist dann ein Kinderspiel. Wählen Sie entweder einen Telefon-Kontakt oder tippen Sie auf das Symbol zum Aufrufen der Telefontasten und wählen Sie die Nummer. Es folgt die Einwahl und bei dem Betreffenden dürfte nun das Telefon klingeln.

iBooks – digitale Bücher und PDFs verwalten und lesen

Der Markt für digitale Bücher wächst stetig, wobei ganz klar gesagt werden muss, dass das gedruckte Buch nach wie vor die Oberhand behält. Apple ist in Sachen eBooks schon seit Jahren mit von der Partie und bietet ein umfangreiches Repertoire an eBooks über seinen *iBooks Store* innerhalb der App *iBooks* an, die wir uns im Folgenden einmal näher anschauen möchten.

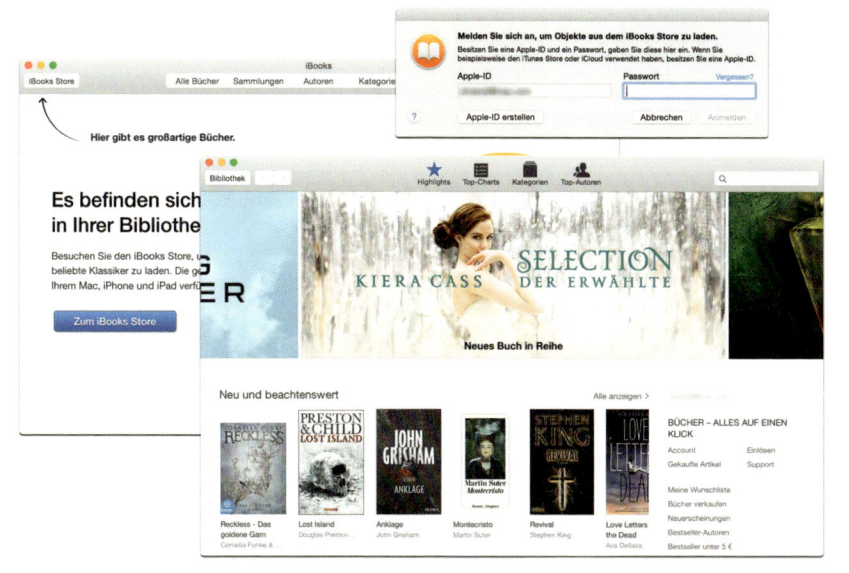

Auch für den iBook Store ist Ihre Apple ID nicht unerheblich. Sofern Sie noch keine digitalen Bücher besitzen, können Sie sogleich dem iBook Store einen Besuch abstatten.

Lassen Sie uns daher mit dem *iBooks Store* beginnen. Der Mausklick auf die gleichnamige Schaltfläche links oben eröffnet Ihnen das digitale Bücherparadies. Während Sie in der Abteilung *Hightlights* stets die Neuzugänge sowie die von einer Redaktion zu einem bestimmten Thema zusammengestellte Werke bewundern dürfen, lassen sich über die *Top-Charts* die aktuellen Bestseller aufrufen – und da jeweils immer für die kostenpflichtigen wie kostenlosen Ausgaben.

Mandl & Schwarz | Grundlagenbuch zu Yosemite

Das Einkaufen und Laden geht wie üblich schnell von der Hand. Tippen Sie auf ein Cover, so erhalten Sie einen ersten Einblick ins Geschehen: Buchbeschreibung, Kundenbewertungen, Seitenumfang, Größe und, und, und. Bücher stellen weiterhin die Möglichkeit zur Verfügung, einen Auszug zu laden, um schon einmal ein wenig hineinschmökern zu können. Dazu klicken Sie auf *Auszug laden* und wenige Sekunden später befindet sich die Datei im digitalen Regal Ihrer *iBooks*-App.

Die Beschreibungen zu einem Buch sollten Sie sich auf jeden Fall ansehen. Auch die Möglichkeit, sich einen Auszug zu laden, ist mit Sicherheit eine Überlegung wert.

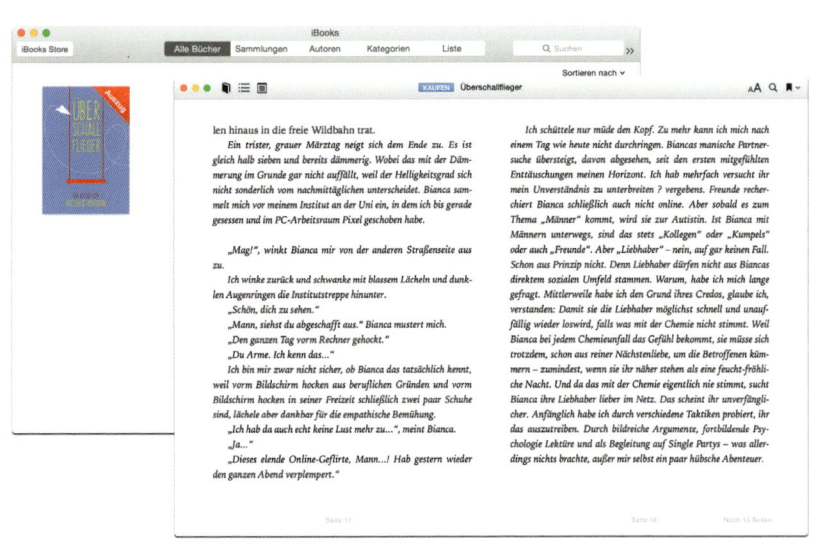

Ein kostenfreier Auszug lässt Sie schon einmal in die Welt der Literatur eintauchen.

412

6 | Die Welt der Programme

Zum Kaufen oder Laden gilt das übliche Prozedere: Klicken Sie auf den Preis oder auf *Laden* und identifizieren Sie sich mit Ihrer *Apple ID* sowie *Kennwort* – danach startet der Download. Ihre erworbene Lektüre finden Sie dann in Ihrer Bibliothek.

Sofern Sie in den *iBooks-Einstellungen (cmd-Komma)* in der Abteilung *Store* die Option *Neue Einkäufe automatisch laden* aktivieren, werden auch all jene Bücher, die Sie über andere Geräte wie iPhone oder iPad erwerben und die unter derselben *Apple ID* laufen, auf Ihren Mac geladen. Das Gleiche gilt natürlich auch umgekehrt: All das, was Sie über den Mac innerhalb *iBooks* kaufen und laden, wird bei entsprechender Optionen-Aktivierung (in den *Einstellungen | iTunes & App Store |* bei *Automatische Downloads* den Eintrag *Bücher* einschalten) auch auf die Mobilgeräte geladen.

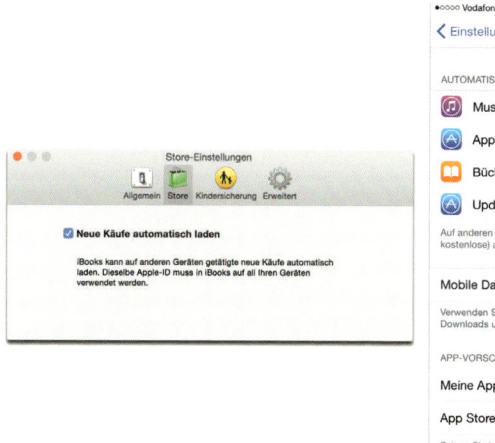

Sind die richtigen Einstellungen aktiviert, so findet automatisch jedes gekaufte Buch seinen Platz auf all Ihren Geräten.

Ihre *iBooks*-Bibliothek weist verschiedene Reiter auf, über die Ihre Bücher geordnet und gefunden werden. Während in *Alle Bücher* sämtlicher Lesestoff landet, der irgendwie heruntergeladen oder importiert wurde, unterscheidet *Sammlungen* schon einmal zwischen *Bücher* und *PDFs*. *Sammlungen* lassen sich auch erweitern, wie Sie später noch sehen werden. Die Abteilungen *Autoren* und *Kategorien* werden ebenso bei stetig wachsender Sammlung an eBooks weitere Unterscheidungsmerkmale aufweisen. Übrig bleibt die *Liste*, über die Sie ebenso alle Werke vorfinden, wobei sich darin ebenso wunderbar anordnen lässt – sei es nach dem Datum des Hinzufügens, alphabetisch nach Name oder Autor oder nach der Größe.

Mandl & Schwarz | Grundlagenbuch zu Yosemite

iBooks bietet verschiedene Abteilungen, in denen die Bücher unterschiedlich gelistet werden.

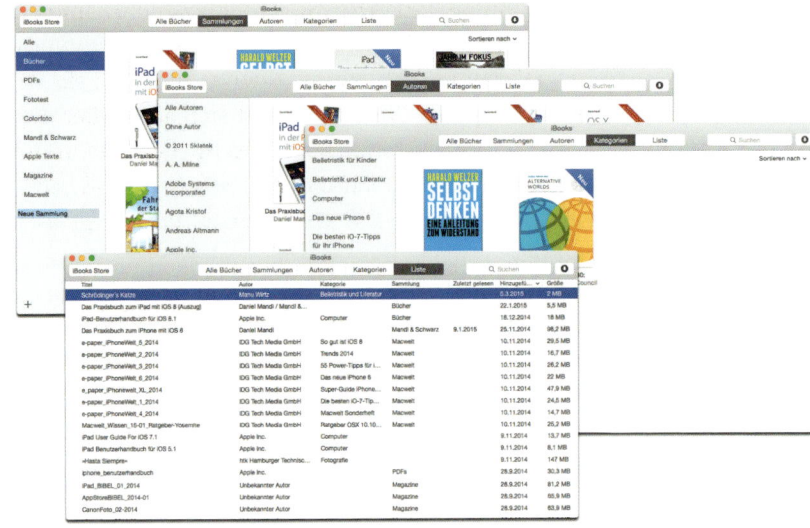

Texte lesen und Bilder betrachten ist ein Leichtes – immer vorausgesetzt, dass Inhalt und Qualität stimmen.

Das Lesen selbst ist ziemlich simpel. Doppelklicken Sie einfach ein Buch und schon können Sie loslegen. Über das Inhaltsverzeichnis lässt sich nun ganz gezielt ein Kapitel anspringen oder Sie bewegen sich eben Seite für Seite vorwärts – entweder über die Pfeiltasten auf der Tastatur oder über das horizontale Wischen mit zwei Fingern auf dem Trackpad. Parken Sie Ihren Mauszeiger an den linken oder rechten Rand, so erscheinen Pfeil-Symbole, die auf Klick hin ebenso ein Blättern ermöglichen. Befinden sich Bilder in den Texten, so lassen sich diese per Doppelklick/Doppeltipp vergrößern und meist auf einer separaten Seiten anschauen.

6 | Die Welt der Programme

Als besonderes Komfortmerkmal finden Sie rechts oben weitere Symbole, um beispielsweise über die Textgröße oder Schriftart das Erscheinungsbild anzupassen. Sogar auf einen Nachtmodus oder auch auf Sepia-farbenes Papier lässt sich umschalten. Das Ganze lässt sich auch über den Menüleistenpunkt *Darstellung* einstellen bzw. über schnelle Tastaturkürzel wie *cmd-Minus* oder *cmd-Plus* zum Verändern der Schriftgröße oder mit *cmd-1* oder *cmd-2* zum Wechseln zwischen Einzel- und Doppelseiten-Ansicht.

Auch eine Suchfunktion steht parat, wenn Sie nach einem bestimmten Begriff fahnden oder schnell mal eine Seitenzahl aufrufen möchten. Ganz rechts außen befindet sich dann noch das Symbol zum Anlegen von *Lesezeichen*. Damit können Sie Seiten kennzeichnen, die Sie für besonders wichtig halten und auf die Sie noch einmal zurückgreifen möchten. Die Lesezeichen lassen sich dann später per Klick auf das kleine Dreieck neben dem Lesezeichen-Symbol aufrufen. Entfernen lassen sich *Lesezeichen* natürlich auch, indem Sie einfach die entsprechende Seite aufschlagen und erneut das *Lesezeichen*-Symbol anklicken oder Ihren Mauszeiger auf einen Lesezeichen-Eintrag ziehen und dann rechts außen das *Löschen*-Symbol betätigen.

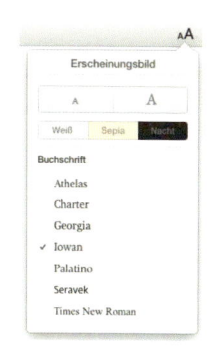

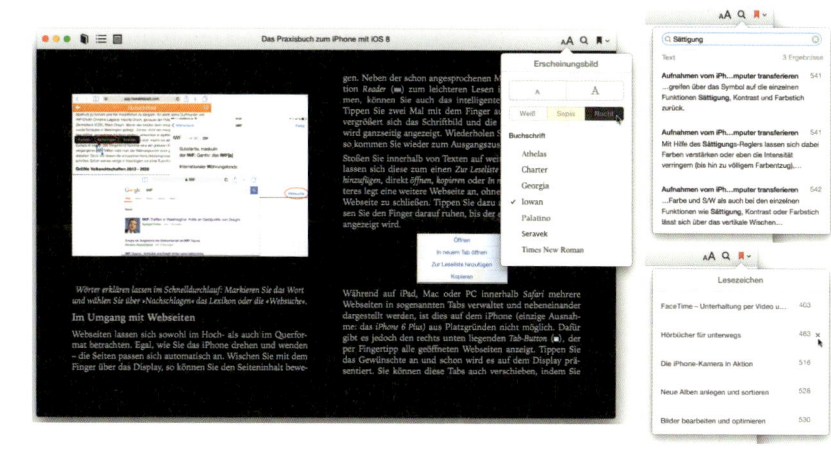

Ob verschiedene Ansichten, Schriftgrößenanpassung oder die Suche nach bestimmten Schlüsselwörtern – die »iBooks«-App ist für alle Umstände gerüstet. Über die Lesezeichen können Sie bestimmte Seite markieren, um sie vielleicht später noch einmal aufzusuchen.

iBooks bieten auch das farbige Markieren von Textstellen sowie das Setzen von Notizen an, indem Sie einen Textausschnitt (Wort, Satz, Absatz etc.) mit gedrückter Maustaste markieren. Sobald die Maustaste gelöst wird, zeigt sich der entsprechende Dialog, aus dem Sie nun zwischen verschiedenen Farben, dem Unterstreichen oder dem Hinzufügen einer Notiz wählen können. Ihre digitalen »Hinterlassenschaften« lassen sich

415

dann später gesammelt über den in der Titelleiste des Buches liegenden *Notizen*-Button (bzw. über *Darstellung | Notizen einblenden (cmd-4)* anzeigen. Zum Löschen besuchen Sie die gekennzeichneten Stellen, wählen das Kontextmenü und darüber den Befehl *Markierung löschen*.

Alle vergebenen Markierungen und Notizen lassen sich in einer Seitenleiste einsehen.

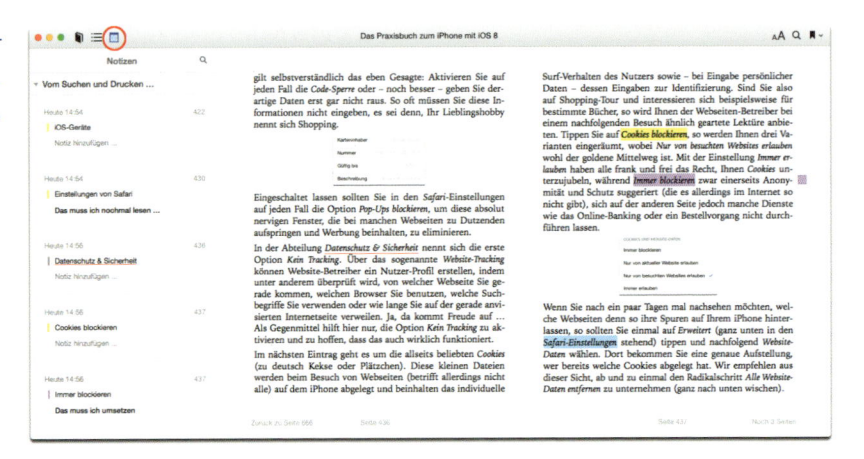

Sofern Sie in den *iBooks-Einstellungen | Allgemein* die Option *Sync: Lesezeichen, Markierungen und Sammlungen auf Geräten synchronisieren* aktiviert haben, lassen sich diese auch auf andere *iOS*-Geräte bzw. Macs (ab *OS X 10.9 Mavericks*) automatisch übertragen. Auch auf diesen anderen Mobilgeräten muss über die *Einstellungen | iBooks* die Option *Lesezeichen/Notizen synchronisieren* sowie *Sammlungen synchr.* eingeschaltet sein. Beim Schließen eines Buches werden dann die vorgenommenen Einstellungen gespeichert und anschließend synchronisiert.

Einzelne Wörter oder Begriffe, die Sie per Dreifingertipp markieren, lassen sich über das *OS X* eigene Lexikon bzw. *über Wikipedia* nachschlagen. Das Ganze klappt auch über das Kontextmenü, indem Sie über den Punkt *Mehr* die entsprechenden Befehle (*Nachschlagen, Websuche, Wikipedia-Suche* etc.) wählen. Oder Sie lassen sich eine markierte Textstelle vorlesen, indem Sie aus dem Kontextmenü den Befehl *Sprachausgabe starten* verwenden.

6 | Die Welt der Programme

Alles digital: Sie können jederzeit und überall suchen, soziale Netzwerke wie Facebook oder Twitter mit Informationen versorgen, Textbausteine per Mail oder Nachrichten versenden oder schlicht sich diese Stellen vorlesen lassen.

Neben den eigentlichen eBooks können Sie in der *iBooks*-App auch PDFs horten. Das erledigen Sie entweder über das einfache Packen und Ziehen einer PDF-Datei hinein ins *iBooks*-Programm, oder die förmliche Variante, indem Sie über die Menüleiste *Ablage | Zur Bibliothek hinzufügen (cmd-Umschalttaste-O)* wählen. Das Lesen selbst läuft jedoch über das Programm *Vorschau*, indem Sie die Datei doppelklicken.

> Leider lassen sich PDFs nicht direkt aus beispielsweise *Mail* oder *Safari* nach *iBooks* transferieren. Hierbei lässt sich jedoch ein kleiner Trick anwenden, um die Dateien doch recht zügig in *iBooks* zu bekommen: Rufen Sie mit Klick auf das PDF das Kontextmenü auf und wählen Sie anschließend *Öffnen mit | iBooks*. Hierbei wird das PDF automatisch in *iBooks* untergebracht, auch wenn es dennoch in *Vorschau* geöffnet wird.

Je mehr Bücher und PDFs nun in Ihrer Bibliothek liegen, desto unübersichtlicher wird Ihr digitales Bücherregal wohl mit der Zeit werden. Aber auch hier naht Hilfe: Rufen Sie die Abteilung *Sammlungen* auf, klicken Sie dort links unten auf das *Plus*-Symbol für *Neue Sammlung* und vergeben Sie einen sinnvollen Namen. Zurück in Ihrem Bücher-Chaos (*Alle Bücher*) wählen Sie nun ein eBook oder PDF und anschließend *Ablage | Zur Sammlung hinzufügen* sowie die entsprechende Sammlung (das geht auch wieder über das Kontextmenü). Oder Sie gehen den umgekehrten

Weg, indem Sie zuerst mit gedrückter *cmd*-Taste einige zusammengehörende Werke markieren und dann *Ablage | Neue Sammlung aus Auswahl* wählen. Auf diese Weise können Sie Ihre ganz eigene Sortierung anlegen, die wiederum auch auf Ihre anderen Gerätschaften synchronisiert wird.

Möchten Sie schlussendlich Bücher oder PDFs auf Ihr iPad, iPhone oder den iPod touch befördern, so gilt es folgendes zu beachten: Im *iBook Store* gekaufte Bücher werden entweder automatisch auf Ihre *iOS*-Geräte geladen oder zumindest zum Download angezeigt (je nach getroffenen Einstellungen). Bei manuell eingeladenen Büchern und PDFs erfolgt der Übertrag jedoch weiterhin über *iTunes*. Nach Anschluss Ihres iPad, iPhone oder iPod touch wählen Sie das Gerät aus und setzen bei den gewünschten Medien in der Rubrik *Bücher* einen Haken in die Checkbox – der Klick auf Anwenden transferiert dann die Medien auf Ihr *iOS*-Gerät.

Auch wenn das Hinzufügen von eBooks oder PDFs über das Programm »iBooks« geschieht, erfolgt der Transfer dieser neuen Daten auf ein »iOS«-Gerät über »iTunes«.

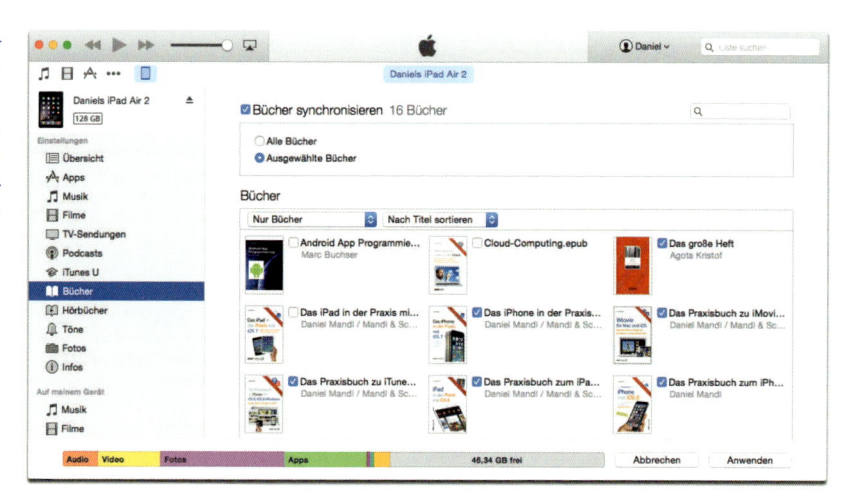

Kalender – der intelligente Terminplaner

Das Programm *Kalender* bietet den unschätzbaren Wert, Sie sozusagen als virtuelle Gedächtnisstütze zu entlasten. Denn wie für einen Kalender üblich, lassen sich darüber Ihre sämtlichen Termine managen. Über die oben stehende Leiste (*Tag/Woche/Monat/Jahr*) stehen Ihnen hierzu vier verschiedene Ansichten zur Verfügung, die Sie sowohl per Mausklick, über die Menüleiste *Darstellung* als auch über die zugehörigen Tasten-Kombinationen *cmd*-1 für *Tagesansicht*, *cmd*-2 für *Wochenansicht*, *cmd*-3 für *Monatsansicht* sowie *cmd*-4 für die *Jahresansicht* umschalten können. In der *Tagesansicht* befindet sich links die Übersichtsliste aller bevorstehenden Termine, rechts davon der eigentliche Zeitplan des Tages. Sind Sie auf der Suche nach einem ganz bestimmten Ereignis, so können Sie auch das *Suchen*-Feld bemühen, welches sogleich mit einer ersten Ergebnisliste aufwartet.

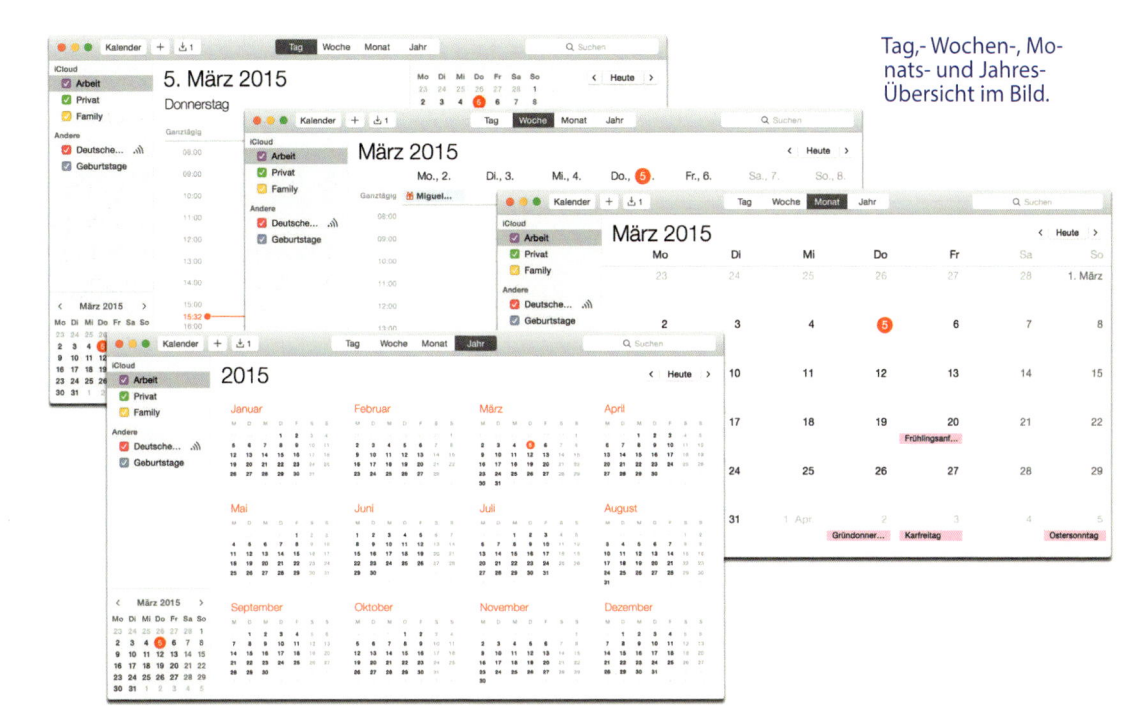

Tag,- Wochen-, Monats- und Jahres-Übersicht im Bild.

Bevor Sie mit der Eingabe von Terminen beginnen, sollten Sie sich in den *Einstellungen* zum Programm (*Kalender | Einstellungen*) ein wenig umsehen, denn dort legen Sie fest, wie sich *Kalender* nach dem Öffnen zeigen soll. In der *Allgemein*-Rubrik geht es um Anzeige-Optionen, etwa wie viele Tage der Woche angezeigt werden sollen bzw. an welchem Tag die Woche beginnen soll. Auch die Tages-Einteilung (*Tag beginnt um* oder *Tag endet um* etc.) und die Anzahl der Stunden Ihres Zeitplanes bestimmen Sie dort. Interessant ist weiterhin die unten stehende Option *Geburtstagskalender einblenden*, die auf die App *Kontakte* zurückgreift. Hierbei werden alle Geburtstage – so sie denn bei den Namen im *Kontakte*-Adressbuch vermerkt sind – automatisch mit angezeigt. Des Weiteren erhält die *Kalender*-Übersicht einen eigenen Eintrag *Geburtstage*.

Die »Kalender«-Einstellungen – wie üblich mit einer gehörigen Portion nützlicher Optionen.

In der *Erweitert*-Abteilung sollten Sie die Funktion *Zeitzonen-Unterstützung aktivieren* einschalten, wenn Sie des Öfteren Termine einhalten müssen, die von einer Zeitverschiebung betroffen sind. *Kalender* blendet daraufhin rechts oben ein zusätzliches Feld ein, in dem Sie weitere Zeitzonen (über *Andere…*) anlegen und dann schnell zwischen diesen hin- und herschalten können. Legen Sie später Termine an, so lässt sich beim Festlegen der Zeiten auch eine bestimmte Zeitzone zuordnen.

Werden weitere Zeitzonen ausgewählt …

6 | Die Welt der Programme

… so lässt sich bei internationalen Terminen die Zeitverschiebung berücksichtigen.

Sofern Sie später eine Vielzahl an Ereignissen eingespeist haben, so lassen sich diese auch über die Jahres-Ansicht anzeigen – vorausgesetzt, dass Sie in der *Erweitert*-Abteilung die Option *Ereignisse in Jahresansicht anzeigen* aktiviert haben. Dabei gilt: Je dunkler die Farbe, desto mehr Ereignisse liegen an diesem Tag vor. Auch die durchaus sinnvolle Möglichkeit, die *Wochenzahlen einblenden* zu lassen, sollten Sie in Anspruch nehmen.

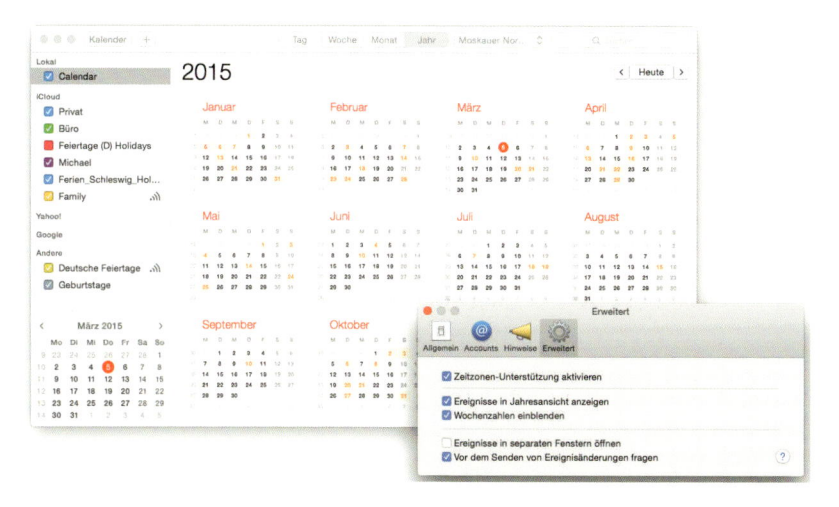

Die Kennzeichnung der Tage durch Farben spiegelt die Anzahl der Ereignisse wieder – je dunkler die Farbe, umso zahlreicher die Termine.

Die anderen Optionen der *Erweitert-Einstellungen* betreffen zum einen das Verhalten seitens *Kalender* im Umgang mit Ereignissen (*Ereignisse in separaten Fenstern öffnen*) sowie die Möglichkeit des Einblendens eines Dialoges, der automatisch vor dem Senden von nachträglich geänderten Ereignissen erscheint.

Zurück zum Programm: *Kalender* kann man nie genug haben, so dass Sie hier eifrig loslegen sollten: Für die Termine der Kinder, für die eigenen Belange oder für die Arbeitswelt – über *Ablage | Neuer Kalender* sowie der Zuordnung zu einem bestimmten Account (*iCloud, Yahoo!, Google* etc.) gibt's genug davon. Benennen Sie ihn sinnvoll, etwa getrennt nach

Personen, Abteilungen oder Berufen und es lassen sich ganz gezielt Termine eintragen bzw. Ereignisse festlegen.

Neue *Accounts* legen Sie entweder in der Systemeinstellung *Internetaccounts* an bzw. erledigen das über die *Kalender-Einstellungen*, Rubrik *Accounts*. Klicken Sie dazu unten links auf das *Plus*-Symbol und bestimmen Sie als Erstes den *Accounttyp*. Danach heißt es dann Ihre persönlichen Daten wie E-Mail-Adresse, Benutzername, *Apple ID, Yahoo ID* oder was auch immer sowie das Kennwort einzutragen. Über *Konfigurieren* wird dann der Account angelegt. Bestimmen Sie zum Schluss noch, auf welche Apps der entsprechende Dienst zurückgreifen darf und wie oft letztlich die Häufigkeit der *Kalender-Aktualisierung* (Push, minütlich, stündlich etc.) erfolgen soll.

Neue Accounts legen Sie in den Kalender-Einstellungen unter »Accounts« an. Wählen Sie als Erstes den Acounttyp und füllen Sie dann die benutzerbezogenen Felder aus.

In den *Kalender-Einstellungen* | Rubrik *Allgemein* lässt sich der *Standardkalender* bestimmen – also jener, der als Erstes bei der Eingabe von Ereignissen berücksichtigt wird. Sie sollten also dort jenen Kalender definieren, den Sie am häufigsten benutzen. Das erspart Ihnen oftmals das Ändern der Kalender-Zuordnung.

Ereignisse sind für *Kalender* wichtige Termine (Geburtstage, Familienfeiern, Arzt-Termine usw.) – eben alles, was Sie nicht vergessen möchten und was sich vielleicht in bestimmten Zeitabständen wiederholt. Um nun ein solches einzurichten, blättern Sie zum entsprechenden Datum und wählen über das Menü *Ablage* den Befehl *Neues Ereignis (cmd-N)* bzw. klicken auf den *Plus*-Knopf in der Symbolleiste, woraufhin der Dialog *Ereignis schnell erstellen* erscheint. Tragen Sie dort die Uhrzeit in

6 | Die Welt der Programme

Stunden und Minuten – etwa 17 Uhr – sowie den Anlass (»Zahnarzt«) ein und bestätigen Sie mit der *Eingabetaste*. Alternativ lässt sich das Ganze auch ein wenig flexibler gestalten, indem Sie beispielsweise nur »Treffen mit Maxi um 20 Uhr« hineinschreiben. Auch dieser Termin wird nun sofort eingebaut und es öffnet sich ein weiterer Dialog, über den sich nun zusätzliche Daten sowie Änderungen eingeben lassen.

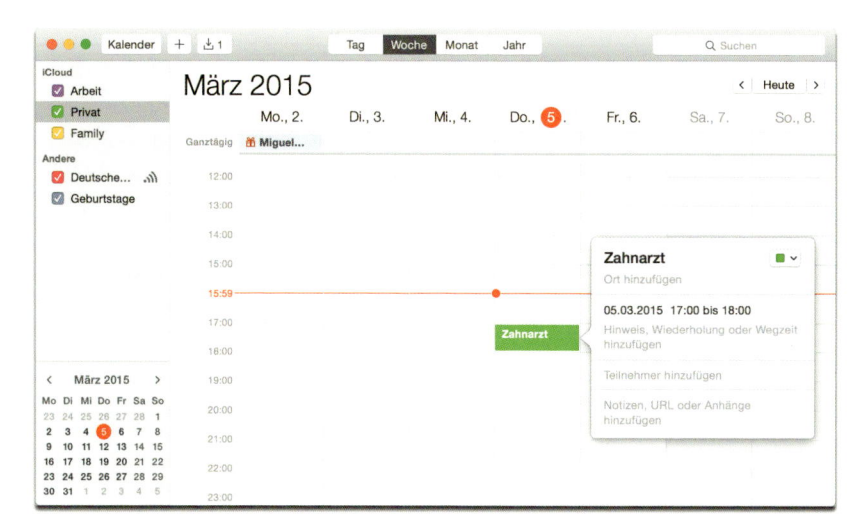

Das Bearbeiten von Ereignissen geht schnell von der Hand.

Zum Eingeben eines Termins können Sie auch die *Diktierfunktion* verwenden. Klicken Sie auf die *Plus*-Taste zum Öffnen des Eingabemenüs. Anschließend wählen Sie *Bearbeiten | Diktat starten* bzw. drücken die in der Systemeinstellung *Diktat & Sprache* definierte Tastenkombination (meist *fn fn*). Nun beginnen Sie zu sprechen, etwa »Arzttermin am 14. März um 16.30 Uhr« und bestätigen mit der *Eingabetaste*. Die *Kalender*-App setzt nun den Termin, der im auftauchenden Fenster weiter angepasst werden kann.

Alternativ dazu können Sie auch auf die *Plus*-Taste klicken und dabei die Maus-/Trackpad-Taste eine Sekunde gedrückt halten – es erscheint statt des Dialogs zum Eingeben des Termins zuerst die Auflistung all Ihrer angelegten Kalender. Klicken Sie dann auf den gewünschten Eintrag, so erscheint Ihr eingegebener Termin nach dem Schnell-Eintrag sofort im korrekten Kalender. Durch das Hineinklicken in die Felder können Sie nun die Angaben ergänzen, berichtigen und anpassen.

Das Feintuning ist ebenso schnell erledigt, indem Sie auf die verschiedenen Einträge klicken und die Daten anpassen.

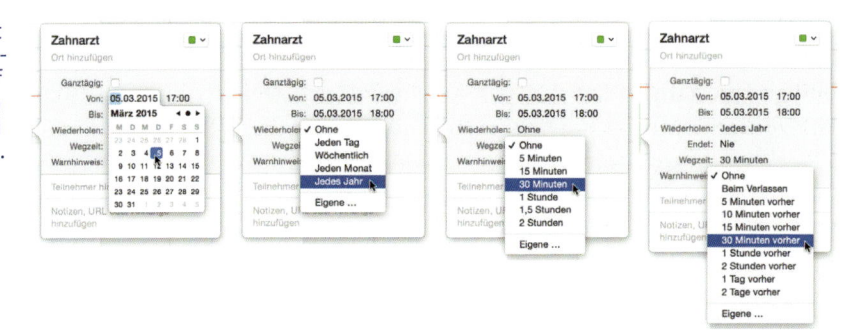

Wenn Sie die *Familienfreigabe* eingerichtet haben, finden Sie innerhalb der Kalender-Übersicht den schon angelegten Kalender *Family*. Dieser ist bereits für alle Familienmitglieder freigegeben und befindet sich daher auch auf deren Geräten. Trägt nun eine Person dort einen Termin ein, so wird dieser automatisch auf alle Geräte des Familienzirkels verteilt, so dass später niemand behaupten kann, er hätte von nichts gewusst. In diesem Fall ist das also durchaus eine sinnvolle Bereicherung.

Interessant ist die Möglichkeit, einen Ort anzugeben. Beginnen Sie mit dem Schreiben, so schlägt *Kalender* schon einmal Einträge aus Ihren Kontakten vor bzw. unterbreitet eigene Vorschläge. Sie können nun entweder aus dem Angebotenen wählen oder einfach weiterschreiben. Steht die Adresse, wird diese sogar als Kartenausschnitt aufgeführt. Als Krönung können Sie sogar die *Wegzeit* (also die vermutliche Dauer der Anreise ausgehend von Ihrem Standort) mit einberechnen lassen, damit Sie auch ja pünktlich ankommen.

Auch der Termin-Ort lässt sich angeben – auf Wunsch sogar mit Anfahrtszeit.

6 | Die Welt der Programme

Jedes Ereignis lässt sich zudem wiederholen (täglich, wöchentlich, monatlich, jährlich oder angepasst nach eigenen Zeitangaben) bzw. Sie über *Warnhinweis* benachrichtigen – das Hinweisfenster taucht dann in der von Ihnen eingestellten Zeitspanne auf. Sobald ein Hinweis gesetzt ist, lassen sich auch weitere bestimmen – sicher ist sicher. Meist ist es sinnvoll, sich ein paar Tage im Voraus erinnern zu lassen – gerade dann, wenn noch Geschenke gekauft werden müssen. Die Benachrichtigung ist wohl mit die wichtigste Einstellung, die Sie unbedingt wahrnehmen sollten.

Sie sollten auf jeden Fall in den *Kalender-Einstellungen*, Rubrik *Hinweise* für Ereignisse, ganztägige Ereignisse sowie auch für Geburtstage eine angemessene Zeitspanne einstellen, die dann als *Standardwarnhinweise* gelten. Damit gehen Sie sozusagen auf Nummer Sicher, dass Sie auch ja keinen Termin versäumen Denn Sie werden per Monitor-Einblendung auf all Ihren Geräten benachrichtigt.

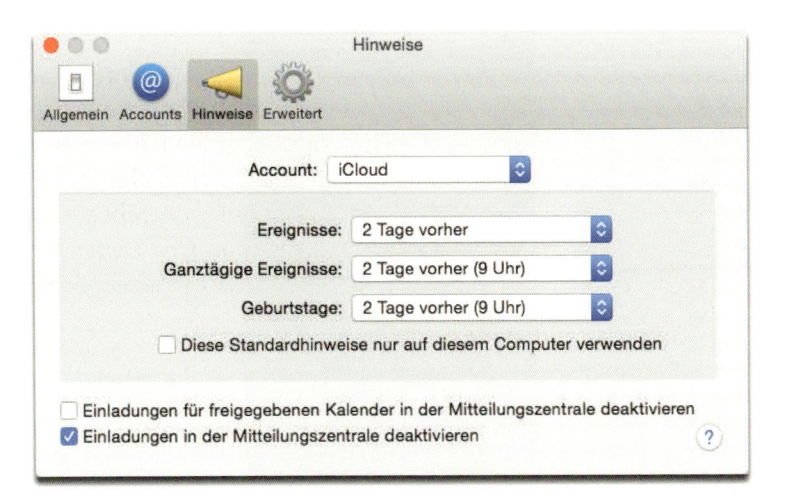

Die Standardwarnhinweise in der Rubrik »Hinweise« der »Kalender-Einstellungen« sollten Sie auf jeden Fall großzügig bemessen.

Die *iCloud* macht's möglich: Egal, auf welchem Gerät Sie ein Ereignis eingeben – es wird automatisch auf alle angemeldeten Geräte übertragen. Besitzen Sie beispielsweise ein iPhone, so überwacht dieses sogar den Verkehr und zeigt dies in der *Mitteilungszentrale* an. Und auch *Windows* ist mit von der Partie. Über *Microsoft Outlook* finden Sie ebenso Ihre Ereignisse innerhalb des *Outlook*-Kalenders und erhalten selbstverständlich auch eine Meldung.

425

Erscheint eine Meldung, so bleibt diese immer im Vordergrund – sie kann also nicht aus Versehen von einem anderen Fenster verdeckt werden. Auch iPad und iPhone melden sich bei Bedarf.

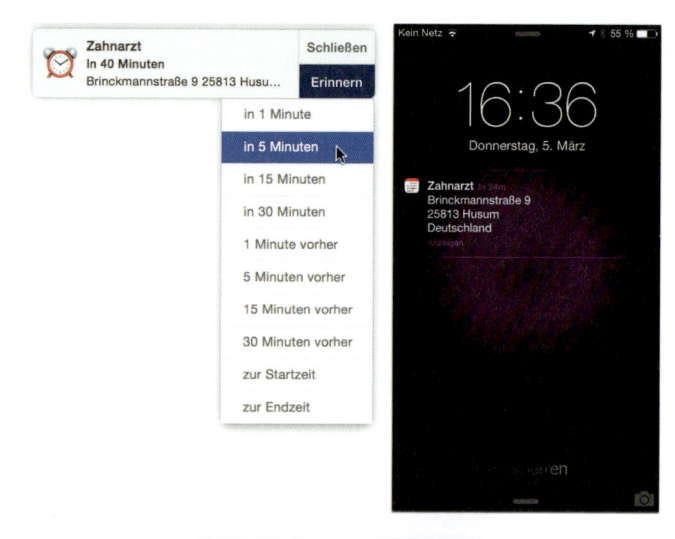

Der Abgleich über die iCloud klappt meist reibungslos. Wird ein Termin auf dem Mac gesetzt, so wird dieser auch auf iOS-Geräte übertragen. Im Fall des iPhone werden sogar die Straßenverhältnisse mit einberechnet.

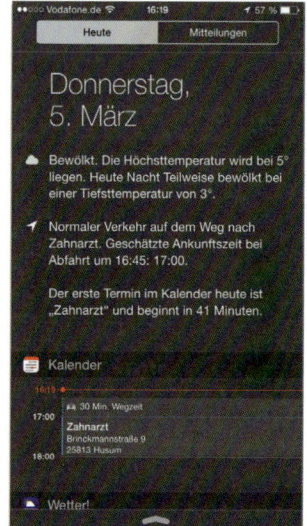

Möchten Sie Ihren Termin nicht allein wahrnehmen, sondern weitere Personen miteinschließen, so klicken Sie auf *Teilnehmer hinzufügen*. Sobald Sie die ersten Buchstaben tippen, werden all jene, die sich im Programm *Kontakte* befinden, sogleich vervollständigt. Jene Teilnehmer, die noch nicht im *Adressbuch* vorkommen, lassen sich natürlich ebenso eintragen. Sobald nun *Teilnehmer* eingetragen sind, finden Sie unten stehend die Schaltfläche *Senden*.

6 | Die Welt der Programme

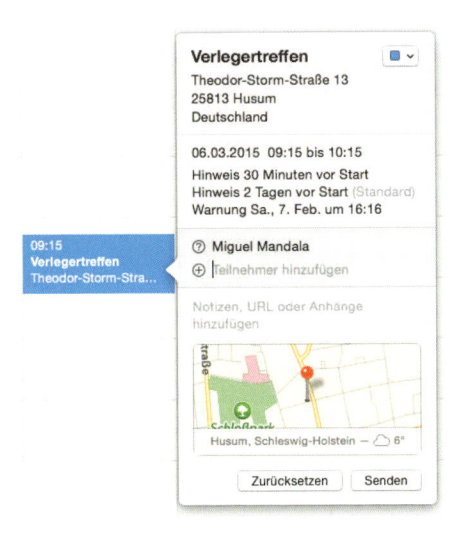

Über »Teilnehmer hinzufügen« können Sie weitere Personen über dieses Ereignis informieren und auch gleich einladen.

Klicken Sie auf *Senden*, so erhalten potentielle Teilnehmer – falls ebenso Mac-Anwender – diese direkt an das Programm *Kalender* geschickt. Diese erkennen die Einladung zum einen am *Kalender*-Icon im Dock, das mit einer Zahl darauf hinweist, und zum anderen bei geöffneter *Kalender*-App am Button zum Integrieren von Einladungen. Auf *iOS*-Geräten funktioniert das ebenso – hier zeigt ebenso das *Kalender*-Icon am Home-Bildschirm eine Zahl und bei geöffneter Kalender-App finden Sie rechts unten bei Eingang die Möglichkeit zum Einsehen der Einladung. Bei all diesen Varianten lässt sich gleich Meldung geben, ob Sie mit diesem Termin einverstanden sind. Noch nicht bestätigte Ereignisse zeigen sich im *Kalender* im Übrigen grau bzw. mit einer gestrichelten Umrandung.

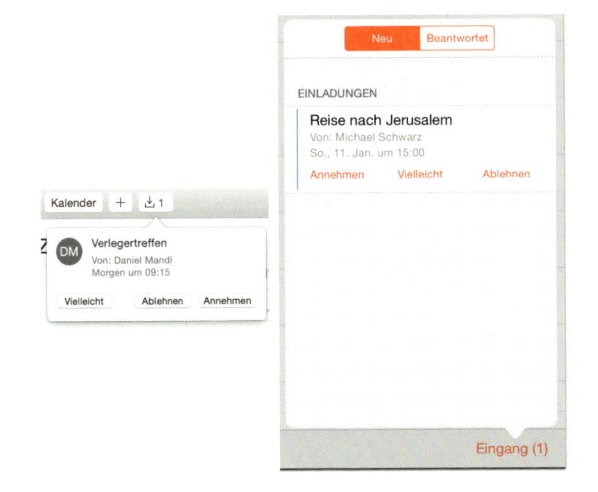

Sie können entscheiden, ob Sie die Einladung annehmen, ablehnen oder den Zeitraum noch vage offenhalten wollen.

427

Ein Fragezeichen neben den Namen der Teilnehmer zeigt an, dass sie noch nicht auf die Einladung geantwortet haben. Teilnehmer, die die Einladung angenommen haben, erhalten ein Häkchen, und solche, die sie abgelehnt haben, werden mit einem »x« gekennzeichnet. Selbst dann, wenn Sie nachträglich noch Änderungen vornehmen oder einzelne Teilnehmer wieder aus der Liste streichen, erhalten sie eine Aktualisierungs- oder Absage-E-Mail. Letzteres erhält auch der versendende Part, wenn einer der Teilnehmer den Termin aus dem *Kalender* entfernt.

Als Alternative zur *Ereignis*-Eingabe über die Menüleiste können Sie auch so vorgehen: In der *Tages*- oder der *Wochen*-Darstellung klicken Sie sich zum gewünschten Datum. Fahren Sie dann mit der Maus zur Anfangszeit des Termins, ziehen Sie mit gedrückter Maustaste bis zur Endzeit und lassen Sie dann die Taste los. Alternativ klappt das auch per Doppelklick oder -Tipp – dann sogar in der Monats-Ansicht. Auf diese Weise wird ein *Ereignis* gesetzt, das Sie sogleich benennen sollten. Über einen weiteren Doppelklick öffnet sich wieder das Informationen-Fenster und es lassen sich alle Eingaben verfeinern.

Oberhalb der *Kalender*-Ansicht finden Sie auch wieder das Suchfeld. Dort geben Sie nur Ihre Stichworte bzw. Namen ein und *Kalender* zeigt Ihnen die entsprechenden Suchergebnisse an. Per Doppelklick auf einen Eintrag wird dieser sofort herbeigeblättert.

Über *Kalender* können Sie Ihre *Ereignis*-Listen auch ausdrucken. Wählen Sie über die Menüleiste *Ablage* den Befehl *Drucken (cmd-P)*. Im erscheinenden Dialog haben Sie nun vielfältige Möglichkeiten, das Kalender-Blatt auf Ihre Bedürfnisse hin anzupassen. Dazu gehören zum einen die Art der Vorlage (*Zeigen*), die *Papiergröße*, der *Zeitraum*, die Auswahl der Kalender sowie weitere Optionen wie *Mini-Kalender*, ob in Schwarzweiß gedruckt werden soll, ganztägige Ereignisse etc. Haben Sie Ihre Einstellungen getätigt, klicken Sie auf *Fortfahren*. Nach Auswahl des Druckers und der Bestätigung über *Drucken* können Sie sich die Papier-Version an die Wand hängen bzw. in Ihre Schreibtischunterlage legen.

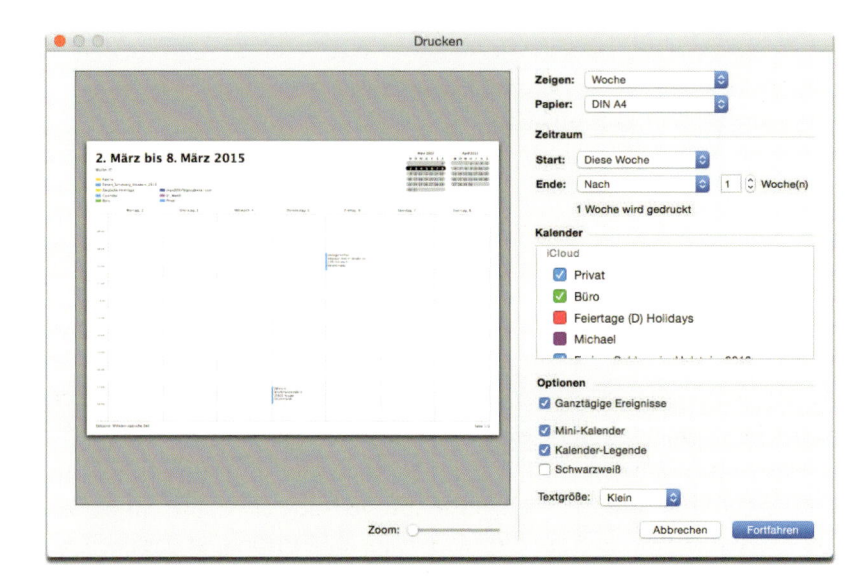

Denken Sie an Ihre bereits auf dem Schreibtisch liegenden Papierberge und drucken Sie wirklich nur das, was Ihnen besonders wichtig erscheint.

Sie können Kalender auch *abonnieren* oder selbst *freigeben*, was durchaus Sinn macht, entwickelten doch bislang viele fleißige Mac-Anwender ihre eigenen Vorlagen. Mittlerweile scheint die Euphorie für Kalender jedoch nachzulassen, denn man tut sich richtig schwer, noch einigermaßen aktuelle Exemplare aufzuspüren. Vorgefertigte Kalender finden Sie nach wie vor bei *Projekt 24* (www.project24.info), auf *Schulferien.org* (www.schulferien.org/iCal/* – wobei hier die Daten nur als Ereignisse zu einem bestehenden Kalender hinzugefügt werden), ical-share.com (Tausende von internationalen Kalender-Angeboten) oder über www.apple.com/downloads/macosx/calendars (internationale Auswahl, die allerdings mittlerweile ziemlich veraltet erscheint). Passen Sie jedoch auf, dass Sie sich auf den dortigen Seiten keinen alten Käse andrehen lassen.

Zum Laden klicken Sie auf eine Kategorie oder wählen einen Eintrag. Über *Abonnieren* bzw. *Download* öffnet sich nun in *Kalender* der *Ereignis hinzufügen*-Dialog. Wählen Sie danach einen bestehenden Kalender, in den diese neuen Ereignisse integriert werden sollen, oder lassen Sie einen ganz neuen Kalender (über das Popup-Menü *Neuer Kalender* wählen) anlegen. Bestätigen Sie dann mit *OK* und Sie haben eine Menge an Zusatznutzen gewonnen. Manchmal wird ein Kalender auch einfach nur als Datei auf die Festplatte geladen – in diesen Fällen ziehen Sie den Download in *Kalender* hinein.

Ohne Aufwand und Schreiberei können Sie den Wunsch-Kalender integrieren – entweder vollautomatisch oder per Drag & Drop in die Kalender-Liste.

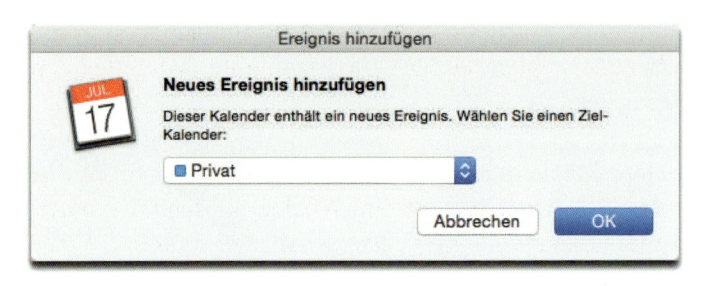

Ein alternativer Weg zu dem eben aufgezeigten setzt allerdings voraus, dass Sie die Internet-Adresse kennen, von der Sie Ihre Kalender-Daten laden möchten. Über *Ablage | Neues Kalenderabonnement…* bzw. *cmd-alt-S* öffnen Sie einen Dialog, in dessen Feld *Kalender-URL* Sie die entsprechende Adresse eingeben müssen. Danach erhalten Sie noch die Möglichkeit zum Anpassen (Name, Account, Zeitraum der Aktualisierung etc.) und über *OK* wird der Kalender abonniert.

Die Eingabe der Kalender-URL erfolgt entweder manuell oder bei manchen Abonnements auch automatisch.

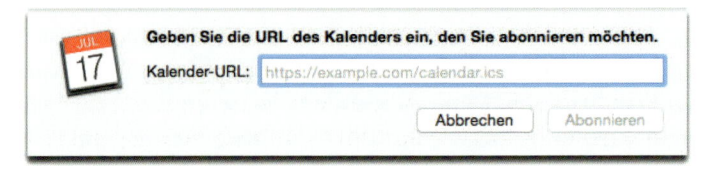

In der *Kalender*-Liste weisen abonnierte Kalender – wozu im Übrigen auch der *Family*-Kalender gehört – ein *Senden*-Symbol auf. Dies zeigt an, dass in regelmäßigen Abständen eine Synchronisierung stattfindet. Klicken Sie darauf, so bringen Sie in Erfahrung, für wen bzw. von wem die Freigabe zum Abonnieren erfolgt. Löschen lassen sich diese Kalender-Abos natürlich ebenso schnell: einfach markieren und *Bearbeiten | Löschen* wählen bzw. über das Kontext-Menü den *Löschen*-Befehl aufrufen.

Als Pendant zum *Abonnieren* können Sie auch selbst erstellte Kalender anderen zur Verfügung stellen. Nach der Erstellung markieren Sie diesen über die *Kalender*-Liste und wählen dann Sie über das Kontext-Menü bzw. über die Menüleiste *Bearbeiten* den Befehl *Kalender freigeben…* Im auftauchenden Dialog geben Sie nun an, ob der Kalender allen (*Öffentlicher Kalender*) zur Verfügung gestellt werden soll bzw. nur für einen bestimmten Personenkreis gedacht ist. Mit einem Klick auf *Fertig* geht's dann ans Eingemachte …

Möchten Sie den Kalender – aus welchen Gründen auch immer – wieder löschen, so wählen Sie über die Menüleiste *Bearbeiten* den Befehl *Freigabe stoppen*.

Eine weitere Möglichkeit, Kalender anderen Personen zu übergeben, besteht darin, diese zu exportieren. Wählen Sie den zu exportierenden Kalender und danach *Ablage | Exportieren | Exportieren…* Vergeben Sie einen Namen, der den Inhalt möglichst genau wiedergibt, und speichern Sie dann die Datei an einem Ihnen genehmen Platz. Die Datei mit der Endung *.ics* können Sie nun beispielsweise per Mail an Bekannte und Freunde versenden, die diese wiederum – falls sie mit *Kalender* arbeiten – per *Ablage | Importieren* in ihr Kalender-Programm integrieren können. Noch schneller geht's, wenn die Datei einfach per *Drag & Drop* (also mit der Maus packen, in *Kalender* ziehen und dann loslassen) transferiert wird.

> Nicht vergessen: Ihre angelegten Kalender samt Ereignissen werden über die *iCloud* mit Ihren anderen Geräten synchronisiert. Auch Windows spielt hier mit, indem *Microsoft Outlook* diese in seinem eigenen Kalender aufführt – immer vorausgesetzt, dass Sie die Systemsteuerung *iCloud* auf Ihrem PC installiert haben.

Karten – Orte finden und Routen berechnen

Seit *OS X Mavericks* besitzt nun auch der Mac seine *Karten*-App, unter *iOS* gab es sie schon länger. Darüber lassen sich nun Sehenswürdigkeiten auffinden, gemeinsame Urlaubspläne schmieden, fremde Länder besuchen (mit dem berühmten Finger auf der Landkarte) und selbstverständlich Routen berechnen – Letztere lassen sich auch flugs auf iPhone oder iPad transferieren.

Sind Sie nun auf der Suche nach einem bestimmten Ort, einer Sehenswürdigkeit oder möchten eine Route zu einem Geschäftskollegen berechnen, dessen Anschrift sich in Ihrem Adressbuch *Kontakte* befindet, so sind Sie bei der App *Karten* an der richtigen Adresse. Über den Klick auf das *Kompassnadel*-Symbol links neben dem Eingabefeld bahnt sich die *Karten*-App den Weg zu Ihrem aktuellen Standort.

So ist's brav: »Karten« fragt beim ersten Start an, ob es Ihren aktuellen Standort verwenden darf. Sofern Sie also Routen berechnen möchten, sollten Sie dies erlauben.

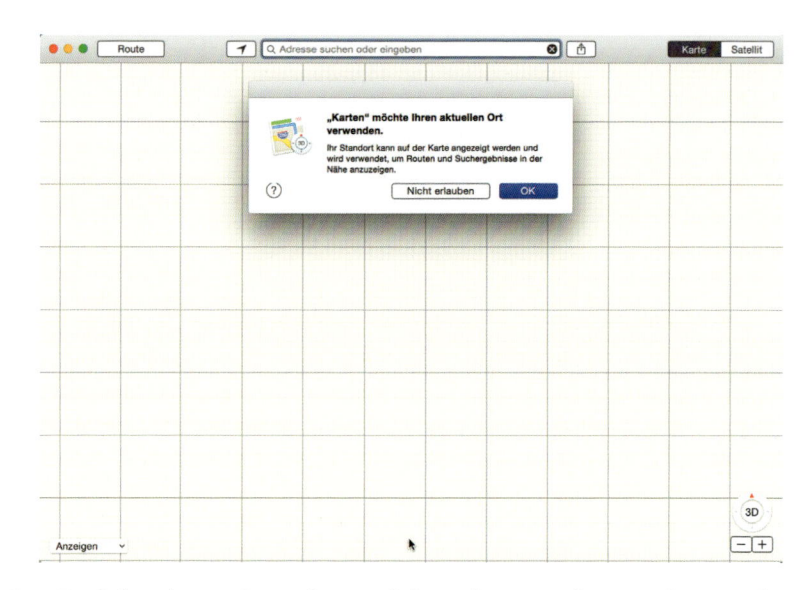

Die Exaktheit beim Orten hängt dabei oft von äußeren Faktoren ab, so dass die App ab und an einmal knapp daneben liegen kann. Der kleine blaue Punkt (der Ihren Standort visualisiert) ist dabei von einem Kreis umgeben, der die eventuelle Abweichung miteinbezieht. Je umfangreicher der Kreis ist, desto ungenauer die Festlegung, je kleiner, desto exakter die Standortbestimmung. Klicken Sie auf den blauen Punkt, so nennt er sich *Aktueller Ort*, ein Klick auf das *Info*-Symbol zeigt Ihnen die genauen Adressdaten an. Weiterhin finden Sie einige Schaltflächen für die Routenberechnung, zum Ablegen des Standortes als *Favorit* (zum späteren Abrufen) oder zum Anlegen bzw. Ergänzen eines Kontaktes.

Nach der Bestimmung des aktuellen Standortes stehen Ihnen diverse Funktionen zur Verfügung – darunter das Sichern als Favorit, das Erstellen eines neuen bzw. das Hinzufügen zu bestehenden Kontakten oder das Berechnen einer Route.

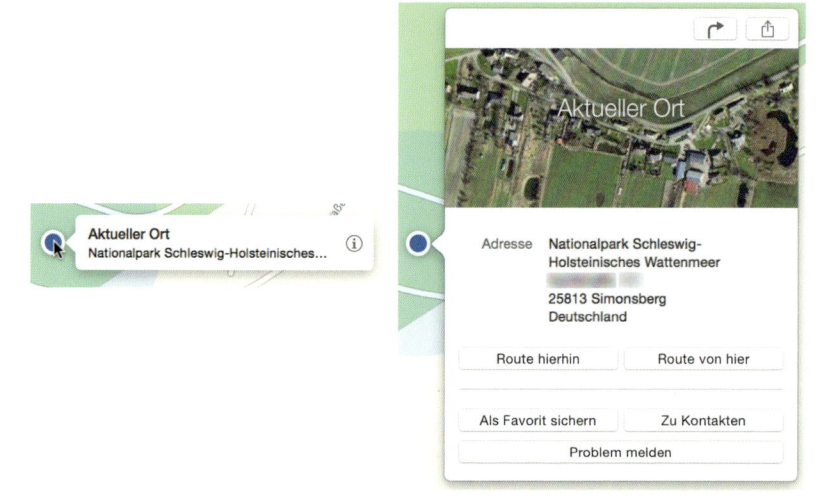

6 | Die Welt der Programme

Über die Option *Problem melden* lässt sich eine fehlerhafte Kartendarstellung an Apple senden. Sie können dabei die angezeigten Informationen als falsch deklarieren und nachfolgend berichtigen, einen Ort als nicht existierend melden bzw. auch eine eigene Problemmeldung schildern.

Über die beiden Optionen *Route hierhin* (der angezeigte Ort ist dabei das Ziel) sowie *Route von hier* (der Ort ist Ausgangspunkt) lassen sich auch Routenberechnungen durchführen. Klicken Sie darauf, so müssen Sie – je nach Wahl als *Ziel* oder als *Ausgangspunkt* – anschließend den weiteren Ort bestimmen. Dazu schreiben Sie eine genaue Anschrift mit PLZ, Stadt, Straße und Hausnummer in das Feld. Alternativ lässt sich auch aus den angebotenen Zielen der Liste, die sich aus den letzten Suchen, Ihren Favoriten bzw. auch Kontaktadressen speist, auswählen. Oder Sie schreiben eine Sehenswürdigkeit oder eine bekannte Institution in das Feld – auch in diesem Fall werden meist korrekte Vorschläge unterbreitet. Bestätigen Sie mit der Eingabetaste oder klicken Sie auf einen Vorschlag und die Route wird errechnet.

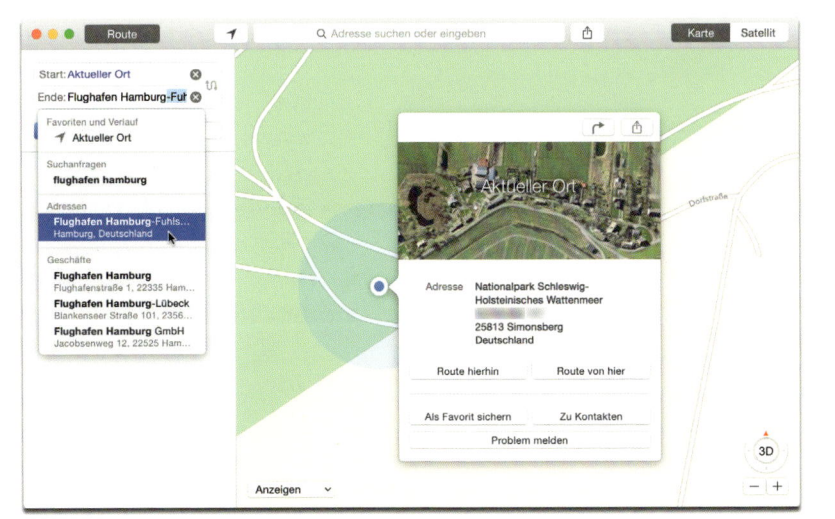

Bestimmen Sie Ihren Ort als Ausgangs- oder Zielpunkt und tragen Sie die neue Adresse ein. Wenig später wird die Route berechnet. Möchten Sie Ziel und Ausgangspunkt nachträglich vertauschen, so brauchen Sie nur auf das kleine Wechsel-Symbol zu klicken.

Auch aus der *Kontakte*-App heraus lassen sich Routen starten. Suchen Sie sich den entsprechenden Namen und bewegen Sie den Mauszeiger auf die zugehörige Adresse, so zeigt sich ein kleines Symbol, das auf Mausklick hin die *Karten*-App aufruft und eine Stecknadel für den Standpunkt setzt. Über das *Info*-Symbol sowie die Schaltflächen *Route hierhin* bzw. *Route von hier* können Sie nun wieder Routenberechnungen abfragen.

Nach der Berechnung der Route erscheint die Strecke auf der Karte blau eingezeichnet und die ungefähre Fahrzeit wird eingeblendet. Finden Sie noch weitere schwach blau gekennzeichnete Strecken samt Fahrzeiten, so handelt es sich hierbei um Alternativ-Wegstrecken.

> **Falls Ihnen die Kartenanzeige zu klein erscheint, so können Sie per Doppelklick/Doppeltipp die Darstellung schrittweise vergrößern, bei gedrückter *alt*-Taste geht's rückwärts. Oder Sie verwenden die Plus-/Minus-Knöpfe rechts unten bzw. ziehen Daumen und Zeigefinger auf dem Trackpad zusammen oder auseinander, was letztlich das Gleiche bewirkt. Über die Menüleiste *Darstellung* können Sie sich zudem den *Maßstab einblenden*.**

Neben der visuellen Grobdarstellung der Gesamtstrecke lassen sich linker Hand die einzelnen Stationen überblicken. Darüber erfahren Sie, wie Sie sich letztlich an welcher Kreuzung, welchem Kreisel oder Abfahrt einzuordnen haben, wo Sie abbiegen müssen und wo es endlich mal wieder ein Stück geradeaus geht. Klicken Sie auf eine solche Anweisungen, so werden diese im Detail näher vorgestellt.

Die einzelnen Stationen stets im Blick: Klicken Sie eine davon an, so erfahren Sie die zugehörigen Informationen im Detail.

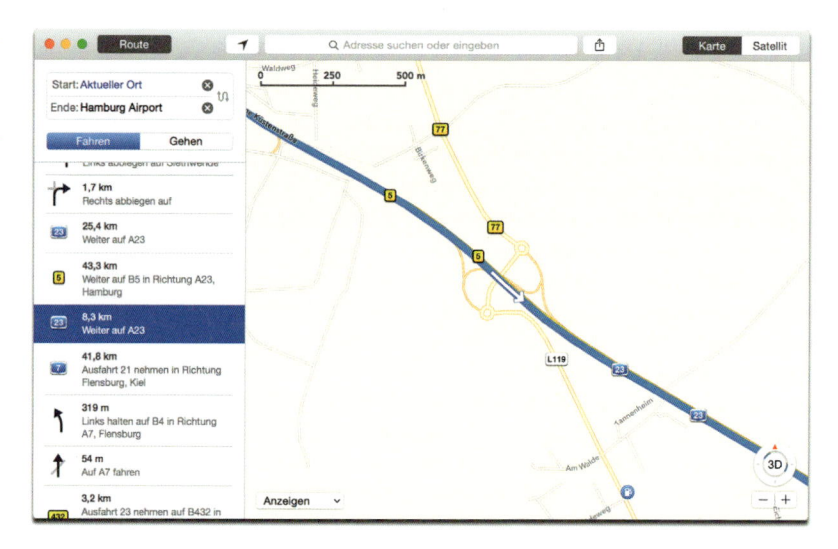

Bei einer Routenberechnung werden über die *Karten*-App jedoch noch weitere Features berücksichtigt. Dazu gehören neben den Kartendarstellungen *Karte* und *Satellit* auch wertvolle Zusatzinformation in Form von Verkehrsmeldungen, visuellen Streckenhinweisen sowie in der Satelliten-Ansicht von Etiketten, welche letztlich Ortsnamen, Sehenswürdigkeiten, Straßenlinien etc. einblenden. Der Kartenausschnitt lässt sich auch als *3D-Karte* anzeigen, was, die Perspektive der Draufsicht ändert. Diese Optionen lassen sich unten stehend über die Schaltfläche *Anzeigen* einrichten.

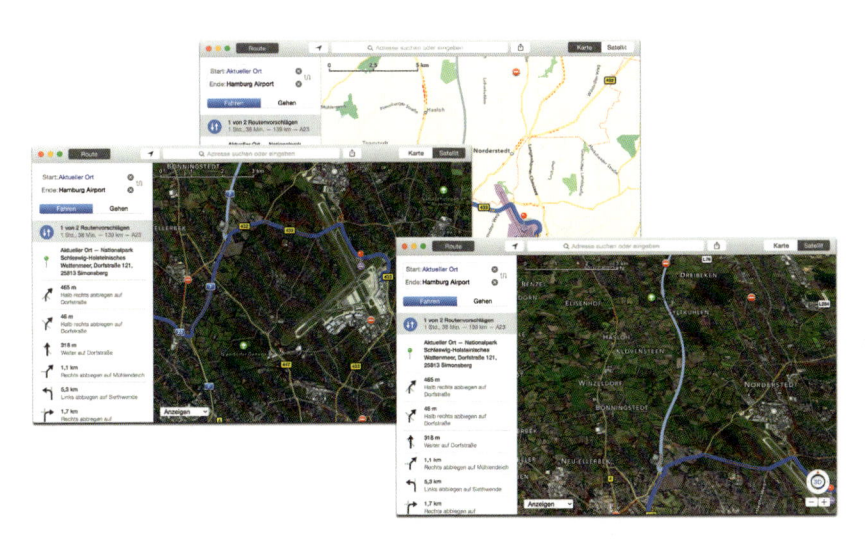

Die verschiedenen Kartenansichten (von hinten nach vorne): Karte, Satellit und 3D-Karte.

Die Option *Verkehr* sollten Sie auf jeden Fall aktivieren, sofern Sie mit dem Auto unterwegs sind. Dabei werden Baustellen, Sperrungen, besondere Ereignisse und Unfälle mit Symbolen gekennzeichnet, die auf Klick hin Erklärungen liefern. Und auch der Verkehrsfluss berücksichtigt: Orange gestrichelte Bereiche zeigen dabei an, dass die Richtgeschwindigkeit unterschritten wurde, rot gestrichelte Streckenabschnitte signalisieren stockenden Verkehr bis hin zum Stau.

Nichts gegen das Leben in der Stadt – aber am Land läuft der Verkehr ein wenig flüssiger … Die rote Farbmarkierung signalisiert stockenden Verkehr bis hin zum Stillstand, die orangefarbene Strichelung visualisiert volle Straßen mit langsamem Vorankommen.

Ausdrucken lässt sich eine Route natürlich auch, indem Sie *Ablage | Drucken (cmd-P)* wählen. Bei langen Strecken mit vielen Stationen bietet es sich im Übrigen an, über die Option *Layout* auf zwei Seiten pro Blatt umzustellen, was eine Menge Papier spart. Als Ergebnis erhalten Sie dabei neben der Kartendarstellung eine sehr gut aufbereitete Blattsammlung mit exakten und bebilderten Abzweigungsanweisungen.

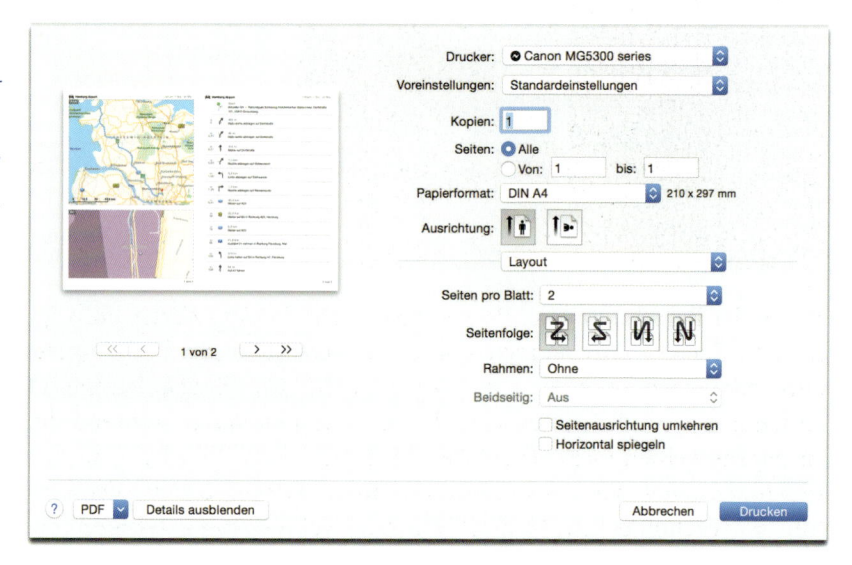

Der Druck sieht gut aus. Wenn Sie also einen netten Beifahrer haben, der Ihnen immer die korrekten Durchsagen macht, dann kann eigentlich nichts schief gehen.

Sofern Sie ein iPhone oder ein iPad (mit Mobilfunkanbindung) besitzen, können Sie sich das Ausdrucken eigentlich auch sparen, denn diese *iOS*-Geräte eignen sich hervorragend als mobile Navigationsgeräte. Über den in der Symbolleiste liegenden *Bereitstellen*-Knopf lässt sich Ihre Route an iPhone oder iPad weiterreichen. Wählen Sie beispielsweise Ihr iPhone aus, so erscheint die Weiterleitung im *Sperrbildschirm* oder als Banner auf dem *Home*-Bildschirm. Tippen Sie auf den Eintrag und die Route wird sofort in der *Karten*-App geladen. Über *Start* lässt sich nun das iPhone als Navigationsgerät verwenden.

> Die Navigation über die *Karten*-App auf iPhone/iPad erfordert die mobilen Daten, da neben der üblichen Ortung über GPS/WLAN das Kartenmaterial nach Bedarf geladen wird. Letzteres kann passieren, wenn Sie beispielsweise vom vorgegebenen Weg abkommen und einen Umweg fahren müssen, so dass eine Neuberechnung der Route durchgeführt wird.

6 | Die Welt der Programme

Im Sperrbildschirm streichen Sie über die Karten-Nachricht und die Route wird – nach Freischaltung des iPhones – sofort geladen. Das Gleiche klappt auch über das Tippen auf das Banner auf dem Home-Bildschirm.

Neben der Berechnung von Routen beherrscht die App *Karten* auch die einfache Suche. Dazu schreiben Sie oben stehend in das Feld (*Adresse suche oder eingeben*) einen Ort (Gegend, Sehenswürdigkeit, Restaurant, Museum etc.) und drücken anschließend die *Entertaste*. Während des Eintragens werden meist schon Vorschläge (Ihre Favoriten, letzte Suchen etc.) unterbreitet, die ebenso gewählt werden können. *Karten* listet dann auf, was es gefunden hat. Tippen Sie in der Ergebnisliste auf einen Eintrag, so zeigt sich in der Kartenübersicht eine Stecknadel mit entsprechendem Hinweis, ein weiterer Klick auf das Info-Symbol listet die vollständige Anschrift und etwaige Kontaktdaten wie Telefon und Webseite auf.

All die offerierten Einträge sind wiederum verlinkt, so dass Sie im Falle einer Internet-Adresse augenblicklich auf die jeweilige Webseite navigieren können, per Tipp auf die Telefonnummer einen Anruf starten oder die Adresse zu Ihren Kontakten hinzufügen können. Weiterhin lässt sich wieder eine Anfahrtsbeschreibung (Route hierhin/Route von hier) berechnen, Sie finden Bilder zum Anklicken sowie etwaige Kommentare von *Yelp*, einem großen amerikanischen Portal, das sich auf Empfehlungen und Rezensionen von Millionen von Anwendern stützt.

437

Unsere Suche nach dem Restaurant »Historischer Krug« in Oeversee verlief erfolgreich. Neben der genauen Anschrift lassen sich auch Webseite und Telefonnummer in Erfahrung bringen, Bewertungen lesen sowie ein paar Fotos vom Schauplatz bewundern.

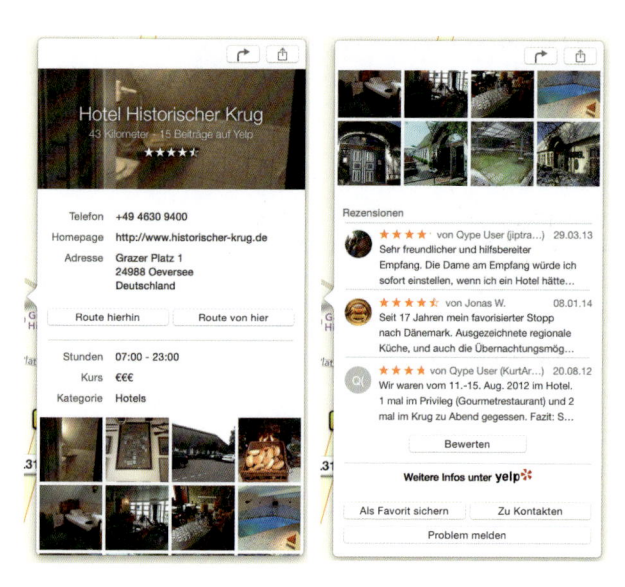

Auch in diesem Fall können Sie Ihre Suche (oder auch jeden anderen Platz auf der Welt) über die *Bereitstellen*-Taste beispielsweise an iPhone oder iPad weiterleiten, per E-Mail oder Nachricht versenden bzw. die Kontaktdaten per *Twitter* oder auf *Facebook* verbreiten. Auch die Weitergabe per *AirDrop* an einen anderen Mac ist möglich. Der Empfänger erhält im Falle der E-Mail einen Internet-Link, der auf Klick hin die Adresse im *Karten*-Programm (ab *OS X Mavericks*) bzw. im Browser samt Aufruf der *Google Maps*-Seite unter Windows und *OS X Mountain Lion* (und älter) öffnet. Dazu gibt es noch eine Visitenkarte, die per Doppelklick darauf die Adresse mit allem Drum und Dran in das *Kontakte*-Programm (auf PC, Mac, iPad, iPhone usw.) befördert.

Die »Karten«-App ist sehr flexibel, was das Versenden von Informationen angeht. Eine E-Mail enthält sowohl eine URL zum direkten Aufsuchen über »Google Maps« bzw. »Karten« als auch eine Visitenkarte zum schnellen Importieren in die eigenen Kontakte.

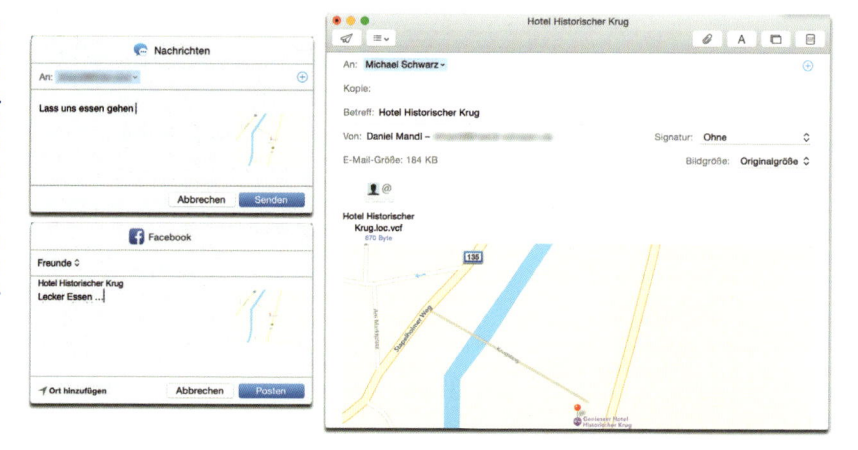

6 | Die Welt der Programme

Sofern Sie bestimmte Orte dauerhaft hervorheben möchten, so lassen sich auch manuell Stecknadeln setzen. Dazu klicken Sie mit Maus/Trackpad und lassen die Taste so lange gedrückt, bis eine Stecknadel erscheint. Diese violette Nadel zeigt nun ebenso den Standort an. Alternativ lassen sich diese auch über das Kontextmenü setzen, indem Sie die Option *Stecknadel setzen* wählen. Ziehen Sie diese dann mit gedrückter Maustaste an die korrekte Stelle. Per Klick auf das *Info*-Symbol lassen sich diese über *Als Favorit sichern* auch längerfristig speichern. Ein späteres Wiederaufrufen gelingt per Klick in das Adresseingabefeld und der Auswahl *Favoriten*, worüber Sie auch auf Ihre *letzten Suchen* sowie Ihre *Kontakte* zugreifen können.

Ein weiteres Highlight der *Karten*-App sind die *3D*-Ansicht sowie *Flyover*, wobei Letzteres nur in größeren Städten zu bewundern ist. Die *3D*-Ansicht stellen Sie links unten bei *Anzeigen | 3D-Karte zeigen* ein. Neben der üblichen Draufsicht erhalten Sie so einen Blick aus einer anderen Perspektive, wobei Sie den Winkel der Darstellung über das Streichen mit zwei Fingern nach oben oder unten erreichen. Die *3D*-Anscht können Sie sowohl in der *Karten*- als auch der *Satelliten*-Ansicht verwenden.

Flyover hingegen ist noch einen Tick spektakulärer, allerdings noch relativ selten zu finden. Hierbei müssen Sie auf das kleine *3D*-Symbol achten, das auf Klick hin den Zusatz *Tour* anzeigt. Dieser wiederum bietet bei Auswahl eine beeindruckende Sightseeingtour, die allerdings eine schnelle Internet-Leitung voraussetzt. Um sie zu beenden, klicken Sie unten stehend auf 3D-*Flyover-Tour | Ende*.

Arhus in Dänemark bietet beispielsweise Flyover. Und in der Tat ist es sehr beeindruckend, im Rundflug über die Stadt zu segeln und sich die Sehenswürdigkeiten anzusehen. Ein einigermaßen schnelles Internet ist jedoch Pflicht, ansonsten wird das Kartenmaterial zu langsam geladen.

Kontakte – Adressen und Rufnummern im Griff

Adressen im Kopf zu behalten artet in digitalen Zeiten wie diesen in wahre Kopfakrobatik aus. Die vielen Anschriften, Telefonnummern, E-Mail-Adressen, *Skype*-Namen, IDs und so weiter nehmen einfach überhand. Wir legen Ihnen daher wirklich ans Herz, Adressen künftig im Programm *Kontakte* zusammenzutragen. So bekommen Sie nicht nur mehr Ordnung, wenn alles auf einen Platz hin konzentriert ist, sondern es kommt auch mehr Effizienz ins Spiel, schließlich greifen fast alle Programme auf die *Kontakte* zurück – mit nur einem Klick lassen sich so umfangreiche Adressen übertragen.

> Sofern Sie sich schon über eine *Apple ID* am Mac identifiziert haben und zudem die *iCloud* in Anspruch nehmen, so sollte Ihr *Kontakte*-Adressbuch bereits gut mit den Adressen Ihrer anderen Geräte bestückt sein.

Neue Adressen bzw. Visitenkarten legen Sie über *Ablage | Neue Visitenkarte (cmd-N)* bzw. über das unten liegende *Plus*-Symbol sowie dem Befehl *Neuer Kontakt* an. Danach heißt es nun loszulegen, indem Sie sich von Feld für Feld bewegen und die entsprechenden Informationen eintragen. Die vorgegebenen Info-Felder wie *Arbeit*, *Mobil*, *Privat* usw. können Sie per Klick auf die kleinen Pfeile abändern bzw. differierende Zusätze (über *Eigene...*) einbauen, über die farbigen *Minus*-Symbole lassen sich einzelne Einträge entfernen. Sie müssen im Übrigen nicht alles brav ausfüllen – denn jene Felder, die leer bleiben, verschwinden später, wenn Sie auf *Fertig* klicken.

> Neben *iCloud* lassen sich Ihre Kontakte auch über andere Dienste wie beispielsweise *Google* oder *Yahoo!* synchronisieren bzw. integrieren. Auch *Lokal* – also rein auf der Festplatte – ist möglich, wobei in diesem Fall keine Synchronisation stattfindet. Besitzen Sie derlei Accounts, so sollten Sie vor dem Anlegen einer Adresse zuvor den Account wählen, über den diese Adresse laufen soll. Möchten Sie weitere Accounts anlegen, so erledigen Sie das über die *Kontakte-Einstellungen | Accounts*. Auf diese Art und Weise können Sie sich auch all Ihre *Facebook*-Freunde anzeigen lassen, sofern Sie bereits einen *Facebook*-Account besitzen.

6 | Die Welt der Programme

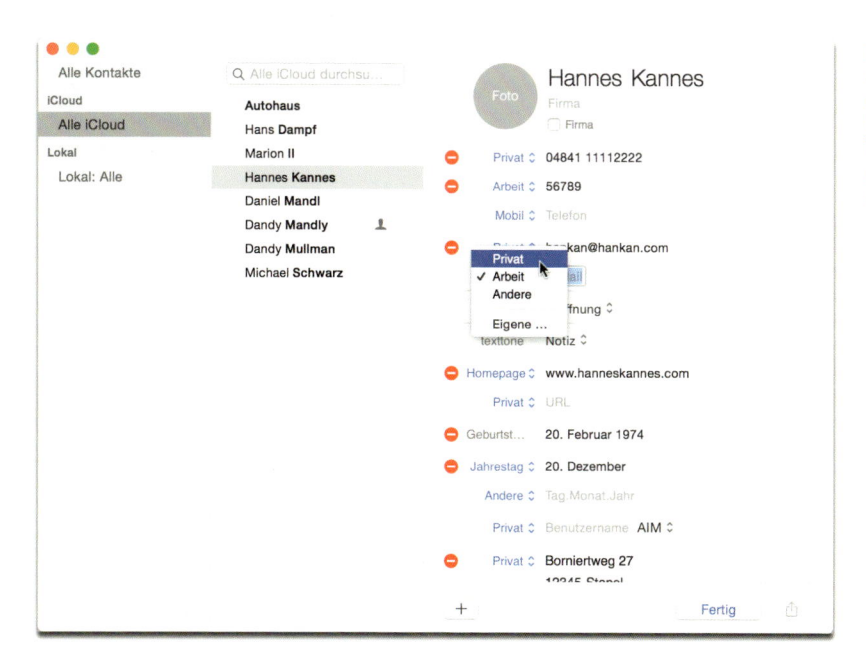

Eine neue Adresse wird angelegt. Wenn Sie auf die Platzhalter klicken bzw. sich per Tabulator-Taste vorwärts bewegen, lassen sich schnell die Eingaben tätigen.

Tragen Sie fleißig *Geburtstage* ein, so werden diese Daten automatisch in der *Kalender*-App in den Geburtstags-*Kalender* übertragen. Darüber können Sie sich an alle Geburtstage erinnern lassen.

Neben dem Namen sehen Sie weiterhin das Symbol *Foto*, das auf Mausklick hin das Einfügen eines Bildes erlaubt. Hierbei können Sie wieder auf Apples Standard-Symbole, auf den *Fotostream*, auf *iPhoto* bzw. *Aperture* und deren *Gesichter*-Abteilung bzw. die App *Fotos* zurückgreifen oder gleich ein aktuelles Porträt über *Kamera* anfertigen. Auch das externe Einladen aus einem Bilder-Ordner oder vom Schreibtisch klappt, indem Sie das Foto packen und einfach auf das Porträt-Symbol ziehen. Ist ein Gesicht gewählt, so können Sie es über das unten liegende *Bearbeiten*-Symbol im Ausschnitt anpassen bzw. mit witzigen, poppigen oder abstrakten Manipulationen weiter »verschönern«.

Etwaige Kontakte mit Bilder auszustatten ist schnell erledigt. Auch die Effekte-Palette sollten Sie sich wieder ansehen, damit Sie der örtlichen Geisterbahn Konkurrenz machen können.

441

Anstatt eines Porträts lässt sich auch ein Firmen-Logo oder eine Außenaufnahme des Firmen-Gebäudes einladen, indem Sie das zugehörige Bild einfach auf das Symbol ziehen. Klicken Sie noch dazu im oberen Teil der Adress-Karte die Option *Firma* an, so wird statt eines üblichen Namens der Firmen-Titel im Adressbuch geführt.

Benötigen Sie für Ihre Visitenkarten ein eigenes Layout, das sich immer wieder verwenden lässt, so passen Sie einfach die Vorgaben über die *Kontakte-Einstellungen* (*Kontakte | Einstellungen* bzw. *Befehlstaste-Komma*) und dort in der Rubrik *Vorlage* an. Möchten Sie stattdessen ganz individuell vorgehen und nur bei ausgewählten Adressen Felder verändern, so erledigen Sie das bei aufgerufener Adresse über die Menüleiste *Visitenkarte | Feld hinzufügen* bzw. über das *Plus*-Symbol.

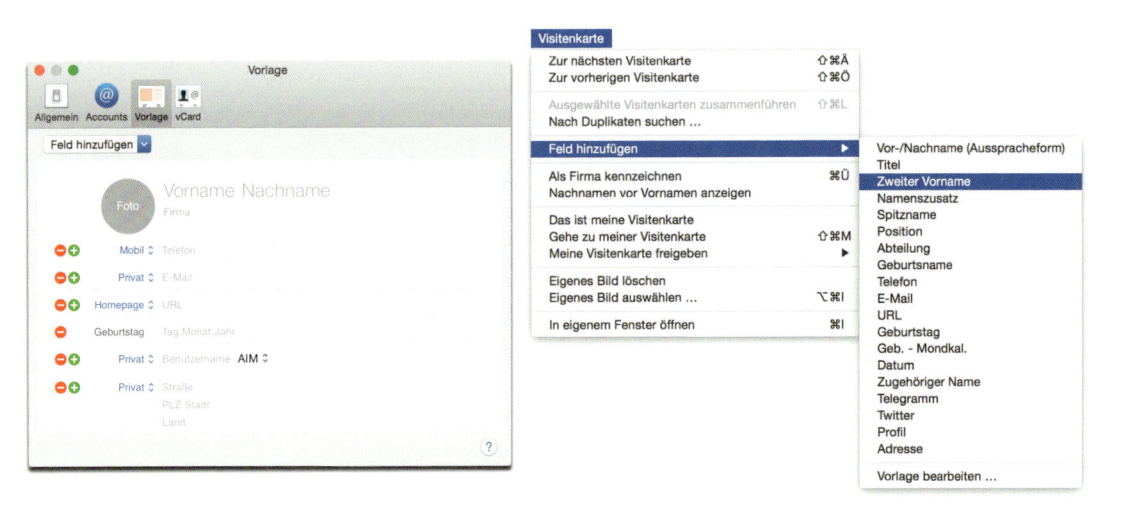

Über die Kontakte-Einstellungen lassen sich Ihre Adress-Vorlagen anpassen. Möchten Sie stattdessen nur vereinzelt neue Felder einfügen, so lässt sich das nach Aufruf des entsprechenden Kontaktes über die Plus-Taste bzw. über die Menüleiste erledigen.

In den *Einstellungen* finden Sie auch die grundlegenden Möglichkeiten zum Anpassen Ihres Adressbuches. Unter *Allgemein* geht es beispielsweise um die *Reihenfolge* der Namensauflistung (*Vorname/Nachname* oder umgekehrt), um die *Sortierreihenfolge* der eingegebenen Adressen (nach *Nachname* oder *Vorname*), um das *Adressformat* sowie welcher Standardaccount beim Eingeben neuer Adressen verwendet werden soll.

6 | Die Welt der Programme

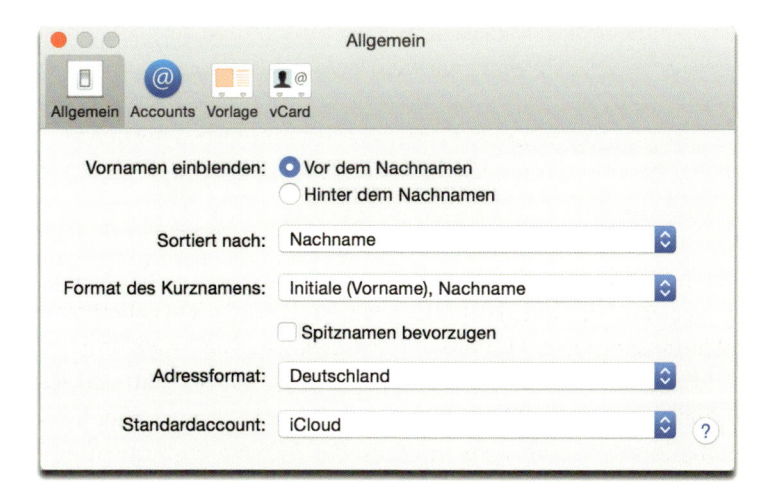

Die »Kontakte-Einstellungen« bieten Anpassungen für den persönlichen Gebrauch.

Bleiben wir noch kurz bei den *Einstellungen*: Unter *vCard* lässt sich definieren, welches Format sowie welche Codierung (länderspezifisch) die *Visitenkarte* aufweisen soll. Der Vorteil der Visitenkarten ist immens: Über den *Export* (*Ablage | Exportieren | vCard exportieren*) können Sie eine oder mehrere Adressen (durch Drücken der *Befehlstaste* auswählen) an Dritte weitergeben (zum Beispiel per E-Mail), die diese dann durch Doppelklick oder durch Ziehen in Ihr eigenes *Adressbuch*-Programm integrieren können, ohne auch nur einen Buchstaben abtippen zu müssen. Das klappt im Übrigen auch über die unten liegende *Bereitstellen*-Taste, indem Sie zuerst die betreffende Adresse auswählen und danach *Per E-Mail senden*, *Als Nachricht senden* oder *Per AirDrop senden* (siehe Kapitel »Vom Netzwerken«) wählen.

> Das *Exportieren* klappt auch, wenn Sie einfach die Adressen aus der *Namen*-Liste per Drag & Drop (mit der Maus packen, aus dem Programm ziehen und loslassen) auf den Schreibtisch oder beispielsweise in ein E-Mail-Fenster befördern. Das geht natürlich auch umgekehrt. Erhalten Sie eine E-Mail mit einem neuen Absender, dessen *vCard* darin enthalten ist, so brauchen Sie diese nur anzuklicken. Daraufhin startet *Kontakte* und bietet Ihnen an, die neue Adresse zu importieren. Auf diese Weise lassen sich beispielsweise auch Adressen von Windows-Systemen (XP, Vista, Windows 7/8) in das eigene Adressbuch transferieren.

Enthält eine an Sie gerichtete E-Mail eine vCard des Absenders, so brauchen Sie diese nur doppelklicken und »Kontakte« bietet sofort den Import derselben an. Aber auch Absender-Adressen, die als Signatur einer E-Mail unten angefügt sind, werden automatisch erkannt und können sofort als Kontakt angelegt werden.

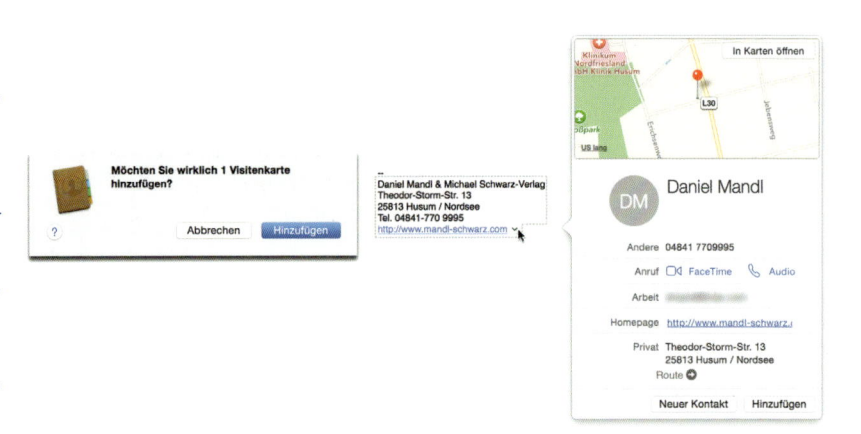

Möchten Sie selbst beim Exportieren oder Versenden bestimmte Informationen Ihrer *vCard* ausschließen, so schalten Sie über die *Kontakte-Einstellungen | vCard* die Option *Filter für private Daten auf meiner Visitenkarte aktivieren* ein und rufen danach Ihre eigene Visitenkarte (Adresse) auf. Klicken Sie nun auf *Bearbeiten*, so lassen sich die Felder einzeln bestimmen, die Sie senden oder zurückhalten wollen, indem Sie die Häkchen bei den entsprechenden Feldern entfernen.

Die beiden Optionen *Notizen der vCards exportieren* sowie *Fotos der vCards exportieren* bieten die Möglichkeit, eingetragene Notizen bzw. die angelegten Porträt-Bilder im gleichnamigen Feld mitzuschicken.

Die Kontakte-Einstellungen bieten eine Fülle sinnvoller Optionen zum ganz persönlichen Anpassen.

Je mehr Adressen Sie nun sammeln, desto eher sollten Sie sich Gedanken über eine weitere Strukturierung Ihre Daten machen. Die *Kontakte*-App bietet Ihnen hierzu die Möglichkeit, sogenannte Gruppen einzurichten, über die Sie einzelne Adressen zu Paketen schnüren. Dazu wählen Sie über die Menüleiste *Ablage* den Befehl *Neue Gruppe* und benennen diese (beispielsweise einen Firmen-Namen, Geschäftspartner, Freunde usw.). Bei mehreren Accounts können Sie auch den Mauszeiger rechts neben den Accountnamen (etwa *iCloud*) bewegen und auf das auftauchende *Plus*-Symbol klicken. Nun ziehen Sie die gewünschten Einzel-Adressen (aus *Alle Kontakte*) auf den Gruppen-Namen. Möchten Sie nun beispielsweise an Geschäftspartner eine E-Mail senden, so klicken Sie bei gedrückter *ctrl*-Taste bzw. per Rechtsklick oder Zweifinger-Tipp auf die entsprechende Gruppe und wählen aus dem Kontextmenü den Befehl *E-Mail an „Gruppe" senden*. Ihr E-Mail-Programm öffnet sich und alle in der Gruppe vertretenen E-Mail-Adressen werden nun in einem neuen Mail-Fenster zusammengefasst als Adressaten eingearbeitet.

Da das Programm *Mail* ebenso Zugriff auf Ihre *Kontakte*-App besitzt, weiß diese um die Gruppen-Namen, so dass es reicht, diese in das Feld bei *An:* einzutragen – *Mail* setzt dann alle darin enthaltenen Adressen ein.

Eine Gruppe lässt sich auch einrichten, indem Sie zuerst verschiedene Kontakte auswählen (mit gedrückt gehaltener *Befehlstaste*) und danach über die Menüleiste *Ablage* den Befehl *Neue Gruppe aus Auswahl* wählen.

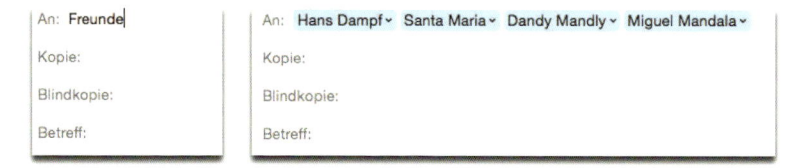

Nach dem Motto »So werden Sie zum Spammer…«: Schreiben Sie einfach den Gruppen-Namen in das Adressfeld und die Bestätigung über die Eingabetaste trägt alle innehabenden Empfänger ein.

Aber auch andere Funktionen und Erleichterungen im Alltag verstecken sich. Klicken Sie beispielsweise innerhalb einer Adresse auf Einträge wie *Privat* oder *Arbeit* mit nebenstehender Nummer, finden Sie dort die Option *Vergrößern*, welche diese quer über den Bildschirm einblendet. Und auch das direkte Anrufen klappt. Bei markierten Nummern weist das Kontextmenü ebenso zahlreiche Funktionen wie *FaceTime Video* oder *Audio*-Anrufe, den Versand als Nachricht etc. auf. Bewegen Sie nur den Mauszeiger über die einzelnen Einträge, so tauchen rechter Hand Symbole auf, die ebenso Funktionen auslösen (Adresse zeigen in der *Karten*-App mit anschließender Routen-Berechnung, Anrufe über das iPhone, per *FaceTime Video/Audio*, Anlegen einer E-Mail oder Nachricht usw.).

Sowohl über das Kontextmenü als auch über diverse Symbole lassen sich mannigfache Aktionen ausführen.

Wie auch in vielen anderen Apple-Programmen finden Sie in *Kontakte* eine Option mit dem Zusatz »intelligent«. Hier nennt sie sich *Neue intelligente Gruppe (cmd-alt-N)* und wird über das *Ablage*-Menü angelegt. Als nächster Schritt steht dann die Vergabe von einem Namen sowie den Kriterien an. Auf diese Weise erzeugen Sie *Gruppen*, die sich selbstständig aktualisieren, sobald eine neue Adresse eingepflegt wird.

Intelligente Gruppen sind der einfachste Weg zu einer fortwährenden Aktualisierung, ohne dass Sie sich darum kümmern müssen.

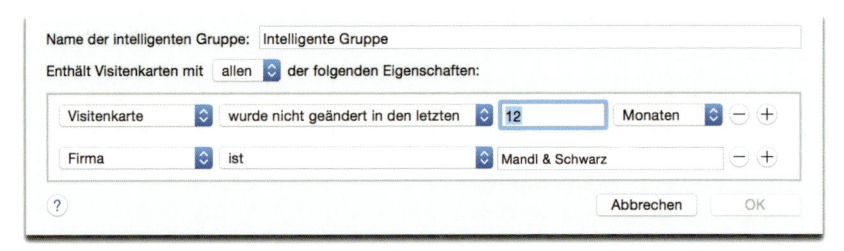

Der Hauptvorteil einer gut durchdachten sowie immer aktuell gehaltenen Adress-Datenbank ist, dass Sie – wie im Falle von *OS X* – nur diese uptodate halten müssen. Dadurch, dass viele andere Programme wie *Mail, Kalender, Nachrichten* etc. darauf zurückgreifen, sparen Sie sich eine Menge Arbeit. Hinzu kommt der Abgleich beispielsweise über die *iCloud*, die diese Adressenverzeichnis auf all Ihren Geräten synchron hält.

Aber auch das Ausdrucken von beispielsweise Umschlägen, Etiketten oder Listen klappt ganz hervorragend, wenn Sie den *Drucken*-Befehl *(Ablage | Drucken* oder *cmd-P)* auslösen. Zuerst heißt es jedoch die gewünschten Adressen oder eine Gruppe zu markieren. Nach Aufruf des *Drucken*-Befehls wählen Sie zuerst den *Stil* (also ob *Umschläge, Adressetiketten, Liste* oder *Taschen-Adressbuch*) und passen danach das Layout an: Format, welche Absenderadresse soll verwendet werden, die Reihenfolge (alphabetisch oder nach Postleitzahlen geordnet), ob mit Bild oder ohne und so weiter und so fort. Neben diesen *Adressbuch*-spezifischen Einstellungen lassen sich natürlich auch wieder Drucker-eigene Definitionen treffen. Sitzt und passt alles, dann können Sie loslegen, indem Sie auf *Drucken* klicken.

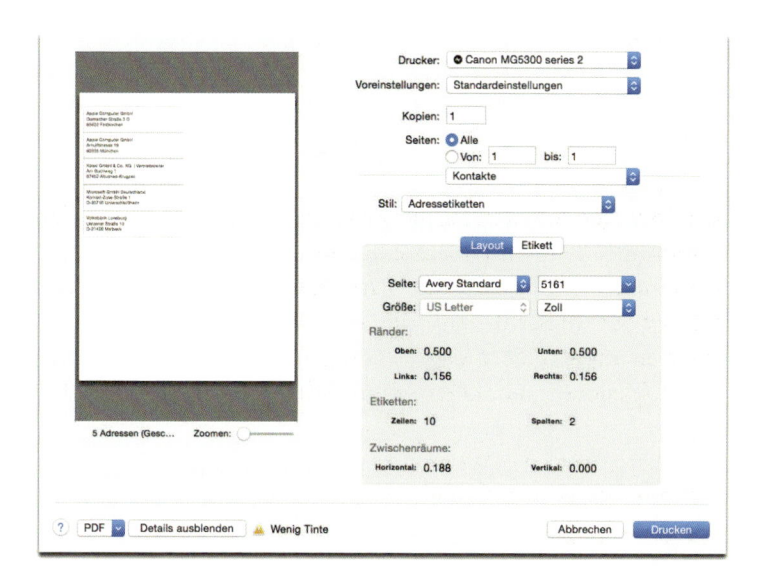

Adressen lassen sich auf vielfältige Weise drucken: als Briefumschlag, Adressetikett oder als Liste.

Lexikon – das Wörterbuch mit Ausbaureserve

Dass ein Lexikon in Schule, Ausbildung, Beruf oder sonstigen Belangen von Nutzen ist, dürfte klar sein. Apple stellt mit seinem Exemplar nun gleich drei dieser Wissens-Bibliotheken zur Verfügung. Da ist zum einen das deutschsprachige *Lexikon*, das sich großspurig *Duden-Wissensnetz deutscher Sprache* nennt. Das Apple-Lexikon berücksichtigt hingegen die »technischen Aspekte« des Lebens. Vieles (aber bei weitem nicht alles), was daher irgendwie nach Computer klingt, lässt sich dort nachforschen – unter anderem etwa Begriffe wie Thunderbolt, AirPort, FireWire etc. Suchworte wie Netzwerk, USB oder Prozessor hingegen lassen sich immer noch nicht aufspüren – und das schon seit Jahren …

Als Highlight winkt hier *Wikipedia*, das jedoch einen Internet-Anschluss voraussetzt. Diese »freie Enzyklopädie« besteht aus einem viele Tausend Benutzer umfassenden Pool, der ehrenamtlich dieses wichtige Online-Lexikon durch Artikel und Vervollständigungen am Leben hält. *Wikipedia* ist sozusagen der Gegenpart zum gewichtigen Brockhaus im Regal.

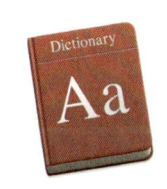

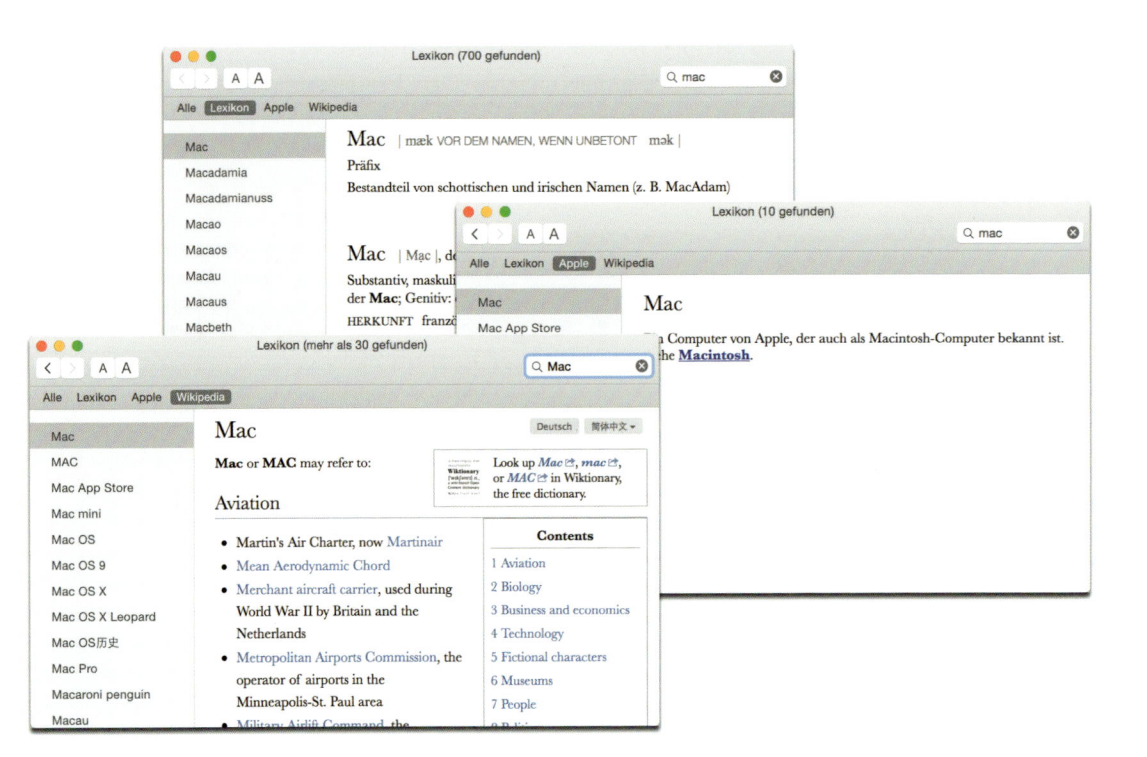

Die Suche nach dem Begriff »Mac« bringt völlig unterschiedliche Erklärungen zutage – je nachdem, in welchem Lexikon man sucht.

Egal also, wohin Sie Ihre Neugierde treibt – die Vorgehensweise ist immer die Gleiche: In das Suchfeld oben rechts tippen Sie Ihren Begriff ein. Und während Sie fleißig die Tasten drücken, werkelt im Hintergrund schon die Datenbank und unterbreitet Ihnen Vorschläge. In der links liegenden Liste werden dabei alle zum Stichwort passenden Begriffe eingeblendet, rechts davon liegen die eigentlichen Ergebnisse – fein säuberlich aufgeteilt in die jeweilige Lexikon-Sparte.

Über die *Lexikon-Einstellungen (cmd-Komma)* lässt sich das Programm wieder anpassen, indem Sie die Reihenfolge der Ergebnisse bestimmen (packen Sie die Lexika und ziehen Sie sie in die gewünschte Abfolge) oder weitere, von Apple bereits integrierte Lexika hinzufügen. Markieren Sie einen Eintrag, so lassen sich teilweise weitere Einstellungen vornehmen – etwa die gewünschte Sprache für *Wikipedia*.

6 | Die Welt der Programme

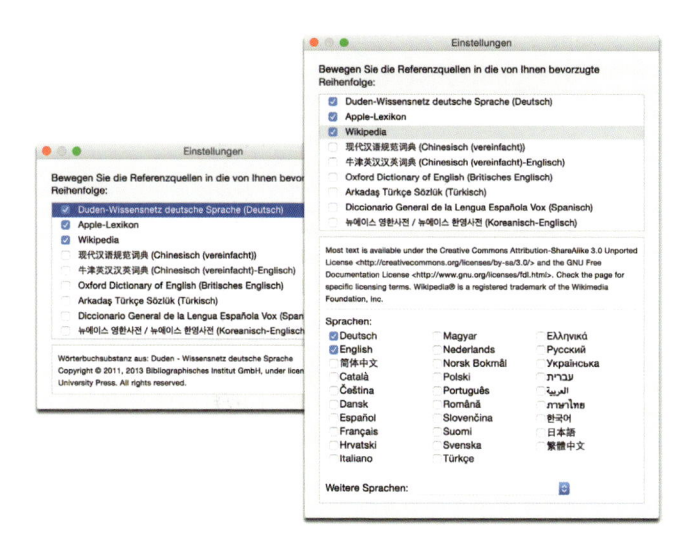

Bevorzugen Sie Wikipedia in einer anderen Sprache, so ist das über die Einstellungen überhaupt kein Problem.

In allen auf HTML basierenden Texten (also Webseiten, aber auch die Hilfe-Menüs der meisten Programme) sowie Dokumenten, die von *Apples* Programmen geöffnet werden können, lassen sich markierte Begriffe über das *Kontext*-Menü einsehen. Hierbei halten Sie die *ctrl-Taste* gedrückt und klicken darauf bzw. tätigen einen Rechtsklick oder einen Zweifinger-Tipp auf dem Trackpad. Im auftauchenden Menü wählen Sie dann den Befehl *Suche nach „Begriff"*. Noch schneller funktioniert das Ganze auf dem Trackpad, indem Sie einfach mit drei Fingern auf das gewünschte Stichwort tippen. Je nachdem, welche Reihenfolge Sie nun in den *Lexikon-Einstellungen* getroffen haben, erscheinen nun die Erklärungen unterhalb des Begriffes. Um den gesamten Inhalt eines Ergebnisses anzuzeigen, bewegen Sie die Maus auf das jeweilige Lexika und klicken Sie es an.

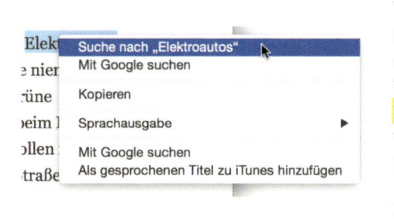

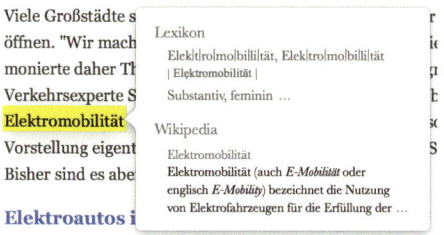

Über das Kontextmenü bzw. über einen Dreifinger-Tipp lässt sich spielend einfach im Lexikon nachschlagen.

Im Arbeits-Fenster des *Lexikons* selbst lässt sich über die beiden Pfeile vor und zurück blättern bzw. über die beiden symbolisierten »A« die Schriftgröße verkleinern oder vergrößern. Im Text lassen sich einzelne Begriffe oder auch ganze Absätze mit der Maus markieren (mit gedrückter Maus-

449

taste darüber fahren), kopieren *(cmd-C – Bearbeiten | Kopieren)* und in einen anderen Text einfügen *(cmd-V – Bearbeiten | Einfügen)*. Weiterhin finden Sie Verlinkungen im Text (also Hinweise auf weiterführende Begriffe oder Alternativ-Vorschläge), die teils durch eine andere Schrifttype auffallen bzw. einen typischen Internet-Link symbolisieren (unterstrichener Begriff), wenn Sie mit der Maus darüber fahren. Klicken Sie nun mit der Maus, so gelangen Sie automatisch auf diese Seiten.

Fast wie in einem Internet-Browser lassen sich weiterführende Begriffe über Verlinkungen aufrufen.

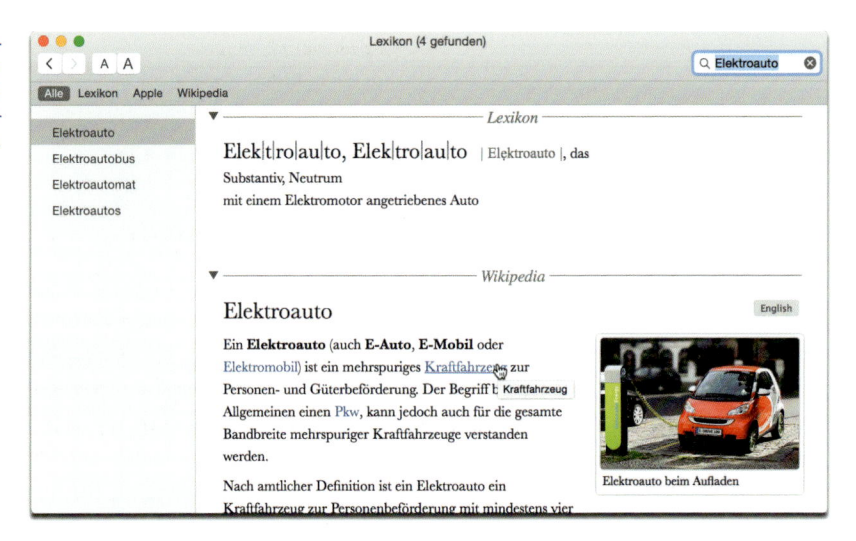

Sie können das Lexikon auch aufrüsten. Über die Webseite `www.heise.de/download/openthesaurus-deutsch.html` **bekommen Sie unter anderem ein deutsches Synonym-Lexikon (***OpenThesaurus Deutsch***) bzw. über** `www.heise.de/download/beolingus-deutsch-englisch.html` **ein Deutsch-Englisch-Wörterbuch (***BeoLingus Deutsch-Englisch***) zum kostenlosen Download. Nach dem Download brauchen Sie nur die** *.dmg***-Dateien im** *Download***-Ordner anzuklicken und nach dem Entpacken wie auf dem Schaubild dargestellt zu verfahren. Danach befinden sich die Wörterbücher in** *Lexikon***.**

6 | Die Welt der Programme

Toll, dass es auch im deutschsprachigen Raum fleißige Programmierer gibt, die den Macintosh-Anwender unterstützen und somit das OS X aufwerten.

Sollten Sie mit der Zeit weitere Lexika in Ihr Programm *Lexikon* einbauen, so kann es durchaus vorkommen, dass es in der Titelleiste zu Platzproblemen kommt. Dem lässt sich abhelfen, indem Sie über dem jeweiligen Lexikon-Namen das Kontextmenü aufrufen und daraus den Befehl *Beschriftung bearbeiten* wählen. Damit lässt sich nun der Titel kürzen oder eine Alternative eingeben.

Notizen – der digitale Post-it

Wer kennt sie nicht, diese kleinen gelben Zettel namens Post-it, die zu Dutzenden an allen glatten Flächen kleben und nicht gerade zur Verschönerung des Eigenheims beitragen. Ihren Sinn erfüllen sie aber trotzdem: Gedanken werden festgehalten, zu erledigende Aufgaben verschriftlicht und Einkaufszettel kreiert. Dasselbe gibt es auch auf dem Mac, die sogenannten *Notizen*. Deren Sinn liegt darin, dass diese Notizen – kaum geschrieben – auf Ihre anderen *iOS*-Geräte und Macs verteilt werden – natürlich immer vorausgesetzt, dass Sie die *iCloud* verwenden. Der Windows-PC bleibt allerdings außen vor, doch können Sie Ihre Notizen auch per E-Mail an diesen senden.

> Wie üblich gilt auch hier: Sofern Sie mehrere Accounts auf Ihrem Mac verwalten, so stellen Sie bitte zuerst über die Menüleiste *Notizen* Ihren *Standardaccount* ein, über den neu angelegte Notizen abgeglichen werden sollen. Möchten Sie später eine Notiz über

451

einen anderen Account laufen lassen, so lassen Sie sich einfach die Account-Liste anzeigen (*Darstellung | Ordnerliste einblenden*) und wählen den Gewünschten aus.

Der virtuelle Notizblock (im Bild mit Ordnerliste) ermöglicht Ihnen das schnelle Eingeben von Aufgaben, die noch anstehen.

Ist das Programm *Notizen* gestartet, so klicken Sie auf das kleine Symbol zum Hinzufügen einer neuen Notiz, woraufhin Sie auch gleich loslegen können mit dem Schreiben. Alternativ können Sie natürlich auch einen Text hineinkopieren, beispielsweise eine Einkaufsliste, die Sie per E-Mail erhalten haben, oder ein Kochrezept von einer Webseite. Da die ersten Worte den Titel Ihrer Notiz bilden, sollten Sie vielleicht darauf achten, dass diese in etwa den Inhalt sinngemäß wiedergeben.

Möchten Sie *Notizen* nachträglich ändern, so wählen Sie die Gewünschte in der Liste aus und tippen dann rechter Hand auf das eigentliche Notizblatt. Nun können Sie ergänzen, Worte löschen, kürzen, Korrekturen vornehmen oder was auch immer. Möchten Sie eine Notiz hingegen vollständig löschen, so wählen Sie entweder über das Kontextmenü den Befehl *Löschen* oder betätigen schlicht die *Entfernen*-Taste. Bestätigen Sie noch den Sicherheits-Dialog per Klick auf *Notiz löschen* und die Notiz verschwindet aus der Liste.

Lieber einmal mehr nachgefragt, als dass Sie sich später ärgern, wenn Sie etwas aus Versehen löschen.

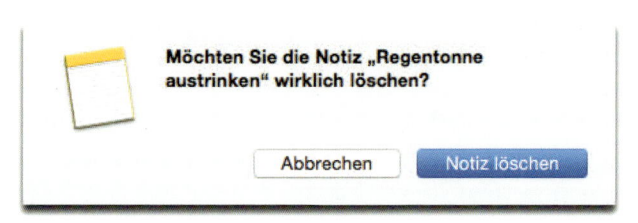

6 | Die Welt der Programme

Haben Sie eine Notiz auf dem Mac verfasst, so dauert es gar nicht lange und sie erscheint auch auf Ihren anderen Geräten wie iPhone oder iPad – umgekehrt klappt das natürlich auch.

Da sich Notizen per *iCloud* leider über Windows nicht abgleichen lassen (im Gegensatz zu den *Erinnerungen*), bleibt Ihnen wie bereits erwähnt die Möglichkeit, sich diese per E-Mail auf den PC zu senden. Dazu wählen Sie wieder die entsprechende Notiz, nachfolgend das *Bereitstellen*-Symbol und klicken dann auf *Mail*. Im Programm *Mail* tragen Sie nun die Empfänger-Daten ein, vervollständigen *Betreff* sowie den eigentlichen Text und die E-Mail kann verschickt werden. Auf diese Weise liegen Ihre Notizen nun auch auf dem PC.

Den Text Ihrer Notizen können Sie auch formatieren, indem Sie zum einen die Schrift anpassen (Menüleiste *Format* | *Schrift* | *Standardschrift* bzw. *Schriften einblenden*) bzw. als Listen laufen lassen (Menüleiste *Format* | *Listen*). In letzterem Fall stellen Sie zuerst die Listen-Art ein (*Aufzählungsliste*, *gestrichelte Liste* oder *nummerierte Liste*) und über die *Eingabetaste* werden nun automatisch die eingerichteten Aufzählungszeichen vergeben. Das kann auch im Nachhinein passieren, indem Sie zuerst den Text markieren und dann eine Listenmöglichkeit bestimmen.

Für alle, denen die Bohnensuppe aus dem Mavericks-Buch schmeckte, gibt es dieses Mal Aufzählungszeichen im Hirschgulasch-Rezept – wir wünschen Guten Appetit …

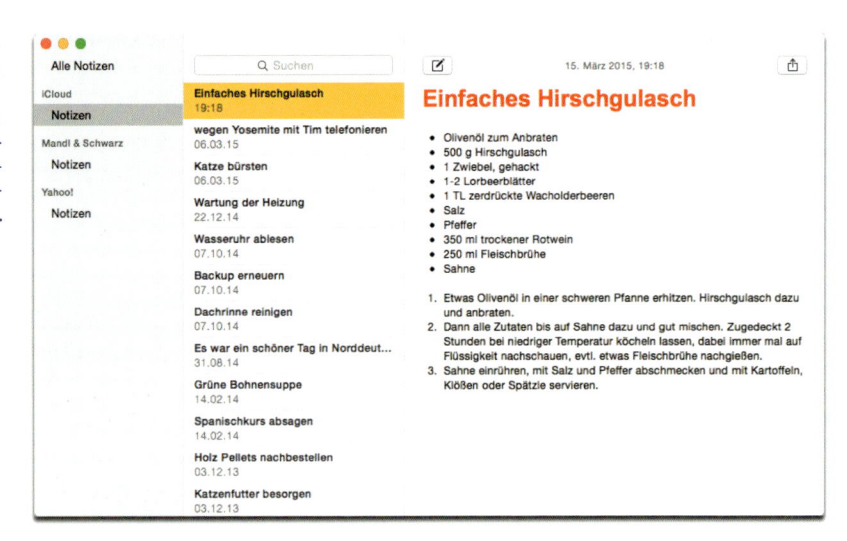

Und selbstverständlich lassen sich Ihre Notizen auch ausdrucken. Wählen Sie dazu über die Menüleiste *Ablage | Drucken (cmd-P),* bestimmen Sie Ihr Drucker-Modell und die Anzahl der Kopien. Der Mausklick auf *Drucken* sollte nun die Notiz auf Papier ausgeben.

Notizzettel – gegen das Vergessen

Nach den Notizen folgen die Notizzettel. Warum es unter *OS X* ein weiteres Programm dieser Art gibt, ist uns offen gesprochen ein wenig schleierhaft. Vielleicht weil's hier bunter zugeht?

Auch diese kleinen Zettelchen, die man auf dem Bildschirm verstreut findet, eignen sich für kleine Info-Happen oder Gedanken-Skizzen. Einmal aufgerufen können Sie über *Ablage | Neue Notiz (cmd-N)* jederzeit neue *Notizzettel* einblenden und diese vollschreiben bzw. über die Diktierfunktion vollsprechen.

Bunte Zettelchen für die schnelle Idee. Beim ersten Start sind zwei Blätter schon beschrieben – und zwar mit allerlei Wissenswertem zum Gebrauch dieser Notizen.

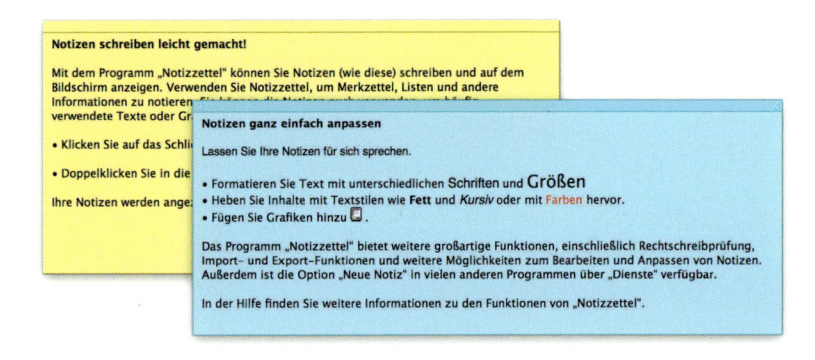

6 | Die Welt der Programme

Die *Farbe* bestimmen Sie über den gleichnamigen Punkt in der Menüleiste. Die Optionen, ob die Zettel transparent (der Hintergrund scheint durch), immer im Vordergrund oder beides zusammen sein sollen, finden Sie in der Menüleiste unter *Notiz* und dort in den Befehlen *Immer im Vordergrund (cmd-alt-F)* bzw. *Transparentes Fenster (cmd-alt-T)*. Wenn Sie dann noch *Als Standard* aktivieren, sehen alle neu hinzukommenden Zettel nach Ihren dortigen Vorgaben aus.

Sie haben weiterhin die Möglichkeit, Ihren Text zu formatieren, sofern Sie aus dem Menüpunkt *Schrift* sowohl *Schriften einblenden (cmd-T)* als auch Stile wie *fett (cmd-B), kursiv (cmd-I)* oder *unterstrichen (cmd-U)* wählen. Der Text kann auch farbig gestaltet werden, indem Sie diesen mit gedrückter Maustaste markieren und über den Farbwähler *(Farben einblenden)* eine geeignete Farbe heraussuchen. Oder Sie ziehen einfach Bilder oder Icons in das kleine Fenster hinein – auch diese werden anstandslos integriert.

Beginnen Sie zu schreiben, werden automatisch die ersten Worte als Titel betrachtet. Dies ist in der Tat hilfreich, denn ist Ihr Schreibtisch übersät mit Zettelchen, so navigieren Sie über die Menüleiste *Fenster* – in dessen Aufklapp-Menü sämtliche Notizzettel aufgeführt werden – mit ziemlicher Sicherheit den richtigen an. Witzig sind auch die Funktionen *Fenster | Reduzieren (cmd-M)* bzw. *Erweitern*, die bei aktiviertem Notizzettel diesen auf die Fensterleiste verkleinern oder wieder ausklappen, so dass teils nur mehr ein schmaler Balken zu sehen ist. Letzteres klappt allerdings wesentlich schneller, wenn Sie einen Doppelklick auf die Notizzettel-Leiste ausführen.

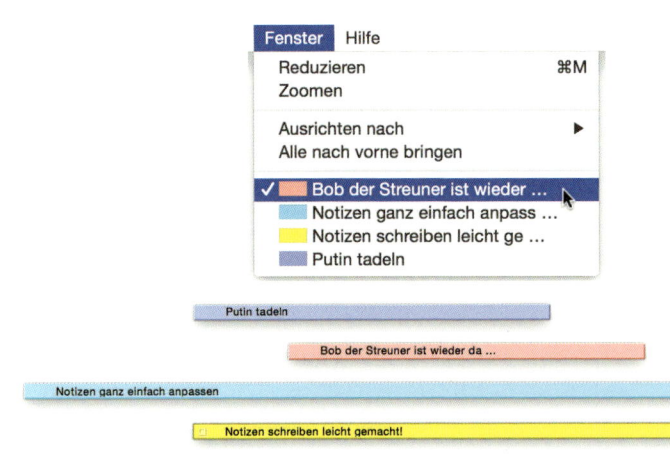

Über das Fenster-Menü können Sie sowohl einzelne Zettel in den Vordergrund holen als auch diese bis auf den Titelbalken reduzieren.

Zum Aufräumen verwenden Sie dann *Ausrichten nach* (ebenfalls im *Fenster*-Menü) und die gewünschte Aktion: *Farbe, Inhalt, Datum* oder *Position am Bildschirm*. Auf diese Weise werden die Zettel schön säuberlich aneinander gereiht.

Ihre Notizzettel bleiben selbst dann erhalten, wenn Sie Ihr Programm *Notizzettel* über *cmd-Q* beenden sollten. Erst wenn Sie ein Info-Fenster schließen – entweder durch Klick in das kleine Kästchen links oder über *Ablage | Schließen (cmd-W),* werden Sie aufgefordert, Ihre Notiz zu sichern. Klicken Sie auf *Nicht sichern*, so ist der Inhalt unwiederbringlich verloren. Über *Sichern* vergeben Sie einen Namen und legen den Speicher-Ort fest, als *Format* wählen Sie zwischen ...

- *Reiner Text* (Endung *.txt*) – nur der reine Text wird ohne irgendwelche Formatierungen oder Auszeichnungen wie Stile oder Farben gesichert;
- *RTF* (*Rich Text Format* mit dem Suffix *.rtf*) – Absätze oder Stilvorlagen bleiben nach dem Sichern erhalten;
- *RTFD* – zusätzlich zu Auszeichnungen, geänderter Schrifttype oder Stilen werden auch eingefügte Grafiken oder Bilder mit abgespeichert.

Denken Sie gut darüber nach, ehe es im Nachhinein wieder Ärger gibt, da Sie wiederholt den Ehepartner bei Aldi vergessen.

Die drei Speicherformate zum Sichern Ihrer Notiz-Inhalte.

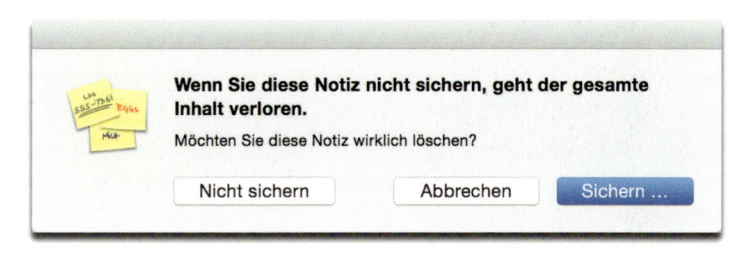

Die *Notizzettel* sind übrigens eine feine Sache für die Systemeinstellung *Benutzer & Gruppen* | Reiter *Anmeldeobjekte*. Gleich nach dem Hochfahren des Rechners lassen sich so Ihre Notizen einblenden, um sich selbst oder einem anderen Nutzer Mitteilungen zukommen zu lassen.

Photo Booth – mehr Spaß beim Foto-Shooting

Photo Booth ist in diesem Sinne eigentlich eher eine Spaß-App. Kinder werden damit ihre helle Freude haben, lassen sich doch so hervorragend Grimassen schneiden, Zunge blecken und Kopfstand machen – und dies per »Live-Kamera« und zum Festhalten für die Ewigkeit.

Wird das Programm aufgerufen, so schaltet sich automatisch die Kamera ein – auf Wunsch auch im Vollbild-Modus. Präsent in der Mitte sitzt der rote *Aufnahme*-Knopf, der auf Mausklick hin den Selbstauslöser startet. Die drei Sekunden bis zum Auslösen können dabei eine Ewigkeit sein, möchte man besonders nett grinsen. Und dann macht es Klick – das Foto ist im Kasten und wird in die unten liegende Bild-Leiste eingespielt. Möchten Sie doch noch schnell die Foto-Session abbrechen, so klicken Sie geschwind auf die *esc*-Taste und der Spuk ist wieder vorbei.

Egal, ob in Vollbild oder Normal-Ansicht – der Autor gibt sich enorm viel Mühe, freundlich dreinzuschauen. Aber warten Sie erst mal auf die Effekte …

Als Aufnahme-Möglichkeiten stehen Ihnen drei verschiedene Optionen zur Verfügung, die Sie links unten auswählen können. Zum einen ist da der ganz normale Schnappschuss mit einer Einzelaufnahme, dann die Möglichkeit zum Anfertigen von vier Bildern in schneller Reihenfolge sowie das Aufnehmen eines kleinen Video-Clips.

Die Möglichkeiten zum Anfertigen von Bildern oder Film-Clips.

Klicken Sie nun Ihre bereits angefertigten und in der Leiste liegenden Beiträge an, so werden diese sofort angezeigt oder eben abgespielt. Erregt es eher Ihr Missfallen, so brauchen Sie nur auf das kleine *Löschen*-Symbol zu klicken. Beim Viererbild haben Sie die Möglichkeit, sich das Beste über einen Mausklick hin auszusuchen. Der Video-Clip hingegen lässt sich trimmen, also zuschneiden. Dazu wählen Sie die Datei aus und wählen dann *Bearbeiten | Film kürzen (cmd-T)*. Nun lassen sich sowohl Anfang als auch Ende durch Ziehen mit gedrückter Maustaste bestimmen. Ein abschließender Klick auf *Kürzen* bestätigt Ihre Veränderungen, über *Abbrechen* verwerfen Sie sie.

Ist beispielsweise das Ende des aufgenommenen Filmes missglückt, so können Sie über die Funktion »Film kürzen« dieses wegschneiden.

6 | Die Welt der Programme

Die Effekte blenden Sie über die Menüleiste *Darstellung* | *Effekte einblenden* bzw. über *cmd-2* ein. Diese reichen von unschuldigen Verliebt-Bildern über Kulleraugen-Gesichter bis hin zu verdrehten Nasen, von *Pop-Art*, *Comic-Heft* oder *Wärmebildkamera* über Bildverzerrungen wie *Wirbeln*, *Spiegel* oder *Strecken*, und kommt zu einem glücklichen Abschluss bei den Hintergrund-Einblendungen (sogenannten *Video-Kulissen*), als befänden Sie sich in Paris vor dem Eiffelturm oder in der Achterbahn. Auf Wunsch können Sie sogar eigene Bilder oder Filme als *Video-Kulissen* bestimmen, indem Sie sie einfach auf die Platzhalter bewegen.

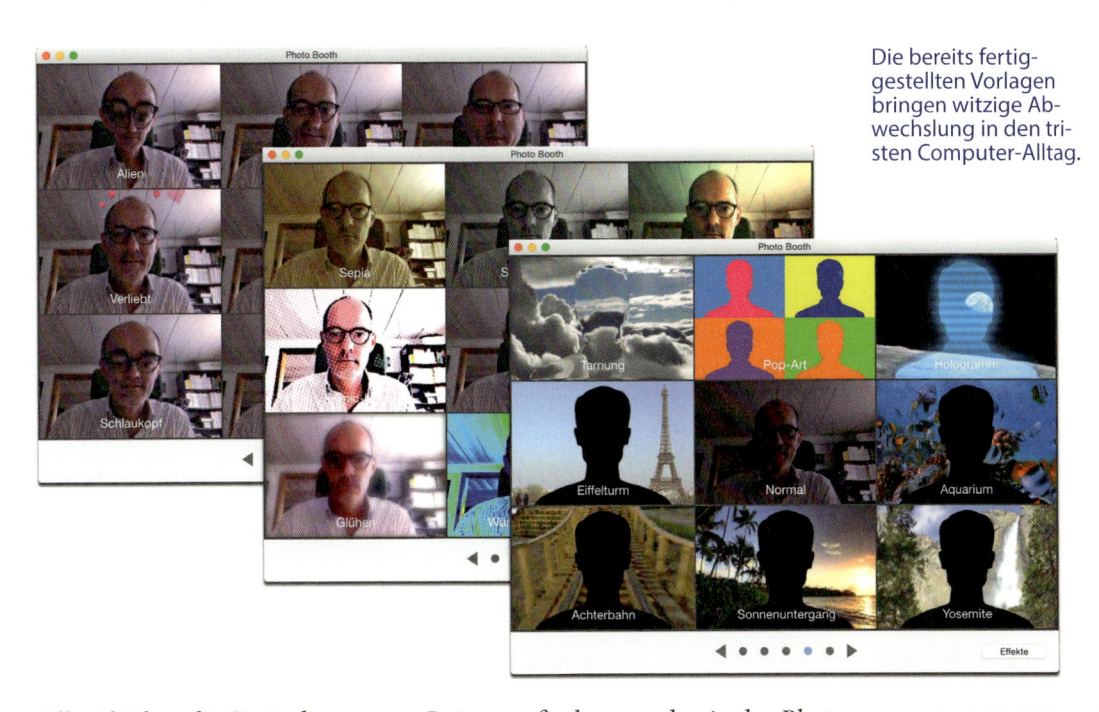

Die bereits fertiggestellten Vorlagen bringen witzige Abwechslung in den tristen Computer-Alltag.

Alle Objekte, die Sie in der unteren Leiste vorfinden, werden in der *Photo Booth-Mediathek* in Ihrem *Bilder*-Ordner abgelegt, auf den Sie jedoch nicht so ohne Weiteres zugreifen können. Sie können aber Ihre Bilder/Videos exportieren, indem Sie sie auswählen und dann über die Menüleiste *Ablage* bzw. über das Kontextmenü den Befehl *Exportieren* wählen. Im *Sichern*-Dialog vergeben Sie einen aussagekräftigen Namen und bestimmen den Speicher-Ort – und schon lassen sich die Dateien auch in anderen Programmen wie etwa in *Vorschau* (für Bilder) oder *QuickTime* (für Videos) öffnen und weiterbearbeiten.

Über den Dialog »Sichern« vergeben Sie Namen, Speicher-Adresse und Tag und die Datei liegt am rechten Fleck.

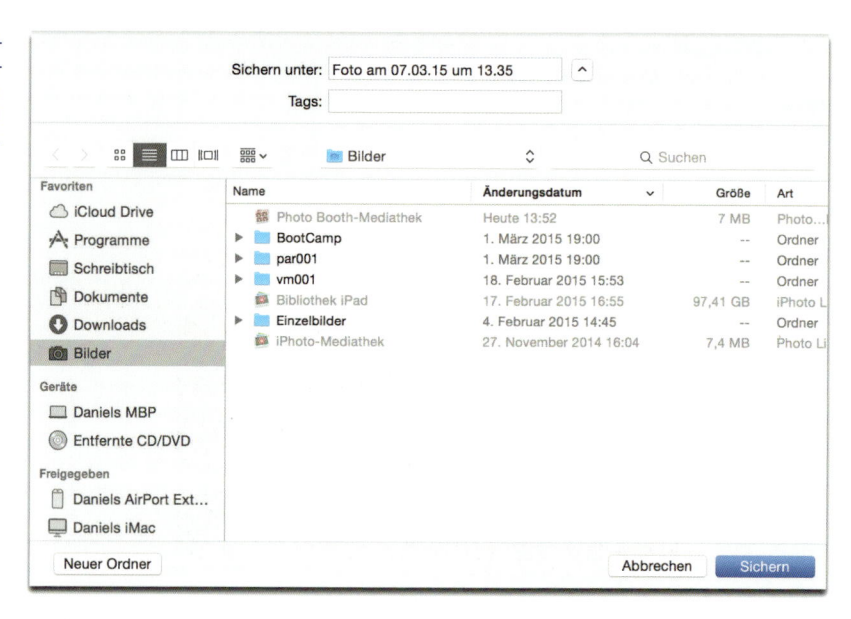

Über Ihren *Benutzer*-Ordner finden Sie den Ordner *Bilder*, der wiederum die *Photo Booth-Mediathek* beinhaltet. Wird diese doppelt angeklickt, so startet normalerweise *Photo Booth*. Rufen Sie stattdessen das Kontextmenü auf und wählen den Befehl *Paketinhalt zeigen*, so gelangen Sie an Ihre in *Photo Booth* vorliegenden Medien. Im Ordner *Pictures* finden Sie dann die Bilder und Filme.

Sowohl Bilder als auch Video-Clips können Sie auch per E-Mail oder Nachricht weitersenden, zu *iPhoto/Aperture/Fotos* transferieren, über *AirDrop* mit einem anderen Mac-Rechner über WLAN austauschen bzw. bei *Flickr*, *Twitter* oder *Facebook* veröffentlichen. Letztere (*Flickr*, *Twitter* sowie *Facebook*) gehören zu den großen Communities bzw. sozialen Netzwerken, über die Sie Ihre Kreationen Millionen anderer Nutzer zugänglich machen können. Dafür benötigen Sie jedoch zuvor einen eigenen Account.

Im Falle von *E-Mail* oder *Zu iPhoto/Fotos hinzufügen* ist das relativ einfach zu bewerkstelligen: Bestimmen Sie nun ein oder mehrere Objekte (mit gedrückter *Befehlstaste*) und wählen Sie dann den gewünschten Befehl. Über E-Mail startet automatisch das Programm *Mail* und integriert die Daten in ein neues Fenster – Sie brauchen nur noch Empfänger, Betreff sowie ein paar nette Zeilen zu vergeben und fertig ist die perfekte E-Mail. Im Falle von *Fotos* öffnet sich das Programm und integriert das Material.

6 | Die Welt der Programme

Schnell mal ein aktuelles Foto von sich und seinen Lieben versenden – per »Photo Booth« und »Mail« ist das eine Sache von Sekunden.

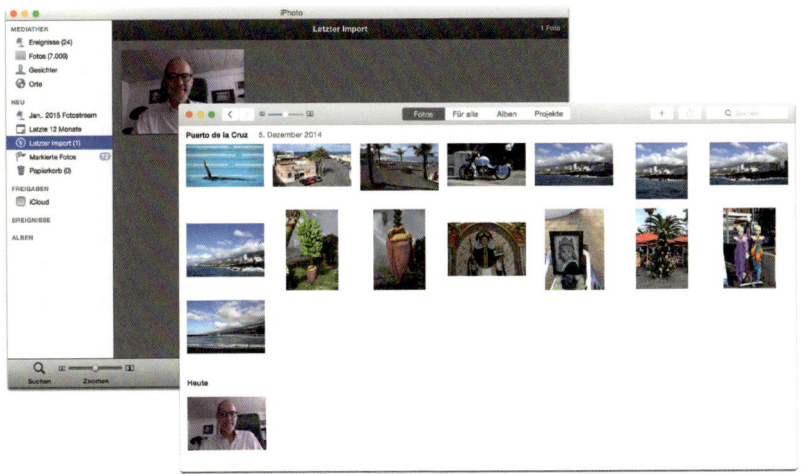

Auch im Falle von »iPhoto« bzw. »Fotos« klappt die Übergabe reibungslos: Die Daten werden anstandslos importiert und als neues Ereignis/als neuer Moment angelegt.

Übrig bleibt die Option *Profilbild ändern*. Hierüber können Sie zum einen das *Benutzerbild* Ihres Mac-Accounts (siehe auch Systemeinstellung *Benutzer & Gruppen*) als auch das *Kontaktbild* in Ihrer *Kontakte*-App ersetzen. Falls Sie weitere Accounts bei *Facebook* oder *Twitter* nutzen, so lassen sich auch dort die Profilbilder austauschen.

Wenn Sie nun immer noch nicht genug von *Photo Booth* haben, dann überfliegen Sie doch einmal die Menüs. Dort finden sich dann Optionen für speziellere Anliegen wie etwa *Foto spiegeln* oder *Neue Objekte automatisch spiegeln* (jeweils im *Bearbeiten*-Menü) oder die Möglichkeit, mit den bereits gesammelten Aufnahmen eine Diashow laufen zu lassen (*Darstellung | Diashow starten*). Haben Sie zudem im *Kamera*-Menü die Option *Bildschirm-Blitz aktivieren* eingeschaltet, so wird bei Aufnahmen – ähnlich einem Blitzgerät – über das einmalige Aufleuchten des Monitors eine Aufhellung des Fotos erreicht.

QuickTime Player – verantwortlich für die multimedialen Inhalte

QuickTime nennt sich Apples Multimedia-Architektur, die sich um die verschiedensten Medien wie Video, Musik oder auch Bilder kümmert, indem Sie sie öffnen und abspielen kann. *QuickTime* ist auf Medienformate wie H.264/MPEG-4 und weitere Codecs und AAC optimiert und kann auch Filme mit *Surround Sound* wiedergeben. Sie haben natürlich in letzterem Fall nur etwas davon, wenn Sie an Ihrem Mac auch ein Surround-Boxen-Equipment angeschlossen haben.

> Der Begriff *Codec* setzt sich aus den Wörtern Codierer und Decodierer zusammen. Hierbei handelt es sich um eine Technik, wie Daten komprimiert und bei der Wiedergabe wieder dekomprimiert werden. Je geschickter der Codec, desto kleiner sind die Daten bei bestmöglicher Wiedergabe. Einen *Codec* verwenden Sie beispielsweise, wenn Sie mit einem Camcorder einen Urlaubsfilm drehen, diesen in *iMovie* schneiden und dann exportieren möchten, beispielsweise auf DVD, CD oder als komprimierten Film, um ihn ins Internet zu stellen.

Egal, ob im Internet, auf CD-ROMs/DVDs oder per E-Mail geschickt – Sie werden häufig mit Multimedia-Daten konfrontiert. Auch Filme, die Sie vielleicht mit Ihrer Digitalkamera (meist im *MPEG 4*- oder *AVI*-Format) aufgenommen haben und die sich nun in *iPhoto* oder in *iTunes* befinden, lassen sich Dank des *QuickTime Players* per Doppelklick oder über *Ablage | Datei öffnen* ohne Probleme starten.

> Im *Öffnen*-Dialog finden Sie in der Seitenleiste unten stehend den Punkt *Medien*, der unter anderem auch die Rubrik *Filme* aufführt. Wird er ausgewählt, so lassen sich alle Videos überblicken, die in den verschiedenen Programmen wie *iPhoto*, *Photo Booth* oder *iTunes* bzw. im *Filme*-Ordner liegen. Wählen Sie ein Video aus und klicken auf *Öffnen*, so wird er im *QuickTime-Player* abgespielt.

6 | Die Welt der Programme

Der »Öffnen«-Dialog führt in der Abteilung »Medien« alle Filme auf, die sich auf dem rechner befinden. Über »Öffnen« lassen sich diese dann sofort abspielen.

Wie Sie anhand der Abbildung sehen, befindet sich innerhalb des Bild-Bereiches die Navigationsleiste, mit der Sie den Film wiedergeben, stoppen, im Schnelldurchgang vorwärts oder rückwärts laufen können. Eine weitere Alternative ist das Bewegen der *Abspielmarke* mit der Maus über den *Zeitachsenbereich*.

> Wie bei fast allen Programmen stehen Ihnen Tastatur-Kombinationen zur Verfügung: Über die *Leertaste* starten bzw. stoppen Sie den Film, mit dem Rechts- und Links-Pfeil bewegen Sie den Film bildweise vorwärts oder rückwärts, über *Optionstaste-Rechtspfeil* gelangen Sie an das Ende, mit *Optionstaste-Linkspfeil* wieder an den Anfang. Über *Befehlstaste-Rechtspfeil* beziehungsweise *Befehlstaste-Linkspfeil* können Sie das Video beschleunigt vorwärts oder rückwärts wiedergeben – mehrmaliges Drücken der Pfeiltasten erhöht dabei die Abspielgeschwindigkeit (von 2x bis 32x). Die Lautstärke verstärken Sie über den *Pfeil nach oben* bzw. verringern sie über den *Pfeil nach unten*. Für alle Benutzer des brandneuen *Force Touch Trackpads* heißt es über die Intensität der Druckstärke vor- und zurück zu spulen – ein ganz neues Feeling.

Sobald Sie den Mauszeiger innerhalb des Film-Fensters bewegen, wird die Bedienung eingeblendet, womit sich hervorragend navigieren lässt.

Aufgrund der Vielzahl an Film-Formaten kann es durchaus vorkommen, dass sich der *QuickTime Player* weigert, den ein oder anderen Film zu öffnen. *QuickTime* quittiert dies mit einer Fehlermeldung und verweist Sie über *Weitere Informationen* an ein Support-Dokument, dass Sie über diverse Medienformate aufklärt. Über die Webseite www.telestream.net/flip4mac/overview.htm können Sie so beispielsweise die Erweiterung *Flip4Mac* erwerben (ab sechs Dollar), die neben einem Player für diverse Windows-Formate (*.wma*, *.wmv.*, *.asf*, *.avi* etc.) auch den *QuickTime Player* um diese Medienformate erweitert.

Film-Formate, mit denen der »QuickTime Player« nicht umgehen kann, werden mit einer Fehlermeldung quittiert. Über »Weitere Informationen« lassen sich jedoch diverse Quellen für Erweiterungen aufrufen.

Als kostenlose Alternative zum Konvertieren empfehlen wir für Mac und Windows die Software *Handbrake* (http://handbrake.fr/). Nach dem Start der Anwendung klicken Sie zuerst auf *Source* zum Aufrufen des Filmes. Im sich öffnenden Fenster wählen Sie das entsprechende Video (denken Sie an den Eintrag *Medien* in der Seitenleiste) und klicken danach in *Handbrake* in der Symbolleiste auf *Toggle Presets*. Hierbei fährt eine Leiste heraus, über die Sie das gewünschte Format bestimmen können. Über *Start* geht's dann auch gleich los. Noch ein Tipp: Stellen Sie am besten in den *Handbrake*-Einstellungen (*Befehlstaste-Komma* bzw. *Handbrake | Preferences*) unter *Audio* bei *Native Language* als Sprache *Deutsch* ein. So gehen Sie sicher, dass selbst im Falle von zu konvertierenden DVDs die korrekte Audio-Spur in Deutsch extrahiert wird.

Nachdem Sie die Quelle (Source) bestimmt haben, wählen Sie das gewünschte Format und klicken auf Start. Auf diese Weise ist es ein Leichtes, etwa einen AVI- oder WMV-Film zu konvertieren.

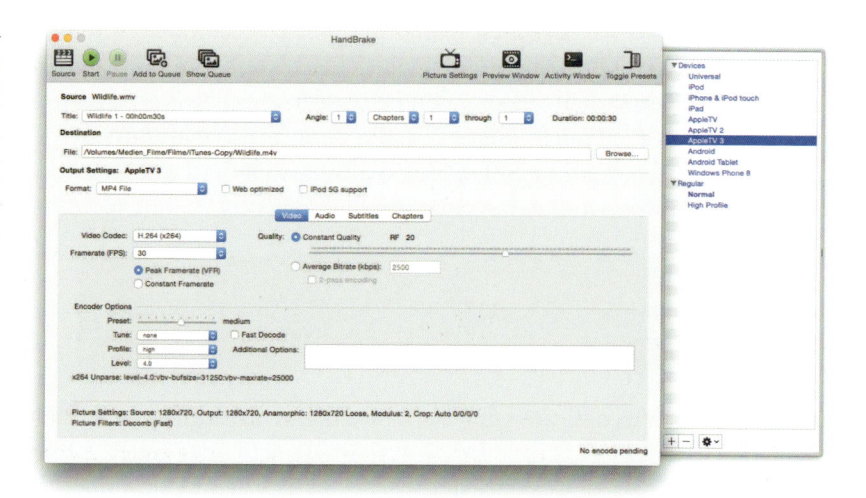

6 | Die Welt der Programme

Läuft ein Film, so lässt sich auch die Ansichtsgröße verändern. Entweder Sie erledigen das über das Filmfenster, indem Sie die Maus an die Seitenränder bewegen und dort mit gedrückter Maustaste ziehen, oder Sie klicken auf die grüne Pille links oben für die *Vollbild*-Ansicht (alternativ geht auch die Tasten-Kombination *ctrl-cmd-F*). Über *cmd-1* erhalten Sie wiederum die *Originalgröße*, während *cmd-3* das *Anpassen an den Bildschirm* bewirkt, indem entweder horizontal oder vertikal das Video den Bildschirm-Rand berührt. Im *Vollbild*-Modus lassen sich die weiteren Funktionen *Bildschirmfüllend (cmd-4)* sowie *Panorama (cmd-5)* anwählen. *Bildschirmfüllend* breitet den Film unverzerrt und ohne Anpassung auf die gesamte Fläche (sowohl horizontal wie auch vertikal) aus, so dass keine schwarzen Ränder erscheinen. Auf diese Weise können jedoch Teile des Videos auch aus dem sichtbaren Bereich fallen. *Panorama* hingegen staucht die Film-Ränder und verzerrt leicht das Bild – als Gegenwert sehen Sie allerdings alle Bildteile.

Das Bedienen einer passenden Anzeigeform klappt natürlich auch per Maus und Menüleiste: Wählen Sie den Punkt *Darstellung* und dann die entsprechende Größe. Selbst dann, wenn Sie bildschirmfüllend genießen, können Sie auf die Menüleiste zugreifen, indem Sie den Mauszeiger an den oberen Bildschirmrand bewegen. Ist ein Film so aufregend, dass Sie gar nicht genug davon bekommen können oder Sie eine kritische Kontrolle vornehmen möchten, so stellen Sie über *Darstellung* den Befehl *Endlosschleife (cmd-alt-L)* ein – der Film beginnt nun wieder und wieder von vorne.

Im Menü *Darstellung* finden Sie auch die Optionen *Sprachen* und *Untertitel* sowie die Möglichkeit, gezielt *Kapitel* anzuspringen. Wenn Sie also Filme ansehen, die diese Merkmale aufweisen, so können Sie schnell beispielsweise von Deutsch auf die Originalsprache wechseln oder sich die deutschen Untertitel einblenden lassen. *Kapitel* sind hingegen im Film verankerte Markierungen, über die Sie wichtige Szenen und Themenwechsel direkt anspringen können. Kauf-Videos sowie solche, die Sie vielleicht über den *iTunes Store* erworben haben, weisen üblicherweise solche auf. Über *Nächstes Kapitel* bzw. *Voriges Kapitel* können Sie nun per Mausklick an eine bestimmte Stelle springen können. Diese Funktion lässt sich auch über die Navigationsleiste innerhalb des Videos aufrufen, wenn Sie auf den *Kapitel*-Knopf drücken.

Über »Kapitel« lassen sich blitzschnell Szenen suchen und wechseln. Diese Funktion steht sowohl im separaten Fenster als auch im bildschirmfüllenden Modus zur Verfügung.

Auswahl der Sprache

Kapitel-Auswahl

Möchten Sie mehr über Ihren Film in Erfahrung bringen, so sollten Sie über *Fenster | Filminformationen einblenden (cmd-I)* den zugehörigen Dialog aufrufen. Neben den allgemeinen Daten wie *Titel* oder *Quelle* (also der Pfad, wo sich das Video auf der Festplatte befindet) lassen sich auch alle Fragen zum *Format*, der *Framerate* (*FPS – frame per second* oder Bilder pro Sekunde), der *Datengröße* und weiteres mehr in Erfahrung bringen.

Die Filminformationen sind für all jene gedacht, die sich für die Technik hinter den Kulissen interessieren.

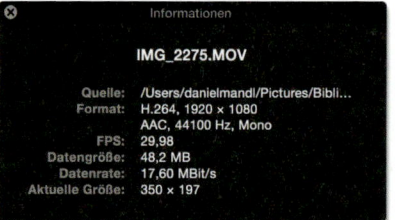

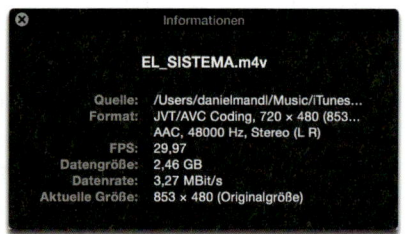

Auch im *QuickTime Player* gibt es die Möglichkeit des *Trimmens*. *Trimmen* ist dabei der Fachbegriff für das Zuschneiden eines Clips/eines Videos auf die von Ihnen gewünschte Länge (ohne störendes Beiwerk). Haben Sie einen Film aufgerufen und wählen *Bearbeiten | Kürzen (cmd-T),* so wird das Video miniaturisiert als Leiste in seiner Original-

6 | Die Welt der Programme

länge unterhalb der Hauptbildansicht angezeigt. Umgeben von einem gelben Auswahlrahmen lassen sich nun die beiden Seitenränder des Rahmens mit Hilfe der Maus nach links oder rechts ziehen und sich genau anpassen. Die beiden Seitenlinien zeigen dabei den Startpunkt (In-Punkt – für das erste Bild, das erhalten bleiben soll) und den Endpunkt (Out-Punkt – für das letzte Bild, das Sie weiterverwenden möchten). Zur Kontrolle sollten Sie die *Abspielmarke* (das ist die rote, senkrecht stehende Linie) mit der Maus über die jeweiligen Bereiche bewegen, um die Auswahl zu begutachten. Sitzt und passt alles, so klicken Sie auf *Kürzen* und die Auswahl wird um die abgeschnittenen Bereiche gekürzt.

Wird der Befehl »Kürzen« aufgerufen, so blendet QuickTime eine Leiste ein, die den Film miniaturisiert darstellt. Ziehen Sie mit gedrückt gehaltener Maustaste an den gelben Rändern, um Anfang und Ende des endgültigen Clips festzulegen.

Auch das Teilen eines Clips ist möglich, indem Sie die Abspielmarke an die entsprechende Stelle bewegen und dann aus dem *Bearbeiten*-Menü den Befehl *Clip teilen (cmd-Y)* wählen. Auf Wunsch können Sie einen Clip auch mehrmals teilen, diese separat trimmen und die Versatzstücke danach neu zusammensetzen.

Wenn nötig, lassen sich auch einzelne Clip-Bereiche kopieren (*Bearbeiten | Kopieren* bzw. *cmd-C*) und in einem weiteren Video einfügen (*Bearbeiten | Einsetzen* bzw. *cmd-V*). Hierzu rufen Sie das zweite Video auf und wählen *Darstellung | Clips einblenden (cmd-E)* – anschließend bauen Sie die neuen Teile ein. Der neu hinzugekommene Bereich wird nun am Anfang des bestehenden Clips eingesetzt. Als Alternative dazu können Sie auch bei aufgerufenem Video-Clip den Befehl *Clip am Ende hinzufügen* bzw. *Clip nach Auswahl hinzufügen* (jeweils *Bearbeiten*-Menü) benutzen und über den typischen *Öffnen-/Sichern*-Dialog einen Film bestimmen, der nun eingebaut werden soll.

Für alle iPod touch-, iPhone- sowie iPad-Filmer sind wohl die Befehle *Nach links drehen* bzw. *Nach rechts drehen* gedacht (ebenso in der Menüleiste *Bearbeiten* abrufbar). Wurde das Gerät falsch gehalten und die Handlung läuft quer ab, so können Sie diese Bereiche berichtigen. Falls erforderlich, teilen Sie zuerst den Clip, um die falschen Stellen freizustellen. Danach markieren Sie diese und wählen dann aus dem *Bearbeiten*-Menü die passende Clip-Richtung.

> **Bitte bedenken Sie, dass Clip-Bereiche seitens *QuickTime* angepasst bzw. sogar zugeschnitten werden müssen, sollen diese in einen Kontext eingebaut werden. Gerade das *Drehen* ist so ein Kandidat dafür, so dass wir fast dazu raten möchten, das *Drehen* nur auf vollständige Clips anzuwenden.**

Neben der Wiedergabe von multimedialen Objekten ist *QuickTime* auch in der Lage, eigene Video-, Audio sowie Bildschirm-Aufnahmen vorzunehmen. Die Befehle hierzu lauten *Neue Video-Aufnahme (cmd-alt-N)*, *Neue Audio-Aufnahme (ctrl-cmd-alt-N)* und *Neue Bildschirmaufnahme (ctrl-cmd-N)* und Sie finden diese im Menü *Ablage*. Für eine *Videoaufnahme* lässt sich sowohl die *iSight-/FaceTime*-Kamera als auch ein per FireWire angeschlossener DV-Camcorder verwenden. Für den Ton bedienen Sie sich über das intern verbaute Mikrofon oder über ein externes Gerät.

Wird nun der Befehl *Neue Video-Aufnahme* aufgerufen, so startet das Aufnahme-Fenster mitsamt dem Bedien-Panel, über das Sie weitere Einstellungen zum Auswählen der gewünschten Kamera, des Mikrofons sowie der Qualität der aufzuzeichnenden Datei vornehmen können. Rufen Sie zusätzlich noch die *Filminformationen (cmd-I)* auf, so erhalten Sie die wichtigsten Infos zu den verschiedenen Aufnahme-Qualitätsstufen.

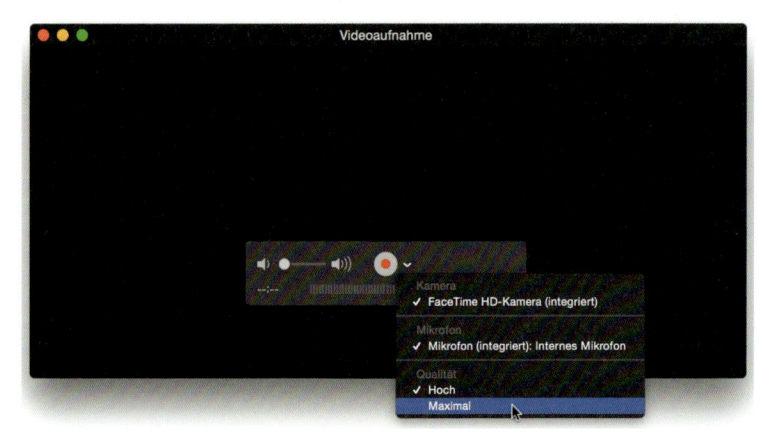

Das Aufnahme-Fenster für die Videoaufzeichnung.

6 | Die Welt der Programme

Bevor Sie nun loslegen, sollten Sie schon einmal ein paar Sätze sprechen bzw. die Geräuschkulisse testen, um den Eingangspegel der Audio-Aufnahme zu justieren. Schlagen die Pegel zu sehr oder zu wenig aus, so rufen Sie bitte die Systemeinstellung *Ton* | Reiter *Eingabe* auf und bestimmen die *Eingangslautstärke* neu. Weiterhin sollten Sie über das Vorschau-Fenster einschätzen, ob Sie mit der Kameraposition sowie der Beleuchtung richtig liegen. Über den *Aufnahme*-Knopf bzw. über das Drücken der *Leertaste* startet die eigentliche Aufzeichnung und dauert so lange, bis Sie erneut darauf klicken oder die *Leertaste* drücken.

Wenn Sie Ihr iPhone oder iPad mit dem Mac verbinden und über *QuickTime* den Befehl *Neue Video-Aufnahme* aufrufen, so können Sie über die Feineinstellungen diese *iOS*-Geräte als Aufnahme-Gerät (sowohl für Kamera als auch Mikrofon) auswählen. Beginnen Sie die Aufzeichnung, so werden alle Vorgänge, die Sie auf iPhone oder iPad vornehmen, als Film festgehalten.

Auch Ihre iOS-Geräte lassen sich als Aufnahme-Gerät verwenden – entweder als direkte Bildschirm-Vorgänge oder indem Sie die »Kamera«-App starten und damit filmen.

Dasselbe Vorgehen vollziehen Sie auch bei einer *Audio-Aufnahme*. Nach dem Start des Aufnahme-Fensters nehmen Sie wieder die gewünschten Einstellungen (Mikrofon, Qualität) vor und klicken dann auf den *Record*-Knopf. Zum Stoppen klicken Sie dann wiederum auf den *Aufnahme*-Button.

Die *Bildschirmaufnahme* verwenden Sie, falls Sie Arbeitsschritte, die Sie auf Ihrem Mac ausführen, aufzeichnen möchten. Sie kann jedoch auch dazu dienen, etwa Probleme darzustellen oder anderen bei Schwierigkeiten etwaige Lösungen in Bild und Ton zu übergeben. Ist der *Aufnahme*-Dialog bereit, so nehmen Sie wie eh und je Ihre gewünschten Einstellungen vor und klicken dann auf den *Record*-Knopf. Hierbei öffnet sich ein Dialog, der Ihnen die Wahl zwischen der Aufnahme des gesamten Bildschirms (einfach einmal klicken) bzw. eines Ausschnittes davon lässt. Bei letzterer Vorgehensweise ziehen Sie zuerst mit der Maus einen Rahmen auf, der den zu filmenden Bereich abdeckt. In der Mitte wiederum taucht die Schaltfläche *Aufnahme starten* auf, die auf Mausklick hin genau damit beginnt.

Sie haben die Wahl zwischen einer Vollbild-Aufnahme sowie eines Ausschnittes davon.

Im Falle des Bildschirm-Ausschnittes ziehen Sie zuvor mit der Maus einen Auswahl-Rahmen auf. Mit Klick auf »Aufnahme starten« wird dann nur in diesem Bereich gefilmt.

Alles, was Sie von nun an auf Ihrem Mac anstellen (Programme starten, Fenster verschieben, Ordner füllen etc.), wird aufgezeichnet und als Film festgehalten. Die Auflösung richtet sich hierbei nach der Größe Ihres Bildschirms. Stoppen Sie die Aufnahme (per Klick auf das Aufnahme-Symbol in der Menüleiste), so öffnet sich automatisch das Video und Sie können bewundern, wie sich Mauszeiger oder Fenster/Ordner/Dokumente wie von Geisterhand bewegen.

Möchten Sie in Ihrer Bildschirm-Aufnahme das Klicken der Maustaste simulieren, so finden Sie in den Aufnahme-Einstellungen die Option *Mausklicks in der Aufnahme anzeigen*. In die-

sem Fall wird beim Drücken der Maustaste im aufgezeichneten Video ein Kreis um den Mauspfeil abgebildet.

Alle bislang aufgeführten Aufnahme-Möglichkeiten lassen sich später auch wieder *kürzen (cmd-T), teilen (cmd-y),* nach *links* oder *rechts drehen, spiegeln* (horizontal wie vertikal) usw. – eben alles, was sich im *Bearbeiten*-Menü befindet.

Zum Abschluss heißt es noch das Dokument zu speichern. Wählen Sie dazu *Ablage | Sichern (cmd-S),* vergeben Sie einen Namen und bestimmen Sie den Speicherort. Der Klick auf *Sichern* speichert das Dokument. Möchten Sie das Video hingegen verwerfen, so wählen Sie *Ablage | Schließen (cmd-W)* und klicken dann auf *Nicht sichern*. Letzteren Dialog bekommen Sie auch zu sehen, sofern Sie im Nachhinein (also nachdem Sie bereits gesichert haben) Änderungen am Video vornehmen.

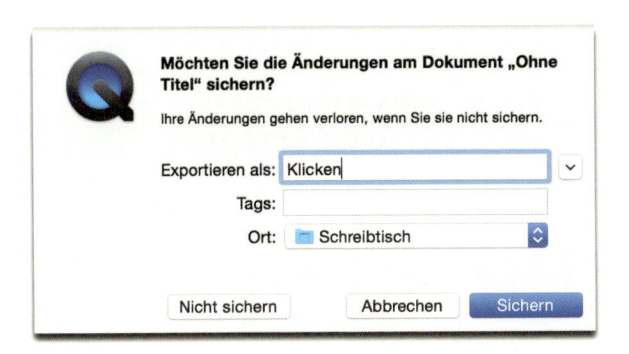

Beim Schließen der Datei – auch nach einer Veränderung – werden Sie zum Sichern aufgefordert.

Sie können Filme auch in anderen Größen ausgeben oder direkt zu *iTunes* transferieren. Hierzu wählen Sie *Ablage | Exportieren* und suchen sich eines der Formate aus. Die Format-Einstellungen *480p*, *720p* und *1080p* belassen dabei das Original-Format, verändern aber je nach Einstellung die Auflösung. Die Zahlen betreffen hierbei die vertikale Auflösung in Pixeln. Diese Möglichkeit eignet sich daher besonders zum Skalieren von Filmen.

Im Falle der Ausgabe für ein Mobilgerät oder Mac/PC bzw. dem direkten Transfer zu *iTunes* stehen Ihnen Format-Alternativen zur Verfügung, die allesamt das MPEG4-Format mit der Endung ».m4v« aufweisen und sich hauptsächlich in der verwendeten Auflösung unterscheiden: *iPod touch und Phone 3GS* (640 x 360 Pixel), *iPad, iPhone 4, Apple TV, Mac & PC* (1280 x 720 Pixel), *iPad 2, iPhone 5, Apple TV, Mac & PC* (1920 x 1080 Pixel). Es sei jedoch darauf hingewiesen, dass letztere Auflösungen je nach Gerät teils abweichende Werte liefern können. Alle bislang geschilderten Sichern-/Export-Möglichkeiten stehen selbstverständlich auch anderen Filme (beispielsweise aus Ihrer Digitalkamera) zur Verfügung – vorausgesetzt, dass diese in einem Format vorliegen, das *QuickTime* lesen kann.

Neben dem Ausgeben von Filmen in anderen Video-Formaten besteht bei Video-Aufnahmen die Möglichkeit, ausschließlich die Audio-Spur zu sichern. Diese Einstellung nennt sich *Nur Audio*.

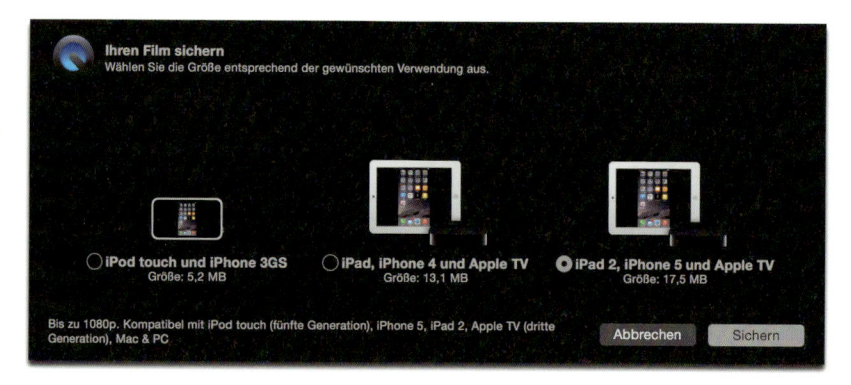

Filme lassen sich für die verschiedensten Anwendungszwecke in diversen Formaten und Größen exportieren.

Neben den Export-Möglichkeiten lassen sich Filme auch auf anderem Wege weiterreichen, darunter diverse Internet-Dienste wie *YouTube, Vimeo, Flickr* oder *Facebook,* der Versand per E-Mail bzw. über das Programm *Nachrichten* oder der schnelle Transfer auf einen anderen Mac-Rechner via *AirDrop*. Diese Möglichkeiten erreichen Sie entweder über die Menüleiste *Ablage | Bereitstellen* bzw. über die Navigationsleiste und dort über den *Bereitstellen*-Button. Wie üblich heißt es auch in diesem Falle, dass Sie sich zuvor für die jeweiligen Accounts registrieren müssen. Das erledigen Sie meist direkt über die Hauptwebseite der Internet-Dienste (www.youtube.com, www.flickr.com, www.facebook.com, vimeo.com) bzw. bei schon vorliegenden Account-Daten teils über die Systemeinstellung *Internetaccounts*.

6 | Die Welt der Programme

Über »Bereitstellen« stehen Ihnen diverse Export-Möglichkeiten zur Verfügung. Vor dem Veröffentlichen sollten Sie noch Titel sowie eine kurze Beschreibung (meist zwingend erforderlich) verfassen. Mit Tags können Sie das Auffinden Ihres Filmes erleichtern, falls Besucher mit Stichworten nach bestimmten Filminhalten suchen.

Bei allen Formen der Filmaufbereitung können Sie sich den Exportstatus (*Fenster | Exportstatus einblenden* bzw. *cmd-alt-P*) anzeigen lassen, über den Sie zum einen die noch verbleibende Zeit ablesen und zum anderen auch bereits veröffentlichte Filme wieder rückgängig machen können.

Rechner – Mit Mehrwert unter der Oberfläche

Rufen Sie das Programm auf, so erscheint vorrangig erst einmal ein ganz normaler Taschenrechner, wie man ihn eben kennt zum Berechnen beispielsweise der Inflationsrate, Diäten-Erhöhungen, der Haushaltsverschuldung oder Benzinpreise … Aber täuschen Sie sich nicht, denn hinter dem unscheinbaren ersten Auftreten stecken viele weitere Funktionen, die Sie über die Menüleiste in Erfahrung bringen.

Neben der *Standard*-Darstellung *(cmd-1)* gibt der Rechner über das *Darstellungs*-Menü die Ansichten *Wissenschaftlich (cmd-2)* sowie *Programmierer (cmd-3)* preis. So lassen sich zig weitere Berechnungsmöglichkeiten einblenden, die selbst uns immer wieder verblüffen.

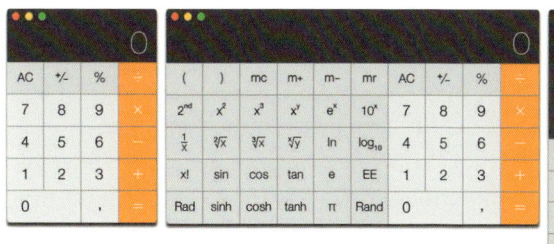

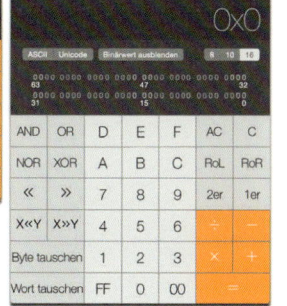

So viele schöne Knöpfe: Der Rechner hat wohl für jeden Zahlen-Freak etwas Passendes in petto.

473

Aber das ist immer noch nicht alles: Denn Sie können mit dem Apple-Rechner bis zu 15 *Nachkommastellen* (*Darstellung | Nachkommastellen*) festlegen als auch eine sogenannte *Umgekehrte polnische Notation (cmd-R)* einblenden. Dass es sich hierbei nicht um das polnische Nationalgericht handelt, war uns eigentlich klar – aber dennoch musste hier *Wikipedia* (denken Sie an das Apple-Lexikon!) ran und uns erklären, dass es sich dabei um die »Eingabelogik für die Anwendung von Operationen« handelt (das ist so simpel, da hätten wir ja nun selbst draufkommen können).

Eine gute Sache ist auch der *Beleg* (wie bei Edeka, wenn Sie wieder mal Kaufmannsladen spielen), der über das Menü *Fenster* eingeblendet wird *(cmd-T)* und der Ihre Rechenkünste aufzeichnet. Ist die Arbeit erledigt, lässt er sich über *Ablage | Beleg sichern unter* speichern bzw. drucken (*Ablage | Beleg drucken*) oder Sie kopieren über *Alles Auswählen (cmd-A)* sowie *Kopieren (cmd-C)* den Inhalt und fügen ihn über *Einsetzen (cmd-V)* woanders wieder ein.

Der Beleg beweist den Einkauf: Zwei Mal Butter zu je 99 Cent (ist ja schon wieder teurer geworden) plus 79 Cent für die Büchse Linsen (das geht auf den Magen) und 6,30 Euro für Zigaretten (für's Gemüt) ergibt 9,07 Euro. Preisfrage: Und auf welchen Artikel sollte man da nun verzichten?

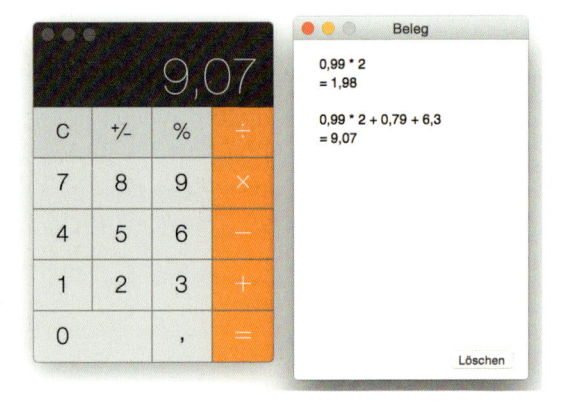

Und vergessen Sie bitte auf keinen Fall, einen ausführlichen Blick in das Menü *Umrechnen* zu werfen. Aus den Bereichen *Fläche*, *Währung*, *Gewicht und Masse*, *Geschwindigkeit*, *Temperatur* und so weiter lassen sich diverse Werte umrechnen, indem Sie Ausgangswerte in den *Rechner* eintippen, dann die Umrechnungs-Rubrik samt Kategorien wählen und bestätigen – das Ergebnis erscheint dann im Anzeige-Bereich.

Damit Sie immer auf dem Laufenden sind – gerade in Sachen *Währung* – sollten Sie vor dem Umrechnen in Geldangelegenheiten online gehen, da in diesem Fall die aktuellen Devisenkurse automatisch aktualisiert werden. Klicken Sie dazu auf den *Aktualisieren*-Button und Sie sind wieder auf dem neuesten Stand.

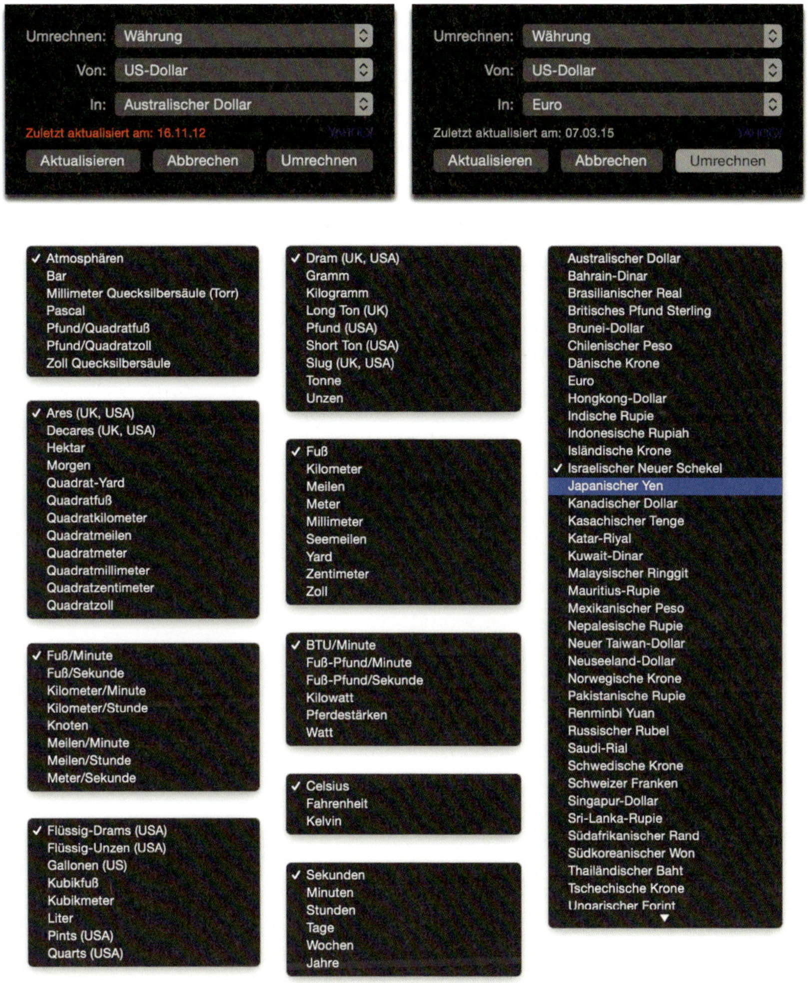

6 | **Die Welt der Programme**

So bitte nicht (linke Seite)! Die letzte Aktualisierung stammt vom 16. November 2012. Nach dem Klick auf »Aktualisieren« sind wir wieder in der Neuzeit. Bitte denken Sie stets bei Währungs-Umrechnungen an das vorherige Aktualisieren über das Internet.

Mehrwert: Aus zig verschiedenen Rubriken lassen sich eingegebene Werte in Sekundenschnelle umrechnen.

Denken Sie auch immer an die *Mitteilungszentrale* bzw. das *Dashboard*, die ebenso einen *Rechner* auf Lager haben.

Schach – eine Partie für spannende Abende

Das Spiel *Schach* wurde vor circa 2000 Jahren in Indien erfunden und vor rund 1000 Jahren nach Europa importiert. Seit ewigen Zeiten hat es auch Apple für sich entdeckt und dieses Spiel seinen *OS X*-Versionen mitgegeben. Über *Spiel | Neu (cmd-N)* sollten Sie zuerst einmal die Spieler festlegen: *Spieler versus Spieler*, *Spieler versus Computer* oder gar

Computer gegen Computer, weil diesen immer so langweilig ist. Danach wird die Variante gewählt, die neben *Normal* auch abenteuerliche Titel wie *Crazyhouse*, *Räuberschach* oder *Vergabeschach* aufweist. Verharren Sie mit der Maus auf den einzelnen Einträgen, erhalten Sie eine kurze Erklärung, um was es dabei geht. Auch die Bedenkzeit, bis ein neuer Spielzug erfolgt, kann sekundengenau eingestellt werden.

Zuerst werden die Regeln bestimmt, dann kommt es zum knallharten Duell.

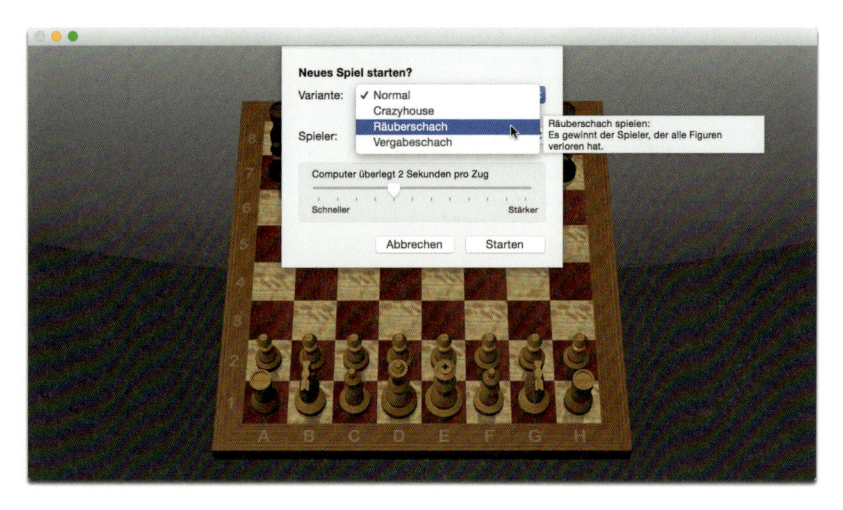

Den Schwierigkeitsgrad (also die Bedenkzeit) beim Kampf gegen den Computer können Sie auch über die *Schach-Einstellungen* (*Schach | Einstellungen*) bestimmen. Und auch das Design des Schachbretts sowie der Figuren lässt sich dort anpassen. Möchten Sie weiterhin, dass die Züge des Computers sowie des Spielers kommentiert werden, so wählen Sie ebenso in den *Einstellungen* die Optionen *Züge des Computers/Spielers sprechen*. Für Anfänger und Unentschlossene lassen sich weiterhin über die Menüleiste *Züge* auch visuelle Hinweise mitgeben, und zwar über *Hinweis einblenden* sowie *Letzten Zug anzeigen*.

Sowohl die Schach-Einstellungen als auch die Menüleiste »Züge« bieten unterstützende Hilfe.

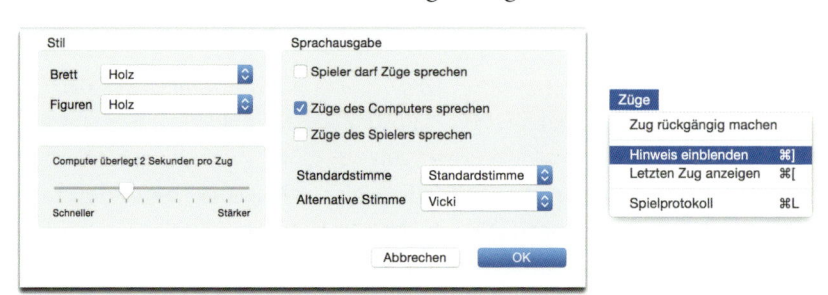

6 | Die Welt der Programme

Möchten Sie eigene Anweisungen (Option *Spieler darf Züge sprechen*) geben, so müssen Sie zuvor über die Systemeinstellung *Diktat & Sprache* in der Rubrik *Diktat* die Option *Erweiterte Diktierfunktion verwenden* aktivieren. Ist dem nicht so, so erhalten Sie automatisch davon Nachricht, indem ein Dialog eingeblendet wird, der den 1,2 Gigabyte großen Download der für die Spracherkennung anbietet. Anstatt nun mit der Maus die Figuren zu bewegen, können Sie beispielsweise »Bauer f2 zu f3« sprechen und die Figur bewegt sich wie von Geisterhand.

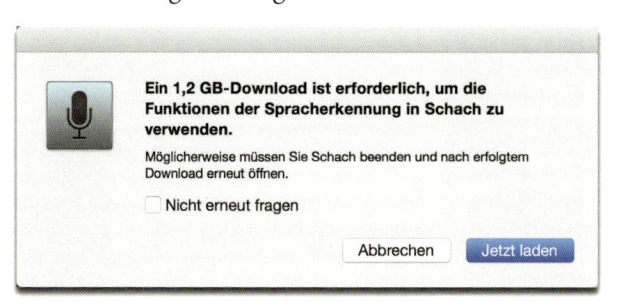

Wer das Spiel »Schach« über Sprache bedienen möchten, braucht dafür die erweiterte Diktierfunktion, die allerdings einen recht großen Download voraussetzt.

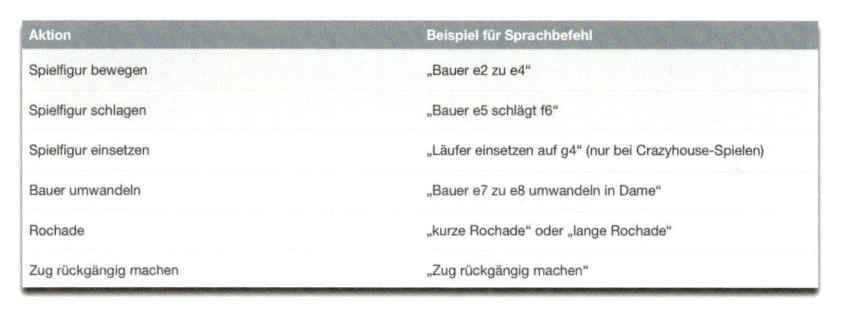

Aktion	Beispiel für Sprachbefehl
Spielfigur bewegen	„Bauer e2 zu e4"
Spielfigur schlagen	„Bauer e5 schlägt f6"
Spielfigur einsetzen	„Läufer einsetzen auf g4" (nur bei Crazyhouse-Spielen)
Bauer umwandeln	„Bauer e7 zu e8 umwandeln in Dame"
Rochade	„kurze Rochade" oder „lange Rochade"
Zug rückgängig machen	„Zug rückgängig machen"

Die Schach-Hilfe klärt auf, wie Sie am effektivsten Sprachbefehle – etwa Bauer »e2 zu e4« – verwenden.

Interessant ist weiterhin das *Spieleprotokoll (cmd-L)*, das Ihnen einen schnellen Überblick über alle stattgefundenen Bewegungen auf dem Brett mitteilt. Möchten Sie ein Spiel vorzeitig beenden, so sollten Sie es über *Spiel | Sichern (cmd-S)* speichern – Sie können es dann später per Doppelklick wieder aufrufen und weiterspielen.

> Schach können Sie auch über das *Game Center* spielen bzw. dort Ihre Spielstände speichern – vorausgesetzt, dass Sie sich dort angemeldet haben. Der Vorteil wäre für Sie, dass Sie auf diese Weise auch mit Freunden (oder Fremden) über das Internet spielen könnten. Bei Spielen, die zudem eine Punktevergabe zum Ansporn nutzen, würden diese weiterhin auch gesichert, damit Sie auch auf Ihren anderen Rechnern mit diesem Punktestand weiter zocken könnten. Wir persönlich brauchen das nicht, doch gibt es mit Sicherheit viele Anwender, die ganz heiß sind auf das Spielen

Schriftsammlung – Schriften verwalten

OS X installiert Ihnen schon teils recht schöne Schriften, die jedoch in unterschiedlichen Ordnern untergebracht sind. Da gibt es beispielsweise den Ordner *Fonts* mit den Systemschriften, der im Verzeichnis *System/Library/Fonts* liegt und der vom Betriebssystem benötigt wird. Weiterhin finden Sie einen *Schriften*-Ordner über den Pfad *Ihr Startvolume/Library/Fonts*. Installieren Sie in diesen Ordner weitere Schriften, so stehen diese allen auf dem Computer angemeldeten Benutzern zur Verfügung. Im Gegensatz zu jenem *Font*-Ordner, den Sie über den Pfad *Benutzer/»Benutzername«/Library/Fonts* finden. Diese Schriften sind wiederum einzig für den jeweiligen Benutzer von Belang. Sie müssen also im Vorfeld abklären, wer welche Schriften benutzen soll. Der *Systemschriften*-Ordner sollte dagegen tabu sein – hier sollten Sie weder Schriften entfernen noch hinzufügen, da das Betriebssystem solcherlei Eingriffe oftmals mit Komplikationen bestraft.

Schriften über Schriften – für jeden Anlass und Zweck finden sich geeignete Zeichensätze.

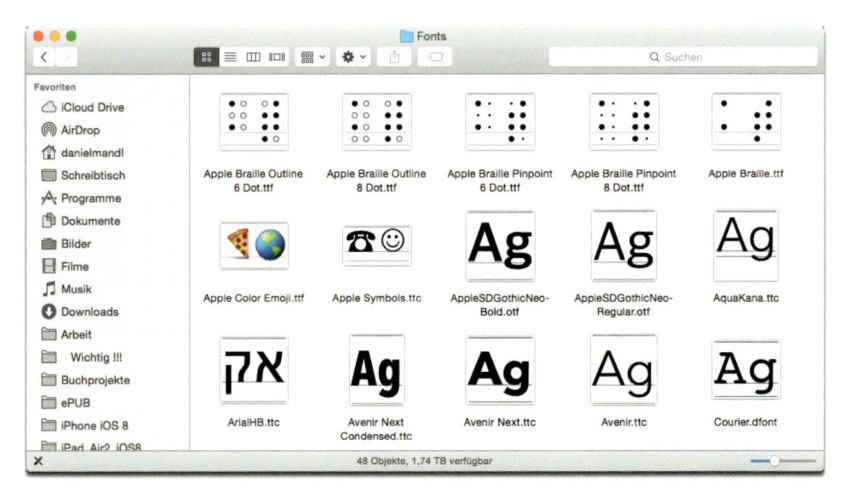

Wenn Sie Schriften kaufen, werden diese meist als Installations-Paket geliefert. Doppelklicken Sie dieses, so läuft das ganz normale Prozedere wie bei einem Programm ab. Jenes Verzeichnis, in das die Schriften standardmäßig gelegt werden sollen, stellen Sie in den *Schriftsammlung-Einstellungen* (*Befehlstaste-Komma*) unter *Standardort für Installation* ein: Option *Computer* für alle Benutzer, *Benutzer* für den ausgewählten Benutzer-Ordner. Als weitere Option können Sie dort noch bestimmen, dass alle Schriften automatisch aktiviert werden sowie Duplikate (also doppelt vorliegende Schriftsätze) in den Papierkorb verfrachtet werden.

6 | Die Welt der Programme

In den »Schriftsammlung-Einstellungen« bestimmen Sie den Standardort für neu hinzugefügte Schriften.

Das Programm *Schriftsammlung* ist folglich erste Anlaufstelle, wenn es ums Organisieren und das Abrufen von Informationen geht. Links befinden sich zum einen *Intelligente Sammlungen* sowie einfache *Sammlungen*, in der die Schriften zu einander passenden Gruppen zusammengefasst werden können. Während *Bibliotheken* (etwa *Alle Schriften*, *Benutzer* oder *Computer*) jene Schriften aus den *Font*-Ordnern wiedergeben, lassen sich darunter *Sammlungen* bilden, die aus den zuerst genannten *Bibliotheken* gespeist werden.

Die bereits vorgegebenen Sammlungen führen in etwa folgende Schriften auf:

- **Feste Laufweite/Feste Breite**
  Hier handelt es sich um Schriften, deren einzelne Buchstaben oder Ziffern alle denselben Platz beanspruchen. Ein »a« ist also genauso breit wie ein »Z«.

- **Modern**
  Bekannte serifenlose Schriften, also ohne Schnörkel.

- **PDF**
  Hier finden Sie Schriften, die sowohl am Bildschirm als auch im Ausdruck eine gute Figur machen.

- **Spaß**
  Ob Comic oder Heirats-Anzeige – die Schrifttypen eignen sich für ausgefallene Zwecke. Die Schriften dieses Genre sollten für den geschäftlichen Brief-Verkehr vermieden werden.

- Traditionell
  Die üblichen Verdächtigen (Serifen-Schriften), die in der Schrift-Historie Weltruhm erlangten und je nach Anlass dem Benutzer einen guten Geschmack anheften. Unter Serifen versteht man die kleinen Endstriche, die die Schrift verzieren.

- Web
  Auch dies sind allesamt Schriften, die sich hervorragend am Bildschirm lesen lassen und sich daher auch besonders für Internet & Co. eignen. Weiterhin finden Sie dort jene Zeichensätze (nicht alle), die sich häufig Plattform-übergreifend auch auf PCs befinden und somit auch dort ohne Darstellungsfehler daherkommen.

- Windows Office-kompatibel
  Diese Schriften finden Sie vor, sofern Sie Microsoft-Office-Programme wie *Microsoft Word, PowerPoint* etc. installiert haben. Diese eignen sich daher besonders gut, wenn Sie etwa Text-Dateien mit PC-Usern austauschen möchten. Gerade dann, wenn Formatierungen vorgenommen wurden, kann es sein, dass es Verschiebungen im Umbruch und ähnliches gibt. Benutzen Sie diese Schriften, so wird zumindest das Risiko von eventuellen Darstellungsfehlern gemindert.

Im Unterschied zu *Bibliotheken*, die beim Entfernen die Schriften später nicht mehr zur Verfügung stellen, bleiben beim Löschen von *Sammlungen* die Schriften weiter verfügbar, da es sich hierbei nur um Verlinkungen zur Original-Schrift handelt. Über die Menüleiste *Ablage* bzw. auch über das Kontextmenü lassen sich nun sowohl *Bibliotheken* (*Neue Bibliothek/cmd-alt-N*) als auch *Sammlungen* (*Neue Sammlung/cmd-N*) anlegen, die Sie auch gleich sinnvoll benennen sollten. Über einen Mausklick auf den *Plus*-Button oberhalb der *Schriften*-Liste fügen Sie nun einzelne Fonts oder ganze Schrift-Ordner hinzu. Dabei können Sie auch einen anderen Speicher-Ort als die *Fonts*-Ordner von *OS X* angeben – dieser wird unabhängig verwaltet. Befinden sich hingegen Zeichensätze auf anderen Volumes (beispielsweise auf einer externen Festplatte), so muss diese im Falle von *Bibliotheken* stets an den Rechner angeschlossen sein, um darauf zugreifen zu können.

6 | Die Welt der Programme

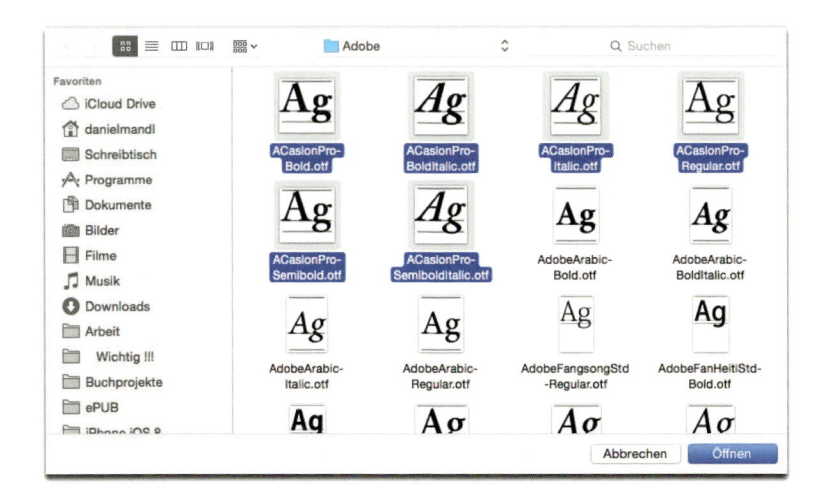

Das Füllen neuer Bibliotheken mit Schriften geht schnell vonstatten.

Ob nach Schriftbild, Genre oder eigenen Projekten – über den »berühmten« *Plus*-Button unterhalb der Liste mit den *Bibliotheken* erstellen Sie neue *Sammlungen*, die selbstverständlich ebenso einen intelligenten Namen bekommen sollten. Klicken Sie nun in *Alle Schriften*, so werden in der Schriften-Spalte sämtliche verfügbaren Fonts aufgeführt. Nun können Sie daraus einzelne Schriften auf Ihre persönliche Gruppe ziehen.

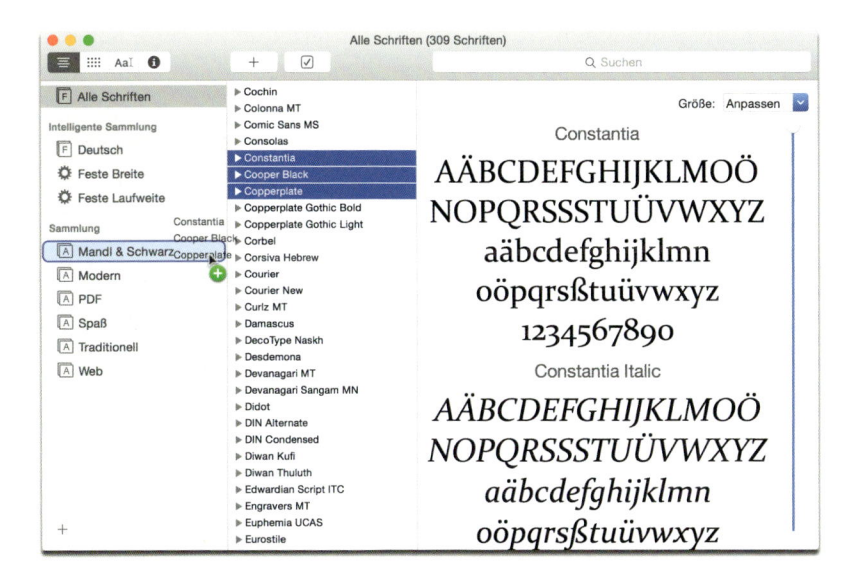

Die »Schriftsammlung« bietet einen Überblick über alle auf dem Rechner installierten Schriften sowie deren Schriftbild. »Sammlungen« werden per Drag & Drop (Schrift packen und auf die Sammlung ziehen) aus der Schriften-Liste befüllt.

Manchmal ist es nicht verkehrt, Schriften, die man nicht benötigt, zu deaktivieren. Dies kann beispielsweise der Fall sein, wenn Sie mit einem Programm arbeiten, das die verschiedenen Schriftstile (fett, kursiv,

481

unterstrichen etc.) eines Fonts nicht in einem Ordner zusammenfasst, so dass das Schriften-Menü überbordend voll ist. Oder auch fremdländische Schriften wie Hebräisch oder chinesische Schriftzeichen. Das Deaktivieren erledigen Sie, indem Sie einen oder mehrere Schrift-Ordner markieren und oben stehend auf *Deaktivieren* klicken. Nach einer Bestätigungs-Anfrage erhält der jeweilige Schriftschnitt nun das Kürzel *Aus* angehängt. Schriften, bei denen sich ein Warndreieck zeigt, deuten auf Komplikationen hin, etwa dass sich dort Duplikate (also doppelt oder mehrfach installierte Schrifttypen) eingeschlichen haben. Auch in diesem Fall ist es angebracht, diese zu deaktivieren.

Ein Klick auf den richtigen Knopf und die Schrift wird auf Nachfrage deaktiviert.

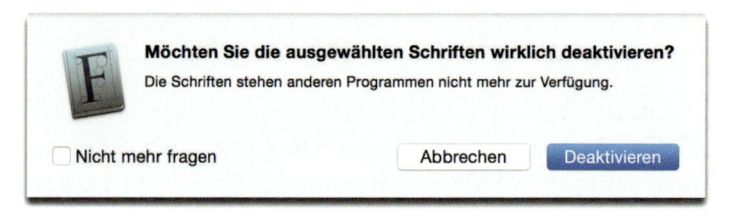

Ehe Sie nun Schrift für Schrift überprüfen und jedes einzelne Duplikat deaktivieren, geht es natürlich viel schneller über den Befehl *Bearbeiten | Nach aktivierten Duplikaten suchen (cmd-L)*. *Schriftsammlung* durchforstet daraufhin die Fonts-Ordner und listet die gefundenen Duplikate auf. Im gezeigten Dialog haben Sie nun die Möglichkeit, diese Duplikate *manuell* oder *automatisch auflösen* zu lassen.

Werden Duplikate gefunden, so lassen sich diese automatisch oder manuell auflösen.

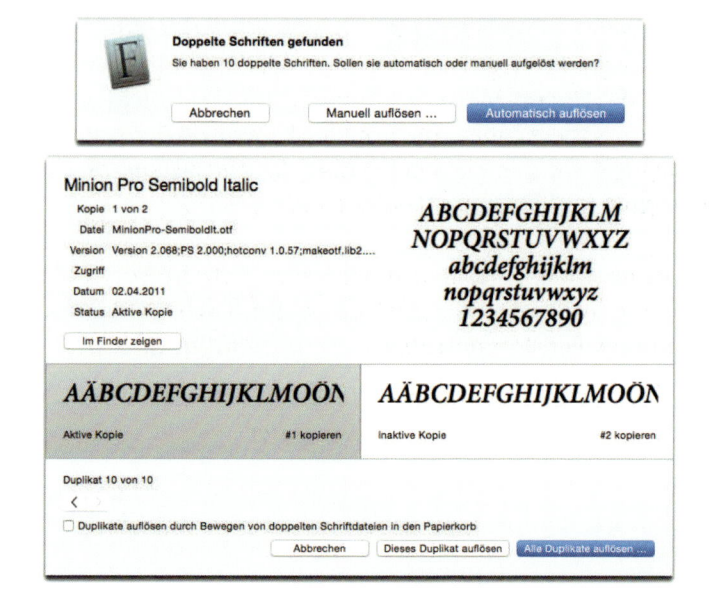

Schriften, die vom System benutzt werden, sind hingegen gesperrt und können nicht deaktiviert werden. Sie erkennen dies zum einen am kleinen Schloss unterhalb des Vorschau-Fensters sowie am inaktiven Button zum Deaktivieren einer Schrift. Auch ein Löschen ist nicht möglich.

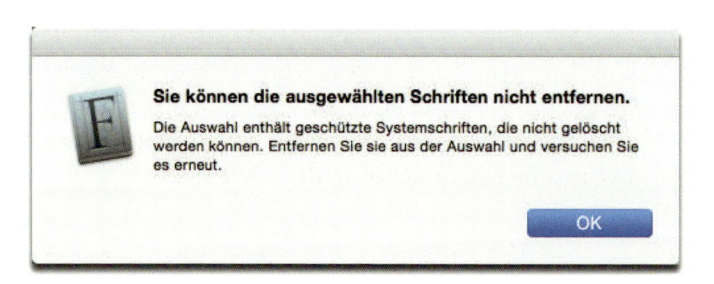

Schriften, die vom System benutzt werden, lassen sich sinnvollerweise weder deaktivieren noch entfernen.

Wenn Sie neue Schriften installieren möchten, so legen Sie sie entweder in die dafür vorgesehenen Schriften-Ordner oder ziehen sie einfach in die Schriften-Spalte. Oder Sie packen einen ganzen – aussagekräftig benannten – Ordner mit Schriften in die Spalte *Sammlung*, so dass dieser als Gruppe mitsamt den Schriften eingepflegt wird.

Klicken Sie nun eine Schrift an, so sehen Sie ganz rechts eine Vorschau des Schriftbilds. Ist diese nicht vorhanden, so wählen Sie im *Darstellung*-Menü den Befehl *Vorschau einblenden (cmd-alt-I)*. Neben der Auflistung des Alphabets sowie der Ziffern in der entsprechenden Schrifttype (*Darstellung | Beispiel* oder *cmd-1*) können Sie nun über *Darstellung | Repertoire (cmd-2)* den vollständigen Satz an darstellbaren Zeichen oder über *Darstellung | Eigene (cmd-3)* ein individuelles Textbeispiel einstellen. Die *Schriftgröße* regulieren Sie über den Regler ganz rechts außen oder über das Popup-Menü *Größe* innerhalb des Vorschau-Bereiches. Möchten Sie Näheres über eine Schrift erfahren (*Voller Name, Art, Version, Copyright* etc.), so wählen Sie über das *Darstellung*-Menü den Befehl *Schriftinformationen einblenden (cmd-I)*.

Anstatt über das *Vorschau*-Menü lassen sich die verschiedenen Ansichten auch über die Knöpfe in der Titelleiste des Schriftsammlungs-Fensters aufrufen.

Die Vorschau bietet unter anderem die Ansichten »Beispiel«, »Repertoire« und »Eigene«. Hinzu kommen die Schriftinformationen, die wohl keinen wichtigen Punkt auslassen.

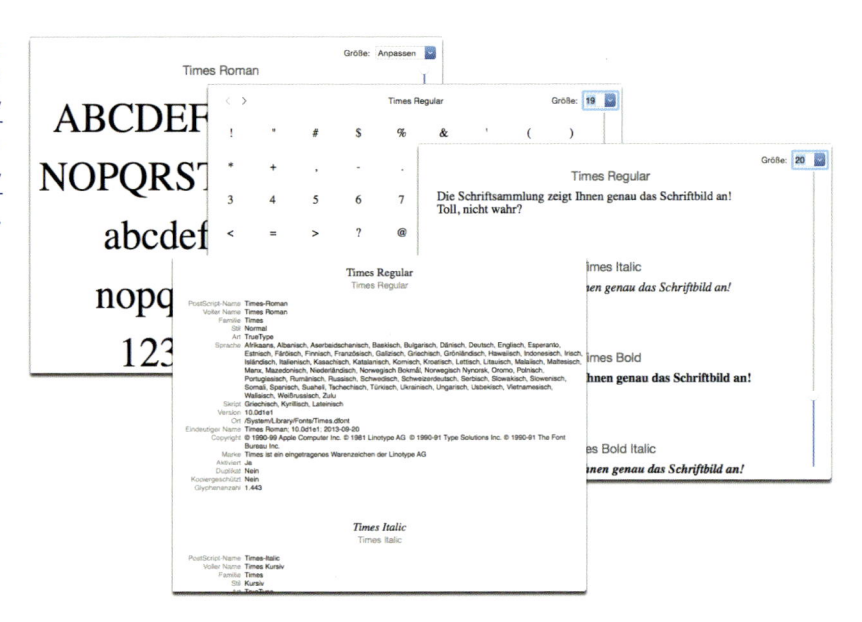

Wenn Ihnen das Bewerten einer Schrift am Bildschirm schwer fällt und Sie stattdessen lieber eine gedruckte Version in den Händen halten möchten, so markieren Sie einfach eine Schrift oder eine Sammlung und wählen dann *Ablage | Drucken*. Im sich öffnenden *Drucken*-Dialog haben Sie nun bei *Berichtstyp* drei verschiedene Möglichkeiten, das Schriftbild darstellen zu lassen: *Katalog* etwa druckt die verfügbaren Buchstaben sowie Ziffern, wobei Sie selbst die Größe bestimmen können. *Repertoire* wiederum gibt Ihnen einen Überblick über alle darzustellenden Zeichen einer Schrift. Sie können in diesem Fall die Größe der *Glyphen* (Bildzeichen) einstellen. Passen Sie hier jedoch auf, wie viele Zeichen eine Schrift insgesamt zur Verfügung stellt, denn ansonsten bekommen Sie – je nach ausgewählter *Glyphengröße* – Dutzende an Seiten ausgedruckt. *Wasserfall* (ein etwas komischer Fachbegriff …) druckt Ihnen letztlich eine Zeile Mustertext in verschiedenen Größen auf eine Seite Papier, wobei Sie selbst weitere Größen hinzufügen oder entfernen können.

6 | Die Welt der Programme

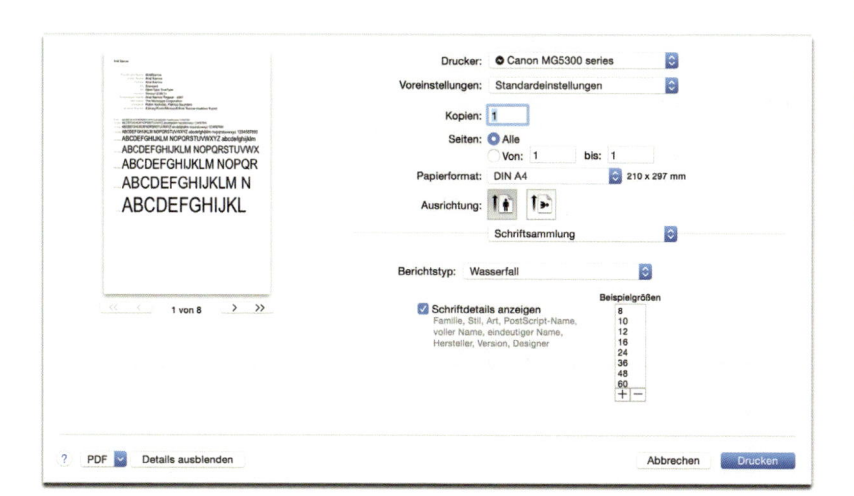

Um sich davon ein Bild zu machen, wie die gewünschte Schrift auf dem Papier wirkt, lässt sich diese unproblematisch und in verschiedenen Ansichten ausdrucken.

Was bietet Ihnen die *Schriftsammlung* sonst noch? Zum Beispiel das schnelle Auffinden des Speicherplatzes von Schriften. Klicken Sie in der Schriften-Spalte den oder die gewünschten Font(s) an und wählen Sie dann über das *Ablage-* bzw. Kontextmenü den Befehl *Im Finder zeigen (cmd-R)*. Voilá – jene Ordner, die die Schrift beherbergen, öffnen sich in Sekundenbruchteilen.

Oder möchten Sie einem Kollegen die zu einem bestimmten Dokument gehörenden Schriften mitgeben? Ganz einfach: Markieren Sie beispielsweise in *TextEdit* den Text über *Bearbeiten | Alles auswählen*. Wählen Sie dann im *Programm*-Menü den Befehl *Dienste* und dort wiederum die Option *Sammlung aus Text erstellen* bzw. *Schriftbibliothek aus Text erstellen* (die Optionen des *Dienste*-Befehls stehen leider nicht in allen Programmen zur Verfügung). Es wird nun im Programm *Schriftsammlung* eine *Sammlung* bzw. eine neue *Bibliothek* mit den im Text verwendeten Schriften angelegt, die über das *Ablage*-Menü und dem Befehl *Sammlung exportieren* extern abgespeichert werden können.

Fehlen Ihnen eben genannte Befehle *Sammlung aus Text erstellen* bzw. *Schriftbibliothek aus Text erstellen* aus dem *Dienste*-Menü, so rufen Sie darüber die *Dienste-Einstellungen* auf. Es öffnet sich dabei die Systemeinstellung *Tastatur | Reiter Kurzbefehle*. Wählen Sie dort in der linken Spalte die Rubrik *Dienste* und scrollen Sie dann rechter Hand bis zum Punkt *Text*. Dort aktivieren Sie nun die beiden Dienste *Sammlung aus Text erstellen* bzw. *Schriftbibliothek aus Text erstellen*, die danach im *Dienste*-Menü aufgeführt werden.

485

Die Systemeinstellung »Tastatur« | Reiter »Kurzbefehle« führt die verfügbaren Optionen für das Dienste-Menü auf.

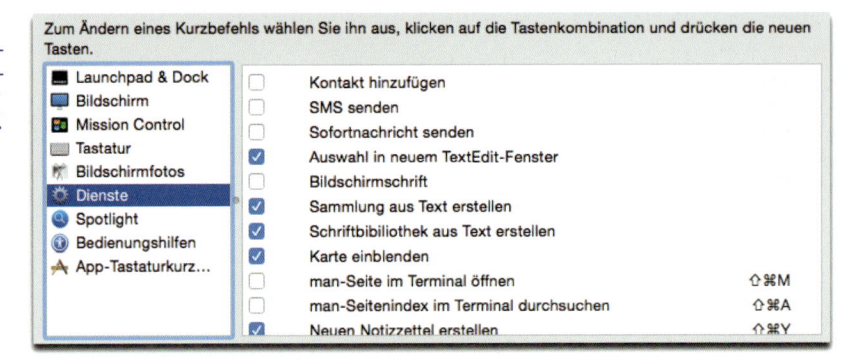

Arbeiten Sie beispielsweise mit dem Text-Programm *Microsoft Word*, so werden Sie schnell feststellen, dass dort auf keine Dienste zugegriffen werden kann. Sie können sich jedoch behelfen, indem Sie einfach den Text aus einer Word-Datei in ein *TextEdit*-Dokument hineinkopieren (*Bearbeiten | Alles auswählen – Bearbeiten | Kopieren* - dann das *TextEdit*-Dokument anklicken – *Bearbeiten | Einsetzen*). Dabei bleiben alle Formatierungen erhalten und Sie können nun das *Dienste*-Menü einsetzen. Die zu einer Datei passenden *Dienste* werden im Übrigen auch über das Kontextmenü angeboten.

Mit Schriften ist es wie mit der Musik – diese Medien unterliegen einem Copyright. Hier dürfen Sie nur mit Zustimmung des Herstellers Daten weiterreichen. Es ist daher eher angebracht, ein PDF zu erzeugen, das die Schriften integriert und somit dem Benutzer genau das Schriftbild und Layout wiedergibt.

Eine letzte Option sei der Vollständigkeit halber noch erwähnt: Die *Schriftsammlung* fungiert auch als Kontrolleur, ob denn Schriften beschädigt sind. Denn – ob Sie es glauben oder nicht – defekte Schriften können dem Computer mächtig Probleme bereiten. Das Dumme daran ist nur, dass man meist auf die Ursache nicht kommt. Nichtsdestotrotz sollten Sie bei Schwierigkeiten beim Speichern von Dokumenten oder häufigen Programm-Abstürzen auch diese Möglichkeit in Betracht ziehen. Markieren Sie dann die in Frage kommenden Schriften (oder auch alle) und betätigen Sie den Befehl *Ablage | Schriften überprüfen*. In einem eigenen Dialog-Feld werden nun die Schriften auf Herz und Nieren gecheckt und aufgeführt – beschädigte Schriften erhalten dabei ein Symbol, das geringfügige oder schwerwiegende Fehler aufweist. Im

Falle von schwerwiegenden Fehlern wird angeraten, diese Schriften nicht zu benutzen und sie zu entfernen bzw. zu ersetzen. Dies können Sie auch gleich im Bearbeitungsfenster erledigen, indem Sie den Übeltäter über das Setzen eines Häkchens auswählen und über den Button *Markierte entfernen* in den Papierkorb legen.

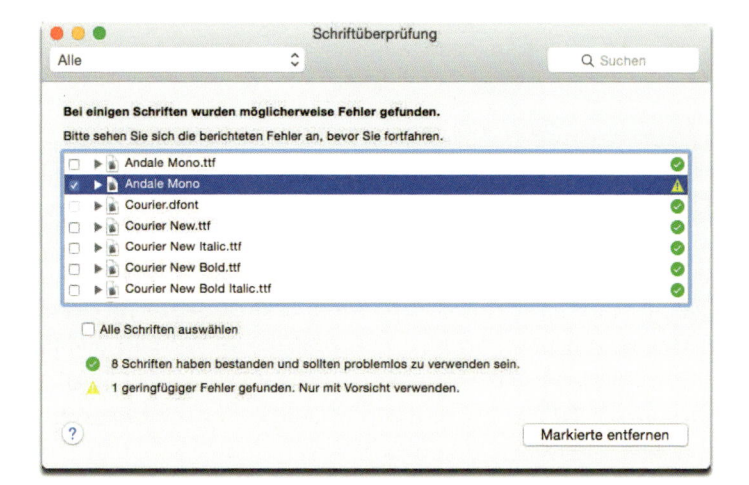

Die Überprüfung von Schriften deckt auf, ob im Arbeitsalltag mit Schwierigkeiten zu rechnen ist. Über das links oben legende Menü können Sie zudem die einzelnen Prüfstufen separieren.

Sie können sogar vor dem Installieren neuer Schriften diese checken lassen. Dazu wählen Sie den Befehl *Ablage | Datei überprüfen* und weisen dann den entsprechenden Zeichensatz über *Öffnen* zu.

TextEdit –
Textverarbeitung unter OS X Yosemite

Der Name ist Programm: In der Tat können Sie mit *TextEdit* Text editieren, ihn also bearbeiten, anpassen, ganz neu erstellen und ihn in verschiedenen Formaten – beispielsweise zum Austausch – abspeichern. *TextEdit*-Dokumente lassen sich auch in die *iCloud Drive* transferieren, so dass Sie auf Ihre Texte auch von anderen Computern aus darauf zugreifen können. Nach dem Start wird nun nicht mehr wie üblich ein leeres Dokument angeboten, sondern es zeigt sich stattdessen ein *Öffnen*-Dialog, der Ihnen die Möglichkeit gibt, bereits erstellte Dokumente aus der *iCloud* zu laden, lokal auf Dateien von Ihrem Computer zuzugreifen oder eben über die links unten liegende Schaltfläche *Neues Dokument* ein solches anzulegen.

Am Anfang heißt es ein Dokument aus der iCloud Drive oder vom Computer aufzurufen bzw. ein neues Dokument zu kreieren.

Lassen Sie uns mit einem neuen Dokument beginnen. Am besten sollten Sie dazu anfangs einen Blick in die *Einstellungen* werfen, da Sie dort die Basis für das geöffnete sowie alle künftigen Dokumente bestimmen. Die *TextEdit-Einstellungen* erreichen Sie über das gleichnamige Menü bzw. über *Befehlstaste-Komma (cmd-,)*.

Überschaubar: Zwei Reiter für die allumfassende Definition Ihrer künftigen Dokumente.

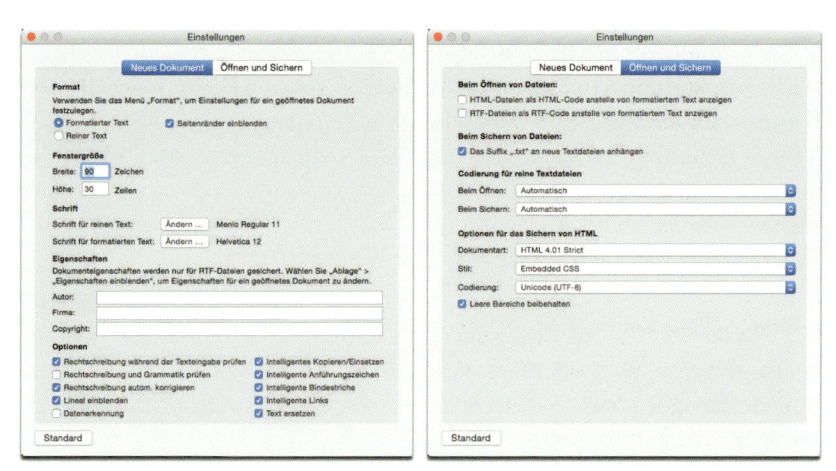

Vor Beginn steht wie immer die Frage an, welchen Zweck Sie verfolgen möchten. Wollen Sie einen Brief oder ein Manuskript anfertigen, so sollten Sie unter *Format* die Einstellung *Formatierter Text* benutzen, da Sie damit Text auszeichnen, also mit verschiedenen Schriften und Stilen (*kursiv*, **fett**, <u>unterstrichen</u> etc.) belegen können. Das Dokument erhält dann als Suffix (das ist die Endung) das Kürzel ».rtf«. Das *RTF*-Format (*Rich Text Format*) eignet sich auch bestens, falls Sie Text an Personen weiterreichen, die mit einer Textverarbeitung wie *Microsoft Word* arbeiten oder das Dokument in eine Layout-Software einfließen lassen möchten. Fügen Sie einem *RTF*-Dokument Bilder hinzu, wird daraus eine *.rtfd-Datei*.

> **Scheint es nicht sicher, dass auf dem anderen Rechner dieselben Schriften vorliegen, so können Sie einen formatierten Text auch als PDF aufbereiten, um so zumindest das Schriftbild darstellen zu können. Zum Thema PDF gibt es später mehr …**

Soll ein Text-Dokument dagegen weitergegeben werden, der beispielsweise in einen Web-Editor kopiert oder in einer Webseite Verwendung finden soll, so dürfte *Reiner Text* die schlauere Wahl sein, wobei etwaige Auszeichnungen nicht möglich sind. Für das Programmieren von Skripten oder HTML-Seiten fällt die Wahl ebenso auf *Reiner Text*, da beim Schreiben von Code keine Stile verwendet werden dürfen.

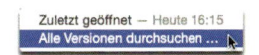

Wenn Sie ein neues Dokument erstellen, sollten Sie es über die Menüleiste *Ablage | Sichern (cmd-S)* mit einem aussagekräftigen Titel versehen und am gewünschten Ort (auf dem Computer oder in der *iCloud*) abspeichern. Danach übernimmt *OS X* das Zepter, indem es über die Funktion *Automatisch sichern* alle fünf Minuten eine Sicherung vornimmt. Sie selbst können ebenso einzelne Stationen der Dokumenterstellung absichern, indem Sie die Tastenkombination *cmd-S* drücken. Hierbei werden innerhalb des Programmes alle Veränderungen protokolliert, die Sie später – möchten Sie auf ältere Versionen Ihres Dokumentes zurückgreifen – über *Ablage | Zurücksetzen auf | Alle Versionen durchsuchen* wieder abrufen können.

> **Möchten Sie ein *TextEdit*-Dokument in einem anderen Format abspeichern, so müssen Sie es vorher duplizieren. Das erledigen Sie über *Ablage | Duplizieren (cmd-Umschalttaste-S)*. Wird nun diese identische Kopie gesichert, so lässt sich sowohl ein anderer Titel vergeben als auch das Dateiformat neu bestimmen. Zur Verfügung stehen unter anderem die Datei-Formate *RTF-Dokument* mit dem Suffix *.rtf*, *RTF-Dokument mit Anhängen* (Suffix *.rtfd*), *Webseite* (*.html*) für die Webseiten-Erstellung, *Webarchivdokument* zum Lesen der Dokumente beispielsweise im Browser *Safari*, *OpenDocument-Text-Dokument* (Suffix *.odt*) für eine Textverarbeitung der OpenSource-Gemeinde wie *OpenOffice* oder *LibreOffice* sowie die Word-Formate *Word 2007-Dokument* (*.docx*), *Word 2003-Doku-*

ment (*.xml*) sowie *Word 97-Dokument* (*.doc*). Daneben haben Sie über das *Ablage*-Menü jederzeit die Möglichkeit, das Dokument über den Befehl *Als PDF exportieren* in ein solches zu konvertieren.

Sichern Sie ein Text-Edit-Dokument das erste Mal bzw. möchten eine Kopie eines bestehenden Textes in einem anderen Format abspeichern, so müssen Sie im Menü »Dateiformat« das gewünschte auswählen.

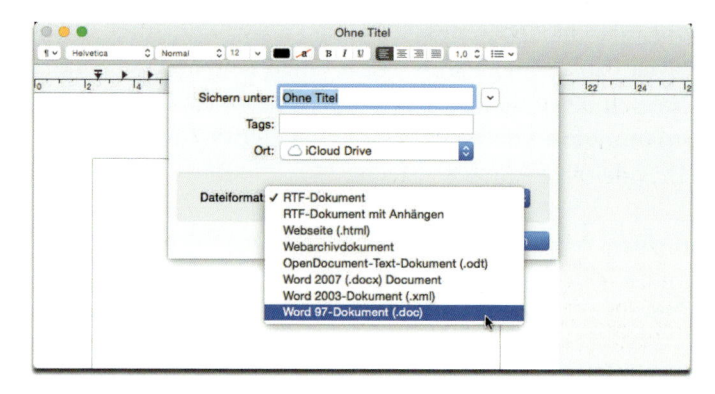

Dokumente, die Sie als *.docx-*, *.doc*, *.txt*-Datei oder als *PDF* in *iCloud Drive* gesichert haben, lassen sich auch in *Pages* für *iOS* aufrufen. Hierzu starten Sie das Programm und tippen dann oben rechts auf das Plus-Symbol. Im sich öffnenden Menü wählen Sie anschließend *iCloud*, dass den Zugriff auf die *iCloud Drive* gewährt. Nachfolgend wählen Sie nun Ihr Dokument. Sofern Sie keine Standard-Schriften verwenden, muss das Dokument eventuell angepasst werden, worauf *Pages* jedoch aufmerksam macht. Die jeweiligen Details lassen sich dabei anzeigen, über *Fortfahren* wird das Dokument als Kopie geöffnet.

Dokumente, die in der »iCloud Drive« abgelegt werden, lassen sich auch über iOS-Geräte öffnen und weiterbearbeiten.

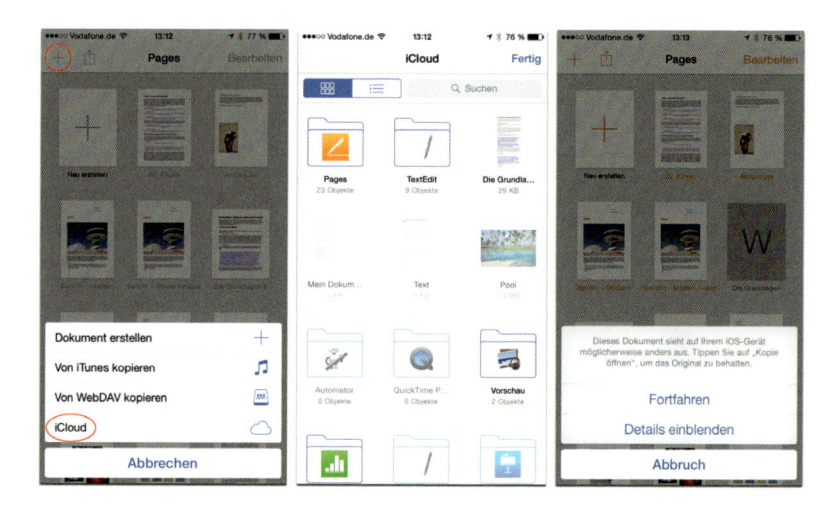

Das Einblenden von *Seitenrändern* über *Format | Seitenränder einblenden* bzw. *cmd-Umschalttaste-W* oder alternativ für alle Dokumente geltend über die *TextEdit-Einstellungen* ist für Anschreiben und Briefe von Vorteil, da Sie somit das Layout sowie die Proportionen besser einschätzen können. Ist die Option nicht gewählt, passt sich die Breite des Dokuments der Fensterbreite an. Ziehen Sie das Dokument-Fenster größer, so verteilt sich der Inhalt neu. Beim Drucken wird dann der Inhalt der Papiergröße angepasst, so dass Sie je nach Umfang entweder eine ziemlich kleine oder große Schrift erhalten.

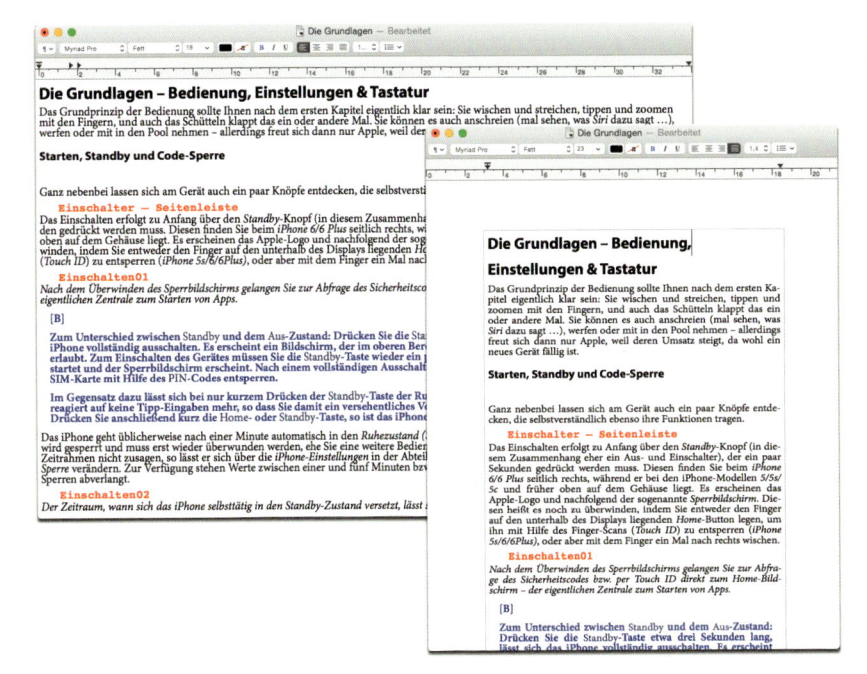

Dasselbe Dokument mit und ohne Seitenrändern.

Die Auswahl der Schrift bleibt natürlich Ihnen überlassen, so dass Sie ganz Ihrem Geschmack vertrauen sollten, zumal Sie jederzeit diese neu anpassen können. Entweder Sie klicken in den *TextEdit-Einstellungen* auf *Ändern* und wählen aus dem Schrift-Menü eine Alternative zur vorgeschlagenen, oder Sie formatieren im laufenden Text des Dokuments über *Format | Schrift | Schriften einblenden (cmd-T)* bzw. über das Schriften-Menü in der Symbolleiste.

Sowohl die Schriften-Palette als auch das Schriften-Menü in der Symbolleiste eines »TextEdit«-Dokumentes stellen alle im Programm »Schriftsammlung« aktivierten Zeichensätze zur Verfügung.

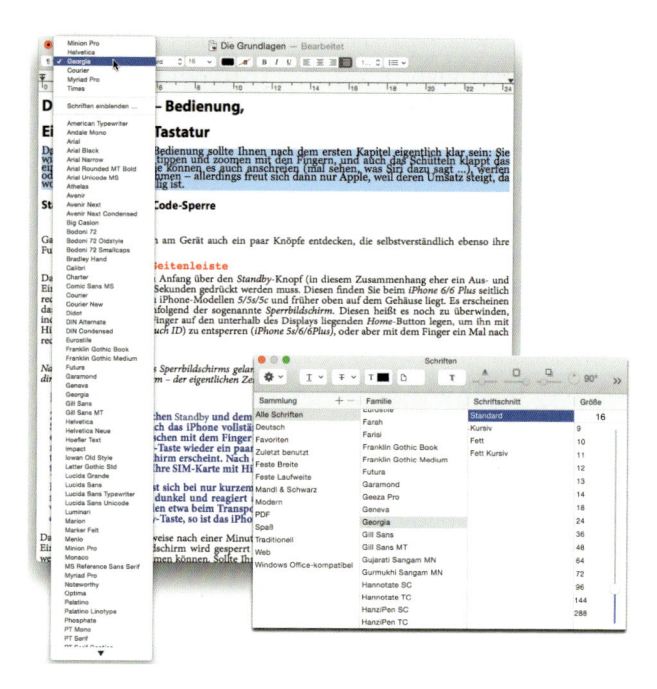

Die *Eigenschaften* (in den *TextEdit-Einstellungen*) gestatten Ihnen das Identifizieren Ihrer Dokumente, indem Sie die Eintragungen (Autor, Firma, Copyright) vornehmen und so Ihrem Schreiben zu mehr Aufmerksamkeit verhelfen – zumindest was das Auffinden angeht. Blenden Sie weiterhin über das *Ablage*-Menü und den Befehl *Eigenschaften einblenden (cmd-alt-P)* das Fenster *Dokumenteigenschaften* ein, so lassen sich dort auch *Schlagwörter* (jeweils mit einem Komma getrennt eingeben), *Titel*, *Betreffzeilen* oder *Kommentare* hinzufügen. Das Dokument lässt sich darüber bei Weitergabe leichter identifizieren, ebenso wie die *Spotlight*-Suche die Datei effektiver finden kann.

Die »Dokumenteigenschaften« werden der Datei angeheftet und bleiben auch beim Weiterreichen erhalten.

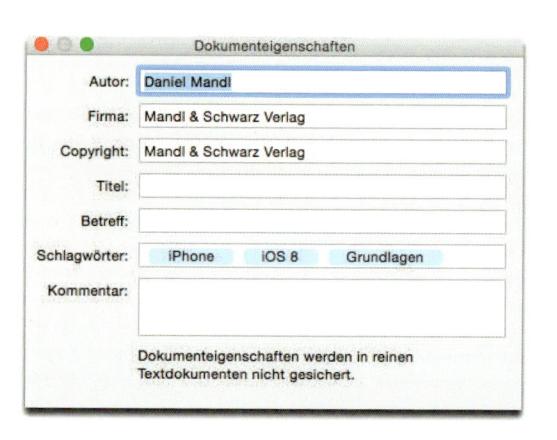

6 | Die Welt der Programme

Geben Sie Ihr Dokument weiter, so haften diesem weiterhin die Eigenschaften an – das Dokument kann aber jederzeit umbenannt und verändert werden. Möchten Sie es dagegen vor Veränderungen schützen, so wählen Sie *Format | Vor Bearbeitung schützen*.

Einen weitreichenderen Schutz – beispielsweise vor dem versehentlichen Löschen – erhalten Sie, wenn Sie es über die Titelleiste (rechts neben dem Titelnamen auf das Dreieck klicken) schützen. Dieses Procedere entspricht im Übrigen demselben Vorgehen, als wenn Sie das Dokument-Icon markieren und über den *Finder* die Menüleiste *Ablage | Informationen (cmd-I)* aufrufen. Im auftauchenden Dialog wählen Sie die Rubrik *Allgemein* und klicken dort die Option *Geschützt* an. Möchte nun jemand das Dokument löschen, so erhält er eine Sicherheitswarnung, die bestätigt werden muss, da ansonsten das Befördern in den Papierkorb nicht möglich ist. Das Gleiche gibt's dann noch einmal, wenn der Papierkorb geleert werden soll. Sie haben nun erneut die Chance, die geschützten Dokumente aus dem Papierkorb zu entfernen.

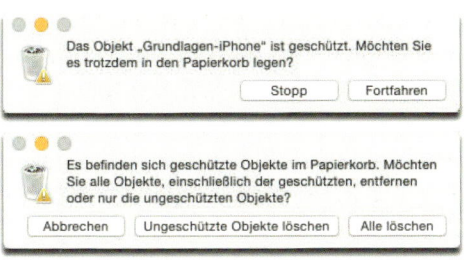

Das Dokument wird vor dem versehentlichen Löschen geschützt.

Um sicher zu gehen, dass auch ja alle Einstellungen in einem Dokument erhalten bleiben und dass am Original keine Änderungen vorgenommen werden, sollten Sie Ihr Dokument als PDF sichern und erst dann weitergeben. Dazu wählen Sie über das *Ablage*-Menü den Befehl *Als PDF exportieren*. Das Gleiche funktioniert auch über *Ablage | Drucken (cmd-P):* Dort verwenden Sie dann links unten aus dem Popup-Menü *PDF* die Option *Als PDF sichern*. Vergeben Sie Namen und den Speicher-Ort und fertig ist Ihr Schriftstück. Wählen Sie anstatt dessen *PDF versenden*, so wird das Dokument gleich als PDF in eine E-Mail verfrachtet und kann darin sogar mit Markierungen weiter auf Vordermann gebracht werden. Auch im Programm *Vorschau* können Sie ein PDF mit Anmerkungen versehen, wie Sie später noch sehen werden.

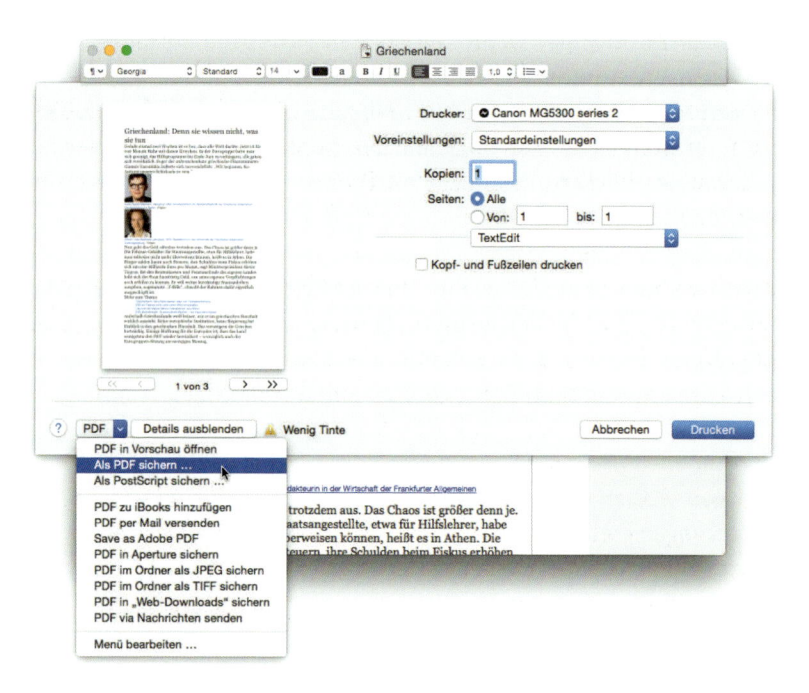

Das PDF-Format eignet sich hervorragend zum plattformübergreifenden Austausch oder zum Lesen auf iPad, iPhone & Co.

Giannis Varoufakis „Wir beginnen, Kozu sein."

Zurück zu den *Einstellungen:* Die weiteren Optionen betreffen die Prüfung der Rechtschreibung sowie der Grammatik, die bereits während der Texteingabe stattfinden kann. Bemängelte Wörter werden hierbei mit roter Farbe unterkringelt und sollten Ihnen einen zweiten Blick wert sein. Nicht alles, was *TextEdit* markiert, muss zwangsläufig falsch sein, denn auch unbekannte Worte oder Namen werden als Fehler markiert.

Unten rechts finden Sie noch die Intelligent-Abteilung, in der vom *Kopieren/Einsetzen* über das *Anführungszeichen* auch von *Links* die Rede ist. Erstere Funktion erlaubt das Kopieren/Einsetzen von Worten oder Sätzen mit einem sogenannten Leerstellen-Ausgleich – es werden also automatisch korrekte Leerzeichen gesetzt, wenn Sie Text zwischen zwei Worte einfügen. Die *intelligenten Anführungszeichen* erlauben das korrekte Setzen *typografischer Anführungszeichen*, indem im Text nicht die geraden Zeichen ("Beispiel"), sondern die typografischen („Beispiel") verwendet werden.

Links sind Adressen, über die man bestimmte Internet-Seiten direkt anspringen kann. Fügen Sie beispielsweise www.apple.com/de in ein Text-Dokument ein, so wird dieses als reine Buchstabenfolge gehandhabt. Ist jedoch die Option *Intelligente Links* aktiviert, so wird die Adresse aktiv geschaltet. Klickt nun ein Leser des Dokumentes auf diesen Link, so startet automatisch der Browser und sucht die Web-Seite auf. Das klappt im Übrigen auch mit E-Mail-Adressen. Beenden Sie beispielsweise ein Anschreiben mit Ihrem Absender und schreiben noch dazu mailto:mustermann@mustermann.de (Sie verwenden natürlich anstatt »mustermann« Ihre eigene Mail-Adresse), so braucht der Leser nur darauf zu klicken, um das Mail-Programm anzuwerfen und eine Antwort zu formulieren.

Möchten Sie sich nicht für alle Dokumente festlegen (und dies sozusagen in den Einstellungen festzurren), so lassen sich die eben genannten Funktionen auch über die Menüleiste *Bearbeiten | Ersetzungen* von Fall zu Fall regeln. Wollen Sie hingegen nur Teile Ihres Dokuments mit *typografischen Anführungszeichen* oder *intelligenten Links* versehen, so markieren Sie diesen Text-Bereich mit gedrückter Maustaste und wählen *Bearbeiten | Ersetzungen | Ersetzungen einblenden*. Im auftauchenden Dialog haken Sie dann die entsprechenden Optionen an bzw. wählen die gewünschten Anführungszeichen und klicken dann *In Auswahl ersetzen*. Nur der zuvor ausgewählte Bereich wird dabei optimiert.

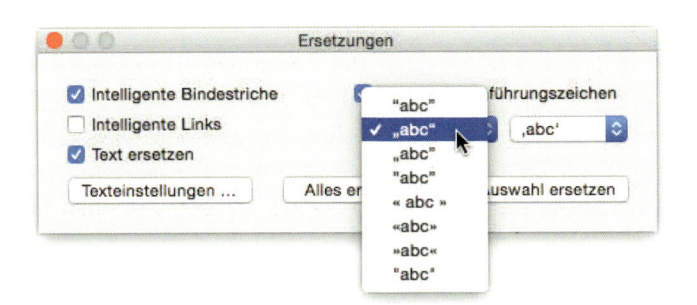

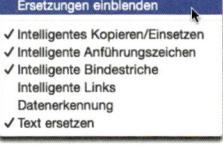

Sollen nur bestimmte Bereiche eines Textes überarbeitet werden, so markieren Sie diesen und wählen dann »Bearbeiten | Ersetzungen | Ersetzungen einblenden«. Über die Schaltfläche »In Auswahl ersetzen« lässt sich dann der markierte Teil überarbeiten.

Sofern Sie einen Link aus einer Webseite kopieren und diesen in ein *TextEdit*-Dokument einsetzen, so bleibt der Link weiterhin aktiv. Kopieren Sie hingegen eine Web-Adresse aus einem Text-Dokument (etwa *Word*), so wird der Link selbst dann nicht aktiv geschaltet, wenn Sie *Bearbeiten | Ersetzungen | Intelligente Links* wählen. Sie müssen in diesen Fällen die Internet-Adresse wirklich Buchstabe für Buchstabe eingeben, da ansonsten das Programm die URL nicht als Link erkennt. Eine weitere Möglichkeit besteht darin, dass Sie die Web-Adresse markieren und dann aus dem *Bearbeiten*-Menü den Befehl *Link hinzufügen* wählen. Tragen Sie dann die gewünschte URL ein und bestätigen Sie mit *OK* – der Link ist nun freigeschaltet. Umgekehrt klappt das auch: Markieren Sie einen Link und wählen Sie *Link bearbeiten*. Im Dialog klicken Sie dann auf *Link entfernen* und der Internet-Verweis gehört der Vergangenheit an.

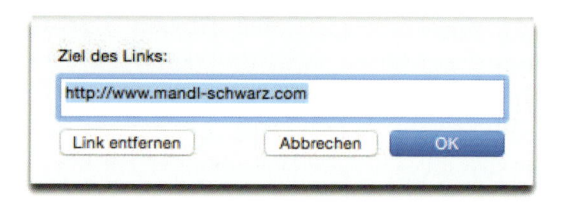

Das Umwandeln auch internetfremder Worte oder Sätze zu verlinkten Internet-Adressen lässt sich über »Bearbeiten | Link hinzufügen« sowie die Eingabe eine Internet-Adresse erledigen.

Alle eben genannten Befehle und Optionen erreichen Sie ebenso über das Kontext-Menü, das Sie per Rechtsklick, per Mausklick bei gedrückter ctrl-Taste oder mit einem Zweifinger-Tipp aufrufen können.

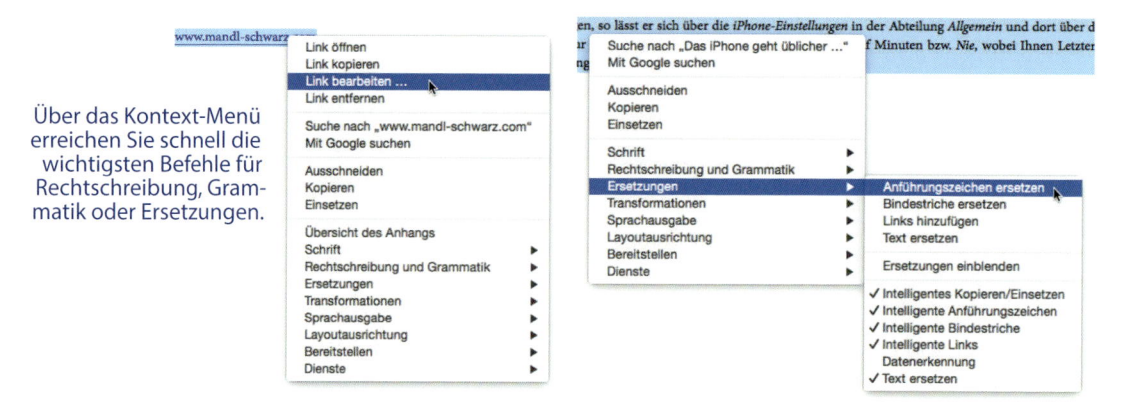

Über das Kontext-Menü erreichen Sie schnell die wichtigsten Befehle für Rechtschreibung, Grammatik oder Ersetzungen.

Denken Sie auch wieder an die *Lexikon*-Funktion: Möchten Sie sich etwaige Begriffe erklären lassen, so können Sie nach diesen Wörtern auch suchen – entweder über das Kontext-Menü (*Suche nach »Begriff«*) oder auf dem Trackpad per Dreifingertipp.

Im Reiter *Öffnen und Sichern* der *TextEdit-Einstellungen* finden Sie weitere Anpassungsmöglichkeiten. So können Sie *TextEdit* anweisen, beim Öffnen etwaige Formatierungen zu ignorieren sowie die Codierung automatisch bestimmen zu lassen. Auch wenn Sie HTML-Dokumente selbst verfassen, können Sie die Feinheiten regeln, indem Sie Dokumentart, Stil sowie die Codierung exakt festlegen. Letzteres betrifft jedoch eher Webseiten-Programmierer als uns »Normalsterbliche«, die einfach nur ein paar Zeilen schreiben möchten.

Das Schreiben eines Textes in das leere Dokument hinein bleibt jedoch nach wie vor Ihre Arbeit – aber trösten Sie sich, denn das Auszeichnen oder Formatieren geht einfach von der Hand. Um einen einzelnen oder mehrere Absätze neu zu formatieren, klicken Sie in diesen hinein bzw. ziehen im Falle mehrerer mit gedrückter Maustaste über den gewünschten Text, so dass dieser hervorgehoben wird. Über das Menü *Format* | *Text* lässt sich so der Text *linksbündig*, *zentriert*, als *Blocksatz* oder *rechtsbündig* setzen. Das Gleiche funktioniert auch über die entsprechenden Buttons in der Symbolleiste des Dokuments.

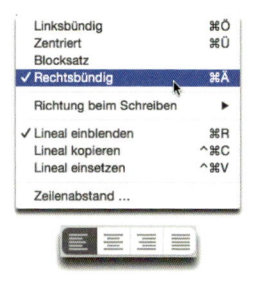

Die Formatierungen von oben nach unten: linksbündig, zentriert, Blocksatz und rechtsbündig.

Über das Popup-Menü *Absatzstil* in der Symbolleiste nehmen Sie Einfluss auf das Aussehen der Schrift. Dazu markieren Sie ebenfalls ein Wort durch Doppelklick, einen Absatz durch Dreifachklick oder mehrere durch Überfahren mit gedrückter Maustaste und wählen dann den Stil. Die Stile *fett* (Bold), *kursiv* (Italic) sowie *unterstrichen* erreichen Sie auch über die Knöpfe. Alternativ klappt das auch über das Menü *Format* | *Schrift*. Gefällt Ihnen das angebotene Repertoire nicht, so suchen Sie sich über *Format* | *Schrift* | *Schriften einblenden* kurzerhand eine andere aus.

Die Stile von oben nach unten: Standard, Durchgestrichen, Fett, Konturschrift, Kursiv, Schattenwurf und Unterstrichen.

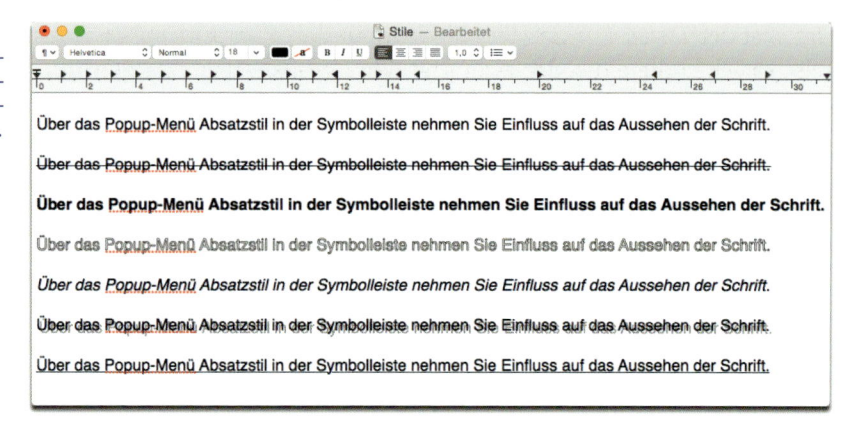

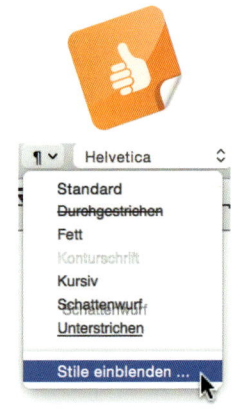

Falls Sie Gefallen finden an den vielfältigen Möglichkeiten der Gestaltung, indem Sie beispielsweise Ihren Lieblingszeichensatz als Konturschrift auszeichnen und diesen vielleicht sogar noch unterstreichen, so lässt sich diese Vielfalt auch als Stil abspeichern. Der Vorteil hierbei ist, dass Sie diese persönliche Kreation beim nächsten Mal per Mausklick aus dem Stile-Menü zuweisen können. Markieren Sie dazu den gewünschten Absatz oder ein ausgezeichnetes Wort und wählen Sie aus dem *Stile*-Menü den Befehl *Stile einblenden*. Über die Schaltfläche *Als Favorit sichern* vergeben Sie einen Namen und bestimmen, ob auch die Schrift dem Stil anhaften soll (*Schrift als Teil des Stils verwenden*). Über *Hinzufügen* ergänzt künftig dieser Stil die *Absatzstil*-Palette.

Über »Stile einblenden« erhalten Sie die Möglichkeit, eigene Auszeichnungen als Stil festzulegen.

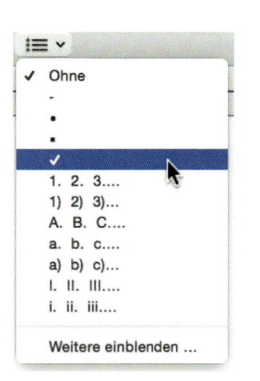

Mit *Zeilen- und Absatzabstand* bestimmen Sie die Zwischenräume zwischen den einzelnen Zeilen und Absätzen (ausgehend von der Zeilenhöhe) und über *Listen* lassen sich Aufzählungen ganz hervorragend auszeichnen. Dazu markieren Sie wieder die entsprechenden Text-Stellen und wählen eine Aufzählungsart (*Punkte und Nummerierungen*) aus. Nach jedem Drücken des *Zeilenschalters* wird dann das Zeichen gesetzt.

Um von der *Listen*-Formatierung wieder in den *Standard-Stil* zu wechseln, drücken Sie entweder zwei Mal den *Zeilenschalter* oder *alt-Taste-Zeilenschalter*.

Über einen harmonischen Zeilen- und Absatzabstand lässt sich die Lesbarkeit erhöhen. Auf Wunsch lassen sich auch ganz spezielle Werte (über »Weitere einblenden …«) eingeben.

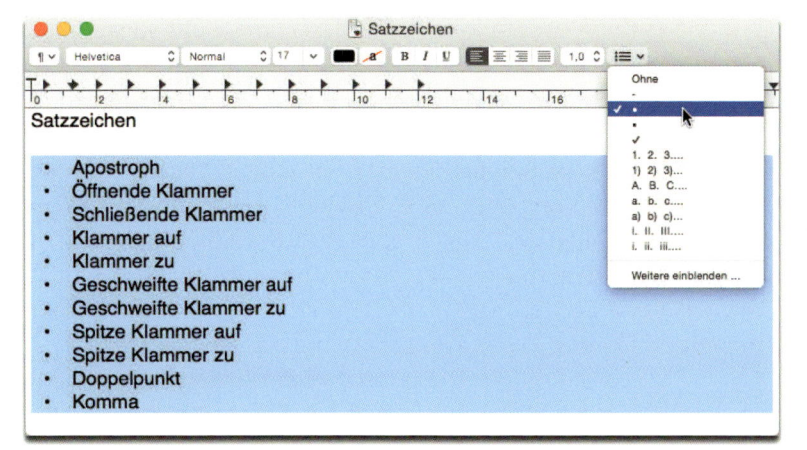

Auch Aufzählungen lassen sich ganz professionell auf Vordermann bringen.

Sowohl beim Zeilenabstand als auch bei den Listen lassen sich eigene Einstellungen verwenden. Den Zeilenabstand können Sie über *Format | Text | Zeilenabstand* bzw. über das Popup-Menü *Zeilen- und Absatzabstand | Weitere einblenden* in der Symbolleiste manuell eingeben, individuelle Listen-Auszeichnungen erreichen Sie über *Format | Liste* bzw. das Popup-Menü *Punkte und Nummerierung anzeigen | Weitere einblenden* in der Symbolleiste.

Einrückungen nehmen Sie über das Setzen von *Tabulatoren* vor. Wenn Sie ein neues Dokument aufrufen, liegen im Lineal bereits eine Menge (zu erkennen an den nach rechts ausgerichteten Dreiecken im Abstand von jeweils 1 cm) davon vor. Setzen Sie den Mauszeiger vor ein Wort bzw. vor eine Zeile und drücken die *Tabulator-Taste*, springt der Text bis zu dieser Stelle. Das Ganze klappt natürlich auch mit ganzen Absätzen, indem Sie diese markieren und dann etwa den ganz links stehenden, waagerechten Balken ein wenig verrücken. Die erste Zeile eines jeden Absatzes wird an diese Stelle versetzt. Soll auch der Rest eingerückt werden, schieben Sie das nach unten zeigende Dreieck nach.

Tabulatoren, die nicht benötigt werden, lassen sich einfach aus dem Lineal herausziehen, neue Tabulatoren lassen sich über das Kontextmenü (per Rechtsklick auf das Lineal) setzen. Unterschieden wird hierbei zwischen *Linker Tabulator*, *Zentrierter Tabulator*, *Rechter Tabulator* und *Dezimal-Tabulator*. Die *Zentrierte Tabulator* richtet dabei den Text mittig an der gesetzten Stelle, der *Dezimal-Tabulator* die Ziffern nach der Dezimalstelle aus.

Gerade bei längeren Dokumenten, die Sie formatieren und ausdrucken möchten, sollten Sie nicht vergessen, den Seitenrand über *Format | Seitenränder einblenden* anzeigen zu lassen sowie im Voraus das *Papierformat* über das *Ablage*-Menü festzulegen. Finden Sie kein passendes Format, so wählen Sie die Option *Eigene Papierformate*, klicken auf den *Plus*-Button und vergeben einen Projekt-Namen. Danach können Sie schalten und walten, wie es Ihnen gefällt.

Die Auswahl an Papierformaten ist reichlich und sollte eigentlich keine Wünsche offen lassen. Möchten Sie dennoch etwa ganz Exotisches, so richten Sie es über »Eigene Papierformate« ein.

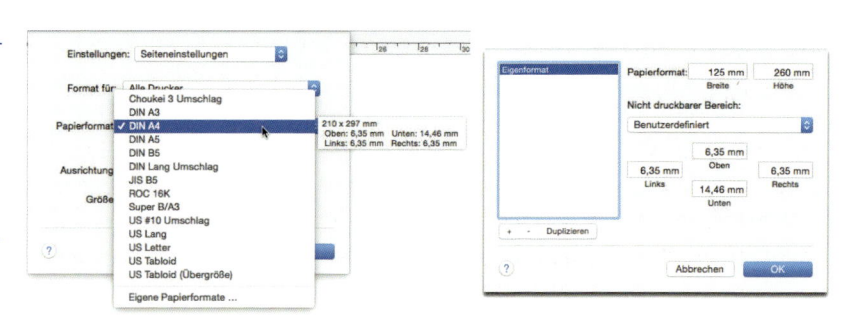

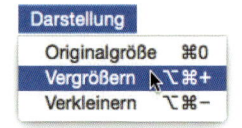

Selbstverständlich lässt sich auch die Schrift vergrößern sowie verkleinern (Menüleiste *Format | Schrift | Größer/Kleiner* bzw. *cmd-+/cmd--*), wobei Sie zuvor die entsprechenden Text-Teile markieren müssen. Verwechseln Sie diese Vorgehensweise aber nicht mit der Zoom-Funktion über die Menüleiste *Darstellung (Originalgröße cmd-0, Vergrößern cmd-alt-+, Verkleinern cmd-alt--)*, über die Sie nur die Ansicht, nicht aber den Text als solches verändern.

Zum Überprüfen des Textes auf Rechtschreibfehler wählen Sie über das *Bearbeiten*-Menü den Befehl *Rechtschreibung und Grammatik* und dort den Befehl *Dokument jetzt prüfen*. Das können Sie auch bei einem einzigen Wort machen, wenn Sie sich unsicher sind, ob Sie es richtig geschrieben haben.

> Haben Sie in den *Einstellungen* die Option *Rechtschreibung während der Texteingabe prüfen* aktiviert, so startet diese Funktion automatisch beim Anlegen eines neuen Dokuments. Hierbei werden unbekannte oder falsch geschriebene Wörter mit einer rot gestrichelten Linie gekennzeichnet. Möchten Sie zusätzlich noch die Grammatik checken, so klappt das über die Option *Während der Rechtschreibprüfung auch die Grammatik prüfen* – eventuell angemahnte Satzteile werden dabei grün unterkringelt.

> Denken Sie auch an die Möglichkeit, Wörter im *Lexikon* nachzuschlagen. Gerade dann, wenn Sie Ihr *Lexikon* mit dem deutschen Synonym-Wörterbuch (*OpenThesaurus Deutsch*) aufgewertet haben, kann das von Vorteil sein, denn bei längeren Texten macht es sich immer gut, ein wenig Abwechslung in die Wortwahl hineinzubringen.

Auch über die Tastatur-Kombination *cmd-Umschalttaste-Doppelpunkt* lässt sich die *Rechtschreibprüfung* starten. Im angezeigten Dialogfeld werden bei unbekannten wie fehlerhaften Worten Vorschläge unterbreitet, die Sie sogleich übernehmen (Button *Ändern*) können. Taucht kein Vorschlag auf, so korrigieren Sie selbstständig das Wort und klicken dann auf *Ändern*. Über *Ignorieren* werden unbekannte, aber fehlerfreie Einträge bzw. solche, bei denen keine Vorschläge gemacht werden, übergangen, über *Weitersuchen* springen Sie zum nächsten angemahnten Wort. Links unten wählen Sie das gewünschte Wörterbuch aus, das sich über den Button *Lernen* auch ziemlich wissbegierig zeigt. Erscheint ein Eintrag, der von der Rechtschreibung als falsch (weil unbekannt) getadelt wird, so lässt sich dieses Wort über den Button *Lernen* dem Wörterbuch hinzufügen – das Wort wird künftig nicht mehr als falsch ausgewiesen werden.

Als die Rechtschreibprüfung erfunden wurde, gab es dieses Wort noch nicht. Sie kann aber jederzeit dazulernen …

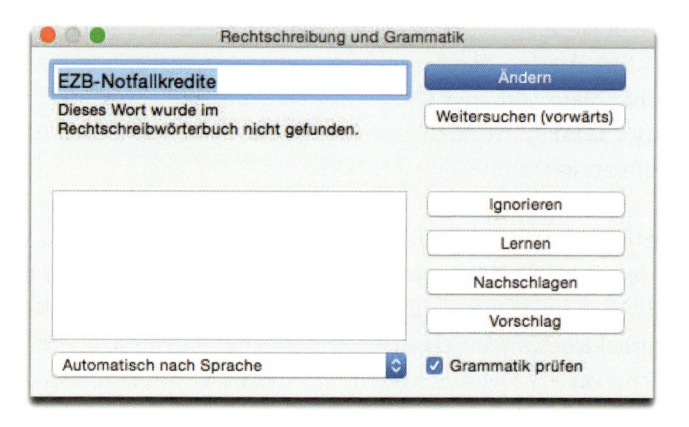

Wenn Sie sich häufig über die immer gleichen Buchstabendreher ärgern oder Sie sich partout nicht merken können, wie man denn ein korrektes Akut bei »Liberté, Égalité, Fraternité« setzt, so denken Sie bitte an die Systemeinstellung *Tastatur* | Reiter *Text*. Dort tragen Sie in die beiden Spalten *Ersetzen* und *Durch* Ihre Problemfälle ein und *TextEdit* berichtet diese über seine automatische *Text ersetzen*-Funktion. Letztere wird entweder in den *TextEdit-Einstellungen* oder über *Bearbeiten* | *Ersetzungen* | *Text ersetzen* eingeschaltet.

Und was die Sonderzeichen betrifft: Denken Sie an die Möglichkeit des Einblendens aller zugehörigen Zeichen, indem Sie beim Tippen eines Buchstabens diesen gedrückt halten. Innert einer Sekunde erscheint ein Dialog, der sämtliche Variationen zu diesem Buchstaben anbietet.

Ein weiteres Highlight bei der Texteingabe ist die automatische Korrektur von falsch geschriebenen Worten. Dazu muss über die Menüleiste *Bearbeiten* bei *Rechtschreibung und Grammatik* die Option *Rechtschreibung automatisch korrigieren* aktiviert sein. Schreiben Sie also drauflos und Sie tippen aus Versehen das Wort »Frage« mit »h« (also »Frahge«), so wird – sobald Sie die Leertaste betätigen, um zum nächsten Wort zu gelangen – das fehlerhafte Wort korrigiert. Probieren Sie es einfach mal aus. Weiterhin werden bei fehlerträchtigen Wortgebilden Korrekturvorschläge eingeblendet. Diese brauchen Sie dann nur anzuklicken, um die korrekte Schreibweise zu übernehmen, ein Klick auf das kleine »x« verwirft hingegen den Vorschlag.

6 | Die Welt der Programme

Niemand ist perfekt – auch nicht die automatische Rechtschreibkorrektur: Achten Sie deshalb immer genau auf die unterbreiteten Vorschläge (die nicht immer korrekt sind!) bzw. lesen Sie sich wichtige Texte immer ein zweites oder drittes Mal durch, ehe Sie sie weiterreichen oder ausdrucken.

Eine Menge Arbeit können Sie sich weiterhin sparen, wenn Sie die Funktion *Suchen (cmd-F)* im *Bearbeiten*-Menü im Auge behalten. Damit lässt sich nicht nur gezielt nach Begriffen suchen, sondern es besteht auch die Möglichkeit des raschen Ersetzens aller im Dokument vorkommenden Schreibweisen. Nehmen wir an, Sie hätten in Ihren Texten das Wort »iPhone« verwendet und möchten dies nun lieber in »iOS-Gerät« umgestalten. Anstatt nun mühsam sämtliche Begriffe herauszusuchen, tragen Sie im Dialogfeld *Suchen* den Begriff »iPhone« ein. Aktivieren Sie dann die Funktion *Ersetzen*, so zeigt sich ein weiteres Eingabefeld, in das Sie den Eintrag »iOS-Gerät« hineinschreiben. Auf diese Weise können Sie auf einen Schlag sämtliche Begriffe auf Vordermann bringen (Button *Alle*). Gehen Sie die Sache lieber schrittweise an, um mehr Kontrolle zu haben, so klicken Sie nur auf *Ersetzen*, so dass immer das aktuell markierte Wort ersetzt und sogleich das nächste angezeigt wird. Über die Pfeile für *Weiter* und *Zurück* springen Sie im Dokument vorwärts oder rückwärts.

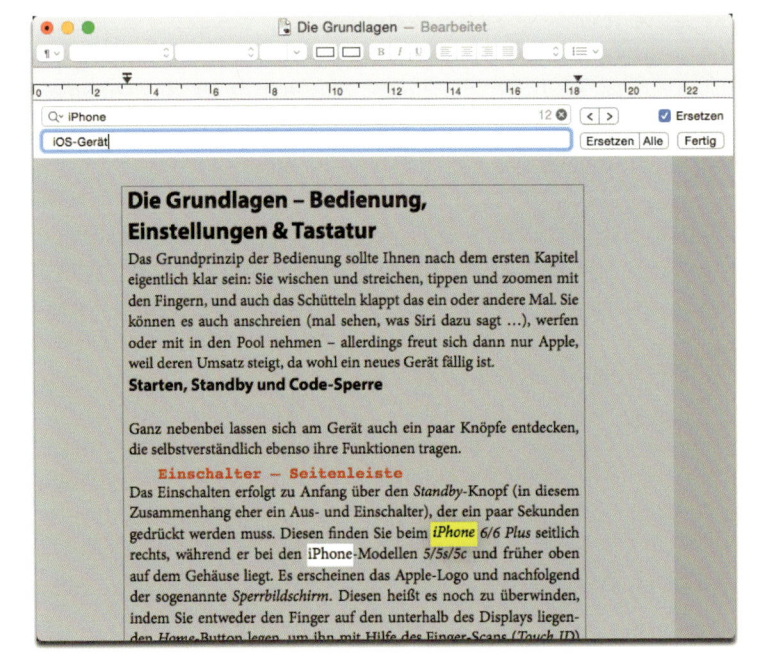

Die »Suchen & Ersetzen«-Funktion im Kopf-Bereich eines Dokuments ist in umfangreichen Texten unersetzlich.

503

Weitere hilfreiche Funktionen sind noch die *Silbentrennung* (*Format | Mit Silbentrennung*), die oftmals eine harmonischere Darstellung von Text-Seiten erreicht und die Sätze gleichmäßiger an den verfügbaren Platz anpasst. Aber Achtung: Keine Software ist perfekt, so dass Sie im Falle von Trennungen diese nochmals überprüfen sollten.

> Machen Sie auf gar keinen Fall den Fehler und setzen Sie statt einer korrekten Silbentrennung einen Bindestrich. Das Wort wird dann vielleicht im Moment richtig getrennt, doch ändern Sie später beispielsweise *Schriftgröße* bzw. *Schrifttype*, so verändert sich das Schriftbild samt Umbruch – der Bindestrich bleibt jedoch im Text und sitzt nun völlig falsch.

Möchten Sie einen Text-Teil auf die nächste Seite verfrachten, so sollten Sie das nicht über mehrmaliges Drücken des *Zeilenschalters*, sondern über den Befehl *Bearbeiten | Einfügen | Seitenumbruch* erledigen. Letzteres ist aber nur im Dokument erkennbar, wenn im *Format*-Menü die Option *Seitenränder einblenden* aktiviert ist.

> An dieser Stelle möchten wir erneut auf die wichtige Tastenkombination *Befehlstaste-Z (cmd-Z)* für *Bearbeiten | Widerrufen* hinweisen, welche die zuletzt getätigten Schritte rückgängig macht. Als Alternative hierzu seien noch die Befehle *Ablage | Zurücksetzen auf | Zuletzt gesichert* bzw. *Zuletzt geöffnet* zu nennen. Oder Sie wählen *Ablage | Zurücksetzen auf | Alle Versionen durchsuchen*. In diesem Fall können Sie die früher angelegten Versionen begutachten und auf den älteren Bearbeitungszustand wechseln.

Auch Tabellen lassen sich in *TextEdit* anlegen – und dies relativ schnell (aber auch nur einfache Strukturen): Wählen Sie den Befehl *Format | Tabelle* und geben Sie im eingeblendeten Tabellen-Dialog die gewünschten Werte für *Zeilen* und *Spalten* ein. Über die *Ausrichtung* bestimmen Sie, wie der Inhalt verlaufen soll. Möchten Sie einen *Zellenrahmen* oder gar einzelne Zellen farbig gestalten, so wählen Sie die gewünschte *Rahmenstärke* in Pixel bzw. wählen bei *Zellenhintergrund* die Option *Füllfarbe* und aus der *Farbpalette* den Farbton. An der Stelle der Einfügemarke wird die Tabelle dann eingebaut. Befindet sich die Einfügemarke bereits im Text, so wird dieser automatisch eingebunden. Die Tabelle können Sie auch noch nachträglich in der Breite verändern, indem Sie den Mauszeiger seitlich am Zellenrahmen justieren und mit gedrückter

Maustaste ziehen. Den Abstand des Textes vom Zellenrahmen justieren Sie über den Button *Zeilenabstand* in der Titelleiste bzw. die Option *Weitere einblenden*, da dort zusätzliche Möglichkeiten angeboten werden.

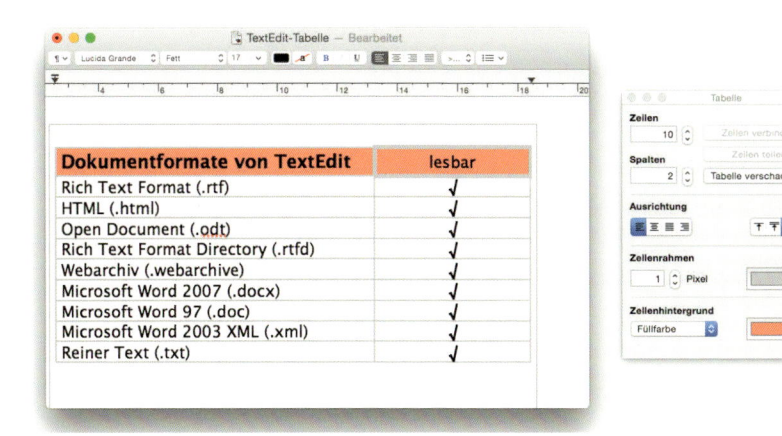

Auch Tabellen können ihren Charme besitzen, wenn denn ein wenig Farbe ins Spiel kommt.

Achten Sie darauf, wenn Sie einzelne Zellen farbig gestalten möchten, dass bei *Zellenhintergrund* die Option *Füllfarbe* gewählt und das *Farbfeld* aktiviert ist (dazu bitte hineinklicken), da Sie ansonsten den Text einfärben.

Sie können Tabellen auch in separaten Dateien entwerfen und formatieren und diese dann in andere Dokumente kopieren. Dazu klicken Sie links vom ersten Zeichen des Tabellen-Inhaltes in die Tabelle und ziehen mit gedrückter Maustaste nach rechts unten bis zum letzten Zeichen. Wählen Sie dann *cmd-C* und gehen Sie zum gewünschten Dokument. Die Tabelle befindet sich derweil in der Zwischenablage und wird erst wieder herausgegeben, wenn Sie über *cmd-V* den Befehl dazu ausführen.

Noch ein Beitrag zum Verständnis: Der Unterschied zwischen *Ausschneiden (cmd-X)* und *Kopieren (cmd-C)* im *Bearbeiten*-Menü besteht darin, dass beim *Kopieren* der entsprechende Teil weiterhin im Original verbleibt, während beim *Ausschneiden* dieser Bereich aus dem Ursprungs-Dokument entfernt wird. Bei beiden Varianten wird über die Zwischenablage der Inhalt zwischengespeichert und kann an einer anderen Stelle wieder eingefügt werden.

Zum Einfügen von Inhalten in die einzelnen Zellen brauchen Sie nur hineinklicken und dann losschreiben bzw. etwas hineinkopieren. Über die *Tabulator*-Taste springen Sie bequem von Feld zu Feld.

TextEdit ist aber kein reines Textprogramm, sondern es steht Ihnen auch frei, Bilder, PDFs oder Filme in ein Dokument einzubetten. Die Vorgehensweise ist dabei mehr als einfach, denn Sie brauchen die entsprechende Datei nur mit der Maus zu packen und in das Dokument hineinzuziehen. Oder Sie markieren ein Bild oder einen Film im *Finder*, wählen *Bearbeiten | Kopieren (cmd-C)* und wechseln dann ins *TextEdit*-Dokument. Dort klicken Sie nun mit der Maus an jene Stelle, an der die Datei eingefügt werden soll. Wählen Sie nun *Bearbeiten | Einsetzen (cmd-V)* und der Inhalt wird aus der Zwischenablage eingefügt.

Eine weitere Möglichkeit zum Einfügen von Medien besteht, indem Sie über die Menüleiste *Bearbeiten* den Befehl *Dateien hinzufügen* wählen. Hierbei öffnet sich ein Dialog, der Ihnen nun den Zugriff auf all Ihre multimedialen Inhalte offeriert. Scrollen Sie dazu die links liegende Quellen-Liste ganz nach unten, bis Sie auf den Eintrag *Medien* stoßen. Darüber können Sie nun auf all Ihre *Musik*-Inhalte (*GarageBand*, *iTunes*), Ihre Bilder (*iPhoto*- oder *Aperture-Bibliotheken*, *Photo Booth*, *Fotos*) bzw. Ihre Filme (*iMovie*, *iPhoto*, *iTunes*, *Final Cut Pro* etc.) zugreifen und diese in Ihr *TextEdit*-Dokument integrieren.

Ob Ton, Bild oder Film – TextEdit ist hier ziemlich kulant und schluckt fast alles.

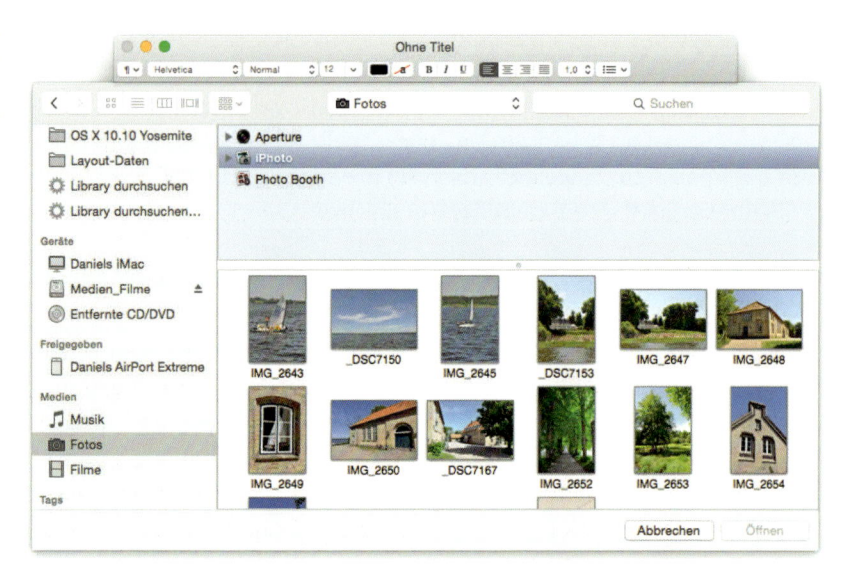

Aber es gibt auch Nachteile, denn ein nachträgliches Bearbeiten der Bilder oder Videos ist innerhalb *TextEdit* nicht möglich. Sie müssen also schon im Voraus die Medien so aufbereiten, dass die Größe stimmt. Es bringt hier auch einen Vorteil, wenn Sie die Seitenränder nicht einblenden, da ansonsten größere Bilder oder Filme einfach auf die nächste Seite ausgelagert werden. Zum Verändern von Film-Daten denken Sie bitte an das Programm *QuickTime Player*, in dem Sie hervorragend kleinere Versionen (*Format* für *iPhone/iPad/iPod*) erstellen können. Bilder wiederum skalieren Sie in *Vorschau*, das ein wenig später ausführlich beschrieben wird.

> **Dokumente, die Bilder oder Filme enthalten, werden als *RTF-Dokument mit Anhängen* (Suffix *.rtfd*) gesichert. Je größer die Anzahl der eingebetteten Medien und je höher die Datengröße, desto größer wird letztlich auch das Dokument selbst. Bedenken Sie das bitte, wenn Sie ein *TextEdit*-Dokument beispielsweise per E-Mail versenden möchten. Haben Sie eine Datei geöffnet, die als reiner Text vorliegt (Endung *.txt*), so ist ein Integrieren von Medien nicht möglich – Sie müssen die Datei zuvor in ein *RTF* umwandeln (über *Format | In formatierten Text umwandeln*).**

So unscheinbar *TextEdit* auch im *Programme*-Ordner schlummert, so umfangreich sind seine Funktionen. Nichtsdestotrotz legen andere Programme wie beispielsweise *Microsoft Word* oder *Pages* weitaus umfangreichere Layout-Optionen an den Tag. Haben Sie sich jedoch mit *TextEdit* auseinandergesetzt und die vielen Features verinnerlicht, so sollte einem Umstieg auf »professionellere« Programme nichts im Wege stehen. Das Gute daran ist nämlich, dass Apple großen Wert darauf legt, dass häufig verwendete Befehle wie *Kopieren*, *Auswählen*, *Einsetzen* etc. in allen Programmen stets am selben Fleck anzutreffen sind.

Time Machine – Auf Nummer Sicher

In den *Systemeinstellungen* bereits angesprochen, nun im *Programme*-Kapitel zu Ende gebracht – die Rede ist von *Time Machine*, der genialen Backup-Lösung in *OS X*. Geraten Sie in die missliche Situation, dass Ihnen wichtige Dokumente abhanden gekommen sind (aus Versehen gelöscht, durch einen Systemabsturz beschädigt, in geistiger Umnachtung überschrieben etc.), so gibt es einen Ausweg. Öffnen Sie den entsprechenden Ordner, in dem sich dieses Dokument befand und klicken Sie dann auf das Programm-Icon von *Time Machine* (im Dock, im *Programme*-Ordner oder über *Launchpad*). Und wie von Geisterhand ändert sich der Schreibtisch und Sie blicken auf einen Fenster-Stapel. Im Fenster selbst können Sie nun wie im *Finder* agieren, also auch darin enthaltene Ordner doppelklicken oder in der Seitenleiste andere Pfade öffnen.

Der Flug in die Vergangenheit kann beginnen – vorausgesetzt, Sie haben auch Ihre Festplatte mit den Time Machine-Backups eingeschaltet.

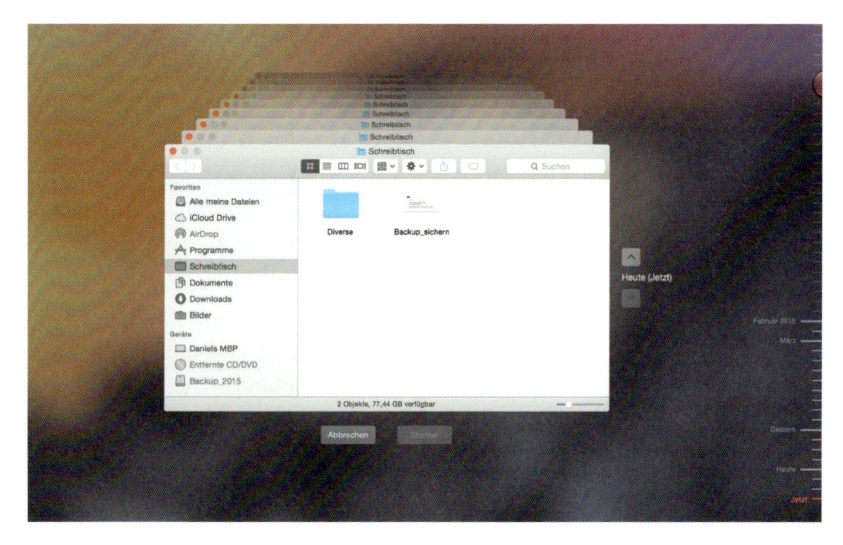

Sie haben nun mehrere Möglichkeiten zum Suchen: Entweder Sie benutzen die beiden Pfeile rechts vom Fenster zum Vor- und Zurückgehen, klicken sich mit der Maus von Fenster zu Fenster oder benutzen die seitliche (rechts stehende) Zeitleiste. Überfahren Sie mit der Maus die einzelnen Blöcke, so wird zu jedem das zugehörige Datum eingeblendet. Klicken Sie darauf, so wandern Sie in die Vergangenheit zu genau diesem Zeitpunkt.

Jeder Balken entspricht einem Backup-Tag (oder größer). Klicken Sie darauf, so sausen Ihnen die Fenster nur so um die Ohren, bis der Zeitpunkt erreicht ist.

6 | Die Welt der Programme

Wenn Ihre Backup-Festplatte schon einmal voll war und *Time Machine* nunmehr damit beginnt, ältere Einträge zu überschreiben, damit für die aktuellen Sicherungen Platz ist, so werden die Abstände mit der Zeit immer größer. Aus zuvor täglich angelegten Backups werden im Zurückgehen in die Vergangenheit dann Wochen-Abstände, später sogar noch größere zeitliche Entfernungen.

Haben Sie Ihre Datei gefunden, so markieren Sie sie mit der Maus und klicken dann auf den *Starten*-Knopf – in Windeseile rauscht Ihr vermisstes Objekt über die vielen Fenster und liegt schließlich im aktuell geöffneten (das klappt natürlich auch bei mehreren markierten Objekten). Wenn Sie ein Dokument wiederherstellen, das denselben Namen wie ein bereits im Ordner vorkommendes Objekt trägt, so wird dieses nicht einfach überschrieben, sondern Sie erhalten eine Warnmeldung, die um Aufklärung bemüht ist.

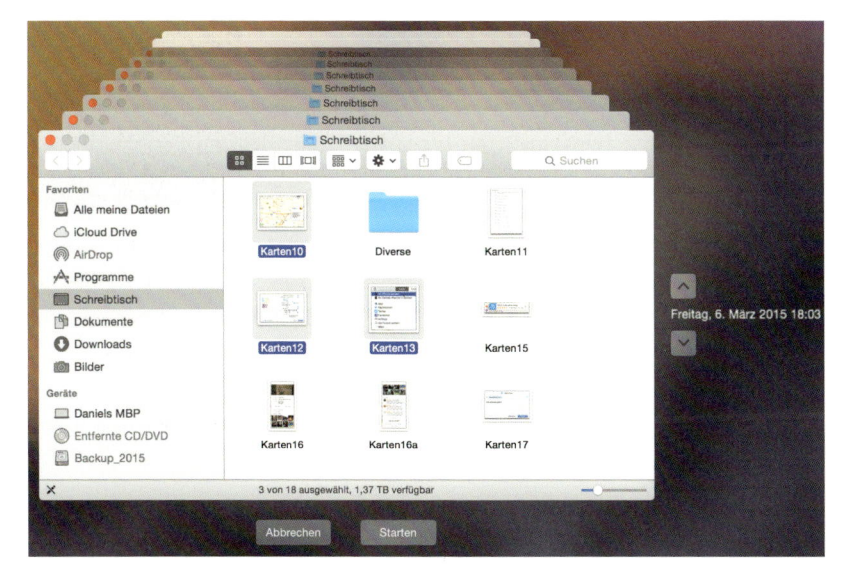

Der Klick auf Starten stellt »verloren« gegangene Daten wieder her.

Im Falle übereinstimmender Datei-Namen haben Sie drei Möglichkeiten: Entweder Sie behalten das bestehende Objekt (»Original behalten«), beide Objekte (»Beide behalten«) oder ersetzen das Bestehende durch das Wiederhergestellte (»Ersetzen«).

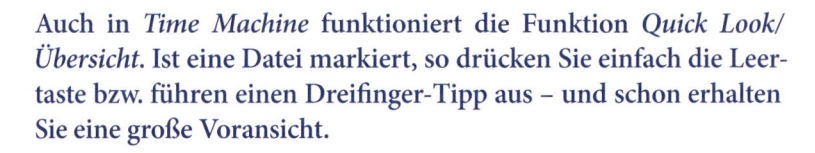

Auch in *Time Machine* funktioniert die Funktion *Quick Look/ Übersicht*. Ist eine Datei markiert, so drücken Sie einfach die Leertaste bzw. führen einen Dreifinger-Tipp aus – und schon erhalten Sie eine große Voransicht.

Sollten Sie Schwierigkeiten im Auffinden der gesuchten Datei haben, so können Sie auch über *Spotlight* danach fahnden. Geben Sie dazu im von *Time Machine* gezeigten Fenster einen Begriff in das Suchenfeld ein und schon fahndet das Programm danach.

Das *Wiederherstellen* klappt jedoch nicht nur bei einzelnen oder mehreren Objekten, sondern auch mit dem gesamten Betriebssystem. Ist dieses außer Gefecht gesetzt (beschädigt), so müssen Sie allerdings einen anderen Weg einschlagen. Starten Sie Ihren Mac neu bzw. halten Sie beim Einschalten die *alt-Taste* gedrückt. Wählen Sie anschließend die Wiederherstellungspartition (*Recovery-10.10*) als Startvolume und nach wenigen Sekunden erscheint das Fenster *OS X Dienstprogramme*, das als ersten Punkt die Option *Aus Time Machine-Backup wiederherstellen* aufführt.

Anstatt der *alt*-Taste können Sie auch über das Gedrückthalten von *Befehlstaste-R (cmd-R)* direkt über die Wiederherstellungspartition starten – auch hier öffnet sich das Fenster *OS X Dienstprogramme*. Nutzer, die ihre Festplatte über *FileVault* verschlüsselt haben, müssen sogar über *cmd-R* starten, da die Wiederherstellungspartition in diesem Fall sonst nicht angezeigt wird.

Vorausgesetzt, dass die Festplatte mit Ihrem *Time Machine*-Backup eingeschaltet und mit dem Mac verbunden ist, markieren Sie nun diese Option und klicken auf *Fortfahren*. Im folgenden Fenster lesen Sie sich bitte die angezeigten Informationen durch, der nochmalige Klick auf *Fortfahren* zeigt Ihnen nun die eigentliche Backup-Quelle. Hierbei müssen Sie darauf achten, dass Sie auch wirklich ein *Time Machine-Backup* auswählen, das von dem gerade verwendeten Computer stammt.

6 | Die Welt der Programme

Wählen Sie aus dem erscheinenden Dialog »Aus Time Machine-Backup wiederherstellen« und anschließend den Button »Fortfahren«.

Das Fenster »System wiederherstellen« führt noch einmal die wichtigsten Verhaltensregeln auf, ehe Sie über die Backup-Quelle das Volume zum Wiederherstellen wählen.

Im Falle eines verschlüsselten *Time Machine*-Volumes müssen Sie dieses erst freigeben. Dazu klicken Sie auf *Schutz aufheben* und geben dann das Passwort ein. Anschließend werden alle vollständigen *OS X-Backups* nach Datum sortiert aufgelistet, von denen Sie sich nun das Gewünschte heraussuchen.

Bitte ebenso unbedingt beachten: »Beim Wiederherstellen Ihres Systems werden alle Inhalte auf dem ausgewählten Volume gelöscht« – so schreibt es Apple und wir wollen dem Glauben schenken. Mit anderen Worten: Wenn Sie noch die Möglichkeit haben, sollten Sie zuvor alle Daten in Sicherheit bringen.

Zum Schluss heißt es *Backup auswählen* und dann den Button *Fortfahren* zu drücken. Den Rest übernehmen Soft- wie Hardware und Sie können sich erst einmal wieder beruhigen, denn die ganze Geschichte ist doch ziemlich aufregend und dauert zudem ziemlich lange (je nach Menge der zu übertragenden Daten). Wir wollen dennoch ganz stark die Daumen drücken, dass danach alles wieder in Ordnung ist bzw. Sie nie in den »Genuss« einer Wiederherstellung kommen werden.

Wählen Sie aus der Aufstellung das gewünschte OS X-Backup.

Vorschau – der PDF- und Bilder-Tausendsassa

Das Programm *Vorschau* werden Sie mit Sicherheit sehr häufig gebrauchen. Es gehört mit in die Gruppe der (fast) Alleskönner – zumindest was die Anzeige von verschiedenen Bild-Formaten angeht. Dazu gehören unter anderem:

- JPEG, JPG (*Joint Photographic Experts Group*)
- GIF (*Graphics Interchange Format*)
- TIFF, TIF (*Tagged Image File Format*)
- PSD (*Photoshop Document*)
- PICT (*Pictures*)
- PNG (*Portable Network Graphics*)
- BMP (*Bitmap*)
- RAW (Rohdatenformat)

Aber auch Dokumente, die mit *Microsoft Word*, *PowerPoint* sowie *Excel* erstellt wurden, lassen sich in *Vorschau* öffnen. Daneben ist das Programm hervorragend zur Darstellung von *PDF*-Dokumenten geeignet. Das sogenannte *Portable Document File* ist aufgrund seiner Plattform-Unabhängigkeit sowohl auf PCs wie auch auf Macs weit verbreitet. Nicht

6 | Die Welt der Programme

nur im Internet, sondern auch als eBook, digitales Magazin-, als Werbeflyer oder Hilfe-Dokument ist es zuhauf auf Computern zu Hause. Zudem lassen sich auch *PostScript-* (*PS*) oder *EPS*-Dateien (*Encapsulated PostScript* – ein Grafik-Format) begutachten, indem diese automatisch in das PDF-Format konvertiert werden.

Das Arbeiten mit *Vorschau* ist relativ simpel: Zum Anzeigen von einem oder mehreren Bildern markieren Sie diese und ziehen sie auf das *Vorschau*-Icon im Dock. Meist tut es auch ein Doppelklick, wenn die Bilder nicht von einem anderen Bildbearbeitungs-Programm abgespeichert wurden, das sich ebenfalls im Ordner *Programme* befindet.

Mehrere Bilder zeigt »Vorschau« meist in der Ansicht »Miniaturen« an, die Sie auch über die Menüleiste »Darstellung | Miniaturen« (cmd-alt-2) bzw. durch Klick auf das Symbol des Darstellungsmenüs in der Symbolleiste wählen können.

Erscheint Ihnen die Seitenleiste mit den Miniaturen zu schmal und möchten Sie dadurch die Miniaturen anpassen, so setzen Sie den Mauszeiger an die Trennlinie zwischen Leiste und Bild-Vorschau und ziehen sie bei gedrückter Maustaste nach links oder rechts. Das Darstellungsmenü (sowohl über die Menüleiste als auch über die Schaltfläche der Titelleiste) bietet Ihnen darüber hinaus weitere Darstellungen, darunter *Nur Inhalt (cmd-alt-1)*, das *Inhaltsverzeichnis (cmd-alt-3)* sowie den *Kontaktbogen (cmd-alt-6)*.

Der *Kontaktbogen* zeigt hierbei eine Übersicht aller geöffneten Bilder, die Sie über *cmd-Plus* bzw. *cmd-Minus* oder über die *Vergrößern-/Verkleinern*-Tasten in der Größe variieren können. Besitzer eines Trackpad können die Ansichten zusätzlich über das Spreizen bzw. Zusammenziehen von Daumen und Zeigefinger bewerkstelligen.

513

Der Kontaktbogen erlaubt einen schnellen Überblick über das geöffnete Bilder-Repertoire.

Über einen Doppelklick auf eine Miniatur zeigt sich dann das Bild in der großen Vorschau als *Nur Inhalt* ohne Seitenleiste. Die Ansicht *Miniaturen* wiederum gibt einen schnellen Überblick über alle geöffneten Medien und erlaubt das schnelle Navigieren zu einer bestimmten Datei – das große Vorschau-Fenster bleibt dabei stets eingeblendet. Das *Inhaltsverzeichnis* ist im Grunde weniger für Bilder als eher für PDF-Dateien gedacht, da im Falle von eBooks dort aussagekräftige Titel stehen.

Wenn Sie ein eBook oder beispielsweise einen Firmenprospekt als PDF öffnen, finden Sie in der Ansicht »Inhaltsverzeichnis« meist eine Auflistung sämtlicher Überschriften vor.

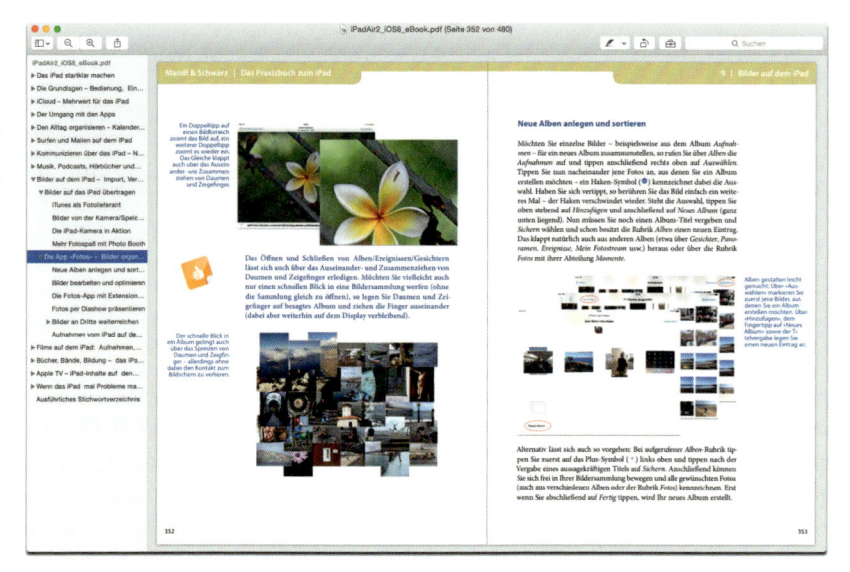

Alle genannten Ansichten von *Vorschau* lassen sich auch im *Vollbild-Modus* anwenden. Diesen starten Sie entweder über den grünen Knopf oben links im *Vorschau*-Fenster oder über die Menüleiste *Darstellung | Vollbild ein (ctrl-cmd-F)*. Möchten Sie auf weitere Funktionen zurückgreifen, so gelingt Ihnen das entweder über die entsprechenden Tastenkurzbefehle oder indem Sie den

Mauszeiger an den oberen Bildschirmrand bewegen. Auf diese Weise wird die Menüleiste automatisch eingeblendet und Sie haben Zugriff auf alle Funktionen. Der *Vollbild-Modus* lässt sich ausschalten, indem Sie erneut auf den Grünen Button klicken oder schlicht die *esc*-Taste drücken.

Wir möchten bei den Ansichten *Kontaktbogen* sowie *Miniaturen* weiterhin auf das *Kontext*-Menü hinweisen, über das Sie weitere Befehle zur Sortierung (nach *Name*, *Pfad*, *Datum*, *Größe* usw.) oder zum Exportieren in ein anderes Format erhalten. In der Symbolleiste finden Sie weiterhin den *Bereitstellen*-Knopf zum Übergeben von Bildern an weitere Programme wie etwa *Mail*, *iPhoto* oder *Aperture* bzw. zum Weiterreichen an *Flickr* oder *Twitter*.

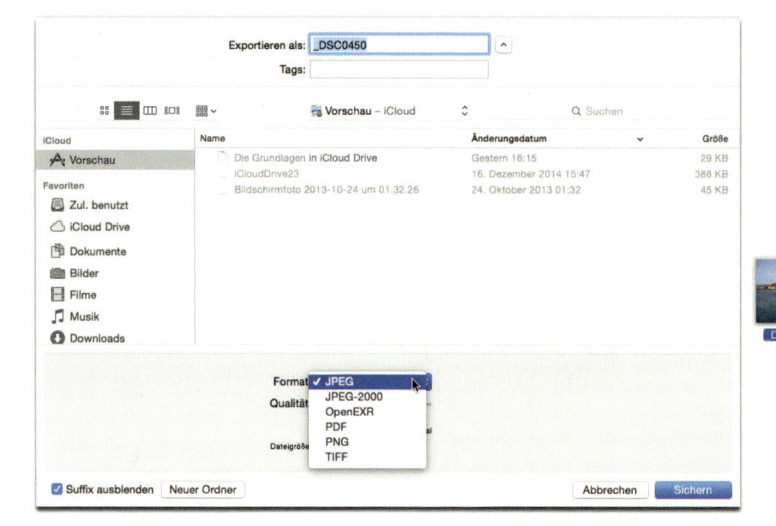

Über das Kontext-Menü lassen sich verschiedene Aufgaben bewältigen, unter anderem das Sortieren der Bilder oder das Exportieren, indem Sie im erscheinenden Dialog das gewünschte »Format« bestimmen.

Wie sich das Programm beim Öffnen von Bildern verhalten soll, lässt sich über die *Einstellungen* (*Vorschau* | *Einstellungen*) steuern. Dort bestimmen Sie unter *Allgemein* zum Beispiel die *Hintergrundfarbe* des Ansichts-Fensters und legen fest, wie sich *Vorschau* im Falle des Öffnens von mehreren Dateien verhalten soll: Entweder separat *Jede Datei in einem eigenen Fenster öffnen* oder *Alle Dateien in einem Fenster öffnen*, so dass Sie mit Hilfe der *Miniaturen* in der *Seitenleiste* navigieren können. Letztere Einstellung bedeutet aber auch, dass Sie – falls Sie nach und nach weitere Bilder doppelklicken – auch diese dem schon geöffneten Fenster hinzugefügt werden. Unsere Favorit heißt daher *Dateigruppen im selben Fenster öffnen*, womit sich bei jedem Öffnen diverser Dateien (etwa verschiedene Bild-Ordner) diese zusammengefasst in einem Fenster anzeigen lassen.

In der *Bilder*-Abteilung legen Sie hingegen fest, wie sich ein Bild beim Anzeigen in *Originalgröße* (*Darstellung | Originalgröße* bzw. *cmd-0*) verhalten soll. Fotos, die Sie beispielsweise von Ihrer Digitalkamera auf die Festplatte transferieren, legen mittlerweile enorme Pixel-Werte an den Tag. Eine 24-Megapixel-Kamera weist bei Fotos etwa eine Datendichte von 6000 x 4000 Pixel auf, was einem Umfang von circa 50,8 x 33,87 cm bei einer Druckgröße von 300 dpi (Dots per Inch, also 300 Pixel pro 2,54 cm) entspricht (ganz davon abgesehen, dass es bei Bildern eigentlich *ppi* – Pixel pro Inch – heißen müsste). Bei der Einstellung *Bildschirmgröße entspricht Druckgröße* wird nun der dpi-Wert (sprich die Auflösung) berücksichtigt, so dass das Bild in diesen (Zentimeter-) Maßen auf die Auflösung des Bildschirms herunterskaliert wird. Ist dagegen die Option *1 Bildpixel entspricht 1 Bildschirmpixel* gewählt, so stellt das Programm die Bilder in der Original-Pixelgröße dar. Das heißt mit anderen Worten: Bei einem iMac-Bildschirm mit 27 Zoll und einer Pixeldichte von 109 dpi werden nicht die 300 Pixel pro Inch des Originalbildes, sondern eben nur 109 aufgeführt – das Bild wird dementsprechend groß skaliert. Dasselbe Bild der 24-Megapixel-Kamera (bei gleicher Pixeldichte) würde nun bei 109 dpi eine Größe von 139,82 x 93,21 cm aufweisen, auf einem MacBook Pro Retina mit 220 dpi würde das Bild mit 69,18 x 46,18 dargestellt.

Die Vorschau-Einstellungen »Allgemein« und »Bilder« (siehe nächster Abschnitt).

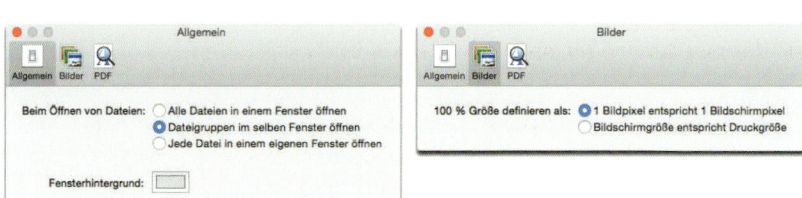

Zum Betrachten bzw. Durchblättern der Bilder können Sie nun auf die Miniaturen in der *Seitenleiste* klicken, die Pfeil-Tasten Ihrer Tastatur verwenden oder mit zwei Fingern auf dem Trackpad bzw. einem Finger auf der *Magic Mouse* streichen. Möchten Sie Ihre Bilder drehen (beispielsweise vom Quer- in das Hochformat), so erledigen Sie das über die Menüleiste *Werkzeuge | Links drehen (cmd-L)* oder *Rechts drehen (cmd-R)*. Das müssen Sie im Übrigen nicht Bild für Bild vornehmen, sondern können das auch auf mehrere, zuvor markierte (mit gedrückter Befehlstaste angeklickte) Bilder anwenden. Benutzen Sie ein Trackpad, so lässt sich das Drehen auch über Daumen und Zeigefinger erledigen, indem Sie die Finger auf die Trackpad-Oberfläche setzen und sie im bzw. gegen den Uhrzeigersinn drehen. Neben dem Drehen lassen sich Bilder jedoch auch horizontal wie vertikal spiegeln.

6 | Die Welt der Programme

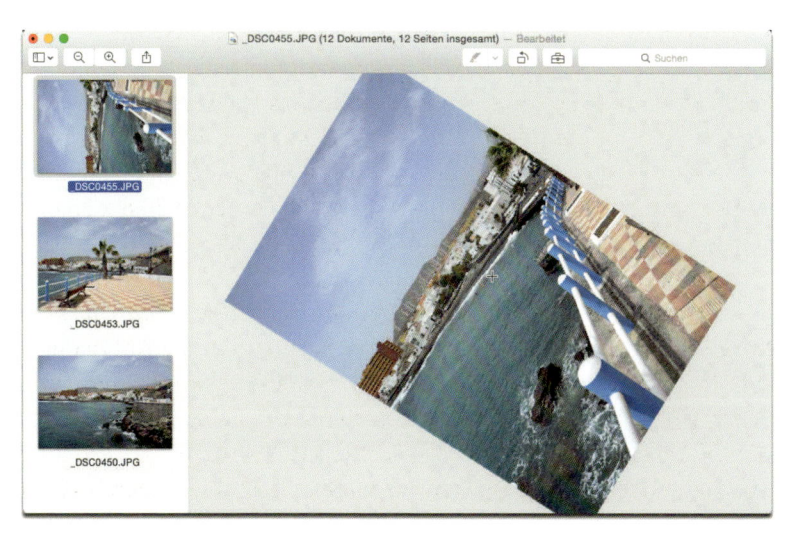

Das Blättern zwischen einzelnen Bildern lässt sich sowohl vertikal wie horizontal erledigen. Auch das Drehen von Fotos ist eine Sache von Sekunden.

Zum *Zoomen* (Vergrößern oder Verkleinern der Ansicht) klicken Sie einfach auf die *Plus-/Minus*-Tasten bzw. erledigen das über *Befehlstaste-Plus (cmd-+)* für *Vergrößern* oder *Befehlstaste-Minus (cmd--)* für *Verkleinern*, die Originalgröße stellen Sie über *Darstellung | Originalgröße (cmd-0)* wieder her. Der Befehl *Größe an Fenster anpassen (cmd-9)* im Menü *Darstellung* gleicht das Bild hingegen immer der Fenstergröße an. Ziehen Sie das Fenster größer, so wird auch das Bild aufgezoomt und umgekehrt.

> Die Größen-Änderungen über die Symbol- oder Menüleiste betreffen rein die Darstellung am Bildschirm – die Original-Daten werden hierbei nicht angetastet. Die Ausnahme von der Regel ist einzig der Befehl *Größenkorrektur* in der Menüleiste *Werkzeuge* (dazu später mehr).

> Nutzer eines Multi-Touch-Trackpads haben es hier natürlich besonders einfach, wenn sie die Finger-Akrobatik beherrschen: Auseinanderziehen bzw. Zusammenziehen von Daumen und Zeigefinger vergrößert bzw. verkleinert die Ansicht. Schauen Sie ruhig noch einmal in die Systemeinstellung *Trackpad*, wo eine reizende Frauenhand die Vielfalt der Möglichkeiten zeigt.

Wenn Sie gerne und häufig mit der Maus arbeiten, so bietet es sich an, über *Darstellung | Symbolleiste anpassen* diese an die eigenen Bedürfnisse anzupassen. Sie müssen nur die optionalen Knöpfe in die Symbolleiste ziehen und fertig ist Ihre ganz persönliche Arbeits-Oberfläche.

Für fast alle Belange stehen optional Knöpfe parat, über die Sie die Symbolleiste erweitern können. So lassen sich die häufig benutzten Funktionen schnell per Mausklick erreichen.

Um in einem Bild Details genauer betrachten und beurteilen zu können, sollten Sie Ihr Bild aufzoomen. Meist übersteigt jedoch damit der Inhalt des Fotos das Vorschau-Fenster bei weitem. Um zu navigieren und die gewünschten Bildstellen anzuzeigen, können Sie auf dem Trackpad mit zwei Fingern über die Oberfläche streichen, bei der *Magic Mouse* erledigen Sie das mit einem Finger. Benutzer einer normalen Maus müssen sich – und das ist seit *OS X Mavericks* wirklich ein schlechter Witz – mit Scrollen begnügen, da aus unerfindlichen Gründen das normalerweise übliche *Hand*-Werkzeug gestrichen wurde. Sobald Sie nun das Mausrad bewegen, erscheinen auch die Scrollbalken, die Sie nun vertikal wie horizontal (dabei die *Umschalttaste* drücken) bewegen können.

Benutzer herkömmlicher Mäuse müssen die Scrollbalken zum Bewegen des Bild-Inhaltes verwenden. Mit Trackpad und Magic Mouse sind Sie hier bedeutend besser bedient.

6 | Die Welt der Programme

Sehr schön zum Betrachten ist weiterhin die *Lupe*, die Sie über die Taste »<« (rechts von der *Umschalttaste* sitzend) bzw. über die Menüleiste *Werkzeuge | Lupe einblenden* aufrufen können. Gehen Sie damit über das Bild, so lassen sich Details hervorragend beurteilen – und das, ohne das Bild selbst vergrößern zu müssen. Wenn Sie ein Trackpad benutzen, lässt sich der Vergrößerungsfaktor der Lupe sogar noch weiter erhöhen oder auch verringern, indem Sie Daumen und Zeigefinger auseinander- oder zusammenziehen.

Sehr aufregend, so eine Eidechse unter der Lupe …

Der Import von Bildern über eine Digitalkamera

Vorschau kann wesentlich mehr als nur Bilder anzeigen. Das Programm beherrscht ebenso wie *Digitale Bilder* oder *iPhoto/Fotos* den Import von Bildern einer Digitalkamera. Ist diese angeschlossen, so sollten Sie zuvor über *Digitale Bilder* in den *Geräte-Einstellungen* (links unten liegend, bei *Anschließen von Kamera öffnet*) das Programm *Vorschau* als Bild-Importeur auswählen. Ist das erledigt, so taucht im Menü *Ablage* der Befehl *Importieren von »Kamera-Modell«* auf. Wird dieser nun angewählt, so öffnet sich der *Importieren*-Dialog, der demjenigen von *Digitale Bilder* stark ähnelt. Auch dort können Sie nun wieder den Speicherkarten-Inhalt als *Liste* oder als *Symbole* anzeigen lassen, einzelne Bilder drehen oder löschen. Klicken Sie dann auf *Importieren* (sofern Sie eine Auswahl wünschen) oder *Alle importieren* (der Button rechts neben Importieren – leider ein Fehler in der Darstellung) öffnet sich ein Dialog, über den Sie nun den *Zielort auswählen*.

519

Über die Listen bzw. Symbol-Ansicht bestimmen Sie die Auswahl zum Importieren. Danach heißt es den Speicherort zu bestimmen.

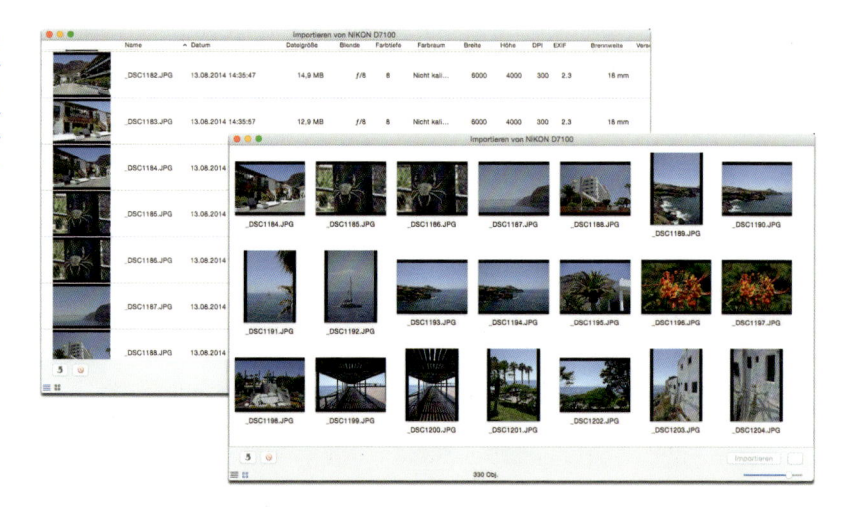

Einscannen von Bildern

Und ebenso von *Digitale Bilder* abgeguckt: Über *Ablage | Importieren von »Geräte-Modell«* lassen sich wieder Bilder oder Text-Dokumente rasch und problemlos digitalisieren. Es öffnet sich das Import-Fenster, das im Grunde dieselben Funktionen wie dasjenige von *Digitale Bilder* anbietet: Entweder die Schnell-Methode oder über *Details einblenden* eine manuelle Anpassung an (fast) alle erdenklichen Aufgaben. Dort können Sie nun wieder eine Bildkorrektur vornehmen, indem Sie die Regler für *Helligkeit, Färbung, Temperatur* oder *Sättigung* betätigen. Sobald Sie auf *Scanen* klicken, lässt sich wieder der Zielort festlegen.

Dank des Übersichts-Scans können Sie sich schon einmal einen ersten Eindruck verschaffen. Die einzelnen Bilder lassen sich damit auf Vordermann bringen, so dass der eigentliche Scan dann korrekt auf die Festplatte gebannt werden kann.

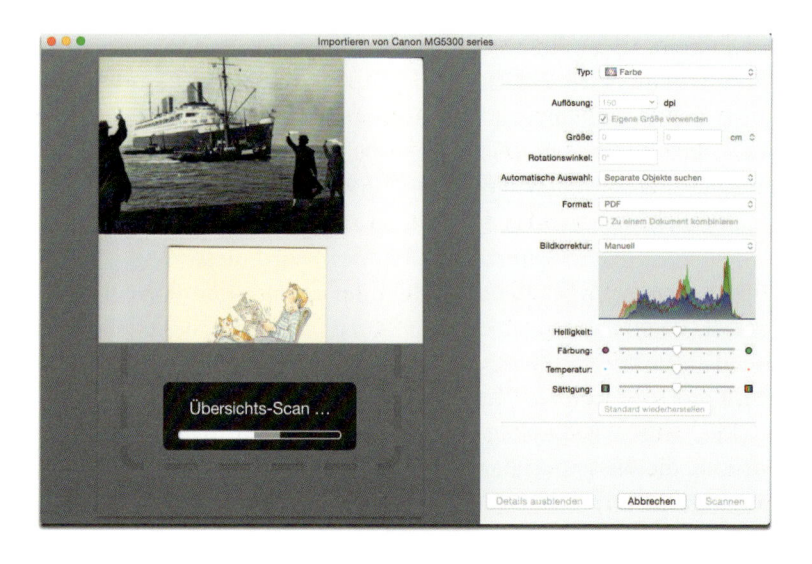

6 | Die Welt der Programme

Sollte Ihr Scanner nicht sofort erkannt werden, so hilft oftmals das einfache Herausziehen und wieder Anschließen des USB-Kabels.

Vielleicht zum Verständnis: Sobald Sie die Option *Eigene Größe verwenden* aktivieren, steht Ihnen auch die *Automatische Auswahl* zur Verfügung. Über *Separate Objekte suchen* benutzen die Programme *Digitale Bilder* und *Vorschau* weiße Bereiche als Trennungsmerkmal zum Bestimmen der verschiedenen Objekte. Liegen also Bilder verstreut auf der Scan-Oberfläche, so kann die Software anhand der Kontrastunterschiede die einzelnen Bilder herausfiltern. Das kann jedoch auch in die Hose gehen, wenn beispielsweise ein Bild größere weiße Flächen aufweist. In diesen und ähnlich gelagerten Fällen heißt es also selbstständig die Scan-Rahmen anzupassen.

Bild-Informationen anzeigen

Neben dem Importieren und Anzeigen können Sie Ihre Bilder auch in *Vorschau* auf Vordermann bringen. Werfen Sie dazu einen Blick in das Menü *Werkzeuge*, finden Sie beispielsweise die Befehle *Informationen einblenden*, *Farbkorrektur* oder *Größenkorrektur*. Die *Informationen* (cmd-I) gliedern sich dabei in die Rubriken *Allgemeine Informationen*, *Weitere Informationen*, *Schlagwortinformationen* sowie *Anmerkungen*. Während Sie in den *Allgemeinen Informationen* eher eine Zusammenfassung wie *Dateiname*, *Dokumentart*, *Datei-* und *Bildgröße* sowie *Auflösung* erhalten, geht's bei *Weitere Informationen* ans Eingemachte. Hier finden Sie sämtliche Daten – wiederum unterteilt in Reiter –, die Ihre Digitalkamera beim Anlegen des Bildes mit abspeicherte (sogenannte *EXIF-Informationen*): Datum und Uhrzeit, Belichtungskorrektur, Belichtungszeit, Blendenwert, Brennweite (digital und analog), Weißabgleich, Objektiv-Modell und vieles weitere mehr. Dies ist mitunter ein Eldorado für ambitionierte Fotografen, die alles und jedes in Erfahrung bringen möchten und auch Fehlbelichtungen untersuchen.

Ist Ihre Kamera noch dazu mit einem *GPS*-Modul ausgestattet (intern oder extern) oder waren Sie mit einem iPhone auf Foto-Pirsch unterwegs, so werden auch diese aufgezeichneten Koordinaten (Längengrad, Breitengrad sowie Höhe) mit aufgeführt, und zwar beim Eintrag *GPS*. Der Clou hierbei ist, dass Sie über den Button *In »Karten« anzeigen* blitzschnell an die *Karten*-App weiter verwiesen werden, die den genauen Standpunkt in vergrößerter Darstellung präsentiert. Mit Hilfe von GPS können Sie nunmehr trotz Tausender von Aufnahmen jederzeit den Standort zuordnen, wo dieses oder jenes Bild geschossen wurde.

Infos satt zum Nulltarif: Jeder interessierte (Hobby-)Fotograf sollte sich in diesen Dialogen einmal umsehen.

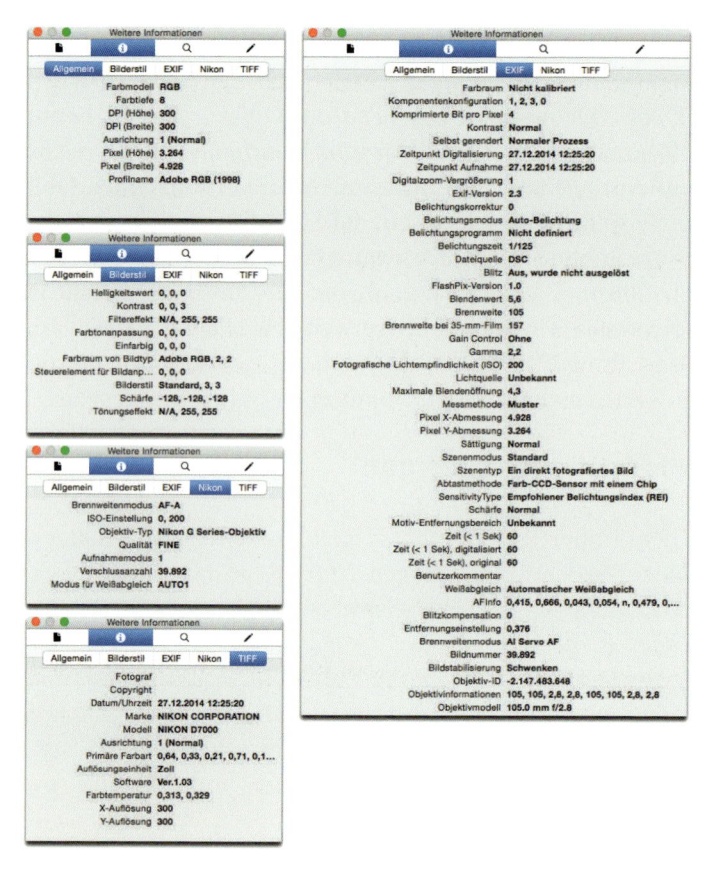

Mit GPS-Daten versehene Bilder lassen sich über »Vorschau« sowie das Internet in Sekundenschnelle orten.

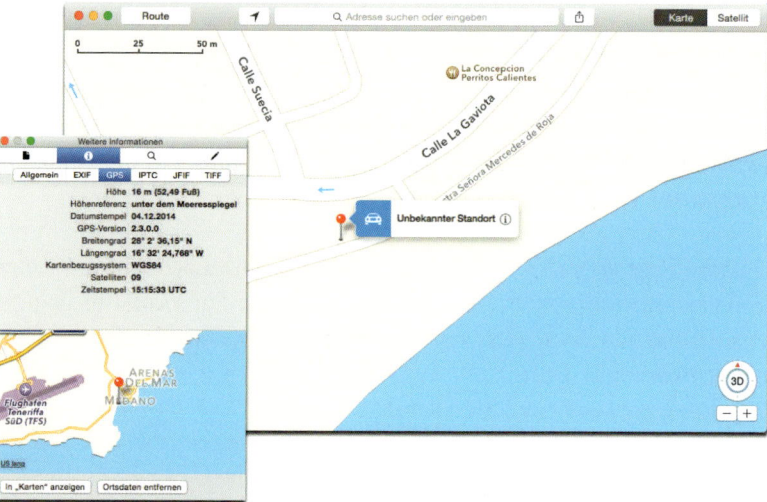

6 | Die Welt der Programme

Die Rubrik *Schlagwortinformationen* wurde für alle ordnungsliebenden Menschen geschaffen. Nach Eingabe von Begriffen (über den *Plus*-Button) wie Landschaft, Wasser, Urlaub, Strand usw. lässt sich Ihr Bild-Bestand verschlagworten, so dass eine Suche über *Spotlight* nach einem dieser Begriffe von Erfolg gekrönt sein wird.

> Die Verschlagwortung über den *Informationen*-Dialog ist unabhängig von der Vergabe von *Tags* – beispielsweise über die Titelleiste einer Bild-Datei. Wird das Bild nun innerhalb der Mac-Welt weitergereicht, so bleiben sowohl als auch erhalten und können bei Dritten zum Suchen verwendet werden. Möchten Sie die Datei später in einem weiteren Programm importieren, so werden allerdings nur die Schlagworte des *Informationen*-Dialogs von *Vorschau* berücksichtigt und übernommen – die OS X-eigenen *Tags* bleiben außen vor.

Eine intelligente Verschlagwortung über Schlüsselwörter verhilft Ihnen später zu schnelleren und vor allem genaueren Suchergebnissen. Das klappt innerhalb von »Vorschau« sowohl über den »Informationen«-Dialog als auch über die »Tag«-Vergabe in der Datei-Titelleiste, wobei nur Erstere bei einem späteren Import berücksichtigt werden.

Bilder über die »Farbkorrektur« bearbeiten

Sind Sie mit Ihren Bildern nicht zufrieden, so gibt es dafür die *Farbkorrektur*. Diese kann zwar missratene Motive nicht ändern, doch zumindest Belichtung, Farben sowie Schärfe aufpeppen. Über die Regler passen Sie dabei die Werte entsprechend an, wobei Sie dabei aber zurückhaltend vorgehen sollten.

Aufrufen lässt sich die Farbkorrektur über die Menüleiste *Werkzeuge | Farbkorrektur* (cmd-alt-C) oder über die in der Symbolleiste liegende Schaltfläche *Werkzeugleiste einblenden* und dort über den entsprechenden *Farbkorrektur*-Button.

523

Wenn Sie Gefallen an Bildbearbeitung finden, so sollten Sie auf jeden Fall einmal einen Blick auf die *Fotos*-App, den Nachfolger von *iPhoto* und *Aperture* werfen, zumal das Programm hervorragende Verwaltungseigenschaften aufweist. Auch die Verzahnung mit anderen Apple-Programmen, der *iCloud* oder Communities wie *Flickr*, *Facebook* & Co. sind sehr gut gelöst.

Mit den beiden Reglern zu *Belichtung* und *Kontrast* lässt sich eine ausgewogene Helligkeitsverteilung sowie eine Anhebung die Bildqualität erreichen. Ziehen Sie den Regler *Belichtung* leicht nach links oder rechts, so vollziehen sich die Auswirkungen über das gesamte Bild, indem alle Farbnuancen angehellt oder eben abgedunkelt werden. Über *Kontrast* beeinflussen Sie hingegen die Intensität von Farbübergängen. Erscheinen Ihnen die Bilder ein wenig fade und mit zu geringen Konturen, so können Sie die hellen Töne intensivieren, indem Sie den Regler nach links ziehen. Um die tiefen Töne zu beeinflussen, gehen Sie genau den umgekehrten Weg – der Regler wird nach rechts geschoben.

Die Farbkorrektur stellt Ihnen umfangreiche Hilfsmittel zur Bildoptimierung bereit.

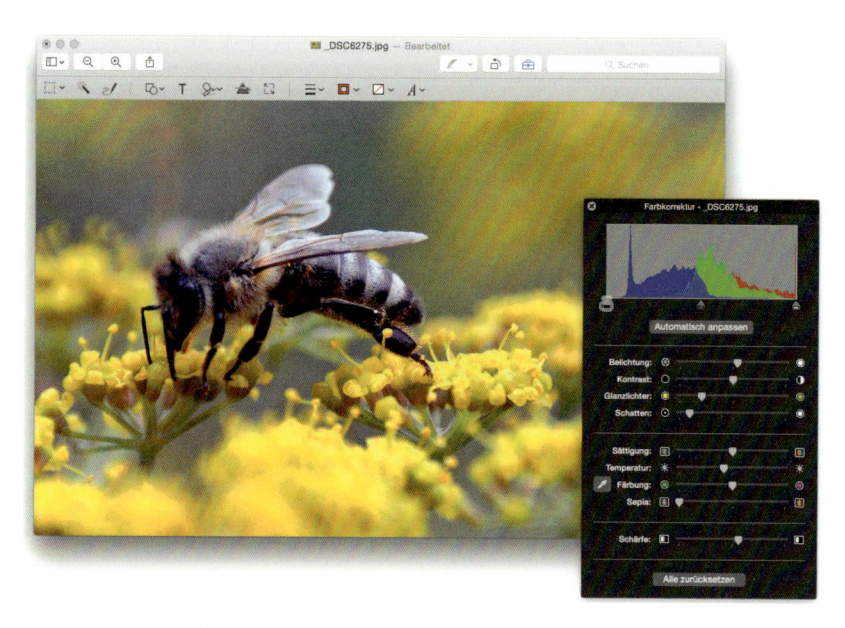

Wie im wahren Leben gibt es auch bei Bildern Licht und Schatten. Damit sich diese ausgewogen zeigen und nicht ein Teil überwiegt, lässt sich dies über die (fast) gleichnamigen Regler justieren. So können Sie damit helle Stellen im Bild verdunkeln (Regler *Glanzlichter*) und zugleich die dunklen Bereiche aufhellen (Regler *Schatten*). Diese Vorgehensweise geht ein wenig differenzierter ans Werk, da nicht das gesamte Bild, sondern nur Teilbereiche verändert werden.

> **Wenn Sie Bilder besitzen, die aufgrund von Gegenlicht beispielsweise weiße Bereiche aufweisen und somit stark überbelichtet sind, so bringt das Absenken des Lichts oftmals keine Aufwertung, da Details schlicht und ergreifend nicht mehr vorhanden sind. Im umgekehrten Fall – sprich bei zu dunklen Stellen – lassen sich jedoch bei Anhebung der Schatten meist noch Konturen aufspüren.**

Mit Hilfe des *Sättigungs*-Reglers verleihen Sie Bildern mehr Volumen, indem Sie den Regler nach rechts ziehen. Bei schon mit Farben übersättigten Bildern schieben Sie den Regler nach links, die Intensität nimmt ab. Wird der Regler bis zum Anschlag nach links gezogen, so werden dem Bild sämtliche Farben entzogen.

Die *Temperatur* der Farben bestimmt die Ausstrahlung Ihrer Fotos. Objekte bei Kerzenschein oder ein Sonnenuntergang wirken daher eher warm (niedrige Temperatur – gemessen in der Einheit *Kelvin*), strahlende Sonne oder gar gleißendes Mittagslicht empfindet man eher als kühl. Wird der Regler in den linken Bereich gezogen, so erscheinen die Farben noch kühler, nach rechts wird es zunehmend wärmer. Auf diese Weise können Sie auch recht gut Farbstiche in den Griff bekommen, indem Sie die Regler vorsichtig auf das Bild anwenden.

Der Regler *Färbung* ermöglicht die Erhöhung der *Grün-Anteile* (Regler nach links ziehen) bzw. die Anhebung der *Magenta-Anteile* (Regler nach rechts ziehen), wodurch Sie Einfluss auf das Gesamt-Erscheinungsbild nehmen. Durch Hinzufügen von *Magenta* wird eher die warme Stimmung unterstrichen, da der Rot-Ton weiter zunimmt – im Gegensatz zum Grün-Anteil, der das Bild ein wenig neutralisiert. Bei Wiesen und Wäldern beispielsweise erhalten Sie auch durch das Hinzufügen von Grün saftigere, knackigere Farben, ohne dass die anderen Farben beeinträchtigt werden.

Neben dem Regler *Färbung* versteckt sich in Form eines kleinen Knopfes ein kleines Highlight: Die Rede ist von der *Graubalance*, mit der sich unschöne Farbstiche teilweise per Mausklick beseitigen lassen. Eine wichtige Voraussetzung hierbei sollte jedoch sein, dass sich in den zu bearbeitenden Bildern Stellen finden, die sich einem neutralen Grau oder einem weißen Bereich zuordnen lassen. Haben Sie ein farbstichiges Bild aufgerufen, so schauen Sie sich genau die Farbverteilung an und überlegen sich, welchen Objekten man die Farbe Grau zuteilen könnte. Klicken Sie dann auf den kleinen Knopf, der daraufhin unterhalb des Bildes eine Leiste einblendet, die genau sagt, was Sache ist:

Positionieren Sie nun den Mauszeiger über jener Stelle, an der ein Grau passt, und klicken Sie darauf – das Bild wechselt sein »Kleid« und der *Farbkorrektur*-Dialog zeigt die getätigten Anpassungen bei *Temperatur* und *Färbung* an. Entspricht das Resultat nicht Ihren Vorstellungen, so stellen Sie über *Alle zurücksetzen* den Ausgangszustand wieder her und starten einen neuen Anlauf.

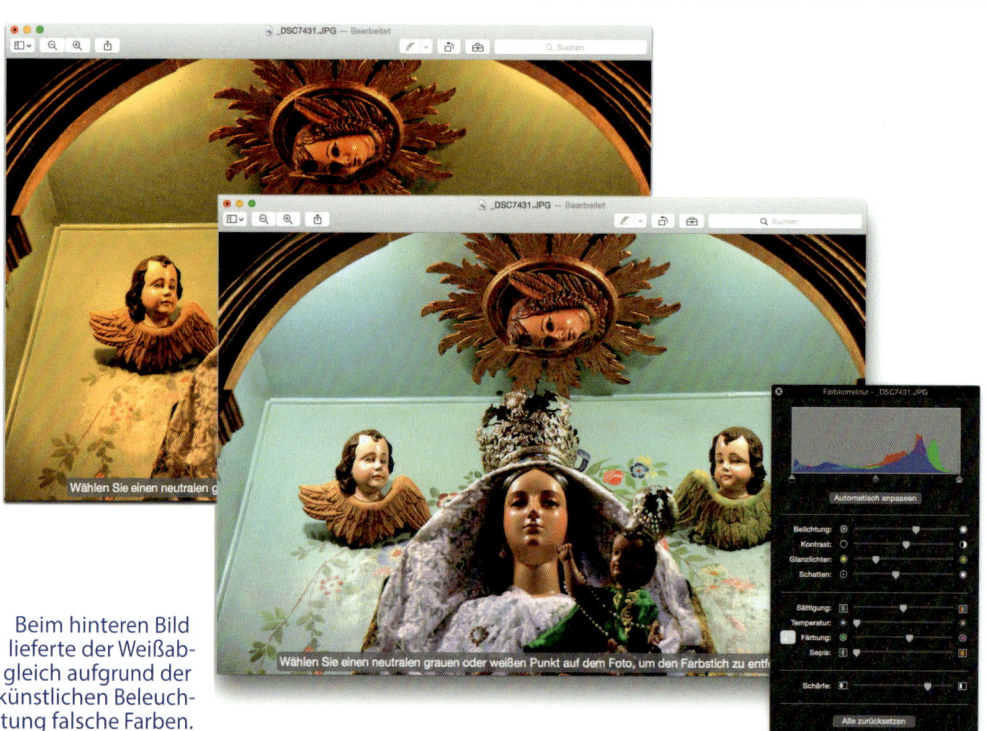

Beim hinteren Bild lieferte der Weißabgleich aufgrund der künstlichen Beleuchtung falsche Farben. Befolgen Sie nun die Anweisung der »Graubalance«, so können Sie binnen Sekunden einen Farbstich – zwar nicht perfekt, aber dennoch merklich – entfernen.

Mit *Sepia* können Sie dem gesamten Bild einen »bräunlichen« Farbschleier überziehen. In feiner Dosierung erreichen Sie damit eine wärmere, »heimelige« Grundstimmung, während bei einer weiteren Zunahme des *Sepia*-Anteils die Bilder an alte, antiquarische Fotografien erinnern.

Jedes Bild weist zudem eine gewisse *Tonwertverteilung* auf, deren Spektrum dabei 255 Stufen abdeckt: 0 (0%) entspricht dem dunkelsten Wert, 255 dem hellsten (100%). Die Werte für den Schwarz- und Weißpunkt lassen sich neu festlegen, indem der dunkelste Wert in einem Bild der Farbe Schwarz, der hellste Weiß gleichgesetzt wird. Die Tonwerte zwischen diesen beiden Polen werden dann durch die Tonwertspreizung angeglichen. Das oben stehende Histogramm gibt daher als grafische Darstellung die exakten Informationen über die Häufigkeit und Verteilung der Pixel in den jeweiligen Farbkanälen sowie den Umfang derselben in den Tiefen, Mitteltönen und Lichtern wieder.

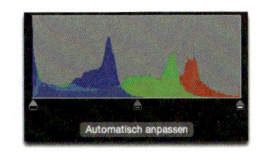

Möchten Sie nun Einstellungen manuell vornehmen, so ziehen Sie den linken Regler für den Schwarzpunkt so weit nach rechts, bis das Tonwertspektrum der dunklen Töne beginnt. Für den rechten Regler des Weißpunktes gilt das Gleiche, nur umgekehrt: Ziehen Sie diesen nach links bis an den Anfang des Tonwert-Bereiches für die hellen Töne. Die Mitteltöne lassen sich ebenso anpassen, so dass das Bild insgesamt dezent aufgewertet werden kann. Nach dem Speichern des Bildes besitzt es nun wieder eine ausgeglichenere Tonwertverteilung und sollte sowohl in den Tiefen als auch in den Lichtern mehr Details zeigen.

Der *Automatisch anpassen*-Button zur selbstständigen Optimierung handhabt das im Übrigen genauso. Nur ist das manuelle Optimieren meist genauer bzw. können Sie das visuelle Gesamtergebnis besser beurteilen.

Leicht unscharf wirkenden Bildern rücken Sie schlussendlich mit dem *Schärfe*-Regler zu Leibe. Dabei wird durch Kontrastanhebung der Kanten der Allgemeineindruck erweckt, dass das Foto einfach schärfer wirkt. Wurde jedoch schon von Seiten Ihrer Digitalkamera falsch fokussiert, indem beispielsweise auf den Hintergrund anstatt des eigentlichen Objektes scharf gestellt wurde, so können Sie wahrscheinlich nicht viel ausrichten. Ist ein Bild dagegen insgesamt – also flächig – unscharf, so haben Sie gute Chancen auf einen Erfolg.

> Bei all den eben genannten Punkten sei noch einmal darauf hingewiesen, mit vorsichtiger Dosierung und am besten in der *Originalgröße* zu arbeiten.

Zur Erinnerung: Sie können einzelne Manipulationen in der *Farbkorrektur* über *Ablage | Widerrufen (cmd-Z)*, sämtliche Veränderungen über den *Alle zurücksetzen*-Button rückgängig machen. Haben Sie bereits in mehreren Schritten bearbeitet (*Farbkorrektur*, Bild gedreht, Größe geändert etc.), so lassen sich über *Ablage | Zurücksetzen auf* Änderungen wieder rückgängig machen. Arbeiten Sie mit wichtigen Bildern, so sollten Sie lieber mit Kopien (über *Ablage | Duplizieren*) der Fotos arbeiten, indem Sie sie unter einem anderen Namen abspeichern.

Sind Ihre Bilder nun optimiert, so sollten Sie sie einmal über *Darstellung | Diashow* im bildschirmfüllenden Format abspielen. Hierbei haben Sie jedoch keine Eingriffsmöglichkeiten (außer stoppen oder beenden). Wenn Sie zuvor noch über *iTunes* ein wenig Musik starten, eignet sich die Diashow wunderbar zum Präsentieren.

Die Diashow erlaubt eine großflächige Durchsicht Ihrer Bildbestände. Gerade auf großen Bildschirmen taugt diese auch zum Präsentieren vor heimischem Publikum.

Wenn Sie nur mal eben schnell ein paar Bilder durchsehen möchten, so denken Sie auch wieder an die *Übersicht*/an *QuickLook*. Diese starten Sie im *Finder* über *Ablage | Übersicht von »x« Objekten (cmd-Y)* bzw. über das Drücken der *Leertaste*. Dabei können Sie ebenso zwischen einer Index- und Einzelbild-Ansicht wählen.

6 | Die Welt der Programme

Über »QuickLook« lassen sich Bilder rasch durchsehen, und über die Index-Ansicht können Sie gezielt Bilder anspringen. Das klappt alles auch in der Vollbild-Ansicht.

Bild-Bereiche freistellen

Möchten Sie Ihre Bilder zuschneiden bzw. Auswahlen vornehmen, so stehen Ihnen verschiedene Optionen zur Verfügung, die Sie per Klick auf den Button *Werkzeugleiste einblenden* sowie das Menü *Auswahlwerkzeuge* erreichen: und zwar die *rechteckige Auswahl*, die *elliptische Auswahl*, die *Lasso-Auswahl* sowie das *Intelligente Lasso*. Auch über *Transparenz* lassen sich Auswahlen bewerkstelligen, wobei diese eine eigene Schaltfläche ausweist.

Sowohl bei der *rechteckigen* als auch bei der *elliptischen Auswahl* setzen Sie nun den Mauszeiger an der gewünschten Stelle an und ziehen bei gedrückter Maustaste einen Rahmen bzw. ein Oval auf. Beide Formen lassen sich auch noch im Nachhinein über die acht Anfasser verändern bzw. insgesamt verschieben. Liegen Sie völlig daneben und möchten die Auswahl wieder loswerden, so klicken Sie einfach außerhalb davon in das Bild. Drücken Sie beim Aufziehen einer Auswahl zusätzlich die *Umschalttaste*, so erhalten Sie statt eines Rechtecks ein Quadrat bzw. statt eines Ovals einen Kreis.

Ausschnitte lassen sich über die verschiedenen Auswahlen bestimmen.

Über *Werkzeuge | Beschneiden (cmd-K)* bzw. die gleichnamige Schaltfläche stellen Sie letztendlich den ausgewählten Bereich frei, der Rest des Bildes fällt weg. Drücken Sie anstatt des *Beschneiden*-Buttons die *Entfernen*-Taste, so wird der umrahmte Teil aus dem Bild herausgelöscht. Falls Sie mit wichtigen Bilddaten arbeiten, sollten Sie zuvor wieder ein Duplikat anfertigen, das Sie dann unbesorgt manipulieren können.

Sobald Sie ein Objekt über die elliptische/rechteckige Auswahl freistellen, indem Sie Bildteile über die *Entfernen*-Taste löschen, erhalten Sie – etwa beim JPEG-Bildformat – eine Meldung, dass das Bild zuvor konvertiert werden muss. Da beim Wegschneiden von Bildinhalten ein sogenannter *Alphakanal* angelegt wird, der die entstehenden Transparenzinformationen speichert, muss ein Format (etwa TIFF, PNG, PSD) gewählt werden, das diese Informationen interpretieren kann. Das Programm *Vorschau* wählt in diesem Fall das *PNG*-Format.

Beim Herauslöschen von Bildteilen (nicht dem »Beschneiden« über »cmd-K«) muss zuvor das Format gewechselt werden – und zwar in das PNG-Format.

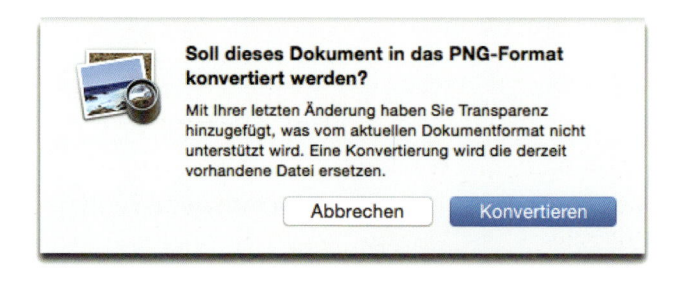

Sie können einen Ausschnitt auch herauskopieren und daraus eine neue Bild-Datei kreieren. Wählen Sie dazu *Bearbeiten | Kopieren (cmd-C)* und dann *Ablage | Neu aus der Zwischenablage (cmd-N)*. In diesem Fall wird ein neues Dokument angelegt, das Sie nun ebenso sichern und benennen sollten. Einen witzigen Effekt können Sie auch erreichen, wenn Sie den kopierten Ausschnitt in ein anderes Bild einsetzen. Dazu öffnen Sie das zweite Bild und wählen *Bearbeiten | Einsetzen (cmd-V)*. Für diese Art eignen sich jedoch statt dem einfachen Ausschneiden besser Freistellungen, wie Sie noch sehen werden.

Während *rechteckige* und *elliptische Auswahl* gut geeignet sind, um störendes Beiwerk an den Bildrändern zu entfernen, eignet sich die *Lasso*-Auswahl hervorragend zum Ausschneiden einzelner Objekte aus einem Bild. Voraussetzung ist allerdings ein wenig Geduld und Fingerspitzengefühl, denn Sie müssen das Wunsch-Objekt mit gedrückter Maustaste umfahren und somit die Umrisse nachzeichnen. Ist ein Bereich markiert, so lässt sich dieser auch umkehren – und zwar über *Bearbeiten | Auswahl umkehren*. Manchmal ist diese Vorgehensweise geeigneter, um Objekte aus einem Bild heraus zu löschen. Auch bei dieser Freistellung entstehen Transparenzen, so dass in das *PNG*-Format konvertiert werden muss.

Über die Lasso-Auswahl ziehen Sie eine gestrichelte Auswahl-Linie um das Objekt. Danach können Sie wieder die Umgebung entfernen (»Beschneiden«), es in einer neuen Datei anlegen (»Kopieren« | »Neu aus der Zwischenablage«) oder eben in ein anderes Bild einfügen (»Einsetzen«).

Ist der Ausschnitt nur grob und Sie möchten gerne nachbessern, so verwenden Sie erneut das *Lasso*-Werkzeug und entfernen störende Bildteile.

Haben Sie über das *Auswahl-Werkzeug* einen Ausschnitt aufgezogen, so lässt sich dieser Teil auch herauskopieren und in einem anderen Programm wie etwa *TextEdit* oder einer Bildbearbeitungssoftware wie *Photoshop* oder *GraphicConverter* wieder einfügen (*Bearbeiten | Einfügen* bzw. *cmd-V*).

> Sofern Sie Ihr Objekt in einen anderen Kontext einfügen, kann es durchaus passieren, dass die Größenverhältnisse nicht mehr korrekt übereinstimmen. Über die Anfasser lässt sich jedoch das einkopierte Gebilde verkleinern oder vergrößern. Halten Sie dabei die *Umschalttaste* gedrückt, so geschieht dies proportional, sprich es findet keine Stauchung oder Verzerrung statt.

Zwei weitere Auswahlen in *Vorschau* sollten Sie ebenso in Betracht ziehen: und zwar das *Intelligente Lasso* sowie *Transparenz*. Mit diesen beiden Funktionen ist es in vielen Situationen noch leichter, einzelne Bereiche eines Bildes herauszufiltern. Bei schwierigeren Unterfangen – etwa wenn der Hintergrund unübersichtlich ist und sich nur wenig vom auszuschneidenden Objekt unterscheidet – sollten Sie das *intelligente Lasso* verwenden. Hierbei umfahren Sie (mit gedrückter Maustaste) die gewünschte Auswahl mit einem dicken roten Strich. Das ist gar nicht so leicht, da man sozusagen in einem Rutsch (ohne die Maustaste loszulassen) den Rand des Objektes nachzeichnen muss, bis Anfang und Ende wieder aufeinander treffen. Achten Sie auch darauf, dass sich dabei die Ränder des Objektes innerhalb der roten Linie befinden. Sobald Sie nun die Maustaste wieder loslassen, erscheint der eigentliche Auswahlrahmen zum Entfernen oder Herauskopieren.

Das Objekt wird mit einer roten Linie nachgezeichnet. Das intelligente Lasso orientiert sich hierbei an den Farbübergängen, um zusammengehörende Teile zu erkennen.

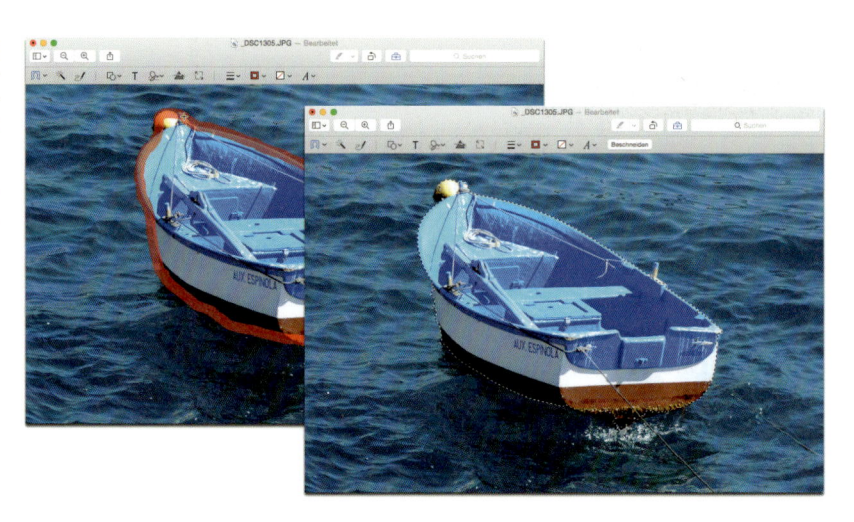

6 | Die Welt der Programme

Wenn Sie nun die *Rückschritt-Taste* drücken, wird das umrandete Objekt aus dem Gesamtkontext gelöscht. Wählen Sie *Beschneiden* bzw. zuvor *Auswahl umkehren*, so wird der Hintergrund entfernt. Die Auswahl lässt sich selbstverständlich auch wieder kopieren und in einem anderen Dokument einsetzen.

Die *Transparenz* eignet sich dagegen eher für Bild-Situationen, in denen Sie einen großflächigen (bestenfalls einfarbigen) Hintergrund entfernen möchten. Mit gedrückter Maustaste und dem Ziehen (*Click & Drag*) werden nun all jene Bildstellen markiert, die annähernd derselben Farbe entsprechen. Ist ein Bereich markiert, so drücken Sie die *Rückschritt-Taste*, um diesen zu entfernen. Sind weitere Teile vorhanden, die gelöscht werden sollen, so wiederholen Sie das Prozedere. Auch diese Vorgehensweise braucht ein wenig Eingewöhnungszeit und arbeitet leider nur in ganz einfach gestrickten Strukturen zur Zufriedenheit.

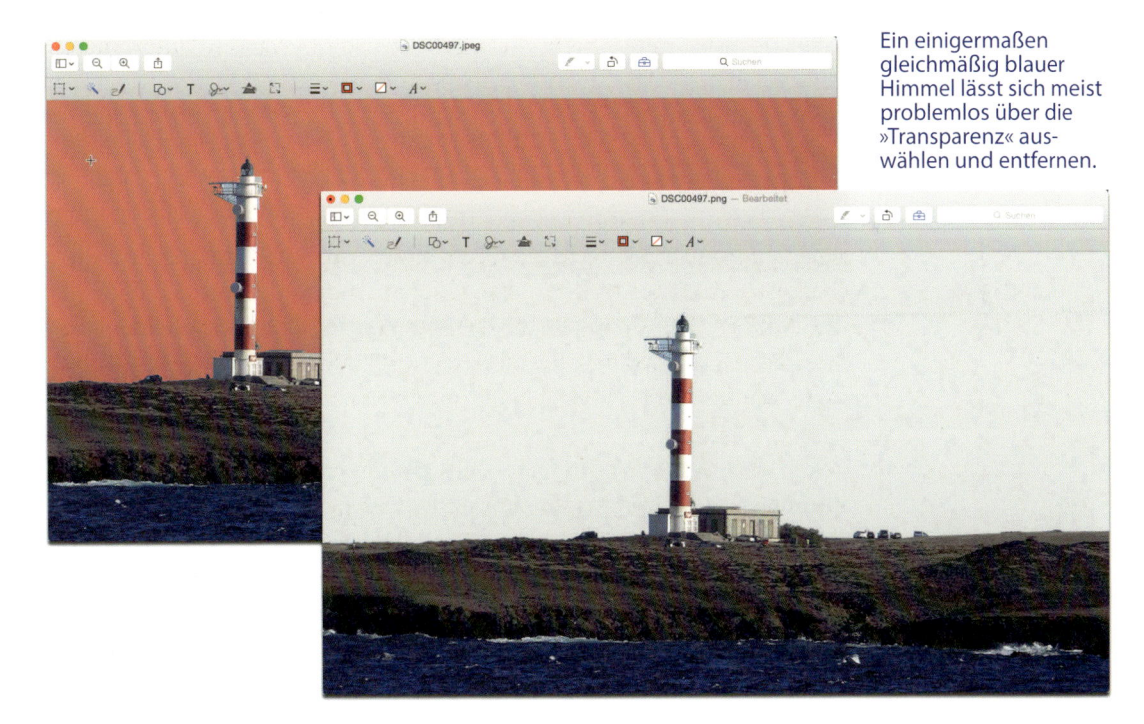

Ein einigermaßen gleichmäßig blauer Himmel lässt sich meist problemlos über die »Transparenz« auswählen und entfernen.

Denken Sie dran: Sofern Sie mit *Transparenz* arbeiten, müssen Sie Ihr Bild zuvor in das *PNG*-Format umwandeln. Bevorzugen Sie ein anderen Format (etwa TIFF), so duplizieren Sie vorher das Bild und sichern es im Tiff-Format ab.

Bilder in der Größe anpassen

Fotos von der Digitalkamera nehmen mittlerweile enorme Ausmaße an, so dass es manchmal von Vorteil sein kann, diese vor dem Weitergeben zu skalieren (in der Größe anzupassen). *Vorschau* bietet Ihnen dazu die Funktion *Größenkorrektur*, die entweder über das *Werkzeuge*-Menü bzw. bei eingeblendeter Werkzeugleiste über den entsprechenden Button aufzurufen ist.

Große Bilder lassen sich über die »Größenkorrektur« schnell verkleinern, wenn Sie etwa auf einer Webseite eingebaut werden sollen.

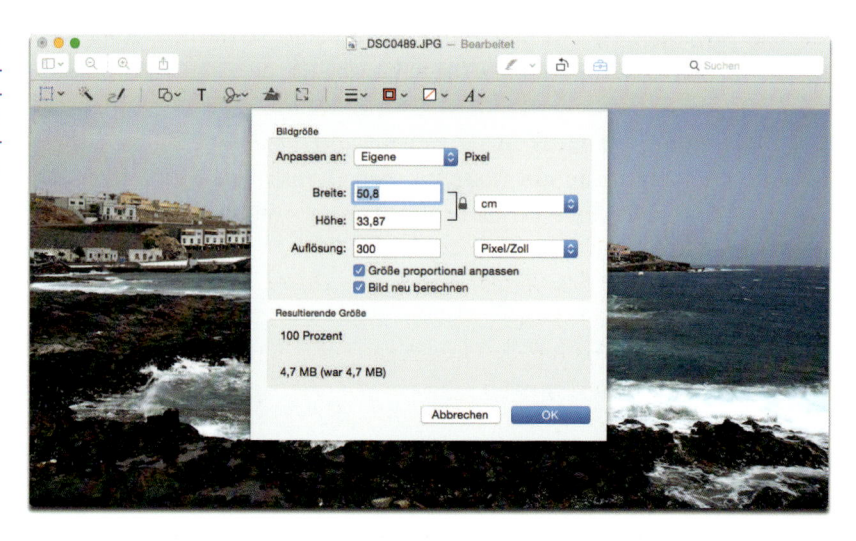

Das Ändern der Bildgröße erledigen Sie entweder über das Eingeben von eigenen Werten bei Breite, Höhe und Auflösung, oder indem Sie einen schon vorgegebenen bei *Anpassen an* (Größenangabe in Pixel) wählen. Nehmen Sie die Eintragungen manuell vor, so werden Sie feststellen, dass sich nach Eingabe eines Zahlenwertes in Breite oder Höhe automatisch der zweite Wert ändert. Dies passiert, wenn die Option *Größe proportional anpassen* aktiviert ist, die ein unabsichtliches Beschneiden des Bildes verhindert (erkennbar am geschlossenen Schloss-Symbol). So bleiben die Seitenverhältnisse stets gleich. Klicken Sie auf das Schloss bzw. deaktivieren Sie die proportionale Größenanpassung, so können Sie auch Bildteile entfernen.

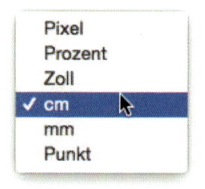

Welche Maßangaben verwendet werden sollen, können Sie ebenso festlegen, darunter *Pixel, Prozent, Zoll, cm, mm* und *Punkt*. Je nach Auswahl verändern sich die Werte und Sie können die Einstellung benutzen, mit der Sie am besten zurechtkommen.

Die Auflösung beschreibt wieder die Detailgenauigkeit bzw. exakter, wie viele Pixel pro Zoll (Zoll = Inch = 2,54 cm) bzw. pro Zentimeter (je nach Einstellung) erhalten bleiben sollen. Werden Bilder nur zur Darstellung auf einem Monitor weitergereicht, so müssen es keine 300 Pixel/Zoll sein, hier reichen auch 72 oder 100 Pixel/Zoll. Verringern Sie die Auflösung, so bleiben die Maße von Breite und Höhe dieselben, während jedoch gleichzeitig Details im Bild verloren gehen. Bei einem Druck würden anstatt 300 Pixeln pro Inch nur mehr 200, 100 oder noch weniger ausgegeben, während die Größe als solches beibehalten würde. Wenn Sie also vorhaben, ein Bild auf Papier zu drucken, so darf die Auflösung ruhig 150 bis 300 ppi (Pixel per Inch) betragen.

Deaktivieren Sie die Funktion *Bild neu berechnen*, so bleibt die Pixel-Anzahl eines Bildes immer dieselbe, egal, welche Werte Sie auch verändern. Wird beispielsweise die Auflösung auf 150 ppi heruntergesetzt, so werden die Pixel eben auf eine größere Fläche verteilt, um weiterhin die gleiche Pixelzahl des Bildes zu erhalten. Unser Bild mit 6000 x 4000 Pixel bei 300 ppi streckt sich auf 50,8 cm x 33,87 cm, bei nur 200 ppi jedoch auf 76,2 x 50,8 bei gleicher Pixel-Dichte. Bitte berücksichtigen Sie dies bei Ihren Anpassungen.

Im unteren Bereich des Dialoges bei *Resultierende Größe* können Sie schnell Ihre Ergebnisse überprüfen. Je nachdem, welche Werte Sie nun vorgeben, wird das Bild neu berechnet und in der gewünschten Bildgröße angepasst. Klicken Sie auf die angezeigten Angaben, so wechseln diese zwischen Pixel, Prozent, Zoll, Zentimeter, Millimeter und Punkt.

Damit Sie nun nicht Bild für Bild über die *Größenkorrektur* optimieren müssen, können Sie auch mehrere auf einmal bearbeiten. Wählen Sie daher zuvor Ihren gewünschten Bilder-Pool aus und öffnen Sie ihn in einem Fenster in *Vorschau*. In den Miniaturen markieren Sie nun die gewünschten Bilder (mit gedrückter *Befehlstaste* einzeln anklicken oder *cmd-A* für *Alle auswählen*) und rufen dann die *Größenkorrektur* auf. Geben Sie die Werte ein und klicken Sie auf *OK* – es werden nun alle entsprechenden Fotos skaliert.

> Wenn Sie Bilder sowohl im Hoch- als auch Quer-Format bzw. mit unterschiedlichen Seitenverhältnissen (4:3, 3:2, 16:9) gemeinsam zur Größenkorrektur auswählen, so sollte eine Umrechnung immer in Prozent vorgenommen werden.

Zeit sparen mit der Anpassung der Größe auf einen Bilder-Stapel.

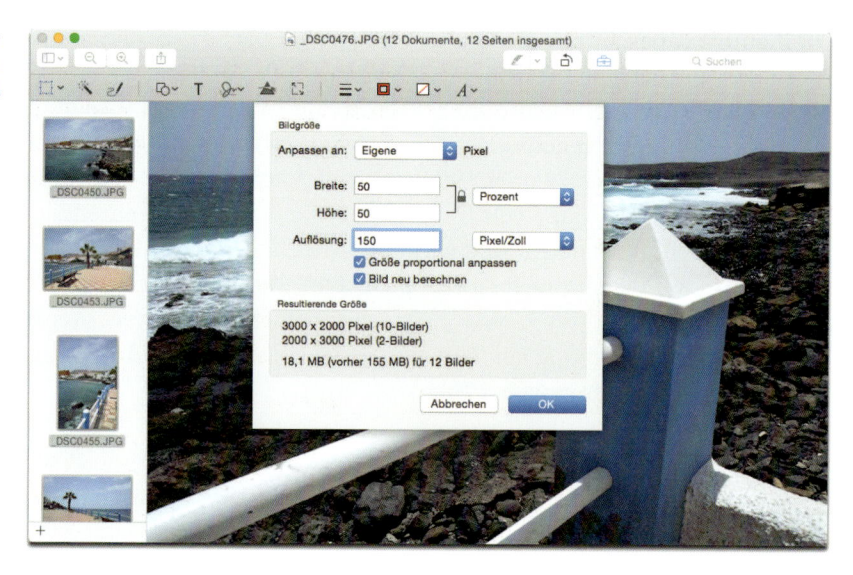

Anmerkungen in einem Bild einbetten

In Bildern können Sie auch Anmerkungen oder Hervorhebungen einbringen. Hierzu lassen Sie sich wieder die *Werkzeugleiste einblenden* und stoßen dann auf verschiedene *Form*-Werkzeuge wie *Rechteck*, *Oval* oder *Linie* oder die *Skizze*. Mit Letzterem können Sie sozusagen Freihand-Formen zeichnen, die dann von einer intelligenten Automatik in Standardformen umgesetzt werden. Hierbei haben Sie die Möglichkeit, aus den von der Automatik erkannten Gebilden innerhalb eine Palette zu wählen oder die eigene Kreation zu übernehmen. Über die blauen Aktivpunkte können Sie dann noch die Größe anpassen.

Über »Skizze« malen Sie sozusagen eine Form auf, die dann schnell in Standards umgesetzt werden kann.

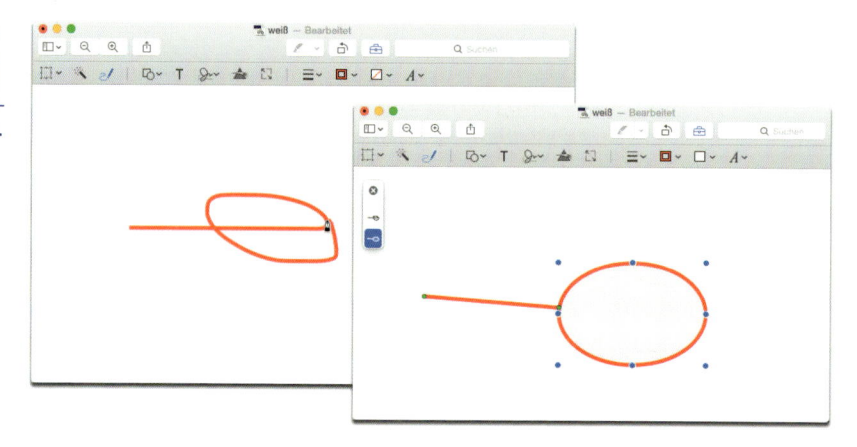

Wählen Sie hingegen ein Form-Werkzeug (Rechteck, Oval etc.), so bestimmen Sie zuerst die *Linienstärke* sowie im Falle der Linie eine eventuelle Pfeil-Richtung. Auch die *Farbe* lässt sich definieren – und zwar sowohl als Linienfarbe als auch für Rechteck und Oval die Füllfarbe.

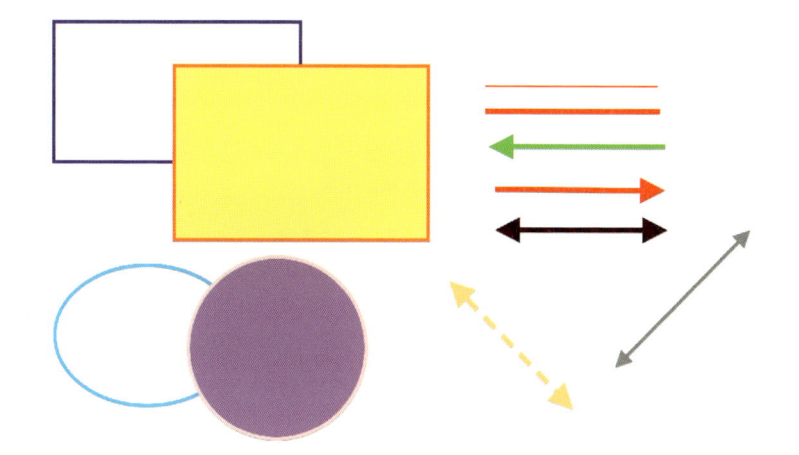

Eine kleine Auswahl, was so alles geht: Rechteck ohne/mit Füllfarbe, Oval ohne/Kreis mit Füllung, Linie in dünn und dick und mit Pfeilen …

Sofern Sie bei *Rechteck* und *Oval* die *Umschalttaste* gedrückt halten, ziehen Sie ein Quadrat sowie einen Kreis auf. Halten Sie bei der Linie die Umschalttaste gedrückt, so lassen sich die Striche/Pfeile in 45-Grad Schritten anbringen.

Bei Verwendung von *Stern* oder *Polygon* haben Sie neben den blauen Aktivpunkten zum Verändern der Größe auch grüne Punkt, über die Sie die Form verändern können. So lassen sich einem Stern weitere Zacken verpassen sowie die spitzer zulaufend gestalten. Bei einem Polygon wiederum können Sie die Anzahl der Seiten variieren.

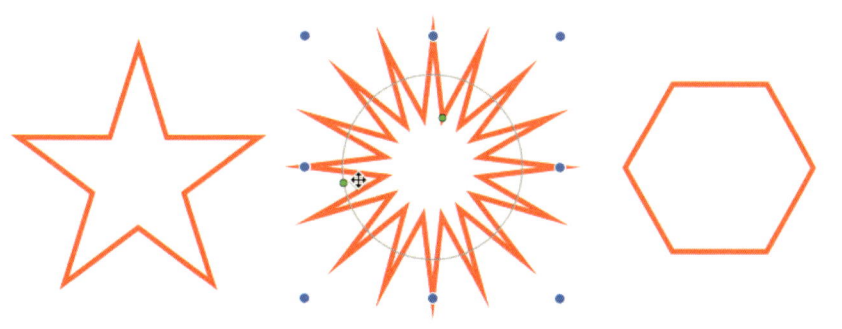

Stern und Polygon besitzen neben den blauen auch grüne Aktivpunkte zum Anpassen von Größe und Form.

Es lassen sich auch Bereiche im Bild hervorheben, und zwar über die Werkzeuge *Maskieren* und *Lupe* innerhalb der Formen-Palette. Über

Maskieren ziehen Sie ein Rechteck auf, das Sie nun an eine geeignete Stelle verschieben. Alles, was sich außerhalb dieses Rechtecks befindet, wird dabei abgedunkelt. Die Lupe wiederum dient zum Vergrößern einzelner Details im Bild. Wird sie gewählt, so lässt sich über den blauen Aktivpunkt der Umfang der Lupe einrichten, während sich der grüne Aktivpunkt um die eigentliche Vergrößerung kümmert.

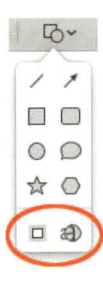

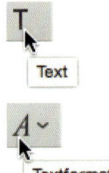

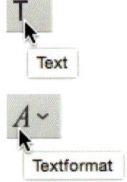

Maskieren (links) und Vergrößern (rechts) eignen sich ganz hervorragend, um den Betrachter auf bestimmte Bilddetails zu lenken.

Um Auswahlrahmen (egal ob Form, Maskieren oder Vergrößern) zu verschieben, klicken Sie auf die Seitenränder, so dass die Aktivpunkte erscheinen. Nun können Sie sie – ebenso über die Seitenränder – mit gedrückter Maustaste bewegen.

Aber auch *Text* können Sie eingeben – zumindest kurze Notizen. Dazu wählen Sie zuerst über die Taste *Textformat* die gewünschte Schriftart und Farbe, den Stil sowie die Ausrichtung und klicken nachfolgend auf die Schaltfläche *Text*. Nun wird ein Textrahmen eingeblendet, dessen Platzhalter (»Text«) sie bitte mit eigenen Kreationen überschreiben. Zum Anpassen markieren Sie Ihren Text und bessern dann über die *Textformat*-Palette nach. Alternativ können Sie auch zuerst eine Form (beispielsweise die Sprechblase) wählen und per Doppelklick dort hineinschreiben. Ja sogar das Maskieren sowie die Vergrößerung sind möglich.

Alle geschilderten Befehle lassen sich auch über die Menüleiste *Werkzeuge | Anmerken* inklusive der zugehörigen Tastenkurzbefehle aufrufen.

6 | Die Welt der Programme

Textanmerkungen sind schnell erledigt …

Nun kommt jedoch noch das dicke Ende: Wenn Sie in einem Bild Markierungen vornehmen (Text, Lupe, Maskierung, Pfeile etc.) und das Bild speichern (indem Sie es schließen), lassen sich Ihre eingearbeiteten Anmerkungen nicht mehr herauslöschen. Das bedeutet für Sie also: Entweder nur mit Kopien arbeiten, auf die *Versionen* zurückgreifen (*Ablage | Zurücksetzen auf*) oder das Bild zuvor in ein PDF umwandeln (über *Duplizieren* oder *Exportieren*), da dort wiederum auch spätere Änderungen möglich sind (siehe nächsten Abschnitt).

Die Arbeit mit PDF-Dateien

Ein weiteres Highlight von *Vorschau* ist die schnelle Anzeige von *PDF-Dokumenten*. *Vorschau* bietet Ihnen dabei über die Menüleiste *Darstellung* bzw. über das Darstellungsmenü in der Symbolleiste des Vorschau-Fensters verschiedene Ansichten wie *Kontinuierlich Scrollen (cmd-1)*, *Einzelseiten (cmd-2)* oder *Doppelseiten (cmd-3)* an. Am besten, Sie probieren einmal alle nacheinander aus, damit Sie die Unterschiede sehen.

In den *Vorschau-Einstellungen* unter der Rubrik *PDF* lässt sich einstellen, in welcher Ansicht (bei *Anzeigen als*) ein PDF standardmäßig geöffnet werden soll. PDFs lassen sich zudem auch als *Vollbild* sowie *Diashow* betrachten (Menüleiste *Darstellung*). Die Navigation erfolgt dabei über die Pfeiltasten bzw. dem Wischen mit einem (*Magic Mouse*) bzw. zwei Fingern (*Trackpad*).

Die Anzeige von PDF-Dateien – hier mit Doppelseiten – erfolgt blitzschnell.

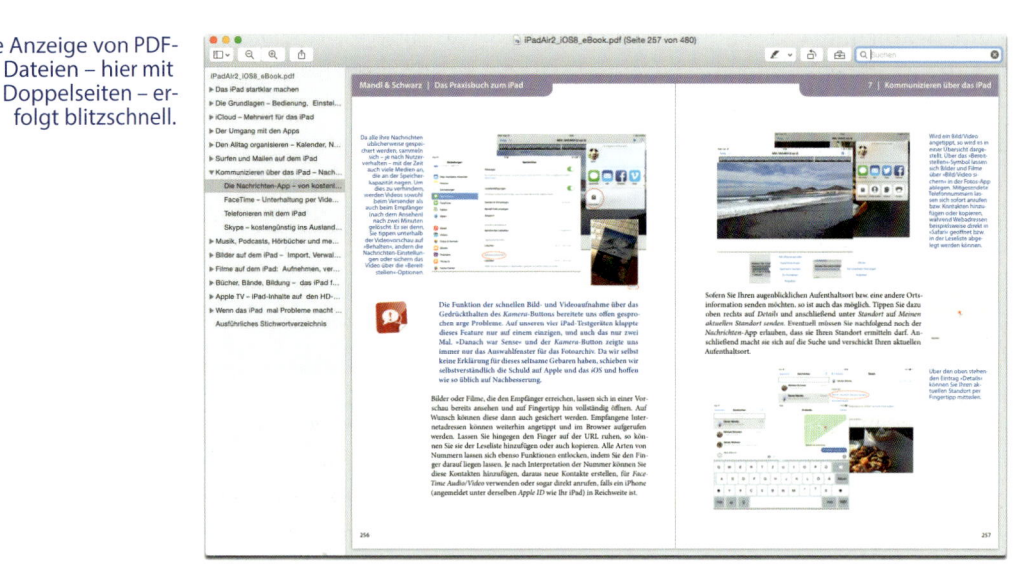

Bei mehrseitigen PDF-Dokumenten gibt es ebenso die Alternativen, sich einen Kontaktbogen sämtlicher Seiten oder in der *Seitenleiste* die *Miniaturen* bzw. – wenn vorhanden – das *Inhaltsverzeichnis* anzeigen zu lassen. So erhalten Sie einen ersten Überblick und können direkt einzelne Themen ansteuern.

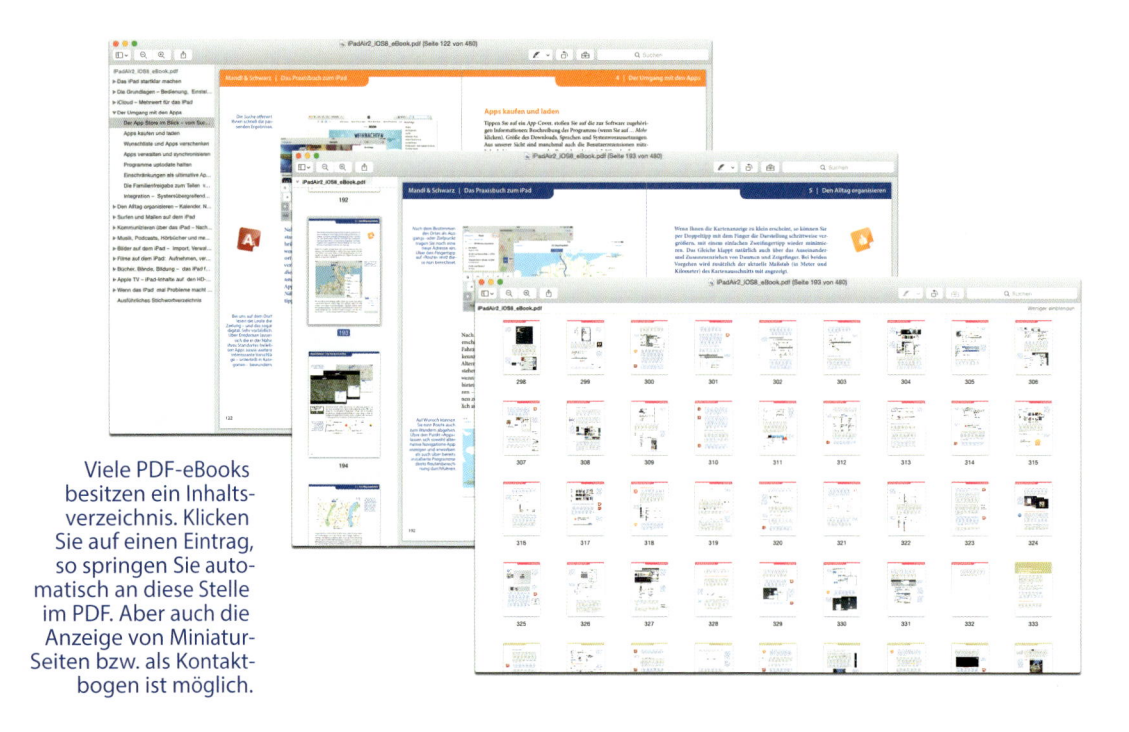

Viele PDF-eBooks besitzen ein Inhaltsverzeichnis. Klicken Sie auf einen Eintrag, so springen Sie automatisch an diese Stelle im PDF. Aber auch die Anzeige von Miniatur-Seiten bzw. als Kontaktbogen ist möglich.

6 | Die Welt der Programme

Zum Bearbeiten von PDFs stehen Ihnen ebenso diverse Möglichkeiten der Werkzeugleiste zur Verfügung, darunter die *Textauswahl*, die *rechteckige Auswahl* sowie *Skizze*. Über die *Textauswahl* können Sie nun einzelne Worte, Sätze, Abschnitte oder ganze Seiten markieren (mit gedrückter Maustaste über die entsprechenden Bereiche fahren) und beispielsweise kopieren (*cmd-C*) und woanders (in einer anderen Textverarbeitung wie etwa *TextEdit*) wieder einfügen (*cmd-V*). Über das Kontextmenü stehen Ihnen weitere Funktionen wie die Suche über das *Lexikon* oder über *Google* zu Verfügung. Auch das Auszeichnen (mit Farbe oder Durchstreichen) ist möglich.

Das Werkzeug *rechteckige Auswahl* verhält sich genauso wie bei Bildern, indem Sie einen Rahmen aufziehen und diesen Ausschnitt über *cmd-K* (*Werkzeuge | Beschneiden*) bzw. per Klick auf die Schaltfläche *Beschneiden* freistellen. *Vorschau* macht Sie darauf aufmerksam, dass bei PDFs die außerhalb des Rahmens liegenden Teile nicht entfernt, sondern nur ausgeblendet werden. Es ist daher durchaus möglich, falls Sie das Dokument in einem anderen Programm öffnen, dass dieser besagte Teil dabei wieder angezeigt wird. Aber auch das Kopieren und das Wiedereinsetzen dieses Ausschnitts (beispielsweise zum Anlegen eines neuen PDFs – einfach *Ablage | Neu aus Zwischenablage* wählen) ist möglich.

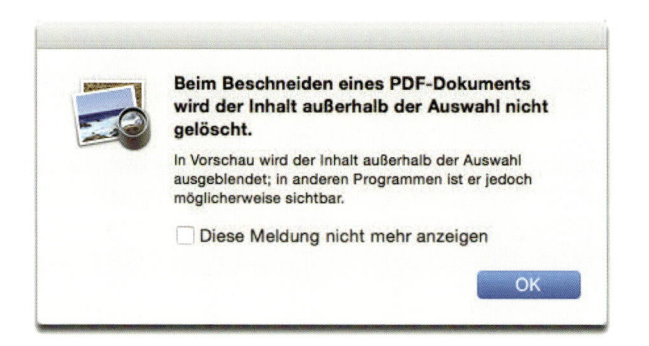

Vorschau macht Sie darauf aufmerksam, dass über die rechteckige Auswahl bestimmte Teile nicht weggeschnitten, sondern nur ausgeblendet werden.

Über *Skizze* lassen sich wieder schnell Formen malen, die dann – falls richtig erkannt – über den Automatismus in einer Palette dargestellt werden. Dort können Sie sich dann das gewünschte Gebilde aussuchen und umsetzen.

Ehe Sie langwierig die geeignete Form suchen, malen Sie sie einfach und »Skizze« setzt sie meist korrekt um.

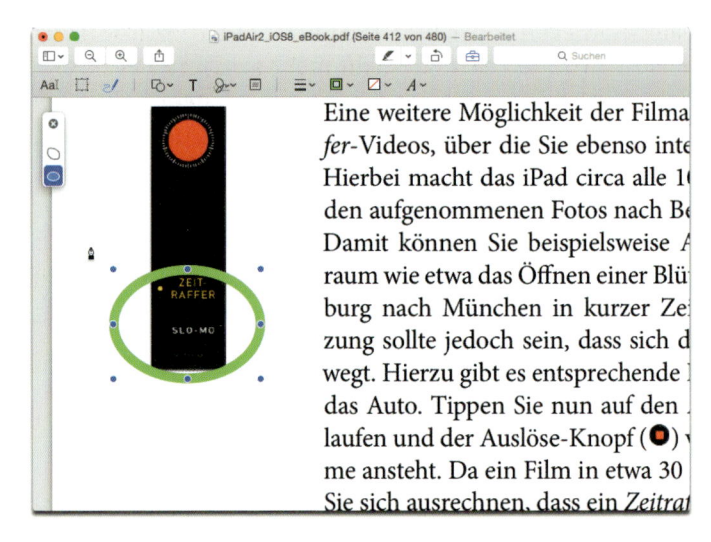

Mit ein Highlight von *Vorschau* sind die Werkzeuge zur *Textauszeichnung*, die Ihnen über die Symbolleiste über den Eintrag *Hervorhebung* zur Verfügung stehen: Zum einen können Sie einzelne Worte oder ganze Textstellen farbig kennzeichnen, die dann wie mit einem Text-Marker überzogen scheinen. Klicken Sie dazu auf den Knopf *Hervorhebung*, wählen Sie eine Farbe und überfahren Sie mit gedrückter Maustaste den Text. Das *Durchstreichen* sowie das *Unterstreichen* erreichen Sie ebenso über das Auswahlmenü.

Die Optionen »Text hervorheben«, »Text durchstreichen« sowie »Text unterstreichen« in einem Absatz.

Zum späteren Entfernen wählen Sie bei *Unterstrichen* und *Durchstreichen* erneut die benutzte Hervorhebung und überfahren den Text nochmals. Im Falle von farbigen Markierungen benutzen Sie über das Kontextmenü das Symbol zum Löschen von Hervorhebungen.

In PDF-Daten lassen sich natürlich auch Hervorhebungen wie *Pfeile, ovale* oder *rechteckige Formen*, *Maskierungen* oder auch die *Lupe* einsetzen. Bei diesen ziehen Sie wieder mit gedrücktem Mauszeiger das Gebilde auf, um bestimmte Teile in einem PDF zu kennzeichnen. Über das *Farbmenü* sowie die *Linienstärke* lassen sich diese Formen wieder anpassen. Bei der

6 | Die Welt der Programme

Lupe wählen Sie ebenso wieder Durchmesser und Vergrößerungsfaktor und die Hervorhebung ist wohl nicht mehr zu übersehen. Um Formen nachträglich zu verändern, klicken Sie auf die Seitenränder und ziehen sie (dabei immer am Rand packend) an eine neue Stelle, die Größe lässt sich wieder über die Anfasser anpassen.

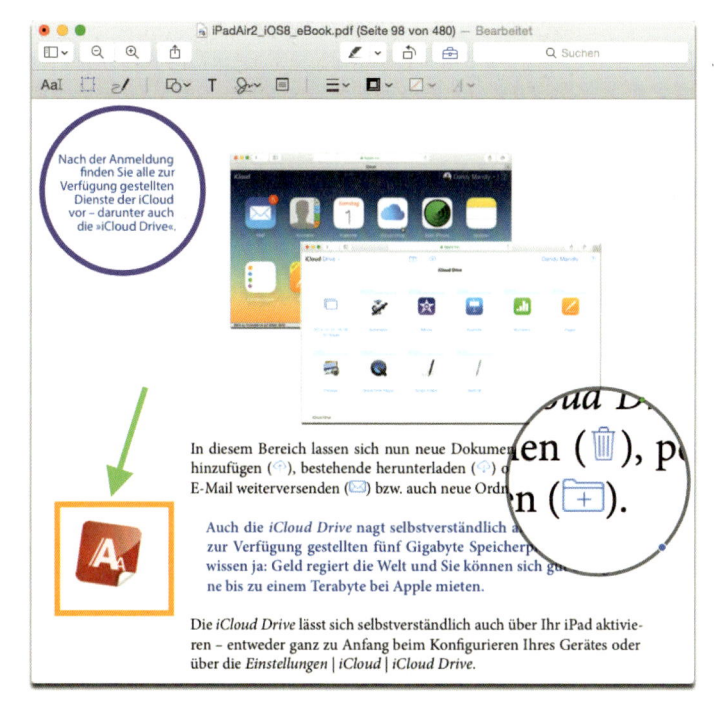

Formen taugen recht gut zur Hervorhebung.

Über die Menüleiste *Werkzeuge | Informationen einblenden* lassen sich in der Abteilung *Anmerkungsinformationen* sämtliche Eintragungen genau verfolgen. Mit einem Doppelklick auf einen Eintrag springen Sie sogleich auf die dazugehörige Seite im Dokument.

Falls Sie mal den Überblick über Ihre vielen Anmerkungen verlieren sollten, hilft Ihnen das Informationen-Fenster mit der Abteilung »Anmerkungsinformationen« auf die Sprünge.

543

Weitaus sinnvoller – gerade für Korrektur-Aufgaben oder zwecks Anmerkungen – ist jedoch die Option *Notiz*. Wählen Sie dazu *Werkzeuge | Anmerken | Notiz (cmd-ctrl-N)* oder klicken Sie – bei eingeblendeter Werkzeugleiste – auf den entsprechenden Knopf. Hierbei wird eine Notiz eingefügt, die Sie nun an diejenige Stelle im PDF verschieben, an der Sie einen Kommentar eingeben möchten.

Über »Notizen« können Sie zum Austausch bestimmte Dokumente für Dritte kommentieren.

Neu in *iOS 8* ist die *iCloud-Fotomediathek*, die sich allerdings zum Zeitraum der Bucherstellung noch im Betastadium befand. Betastadium bedeutet in diesem Kontext, dass die Entwicklungsarbeiten noch nicht abgeschlossen sind. Hierbei laden Sie Ihre vollständige Bildersammlung der *Fotos*-App samt der dort angelegten Ordner-Struktur und inklusive der Videos in die *iCloud*. Sie können zudem entscheiden, ob auf Ihrem Gerät die Originale (in hoher Auflösung) verbleiben oder ob diese in eine auf den iPad-Speicher optimierten Form (niedrigere Auflösung, aber dafür weniger Speicherplatz beanspruchend) heruntergerechnet werden sollen (die Originale landen auf jeden Fall in der *iCloud*). Diese Alben-Sammlung wird dann auf all Ihren Geräten gespiegelt, so dass Änderungen auf einem *iOS*-Gerät automatisch auch auf den anderen

Ist ein Anmerkungs-Symbol im PDF markiert, so lässt es sich zum einen auch nachträglich verschieben bzw. auch farblich verändern, indem Sie es auswählen und über das Kontextmenü eine andere Farbe wählen.

Blenden Sie über das *Darstellungsmenü* die Ansicht *Hervorhebungen und Notizen* ein, so erhalten Sie über die Seitenleiste einen schnellen Überblick über entsprechende Anmerkungen. Sie brauchen dort nur auf die einzelnen Einträge zu klicken und schon springen Sie auf die zugehörigen Seiten. Und denken Sie auch wieder an die *Informationen (cmd-I)* zum Dokument, die unter dem Reiter für die *Anmerkungsinformationen* ganz rechts außen ebenso den Kommentar-Verlauf protokollieren. Auch dort lässt sich per Mausklick schnell navigieren.

> Soll der Name des Verfassers bei Anmerkungen auftauchen, so muss in den *Vorschau-Einstellungen* in der Rubrik *PDF* bei *Anmerkungen* die Option *Anmerkungen mit Namen versehen* aktiviert sein. Zudem lässt sich dort auch der entsprechende Name eintragen.

> Wenn Sie Bilder etwa im Format *JPEG*, *TIF* oder *PNG* etc. vorliegen haben, in denen Sie auch gerne Anmerkungen hätten, die sich nachträglich wieder entfernen lassen sollen, so öffnen Sie einfach diese Bilder in *Vorschau*, wählen *Exportieren* bzw. *Duplizieren* aus dem *Ablage*-Menü und vergeben nun als Format *PDF*.

6 | **Die Welt der Programme**

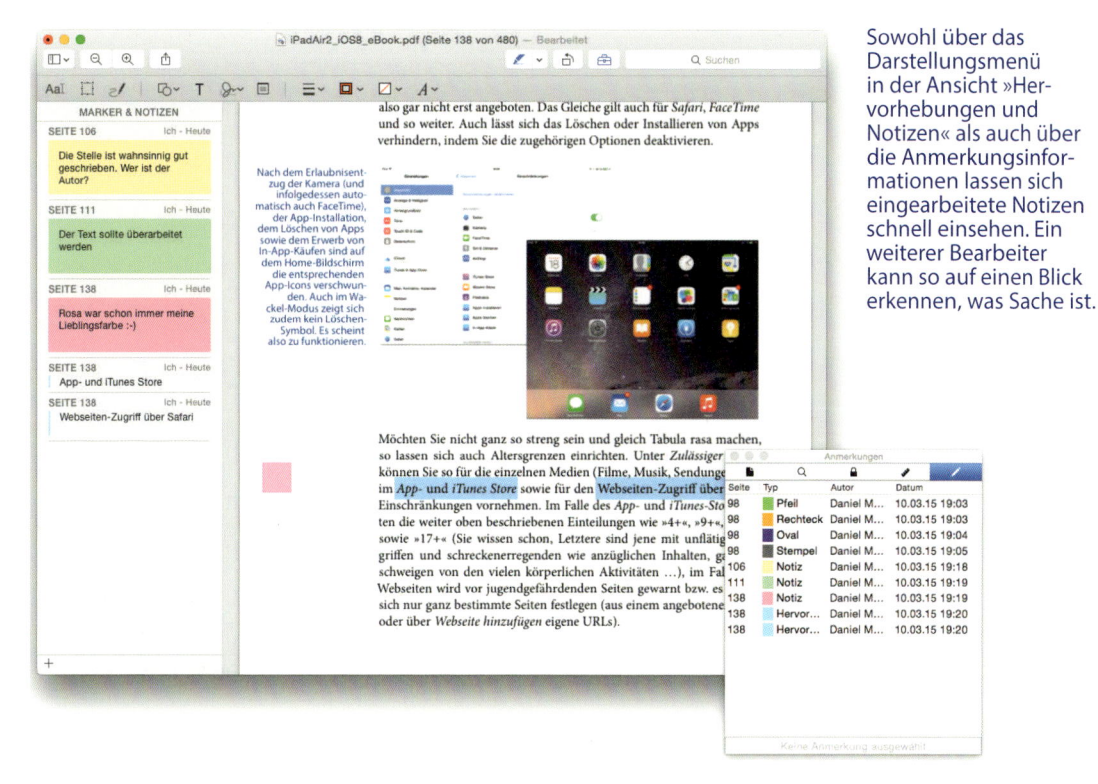

Sowohl über das Darstellungsmenü in der Ansicht »Hervorhebungen und Notizen« als auch über die Anmerkungsinformationen lassen sich eingearbeitete Notizen schnell einsehen. Ein weiterer Bearbeiter kann so auf einen Blick erkennen, was Sache ist.

Ein tolles Feature in Sachen Anmerkungen nennt sich *Signatur*. Diese Funktion ermöglich es Ihnen, Ihre Dokumente (Anschreiben, Rechnungserstellung, Briefe etc.) digital zu unterschreiben. Zum Anfertigen dieser digitalen Unterschrift stehen Ihnen zwei Wege offen: entweder über das imaginierte Schreiben auf dem Trackpad oder über das Digitalisieren über Ihre *FaceTime*-Kamera.

Im ersten Fall klicken Sie auf das *Signatur*-Symbol und verwenden aus dem Menü den Befehl *Unterschrift erstellen*. Wählen Sie anschließend den Reiter *Trackpad* und klicken Sie ein Mal mit der Maus in das Dialogfeld. Anschließend »schreiben« Sie mit dem Finger Ihre Unterschrift auf das Trackpad – das Ergebnis Ihres Tuns sehen Sie in Echtzeit. Klicken Sie nach Fertigstellung auf irgendeine Taste und entscheiden Sie, ob Sie Ihre Kreation für gelungen oder wenig gut halten. In letzterem Fall klicken Sie auf *Löschen* und wiederholen Ihre Eingabe, über *Fertig* wird die Unterschrift ins Menü übernommen.

545

Auf dem normalen Trackpad mit dem Finger zu schreiben ist gar nicht so einfach. Vielleicht geht das ja nun über das neue »Force Touch Trackpad« besser …

Die zweite Möglichkeit – das Digitalisieren über die *FaceTime*-Kamera – halten wir persönlich für besser. Dazu schreiben Sie auf einem weißen Blatt Papier mit schwarzer (oder auch dunkelblauer) Tinte Ihre Unterschrift. Anstatt *Trackpad* wählen Sie dieses Mal den Reiter *Kamera* und folgen der Anweisung, Ihre Unterschrift so vor die Kamera zu halten, dass diese auf der blauen Linie ruht. Erkennt die Kamera die Unterschrift, so wird diese als Vorschau eingeblendet. Sind Sie zufrieden, so klicken Sie auf *Fertig*.

Das Einlesen der Unterschrift über die »FaceTime«-Kamera geht recht schnell und zuverlässig.

Haben Sie nun ein PDF aufgerufen, so wählen Sie bei mehreren schon digitalisierten Signaturen die gewünschte aus, welche dann in das geöffnete Dokument gesetzt wird. Packen Sie sie mit der Maus und ziehen

6 | Die Welt der Programme

Sie sie an die gewünschte Stelle, über die Anfasser lässt sie sich in der Größe anpassen.

Je nach Verwendungszweck lassen sich nun verschiedene Unterschriften (förmlich, privat, Nickname etc.) abspeichern und einsetzen. Zum Löschen setzen Sie Ihren Mauszeiger rechts neben eine Unterschrift und kicken auf das erscheinende Entfernen-Symbol.

> Zur Erinnerung: Wenn Sie ein Bild oder eine PDF-Datei in das Programm *Mail* als Anhang laden, so stehen Ihnen dieselben Markierungswerkzeuge wie in *Vorschau* zur Verfügung – darunter auch die digitale Signatur.

Auch bei PDFs lassen sich weitere Informationen abrufen sowie *Schlagwörter* vergeben, indem Sie *Werkzeuge | Informationen einblenden* (cmd-I) aufrufen. Zudem gibt es auch sogenannte Verschlüsselungsinformationen, die über die Art und Weise mit dem Umgang der PDF-Datei Auskunft geben. Oftmals sind bei kostenpflichtigen PDF-Downloads die Zugriffsrechte beschnitten, so dass sich diese nicht drucken oder bearbeiten lassen. Nur nach Eingabe eines Kennwortes erhält man dazu die Erlaubnis.

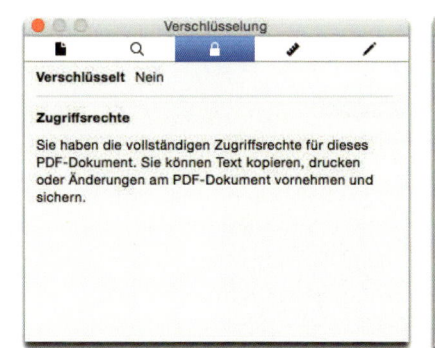

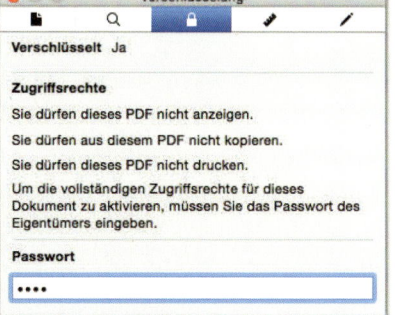

Die Verschlüsselungsinformationen: Rechts eine geschützte Datei, links ein PDF, das mit vollen Zugriffsrechten ausgestattet ist.

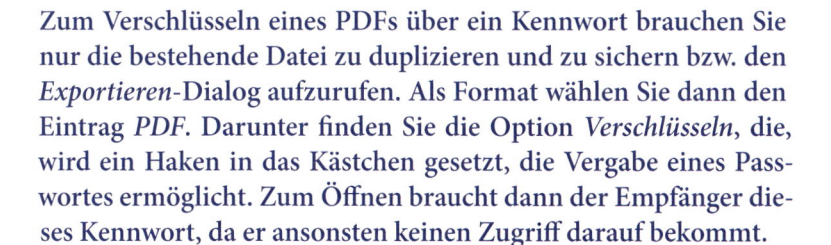

Zum Verschlüsseln eines PDFs über ein Kennwort brauchen Sie nur die bestehende Datei zu duplizieren und zu sichern bzw. den *Exportieren*-Dialog aufzurufen. Als Format wählen Sie dann den Eintrag *PDF*. Darunter finden Sie die Option *Verschlüsseln*, die, wird ein Haken in das Kästchen gesetzt, die Vergabe eines Passwortes ermöglicht. Zum Öffnen braucht dann der Empfänger dieses Kennwort, da er ansonsten keinen Zugriff darauf bekommt.

Die Vergabe eines Kennworts sollten Sie immer dann in Betracht ziehen, wenn es sich um Dokumente handelt, die nicht für die Allgemeinheit bestimmt sind.

Der Passwortschutz reagiert: ohne Kenntnis des Passwortes gibt es keinen Zugang.

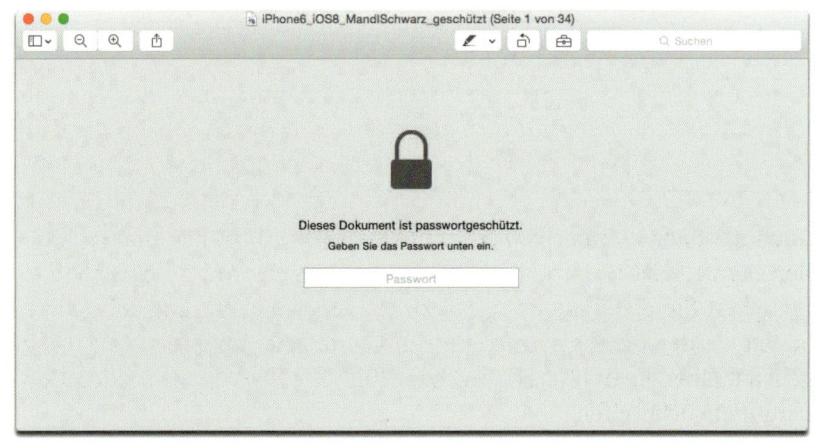

Was ein wenig unglücklich ist: Ist das Dokument geöffnet, so lässt sich der Verschlüsselungsmechanismus ohne erneute Eingabe des Passworts aushebeln. Wählen Sie dazu einfach *Ablage | Sichern*, ignorieren Sie die *Verschlüsseln*-Option und wählen Sie einen anderen Speicherort.

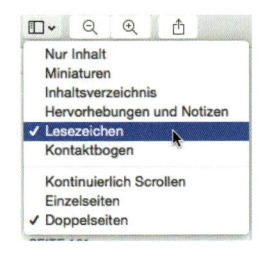

Eine weitere Hilfe bei *PDFs* mit vielleicht sogar Hunderten von Seiten ist die Vergabe von *Lesezeichen*. Wie in einem richtigen Buch lassen sich so Kennzeichnungen einfügen, die Sie ebenfalls – wie Verlinkungen – direkt anspringen können: entweder als Merkhilfe oder als Unterstützung für wichtige Inhalte. Über die Menüleiste *Werkzeuge* und den Befehl *Lesezeichen hinzufügen (cmd-D)* setzen Sie auf der jeweiligen Seite ein *Lesezeichen*-Symbol, das diese Seite entsprechend markiert. Rufen Sie nun später über das *Darstellungsmenü* die Rubrik *Lesezeichen* auf, so finden Sie dort all Ihre Einträge, die Sie per Mausklick sofort an die ge-

6 | Die Welt der Programme

wünschte Stelle befördern. Zum Entfernen von Lesezeichen klicken Sie sie einfach an und betätigen die *Entfernen*-Taste oder wählen Sie über das Kontextmenü den Befehl *Löschen*.

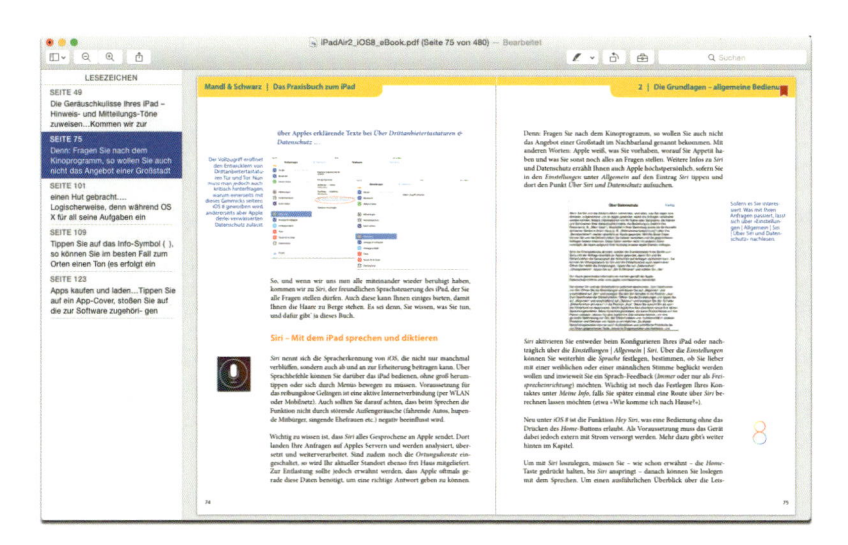

Damit ja nichts verloren geht und Sie immer wissen, auf welcher Seite Sie schon waren: die Lesezeichen.

Auch das Suchen innerhalb eines PDFs ist einfach zu handhaben. Fahnden Sie beispielsweise nach bestimmten Begriffen oder Textstellen, so brauchen Sie diese nur in das *Suchen*-Feld eingeben. Die gefundenen Seiten werden dann als Ergebnisse mit Seitenzahl und Text-Auszug aufgelistet. Über einen Mausklick auf die Einträge können Sie wieder direkt darauf zurückgreifen.

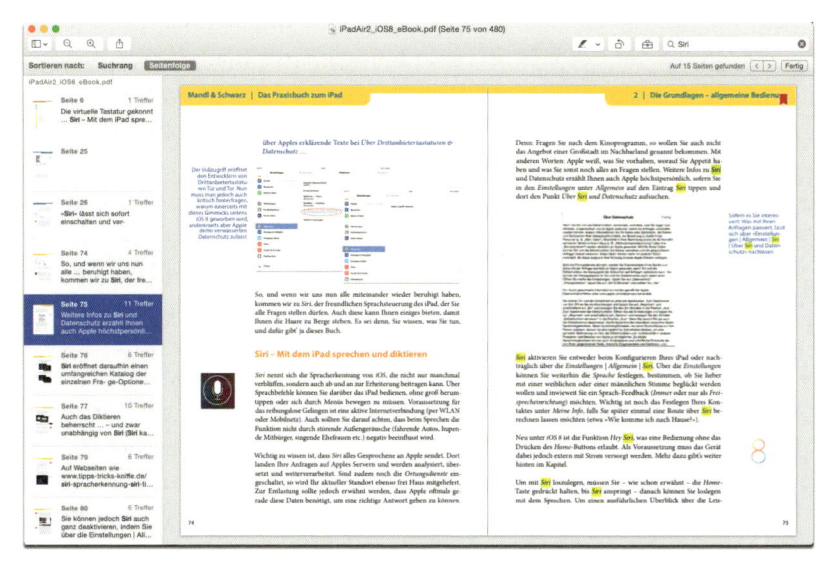

Suchen im Eiltempo – innerhalb von Sekunden listet »Vorschau« alle Vorkommnisse des gesuchten Begriffes auf.

549

Und das Programm *Vorschau* ist immer noch nicht ausgereizt, denn Sie können innerhalb eines Dokumentes auch *Seiten einfügen* (aus einer anderen Datei, vom Scanner oder eine leere Seite – jeweils im *Bearbeiten*-Menü). Je nachdem, an welcher Stelle Sie sich gerade im Dokument befinden, wird die entsprechende Seite vor die bestehende integriert. Dazu wählen Sie *Bearbeiten | Einfügen* und den zugehörigen Befehl.

Sie können auch innerhalb eines mehrseitigen PDFs einzelne Seiten umstellen oder diese in ein anderes PDF transferieren. Im Falle des einfachen Umstellens lassen Sie sich am besten in der Seitenleiste die *Miniaturen* anzeigen bzw. öffnen das Dokument als *Kontaktbogen*. Packen Sie dann eine oder mehrere Seiten und ziehen Sie sie an eine andere Stelle. Beim Verschieben in ein anderes Dokument öffnen Sie dieses ebenso mit *Miniaturen* oder als *Kontaktbogen* und ziehen die betreffenden Seiten in das andere PDF hinein. Zur Orientierung springen die benachbarten Seiten auseinander und machen Platz für den Neuankömmling.

Das Drucken eines PDFs gelingt ebenso schnell: Wählen Sie über die Menüleiste *Ablage | Drucken (cmd-P)* und tätigen Sie Ihre Einstellungen (Anzahl der Kopien, Seitenangaben, Papierformat etc.). Über den unten liegenden Button *PDF* können Sie wieder das Dokument direkt als E-Mail versenden, es in *iPhoto* bzw. *Aperture* sichern oder an *iBooks* transferieren, um es dann über *iTunes* beispielsweise auf das iPad zu laden. Klicken Sie hingegen auf *Drucken*, so wird die Datei auf dem gewünschten Gerät ausgegeben.

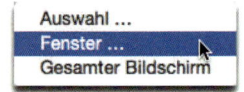

Auch Bildschirmfotos lassen sich über den gleichnamigen Befehl im *Ablage*-Menü von *Vorschau* aufnehmen. Damit bekommen Sie die Möglichkeit an die Hand, Fenster, Dokumente, den ganzen Bildschirm oder auch nur Ausschnitte davon abzufotografieren. Die Bilder, die dabei entstehen, werden als Datei *Ohne Titel* geöffnet und können über *Sichern* ins Wunsch-Format konvertiert werden. Aus folgenden Optionen können Sie wählen:

6 | Die Welt der Programme

- *Auswahl*
Mit einer Art Fadenkreuz ziehen Sie mit der gedrückten Maustaste einen Rahmen um jenen Teil, den Sie abfotografieren möchten. Sobald Sie die Taste loslassen, wird das Foto angefertigt und geöffnet dargestellt.

- *Fenster*
Nach dem Aufrufen des Befehls bewegen Sie die symbolisierte Kamera über jenes Fenster, das Sie abfotografieren möchten. Sobald Sie mit der Maus klicken, wird der Auslöser gedrückt und das Bild erstellt.

- *Gesamter Bildschirm*
Wie bei einer richtigen Kamera haben Sie ein paar Sekunden Vorlauf, ehe das Bild geschossen wird. Der Vorteil ist ganz klar, dass Sie verschiedene Fenster oder Dokumente auf dem Bildschirm anordnen können, bevor dann der Bildschirm fotografiert wird.

Eben genannte Möglichkeiten zum Abfotografieren von Bildschirm-Inhalten lassen sich normalerweise aus jedem Programm heraus über folgende Tastatur-Kürzel erreichen: *cmd-Umschalttaste-3* für gesamten Bildschirm, *cmd-Umschalttaste*-4 für einen Ausschnitt und *cmd-Umschalttaste*-4 plus zusätzlichem Drücken der Leertaste für Fenster. Wählen Sie *cmd-Umschalttaste*-4 plus Leertaste und halten beim Klicken auf ein Fenster zusätzlich die *Optionstaste (alt)* gedrückt, so wird das Fenster ohne Schatten abgelichtet. Die Bilder werden im Format *PNG* auf dem Schreibtisch abgelegt und erhalten als Titel das aktuelle Datum samt Uhrzeit – beispielsweise *Bildschirmfoto 2015-04-19 um 14.47.56*.

Zum Abschied dieses Kapitels noch ein heißer Tipp: Das Vergrößerungswerkzeug (*Werkzeuge | Lupe einblenden* bzw. »<«) lässt sich selbstverständlich auch bei PDFs hervorragend einsetzen. Gerade dann, wenn Sie vielleicht Schwierigkeiten beim Lesen am Bildschirm haben, bietet die Lupe eine hilfreiche Unterstützung. Auf einem Trackpad lässt sich sogar der Vergrößerungsfaktor einstellen, indem Sie Daumen und Zeigefinger spreizen bzw. zusammenziehen.

Kleine Schriftgrößen auf hochauflösenden Monitoren bereiten mitunter Schwierigkeiten beim Lesen. Dank der Lupe gehört das jedoch der Vergangenheit an.

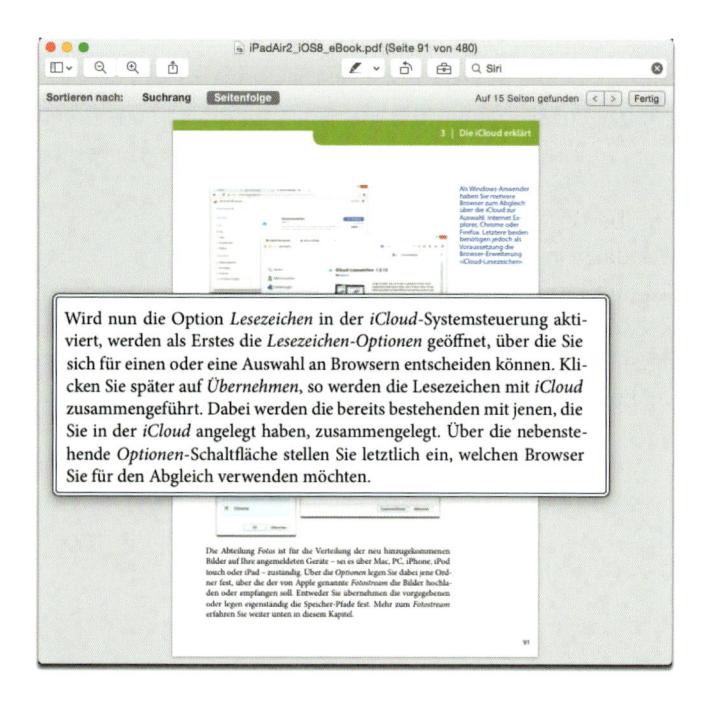

Wir freuen uns, dass Sie bis hierhin durchgehalten haben. Die gezeigten Programme sind doch dermaßen mit Funktionen und Befehlen vollgestopft, dass einem ganz schön der Kopf rauchen kann. Aber je mehr Sie sich damit beschäftigen bzw. je öfter Sie Ihr Haupt-Programm benutzen (denn alle Programme braucht wahrscheinlich kein Mensch), desto routinierter werden Sie – auch im Umgang mit Programmen anderer Hersteller – denn die Bedienung ist im Großen und Ganzen weitgehend ähnlich.

Nichtsdestotrotz: Wie sind noch lange nicht am Ende unserer Entdeckungsreise, denn im nächsten Kapitel schauen wir uns die wichtigsten *Dienstprogramme* an. Damit halten Sie etwa Ihr System in Schuss oder können Hard- wie Software unter die Lupe nehmen. Nicht alle werden im folgenden Text aufgeführt, da einige bereits angesprochen, andere erst in späteren Kapiteln auftauchen und wieder andere teils für den Normalanwender nicht zu empfehlen sind.

Dienstprogramme – von Assistenten und Festplatten-Doktoren

Wenn Sie über ein *Finder*-Fenster den *Programme*-Ordner öffnen, so stoßen Sie darin auf den Unterordner *Dienstprogramme*, der all Ihre Systemdoktoren und Assistenten zusammenfasst. Möchten Sie hingegen über das *Launchpad* auf nachfolgend genannte Programme zugreifen, so erledigen Sie das über den Ordner *Andere*. Die unterschiedliche Bezeichnung können wir uns offen gesprochen nicht so recht erklären …

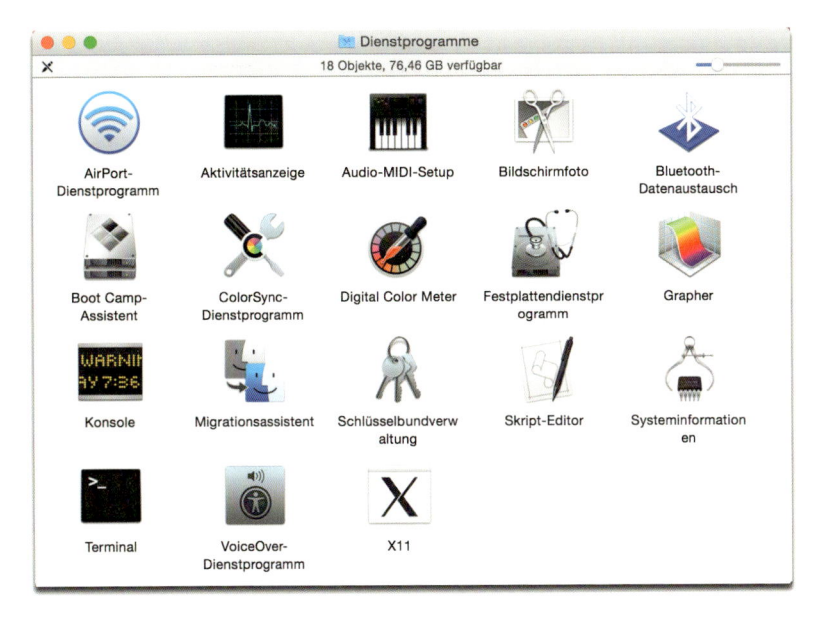

Alle »Dienstprogramme« finden Sie im »Programme«-Ordner fein säuberlich zusammengefasst.

Dienstprogramme – das klingt schon mal ziemlich trocken. Und in der Tat finden Sie in diesem Unterordner des *Programme*-Ordners allerlei Anwendungen, die sich auf die Diagnose der Hardware, zur Überprüfung von Netzwerk-Aktivitäten, zum Messen von Farbwerten etc. spezialisiert haben. Vieles davon erfordert Hintergrundwissen, das wohl die wenigsten Neueinsteiger mitbringen. Da sich unser Buch vorrangig an Anfängern und Umsteigern orientiert, die den Mac und sein Betriebssystem (eben die Grundlagen) kennenlernen möchten, konzentrieren wir uns auf jene Programme, die im Arbeitsalltag des ganz gewöhnlichen Anwenders einen Blick wert sind.

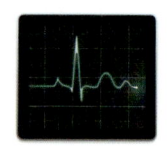

Aktivitätsanzeige – Prozesse im Hintergrund

In einem Computer laufen ständig Prozesse (sogenannte *Threads*) ab: Daten werden auf der Festplatte abgespeichert, die Programme lagern Ihre Dateien im Arbeitsspeicher aus, der Prozessor verarbeitet Befehle, die ihm zugeteilt werden usw. Davon bekommen Sie als Anwender normalerweise nichts mit, es sei denn, der Lüfter springt an (weil der Prozessor ein wenig Kühlung benötigt) oder die Festplatte rattert leise, weil gerade auf Daten zugegriffen wird. Damit Sie einen Einblick bekommen, was so alles im Hintergrund passiert und wie welches Bauteil gerade ausgelastet ist, gibt es die *Aktivitätsanzeige*.

Ist das Programm gestartet, so zeigt es in seinem Fenster jene Prozesse auf, die im Moment aktiv sind. Hierbei wird genau Buch geführt, wer wie viel Prozessorleistung (*CPU*) und wie viel Speicher verschlingt. Oben stehend finden Sie die verschiedenen Themen-Reiter wie *CPU* (Abkürzung für *Central Processing Unit* – der Prozessor), *Speicher* (gemeint ist der Arbeitsspeicher), *Energie*, *Festplatte* sowie *Netzwerk*.

Egal, was Sie am Computer auch machen – die Aktivitätsanzeige protokolliert genau den Verlauf der CPU-Auslastung sowie den Verbrauch an Speicher.

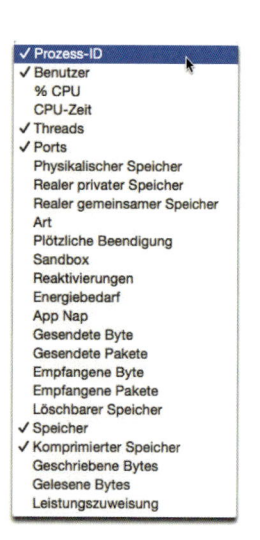

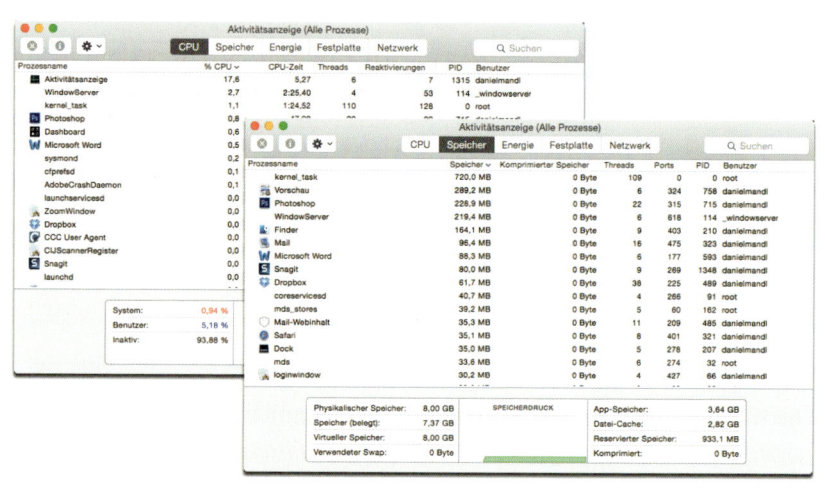

Die *Prozessor*-Anzeige (*CPU*) führt dabei alle aktuell laufenden Prozesse auf, also etwa jene Programme, mit denen Sie gerade arbeiten, aber auch jene, die das *System* im Hintergrund verwendet. So kann es durchaus passieren, dass Sie vielleicht gerade einmal ein einziges Programm gestartet haben, das Betriebssystem jedoch im Hintergrund Dutzende weiterer Prozesse ablaufen lässt. Über den Menüpunkt *Darstellung* und der Auswahl bei *Spalten* bestimmen Sie, welche Werte im Übersichtsfenster angezeigt werden. Möchten Sie weitere Informationen erhalten,

7 | Hilfsbereite Dienstprogramme

so markieren Sie einen Prozess und klicken dann auf den *Informationen*-Button. Um eine fortwährende Kontrolle über die Auslastung der CPU zu erhalten, lassen sich über das *Fenster*-Menü weitere Analyse-Fenster für die *aktuelle CPU-Auslastung* sowie den *Verlauf der CPU-Auslastung* einblenden. Diese Info-Dialoge bleiben immer im Vordergrund und Sie können sämtliche *Prozessor*-Bewegungen bewerten. Wie oft eine Überprüfung bzw. Aktualisierung stattfinden soll, stellen Sie über *Darstellung | Darstellung aktualisieren* ein.

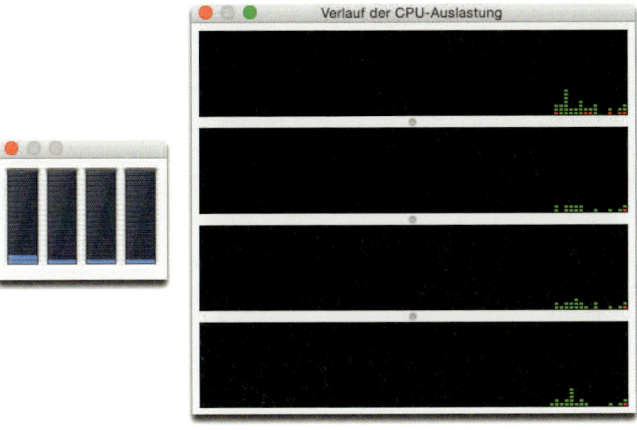

Über die Anzeigefenster lassen sich die augenblickliche Auslastung (links) sowie der Verlauf der Auslastung (rechts) des Prozessors überblicken.

Anstatt der separaten Fenster lassen sich Verlauf und Auslastung auch über das *Aktivitätsanzeige*-Icon im Dock anzeigen. Rufen Sie dazu das Kontextmenü auf (per *ctrl*-Klick, Rechtsklick oder Zweifingertipp auf das Programm-Icon im Dock) und wählen Sie *Symbol im Dock* sowie die gewünschte Anzeige. Alternativ klappt das auch über die Menüleiste *Darstellung | Symbol im Dock.*

Die Rubrik *Speicher* überprüft die Vorgänge im Arbeitsspeicher. Unterschieden wird hierbei zwischen dem *Physikalischen Speicher* (dem eingebauten Arbeitsspeicher) sowie dem *Virtuellen Speicher* (das entspricht jenem Platz, den der Prozess auf die Festplatte auslagert). Je mehr Sie davon in Ihrem Mac eingebaut haben, desto besser (also 4 Gigabyte sollten es schon sein), da nicht zu oft auf den virtuellen Speicher der Festplatte ausgelagert werden muss, der merklich langsamer ist. Rufen Sie zum Überprüfen am besten Ihr Standard-Repertoire an Programmen im Arbeitsalltag auf und werfen Sie dann einen Blick in die *Aktivitätsanzeige*. Fahren Sie mit der Maus auf die einzelnen Punkte, so erhalten Sie weiteren erklärenden Text.

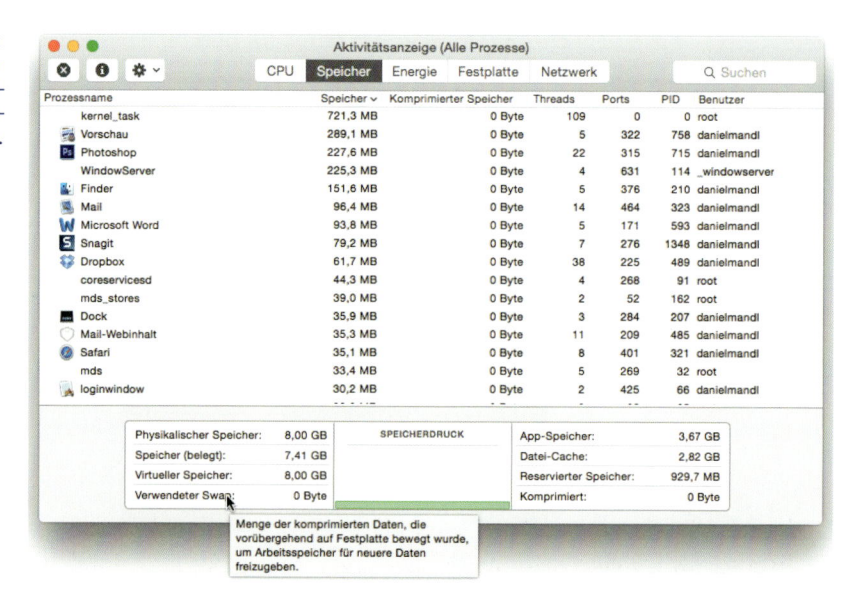

Die Rubrik »Speicher« zeigt den aktuellen Verbrauch der einzelnen Prozesse für Technik-Interessierte an.

Entspricht der Wert bei *Speicher (belegt)* nahezu dem des verbauten *physikalischen Speichers,* so sollten Sie über eine eventuelle Speicheraufrüstung nachdenken. Wie groß das Ausmaß an Auslagerung von Daten auf den virtuellen Speicher ist, lässt sich bei *Verwendeter Swap* überprüfen. Liegt hier des Öfteren ein hoher Wert vor, so ist das ebenso ein Zeichen, dass eine RAM-Aufstockung eine gute Idee wäre.

Der Punkt *Energie* unterscheidet sich je nach Rechner-Modell ein wenig. Sie können Werte wie den aktuellen Energiebedarf oder den durchschnittlichen Energiebedarf einsehen sowie überprüfen, ob für ein bestimmtes Programm *App Nap* aktiviert ist. Über *Erfordert Hochleistungs-GPU* erfahren Sie wiederum, welches Programm einen *Hochleistungsgrafikprozessor* benötigt, wobei diese Rubrik nur auf MacBook Pro-Modellen mit mehreren Grafikkarten verfügbar ist. Unten stehend finden Sie dann weitere Anzeigen über den Gesamtenergiebedarf des Rechners und welche Grafikkarte gerade verwendet wird (bei mehreren Grafikkarten). Bei Laptop-Modellen sehen Sie zusätzlich die verbleibende Ladekapazität, die Restlaufzeit, die Zeit im Netzbetrieb/Akkubetrieb sowie den Batterieladestatus der letzten 12 Stunden.

7 | Hilfsbereite Dienstprogramme

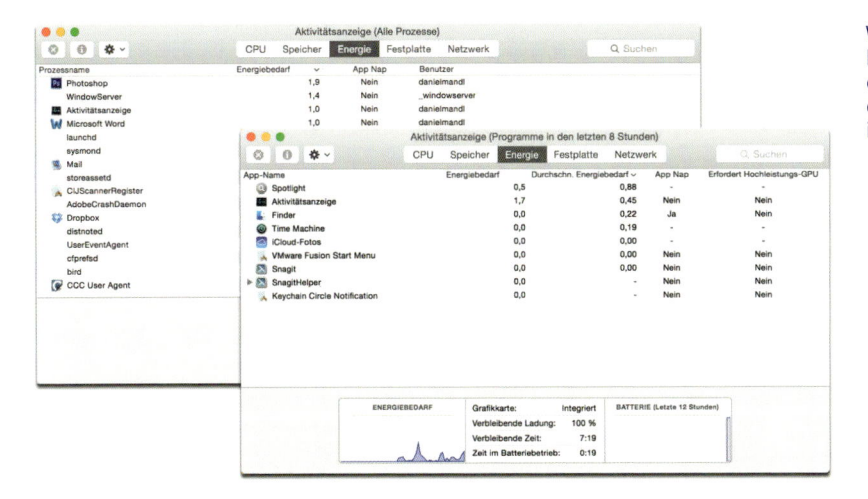

Wie es um den Energie-Haushalt bestellt ist, ersehen Sie über die entsprechende Rubrik in der Aktivitätsanzeige.

Und auch die *Festplatte* erhält ihren eigenen Reiter. Dort können Sie beobachten, wie viele Lese- und Schreibzugriffe ausgeführt und welche Datenmengen dabei bewegt werden. Das Gleiche gilt auch für etwaige Netzwerkaktivitäten, wobei es sich hier um empfangene wie gesendete Pakete und Daten dreht.

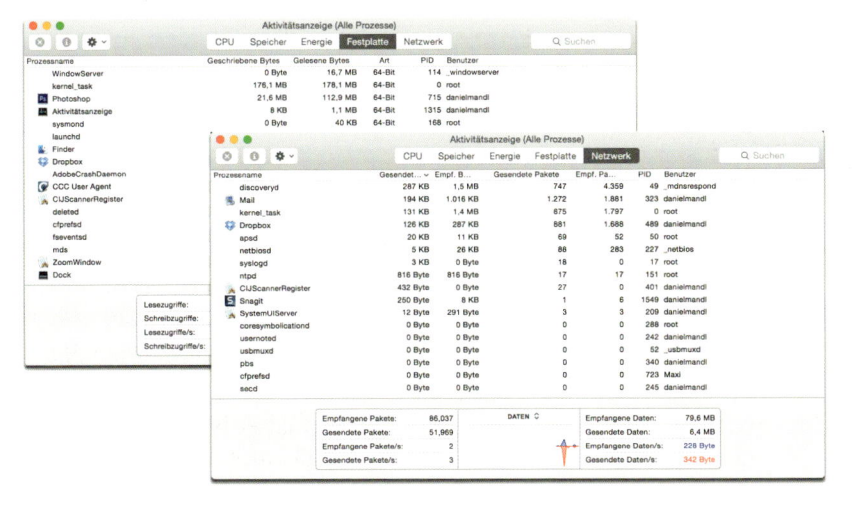

Die Aktivitätsanzeige stellt die Auslastung der Festplatte(n) auf einen Blick dar und protokolliert den Netzwerkverkehr, also wie viele Daten-Pakete gesendet/empfangen bzw. wie schwer die Ladung (in Megabyte oder gar Gigabyte) war.

Zu jedem Prozess lassen sich nun weitere Informationen über den gleichnamigen Button abrufen und auch einzelne Prozesse analysieren.

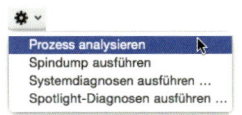

Informationen sowie Prozess-Analyse werden den Normalanwender wohl eher weniger tangieren.

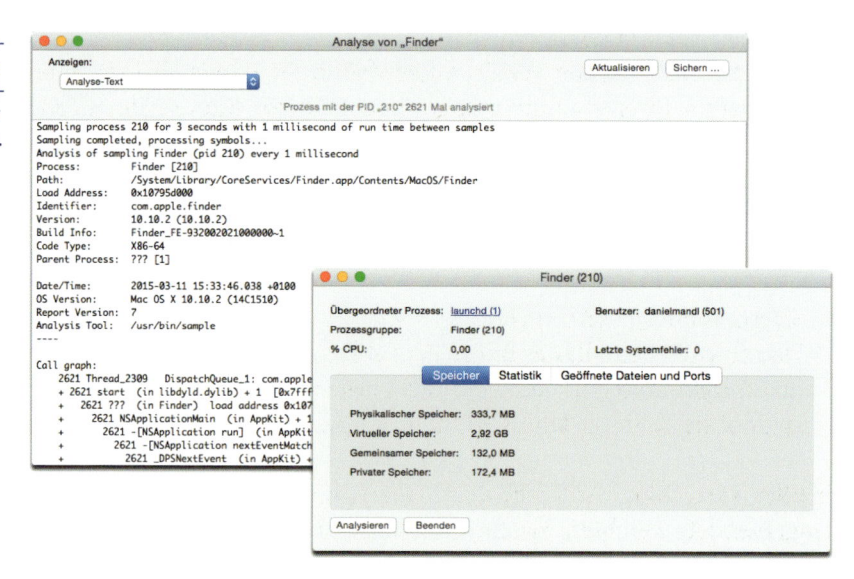

Im Großen und Ganzen ist das Programm für den Normal-Anwender sicherlich einen Blick wert, auch wenn er es nicht allzu oft benötigen wird – im Gegensatz zu Programmierern und Netzwerk-Administratoren, die damit Optimierungen vornehmen oder Fehlern auf die Spur kommen wollen.

Bildschirmfoto – Fotos vom Monitor

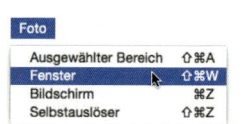

Ab und an möchte man vielleicht einen Dialog (etwa eine kryptische Fehlermeldung), ein Fenster oder gar den gesamten Schreibtisch im Bild festhalten, um es als Anschauungsmaterial für den Support oder für Freunde weiterzureichen. Damit das alles mit den Hausmitteln klappt, gibt Ihnen Apple das Programm *Bildschirmfoto* mit an die Hand.

Was wie abfotografiert werden soll, entscheidet letztlich die Situation. Über das Menü *Foto* wählen Sie dann aus den angebotenen Optionen das Passende heraus:

- *Ausgewählter Bereich (cmd-Umschalttaste-A)*
  Hiermit lassen sich Ausschnitte wählen, indem Sie den Mauszeiger ansetzen und dann mit gedrückter Maustaste einen Rahmen aufziehen. Sobald Sie die Maustaste loslassen, wird dieser Ausschnitt abfotografiert.

- *Fenster (cmd-Umschalttaste-W)*
  Wie der Name schon verrät, fotografieren Sie damit Ordner- oder Programm-Fenster ab. Im auftauchenden Dialog klicken Sie in *Fenster auswählen* und dann auf das abzulichtende Fenster. Fertig.

- *Bildschirm (cmd-Z)*
  Alles, was auf Ihrem Monitor zu sehen ist, wird abgelichtet.

- *Selbstauslöser (cmd-Umschalttaste -Z)*
  Damit wird ebenfalls der Bildschirm abfotografiert, jedoch haben Sie im Vorfeld 10 Sekunden Zeit, um alles zu arrangieren. Über eine symbolisierte Stopp-Uhr wird Ihnen aufgezeigt, wann es Klick macht.

In allen vier Fällen wird nach dem Anfertigen des Screenshots das Bild eingeblendet. Möchten Sie beispielsweise die Größe überprüfen, so wählen Sie *Bearbeiten | Information (cmd-1)* – das Fenster zeigt Ihnen *Höhe* wie *Breite* in Pixel auf und gibt die *Farbtiefe* an. Ist es für Sie in Ordnung, sollten Sie das Bild selbstverständlich sichern. Über *Ablage | Sichern (cmd-S)* vergeben Sie einen Namen und legen einen Speicher-Ort fest – das Bild wird dann im TIFF-Format gespeichert.

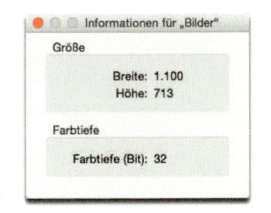

Zum Konvertieren in ein anderes Format öffnen Sie das Bild mit dem Programm *Vorschau* und wählen über den Menüleistenpunkt *Ablage* den Befehl *Exportieren*. Bei *Format* steht Ihnen nun die ganze Reihe weiterer Formate zur Verfügung.

Manchmal ist es nötig, beim Abfotografieren den künftigen Betrachter auf irgendetwas hinzuweisen – sei es auf eine Datei, einen Knopf oder einen Missstand. Sowohl bei *Bildschirm* als auch dem *Selbstauslöser* ist es daher möglich, den Mauszeiger mit abzulichten. Wie dieser aussehen soll, bestimmen Sie in den *Einstellungen (cmd-Komma)* im *Bildschirmfoto*-Menü.

Die Mauszeiger-Parade für jeden Zweck.

Wir möchten auch noch einmal daran erinnern, dass es neben dem Programm *Bildschirmfoto* noch zwei weitere hauseigene Alternativen dazu gibt. Diese finden Sie über die nachfolgenden Tasten-Kombinationen:

- *cmd-Umschalttaste-3*: der gesamte Bildschirm wird abgelichtet;

- *cmd-Umschalttaste-4*: über ein Fadenkreuz kann ein Ausschnitt angefertigt werden, über das zusätzliche Drücken der *Leertaste* sowie einem nachfolgenden Mausklick wird ein Fenster abfotografiert.

Hierbei werden die Bilder als *PNG*-Dateien auf dem Schreibtisch abgelegt, die dann noch umbenannt und eventuell in ein anderes Format gebracht werden sollten. Gefallen Ihnen die verwendeten Tasten-Kombinationen nicht, so werfen Sie doch einen Blick in die Systemeinstellung *Tastatur* und dort in die Rubrik *Kurzbefehle -> Bildschirmfotos*.

Bluetooth-Datenaustausch

Dieses Programm macht genau das, was der Name verspricht: Es tauscht Daten aus – und zwar in beide Richtungen (*Datei senden* sowie *Gerät durchsuchen*). Vorher sollten Sie jedoch Ihre *Bluetooth*-Geräte konfigurieren, sprich über die Systemeinstellung *Bluetooth* bzw. den *Bluetooth-Assistenten* anmelden (siehe hierzu den erklärenden Text im Kapitel über die *Systemeinstellungen*). Weiterhin muss im Falle eines Mac-Computers in den *Freigaben* (siehe ebenso in den *Systemeinstellungen*) die *Bluetooth-Freigabe* aktiviert sein. Ist das alles erledigt, so brauchen Sie nur das Programm *Bluetooth-Datenaustausch* zu starten und aus dem sich öffnenden Dialog-Fenster namens *Wählen Sie die zu sendende Datei aus* das oder die Objekte zu markieren. Mit der Bestätigung über den Knopf *Senden* werden dann alle gefundenen Geräte aufgeführt, die teilweise erst noch per Klick auf *Verbinden* zueinander finden müssen. Über *Senden* wird dann am Empfangsgerät eine Dateiübertragung angemeldet, die bestätigt werden muss. Über *Empfangen* landet dann die Datei letztlich im Order *Downloads* bzw. an jenem Ort, den Sie unter *Bluetooth-Freigabe* dafür bestimmt haben.

7 | Hilfsbereite Dienstprogramme

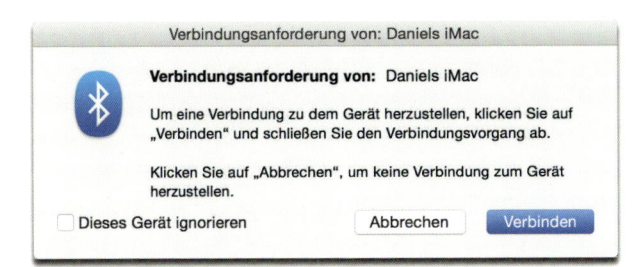

Besteht noch keine Verbindung zum angesprochenen Gerät, so wird eine Verbindungsanforderung gesendet.

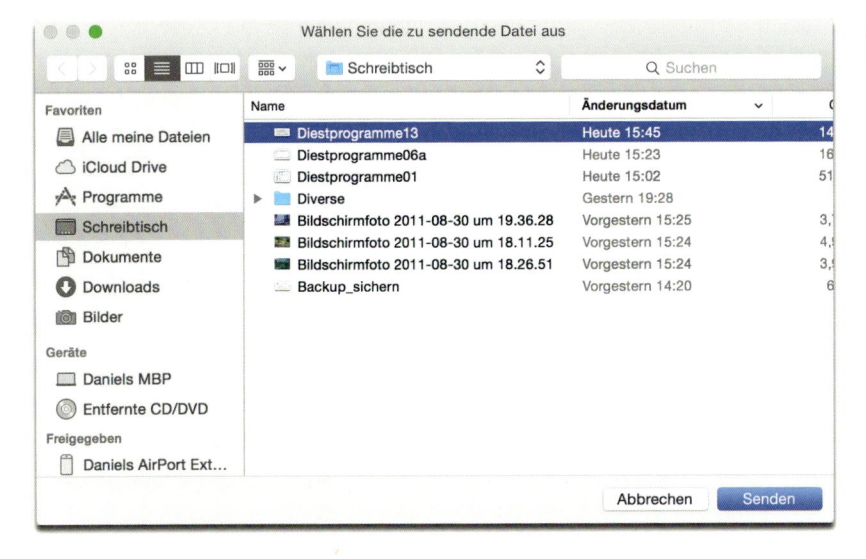

Zuerst werden die Daten ausgewählt …

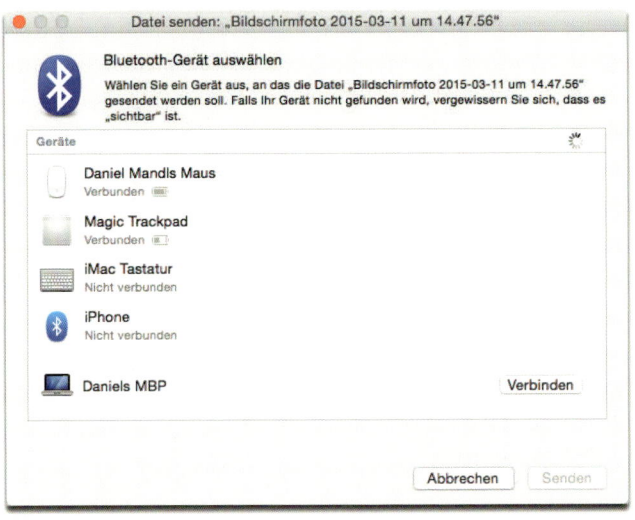

… und dann das entsprechende Gerät bestimmt. Über »Senden« werden die Daten verschickt.

Beide Geräte nehmen Kontakt zueinander auf. Der Empfänger muss jedoch der zu empfangenden Dateiübertragung zustimmen.

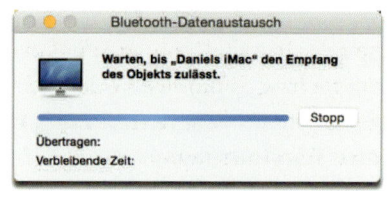

Möchten Sie hingegen ein Gerät durchsuchen und auf diese Weise eine Datei laden, so klicken Sie auf das *Bluetooth*-Symbol in der Menüleiste, wählen das entsprechende Gerät und anschließend den Befehl *Dateien auf dem Gerät durchsuchen*. Das angefragte Objekt (in unserem Fall ein MacBook Pro) blendet nun einen Dialog ein, der diese Kontaktaufnahme registriert und den jeweiligen Nutzer ermöglicht, darauf zu reagieren. Klickt dieser auf *Erlauben*, so öffnet sich der freigegebene Ordner mit den gewünschten Daten beim Kontaktsuchenden. Über einfaches Drag & Drop lassen sich nun die Daten auf den eigenen Rechner kopieren.

Zuerst wird gefragt, ob ein Zugriff erfolgen darf, …

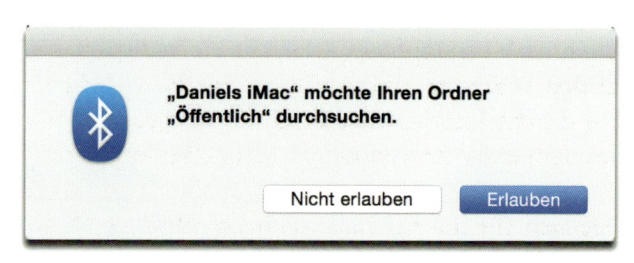

… danach kann auf den Freigabe-Ordner (meist der öffentliche Ordner des Benutzers bzw. jener, der in den Systemeinstellungen »Freigaben« unter Bluetooth-Freigabe bestimmt wurde) samt Inhalt zugegriffen werden.

Finden Sie kein *Bluetooth*-Symbol in der Menüleiste, so öffnen Sie die Systemeinstellung *Bluetooth* und aktivieren Sie die Option *Bluetooth in der Menüleiste anzeigen*.

Boot Camp – einmal die Windows-Welt schnuppern

Dieses kleine Programm ermöglicht Ihnen die Installation von *Windows 7 Home Premium, Professional* oder *Ultimate* bzw. *Windows 8* oder *Windows 8 Pro* auf Ihrem Mac. Sofern Sie also noch auf Programme zurückgreifen wollen oder müssen, die nur unter Windows laufen, so ist *Boot Camp* eine feine Sache.

Windows wird dabei auf einem separaten Teil Ihrer Festplatte – einer sogenannten »Partition« – installiert und läuft nach einem Neustart Ihres Apple-Rechners völlig autark als Betriebssystem. Es profitiert dabei von einem schnellen Prozessor, dem direkten Zugriff auf die Festplatte und überhaupt vom schicken Design der Apple-Kreativen.

Im Gegensatz dazu gibt es mit *Parallels Desktop* von der gleichnamigen Software-Schmiede oder *Fusion* von *VMware* sogenannte Virtualisierer, über die Sie beide Betriebssysteme – *Windows* und *OS X* – parallel laufen lassen können; das lästige Neustarten des Rechners entfällt hierbei. Der Nachteil bei diesem gleichzeitigen Betrieb beider System-Welten liegt jedoch in einer verringerten Arbeitsgeschwindigkeit des Rechners, da sie sich den Prozessor teilen müssen. Für Büro-Arbeiten und für Surf-Touren durchs Internet ist das kaum von Belang, für anspruchsvolle Spiele oder Grafik-Anwendungen jedoch bedenkenswert.

> Wenn Sie sich für die Virtualisierungen *Parallels Desktop* und *Fusion* von *VMware* interessieren, so sei Ihnen auch unsere *Umsteigefibel* ans Herz gelegt. Darin erfahren Sie weitere Hintergründe zum Umzug von Windows auf den Mac, erhalten Anweisungen zum Installieren eben genannter Virtualisierungen und lernen ganz nebenbei die mannigfachen Möglichkeiten zum Datenübertrag vom Windows- auf den Mac-Rechner kennen.

Die Vorbereitungen

Der Rechner sollte immer auf dem aktuellen Stand sein sowie alle *Firmware*-Aktualisierungen beinhalten. Bei Letzteren halten Sie sich bitte unbedingt an die eingeblendeten Verhaltensregeln. Da der normale Anwender vor lauter Aufregung manchmal die ein oder andere Anweisung vergisst, empfehlen wir diese auszudrucken, damit Sie die einzelnen Schritte genau abarbeiten können.

Zusammengefasst hier noch einmal die Voraussetzungen für einen gelungenen *Boot Camp*-Einstieg. Sie brauchen:

- Ein *Windows-ISO-Image* mit der 64-Bit-Version von *Windows 7 Home Premium, Windows 7 Professional, Windows 7 Ultimate, Windows 8, Windows 8 Pro, Windows 8.1* oder *Windows 8.1 Pro*. Das *Windows-ISO-Image* können Sie entweder direkt über Microsoft laden oder – falls Sie ein Windows-kompatibles optisches Laufwerk (intern oder extern) besitzen – mit Hilfe *der Windows-Installations-DVD* sowie dem Mac-eigenen *Festplattendienstprogramm* selbst erstellen. Darüber fertigen Sie eine vollständige Kopie der kompletten Windows-DVD an, die nachfolgend auf den Mac kopiert werden muss.

Zum Erstellen eines *Windows-ISO-Image* über das *Festplattendienstprogramm* legen Sie eine Windows-DVD in einen Mac mit optischem Laufwerk und starten das *Festplattendienstprogramm*. Markieren Sie anschließend das Symbol der DVD in der links liegenden Seitenleiste und klicken Sie dann oben stehend auf *Neues Image*. Vergeben Sie einen Namen bzw. übernehmen den bestehenden und stellen Sie über die unten liegenden Menüs bei Image-Format den Eintrag *DVD/CD-Master* sowie bei Verschlüsselung *Ohne* ein. Über *Sichern* wird nun das Image angelegt. Zum Abschluss müssen Sie nur noch die Endung ».cdr« in ».iso« ändern, indem Sie den Dialog *Möchten Sie das Suffix wirklich von »cdr« in »iso« ändern?* mit *.iso verwenden* bestätigen.

Falls Sie eine Windows-Installations-DVD besitzen, so können Sie sich über das Festplattendienstprogramm schnell ein Windows-ISO-Image erstellen.

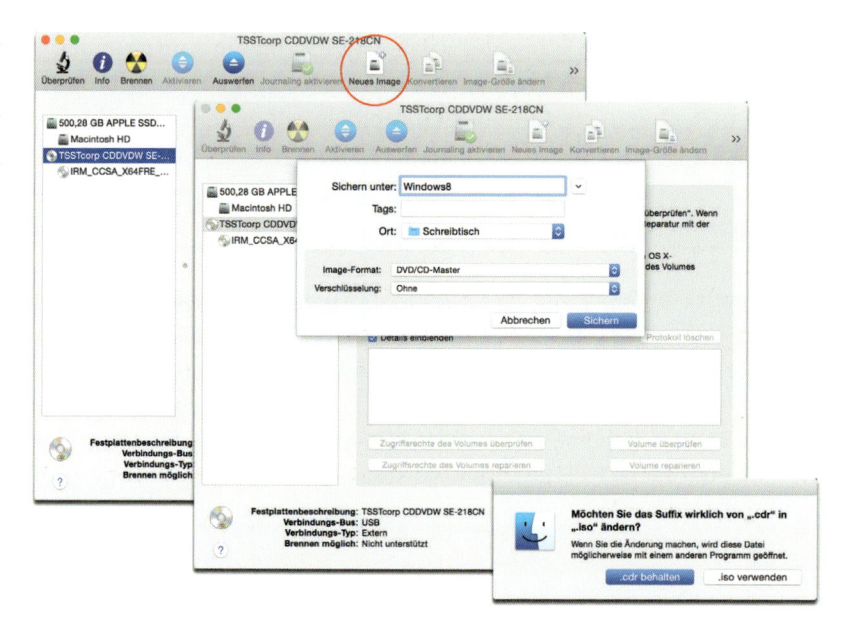

7 | Hilfsbereite Dienstprogramme

- Ein leeres USB-Speichermedium mit *MS-DOS (FAT)*-Formatierung (externe Festplatte oder USB-Stick) mit mindestens 8 GB für das *ISO-Image* sowie zur Sicherung der vom *Boot Camp-Assistenten* erstellten Windows-Treiber.

- Mindestens 30 Gigabyte für Windows auf dem Volume, auf dem die Software installiert werden soll.

- Weiterhin sollten Sie – um Probleme schon im Vorfeld auszuschließen – bei der Installation von *Windows 7/8* nur Original-Zubehör (USB-Maus, Tastatur, Trackpad etc.) von Apple verwenden.

Der »Boot Camp Assistent« – Ihr freundlicher Begleiter

Bevor Sie nun engagiert und voller Elan ans Werk gehen, sind leider noch einige weitere Grundvoraussetzungen zu berücksichtigen. Zum einen möchte der *Assistent* von *Boot Camp* auf Ihrem Rechner eine eigene Partition extra für *Windows* anlegen. Ihre Festplatte darf daher nicht bereits partitioniert (also in mehrere Teilstücke separiert) sein. Haben Sie dies bereits getan, so sollte Ihr erster Schritt nicht zu *Boot Camp*, sondern zum *Festplatten-Dienstprogramm* laufen (ebenfalls zu finden im Ordner *Dienstprogramme* bzw. über das *Launchpad* im Ordner *Andere*).

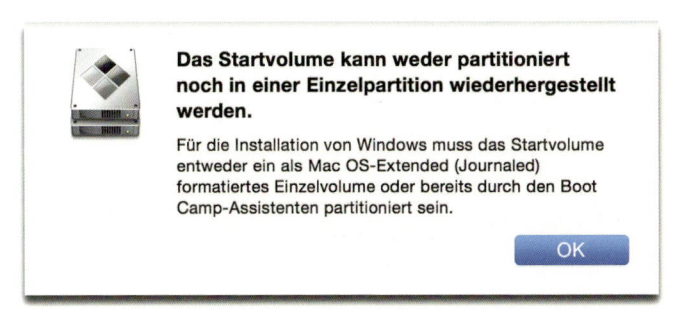

Das war wohl nix. Nun heißt es zuerst das Festplattendienstprogramm aufzusuchen.

Das *Festplattendienstprogramm* unter *OS X* kann auch nachträglich die Festplatte neu einrichten, ohne dass das Startvolume als solches in Mitleidenschaft gezogen wird. Einzig die Daten auf den weiteren Partitionen werden gelöscht. Mit anderen Worten: **Bringen Sie auf jeden Fall jene Daten, die sich außerhalb des Startvolumes auf den weiteren Partitionen befinden, in Sicherheit, da diese nach der Umstellung nicht mehr existent sind.**

Rufen Sie dann das *Festplattendienstprogramm* auf, markieren Sie die interne Festplatte und klicken Sie auf den Reiter *Partition*, so dass unterhalb von *Partitionslayout* die Aufteilung angezeigt wird.

Das Festplatten-Dienstprogramm zeigt über den Reiter »Partition« die aktuelle Aufteilung der Festplatte an.

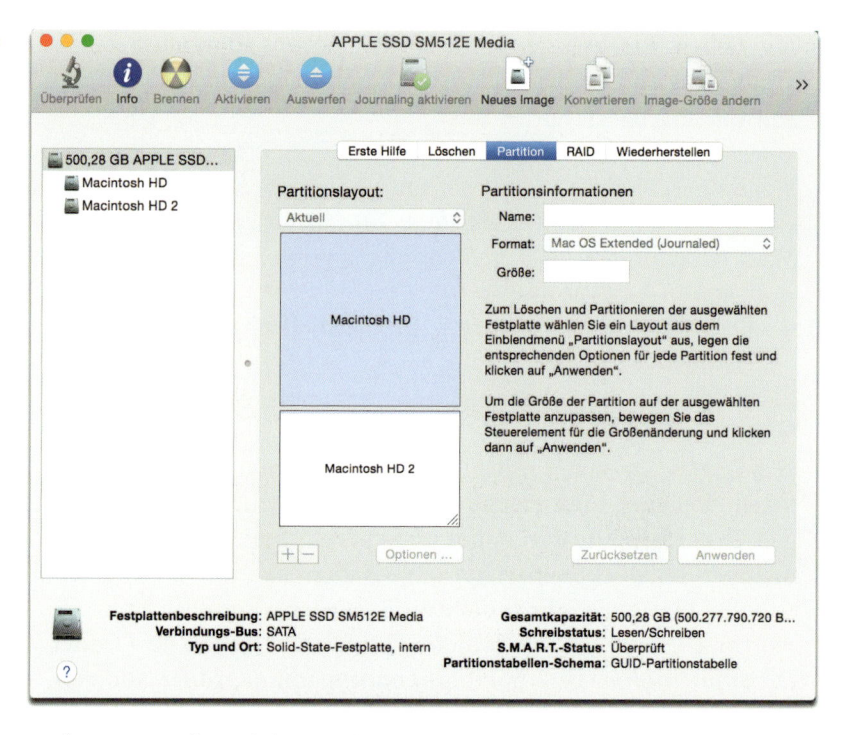

Markieren Sie danach beispielsweise die zweite Partition per Mausklick und betätigen Sie dann den unten liegenden *Minus*-Button. Daraufhin fährt ein Dialog aus, der Ihr Tun noch einmal genau auflistet: Bitte jetzt den Schweiß von der Stirn tupfen …

Das zu entfernende Volume wird gelöscht, während das Startvolume auf der ersten Partition unberührt bleibt.

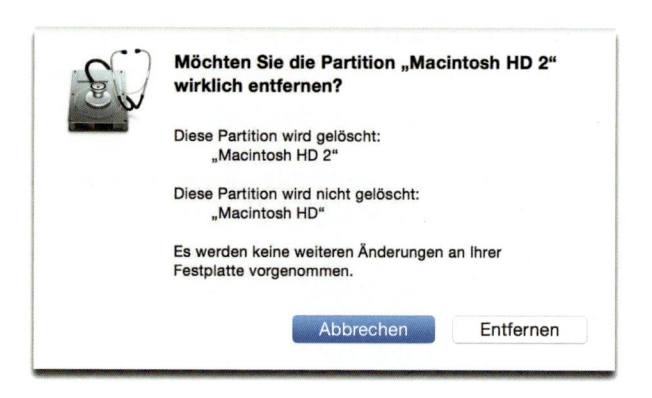

7 | Hilfsbereite Dienstprogramme

Klicken Sie auf *Entfernen*, so wird die Partitionstabelle neu angelegt und das Volume verschwindet. Um die ursprüngliche Größe wiederherzustellen, müssen Sie nun noch das bestehende Volume bearbeiten, indem Sie es am geriffelten Anfasser mit der Maus packen und ganz nach unten ziehen. Ein weiterer Klick auf den Knopf *Anwenden* stellt den Ursprungszustand wieder her.

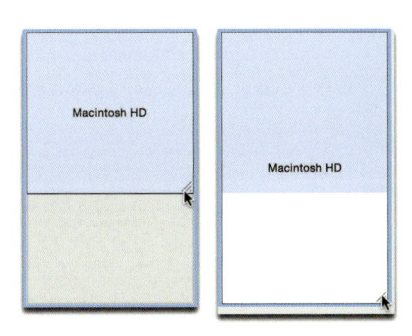

Das Volume wird neu aufgezogen und an die volle Größe angepasst.

Über den Knopf »Partition« werden weiterhin keine Daten gelöscht, sondern nur die Einzelpartition an die volle Größe angepasst. Nach diesem Vorgang können Sie nun endlich mit »Boot Camp« loslegen.

Bei mehreren internen Festplatten (keine Partitionen) sollten Sie eine davon so aufbereiten, dass sie problemlos bespielt werden kann. Die Formatierung der Festplatte muss dabei das Format *Mac OS X Extended (Journaled)* aufweisen. Mit anderen Worten bedeutet das auch in diesem Fall: Bringen Sie Ihre Daten in Sicherheit, denn ist etwas falsch formatiert, so müssen Sie in der Tat alles neu einrichten.

Bevor Sie nun den *Boot Camp-Assistenten* starten, ziehen Sie bitte alle externen Geräte wie Festplatten oder sonstige Speichermedien ab. Da Windows bekanntlich Laufwerksbuchstaben verteilt (Windows installiert sich standardmäßig auf dem Volume mit dem Buchstaben »C«), soll auf diese Weise ausgeschlossen werden, dass der Laufwerksbuchstabe »C« einem falschen Volume zugeordnet wird.

Beim ersten Start des *Boot Camp-Assistenten* erhalten Sie eine kleine Einführung und die Möglichkeit, die zugehörige *Boot Camp-Hilfe* zu öffnen. Diese ist auf jeden Fall einen Blick wert, da sie eine Vielzahl an wichtigen Informationen enthält.

In der »Boot Camp-Hilfe« finden sich wichtige wie interessante Informationen.

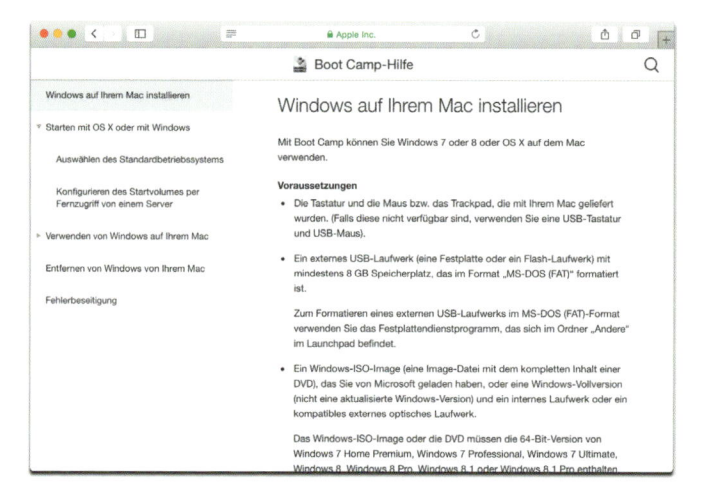

Klicken Sie im *Boot Camp-Assistenten* auf *Fortfahren,* so müssen Sie nun das leere USB-Speichermedium mit *MS-DOS (FAT)*-Formatierung anstecken, da im nächsten Schritt das Windows-Installationsmedium erstellt wird. Hierbei wird das *Windows-ISO-Image* (dessen Quelle Sie angeben müssen) auf das USB-Laufwerk kopiert. Anschließend werden die Treiber für die *Windows*-Installation geladen und ebenso darauf geschrieben. Achten Sie bitte darauf, dass die Angaben für *ISO-Image* sowie *Zielmedium* (der USB-Stick) korrekt angegeben sind.

Der Boot Camp-Assistent kopiert nachfolgend das Windows-ISO-Image sowie die dazugehörigen Treiber auf das USB-Laufwerk.

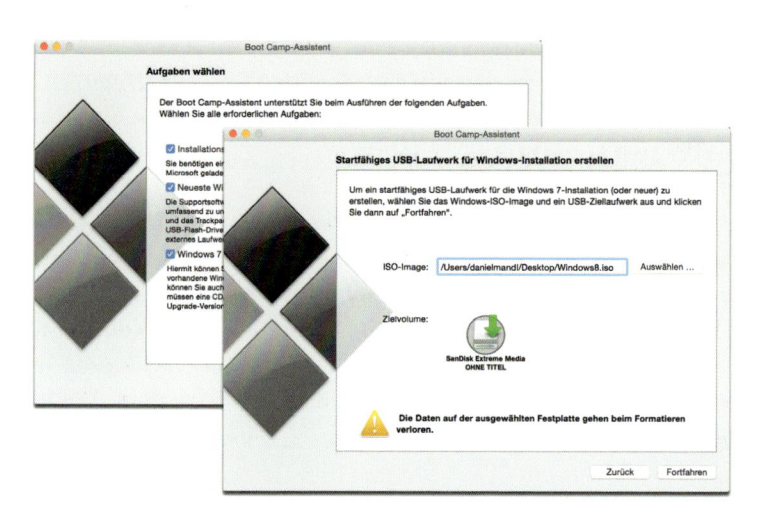

7 | Hilfsbereite Dienstprogramme

Bitte beachten: Verwenden Sie bitte nur jene Treiber, die Sie über den *Boot Camp*-Assistenten auf dem betreffenden Mac herunterladen. Benutzen Sie stattdessen Treiber, die von einem anderen Rechner stammen, kann es zu Konflikten kommen, da diese vielleicht nicht alle Hardware-Komponenten bzw. eben andere unterstützen.

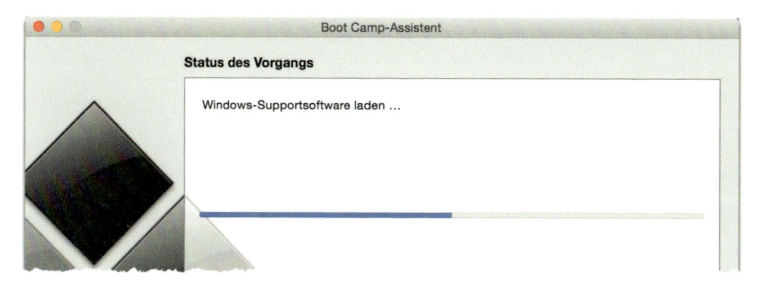

Nun heißt es die Windows-Supportsoftware sowie die Treiber zu laden. Diese sind für eine reibungslose Zusammenarbeit zwischen Mac und Windows unabdingbar.

Anschließend gelangen Sie zur Einrichtung der Partition für Windows. Hier ist es nicht unerheblich, welche Größe Sie dort auswählen – Apple empfiehlt mindestens 30 Gigabyte. Noch besser sind jedoch höhere Werte, denn schließlich möchten Sie auch noch Programme, Daten und eventuell Spiele dort unterbringen. Wenn Sie mehrere Festplatten in Ihrem Rechner eingebaut haben, so lässt sich dort ebenso eine zweite Partition bzw. eine ganze Festplatte (außer das Startlaufwerk) als einzelne Partition für Windows einrichten. Es ist jedoch nicht möglich, eine externe Festplatte für die *Windows*-Installation zu benutzen.

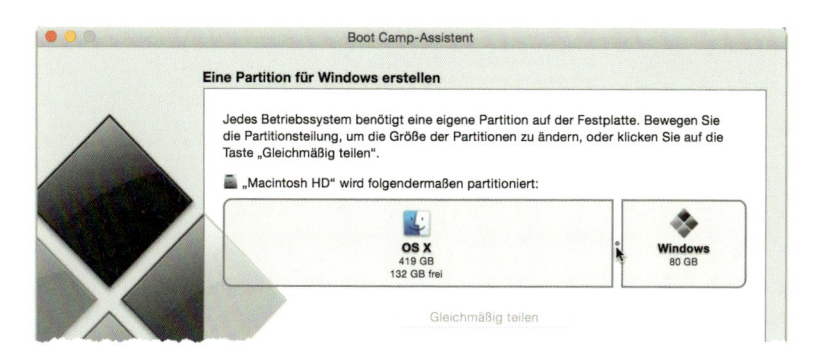

Partitionieren mithilfe des »Boot Camp-Assistenten« – entweder per Knopfdruck oder über das Verschieben der Partitionsblöcke mit der Maus.

Wenn Sie später Windows installieren, muss die vom Apple-System eingerichtete Partition noch formatiert werden. Windows unterscheidet hier zwischen den beiden Dateisystemen *FAT* sowie *NTFS*. *FAT* steht für *File Allocation Table* und Sie können dieses System nur verwenden, wenn die Größe der Partition 32 Gigabyte nicht übersteigt. Des Weiteren steht dieses Dateisystem nur unter *Windows XP* zur Verfügung. Das *New Technology File System* (*NTFS*) ist das aktuellere Dateisystem und gilt gemeinhin als stabiler, zuverlässiger und auch schneller. Für *Windows 7* und *8* ist das Dateisystem *NTFS* zwingend vorgeschrieben. Die Partitionsgröße ist hier frei wählbar, allerdings unter *OS X* nicht beschreibbar (jedoch einsehbar und es lassen sich Dokumente aus der Windows-Welt beispielsweise auf den Mac-Schreibtisch kopieren).

Sie können nun entweder den Mauspfeil zwischen die Partitionsblöcke setzen und mit gedrückter Maustaste ziehen, oder Sie klicken auf die angezeigte Taste *Gleichmäßig verteilen*. Letztere steht allerdings nur zur Verfügung, wenn die aktuelle Speicherbelegung dies zulässt. Danach klicken Sie auf *Installieren* und *Boot Camp* bereitet Ihre Festplatte auf – danach startet der Rechner neu.

Der krönende Abschluss, ehe Sie vom Mac- in den Windows-Bereich wechseln.

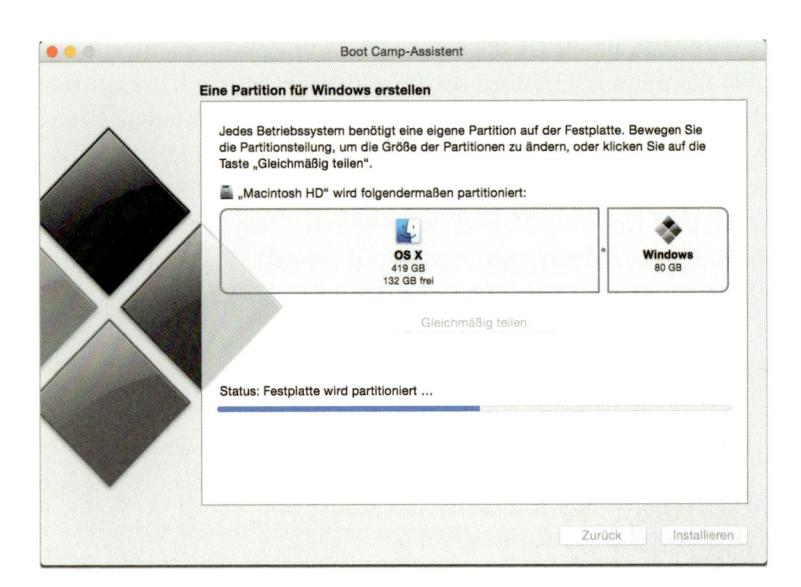

Nach dem Booten des *Windows-Installations*-Mediums (wir nutzen die 64-Bit-Software von *Windows 8.1)* heißt es die Installationssprache zu wählen und anschließend den *Product Key* einzugeben. Wählen Sie das zu installierende Betriebssystem aus und akzeptieren Sie die Lizenzbedingungen. Danach müssen Sie die von *Boot Camp* eingerichtete Partition zu formatieren. Suchen Sie sich richtige Partition mit dem Wort *BOOTCAMP* im Titel (bei uns nennt sie sich *Datenträger 0 Partition 4: BOOTCAMP*) und klicken Sie dann auf die Option *Formatieren*. Bestätigen Sie den Warnhinweis mit *OK* und die eigentliche Installation beginnt.

7 | Hilfsbereite Dienstprogramme

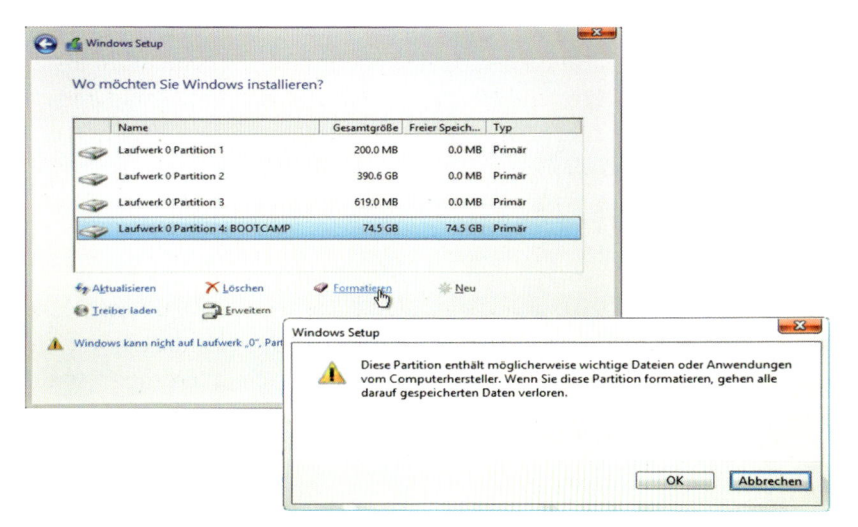

Zuerst heißt es die Partition einzurichten: Wählen Sie »Datenträger 0 Partition 4: BOOTCAMP« und dann die Option »Formatieren«.

Nach zwei weiteren Neustarts wird dann Windows konfiguriert, indem Sie den Computernamen vergeben, die *Einstellungen* festlegen (wir raten hier zur angepassten Variante, falls Sie nicht möchten, dass diverse Daten automatisiert an Microsoft gesendet werden oder Programmen Ihr Standort mitgeteilt wird) und Ihr Konto samt Benutzername sowie Kennwort bestimmen. Danach wird wieder farbenfroh installiert, es werden die Programme kopiert und zum Schluss folgen die Treiber über das *Boot Camp*-Installationsprogramm.

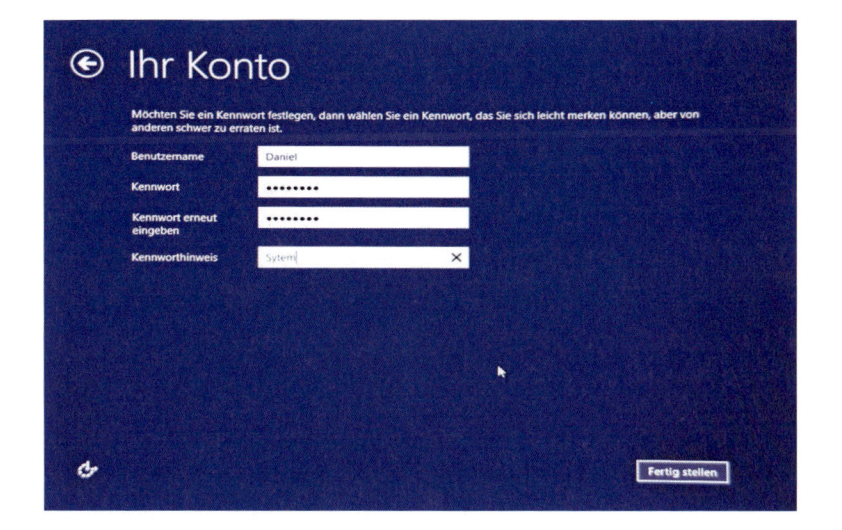

Der Mac wird unter Windows getauft …

… ehe die vielen Mac-Treiber installiert werden, damit Windows reibungslos mit der Mac-Hardware zusammenarbeitet.

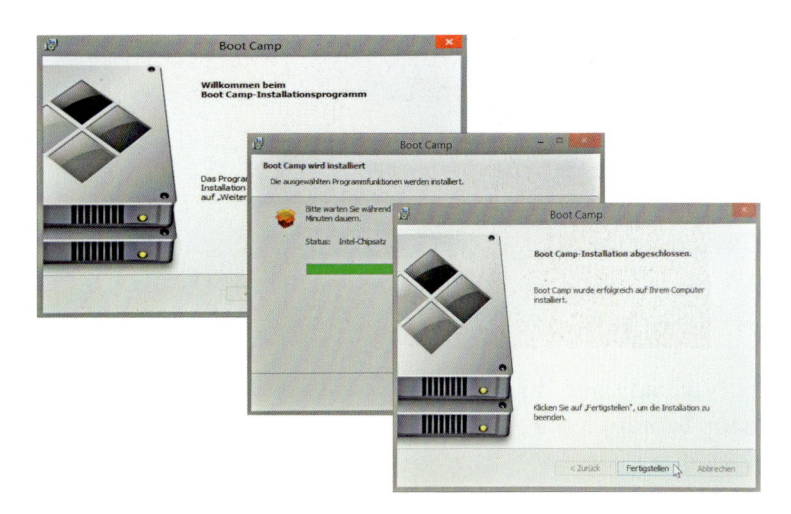

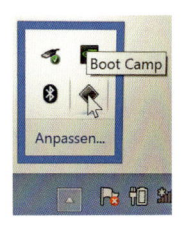

Nach einem weiteren Neustart zeigt sich Windows dann in voller Pracht und Sie können Tastatur, Trackpad, Bildschirmauflösung etc. ohne Probleme benutzen und anpassen. Neben der *Boot Camp-Hilfe* (die sich automatisch öffnet) können Sie auch auf den *Boot Camp-Manager* in der Taskleiste zurückgreifen, über den sich auch die *Boot Camp-Systemsteuerung* starten lässt.

Über die »Boot Camp-Systemsteuerung« legen Sie wieder das Startvolume (Mac oder Win) fest und können weitere Anpassungen (etwa für das Trackpad oder die Tastatur) vornehmen.

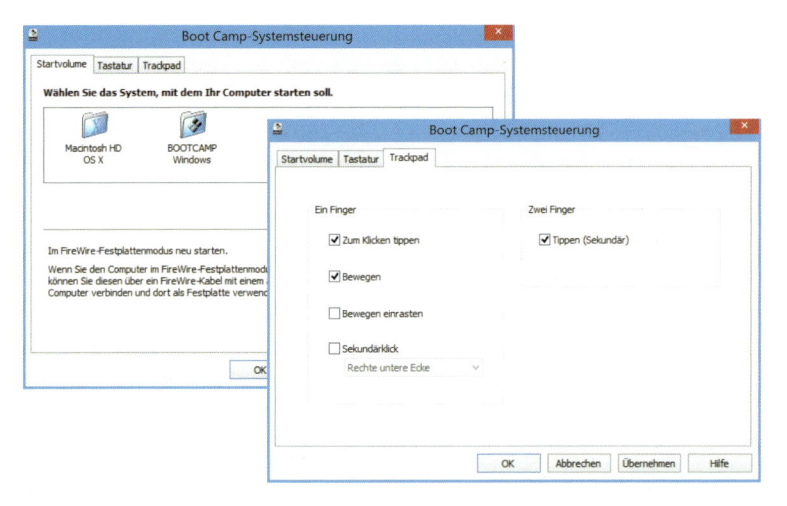

Wenn Sie sich noch nicht entscheiden können oder Sie einfach flexibel sein möchten, so brauchen Sie sich nicht für ein System festzulegen. Wenn Sie nach dem Neustart des Mac-Rechners ganz flink die *Wahltaste (alt)* gedrückt halten, so können Sie sich bereits vor dem Booten entscheiden, was Sie denn heute tun möchten.

Wie hätten Sie's denn gern? Der Mac und seine flexible Handhabung geben Ihnen in allen Situationen das richtige Werkzeug an die Hand.

Sollte gerade auf Ihrem mobilen Mac der Speicherplatz eher knapp bemessen sein, könnten Sie mit der Zusatz-Software *WinClone* Ihre *Boot Camp*-Installation gleich wieder auslagern. Das Programm kostet 30 € (twocanoes.com/products/mac/winclone) und funktioniert nur ab Windows 8.

Das Festplattendienstprogramm zum Überprüfen, Reparieren und mehr …

Erste Hilfe – der Festplatten-Doktor

Mit dieser Anwendung sind Sie vielleicht schon beim Installieren des Betriebssystems in Berührung gekommen, etwa weil Sie die Festplatte überprüfen oder diese partitionieren wollten. Die Funktionalität ist selbstverständlich immer noch vorhanden, sodass Sie bei etwaigen Problemen (Systemabstürze, sehr langsame Zugriffsgeschwindigkeit) dieses Programm im Hinterkopf halten sollten. In erster Linie dient es wirklich als »Erste Hilfe«, wobei Sie beachten sollten, dass Sie Ihr *Startvolume*, also jenen Teil der Festplatte, auf dem sich das Betriebssystem befindet, auf konventionelle Weise nur überprüfen, jedoch nicht reparieren können. Jede andere Partition oder (externe) Festplatte/USB-Stick lässt sich dagegen kontrollieren, indem Sie links in der Leiste das entsprechende *Volume* anklicken, den Reiter *Erste Hilfe* wählen und dann den Button *Volume überprüfen* drücken.

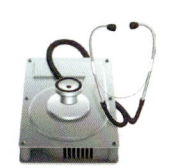

Unserer externen Backup-Festplatte wird vom Festplattendienstprogramm beste Gesundheit bescheinigt.

> Schreibgeschützte Volumes bzw. Medien wie CD-R/CD-RW/ DVD-R/DVD+R/DVD-RW/DVD+RW lassen sich nicht überprüfen geschweige denn reparieren.

Im Falle einer reibungslosen Überprüfung ohne Einspruch wird der Prozess einfach beendet bzw. heißt es lapidar *Das Volume ist anscheinend in Ordnung* (wobei »anscheinend« nicht unbedingt siegessicher klingt). Tauchen jedoch Probleme auf, so drücken Sie die Schaltfläche *Volume reparieren* und das *Festplattendienstprogramm* arbeitet seine Routinen ab.

> Das *Festplattendienstprogramm* unterscheidet zwischen der eigentlichen Festplatte sowie den darauf befindlichen und eingerichteten Volumes. Wird die Festplatte markiert und daraufhin auf *Volume überprüfen* geklickt, so wird nur die *Partitionstabelle* gecheckt. Letztere nennt sich bei Mac-formatierten Medien *GUID-Partitionstabelle* und zeigt genau die Bereiche an, die auf einer Festplatte genutzt werden können. Markieren Sie hingegen ein *Volume*, so werden die darauf kopierten Daten auf ihre korrekte Abspeicherung, die Kataloghierarchie sowie viele weitere Faktoren überprüft, was logischerweise auch etwas mehr Zeit in Anspruch nimmt.

7 | Hilfsbereite Dienstprogramme

Das *Startvolume* wiederum erfordert eine andere Taktik. Es lässt sich zwar überprüfen, nicht aber reparieren. Da ein Volume zum Reparieren kurzfristig deaktiviert wird, ist das bei laufendem Betriebssystem nicht möglich. Die Folge: Sie müssen von einem anderen Volume (das natürlich ebenso ein Betriebssystem aufweist) aus starten. Nachdem Apple die Installations-DVD gestrichen hat, bietet sich stattdessen die *Wiederherstellungspartition* an: also jener separate Bereich (Partition), der automatisch bei der Installation von *OS X* auf der Festplatte angelegt und diverse Möglichkeiten zur System-Rettung beinhaltet – darunter auch das *Festplattendienstprogramm*.

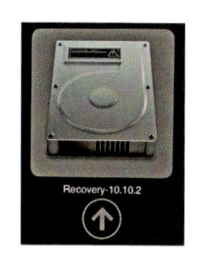

Um an diese *Dienstprogramme* zu gelangen, führen Sie einen Neustart des Rechners durch und drücken gleich nach dem Startgong die *alt*-Taste. Nach der Anzeige der verfügbaren Volumes wählen Sie die *Wiederherstellungspartition (Recovery-10.10)* und nach wenigen Sekunden zeigt sich der Dialog *OS X Dienstprogramme*. Wählen Sie darüber die Anwendung *Festplattendienstprogramm*, so werden alle vorhandenen Festplatten aufgeführt – nur dass Sie dieses Mal auch Ihr *Startvolume* zum Reparieren auswählen können. Klicken Sie daher auf *Volume reparieren* und warten Sie gespannt auf das Ergebnis. Ist alles zu Ihrer Zufriedenheit verlaufen, wählen Sie den Menüpunkt *Festplattendienstprogramm* und dann *Festplattendienstprogramm beenden*, danach *OS X Dienstprogramme | OS X Dienstprogramme beenden (cmd-Q)*. Im auftauchenden Dialog wählen Sie dann *Neustart* bzw. legen das von Ihnen gewünschte Startvolume fest.

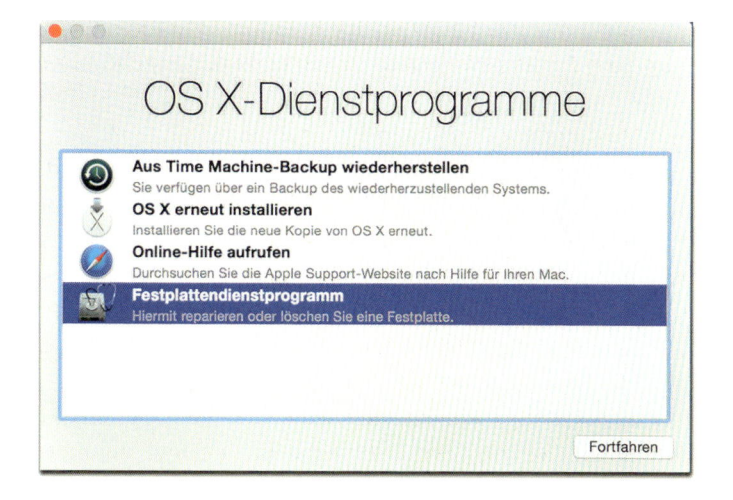

Der Dialog »OS X Dienstprogramme« lässt sich auch separat vom Startvolume über die Wiederherstellungspartition (alt-Taste drücken nicht vergessen) starten.

575

Wenn Sie Ihre Festplatte mit *FileVault* verschlüsselt haben, so ist der Zugriff auf die Wiederherstellungspartition über die *alt*-Taste nicht möglich. In diesem Fall ist es zwingend notwendig, über *Befehlstaste-R* zu booten. Werden die *OS X Dienstprogramme* aufgeführt und Sie wählen das *Festplattendienstprogramm*, so müssen Sie vor dem Zugriff auf ein Volume zuerst den *Schutz aufheben* (siehe gleichnamigen Button in der Symbolleiste des *Festplattendienstprogramms*).

Zurück zum *Festplattendienstprogramm* im normalen Alltag: Unterhalb des Protokolls finden Sie weitere Informationen (u. a. Modell-Beschreibung, Verbindungstyp, Kapazität) zu Ihrer Festplatte, die jedoch von Rechner zu Rechner unterschiedlich sein können. Interessant ist hierbei noch der *S.M.A.R.T.-Status* (*S.M.A.R.T* steht für *Self-Monitoring Analysis and Reporting Technology*), der bei vielen Festplatten Verwendung findet. Hierbei wird die Festplatte fortwährend auch intern überprüft und Alarm geschlagen, wenn etwas nicht stimmt. Der Status *Überprüft* zeigt dabei an, dass die Festplatte keinerlei Fehler aufweist. Heißt es jedoch bedrohlich in roter Schrift *Ausfall*, sollten Sie schleunigst Ihre Daten in Sicherheit bringen und das baldige Auswechseln der Platte angehen. Noch mehr Informationen erhalten Sie über den *Info*-Button in der Symbolleiste oder über das Dienstprogramm *Systeminformationen*, das weiter unten beschrieben wird.

Je nach Festplatte (SSD, Fusion Drive, HD) unterscheiden sich die Einträge ein wenig. Wird ein Volume angeklickt, so zeigen sich Kapazität, Belegung sowie Anzahl der Dateien. Mit Klick auf den Button »Info« lassen sich weitere Informationen abrufen.

7 | Hilfsbereite Dienstprogramme

Neben der Festplatte lassen sich mit *Erste Hilfe* auch die *Zugriffsrechte überprüfen* und *reparieren*, was Sie in Betracht ziehen sollten, wenn sich Daten auf einmal nicht mehr öffnen bzw. Programme nicht mehr starten lassen oder wenn Ihr Rechner langsamer und langsamer wird. Diese Anwendung funktioniert wiederum nur auf einem *Startvolume*, da sich darauf das System *OS X* befindet und dieses die Rechte zuteilt. Ab und an sind diese beschädigt, was jedoch kein Beinbruch ist, besitzen Sie doch *Erste Hilfe*. Mit Klick auf *Zugriffsrechte des Volume überprüfen* sowie *Zugriffsrechte des Volume reparieren* werden diese nun gecheckt und neu zugeordnet.

> Vor einem Update oder der Installation weiterer Software sollten Sie sicherheitshalber sowohl die Festplatte als auch die Zugriffsrechte überprüfen bzw. reparieren lassen. Nach der Installation übernimmt meist das Installationsprogramm eine weitere Überprüfung der Zugriffsrechte, wenn es denn heißt: *System optimieren*. Unser Tipp heißt dennoch: Auch nach einer Installation sollten Sie nochmals die Zugriffsrechte überprüfen lassen, da manche Programme nach der Installation diese Rechte beschädigen. Mit anderen Worten: Doppelt gemoppelt ist hier unser Motto, und schließlich wollen wir doch alle nur einen reibungslos funktionierenden Mac.

Gekonnt löschen – aber bitte mit Vorsicht

Unser zweiter Reiter im *Festplattendienstprogramm* nennt sich *Löschen*, wobei es auch da unterschiedliche Möglichkeiten gibt. Das *Festplattendienstprogramm* unterscheidet hierbei zwischen dem Löschen einer Festplatte/Partition und dem *freien Speicher*. Letzteres ist jener Bereich, der beim üblichen Löschen von Dateien freigegeben wird zum Abspeichern weiterer Daten.

> Profis können Ihre Daten, die Sie über den Papierkorb löschen, mit Spezial-Software wiederherstellen und somit nachprüfen, was da so alles herumliegt. Die einzige Möglichkeit, Daten wirklich unkenntlich zu machen, ist das Überschreiben der Festplatte mit neuen Daten.

Das *Startvolume* (oder im Falle nur einer einzigen Partition die gesamte Festplatte) macht mal wieder eine kleine Ausnahme, denn dieses können

Sie nicht löschen. Stattdessen steht Ihnen nur die Tür zum Löschen von *freiem Speicher* offen, also dem wirklichen Entfernen aller bereits eliminierten Informationen durch Überschreiben mit neuen Daten. Klicken Sie auf *Freien Speicher löschen*, werden die vorhandenen Optionen eingeblendet. Zum einen können Sie den vermeintlich leeren Speicherplatz ein Mal mit Nullen überschreiben (Option: *Am schnellsten*), das gleiche Prozedere mit 3 Löschdurchgängen (mittlere Stellung des Reglers) und eines mit 7 Durchgängen (Einstellung *Am sichersten*) vollziehen. Je öfter überschrieben wird, desto sicherer ist die ganze Angelegenheit – das Wiederherstellen von Daten ist somit fast unmöglich.

Die Optionen zum Löschen des freien Speichers. Selbst das Löschen ist eine Wissenschaft, die jedoch durchaus einen ernst zu nehmenden Hintergrund hat: der Umgang mit sensiblen Daten.

Beachten Sie bitte, dass bereits der einfache Löschvorgang je nach Größe der Festplatte ziemlich lange dauern kann. Wählen Sie die höchste Sicherheitsstufe mit 7 Durchgängen, so ist der Rechner wohl über zig Stunden blockiert.

Wie beim *Startvolume* klappt das Ganze natürlich auch bei anderen Partitionen, externen Festplatten oder auch USB-Sticks. Letztere können jedoch auch vollständig gelöscht werden, also inklusive aller darauf befindlichen Daten. Legen Sie dazu das Volumeformat – üblicherweise *Mac OS Extended (Journaled)* – fest und vergeben Sie einen Namen. Klicken Sie dann auf jeden Fall auch auf den Button *Sicherheitsoptionen*, der wieder die verschiedenen Möglichkeiten zum sicheren Löschen einblendet. Und lassen Sie sich bitte nicht verwirren: Während die Schaltfläche *Freien Speicher löschen* wieder nur den freien Speicherplatz von etwaigen alten Spuren befreit, wird über die Taste *Löschen* kurzer Prozess gemacht und es werden alle Ihre Daten in dem Maße entfernt, dass

7 | Hilfsbereite Dienstprogramme

Sie nicht mehr darauf zurückgreifen können. Wählen Sie diesen Schritt des Löschens somit nur, wenn Sie absolut davon überzeugt sind, dass Sie Ihren Daten-Bestand nicht mehr benötigen.

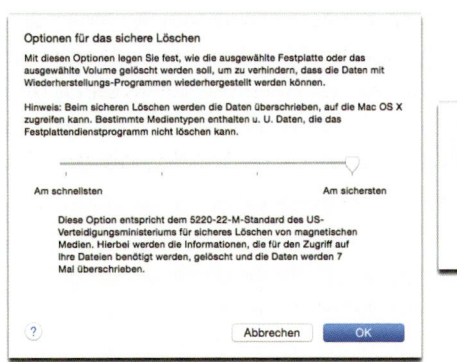

Auch für das eigentliche Löschen lassen sich Sicherheitsoptionen zum Überschreiben des Speicherplatzes anwenden – die Daten sind nach dem Löschen für den Normal-Anwender nicht mehr wiederherstellbar.

Hinzu kommen auch noch die vielen wiederbeschreibbaren Medien wie CD-RW oder DVD-RW/DVD+RW, die vor einem erneuten Brenn-Vorgang ebenso von ihrem Inhalt befreit werden müssen. Hier lässt sich die Option *Daten löschen: Schnell* anwählen, so dass die Medien nur für einen weiteren Brennvorgang vorbereitet werden. Die bereits vorhandenen Daten werden aber nicht entfernt (ist hingegen *Vollständig* ausgewählt, werden die CDs/DVDs mit Nullen überschrieben).

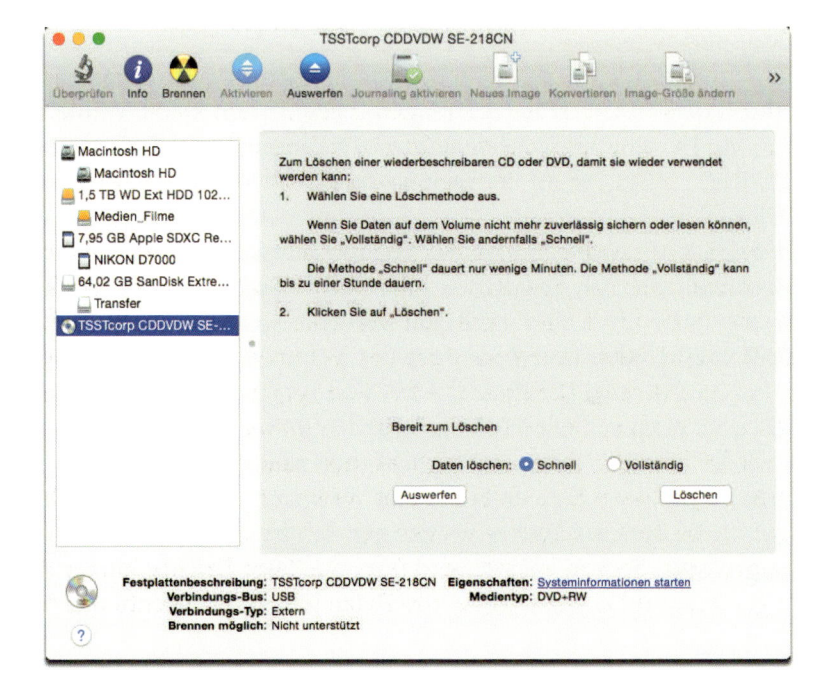

Eine wiederbeschreibbare CD-/DVD±RW muss vor einer erneuten Datenaufnahme erst gelöscht werden – und zwar über das »Festplatten-Dienstprogramm«.

Image-Dateien erstellen

Eine *Image-Datei* müssen Sie sich als eine Art exaktes Abbild einer Festplatte, einer Partition, eines Ordners oder einer Daten-CD/DVD vorstellen. Dieses *Image* lässt sich an eine andere Stelle kopieren oder weitergeben und kann dort wiederhergestellt werden, indem der Inhalt extrahiert/kopiert wird. Handelt es sich um sensible Daten, lässt sich so ein *Image* auch mit Passwort belegen, damit die Daten keinem Bösewicht in die Hände fallen. Wie das nun genau geht, möchten wir anhand von Beispielen zeigen.

Leeres Image ...

Über *Ablage | Neu | Leeres Image (cmd-alt-N)* oder über den Button *Neues Image* der Symbolleiste erstellen Sie ein *Image* beispielsweise für ein Backup. Sie vergeben einen Namen und bestimmen unten bei den ausklappbaren Popup-Menüs Ihre Optionen sowie den Speicher-Ort. Die *Größe* sollte klar sein, wobei Sie hier zwischen selbst zu bestimmenden (*Eigene ...*) oder festen Größen (etwa 4,6 GB für DVD-R) wählen können. Das *Format* sollten Sie dann ändern, wenn Sie beispielsweise das Image für die Windows-Welt aufbereiten möchten (Format: *MS-DOS-Dateisystem FAT*). Soll nicht jeder an Ihre Daten kommen, so benutzen Sie die *128-Bit-AES-Verschlüsselung/256-Bit-AES-Verschlüsselung*, bei der Sie ein Passwort vergeben, das abgefragt wird, möchte jemand das Image verändern oder aktivieren. Wollen Sie ein Image beispielsweise mit einem System zum Booten belegen, so lässt sich weiterhin die entsprechende Partitionstabelle (*GUID-Partitionstabelle*, *Master Boot Record-Partitionstabelle* etc.) bestimmen. Als Standard-Image-Format läuft die Option *Beschreibbares Image (*erhält die Endung *.dmg*), das genau jene Größe beibehält und beispielsweise den Umfang brennt, den Sie zuvor ausgewählt haben. Über *Mitwachsendes Image* (Endung *.sparseimage*) wird nur jener Teil gebrannt, der sich auch wirklich auf dem *Image* befindet, selbst wenn die vormals bestimmte Größe davon abweicht. Klicken Sie dann auf *Erstellen*, um Ihre Vorgaben abzuspeichern.

7 | Hilfsbereite Dienstprogramme

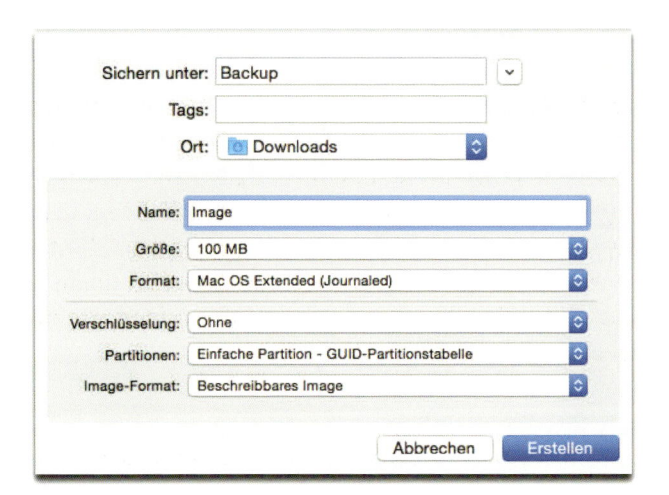

Der Dialog zum Anlegen eines neuen Images.

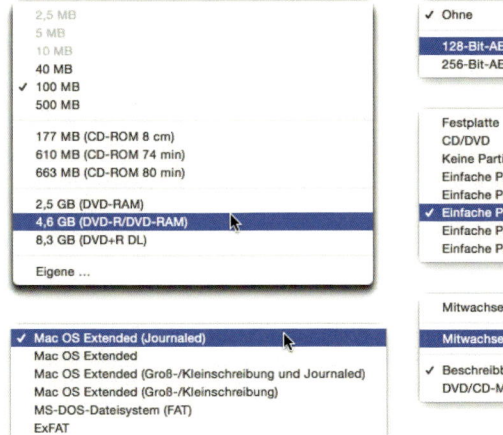

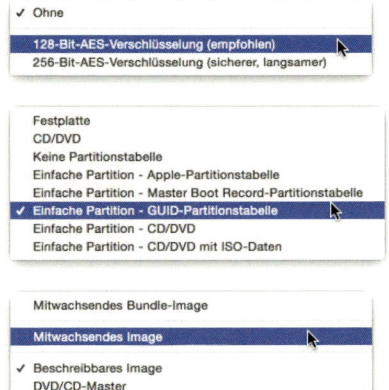

Zahlreiche Möglichkeiten werden beim Image-Erstellen angeboten – etwa die flexible Imagegröße, Partitionen sowie das Image-Format.

Das *Image* erscheint an Ihrem gewünschten Platz (und auch in der Seitenleiste von Finder-Fenstern unter *Geräte* sowie im *Festplattendienstprogramm*) und kann nun nach und nach mit Daten gefüllt werden. Wenn Sie es öffnen, sehen Sie auch, dass das Image sich wie ein Volume verhält und die vorgegebene Größe aufweist. Ist der Platz ausgereizt, ist Schluss – das Volume ist voll. Es sei denn, Sie haben ein mitwachsendes Image angelegt. Sie können allerdings auch nachträglich die Größe des *Image* ändern, wozu Sie es jedoch kurzzeitig auswerfen müssen, indem Sie auf das *Auswerfen*-Symbol in der Seitenleiste eines *Finder*-Fensters klicken oder dazu innerhalb des *Festplattendienstprogramms* das Kontext-Menü bemühen. Nun können Sie die Option *Image-Größe ändern* (in der Symbolleiste stehend oder über die Menüleiste *Images | Größe än-*

dern) bedienen. Zum Wiederaktivieren brauchen Sie nur das *Image-Icon* doppelt anzuklicken bzw. im *Festplattendienstprogramm* zu markieren und das Symbol *Öffnen* in der Symbolleiste zu wählen.

Das Anpassen der Größe eines Image lässt sich schnell bewerkstelligen.

Möchten Sie nun ein *Image* brennen, so markieren Sie es im *Festplattendienstprogramm* und verwenden das Icon *Brennen* in der Symbolleiste. Der Rechner fordert Sie dann auf, ein beschreibbares Medium einzulegen (CD/DVD). Bei den *Brenn-Optionen* legen Sie dann noch die Geschwindigkeit fest und bestimmen im Falle einer CD-RW oder DVD±RW, ob eventuelle, bereits vorhandene Daten vor dem erneuten Brennen gelöscht werden sollen. Sollten keine Optionen eingeblendet werden, so klicken Sie auf das kleine Dreieck rechts oben im Dialog.

Haben Sie nur ein kleines Image erstellt, so lässt sich über die Option *Hinzufügen weiterer Daten ermöglichen* definieren, dass weitere Sessions gebrannt werden können. Damit lassen sich auf eine normale CD-R mehrere *Images* brennen, indem Sie diese CD-R beim nächsten Brenn-Vorgang wieder einlegen. Nach dem Rösten Ihrer Silberscheibe können Sie noch bestimmen, was damit passieren soll: *Gebrannte Daten überprüfen* (empfehlenswert), *Medium auswerfen* oder *Auf Schreibtisch aktivieren*. Das war's auch schon und der Button *Brennen* wartet darauf, endlich gedrückt zu werden.

Der Brennen-Dialog: Achten Sie auch auf die Quick-Infos, die bei längerem Verharren des Mauszeigers über einer Option erscheinen und weitere Erklärungen abgeben. Das funktioniert auch bei anderen Programmen und Dialog-Feldern.

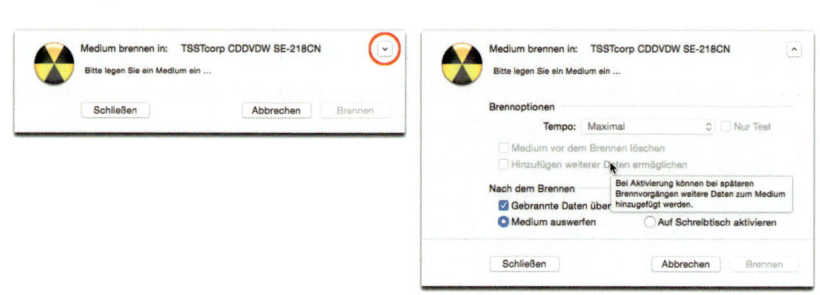

Legen Sie später Ihre CD oder DVD wieder ins Laufwerk, so erscheint sie automatisch in der Seitenleiste eines Ordners. Ist dem nicht so, gehen Sie wieder in das *Festplattendienstprogramm*, markieren das entsprechende *Image* und klicken dann auf den Button *Aktivieren* in der Symbolleiste. Das Image wird nun eingelesen und erscheint in der Seitenleiste.

> Sie können ein einmal angelegtes *Image* auch nachträglich andere Optionen zuweisen (siehe den Button *Konvertieren* in der Symbolleiste bzw. über *Images | Konvertieren*), wobei Sie bei *Sichern unter* dann einen anderen Namen vergeben sollten, da ansonsten das bestehende Image ersetzt wird. Zur Wahl stehen die Image-Formate *Nur lesen*, *Komprimiert*, *Lesen/Schreiben* und *DVD/CD-Master*. Die Alternative zum Ändern des Volume-Formats geschieht über den Reiter *Löschen*, indem Sie bei *Format* die gewünschte Eintragung vornehmen. Dabei wird der gesamte Inhalt gelöscht, so dass Sie gut aufpassen sollten, dass Ihnen kein Daten-Verlust blüht.

Das Löschen bzw. Entfernen von Images von der Festplatte ist simpel: Ziehen Sie das Image einfach in den Papierkorb und entleeren Sie ihn – der Speicher-Platz ist wieder frei.

Image von Ordner ...

Das Prozedere ist auch beim Erstellen eines *Images* von einem Ordner dasselbe: Wählen Sie *Ablage | Neu | Image von Ordner* und weisen Sie diesen dann zu. Bei *Image-Format* wählen Sie Ihre Wunsch-Einstellung und bei *Verschlüsselung*, ob eine solche eingebaut werden soll. Sichern Sie dann Ihre Einstellungen. Der Inhalt des Ordners wird sozusagen eins zu eins kopiert und als *Image* angelegt. Dieses lässt sich nun ebenfalls brennen oder auch weitergeben. Zum Versenden per E-Mail sollten Sie das Image-Format *Komprimiert* wählen, da somit die Datei klein gehalten wird. Der Empfänger braucht das Image dann nur doppelzuklicken oder über das *Festplattendienstprogramm* zu aktivieren – danach kann er auf die Daten zugreifen.

Möchten Sie hingegen exakte Kopien von CDs oder DVDs erstellen, so brauchen Sie diese nur einzulegen und im *Festplattendienstprogramm* auszuwählen. Klicken Sie dann in der Symbolleiste auf *Neues Image* und wählen Sie als Image-Format *DVD/CD-Master* (das Ganze selbstverständlich ohne Verschlüsselung). Das war's. Das klappt natürlich auch nur mit DVDs, die keinen Kopierschutz aufweisen.

Legen Sie dazu die zu kopierende CD/DVD in Ihr Laufwerk und wählen Sie diese über *Ablage | Neu | Image von* (dann folgt der Name der CD/DVD) aus. Bestimmen Sie wieder Name, Speicherort, Image-Format und Verschlüsselung und sichern Sie Ihre Einstellungen. Der Inhalt wird nun auf die Festplatte übertragen und kann wieder als genaues Abbild gebrannt werden.

Migrationsassistent – Daten transferieren

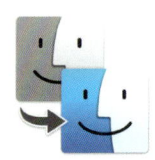

Der *Migrationsassistent* hilft Ihnen beim Übertragen von Informationen (Benutzer, Programme, Netzwerk- und Computer-Einstellungen, Dateien, Volumes) auf Ihren jetzigen Rechner bzw. auf einen anderen Mac. Um den Assistenten in Anspruch zu nehmen, müssen Sie sich aufgrund der sensiblen Daten (*Benutzer* etc.) als Administrator identifizieren und es dürfen keine anderen Programme geöffnet sein. Danach heißt es sich zu entscheiden, ob Sie Daten empfangen (*Von einem Mac, Time Machine-Backup oder Startvolume* bzw. *Von einem Windows PC*) oder Informationen übertragen (*Auf einen anderen Mac*) möchten.

Zuerst will die Übertragungsmethode festgelegt werden.

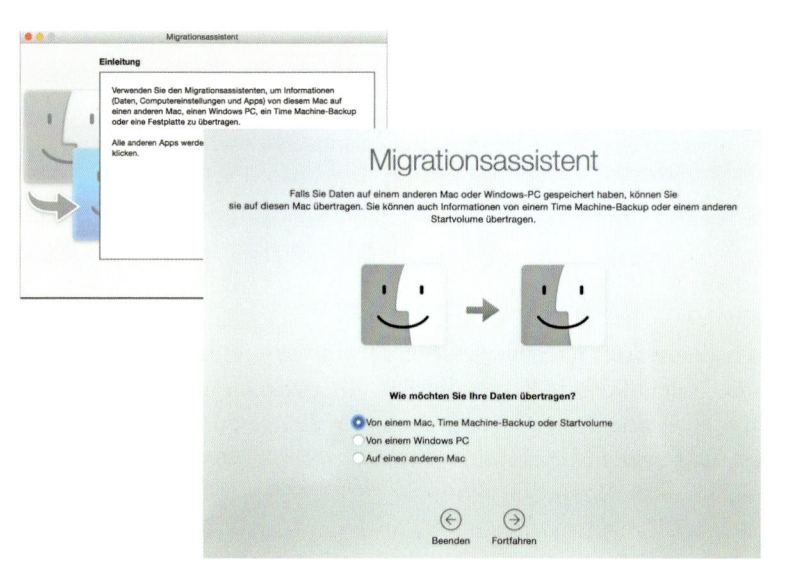

Sofern möglich, sollten Sie bereits beim *OS X*-Installationsprozedere Ihre persönlichen Daten übertragen, da in diesem Fall alle Daten dem neu anzulegenden Benutzer (dem Administrator) zugeschrieben werden. Starten Sie erst nach dem Anlegen

7 | Hilfsbereite Dienstprogramme

eines Benutzer-Accounts den *Migrationsassistenten*, so wird ein zusätzlicher Benutzer angelegt.

Die Übertragung selbst erfolgt zum einen per Netzwerk (verbunden mit einem Ethernet-Kabel bzw. drahtlos per WLAN). Hierbei muss auf beiden Rechnern der *Migrationsassistent* gestartet werden, wobei jener Rechner, von dem die Daten stammen, als Übertragungs-Einstellung *Auf einen anderen Mac* aufweisen muss. Nun beginnen beide Kontakt aufzunehmen und im Falle des Findens wird ein Zahlen-Code eingeblendet, der auf beiden Geräten übereinstimmen muss. Über den Klick auf *Fortfahren* erscheinen wenig später die gewünschten Objekte und lassen sich zum Transfer auswählen.

Stimmen die Voraussetzungen, so finden sich die beiden Geräte in wenigen Sekunden. Auf Wunsch bzw. falls die zu übertragene Datenmenge die Kapazität des Zielrechners übersteigt, können Sie noch festlegen, welche Objekte transferiert werden sollen.

Auch die direkte Verbindung über *Thunderbolt* bzw. *FireWire* (400/400, 400/800 oder 800/800) klappt. Bei letzterer Variante starten Sie zuerst den *Migrationsassistenten* auf jenem Mac, der die Daten empfangen soll. Im *Migrationsassistenten* wählen Sie nun im ersten Dialog *Von einem anderen Mac, PC, Time Machine-Backup oder anderen Startvolume* und klicken auf *Fortfahren*. Danach starten Sie den anderen Mac und drücken nach dem Startgong die Taste »T« auf diesem Rechner, bis das *FireWire-/Thunderbolt*-Symbol auf dem Bildschirm erscheint. Nun sollten all jene Volumes aufgeführt werden, die ein vollständiges System beinhalten. Sobald Sie eines davon auswählen, lassen sich auch schon die zu übertragenden Daten wählen. Über den Klick auf *Fortfahren* beginnt der Transfer.

Nach erfolgter Übertragung müssen Sie nur noch den anderen Mac ausschalten (bei einer *FireWire-/Thunderbolt*-Verbindung) bzw. den *Migrationsassistenten* beenden – das war's dann aber auch schon.

> Sofern Sie auch Programme übertragen möchten, bringen Sie bitte vorher in Erfahrung, ob diese mit dem aktuellen System auch kompatibel sind. Das gilt selbstverständlich auch für Plugins von Drittherstellern. Möchten Sie Software benutzen, die als Einzellizenz läuft und die über das Internet aktiviert werden muss, so sollten Sie lieber die Finger davon lassen. Deaktivieren Sie diese Art von Programmen erst auf dem alten Rechner und installieren/aktivieren Sie sie dann neu auf dem aktuellen Gerät.

Die Übertragung von Daten von einem Windows PC auf den Mac verläuft im Großen und Ganzen genauso, nur dass Sie sich im Vorfeld die Software *Windows Migration Assistant* (*Windows Migrationsassistent*) über die Webseite www.apple.com/de/migrate-to-mac besorgen und auf Ihrem PC installieren müssen. Die Vorgehensweise der einzelnen Schritte können Sie im früheren Kapitel »OS X Yosemite auf den Mac – die Schritt für Schritt-Anleitung zum fehlerfreien Betriebssystem« unter der Unterüberschrift »Informationen von einem Windows PC übertragen« nachlesen.

Schlüsselbundverwaltung – Passworte verwalten

Ebenso, wie an Ihrem Schlüsselbund in der Hosentasche alle Schlüssel für die wichtigen Zugänge (fürs Büro, für Zuhause, den Schrank mit den Süßigkeiten …) hängen, beaufsichtigt das Dienstprogramm *Schlüsselbundverwaltung* Ihre virtuellen Zugangsdaten in Form von *Kennwörtern* und *Zertifikaten*. Alle Passworte, die Sie für Programme, Internet-Accounts, auf Webseiten etc. vergeben, liegen hier gut verwahrt und können dennoch auf Wunsch eingesehen werden. Aber auch neue Kennwörter lassen sich eingeben, wenn Sie es denn wünschen.

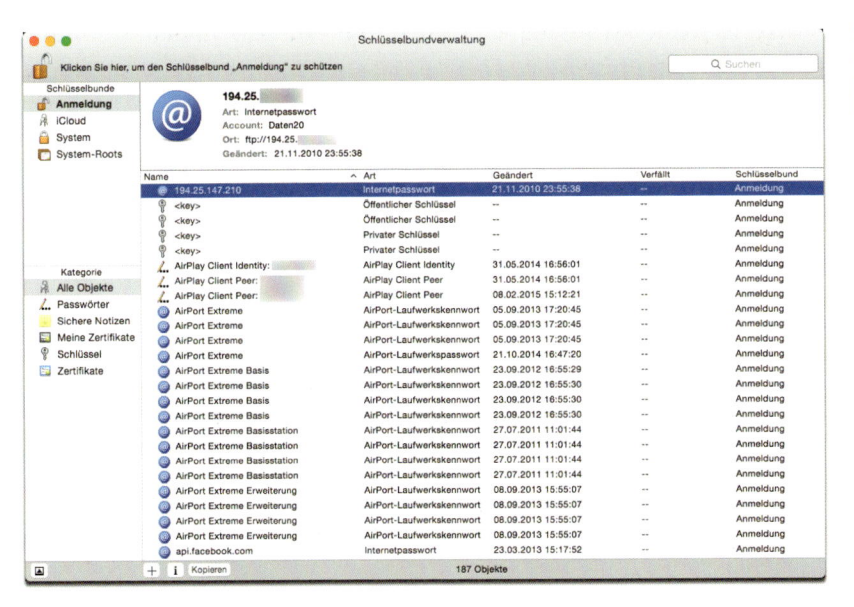

7 | Hilfsbereite Dienstprogramme

Sauber aufgereiht werden jene Einträge präsentiert, die ein Passwort benutzen.

Standardmäßig erhält jeder Benutzer seinen eigenen *Schlüsselbund*, der so lange geschützt ist, bis sich der jeweilige Anwender über die Anmeldung identifiziert. Das Eingeben des Passworts für den *Benutzer-Account* entsperrt also automatisch auch den *Schlüsselbund*, so dass dieser seinen Inhalt den jeweiligen Programmen zur Verfügung stellt. Möchten Sie dennoch auf Nummer Sicher gehen, so lässt sich das Programm *Schlüsselbund* auch sperren, indem Sie nach Auswahl des jeweiligen Schlüsselbundes in der Symbolleiste auf das *Schloss*-Symbol klicken. Wird dieses geschlossen, so werden Sie beim Zugriff auf ein Programm, das wiederum auf diesen *Schlüsselbund* zurückgreift, nach dem Kennwort gefragt (das Kennwort für den *Schlüsselbund* ist identisch mit dem des Benutzer-Accounts).

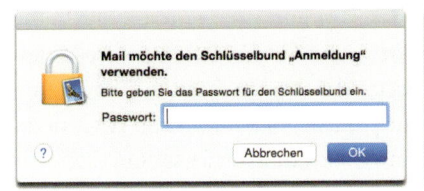

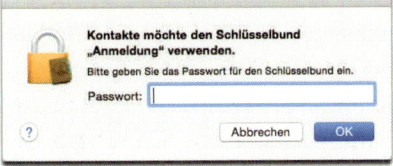

Die Sicherheitsbarriere funktioniert: Nach dem Schützen des Schlüsselbundes »Anmeldung« wird bei Zugriff auf das Programm »Mail« bzw. »Kontakte« das Kennwort für den Schlüsselbund angefordert.

Wenn Ihnen Ihr Administrator-Kennwort zum Freischalten des Schlüsselbundes mittlerweile zu unsicher ist, weil schon der ein oder andere dieses kennt, so lässt sich auch dieses ändern. Gehen Sie dazu über die Menüleiste *Bearbeiten* und wählen Sie dort den Befehl *Passwort für Schlüsselbund »Anmeldung« ändern*. Dort

587

lässt sich nun ein neues Kennwort vergeben. Das Gleiche gilt im Übrigen auch für die anderen Schlüsselbunde wie *System* oder für bereits vorliegende *Zertifikate*.

Das Passwort für den Schlüsselbund »Anmeldung« ändern Sie über die Menüleiste »Bearbeiten«.

Neben dem fortwährenden Schützen des Schlüsselbundes lässt es sich auch einrichten, dass dieser beispielsweise nach einer gewissen Dauer der Inaktivität des Rechners oder nach einem Ruhezustand automatisch geschützt wird. Dies erledigen Sie über die Menüleiste *Bearbeiten* und dort unter dem Befehl *Einstellungen für Schlüsselbund »Soundso« ändern*.

Auch die Schlüsselbund-Einstellungen lassen sich flexibel handhaben.

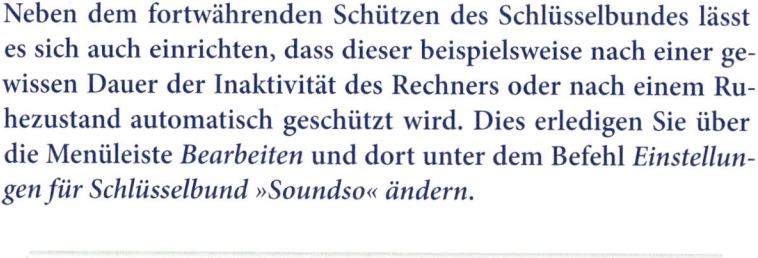

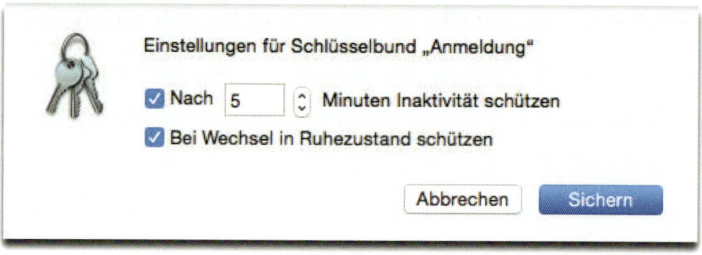

Sofern Sie in der Fülle Ihrer Passwortvergaben einmal den Überblick verlieren oder gar eines vergessen sollten (etwa jenes zum Zugriff auf Ihre *AirPort Basisstation* oder eines für soziale Netzwerke wie *Facebook*), so sollte Ihr erster Gang nicht zum Arzt, sondern zur *Schlüsselbundverwaltung* sein. Suchen Sie sich dort den entsprechenden Eintrag und doppelklicken Sie ihn, was letztlich dem Klick auf den kleinen *Info*-Button unten entspricht. Im auftauchenden Fenster können Sie nun unter dem Reiter *Einstellungen* und mit Klick auf *Passwort einblenden* dieses anzeigen lassen, sofern Sie sich als Administrator ausweisen. Danach bestimmen Sie noch, wie weiter verfahren werden soll: *Nicht erlauben* beendet die Anfrage und das Kennwort wird nicht freigegeben, *Erlau-*

7 | Hilfsbereite Dienstprogramme

ben gestatten den Zugriff auf den *Schlüsselbund* dieses eine Mal (bei der nächsten Abfrage wird wieder nach dem Passwort gefragt), *Immer erlauben* erhält den Freibrief zum ständigen Zugriff auf den *Schlüsselbund* – und zwar ohne vorherige Identifizierung.

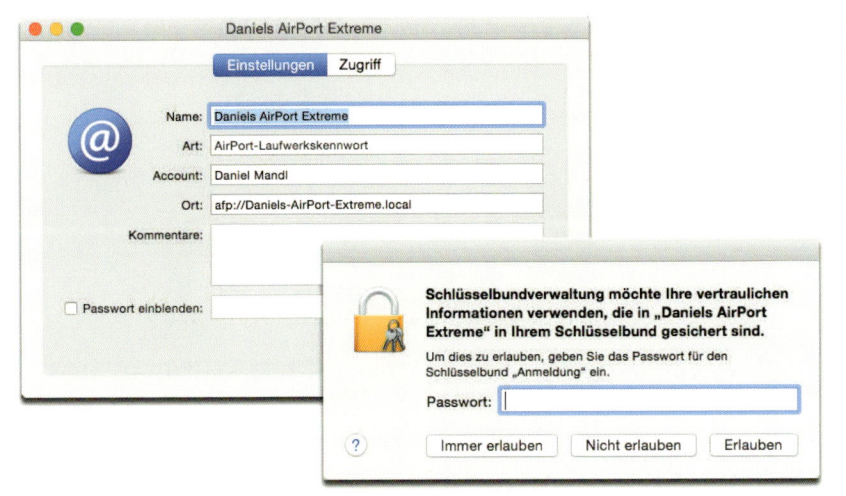

»Kennwort einblenden« in Aktion: Per Doppelklick auf einen Kategorie-Eintrag öffnet sich ein Dialog, der die Ansicht des Passwortes erlaubt – allerdings nur nach vorheriger Eingabe des Administrator-Kennworts.

Über den Reiter *Zugriff* wiederum legen Sie fest, wie sich der Zugriff auf das Kennwort gestalten soll bzw. welche Programme dafür berechtigt sind – je weniger dies sind, desto zuverlässiger wird Ihr Kennwort geschützt.

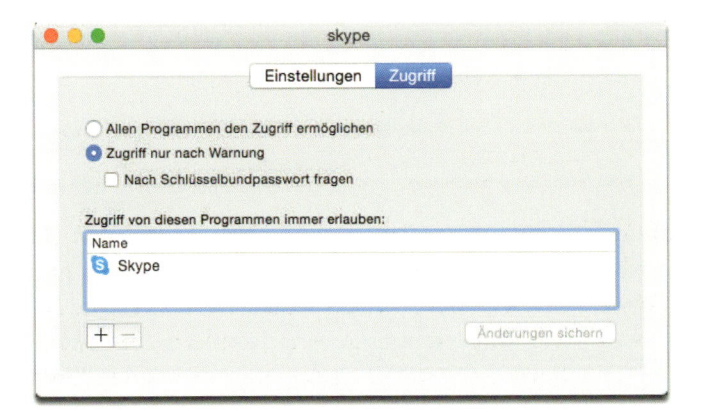

Welche Programme erhalten die Freigabe auf das Kennwort? Über »Zugriff« erteilen Sie eine Berechtigung oder schließen entsprechende Programme aus.

Haben Sie bei sich auf dem Schreibtisch oder der unverschlossenen Schublade noch ein paar wichtige Telefonnummern, PINs, TANs & Co. herumliegen, so lassen sich diese über die sogenannten *Sicheren Notizen* innerhalb der *Schlüsselbundverwaltung* einerseits verstauen und andererseits hervorragend vor fremden

Blicken schützen können. Über *Ablage | Neue sichere Notiz* tragen Sie in ein Notizfeld einen Titel sowie die schützenswerten Nummern etc. ein. Über *Hinzufügen* werden diese nun in der Kategorie *Sichere Notizen* untergebracht. Möchten Sie später wieder darauf zurückgreifen, so brauchen Sie diese nur doppelzuklicken und die Option *Text einblenden* zu aktivieren – nach Eingabe des Schlüsselbund-Kennwortes und dem Bestätigen (*Einmal erlauben*) wird der Inhalt angezeigt.

Sichere Notizen lassen sich schnell anlegen – nach Vergabe eines Namens sowie der eigentlichen Notiz. Der spätere Aufruf sowie das Anzeigen der eigentlichen Informationen erfolgt nur über das Eingeben des Administratoren-Passworts.

Sollten einmal Probleme im Zusammenhang mit dem Schlüsselbund auftauchen oder Sie möchten nach etwaigen Änderungen des *Schlüsselwort-Kennworts* darin beispielsweise das Passwort Ihres Benutzer-Accounts wieder dem *Schlüsselbund* zuweisen, so sollten Sie den Befehl *Schlüsselbund – Erste Hilfe* über den Menüleisten-Punkt *Schlüsselbundverwaltung* starten.

Bei Problemen erste Wahl: Nach Eingabe Ihres Kennworts lassen sich die Schlüsselbundkonfigurationen überprüfen und gegebenenfalls reparieren.

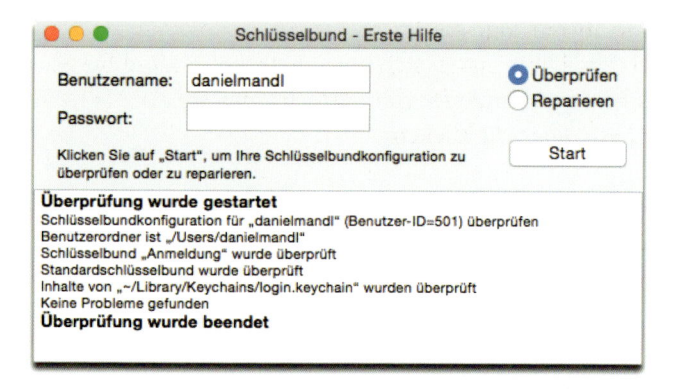

Über die *Einstellungen* (*Befehlstaste-Komma* oder *Schlüsselbundverwaltung | Einstellungen*) und dort die Rubrik *Erste Hilfe* lassen sich im

Übrigen weitere Funktionen bestimmen. Und wenn Sie schon mal dort sind, ist der Besuch in der Rubrik *Allgemein* ebenso empfehlenswert. Über *Schlüsselbundstatus in der Menüleiste anzeigen* kommt wieder mal ein neues Symbol in der Menüleiste hinzu, über das Sie nun schnell auf wichtige Funktionen des Schlüsselbundes zurückgreifen können. Als besondere Empfehlung möchten wir hier die Option *Bildschirm schützen* erwähnen, die – müssen Sie kurzfristig Ihren Rechner mal im Stich lassen – den Bildschirmschoner anwirft und erst wieder einen Zugriff auf den Rechner freigibt, wenn das Benutzer-Passwort eingetragen wird.

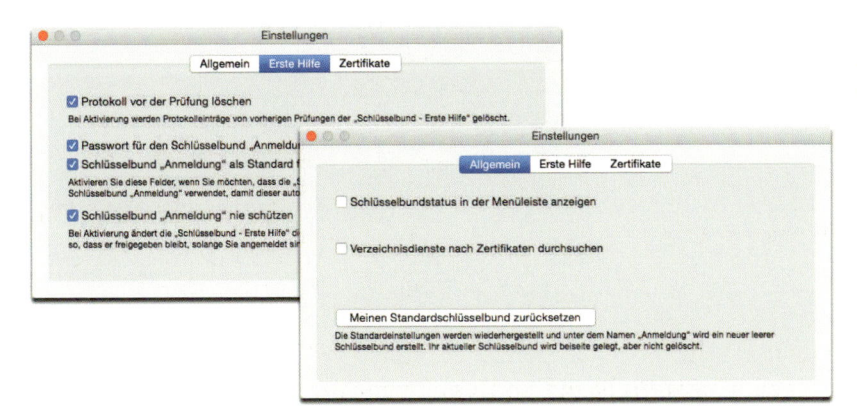

Die Einstellungen halten wie üblich weitere Optionen parat – darunter beispielsweise den Schnellzugriff dank Menüleiste auf Schlüsselbund & Co.

Die Systeminformationen – Hardware-Details und mehr

Wenn Sie schon immer mal wissen wollten, was so alles an Hard- wie Software in Ihrem Mac steckt, sollten Sie auf die *Systeminformationen* zurückgreifen. Diese lassen sich auch anzeigen, indem Sie über das Apfel-Menü in der Menüleiste den Befehl *Über diesen Mac* wählen und dann auf *Systembericht* klicken.

> Klicken Sie mit gedrückter *Optionstaste (alt)* auf das Apfel-Symbol des Apple-Menüs, so erscheinen statt des Eintrags *Über diesen Mac* sofort die *Systeminformationen*.

Dort finden Sie über die Rubriken *Hardware*, *Software* und *Netzwerk* sämtliche in Ihrem Mac verbauten Komponenten sowie Software-Bestandteile. Gerade bei Problemen oder wenn Sie Ihren Mac aufrüsten möchten, kann er Ihnen unterstützend zur Seite stehen. Aber auch bei

Support-Anrufen fragen oftmals Mitarbeiter nach technischen Daten, die der Laie aus freien Stücken nicht aufsagen kann.

Die »Systeminformationen« trumpfen mit umfangreichem Wissen auf.

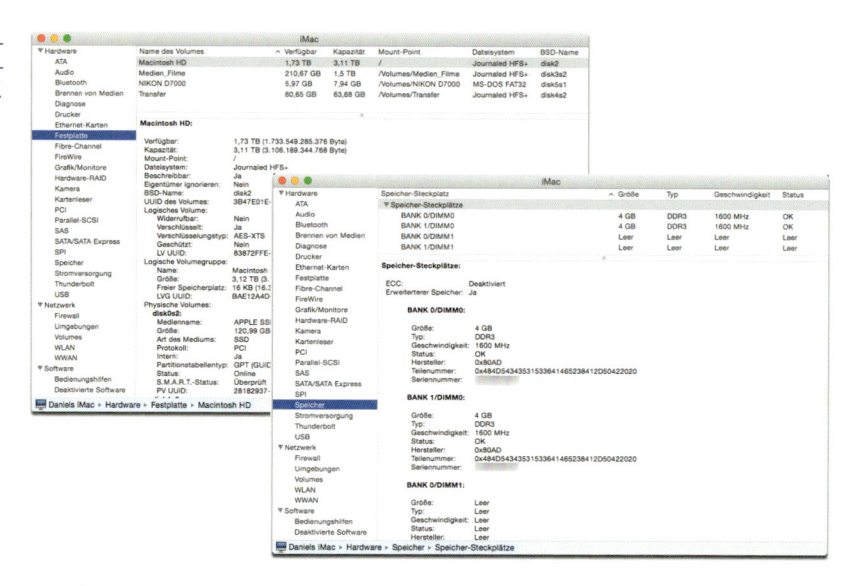

Zu allen Hardware-Komponenten finden Sie übersichtlich angeordnet Modell, Hersteller, Seriennummer, Firmware-Version und vieles mehr, so dass sich Ihre Geräte sicher identifizieren lassen und Fachleute daran ablesen können, ob die Gefahr eventueller Inkompatibilitäten mit neu hinzuerworbener Hardware besteht. Die *Systeminformationen* wissen auch, welche Geräte an *USB-*, *FireWire-* oder *Thunderbolt*-Schnittstelle hängen oder welcher Arbeitsspeicher-Steckplatz noch frei ist.

Das Gleiche gilt auch für die Rubrik *Netzwerk*. Dort werden alle Komponenten aufgeführt, die zum Übertragen von Daten – wie zum Beispiel *AirPort-Karte* oder *Modem* – geeignet sind. Aber auch die zum Ändern von Netzwerkeinstellungen vorteilhaften *Umgebungen* oder *Volumes* sind dort aufgeführt.

Fragen zur installierten Software beantworten Sie am besten über den Punkt *Software*, der – unterteilt in *Erweiterungen*, *Programme*, *Protokolldateien* und vielem mehr – akribisch alle vorhandenen Bestandteile und Einstellungen auflistet. Auch dort können Sie auf einen Blick erkennen, etwa welche Programm-Version sich auf Ihrem Rechner befindet oder wann diese zuletzt verändert wurde.

Wenn Sie bei einem Händler Fragen stellen möchten oder den Apple-Support in Anspruch nehmen müssen, so sollten Sie stets die *Systeminformationen* im Hinterkopf behalten bzw. diese vielleicht sogar geöffnet haben, um schnell die angeforderten Informationen abrufen zu können. Auch haben Sie die Möglichkeit, Ihr aktuelles Hardware- oder Software-Profil über *Ablage | Sichern* abzuspeichern. Darin werden mit Datum und Uhrzeit alle derzeit verfügbaren Daten gesichert und können von einer Support-Stelle auf Ungereimtheiten durchforstet werden. Noch einfacher klappt das über *Ablage | An Apple senden*, so dass das Rechner-Profil vollständig automatisiert an Apple gesendet wird. Letzteres sollten Sie aber nur auf Anforderung hin unternehmen.

So, die *Dienstprogramme* wären geschafft. Als nächstes großes Thema möchten wir im nächsten Kapitel einen kleinen Ausflug in Sachen »Netzwerk« unternehmen. Dabei verbinden wir Macintosh-Rechner und legen auch ein Mac-/Windows-Netz an, um beispielsweise Daten untereinander auszutauschen. Auch wenn Sie nur einen Einzel-Arbeitsplatz besitzen, kann es doch interessant für Sie sein, denn schon manches Mal hat die Apple-Welt den Anwender so mitgerissen (allerdings nicht in den Abgrund – naja, vielleicht finanziell …), dass es nicht bei einem Mac geblieben ist. Aber sehen Sie selbst …

Vom Netzwerken:
Mac to Mac und Mac to Win

In großen Betrieben und Firmen werden oftmals Hunderte von Rechnern zusammengeschlossen. Ausgehend von einem Zentralrechner stehen dabei allen die gleichen Daten zur Verfügung und jeder kann dem anderen seine Arbeiten rüberschicken. Da wir nun ganz fest annehmen, dass Sie in Ihrer Wohnung höchstens zwei oder drei Computer (Mac oder PC) horten und keine Ambitionen pflegen, Firmen wie Siemens oder Apple Konkurrenz zu machen, möchten wir uns auch eher auf das Heim-Netzwerk beschränken.

AirDrop – komfortabler Daten-Transfer in Sekunden

Eigentlich ist die nun folgende Variante kein richtiges Netzwerk, aber zur Datenübertragung zwischen zwei Macs eine gelungene Alternative zum Vernetzen. Das *OS X* ist so programmiert, dass es automatisch weitere Mac-Rechner identifizieren kann. Dies klappt jedoch nur, wenn auf diesen Macs ebenso *OS X Lion* und höher (*Mountain Lion, Mavericks, Yosemite*) installiert und auf all diesen Rechnern *WLAN* aktiviert ist. Letzteres können Sie schnell erledigen, indem Sie einen Blick in die Menüleiste werfen und dort (rechts oben) auf das *WLAN*-Symbol klicken. Dort wählen Sie nun den Eintrag *WLAN aktivieren*.

Als Alternative dazu können Sie auch in einem *Finder*-Fenster auf *AirDrop* klicken. Ist dabei *WLAN* nicht aktiviert, so lässt sich das auch darüber erledigen:

Aller Anfang ist ein aktives WLAN, um drahtlos eine Verbindung zu einem weiteren Mac aufnehmen zu können.

Sind nun bei allen beteiligten Rechnern die Voraussetzungen erfüllt, so zeigen sich im geöffnetem *AirDrop*-Fenster innerhalb weniger Sekunden die benachbarten Rechner. Und um nun Daten auszutauschen, packen Sie einfach ein Dokument oder einen Ordner mit der Maus und ziehen ihn auf das gewünschte Icon. Der betreffende Nachbar-Rechner erhält nun binnen Sekunden die Nachricht, dass eine Datei gesendet werden möchte. Er kann also reagieren, ob er diese *sichern*, *ablehnen* oder *sichern und öffnen* möchte. Im Falle des Sicherns landet die Datei dann im Ordner *Downloads*.

Wie es sich gehört: Bevor eine Datei versendet werden kann, wird der angefragte Nutzer um Erlaubnis gebeten.

Sollten bei Ihnen keine Nutzer auftauchen, so hilft vielleicht ein Blick auf die unten stehenden Einträge im *AirDrop*-Fenster. Über *Ich bin sichtbar für* lässt sich zum einen einrichten, über wen ein Austausch stattfinden darf: *Nur Kontakte* oder *Jeder*. Soll der Austausch über ältere Rechner bzw. über *OS X*-Systeme wie *Mavericks* und früher stattfinden, so klicken Sie bitte auf *Gewünschte Person nicht gefunden?*. Darüber zeigt sich ein Dialog, über den Sie nach älteren Macs suchen können.

Sowohl Sie selbst als auch das Gegenüber sollten festlegen, für wen Sie sichtbar sein möchten. Auch die Suche nach älteren Macs mit nicht ganz frischen Systemversionen ist möglich.

Werden Ihnen Objekte per *AirDrop* angeboten, so zeigt sich bei nicht geöffnetem *AirDrop*-Fenster ein Hinweis rechts oben am Bildschirm. Über *Akzeptieren* landen die Dateien ebenso im *Downloads*-Ordner.

8 | Der Mac im Netzwerk

Nutzer von Apples Mobilgeräten wie iPhone (ab Modell 5), iPad (ab 4. Generation sowie iPad mini) oder iPod touch (ab 5. Generation) können ab der Systemversion *iOS 8* nun ebenso über *AirDrop* mitmischen und Daten an den Mac übertragen sowie auch empfangen. Voraussetzung sind hier ein aktiviertes *Bluetooth* und *WLAN* sowie auf dem Mac das System *OS X Yosemite*. Öffnen Sie dazu Ihr *Kontrollzentrum* (vom unteren Bildschirmrand nach oben wischen) und tippen Sie auf die Symbole für *WLAN* und *Bluetooth*. Nachfolgend tippen Sie (immer noch im *Kontrollzentrum*) auf den Eintrag *AirDrop* und bestimmen, für wen Sie sichtbar sein möchten: *Nur Kontakte* oder *Jeden*. Möchten Sie nun eine Datei senden, so wählen Sie sie aus und tippen auf das *Bereitstellen*-Symbol. Im *AirDrop*-Bereich zeigen sich die entsprechenden Nutzer, denen Sie auf Fingertipp hin Ihre Daten zukommen lassen können.

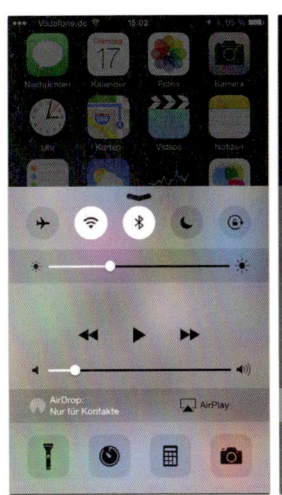

Sind Bluetooth und WLAN aktiviert sowie der Empfängerkreis festgelegt, steht einem Austausch zwischen iOS und OS X Yosemite nichts mehr im Wege.

Sie können sich den Umweg über das geöffnete *AirDrop*-Fenster auch sparen, indem Sie zuvor auf dem Mac ein oder mehrere Objekte markieren und über die *Freigabe*-Taste in *Finder*-Fenstern bzw. über das *Kontextmenü | Bereitstellen* den Eintrag *AirDrop* wählen. Auch aus Programmen wie *Kontakte, iPhoto, Fotos, Vorschau* etc. lassen sich so Dokumente per *AirDrop* versenden. Ist der angedachte Adressat sichtbar, so öffnet sich dort das *AirDrop* Fenster mit der altbekannten Anfrage und die Daten können geladen werden. Findet sich jedoch kein *AirDrop*, so lässt sich das ebenso schnell erkennen.

597

Je nach Verfügbarkeit bekommen Sie Meldung, ob ein Mac oder Mobilgerät mit aktiviertem AirDrop erkannt wird. Über die »Freigabe«-Funktion lassen sich nun Daten versenden – der Empfänger erhält wenige Sekunden später eine Meldung.

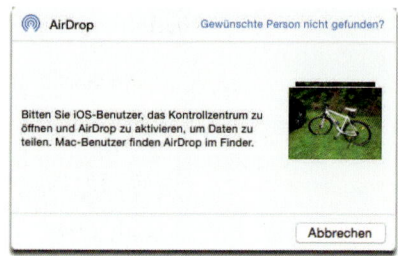

Die Voraussetzungen für ein Netzwerk

Was brauchen Sie: Als Erstes natürlich mindestens zwei Rechner. Diese können nun entweder per Ethernet-Kabel oder über *WLAN* verbunden sind. Bei mehreren Rechnern müssen diese im Falle von *WLAN* alle über eine *WLAN*-Karte verfügen, bei der Verbindung über *Ethernet* benötigen Sie einen Switch, Hub oder Router, der die Datenströme lenkt und leitet. Bei vielen Internet-Providern erhalten Sie heutzutage bei Abschluss eines Vertrages einen wenn nicht kostenlosen, dann zumindest aber »subventionierten« Router samt Switch zum Schnäppchenpreis.

Während Sie über einen Hub oder Switch nur *File Sharing*, also das Austauschen von Daten untereinander, oder die Nutzung eines gemeinsamen Druckers bewerkstelligen können, ist eine gleichzeitige Internet-Verbindung nicht möglich. Für Letzteres benötigen Sie einen *Router* (z. B. eine *AirPort Extreme Basisstation*) sowie die Erlaubnis des Internet-Providers, mit mehreren Rechnern gleichzeitig online gehen zu dürfen.

Systemeinstellungen Netzwerk und Freigaben

Hier spielt sozusagen die Musik, um nicht zu sagen: hier werden die Netze gesponnen. Zuerst heißt es wie immer die *Systemeinstellungen* für den jeweiligen Zweck zu konfigurieren. Im besten Falle besteht schon ein WLAN-Netzwerk, so dass sich der andere Mac eigentlich nur in das WLAN-Netz einwählen muss. Dieses gelingt am schnellsten über das WLAN-Symbol in der Menüleiste und der Wahl des richtigen Netzwerks. Meist müssen Sie dann noch das Passwort eingeben und die Verbindung steht.

8 | Der Mac im Netzwerk

Am Anfang wird das Netzwerk gewählt. Über die Eingabe des Passworts steht die Verbindung.

Der nächste Schritt ist das Aufsuchen der Systemeinstellung *Freigaben*. Oben sehen Sie den Gerätenamen, unter dem Ihr Computer bei anderen Anwendern erscheint. In der Liste der *Dienste* müssen Sie nun die *Dateifreigabe* aktivieren. Daraufhin finden Sie jene Zugangsdaten, über die andere Teilnehmer im Netzwerk Ihren Rechner erreichen können. Auch auf den anderen Rechnern, auf die über das Netzwerk zugegriffen werden soll, muss diese *Dateifreigabe* aktiviert werden.

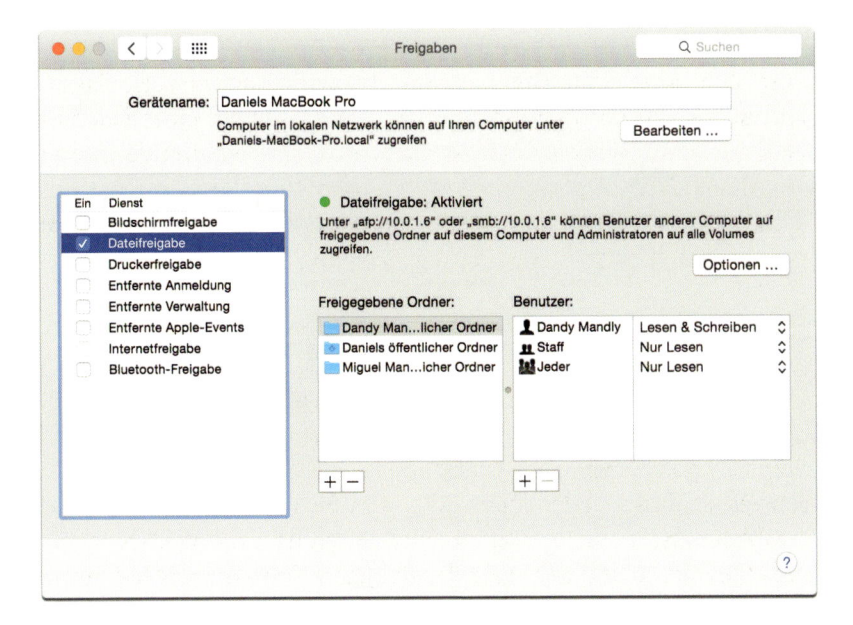

Die »Dateifreigabe« ermöglicht anderen Benutzern das Übertragen und Tauschen von Daten.

Anschließend sollten sich die Rechner bereits erkennen. In einem *Finder*-Fenster taucht dazu in der Seitenleiste der Eintrag *Freigaben* auf, der die erkannten Rechner im Netzwerk unter deren Gerätenamen auflistet. Klicken Sie diesen Rechner-Namen an, so erhalten Sie den Zutritt als *Gast* auf den Ordner *Öffentlich* der Gegenseite. Im Falle mehrerer Benutzer des Rechners müssen Sie sich für einen entscheiden. Klicken Sie einen öffentlichen Ordner doppelt an, so stellt dieser seinen Briefkasten zur Verfügung, in den Sie Ihre Daten einwerfen können. Ein Öffnen dieses Briefkastens ist nicht möglich, jedoch lassen sich Daten, welche die Gegenstelle im öffentlichen Ordner hinterlegt hat, auf die eigene Festplatte bewegen.

Sozusagen Zutritt »light«: Der Zugriff auf den öffentlichen Ordner zum Austausch.

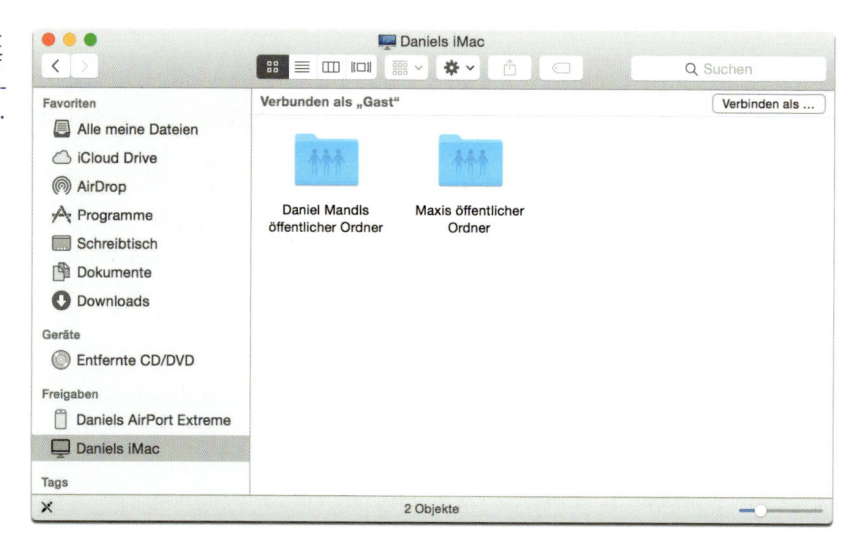

Wird ein öffentlicher Ordner geöffnet, so finden Sie zum einen jene Daten vor, die die Gegenstelle für diesen Benutzer im Netzwerk dort hinterlegt hat. Möchten Sie selbst Daten an einen bestimmten Benutzer übergeben, so werfen Sie diese in den entsprechenden Briefkasten.

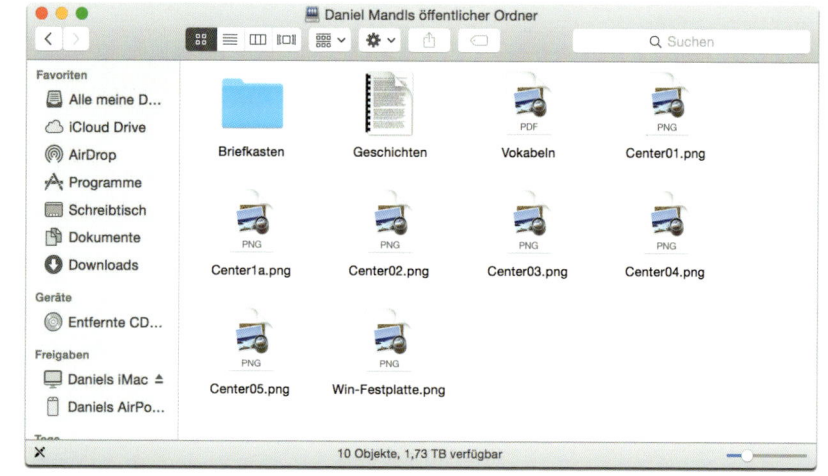

8 | Der Mac im Netzwerk

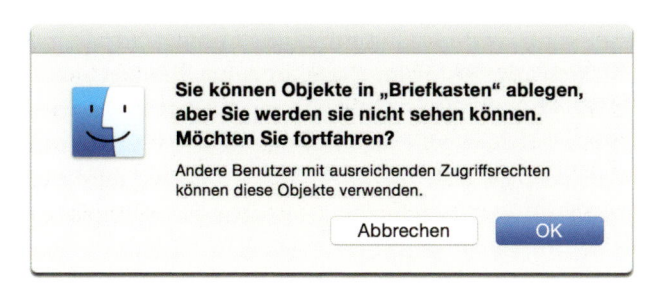

In einen Briefkasten lassen sich nur Daten einwerfen – ein Öffnen ist nicht möglich. Ein entsprechender Dialog klärt Sie dazu nochmals genau auf.

Sofern Sie selbst der Administrator Ihres Netzwerks sind und Zugriff auf sämtliche Inhalte eines weiteren Rechners wünschen, so klicken Sie nach Auswahl des entsprechenden Eintrags unter *Freigaben* rechts oben auf *Verbinden als*. Im sich öffnenden Dialog können Sie sich nun als *Registrierter Benutzer* über *Benutzername* und *Passwort* identifizieren. Aktivieren Sie zusätzlich die Option *Passwort im Schlüsselbund sichern*, so brauchen Sie diese Daten nur ein einziges Mal einzugeben – die nächste Verbindung klappt dann ohne große Tipperei.

Wurde auf dem betreffenden Rechner in der Systemeinstellung *Benutzer & Gruppen* eine *Apple ID* eingerichtet, so lässt sich im *Verbinden*-Dialog eben auch über *Eine Apple-ID verwenden* auf diesen Rechner zugreifen. Anschließend besitzen Sie in beiden Fällen uneingeschränkten Zutritt auf alle Volumes (inklusive externer Festplatten, die am Netzwerk-Rechner hängen und eingeschaltet sind).

Zuerst erfolgt die Registrierung, danach die Freischaltung für alle Volumes.

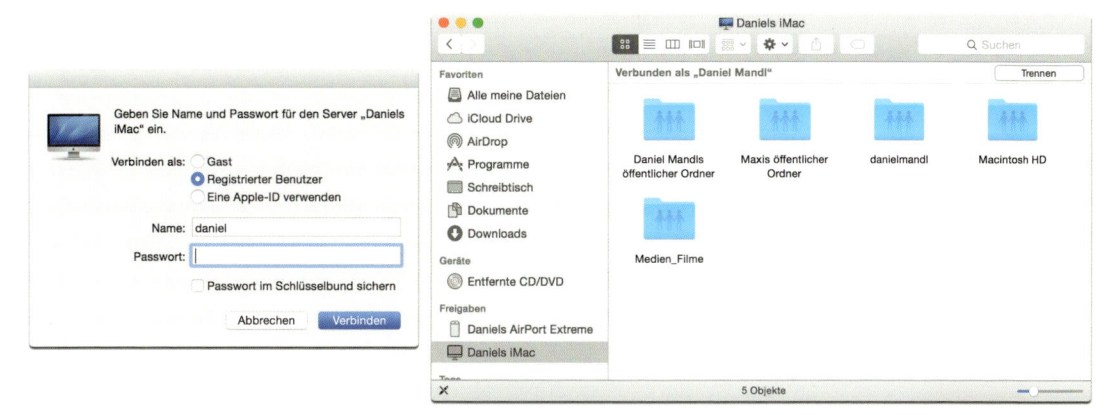

Treten bei der eben beschriebenen Methode zur Erkennung der Rechner Probleme auf, so hilft oft ein Neustart der Rechner bzw. das einmalige Deaktivieren und wieder Aktivieren des WLANs.

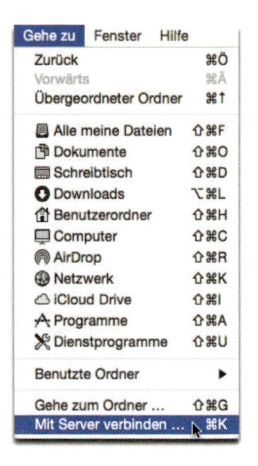

Als Alternative zur Verbindungsaufnahme können Sie auch folgenden Weg einschlagen: Wählen Sie im *Finder* über die Menüleiste *Gehe zu* den Befehl *Mit Server verbinden (cmd-K)*. Tragen Sie dort im oberen Eingabefeld die *Server-Adresse* des zu kontaktierenden Computers ein. Dies kann in einem reinen Mac-Netzwerk die Adresse »Gerätename.local« oder andernfalls die *AFP*-Adresse (*AFP* steht für *Apple Filing Protocol*, z. B. afp://«IP-Adresse») sein. Letztere Daten finden Sie über die Systemeinstellung *Freigaben* auf dem jeweiligen Rechner. Ist Ihnen bereits bekannt, dass Sie des Öfteren auf diesen Computer zugreifen möchten, so können Sie diesen gleich über den rechts stehenden *Plus*-Button zu den Favoriten (*Bevorzugte Server*) aufnehmen. Bei einer erneuten Kontakt-Aufnahme müssen Sie dann nur den gewünschten Server markieren und auf *Verbinden* klicken.

Tragen Sie die Server-Adresse ein und klicken Sie auf »Verbinden«. Danach erscheint der schon bekannte Dialog zur Identifizierung und Sie können das gewünschte Volume (das können auch alle sein) bestimmen.

Sowohl *Bonjour*-Adresse als auch *AFP*-Adresse lassen sich auch über einen herkömmlichen Internet-Browser wie beispielsweise *Safari* eingeben. Ist Ihnen die Server-Adresse nicht bekannt, so lässt sich über den Button *Durchsuchen* (im Dialog *Mit Server verbinden*) nach solchen fahnden. Hierbei werden die gefundenen Server eingeblendet, die dann per Doppelklick sowie den *Verbinden*-Button Einlass gestatten.

8 | Der Mac im Netzwerk

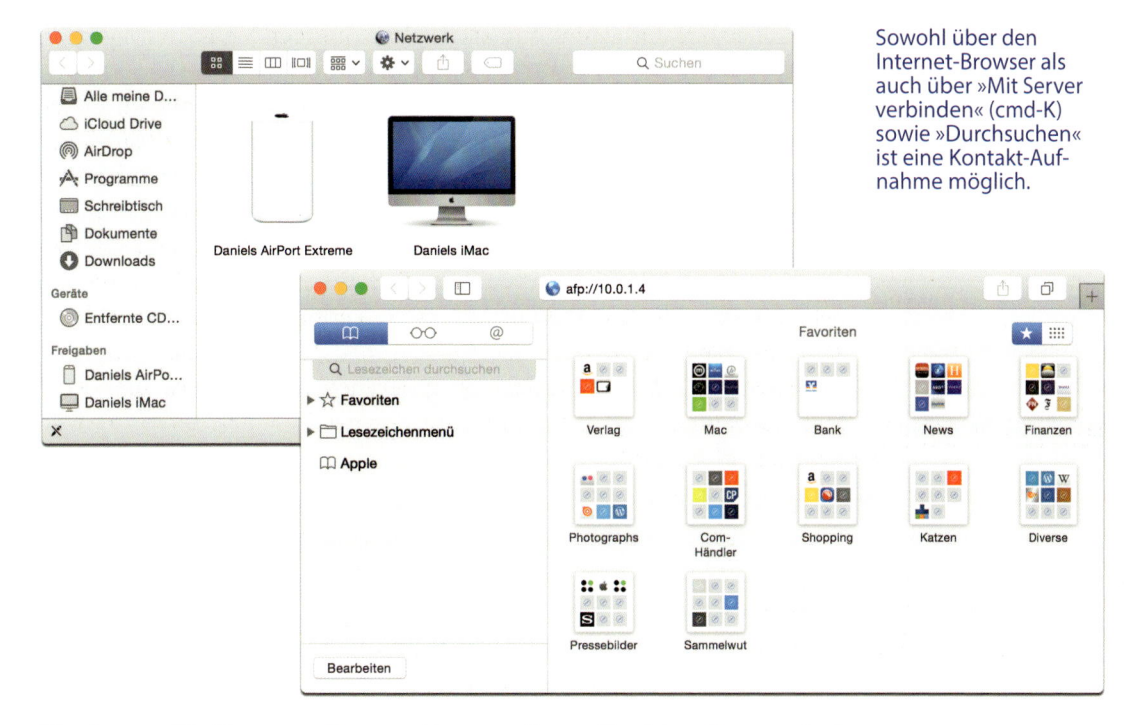

Sowohl über den Internet-Browser als auch über »Mit Server verbinden« (cmd-K) sowie »Durchsuchen« ist eine Kontakt-Aufnahme möglich.

Für das zur Verfügung stellen von Daten müssen Sie sich selbstverständlich nicht mit dem *öffentlichen Ordner* allein zufrieden geben. In der Systemeinstellung *Freigaben* | Dienst *Dateifreigabe* lassen sich über den *Plus*-Knopf unterhalb von *Freigegebene Ordner* weitere Quellen (Ordner, Volumes etc.) für den *Gast*-Zutritt definieren. Im Feld daneben – *Benutzer* – bestimmen Sie, was der einzelne darf (*Nur lesen, Lesen & Schreiben, Nur Schreiben* oder *Keine Rechte*). *Nur Lesen* bedeutet in diesem Sinne, das man auf den Ordner zwar Zugriff hat, aber selbst nichts ablegen kann. *Nur Schreiben* wiederum ermöglicht dem Benutzer, dass er ausschließlich Dateien dort hineinlegen darf, er aber keine Inhalte anzeigen lassen kann. Nur derjenige, der *Lesen & Schreiben* darf, kann ohne Einschränkung arbeiten.

Ebenso lassen sich über den *Plus*-Button unterhalb von *Benutzer* weitere Personen bestimmen, indem Sie diese aus dem Adressbuch wählen und ihnen ein Kennwort zuteilen.

Das Anlegen weiterer freigegebener Ordner oder das Bestimmen von Personen, die auf den Rechner Zugriff haben, lässt sich ebenso schnell über die Systemeinstellung »Freigaben« erledigen.

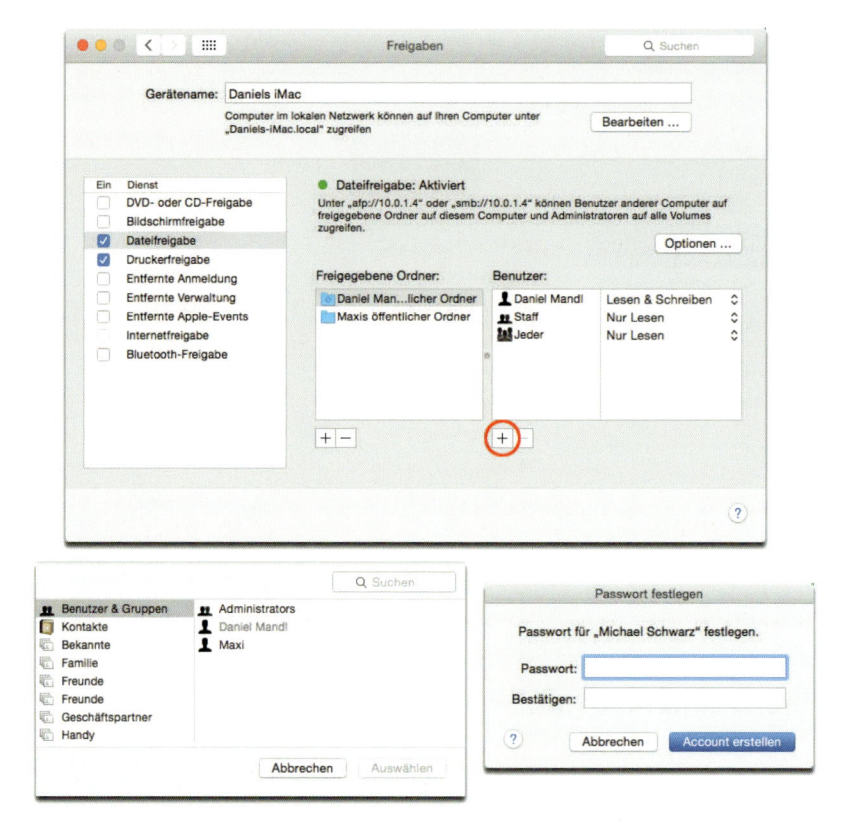

Zum *Abmelden* aus dem Netzwerk klicken Sie einfach auf das kleine *Auswerfen*-Symbol neben dem Eintrag in der Seitenleiste bzw. auf *Trennen* rechts oben im *Finder*-Fenster – der Server verschwindet.

Sofern es sich nur um den Austausch zwischen zwei Rechnern handelt, können Sie dieselbe Prozedur auch über die Verbindung per *FireWire*-, *Thunderbolt*- oder *Ethernet*-Kabel vornehmen. In der Systemeinstellung *Netzwerk* zeigen sich dann links stehend die entsprechenden Anschlüsse und über *DHCP* (bei *IPv4 konfigurieren*) wird automatisch eine *IP-Adresse (Internet-Protocol-Adresse)* vergeben. Diese *IP-Adresse* muss für jeden Rechner unterschiedlich, aber dennoch eindeutig sein, damit beim Datenversand jede Stelle genau identifiziert werden kann und jeder weiß, für wen was bestimmt ist. Ist in der Systemeinstellung *Freigabe* die *Dateifreigabe* aktiviert, so steht einem Austausch nichts mehr im Wege.

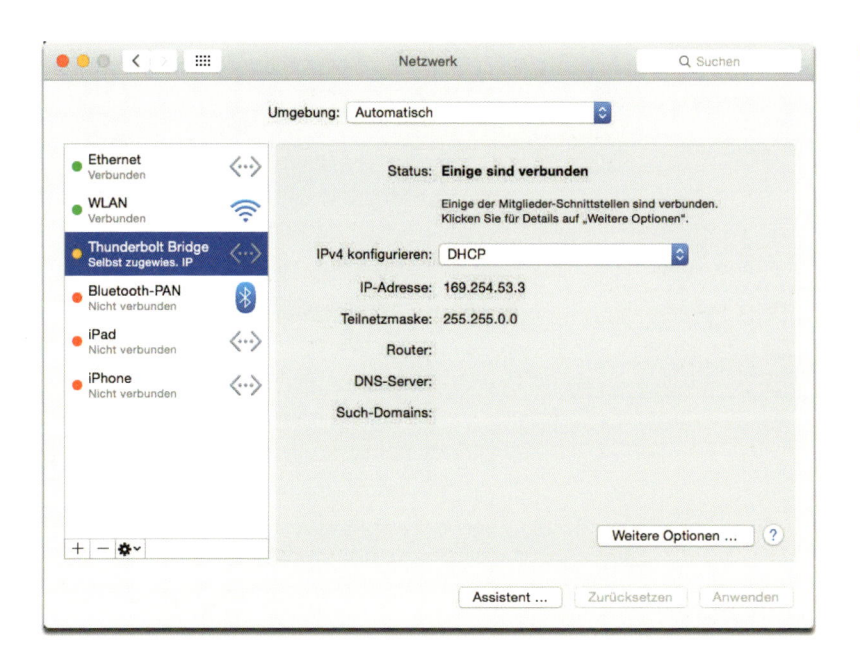

Das Gleiche in »grün« – nur dieses Mal via Verbindung über Thunderbolt.

Einen PC ins Mac-Netzwerk einbinden

Als Umsteiger in die Mac-Welt steht sicherlich noch ein Windows-PC irgendwo herum – aber auch Freunde mit PCs soll es ja noch zur Genüge geben. Egal, wer nun mit wem oder überhaupt – selbstverständlich lässt sich auch ein PC in ein Mac-Netzwerk integrieren. Wie man seinen kompletten PC auf den Mac überträgt, haben wir ja bereits am Anfang des Buches zur *OS X*-Installation sowie im Kapitel zu den *Dienstprogrammen* mit dem *Migrationsassistenten* geschildert. Im nachfolgenden Teil zeigen wir Ihnen, wie Sie schnell mal ein paar Daten austauschen können.

Bei einem Drahtlos-Netzwerk müssen Sie eigentlich nur den PC einbinden. Das geschieht entweder bereits bei der Einrichtung des PC – oder Sie begeben sich dazu unter *Windows 7* bzw. *8* über die Systemsteuerung *Netzwerk und Internet* zum *Netzwerk und Freigabecenter*. Dort klicken Sie auf *Verbindung mit einem Netzwerk herstellen* bzw. *Neue Verbindung oder neues Netzwerk herstellen*. Über das auftauchende Fenster (unter *Windows 8* müssen Sie noch auf *Neues Netzwerk einrichten* klicken) sollte nun – das kann jedoch ein Weilchen dauern – die Drahtlosverbindung auftauchen. Klicken Sie darauf, so wird der Button *Verbinden* eingeblendet, auf den Sie ebenso klicken. Nun müssen Sie das Kennwort eingeben.

Über die »Systemsteuerung« und dort im »Netzwerk- und Freigabecenter« werden die ersten Schritte in Richtung Netzwerk gestellt. Wird auf »Verbindung mit einem Netzwerk herstellen« bzw. »Neue Verbindung oder neues Netzwerk herstellen« geklickt, so taucht das WLAN-Netzwerk auf. Wird es ausgewählt, so müssen Sie das vergebene Kennwort eingeben.

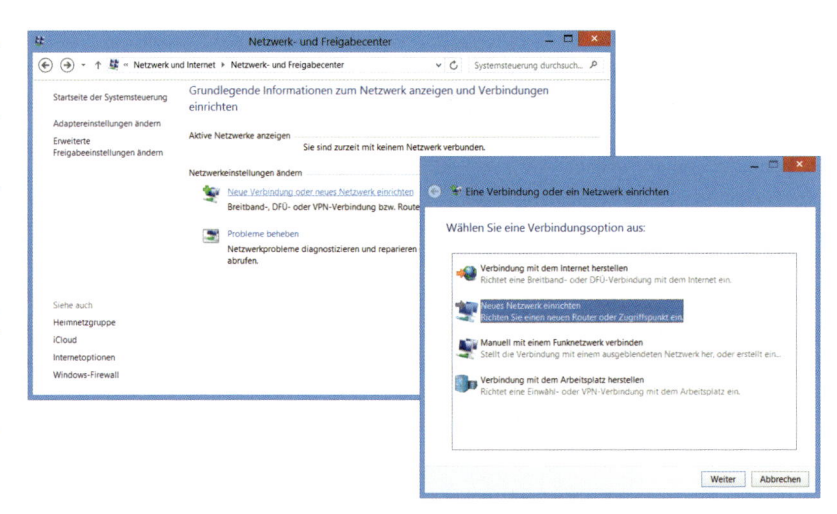

Das Status-Fenster der Drahtlosverbindung (aufzurufen über das Netzwerk- und Freigabecenter) gibt grünes Licht für einen bequemen Datenaustausch.

Auf dem Mac aktivieren Sie wieder in der Systemeinstellung *Freigaben* die *Dateifreigabe* und klicken anschließend auf die Schaltfläche *Optionen*. Da die Freigabe von Dateien zwischen Mac und Windows über das Protokoll *SMB (Server Message Block)* erfolgt, muss die Option *Dateien und Ordner über SMB freigeben* aktiviert sein (was sie unter *OS X Mavericks/Yosemite* automatisch ist). Unten stehend lassen sich bei *Windows-Dateifreigabe* nun noch jene Accounts bestimmen, die für die Freigabe Verwendung finden sollen. Ist kein Account für die Windows-Dateifreigabe freigegeben, wird nur der öffentliche Ordner zum Austausch zur Verfügung gestellt.

8 | Der Mac im Netzwerk

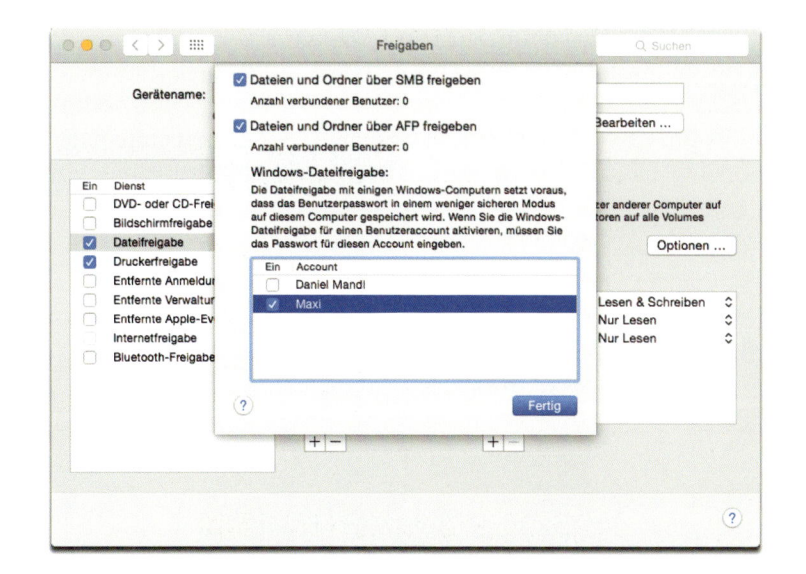

Über die Systemeinstellung »Freigaben« sowie die Schaltfläche »Optionen« aktivieren Sie »Dateien und Ordner über SMB freigeben« und markieren unten stehend jene Accounts, die sich vollständig zum Datenaustausch anbieten sollen.

Wie Apple richtig schreibt, setzt die *Dateifreigabe* mit einigen Windows-Computern voraus, dass ein Benutzerpasswort in einem weniger sicheren Modus gespeichert wird. Sofern Sie sich mit Ihrem Benutzeraccount üblicherweise über Ihre *Apple ID* anmelden, trifft dies wohl zu, denn diese Accounts lassen sich nicht auswählen. Hier lässt sich der Account insgesamt nicht freischalten, sondern nur auf die öffentlichen Ordner zugreifen.

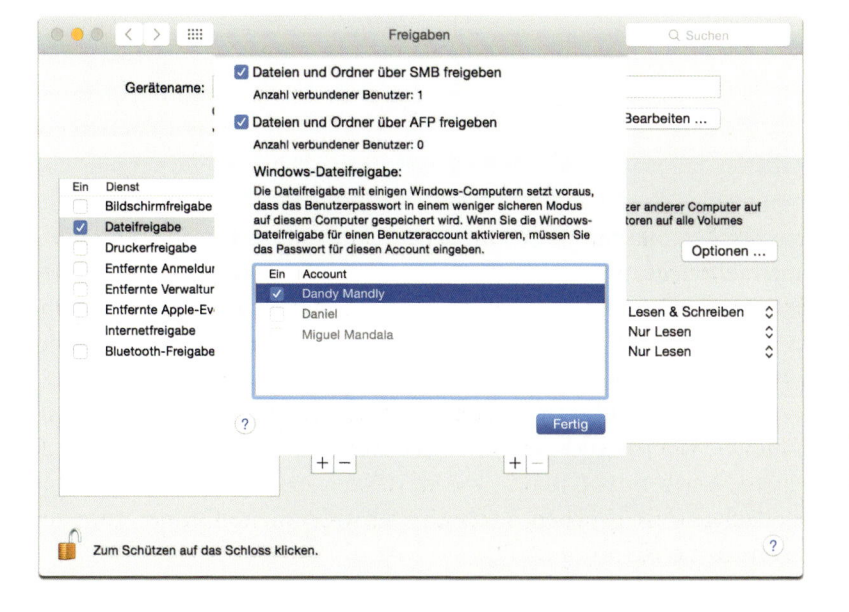

Mac-Accounts, bei denen die Anmeldung über Apple ID und Passwort erfolgt, lassen sich nicht für die Dateifreigabe auswählen. In diesem Fall können Sie nur auf den öffentlichen Ordner (was ja letztlich auch reicht) ausweichen. Erst nach dem Umstieg auf ein »normales« Kennwort (Systemeinstellung »Benutzer & Gruppen«, Schaltfläche »Passwort ändern«) ist das Auswählen des gesamten Benutzeraccounts möglich.

607

Über die Systemeinstellung *Netzwerk* wählen Sie anschließend die bevorzugte Verbindung (Ethernet, WLAN etc.) und rufen dann über die Schaltfläche *Weitere Optionen* den Reiter *WINS* auf. Dort bestimmen Sie nun einerseits den *NetBIOS*-Namen (oder übernehmen den bestehenden), der auf dem Windows-Rechner unter *Netzwerk* angezeigt wird, und tragen die Arbeitsgruppe (meist WORKGROUP) ein. Letztere finden Sie auf Ihrem Windows-PC über die *Systemsteuerung | System und Sicherheit | System*.

Über den Reiter »WINS« lassen sich NetBIOS-Name sowie die Arbeitsgruppe festlegen.

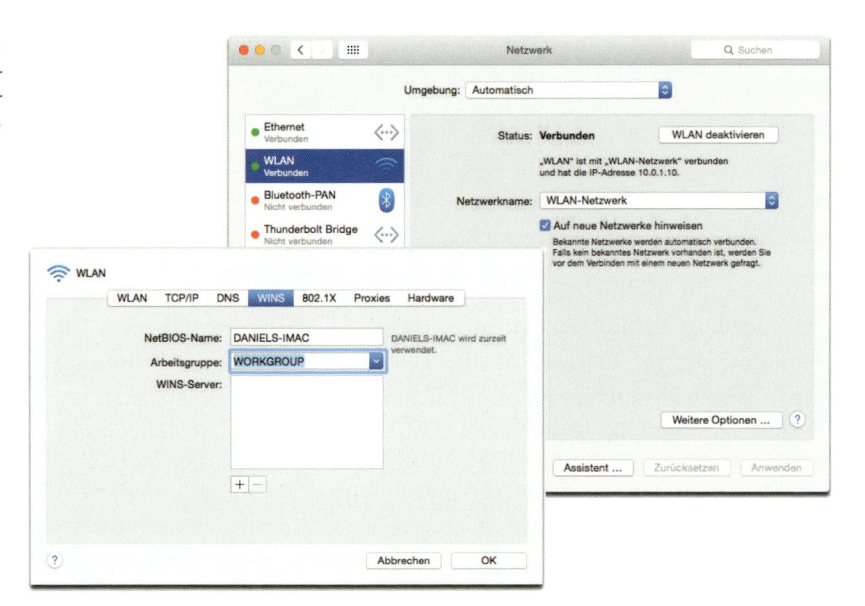

Ist nun alles erledigt und Sie öffnen nach der Verbindung den *Windows-Explorer*, so sollten unter *Netzwerk* (das kann allerdings auch ein Weilchen dauern) sowohl der PC samt freigegebenen Ordnern als auch etwaige Mac-Rechner (sofern die *Dateifreigabe* erteilt wurde) erscheinen. Klicken Sie nun auf einen Eintrag unter *Netzwerk*, so werden Sie aufgefordert, Benutzername und Passwort einzugeben. Danach werden die zugehörigen Inhalte eingeblendet.

8 | Der Mac im Netzwerk

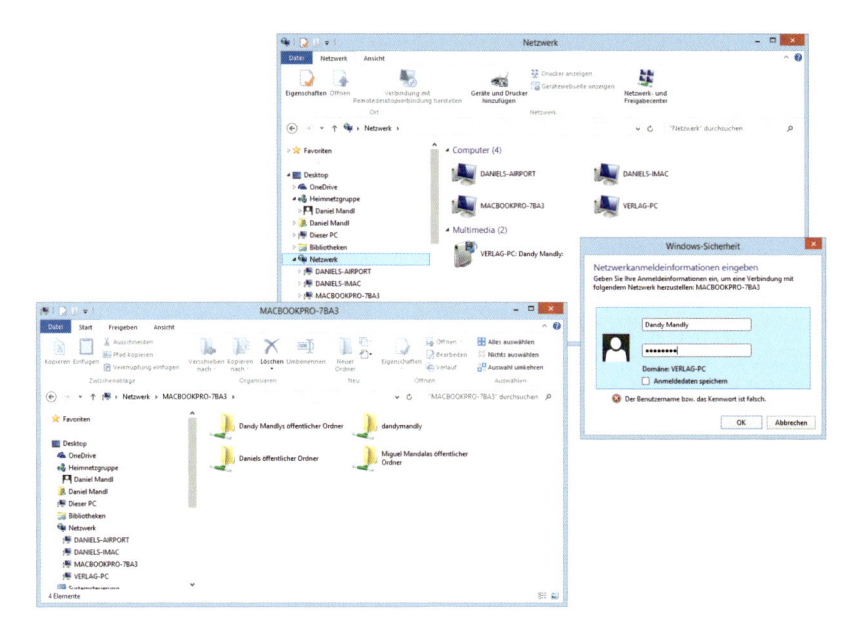

Wie auf dem Mac erfolgt auch über Windows der Zugriff nur nach Eingabe von Benutzername und Passwort.

Das ganze Spielchen klappt natürlich auch umgekehrt, also wenn Sie vom Mac aus starten und auf den Windows-PC zugreifen möchten. Auch dabei können Sie verschiedene Wege einschlagen. Ist die *Dateifreigabe* aktiviert, so öffnen Sie ein beliebiges *Finder*-Fenster und der verbundene PC sollte nun auch in der Seitenleiste unter *Freigaben* erscheinen. Wählen Sie ihn aus und klicken im Fenster auf *Verbinden als*, so können Sie sich entweder als *Gast* (mit Zugriff auf alle freigegebenen Ordner) oder als *Registrierter Benutzer* mit Zugriff auf den gesamten Rechner anmelden.

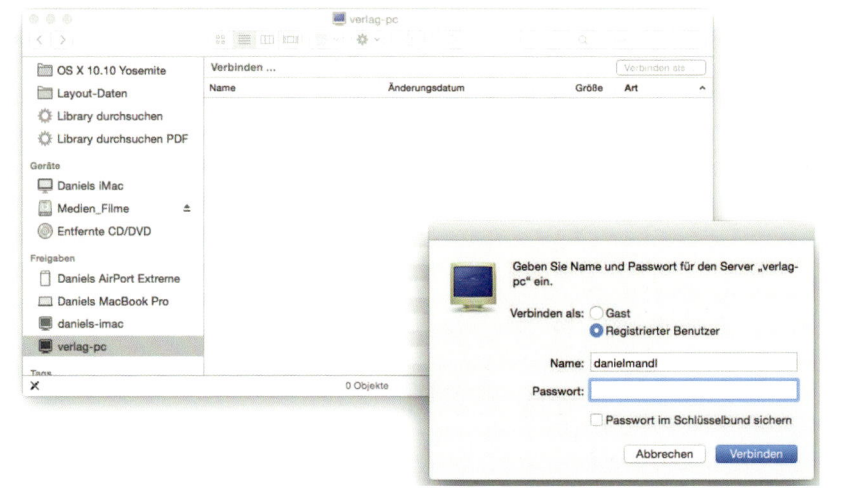

Der Zugriff kann als Gast (für öffentliche Ordner) oder als registrierter Benutzer über Eingabe von Benutzername und Passwort erfolgen.

609

Bis sich beide Computer (Mac und PC) im Netzwerk finden und identifizieren, können schon mal ein paar Minuten ins Land gehen. Seien Sie also geduldig. Im Zweifel können Sie auch nach der Konfiguration der Rechner einen Neustart beider Computer durchführen. Geht es dann immer noch nicht, so wählen Sie den nachfolgenden Weg.

Sollte bei Ihnen der Zugriff nicht gleich klappen, so lässt sich auch über Eingabe der PC-*IP-Adresse* bzw. des *NetBIOS-Namens* (zu finden unter *Systemsteuerung | System und Sicherheit | System*) Kontakt aufnehmen. Hierzu wählen Sie im *Finder* über die Menüleiste *Gehe zu* den Befehl *Mit Server verbinden (cmd-K)* und tragen dort die Adresse ein. Beachten Sie bitte hierbei, dass Sie das Kürzel *smb://* voranstellen. *SMB* steht hierbei für *Server Message Block* und ist das von Microsoft benutzte Netzwerk-Protokoll.

Auch die Suche des Servers über die IP-Adresse oder des NetBios-Namen (entspricht dem Computernamen) ist möglich.

Nach dem Klick auf *Verbinden* müssen Benutzername und Kennwort des PCs eingegeben werden – danach erscheinen dann die freigegebenen Ordner/Volumes, die Sie einzeln oder alle bestimmen. Auch nach dieser Vorgehensweise erscheint der PC in der Seitenleiste des Finder-Fensters und Sie können Daten transferieren.

Nach der Identifizierung wählen Sie die zu aktivierenden Volumes. Das war's.

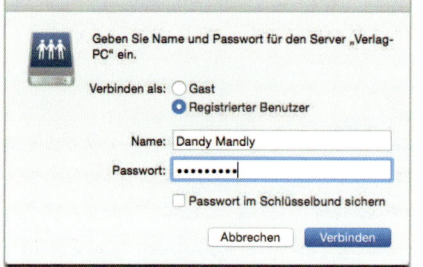

Die Bildschirmfreigabe nutzen

Die *Bildschirmfreigabe* ist eine feine Sache, wenn Sie schnell mal einen Blick auf den Rechner eines anderen Teilnehmers im Netzwerk werfen möchten. Das kann beruflich nötig sein, aber auch privat, wenn beispielsweise die werte Ehefrau im ersten Stock sitzt und mal wieder den Ordner mit den Hochzeitsfotos nicht findet. Voraussetzung hierbei ist, dass zum einen beide (oder noch mehr) Macs im Netzwerk eingebunden sind und zum anderen auf allen Geräten in der Systemeinstellung *Freigaben* der Dienst *Bildschirmfreigabe* aktiviert ist.

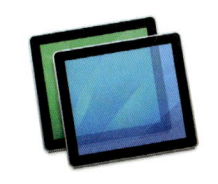

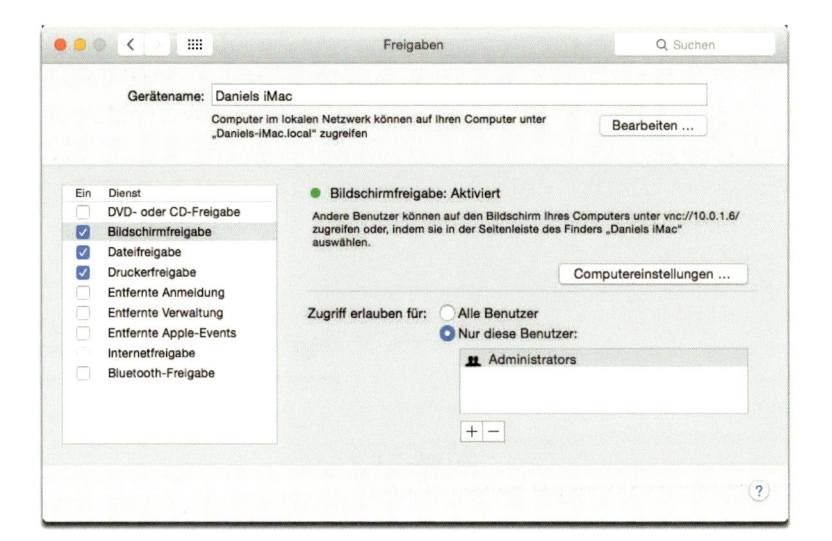

Wird die Bildschirmfreigabe eingeschaltet, erscheinen die zugehörigen Zugriffsmöglichkeiten.

Auch bei diesem Dienst können Sie genau festlegen, wer letztlich auf Ihren Bildschirm zugreifen darf. Das können alle auf dem Rechner vorhandenen Benutzer sein oder eben nur solche, denen diese Möglichkeit explizit zugewiesen wird. Über die *Computereinstellungen* lässt es sich weiterhin einrichten, dass Benutzer, die über eine *VNC*-Software (*Virtual Network Computing*) wie etwa *Apple Remote Desktop* verfügen, auch über das Internet – aber bitte nur mit Kennwort – auf den Bildschirm zugreifen können.

Der Zugriff selbst ist relativ simpel: Wird auf Mac-Rechner, die sich in der Seitenleiste eines *Finder*-Fensters unter der Rubrik *Freigaben* befinden, geklickt, so werden üblicherweise die öffentlichen Ordner eingeblendet. Neben dem *Verbinden als*-Knopf zum Zugriff als registrierter Nutzer finden Sie nun dort auch den Button *Bildschirmfreigabe*.

Das Freigabe-Fenster bekommt Zuwachs in Form der »Bildschirmfreigabe«-Schaltfläche.

Wird nun auf diese geklickt, so gibt es mehrere Szenarien: Bei einem Einzelaccount geben Sie Namen und Passwort ein, klicken auf *Verbinden* und der Kontakt wird hergestellt, indem sich der Bildschirm des angesprochenen Rechners einblendet.

Nur wer sich ausweisen kann, wird für die Bildschirmfreigabe zugelassen.

Sind hingegen mehrere Benutzer auf dem Rechner und ist einer davon am Rechner zugange, so wählen Sie im erscheinenden Dialog die Option *Um Berechtigung zum Anzeigen des Bildschirm bitten* und klicken auf *Bildschirmfreigabe.* Auf dem entsprechenden Computer wird nun um Erlaubnis gebeten, ob der Anwender dies auch möchte. Bestätigt dieser wiederum über *Bildschirm freigeben*, so zeigt sich ebenso der Bildschirm.

Sitzt ein Anwender vor dem Mac und möchte ein Dritter darauf zugreifen, so muss zuerst um Erlaubnis angefragt werden.

8 | Der Mac im Netzwerk

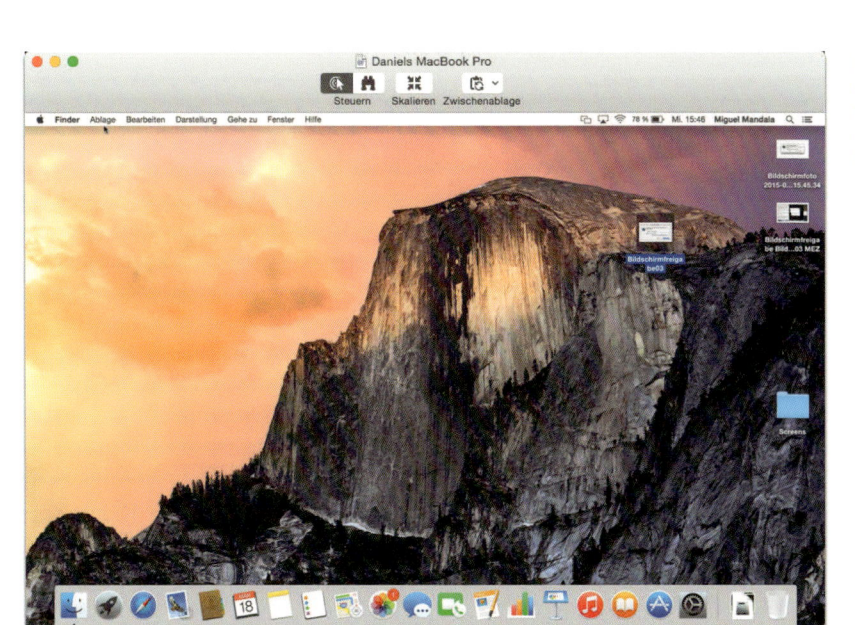

Erfolgt die Bestätigung über Bildschirm freigeben, so wird der Bildschirm-Inhalt eingeblendet.

Die dritte Möglichkeit zum Zugriff ergibt sich über die Option *Melden Sie sich als Sie selbst an*. Hierbei erscheint der Anmeldebildschirm und Sie können auf die einzelnen Accounts zugreifen – immer vorausgesetzt, dass Sie das dazugehörige Passwort wissen. In diesem Fall können Sie sogar auf Accounts zugreifen, die schon angemeldet sind – und dies ohne Bitte um Erlaubnis, selbst wenn dort jemand vor dem Rechner sitzt. Letzterer merkt es erst, wenn sich auf einmal wie von Geisterhand Fenster verschieben oder ein Programm beendet wird.

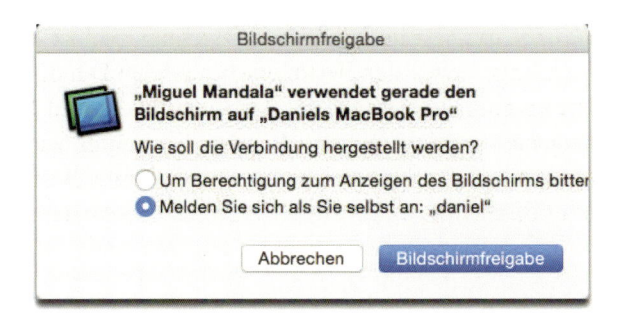

Die Option Melden Sie sich als Sie selbst an lässt Ihnen freie Wahl beim Zugriff auf Benutzer-Accounts.

613

Sie landen dabei beim Anmelde-Bildschirm und können nun frank und frei Zugang erlangen, wenn Sie um die jeweiligen Kennwörter wissen.

Bei allen Varianten können sich jetzt innerhalb des Gast-Bildschirms frei bewegen, Ordner öffnen oder Programme starten. Auch der Austausch von Dateien ist möglich – und zwar einfach per *Drag & Drop*. Ziehen Sie einfach eine Datei auf den entfernten Bildschirm bzw. kopieren Sie sie von dort auf den eigenen Mac. Das *Dateiübertragungen*-Fenster (*Fenster | Dateiübertragungen*) protokolliert dabei genau, welche Daten gesendet bzw. empfangen werden. Im Falle mehrerer Bildschirm zeigt sich weiterhin in der Symbolleiste der Button Monitore, über den Sie gezielt auf einzelne Displays zugreifen können.

Über die *Bildschirmfreigabe-Einstellungen* können Sie weitere Anpassungen vornehmen – etwa das Verhalten bei Bildschirmen, die größer als Ihre eigene Monitorgröße sind oder die Qualität der Anzeige bei der jeweiligen Netzwerkverbindung.

Im Ordner *CoreServices* (zu finden über Ihre *Festplatte/System/ Library/CoreServices/Applications*) finden Sie das Programm *Bildschirmfreigabe*, das Sie sich auch gerne ins Dock legen können. Wird es gestartet, so müssen Sie – falls Sie noch mit keinen Mac im Netzwerk verbunden sind – die für die *Bildschirmfreigabe* zugeteilte *Host*-Adresse (etwa *vnc://10.0.1.9*) eintragen und erhalten darüber ebenso Zugriff.

8 | Der Mac im Netzwerk

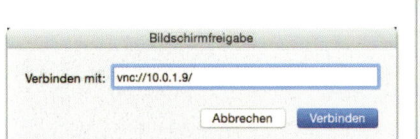

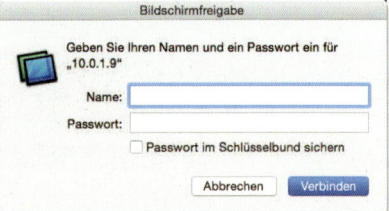

Die zugehörige Host-Adresse (Host steht hier für Gastgeber bzw. Anbieter) finden Sie in der Systemeinstellung »Freigaben« unter »Bildschirmfreigabe«.

Fernwartung über TeamViewer

Zum Abschluss dieses Kapitel möchten wir Ihnen noch ein Programm vorstellen, über das Sie per Internetverbindung sowohl auf den eigenen als auch »fremde« Rechner (Mac wie PC) zugreifen können, die sich außerhalb eines Netzwerks befinden. Voraussetzung hierbei ist selbstverständlich die Erlaubnis der »gegnerischen« Seite. Die Software nennt sich *TeamViewer* und dient in erster Linie zur Fernwartung – das heißt, Sie können so beispielsweise von Zuhause aus auf den Rechner von Freunden und Bekannten zugreifen und diese steuern, beispielsweise zur Unterstützung beim Installieren oder Einrichten oder als Hilfe bei einer eventuellen Problemsuche.

Das Programm finden Sie über die Webseite www.teamviewer.com/de zum kostenlosen Download (für den privaten Gebrauch). Die Installation geht schnell vonstatten und der nachfolgend aufwartende Assistent hilft Ihnen schon einmal bei der Einrichtung, indem Sie beispielsweise ein permanentes Kennwort für den Zugriff auf diesen Rechner vergeben können (was sich aber auch später noch über die *TeamViewer-Einstellungen* erledigen lässt).

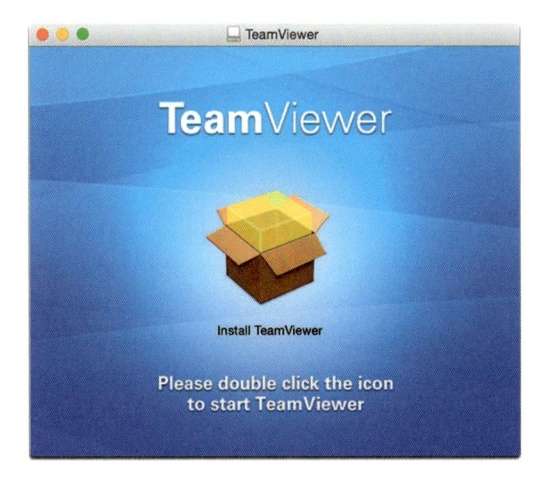

Bitte einmal doppelklicken und das Programm installiert sich wie von selbst.

615

Der Installationsassistent unterbreitet Ihnen schon zu Beginn die Möglichkeit, ein ständiges Passwort für den Zugriff auf den eigenen Rechner zu vergeben, was Sie jedoch getrost überspringen können.

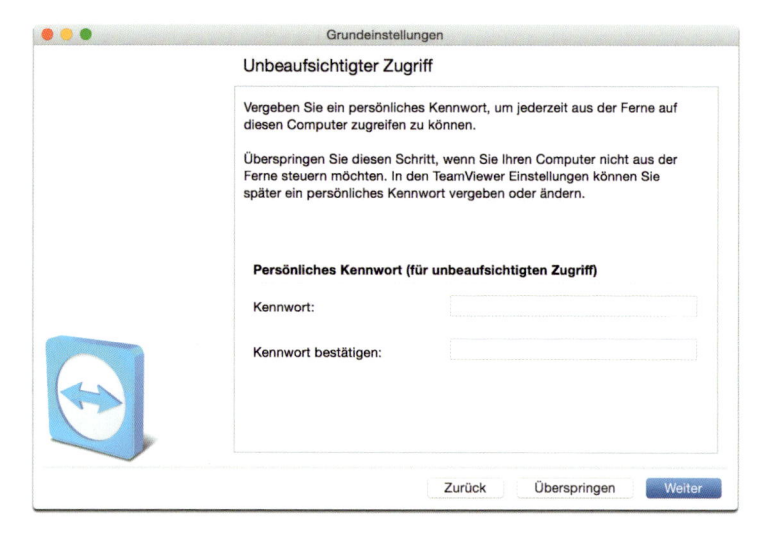

Für eine Fernwartung muss auf allen beteiligten Rechnern die Software *TeamViewer* installiert und gestartet sein. Es erfolgt dabei eine Verbindung über das Internet und es werden sowohl eine *ID* als auch ein Kennwort generiert. Möchten Sie auf den anderen Rechner zugreifen, so benötigen Sie die *ID* des Gegenparts, die als *Partner-ID* im Start-Dialog eingetragen werden muss. Klicken Sie anschließend auf *Mit Partner verbinden* und geben Sie das angeforderte Kennwort ein – daraufhin öffnet sich wie von Geisterhand ein Fenster und stellt den Bildschirm-Inhalt der Gegenseite dar.

»TeamViewer« bezieht nach dem Start sowohl eine Identifikationsnummer (ID) sowie ein Kennwort. Bei Zugriff auf den fremden Rechner müssen Sie zuerst die ID der Gegenseite eintragen.

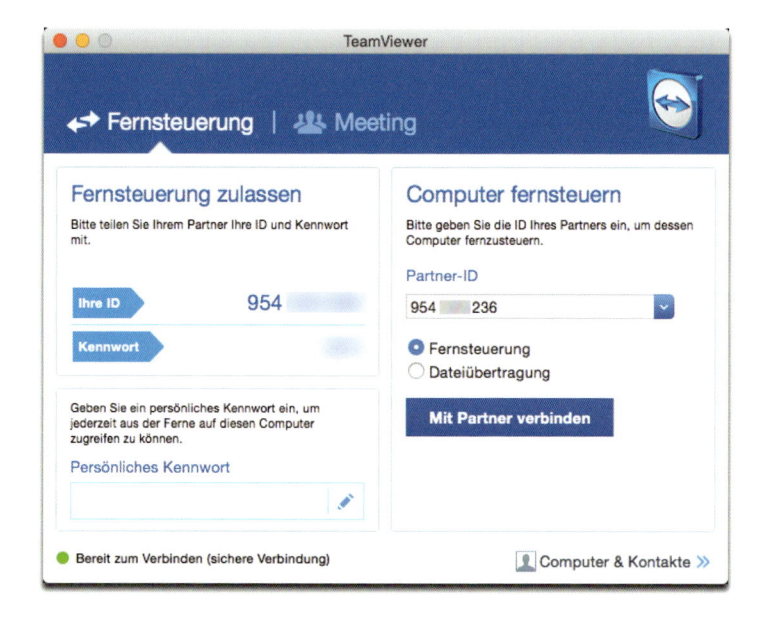

8 | Der Mac im Netzwerk

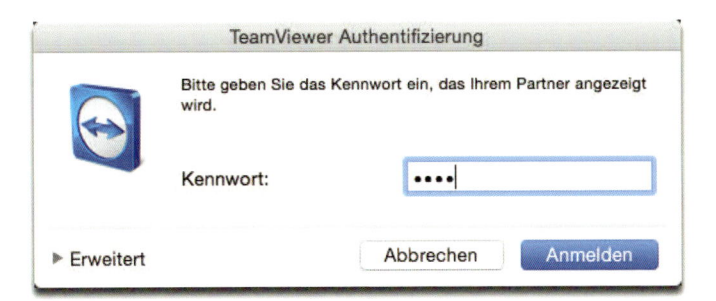

Danach heißt es das Kennwort Ihres Gegenübers einzugeben …

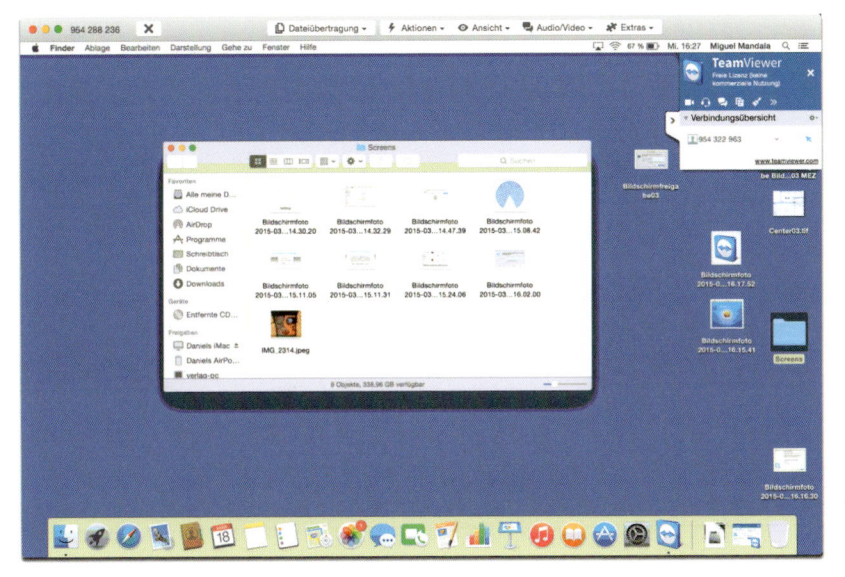

… und schon haben Sie Zugriff auf den Rechner und können unterstützend eingreifen.

Es empfiehlt sich in den *Einstellungen* des Programms (*cmd-,*) in der Rubrik *Sicherheit* die – stets wechselnde – *Kennwortsicherheit* wenigstens etwas zu erhöhen.

Über die Aktionsfelder am oberen Fensterrand finden Sie noch viele weitere Optionen zur Anpassung von Qualität sowie Fenstergröße. Auch Dateien können übertragen oder statt der Fernwartung eine Online-Konferenz gestartet werden. *TeamViewer* gibt es auch als App für iPhone oder iPad bzw. für Android. Viele weitere Informationen zu diesem tollen Programm können Sie auch der Webseite entnehmen.

Was tun bei Problemen?

Jedes neue Betriebssystem ist auf irgendeine Art und Weise anfällig für Konflikte – mal mehr, mal weniger. Gerade die »Kinderkrankheiten« können einem dabei manchmal die Nerven rauben. Aber auch nach den ersten großen Updates hakt es manchmal, etwa weil ein Programm sich nicht beenden lässt, das Umschalten zwischen Programmen träge läuft oder der Mauszeiger nicht mehr reagiert. Die meisten Probleme betreffen dabei Software-Konflikte und sind daher doch zu beheben, die Hardware ist in den seltensten Fällen der Schuldige. Auch wenn Sie mitten in der Arbeit sind und einen Befehl oder einen Dialog nicht gleich auf Anhieb verstehen, ist Hilfe in Sicht. Was Sie nun alles an Gegenmaßnahmen treffen können, lesen Sie auf den folgenden Seiten.

Softwareseitige Lösungen

Die Apple-Hilfe

Jedes Programm und insbesondere die Apple-eigenen Applikationen besitzen eine umfassende Hilfe. Dieses finden Sie meist über den Menü-Punkt *Hilfe* in der Menüleiste bzw. über *Befehlstaste-Fragezeichen (cmd-?)*. Wählen Sie im *Finder* die Hilfe, so bekommen Sie schon einmal eine Einführung zu den am häufigsten verwendeten Themen wie das *Herstellen einer Verbindung zum Internet, Erstellen und Drucken von Dokumenten, Zusammenarbeit zwischen Mac und iOS* usw. Im Bereich *Informationen zu Ihrem Mac* lässt sich über *Apps im Lieferumfang Ihres Mac* zu den einzelnen Programmen die Hilfe aufrufen.

Jedes Programm wartet mit seiner eigenen, oft umfassenden Hilfe auf, so dass Sie bei Schwierigkeiten oder nicht geklärten Optionen jederzeit darauf zurückgreifen können. Entweder finden Sie Ihre Problemlösung bereits bei den angebotenen Themen, oder Sie geben direkt einen Such-Begriff ein. Dabei werden Ihnen verschiedene Lösungsansätze präsentiert: zum einen aus der zum Programm gehörenden internen Hilfe, zum anderen übergreifend zu ähnlich gestrickten Themen sowie zur Websuche. Da die *Hilfe* hierbei auch auf das Internet zurückgreift, sollten Sie über eine Online-Verbindung verfügen.

Für jedes installierte Programm auf dem Mac existiert eine umfassende Hilfe mit informativen Inhalten.

Sobald Sie einen Begriff in das Suchenfeld eingeben, werden schon einmal Vorschläge unterbreitet. Bestätigen Sie Ihre Anfrage, so werden die dazugehörigen Ergebnisse eingeblendet.

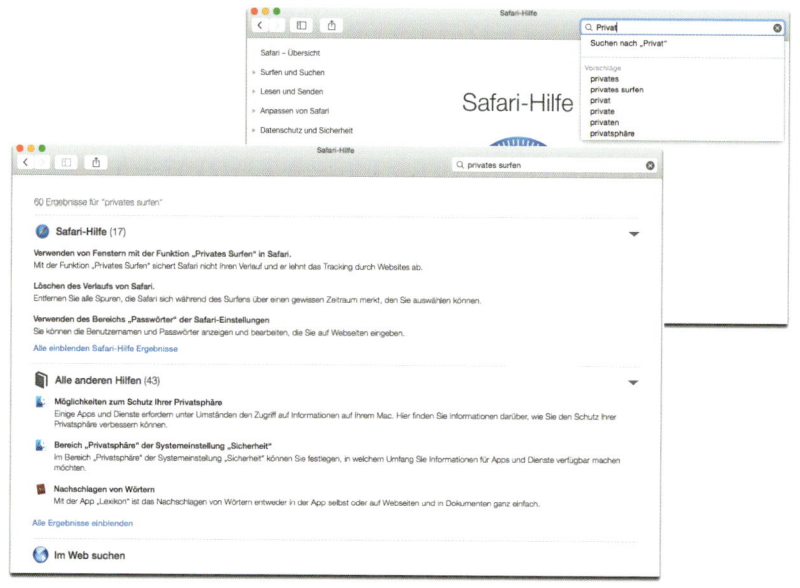

Über die Symbole in der Titelleiste navigieren Sie nun vorwärts oder wieder zurück, Sie können das *Inhaltsverzeichnis* ausblenden und wieder anzeigen oder einzelne Beiträge beispielsweise drucken, per Mail oder Nachricht versenden oder auch der Leseliste im Browser *Safari* zum späteren Studieren hinzufügen.

9 | Was tun bei Problemen?

In fast allen Dialogen – etwa den Systemeinstellungen – finden Sie ein Fragezeichen-Symbol, das Sie direkt zum entsprechenden Thema in der *Mac-Hilfe* bringt.

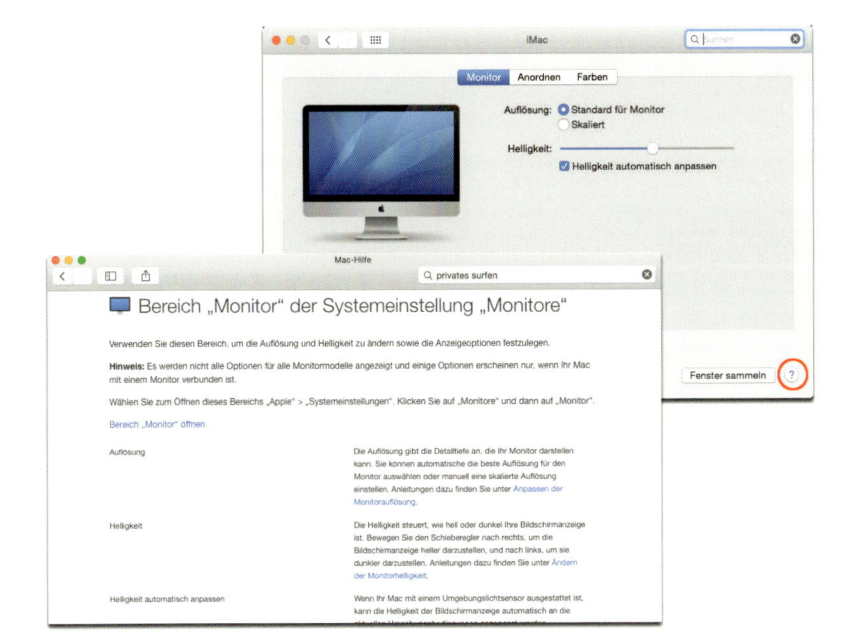

Haben Sie beispielsweise eine Systemeinstellung aufgerufen und möchten eine Kurzerklärung für etwaige Optionen, so hilft oftmals der Klick auf das Fragezeichen-Symbol.

Die *Mac-Hilfe* hat sich wirklich zu einer umfassenden Datenbank gemausert, die hervorragend übersetzt ist und in der man sich fast schon verlieren kann. Nutzen Sie also in einer ruhigen Minute einmal diese Unterstützung und besuchen Sie die Seiten, denn Wissen kann man nie genug haben …

Neustart durchführen

Sie sollten sich eine bestimmte Reihenfolge angewöhnen, mit der Sie Problemen begegnen. Dazu gehört vorrangig die Ruhe zu bewahren – insbesondere wegen des eigenen Nerven-Kostüms und etwaiger verängstigter Mitbewohner. Auch wenn es ungeduldige Menschen an den Rand des Wahnsinns bringen kann – viele Widrigkeiten lassen sich mit einem Neustart beheben. Beenden Sie folglich alle laufenden Programme, klicken Sie in das *Apple-Menü* und wählen Sie aus dem aufklappenden Menü den Befehl *Neustart*. Dabei wird die Hardware einem internen Funktionstest unterzogen und das Betriebssystem wird neu hochgefahren. Meist sind danach kleinere Unregelmäßigkeiten aus dem Weg geräumt.

Der Neustart des Computers dauert nicht lange und sollte stets durchgeführt werden, wenn das ein oder andere Programm hakt.

Lässt der Mac partout keinen Neustart zu, so versuchen Sie dennoch, Ihre Programme zu beenden und vor allem Ihre Arbeit zu sichern. Danach wählen Sie als Not-Maßnahme für alle Laptop-Modelle (sowie alle Computer, an die eine Tastatur mit *Ein-/Ausschalt-Taste* angeschlossen ist) die Tastenkombination *cmd-ctrl-Ein-/Ausschalttaste* für einen erzwungenen Neustart. Hierbei wird der Mac ohne Warnung – und zwar sofort – neu gestartet. Bei iMac & Co. müssen Sie die *Ein-/Ausschalttaste* länger gedrückt halten (ein paar Sekunden lang), bis der Mac sich ausschaltet. Danach starten Sie ihn erneut.

Bei manchen Problemen kann auch das Ausschalten des Rechners (Zeitdauer etwa 30 bis 60 Minuten) Wunder bewirken. So ist es uns selbst schon passiert, dass man sich Stunden mit vermeintlichen Missständen herumärgert, bis man genervt den Rechner herunterfährt. Mit Tendenz zu leichten Wutanfällen bringt dann oft ein Spaziergang an der frischen Luft oder die freundliche Auseinandersetzung mit Ehepartner, Kindern & Co. Erleichterung. Schalten Sie dann später Ihren Rechner wieder ein, haben sich manche Probleme in Luft aufgelöst. Der Ursache (etwa atmosphärische Störungen, negative Luftionen, geschlossene Chakren …) kommt man so zwar nicht auf die Spur, aber es ist ein gutes Gefühl, dass wieder alles zur Zufriedenheit läuft.

In seltenen Fällen macht sich der Mac auch schon mal selbstständig und führt von ganz alleine einen Neustart durch. Meist handelt es sich hier um einen Systemabsturz, aber auch externe Gerätschaften wie Festplatten können die Ursache sein. Das überrascht manchmal aus heiterem Himmel – mitten in der Arbeit. Die eigentliche Ursache ist wahrscheinlich nur von einem Techniker herauszufinden, denn nach dem Neustart gibt es einen wahrlich spannenden Bericht, den leider nur versierte Fachkräfte lesen geschweige denn verstehen dürften.

9 | Was tun bei Problemen?

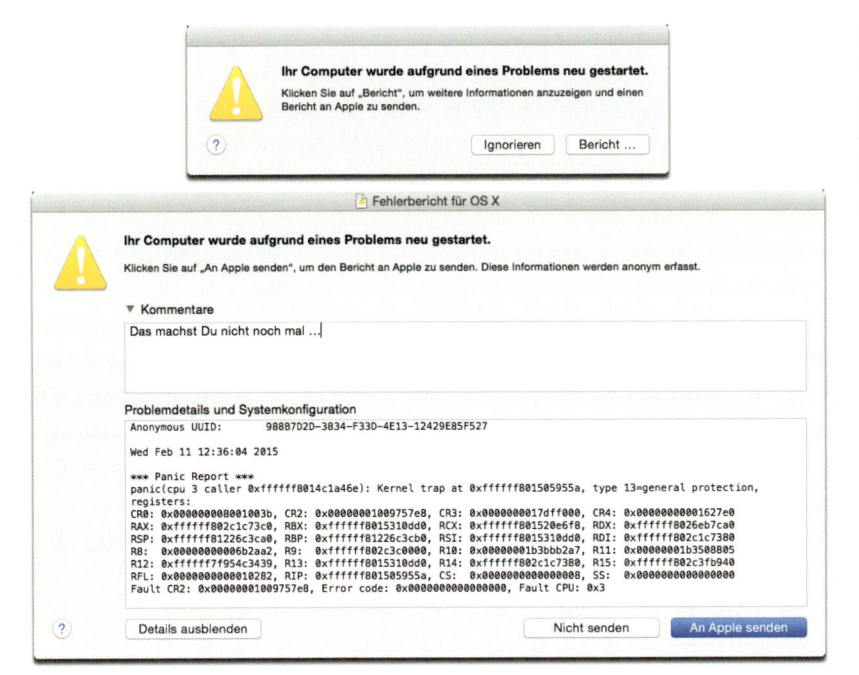

Aus heiterem Himmel ein Neustart und dann das: Der völlig entkräftete wie verstörte Anwender sitzt vor einem Bericht, den nur der Fachmann übersetzen kann.

Programme sofort beenden

Wenn Sie im normalen Arbeitsalltag Divergenzen feststellen und das Fehler verursachende Programm identifizieren können, sollten Sie es beenden und dann nochmals starten. Hilft das nicht bzw. reagiert das Programm nicht auf den *Beenden*-Befehl *(cmd-Q)*, greifen Sie zur Selbstjustiz: Über *Befehlstaste-Optionstaste* und *esc-Taste (cmd-alt-esc)* rufen Sie den *Sofort beenden*-Dialog auf, markieren das entsprechende Programm und klicken dann auf den Button *Sofort beenden* bzw. im Falle des *Finders* auf *Neu starten*. Alternativ lässt sich auch über das Dock (mit gedrückter *Optionstaste* und leicht hinausgezögertem Mausklick auf das Programm-Icon) der Befehl *Sofort beenden* ausführen. Die anderen noch laufenden Programme werden davon nicht in Mitleidenschaft gezogen und Sie können mit diesen getrost weiterarbeiten. Starten Sie dann erneut das »zickende« Programm und beobachten Sie, ob es sich weiterhin ungewöhnlich verhält. Im Zweifel sollten Sie auch immer einen anschließenden *Neustart* in Erwägung ziehen.

623

Preferences und Caches

Jedes Programm besitzt eine kleine *Preferences*-Datei (eine sogenannte Voreinstellungs-Datei), in der die in den *Programm-Einstellungen* vorgenommenen Eintragungen gespeichert werden. Ab und zu können diese Dateien der Grund für fehlerhaftes Verhalten sein, so dass es sich anbietet, diese bei Problemen mit Programmen zu löschen. Beim erneuten Aufruf des Programms wird diese *Preferences*-Datei neu angelegt – Sie müssen einzig etwaige Anpassungen in den *Einstellungen* überprüfen und eventuell erneut eingeben. Einige Programme speichern in diesen *Preferences*-Dateien auch die Seriennummer, so dass diese in manchen Fällen neu einzutragen ist.

Zum Aufsuchen des Verzeichnisses *Benutzer/»Ihr Benutzername«/Library/Preferences/* klicken Sie im *Finder* mit gedrückter *Optionstaste (alt)* in der Menüleiste auf *Gehe zu* und wählen Sie daraus den Eintrag *Library*. Dort finden Sie nun im Ordner *Preferences* jene Dateien, die meist den Namen des Programms im eigenen Titel sowie die Endung ».plist« tragen. So nennt sich beispielsweise die Voreinstellungs-Datei vom Programm *iMovie* »com.apple.iMovieApp.plist« oder von *iTunes* »com.apple.iTunes.plist«. Das Suffix ».plist« steht dabei für *Property List* und bedeutet soviel wie »Eigentümer-Liste« (sprich Benutzer-Einstellungen). Markieren Sie die entsprechende Datei und befördern Sie sie in den Papierkorb. Nach dem erneuten Start des Programms wird sie automatisch wieder angelegt.

> Nun können wir es ja verraten: Sofern Sie häufiger auf die benutzer-eigene *Library* zugreifen, lässt sich diese auch ständig einblenden. Rufen Sie dazu Ihren *Benutzer*-Ordner auf und wählen Sie anschließend über *Darstellung* den Befehl *Darstellungsoptionen einblenden (cmd-J)*. Dort können Sie die Option *Ordner »Library« anzeigen* aktivieren.

> Wenn Sie eine *Preferences*-Datei löschen und sie im Papierkorb liegt, sollten Sie diesen nicht gleich entleeren, sondern erst das Verhalten des Programms nach einem erneuten Start testen. Ist das Problem gelöst und die Applikation läuft nun einwandfrei, so können Sie auch den Papierkorb leeren. Ist die *Preferences*-Datei jedoch nicht das Übel, so können Sie diese wieder zurück an ihren angestammten Platz befördern – so sparen Sie sich eventuelle Neu-Eintragungen in den Programm-Einstellungen.

9 | Was tun bei Problemen?

Auch *Caches* können Probleme verursachen bzw. das Löschen derselben diese beseitigen. In diesen Dateien werden Informationen zwischengespeichert, auf die wiederholt zurückgegriffen wird – etwa zum Starten von Programmen, welche Schritte Sie bereits in Assistenten vollzogen haben etc. Insgesamt gibt es drei Orte, an denen besagte Ordner samt Cache-Daten liegen:

- *Macintosh HD/Library/Caches*
- *Macintosh HD/System/Library/Caches*
- *Benutzer/Library/Caches*

Zum Löschen der ersten beiden Orte müssen Sie sich mit Ihrem Administratoren-Kennwort identifizieren, in Ihrem Benutzer-Ordner klappt das auch so. Der darauf folgende Neustart dauert in der Regel etwas länger als üblich, danach sollte jedoch gerade auch das Starten der Programme schneller vonstatten gehen. Kaputt machen können Sie dabei nichts, denn die Caches-Dateien werden erneut angelegt – nur dieses mal eben ohne Fehl und Tadel.

Parameter-RAM löschen

Das kurz *PRAM* genannte *Parameter-RAM* ist ein Speicher-Bereich, der durch eine Batterie mit Energie gespeist wird und daher auch nach dem Ausschalten des Rechners seine Daten behält. Darin enthalten sind verschiedene System- und Geräteeinstellungen wie etwa das ausgewählte Startvolume, Informationen zu Datum und Uhrzeit, die eingestellte Lautstärke oder Details wie die Monitor-Auflösung etc. Auch hier kann eine Fehlerquelle vorliegen, wenn sich beispielsweise fehlerhafte Daten in diesem Bereich befinden (zum Beispiel nach einem Absturz des Systems). Das zeigt sich dann etwa im Hochfahren des Rechners von einem nicht gewünschten Startvolume oder eben dem Nichtauffinden des üblichen Startsystems (blinkendes Fragezeichen zu Beginn des Startvorgangs).

Um das *PRAM* zu löschen, halten Sie gleich nach dem Neustart die akrobatische Tastenkombination *Befehlstaste-Optionstaste-P-R (cmd-alt-P-R)* gedrückt. Halten Sie die Tasten so lange, bis der Startgong ein zweites Mal ertönt. Danach startet der Mac wie gehabt hoch. Überprüfen Sie danach *Datum* und *Uhrzeit*, die Lautstärke der Lautsprecher, Ihre Monitor-Einstellungen sowie die Auswahl Ihres Startvolumes (in den *Systemeinstellungen*), ob alles seine Richtigkeit hat.

Volume-Zugriffsrechte überprüfen

Auch wenn das Prozedere schon im Kapitel über die *Dienstprogramme* ausführlich geschildert wurde, möchten wir dennoch daran erinnern. Manche Programme wollen einfach nicht mehr hochstarten oder verabschieden sich verfrüht und ohne ersichtlichen Grund. Ein Fall für das *Festplattendienstprogramm!*

Markieren Sie das Volume mit dem Betriebssystem und lassen Sie die *Zugriffsrechte reparieren*. Als krönenden Abschluss fügen Sie noch einen Neustart hinzu und ein bestehendes Dilemma sollte hoffentlich beseitigt sein.

Häufige Abstürze

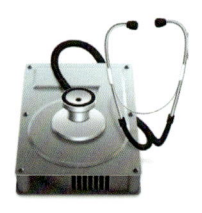

Friert der gesamte Bildschirm ein oder erhalten Sie laufend Systemfehler, so sollten Sie die Festplatte mit dem *Festplattendienstprogramm* untersuchen. Hierzu starten Sie Ihren Rechner neu und halten gleich anschließend die *Optionstaste (alt)* gedrückt. Ist der Neustart auf normalem Wege über das *Apple*-Menü nicht möglich, so erzwingen Sie ihn über die Tastenkombination *cmd-ctrl-Ein-/Ausschalttaste* bzw. über das Ausschalten (Gedrückthalten des Ausschalten-Knopfes) und dem erneuten Starten. Der Rechner sollte nun über die eigens für derartige Zwecke angelegte Wiederherstellungspartition (*Wiederherst-10.10*) starten. Erscheint letztlich das Fenster *OS X Dienstprogramme*, so klicken Sie auf die Anwendung *Festplattendienstprogramm* und überprüfen bzw. reparieren Sie alle *Partitionen/Volumes*.

> Es sei daran erinnert, dass Anwender, die ihre Festplatte über *FileVault* verschlüsselt haben, statt der *Optionstaste* die Tastenkombination *Befehlstaste-R (cmd-R)* drücken müssen, um die *Dienstprogramme* aufzurufen.

Falls Sie im Besitz eines Zweit-Rechners (der ebenso unter *OS X* läuft) sind, bietet sich auch wieder der *Target-/Festplatten-Modus* an. Starten Sie den funktionierenden Rechner zuerst und verbinden Sie diesen dann per *FireWire*- oder *Thunderbolt*-Kabel mit dem Sorgenkind. Starten Sie dann den Problem-Mac und drücken Sie sofort nach dem Startgong die Taste »T«. Dabei wird der Rechner zur externen Festplatte und erscheint als Volume auf dem erstgenannten Computer. Nun können Sie ebenso per *Festplattendienstprogramm* die Volumes reparieren.

Bringt auch das keine Besserung, sollten Sie wie üblich eruieren, welche Änderungen Sie zuletzt am System vorgenommen haben. Vielleicht war das zuletzt installierte Programm nicht kompatibel mit *OS X* und auf der Hersteller-Webseite schlummert längst ein Update.

Findet das *Festplattendienstprogramm* keine Fehler und Sie haben aber dennoch weiterhin Abstürze, sollten Sie Ihren Mac probehalber im sogenannten sicheren Modus (*Safe Boot*) starten. Dabei halten Sie beim Neustart die *Umschalttaste* gedrückt, bis der Anmelde-Bildschirm erscheint. Bei diesem sicheren Systemstart wird nun neben einer Verzeichnisüberprüfung auch das Löschen des *Dynamic Loader-Caches* veranlasst, der jedoch nach einem erneuten Start wieder angelegt wird. In diesem Cache können sich fehlerhafte Dateien befinden, die etwa durch kaputte Verzeichnisse oder beschädigte Software entstanden sind. Beim Hochstarten werden zudem nur original Apple-eigene Komponenten/Extensions berücksichtigt – Erweiterungen seitens Drittherstellern wie Tastatur-Software oder Ähnliches bleibt außen vor. Versuchen Sie nun, die Konflikte zu reproduzieren. Läuft die System-Software dabei einwandfrei, können Sie davon ausgehen, dass die Konflikte von Apple-fremden Programmen/Erweiterungen hervorgerufen werden. Überlegen Sie folglich, was Sie zuletzt installiert haben! Über das *Apple-Menü* wählen Sie erneut einen Neustart, um wieder in den normalen Benutzer-Modus zu gelangen.

Erkundigen Sie sich am besten auf den Webseiten der Software-Hersteller, ob die Voraussetzungen seitens Ihres Betriebssystems in Zusammenarbeit mit der angebotenen Software gegeben sind oder ob Konflikte gemeldet wurden. Im Zweifel löschen Sie das Drittersteller-Programm, indem Sie es aus dem Ordner *Programme* in den *Papierkorb* befördern oder – im Falle eines angebotenen Deinstallers – darüber entfernen.

> Die Einstellungen für *Tastaturen*, *Mäuse* oder sonstige Peripherie von Drittherstellern finden Sie oftmals in den *Systemeinstellungen* unter *Sonstige*. Die dazugehörigen Software-Pakete liegen wiederum im Ordner *PreferencePanes* in den Verzeichnissen *Festplatte/Library/PreferencePanes* oder *Benutzer/Ihr Benutzername/Library/PreferencePanes*. Am einfachsten geht das Entfernen, indem Sie mit gedrückter *ctrl-Taste* auf die jeweilige Systemeinstellung klicken und dann aus dem Kontext-Menü den Befehl *Systemeinstellung »SoftwareXY« entfernen* wählen. Apples eigene Systemeinstellungen lassen sich zur Sicherheit nicht löschen, es kann also fast nichts passieren.

Das Entfernen von Drittersteller-Erweiterungen in den Systemeinstellungen lässt sich schnell über das Kontextmenü erledigen.

Als letzten Schritt – wenn gar nichts mehr hilft – sollten Sie das System neu installieren bzw. wiederherstellen, wobei Sie auf jeden Fall mit dem Internet verbunden sein müssen. Starten Sie Ihren Mac neu und halten anschließend die Tastenkombination *Befehlstaste-R (cmd-R)* gedrückt, bis der Dialog *OS X-Dienstprogramme* erscheint. Das Gleiche klappt auch über die gedrückte *alt*-Taste sowie der Wahl der *Wiederherst-10.10*-Partition. Auf diese Weise können Sie entweder über den Punkt *OS X erneut installieren* das System neu aufspielen, wobei nur die Systemdaten aktualisiert werden. Möchten Sie hingegen das System (inklusive aller darauf befindlichen Daten) komplett löschen und neu installieren, so wählen Sie zuvor das *Festplattendienstprogramm* und markieren linker Hand Ihr Startvolume. Begeben Sie sich anschließend in die Abteilung *Löschen*, bestimmen Sie *Mac OS Extended (Jounaled)* als Format und vergeben Sie einen Namen. Zu guter Letzt klicken Sie auf *Löschen*, wobei Sie ein Warndialog nochmals auf Ihr Tun hinweist. Ist das Löschen abgeschlossen, so beenden Sie das *Festplattendienstprogramm* und wählen dann über den Dialog *OS X-Dienstprogramme* den Punkt *OS X erneut installieren*. Es erscheint der übliche Installations-Bildschirm und Sie können das System herunterladen und installieren. Die weiteren Schritte entnehmen Sie dann bitte dem Kapitel zur Installation des Betriebssystems zu Anfang des Buches.

9 | Was tun bei Problemen?

Bitte unbedingt beachten: Vor einer Neu-Installation bringen Sie bitte Ihre Arbeits- sowie persönlichen Daten (Bilder, Filme, Brief-Korrespondenz) in Sicherheit. Fremd-Programme lassen sich auch nachträglich über DVDs/CDs bzw. einen erneuten Download von der Anbieter-Seiten installieren bzw. über den *Mac App Store* neu laden – Ihre eigenen Daten jedoch nicht.

Papierkorb lässt sich nicht löschen

Auch das ist mitunter möglich: Die Apple-eigene Müllabfuhr streikt, und das ganz ohne Gewerkschaft. Bemerken werden Sie dies, indem Sie Daten über *Finder | Papierkorb entleeren* löschen, der Papierkorb aber dennoch gefüllt bleibt. Ist ein Dokument beispielsweise geschützt, so verhindert dies schon einmal das Löschen – und zwar zurecht (sonst wäre ja der Schutz sinnlos), wobei die Daten noch nicht einmal in den Papierkorb befördert werden können. Hier müssen Sie die Datei markieren und den Befehl *Ablage | Informationen (cmd-I)* aufrufen. Im auftauchenden Dialog entfernen Sie dann in der Abteilung *Allgemein* den Haken bei *Geschützt* – danach sollte sich die Datei ohne Probleme löschen lassen.

Befinden sich dagegen schon einzelne Daten im Papierkorb und diese machen Anstalten, sich nicht löschen zu lassen, so klicken Sie bei gedrückter *Optionstaste (alt)* auf den Papierkorb und halten kurzzeitig die Maustaste gedrückt. Im aufspringenden Popup-Menü wählen Sie dann den Befehl *Papierkorb entleeren* und der Inhalt sollte ohne Nachfrage verschwinden. Klappt auch das nicht, so hilft oft ein Neustart. Hierbei wird das System beim Hochfahren aufgeräumt und Fehlinformationen sind wieder gerade gerückt.

Shareware und Freeware-Programme als Helfer in der Not

Wie bei vielen anderen Dingen auch gibt es fleißige Programmierer, die ebenfalls den Mac-Usern unter die Arme greifen möchten. Viele dieser hilfreichen Apps finden Sie im *Mac App Store*, andere wiederum auf Webseiten wie `download.cnet.com/mac/` oder `www.macupdate.com`. Erwähnt haben wir schon das Programm *Carbon Copy Cloner* (`www.bombich.com`), mit dem Sie eine genaue Kopie Ihres Start-Volumes auf eine andere Festplatte oder Partition kopieren können – was sich natürlich nur lohnt, wenn das System fehlerfrei läuft.

Auch Programme wie *OnyX* (Freeware – www.titanium.free.fr), *Cocktail* (ca. 19 Dollar – www.maintain.se/cocktail), *TinkerTool System 4* (ca. 14 Dollar – www.bresink.com/products-de.html) sind erwähnenswert, erledigen diese Programme doch Aufgaben, die normalerweise in einem UNIX-Betriebssystem automatisiert ablaufen. Unix-Rechner in Netzwerken & Co. werkeln üblicherweise Tag und Nacht durch, was wohl bei den Heim-Computern seltener vorkommt. Die System-Optimierungen beginnen meistens zu nachtschlafener Zeit, wenn der Mac ausgeschaltet ist und der Anwender sich in süßen Träumen wiegt. Diese täglich, wöchentlich oder monatlich (*periodic daily*, *periodic weekly*, *periodic monthly*) abzuarbeitenden Skripte können nun kurz und schmerzlos auch tagsüber (oder wann auch immer) gestartet werden. Hierbei werden alte Logfiles weggeräumt, Sicherheitseinstellungen überprüft, Caches geleert usw.

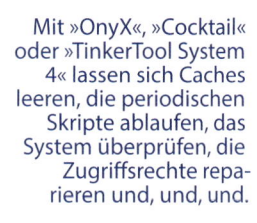

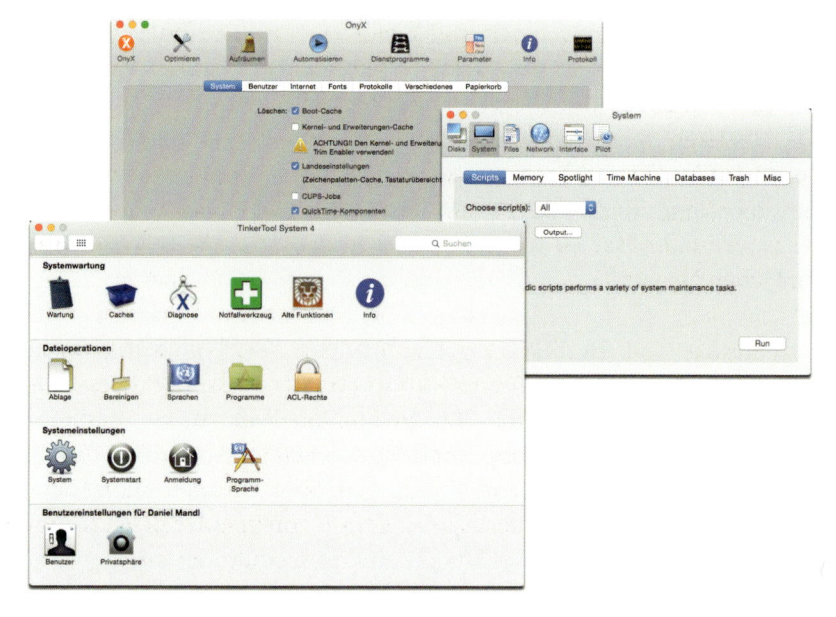

Mit »OnyX«, »Cocktail« oder »TinkerTool System 4« lassen sich Caches leeren, die periodischen Skripte ablaufen, das System überprüfen, die Zugriffsrechte reparieren und, und, und.

Bitte achten Sie beim Download von Dienstprogrammen unbedingt darauf, dass diese für *OS X Yosemite* optimiert und stets aktuell sind. Da diese Apps oftmals auch auf das System zugreifen oder Caches löschen, ist das nicht ganz ungefährlich und sollte daher auf jeden Fall berücksichtigt werden. Und denken Sie auch immer an ein Backup, falls doch einmal was schief gehen sollte.

Ein ähnlicher Prozess läuft übrigens auch immer ab, wenn Sie ein Programm installieren und ganz zum Schluss der *System optimieren*-Balken zu sehen ist. So werden die zum Programm gehörenden Ressourcen erneut verbunden (Fachbegriff *Update Prebindings*) und der Start geht ratzfatz über die Bühne.

Im Grunde gibt es Tausende solcher Utilities (als Free-, Share- und Donationware), die alle irgendetwas können. Ein Blick in den *Mac App Store* über die Kategorie *Dienstprogramme* führt ebenso Dutzende solcher Programme auf. Nichtsdestotrotz: Das *OS X* kommt schon gut ausgestattet daher und sollte als Erstes einmal verstanden werden. Danach können Sie dann mit Zusatz-Programmen loslegen, die Sie dann vollends wunschlos glücklich machen.

Überprüfung von Hardware

Natürlich kann es auch die Hardware erwischen. Das ist besonders schmerzhaft, denn zum einen sind Ihnen da meist die Hände gebunden und zum anderen kann das – nach Auslaufen der Garantie – auch teuer werden. Hardware-Defekte lassen sich oft bereits beim Starten des Mac identifizieren, nämlich dann, wenn der Computer akustische Signale von sich gibt. Diese rühren vom sogenannten *POST* (*Power On Self Test*) her, der sich im ROM des Computers befindet und jedes Mal ausgeführt wird, wenn der Mac eingeschaltet wird (das gilt jedoch nicht für einen einfachen Neustart).

Bei diesem Test werden nun verschiedene Komponenten wie der Arbeitsspeicher (das RAM), das Boot-ROM oder auch der Prozessor auf Funktionsfähigkeit überprüft. Taucht nun ein Problem auf, hören Sie nicht den üblichen Startgong, sondern die Abfolge von bis zu fünf Tönen. Der einmalige Ton (dann 5 Sekunden Pause, Wiederholung) signalisiert dabei fehlenden Arbeitsspeicher, drei aufeinanderfolgende Töne (danach 5 Sekunden Pause, Wiederholung) resultieren aus der nicht bestandenen Prüfung aller RAM-Steckplätze (was etwa bedeuten kann, dass einzelne RAM-Riegel nicht richtig im Steckplatz sitzen bzw. deren Kontakte verunreinigt sein können), ein langer Ton bei Gedrückthalten des Ein-/Ausschalters deutet an, dass ein *EFI ROM-Update* auf einem vor 2012 hergestellten Computer läuft, während 3 lange Töne, 3 kurze Töne, 3 lange Töne, einen *EFI ROM-Fehler* anzeigen.

Während Sie Probleme bei fehlendem, inkompatiblem oder locker sitzendem RAM eventuell noch selbst lösen können, wird es bei Firmware-Updates schon ein wenig komplizierter. Einen Überblick über verfügbare Firmware-Updates finden Sie über die Webseite https://support.apple.com/de-de/HT201518 im zugehörigen Support-Dokument (»EFI- und SMC-Firmware-Updates für Intel-basierte Mac-Computer«, die aktuelle Version auf Ihrem Rechner finden Sie über das Dienstprogramm *Systeminformationen* und dort unter *Hardware* sowie den Einträgen *Boot-ROM-Version* und *SMC-Version*. Weiterhin raten wir Ihnen zur Kontaktaufnahme zu einem autorisierten Apple-Händler oder dem Händler, der Ihnen den Mac verkauft hat.

Bei anders gearteten Fällen (ohne das Abspielen eines Tons) sollten Sie sich immer fragen, was Sie seit dem Auftreten dieses oder jenes Konflikts geändert haben. Kam eine neue Tastatur hinzu oder haben Sie eine externe Festplatte gekauft? War es vielleicht doch nicht so schlau, das MacBook Pro mit unter die Dusche zu nehmen?

Stöpseln Sie am besten alle Peripherie-Geräte ab und prüfen Sie erneut, ob Ihr Mac weiter Zicken macht. Wenn nicht, schließen Sie nach und nach die Zusatz-Geräte (wenn möglich auch mit alternativen USB-/FireWire-/Thunderbolt-Kabeln) einzeln an und führen Sie immer wieder Probeläufe durch. Somit nähern Sie sich Schritt für Schritt dem Konflikt-Herd.

Auch in diesem Fall sollten Sie Ihren Händler oder die Hersteller auf Inkompatibilitäten ansprechen und nachfragen, ob andere User über ähnliche Probleme klagen. Manchmal lassen sich auch von den Hersteller-Webseiten Firmware-Updates herunterladen, die eine Inkompatibilität wieder richten.

Älteren Mac-Rechnern liegt eine Hardware-Test-CD/DVD bei bzw. befindet sich dieses Testprogramm auf der Installations-CD/DVD – erkennbar am aufgedruckten Kürzel »AHT« für *Apple Hardware Test*. Vor einer Überprüfung müssen Sie jedoch alle Geräte (externe Festplatten, Drucker, Ethernet-Netzwerk-Kabel, Scanner etc.) abstecken (natürlich bis auf Maus und Tastatur). Nach dem Einlegen der Test-DVD starten Sie Ihren Rechner neu und halten dann unmittelbar nach dem Startgong die Taste »D« gedrückt.

9 | Was tun bei Problemen?

Für Rechner, die über keine Hardware-Test-CD/DVD verfügen bzw. bereits *mit OS X Lion/Mountain Lion/Mavericks/Yosemite* ausgeliefert wurden, befindet sich der *Apple Hardware Test* bereits auf der Festplatte (auf einer nicht sichtbaren, separaten Partition) bzw. wird über das Internet ausgeführt. Dazu benötigen Sie eine Internet-Verbindung über WLAN oder Ethernet. Auch in diesen Fällen heißt es den Rechner von aller Peripherie zu befreien, einen Neustart durchzuführen und gleich anschließend die Taste »D« zu drücken. Im Falle eines WLANs wählen Sie das entsprechende Netzwerk und geben das Kennwort dafür ein. Bitte beachten Sie hierbei, dass bei der Eingabe des Passworts seitens des Mac das amerikanische Tastatur-Layout Verwendung findet und sich die Tastenbelegung ein wenig von der deutschen unterscheidet (darauf muss man erst einmal kommen, wenn ständig das eigene Passwort verweigert wird).

Nachdem die Software die Hardwarekonfiguration gecheckt hat, müssen Sie Ihre Sprache auswählen, danach erscheint das eigentliche Testprogramm. Über den Klick auf *Test* werden dann Hardware-Komponenten wie die Hauptplatine, Arbeitsspeicher, Modem, Video-RAM und so weiter auf Herz und Nieren geprüft. Werden Ihnen auf diese Weise Fehler mitgeteilt, so ist Ihr Mac erst einmal ein Fall für den Fachmann. Rufen Sie dazu die Apple-Hotline an und schildern Sie Ihre Probleme sowie die Fehler-Berichte – alles weitere sagt Ihnen dann der oder die hoffentlich freundliche MitarbeiterIn.

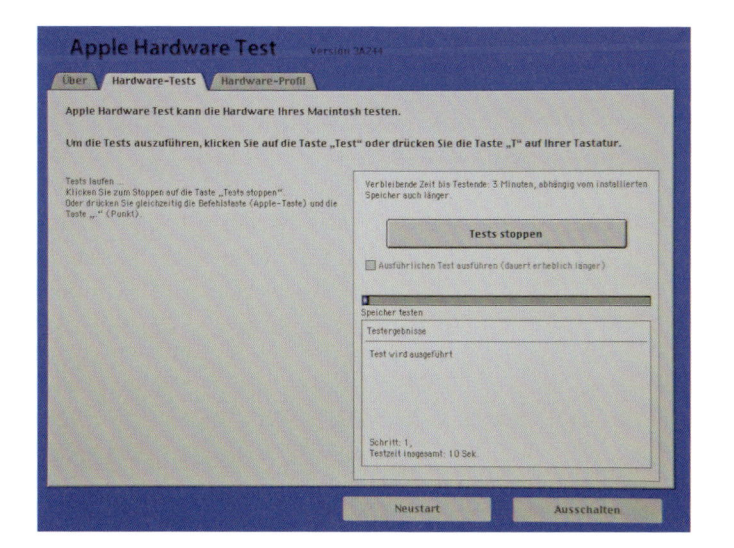

Der »Apple Hardware Test« in Aktion.

Über die Systemeinstellung *Tastatur* | Reiter *Eingabequellen* können Sie sich über die *Plus*-Taste und dem Eintrag *Englisch* sowie *US* das zugehörige amerikanische Tastatur-Layout laden, um einen Blick auf die Verteilung der Tasten zu werfen. Wir selbst sind anfangs fast verzweifelt, da der Mac einfach unser Kennwort nicht annehmen wollte. Erst als wir den Bindestrich (-) über »ß« eingaben, funktionierte die Eingabe korrekt.

Hardware-Probleme – Management Controller (SMC) zurücksetzen

Betreffen Ihre Hardware-Probleme den Lüfter, die Beleuchtung (Hintergrundbeleuchtung der Tastatur oder des Bildschirm), die Batteriestatusanzeige, bei Laptops das Öffnen und Schließen des Monitors oder die Reaktion beim Betätigen des Ein-/Ausschalters, so kann das Zurücksetzen des *System Management Controller (SMC)* helfen. Dies kann auch angewendet werden, wenn die Systemleistung Ihres Macs stark abfällt und der Mac nur mehr langsam arbeitet.

Da sich das Zurücksetzen von Gerät zu Gerät unterscheidet, verweisen wir hier auf das Apple-Support-Dokument unter der URL `http://support.apple.com/kb/HT3964?viewlocale=de_DE`, welches die einzelnen Schritte geräteabhängig beschreibt. Lesen Sie sich die Prozedere immer genau durch, damit Sie etwaige Probleme nicht noch verschlimmbessern.

Test-Software von Drittherstellern

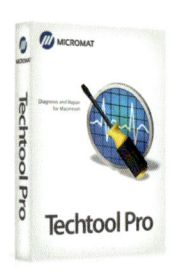

Wie allgemein üblich bieten auch Apple-fremde Hersteller etwaige Software zur Problembewältigung an. Bekannt sind in der Mac-Szene insbesondere *TechTool Pro* (`www.micromat.com`), *Drive Genius* (`www.prosofteng.com`) sowie *DiscWarrior* (`www.alsoft.com/DiskWarrior/index.html`). Mit diesen Programmen lässt sich komfortabel auf Fehlersuche gehen, indem diese Hardware- wie Software-Komponenten checken und gegebenenfalls gleich reparieren (das Reparieren gilt natürlich nur für Letzteres).

9 | Was tun bei Problemen?

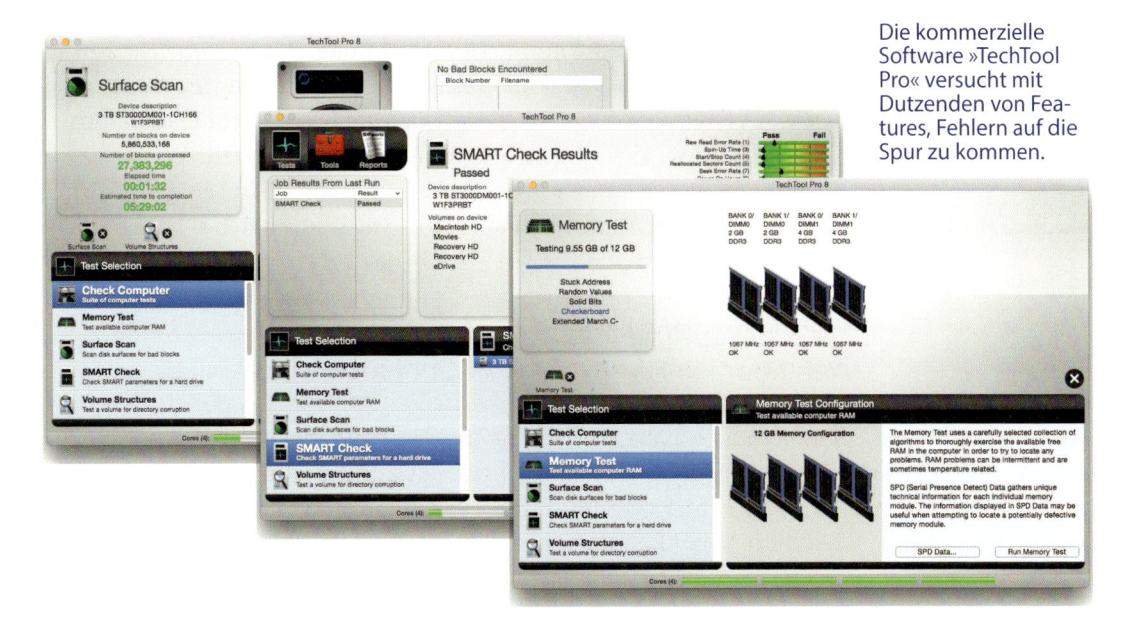

Die kommerzielle Software »TechTool Pro« versucht mit Dutzenden von Features, Fehlern auf die Spur zu kommen.

Vor dem Reparieren sollte allerdings immer die Prävention stehen. Als wichtigsten Ratschlag können wir Ihnen nur mitgeben, Ihre Arbeits-Daten so oft wie möglich zu sichern und auch auf andere Medien wie externe Festplatten oder CD/DVDs auszulagern. Wie schon oben erwähnt – Nobody is perfect – das gilt insbesondere auch für die Technik, egal wie ausgereift sie scheint. Im Fall des Falles ist Ihr Rechner vielleicht für ein oder zwei Wochen in einer Werkstatt, aber Sie haben aufgrund eines regelmäßig angelegten Backups – denken Sie an *Time Machine* – Ihre wichtigen Daten zur Hand, um auf einem Ersatz-Rechner oder auf dem Computer eines Freundes weiterarbeiten zu können. Ihre Arbeit – wenn Sie mit dem Computer Geld verdienen – ist das wichtigste Gut in dieser Kette, so dass es hier keine Ausreden und Entschuldigungen gibt, warum und weshalb Sie gerade heute nicht »gebackuped« haben.

Selbstverständlich nimmt einem auch bei diesem Thema die entsprechende Software die Arbeit ab – die Rede ist von Programmen wie *Data Backup* (www.prosofteng.com) oder *Intego Personal Backup* (www.intego.com). Hierbei findet nach festgelegten Zeiten und nach vorgegebenen Verzeichnissen (Ordnern) ein Abgleich mit einem bestimmten Medium statt – die aktuellen Daten werden also tagtäglich gesichert.

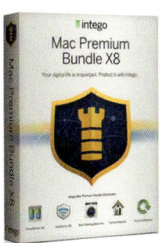

Wie Sie sehen, muss ein Backup nicht kompliziert sein und auch nicht viel Zeit kosten (dafür aber ein wenig Geld) – im Gegensatz zum Ärger und Zeitverlust, Ihre Arbeits-Daten wiederherzustellen bzw. bei Komplett-Verlust neu anfertigen zu müssen.

Aber auch für das Wiederherstellen versehentlich gelöschter Daten oder im Falle von fehlerhaften Daten gibt es Spezial-Software, die als Retter in der Not wahre Wunder verrichten können. *Data Rescue* (www.prosoft-eng.com – auch erhältlich über den *Mac App Store*) oder *DiskWarrior* (www.alsoft.com) versprechen unter anderem die Wiederherstellung verlorener Dateien und Daten, Letzterer soll sogar sogenannte *Directory Hard Links*, wie sie von *Time Machine* verwendet werden, reparieren können. Das soll jedoch nicht heißen, dass dies in allen Fällen zutreffen muss – einen Versuch bei wichtigen Daten ist es allemal wert, eine hundertprozentige Garantie gibt es dennoch nicht.

Das leidige Thema Virenschutz

Der Mac ist – im Vergleich zum Windows-PC – immer noch recht sicher. Da gibt es eigentlich nichts zu rütteln, auch wenn es nur eine Frage der Zeit ist, bis die ersten wirklichen Viren bei uns eintreffen. Beim Thema »Malware« (»*Malicious Software* – also Schadprogramme) unterscheidet man zwischen Viren (Programme, die sich selbstständig verbreiten), Würmern (Programme, die sich über Netzwerke oder infizierte E-Mails verbreiten und unter anderem Ihren Computer als Startbasis nehmen), Spyware (Schnüffelprogramme, die im Hintergrund Benutzer-Daten sammeln), Adware (Software, die zusätzlich Werbung und ähnliches installiert), Dialer (Einwahlprogramme, die sich ungefragt über Modem oder ISDN verbinden) sowie Trojanern (Software, die einen Nutzen vortäuscht, aber im Grunde eine andere Funktion ausführt).

Als Reaktion auf bereits erfolgte Attacken reagierte Apple bislang recht zügig mit Sicherheitsupdates, die diese Schadsoftware noch vor dem eigentlichen Agieren ausschalten. Dabei werden alle anfallenden Daten, die über das Internet (mit *Safari*, *Mail*, *Nachrichten*) geladen werden, einer Überprüfung unterzogen. Wird das System fündig, schlägt es mittels eines Dialoges Alarm und empfiehlt die augenblickliche Löschung.

9 | Was tun bei Problemen?

Da die Entwicklung von Schadsoftware nicht stillsteht, wird auch die Sammlung bekannter Malware immer länger. Damit Sie nun immer auf dem neuesten Stand sind, wird diese Liste standardmäßig im Hintergrund aktualisiert.

> **Werden Sie beim Aufrufen einer Webseite mit einer Warnung konfrontiert, so können Sie diese über die sogenannte *Safe Browsing Diagnostic Page* von *Google* überprüfen lassen. Geben Sie dazu den folgenden Link `www.google.com/safebrowsing/diagnostic?site=` ein und platzieren Sie direkt dahinter die Webadresse Ihrer angemahnten Seite.**

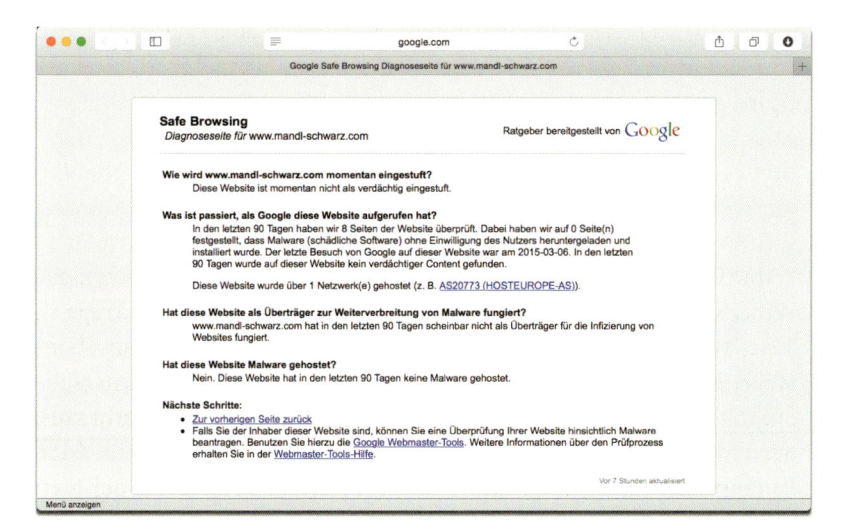

Besucher unserer Verlags-Webseite sind sicher. Ist das nicht eine gute Nachricht :-)

Nichtsdestotrotz heißt es immer ein wachsames Auge auf unbekannte Dateien zu werfen bzw. diese nicht zu öffnen, kennen Sie Herkunft und Ersteller nicht. Dies gilt natürlich besonders für das Internet und seine Dienste wie E-Mail & Co. Auch für diese Fälle gibt es sogenannte Viren-Scanner, die automatisch ihre Viren-Datenbanken und somit auch die herausgegebenen Programme aktualisieren. Diese Auffrischung der Viren-Scanner erfolgt meist über das Herunterladen von Updates, die regelmäßig zum Download bereitstehen. Die Programme durchforsten anschließend Ihre Dateien, Ordner, Downloads aus dem Internet und E-Mail-Anhänge bis in die hintersten Ecken und Kanten auf verdächtige Spuren.

Geben Sie im »Mac App Store« als Suchbegriff »Virus« ein, so lassen sich sowohl kostenpflichtige als auch kostenlose Viren-Scanner finden und laden.

Zum Ausprobieren empfehlen wir die Programme *ClamXav* und *Bitdefender Virus Scanner*, die beide gratis über den *Mac App Store* zu laden sind. Damit lassen sich E-Mails, Downloads aus dem Internet und verschiedene andere Dateien auf Malware, Windows-Viren und -Trojaner hin überprüfen. Wenn Sie also mit Windows-Anwendern zusammenarbeiten oder selbst noch einen Win-PC Ihr Eigen nennen und daher des Öfteren Daten auf dem Mac weiterbearbeiten, so ist es nicht verkehrt, auch dieses Material auf Schädlinge hin zu untersuchen – gerade dann, wenn Sie diese Daten auch weitergeben. Für all jene, die Windows auf dem Mac laufen lassen (sei es über *Boot Camp* oder eine Virtualisierung), empfehlen wir mit Nachdruck einen Viren-Scanner für Windows zu installieren.

Die Viren-Definitionen lassen sich stets aktuell herunterladen, so dass »ClamXav« einen effektiven Schutz bietet.

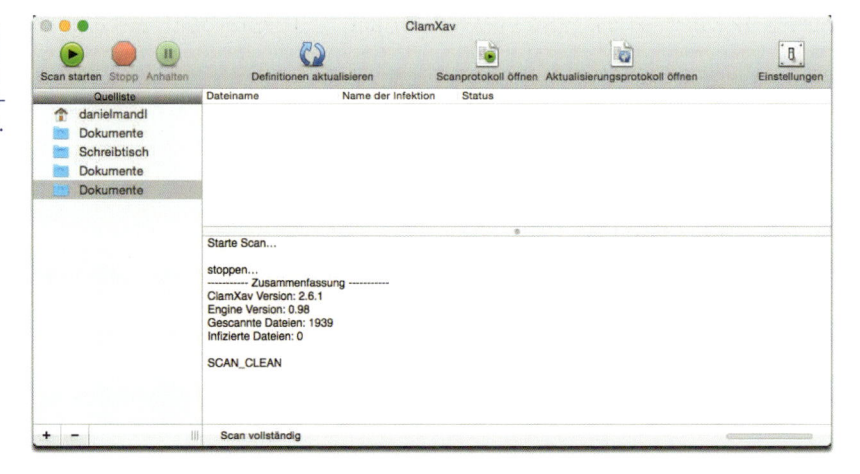

Am Ball bleiben …

Wenn Sie erst einmal auf den Geschmack gekommen sind und Ihren Mac von Woche zu Woche besser kennenlernen, sollten Sie es dennoch nicht versäumen, sich mit entsprechenden Informationen weiter zu versorgen.

Zum einen gibt es da Mac-Zeitschriften, die in regelmäßigen Abständen erscheinen und stets einen Blick auf die Mac-Szene werfen. Diese gibt es in gedruckter wie auch digitaler Form – siehe *Zeitungskiosk* bzw. als eigenständige App unter *iOS)*. Neben Hard- und Software-Tests finden Sie darin viele weitere Anregungen und Tipps und Tricks, die das Leben mit und am Mac einfacher und noch interessanter machen. Zusätzlich erscheinen diverse Sonderhefte mit speziellen Themen.

- Macwelt   www.macwelt.de
- Mac Life / Mac easy   www.maclife.de
- Mac & i   www.heise.de/mac-and-i

Alle Fachzeitschriften bestreiten einen Web-Auftritt, auf dem Sie sich einmal ausführlich umschauen sollten. Auch werden von allen Zeitschriften Probe-Abonnements angeboten, über die Sie sich ein genaues Bild über Aufmachung und Inhalt machen können. Alternativ lässt sich natürlich auch am Kiosk darin herumblättern und lesen (wahrscheinlich die sinnvollste Alternative), so dass Sie einem Fehlkauf aus dem Wege gehen.

Neben oben stehenden Fach-Magazinen buhlt auch das WWW um Ihre Gunst, das ebenso auf den Mac ausgerichtete Schwerpunkte setzt. Nachfolgende Webseiten befassen sich – fast – ausschließlich mit Mac-relevanten Themen, so dass Ihrem Wissensdurst keine Grenzen gesetzt sind:

- www.macnotes.de
- www.ifun.de
- www.macstart.de
- www.macnews.de
- www.macgadget.de
- www.macprime.ch
- www.macweb.ch
- www.mactechnews.de
- www.macerkopf.de
- www.macintosh-forum.de

Hier finden Sie aktuelle News, Tests, Hintergrundwissen und die berühmt berüchtigte Gerüchte-Küche. Auch Foren sind dort anzutreffen, in denen Hunderte von Anwendern ihre Fragen stellen und kompetente Antworten von engagierten Mac-Nutzern erhalten. Auch Sie sollten sich trauen, hier mitzumischen, denn von seinen Usern leben solche Foren, die sich über jeden Neuzugang freuen.

Hinzu kommen wahrscheinlich Hunderte von englischsprachigen Websites, die ebenso ihren Schwerpunkt auf Macintosh-Themen legen und fast jeden neuen Mac bis auf die Innereien auseinandernehmen. Das Thema ist schier unerschöpflich, wie Sie sehen werden, wenn Sie sich damit auseinandersetzen und abtauchen in die Materie Computer und Software …

Dieses Buch soll Ihnen **als Einstieg** in die Macintosh-Welt dienen – und wir hoffen, dass wir sowohl Ihren Wissensdurst stillen als auch mit diesem Werk Ihren Geschmack getroffen haben. Das doch noch die ein oder andere Frage offen bleibt ist wohl so sicher wie das Amen in der Kirche. Doch müssen leider oftmals Einschränkungen getroffen werden, da Sie ansonsten ein Buch mit 2000 Seiten in den Händen hielten (und nun stellen Sie sich mal vor, das fällt Ihnen auf die Füße – nicht auszudenken …). Dennoch ist es auch unser Anliegen, Sie zur selbstständigen Beschäftigung mit dieser zugegeben doch recht komplexen Materie zu ermuntern. Nur durch Try & Error (also Ausprobieren und durch Irrtum lernen) werden Sie letztendlich in die Tiefen vordringen und sich mit der Zeit Routine aneignen, Problemen oder offenen Fragen auf die Spur zu kommen.

Wir erleben es selbst tagtäglich, dass auch im Freundeskreis beim kleinsten Problem um Hilfe gebeten wird, obwohl manchmal nur ein kleiner Knopf daneben die Lösung verspricht. Haben Sie den Mut, sich eigenständig zu Lösungen durchzuringen, so werden Sie in einigen Monaten (fast) keinerlei fremde Hilfe mehr benötigen.

9 | Was tun bei Problemen?

In diesem Sinne möchten wir Sie nun nicht länger vom Arbeiten abhalten und uns von Ihnen verabschieden. Wir hoffen, Sie hatten Spaß an diesem Buch und haben viel gelernt. Über positives wie kritisches Feedback sowie Kommentare und Anregungen für eine Neuauflage freuen wir uns. Sie erreichen uns am besten per E-Mail unter der Adresse `yosemite@mandl-schwarz.de` oder über die direkte Kontaktaufnahme über den Verlag:

Mandl & Schwarz Verlag
Theodor-Storm-Straße 13
25813 Husum/Nordsee

Heißer Tipp: Wir versenden Bücher auch gern versandkostenfrei (außerhalb Deutschlands mit kleinem Porto-Obolus). Und wer unseren Newsletter abonniert, darf sich über das ein oder andere kostenfreie Zusatzkapitel freuen.

Ausführliches Stichwortverzeichnis

1 Bildpixel entspricht 1 Bildschirmpixel (Vorschau) 516
3D-Flyover-Tour 439
3D-Karte 435, 439
3G 288
4G 288

A

abdunkeln,
    den Monitor leicht 170
Abfotografieren von
    Bildschirm-Inhalten 551
Abfrage des Kennwortes 54
Abgeschlossene Aufträge
    zeigen 192
Abgleich von Bildern 262
Abkürzungen (Mail) 337
Ablage 48
ablegen, Beim Doppelklicken
    auf die Titelleiste das Fenster
    im Dock 103
ablegen, Fenster hinter Programmsymbol im Dock 107
ablegen, Fenster im Dock 64
ablegen, Im Dock 64
Ablehnen (FaceTime) 406
ablehnen, Tracking
    durch Websites 302
abmelden, »Benutzer« 57
Abmelden nach xx Minuten
    Inaktivität 135
abonnieren (Kalender) 429
Absatzstil (TextEdit) 497
Abspielmarke (QuickTime) ... 463
Abstürze 626
Account konfigurieren
    (Mail) 321
Accounts (Kontakte) 440
Accounts (Mail) 326
Accounts (Nachrichten) 359
Administrator 39, 205
Administratorkennwort 135
Adobe Flash Player 300
Adressetiketten (Kontakte) 446
Adressformat (Kontakte) 442
Adresszeile (Safari) 306
Adware 636

AFP (Apple Filing
    Protocol) 602
AirDrop 595
AirPlay-Bildschirm-Sync 161
AirPlay-Mirroring 161
AirPort-
    Dienstprogramm 281, 283
AirPort Extreme
    Basisstation 281
Aktive Ecken 129
aktivieren, Bluetooth 200
aktivieren, Kindersicherung 216
aktivieren, kompletten
    Finder 219
Aktivität anzeigen
    (Kindersicherung) 221
Aktivitätsanzeige 554
Aktualisieren Ihres
    bestehenden Systems 26
aktualisieren, System 22
Aktuellen Ordner
    durchsuchen 90
aktueller Standort
    (Karten-App) 431
Alle Bücher (iBooks) 413
Alle eingehenden Verbindungen blockieren 140
Alle Fenster anzeigen 107
Alle Fenster
    zusammenführen 78
Alle Header (Mail) 334
Alle importieren
    (Digitale Bilder) 392
Alle meine Dateien 59
Alle Postfächer 325
Alles auf einen Klick
    (App Store) 385
Alle Tabs einblenden
    (Safari) 294
Alle Versionen
    durchsuchen 379, 489, 504
Alle Volumes anzeigen 24
Alle Website-Daten
    entfernen (Safari) 301
Allgemein (Mail) 325
Allgemein (Safari) 292
Allgemein
    (Systemeinstellung) 117

Alphabetisch ordnen
    (Systemeinstellungen) 115
Alphakanal (Vorschau) 530
Als Backup-Volume
    verwenden 240
Als Favorit sichern
    (TextEdit) 498
Als PDF exportieren
    (Safari) 318
Als PDF exportieren
    (TextEdit) 490, 493
Als PDF sichern (Safari) 318
Als Standard verwenden 69
Als Systemfotomediathek
    verwenden 263
Als Überlagerung
    (Dashboard) 389
Als unerwünschte
    Werbung markieren 328
ältere Version
    wiederherstellen 379
Alt-Taste 47
An alle Empfänger (Mail) 353
Anderen Account
    hinzufügen (Mail) 322
ändern, Image-Größe 581
ändern, Objektausrichtung 68
Änderungen am Dock
    verhindern 219
Änderungen beim Schließen
    von Dokumenten
    beibehalten 119
Änderungsdatum 71
Anfragen senden (Kindersicherung) 222
Anhänge speichern (Mail) 349
Anhänge Windowskompatibel senden (Mail) .. 341
Anhang (Mail) 341
animieren, Öffnen von
    Programmen 104
anlegen, Computeraccount 39
anlegen, neue Ordner 75
Anmeldebildschirm 156
Anmelden (App Store) 381
anmelden, Mit meinem
    iCloud-Account 40
Anmeldeobjekte 207, 371

Anmeldeoptionen........... 133, 172, 208, 214
Anmerkungen mit Namen versehen (Vorschau) 544
Anmerkungen (Vorschau)...... 536
Anmerkungsinformationen (Vorschau).................. 543, 544
anpassen, Helligkeit automatisch................ 161, 167
anpassen, Symbolleiste 84, 86
anpassen, Tastaturhelligkeit bei schwacher Beleuchtung...... 173
Anrufer blockieren (FaceTime) 407
Anrufe von allen erlauben...... 157
Anschließen von Kamera öffnen 390, 519
Ansprechverzögerung............. 172
anstößige Ausdrücke (Kindersicherung).............. 224
Antiphishing-Technologie....... 328
Antworten (Mail) 341, 353
anwendungsspezifisches Passwort.............................. 271
Anzahl der Ladezyklen 171
Anzeige der Suchergebnisse...... 92
Anzeige für geöffnete Programme einblenden...... 104
anzeigen, Alle Fenster 107
anzeigen, Alle Volumes............. 24
anzeigen, Bild-Informationen..................... 521
Anzeigen dieser Stelle 119
anzeigen, Eingabequellen im Anmeldefenster............ 208
anzeigen, Merkhilfe für Passwörter 208
anzeigen, Nur für diesen Monitor passende Profile.... 165
anzeigen, Ordner »Library« 92, 624
anzeigen, Uhrzeit mit Sekunden............................. 236
anzeigen, Ungelesene E-Mails im Dock 325
anzeigen, Vollständige Websiteadresse................... 304
Anzeige von Konversationen (Mail)....... 335
Aperture............................ 263, 265
App kaufen 384

Apple Hardware Test........ 632, 633
Apple-Hilfe................................ 619
Apple Hintergrundbilder........ 122
Apple ID 38, 264, 381
Apple ID erstellen............ 250, 381
Apple-ID für ein Kind 275
Apple ID verwalten 268
Apple Keyboard 172
Apple-Menü 15, 49
Apple Mouse 185
Apple TV 262
App Nap........................... 168, 169
Apps-Download erlauben 133
Apps (Kindersicherung)......... 217
Apps mit erheblichem Energieverbrauch 171
App Store 227, 381
App-Tastaturkurzbefehle......... 179
App-Updates installieren........ 228
Arabesque (Bildschirmschoner) 124
Arbeitsgruppe 608
Arbeitsspeicher 15, 554
Arbeitsumgebung...................... 45
Audio-Aufnahme (QuickTime) 469
Audio-Equalizer (DVD Player)...................... 399
Auf einen anderen Mac 32
Aufenthaltsort senden (Nachrichten)...................... 364
Aufgaben (Erinnerungen)...... 403
Aufgaben (iCloud) 262
Auf hochwertige Qualität aktualisieren....................... 233
Auflösung (Vorschau)............. 535
Aufnahme starten (QuickTime) 470
Auf neue Netzwerke hinweisen............................ 285
Aufspringende Ordner und Fenster........................ 81
Auftragsübersicht 193
ausblenden, Dock automatisch ein- und 104
Aus dem Dock entfernen 107, 112
Aus der Seitenleiste entfernen 60
ausfüllen, Benutzernamen und Kennwörter automatisch 297

Ausgangspunkt (Karten-App) 433
Ausgeben von Filmen (QuickTime) 472
Ausgeblendete Artikel (App Store)......................... 383
Ausgewählten Text beim Drücken einer Taste sprechen............ 235
Ausgewählter Bereich (Bildschirmfoto)................. 558
Ausrichten nach.......................... 68
Ausrichtung Tabellen (TextEdit)............................ 504
Ausschalten 56, 57
auswählen, Beim Programmwechsel Space..... 377
Auswählen eines Startvolumes 238
Auswählen von mehreren Dateien................................ 74
Auswahlfarbe (Systemeinstellung)............ 117
Auswahlrahmen (Vorschau)..... 538
Auswahl umkehren (Vorschau)............................ 531
Auswahlwerkzeuge (Vorschau)............................ 529
Auswerfen................................. 85
Auszug laden (iBooks Store)..... 412
AutoImporter (Digitale Bilder)................. 390
Automatisch anpassen (Vorschau)............................ 527
Automatisch ausfüllen (Safari) 296, 297
Automatische Anmeldung 133, 208
Automatische Auswahl (Vorschau)........... 521
automatische Backup-Funktion................... 56
Automatische Downloads 413
automatisch einstellen (Datum & Uhrzeit)............. 235
Automatische Korrektur.......... 177
automatische Korrektur (TextEdit)............................ 502
Automatischer Import (iCloud) 265
automatischer Start (DVD Player)....................... 400

Ausführliches Stichwortverzeichnis

Automatischer Upload
 (iCloud) 265
Automatischer Wechsel
 der Grafikmodi 169
automatisches Starten
 von Programmen................ 371
Automatisch nach Sprache..... 178
Automatisch nach
 Updates suchen................... 228
Automatisch
 sichern.................. 54, 377, 489

B

Backup 56
Backup anlegen 18, 21
Backup-Festplatte 509
Backup-Volume hinzufügen .. 242
Backup-Volume verschlüsseln 241
Banner....................................... 152
Batteriestatus 170, 175
Batterie tauschen 176
Bearbeiten von PDFs
 (Vorschau)........................... 541
Bedienungshilfen (Safari)....... 304
Bedienungshilfen
 (Systemeinstellung)............ 118
beenden, Ruhezustand bei
 Netzwerkzugriff/WLAN-
 Netzwerkzugriff 170
Befehlstaste................................ 47
behalten, Im Dock................... 107
Behalten (Nachrichten) 363
Bei Batteriebetrieb den
 Monitor leicht abdunkeln... 170
Bei der Anmeldung öffnen..... 107
Beim Doppelklicken auf die
 Titelleiste das Fenster
 im Dock ablegen............ 64, 103
Beim nächsten Anmelden alle
 Fenster wieder öffnen 55, 56
Beim Programmwechsel
 Space auswählen................. 377
Beim Scrollen 63
Beleg (Rechner) 474
Belichtung (Vorschau) 524
Benutzer.................................... 205
Benutzer abmelden................... 57
Benutzer-Bild ändern.............. 206
Benutzernamen (Safari).......... 297
Benutzernamen und Kennwörter
 automatisch ausfüllen 297

Benutzerordner löschen 216
Benutzerordner nicht ändern ... 215
Benutzer-Verzeichnis................. 58
Benutzerwechsel...................... 214
Benutzerwechsel, Menü
 für schnellen........................ 214
Benutzte Dokumente 107, 120
Benutzte Objekte 52, 120
Berechnung von Routen
 (Karten-App) 437
Bereitstellen-Menü.................... 83
Bereitstellen (QuickTime)....... 472
Beschneiden 393
Beschneiden (Vorschau)... 530, 541
bestätigen, Über ein
 anderes Gerät 41
Betreff-Zeile (Mail) 353
Betriebssystem-Version 49
Betriebssystem-Version
 herausfinden.......................... 16
betrügerische Websites 328
Bevorzugte Server 602
bewirkt, Klicken
 in den Rollbalken 119
Bibliotheken
 (Schriftsammlung) 479
Bild ändern............................... 123
Bild aufzoomen (Vorschau) ... 518
Bild-Bereiche freistellen
 (Vorschau)........................... 529
Bilder als PDF-Datei
 aufbereiten........................... 393
Bilder-CD 159
Bilder scannen
 (Digitale Bilder)................... 396
Bilder speichern (Safari)......... 320
Bild-Formate (Vorschau)........ 512
Bildgröße anpassen
 (Vorschau)........................... 534
Bild-Import über Digitalkamera
 und Scanner 389
Bild-Informationen
 anzeigen (Vorschau) 521
Bildkorrektur
 (Digitale Bilder)................... 396
Bild neu berechnen
 (Vorschau)........................... 535
Bildschirm-Aufnahmen
 (QuickTime) 468, 470
Bildschirm-Ausschnitt
 vergrößern........................... 185

Bildschirme synchronisieren . 162
Bildschirmfoto 558
Bildschirmfotos (Vorschau)... 550
Bildschirmfreigabe 611, 612
Bildschirmfreigabe-
 Einstellungen 614
Bildschirmgröße entspricht
 Druckgröße (Vorschau)..... 516
Bildschirmpositionierung
 (Dock).................................. 103
Bildschirmschoner 123
Bildschirmsperre 125
Bing 306
Bing Websuchen 146
Bitdefender Virus Scanner 638
bitten, Um Berechtigung zum
 Anzeigen des Bildschirm... 612
Blättern um eine Seite............. 119
Blindkopie (Mail) 341, 354
blinkende Trennzeichen 236
blockieren, Alle eingehenden
 Verbindungen 140
Blockiert (FaceTime) 407
Bluetooth 199
Bluetooth-Assistent................. 204
Bluetooth-Datenaustausch 560
Bluetooth-Freigabe.................. 201
Bluetooth-Maus
 konfigurieren 186
Bluetooth-Tastatur
 konfigurieren 175
Bonjour-Instant-Messaging
 aktivieren............................. 366
Boot Camp 19, 29, 563, 565
Boot Camp-Partition 244
Boot Camp-Systemsteuerung 572
Brenngeschwindigkeit............... 95
Brennordner.............................. 93
Briefkasten....................... 212, 215
Buchstabendreher.................... 502

C

Caches....................................... 625
Carbon Copy Cloner......... 20, 244
Card-Reader............................. 390
CDs & DVDs............................ 158
ClamXav 638
Clean-Install........................ 26, 27
Clip am Ende hinzufügen....... 467
Clip nach Auswahl
 hinzufügen 467

Clip teilen (QuickTime) 467
Cocktail 630
Codec 462
Computeraccount anlegen 39
Computer &
   Netzwerkeinstellungen 32
Continuity 385
Controltaste................................ 47
Cookies (Safari) 301
Cookies und Website-Daten
   (Safari) 301
Cover Flow-Ansicht 66, 70
CPU-Auslastung 555
CPU (Central Processing
   Unit) 554

D

Darstellung (iBooks) 415
Darstellung (Mail) 332
Darstellungsmenü (Vorschau) 513
Darstellungsoptionen 67, 68, 70
Dashboard 126, 373, 386
Data Backup 635
Data Rescue 636
Datei-Anhänge (Mail) 343
Dateien auf dem Gerät
   durchsuchen 203
Dateien hinzufügen
   (TextEdit) 506
Dateien und Ordner
   über SMB freigeben 606
Dateifreigabe ... 212, 599, 603, 606
Datei komprimieren 343
Datei senden via Bluetooth 202
Datenaustausch per
   Bluetooth 203
Datenschutz 231, 268
Datenschutzrichtlinien 144
Datenschutz (Safari) 301
Daten speichern (Safari) 317
Daten-Übertragung 31
Datum & Uhrzeit 235
deaktivieren, App Nap 169
deaktivieren, FileVault 140
deaktivieren, Zweistufige
   Bestätigung 272
Desktop 46
Details einblenden (Drucker) .. 195
Deutsch-Englisch-
   Wörterbuch 450
Dezimal-Tabulator (TextEdit) .. 500

Diagnose & Datenschutz 144
Diagnose für drahtlose
   Umgebungen 287
Diagnose & Nutzung 143
Dialer 636
Diashow (Bildschirmschoner) . 123
Diashow (Mail) 350
Diashow (Vorschau) 528
Dienste 180
Dienstprogramme 553
Diesen Mac durchsuchen 90
Digitale Bilder 389
digitale Bücher 411
digitale Signatur (Vorschau) 547
Digitalisieren über die FaceTime-
   Kamera (Vorschau) 546
Diktat & Sprache 230
Diktat starten 232
Diktierbefehle 233
Diktierfunktion 230, 233
Diktierfunktion (Kalender) 423
DiscWarrior 634
Disk Image 229
Dock 101
Dock automatisch ein-
   und ausblenden 104
Dokumente & Daten 32
Dokumenteigenschaften
   (TextEdit) 492
Dokumente übergeben 218
Dokument jetzt prüfen
   (TextEdit) 501
Dokument schützen 380
Dokument schützen
   (TextEdit) 493
Doppelklick 58
Doppelklick-Intervall 185
Doppelseiten (Vorschau) 539
Downloads (Mail) 325
Downloads sichern (Safari) 292
Drahtlos 284
Drehung (Monitore) 166
Drucken (Kalender) 428
Drucken (Karten-App) 436
Drucken (Kontakte) 446
Drucken (Schriftsammlung) ... 484
Drucken (Vorschau) 550
Drucker-Dienstprogramm 193
Drucker hinzufügen 191
Drucker in der Nähe 191
Drucker-Warteliste öffnen 192

Drucksensoren 189
Druck-Voreinstellungen 194
DSL (Digital Subscriber Line) .. 279
DuckDuckGo 307
Duden-Wissensnetz
   deutscher Sprache 447
Dunkle Menüleiste und
   Dock verwenden 104, 118
Duplikat deaktivieren
   (Schriftsammlung) 482
Duplizieren 380
duplizieren (TextEdit) 489
Duplizieren
   (Vorschau) 528, 539, 544
Durchstreichen (Vorschau) 542
durchsuchen, Alle
   Versionen 379, 489, 504
durchsuchen, Dateien
   auf dem Gerät 203
durchsuchen, Diesen Mac 90
DVD-Medien öffnen
   (DVD Player) 398
DVD- oder CD-Freigabe 97
DVD Player 396
DVD-Player-Einstellungen 398
Dynamic Loader-Cache 627

E

eBooks 411
EDGE (Enhanced Data Rates
   for GSM Evolution) 288
Effekte (Photo Booth) 459
Eigene Aktionen ausführen
   (Mail) 329
Eigenschaften (TextEdit) 492
einbinden, PC ins
   Mac-Netzwerk 605
einblenden, Anzeige für
   geöffnete Programme 104
einblenden, Mitteilung bei
   gesperrtem Bildschirm 133
einblenden, Pfadleiste 85
einblenden, Schreibtisch .. 125, 373
einblenden, Seitenleiste für
   Leseliste 311
einblenden, Statusleiste 72
Einfachen Finder verwenden ... 217
Eingabequellen 181, 182
Eingabequellen im Anmeldefenster anzeigen 208
Eingabe (Ton) 198

Ausführliches Stichwortverzeichnis

Eingang (Mail) 348
Eingangslautstärke 198
Eingangslautstärke
   (QuickTime) 469
Eingehende Verbindungen
   blockieren 141
Einkauf ausblenden
   (App Store) 383
Einkäufe 43, 372
Einkäufe (App Store) 382
Einladung (Mail) 325
Einscannen von Bildern
   (Vorschau) 520
Einschränkungen
   bei der Suche 149
Einstellungen (Allgemein) 48
Einstellungen für »Benutzer-
   name« kopieren 225
Einstellungen (Mail) 324
Einstellungen (Safari) 290
Einstellungen (Seitenleiste) 61
Einstellungen (Vorschau) 515
Einzelbilder (DVD Player) 399
Einzelseiten (Vorschau) 539
elliptische Auswahl
   (Vorschau) 529
E-Mail an Gruppe
   versenden 340, 445
E-Mail löschen (Mail) 354
E-Mails versenden 339
E-Mail-Vorlagen 347
Emoji-Zeichen 361
Empfangen (Mail) 348
Empfangs-/Zugriffs-Ordner
   ändern 202
Energie sparen 167
entfernen, Alle
   Website-Daten 301
entfernen,
   Aus dem Dock 107, 112
entfernen, Aus der Seitenleiste ... 60
entfernen, Objekte
   aus Verlauf 314
Entfernte CD/DVD 97
Entfernte Inhalte in
   Nachrichten laden (Mail) ... 334
entleeren, Papierkorb 629
entleeren, Papierkorb sicher... 114
Entwurf (Mail) 345
Ereignis schnell erstellen 422
Ereignisse in Jahresansicht
   (Kalender) 421

Ereignisse (Kalender) 422
erhalten, Zufälligen
   Sicherheitscode 41
erhöhen, Kontrast 118
Erinnerungen 401
Erinnerungen (iCloud) 262
erlauben, Anrufe von allen..... 157
erlauben, Apps-Download 133
erlauben, Gästen den Zugriff
   auf freigegebene Ordner.... 212
erlauben, Handoff zwischen
   diesem Mac und Ihren
   iCloud-Geräten 120, 386
erlauben, Zugriff nur auf
   diese Websites 221
Erledigt (Erinnerungen) 404
Erscheinungsbild (iBooks) 415
Erscheinungsbild
   (Systemeinstellung) 117
ersetzen,
   Verlorenen Schlüssel 271
Ersetzungen 178
Ersetzungen (TextEdit) 495
Erste Hilfe (Festplattendienstprogramm) 573
Erstellen eines anwendungs-
   spezifischen Passworts 271
erstellen, Ereignis schnell 422
erstellen, Image-Dateien 580
erstellen, Neues Netzwerk 283
erstellen, Schriftbibliothek
   aus Text 485
Erstellungsdatum 67
Erweitern eines Netzwerkes ... 283
Erweiterte Diktierfunktion 231
Erweiterte Diktierfunktion
   (Schach) 477
erweiterte Untertitel
   (DVD Player) 400
Erweiterung des
   Schreibtisches 166
Erweiterungen (Safari) 303
Erweiterungen
   (Systemeinstellung) 83
erzwungener Neustart 622
Ethernet 280
Etiketten 98
Etikett für Empfänger (Mail) ... 333
EXIF (Exchangeable
   Image File Format) 391
EXIF-Informationen
   (Vorschau) 521

Exportieren (Erinnerungen) ... 404
exportieren, Fotos
   der vCards 444
Exportieren (Kalender) 431
Exportieren (Kontakte) 443
exportieren, Notizen
   der vCards 444
Exportieren (Photo Booth) 459
Exportieren (QuickTime) 471
exportieren
   (Schriftsammlung) 485
Exportieren (Vorschau) 544
Exportstatus (QuickTime) 473
Exposé 80
externe Festplatten 60

F

FaceTime Audio 405, 408
FaceTime-Einladung 406
FaceTime-Einstellungen 408
FaceTime Video 405
Fächer-Ansicht 110
Fachzeitschriften 639
Familienfreigabe 273, 277
Familienfreigabe (Kalender) ... 424
Familienmitglied hinzufügen .. 275
Familie verwalten 275
Farbkorrektur (Vorschau) 523
Farbmenü (Vorschau) 542
Farb-Profile 165
Färbung (Vorschau) 525
Farbwähler 117
FAT (File Allocation Table) 569
FavIcon 105
Favoriten 62
Favoriten (Karten-App) 439
Favoritenleiste (Mail) 351
Favoritenleiste (Safari) 307, 308
Feld hinzufügen (Kontakte) ... 442
Fenster anpassen 62
Fenster beim Beenden eines
   Programms schließen 119
Fenster (Bildschirmfoto) 559
Fenstergröße dem Inhalt
   anpassen 65
Fenster-Hintergrund 67
Fenster hinter Programmsymbol
   im Dock ablegen 103, 107
Fenster im Dock ablegen 64
Fensterinhalt anpassen 66
Fernlöschen 142

Fernwartung 615
Fernzugriff
 (Kindersicherung) 225
Festplatten 50, 557
Festplattendienstprogramm
 .... 18, 19, 21, 27, 564, 627
Festplatten verschlüsseln 138
Feststelltaste 173
FileVault 136, 137, 213,
 238, 241, 510, 576, 626
FileVault-Volumen-
 verschlüsselung 41
Film-Formate (QuickTime) ... 463
Filminformationen
 (QuickTime) 466
Film kürzen (Photo Booth) 458
Filter für private Daten auf
 meiner Visitenkarte 296, 444
Finder 45
Finder-Einstellungen 100
Finder-Fenster 58
Firefox 291
Firewall 140
FireWire-Festplattenmodus ... 238
Firma (Kontakte) 442
Flash-Speicher 168
Flip4Mac 464
Flyover 439
fn-Taste 47
Force Touch Trackpad 189
Formate (TextEdit) 489
Formatieren 19
Formatieren (Boot Camp) 570
Formatieren (TextEdit) 497
Formatieren von Mails 344
Formatierter Text (TextEdit) .. 488
Formular automatisch
 ausfüllen (Safari) 296
Form-Werkzeuge (Vorschau) .. 536
Fotos-App 263
Fotos der vCards exportieren .. 444
Fotos-Mediathek 265
Fotostream 262, 263, 264
Fotos versenden
 (Nachrichten) 362
Fotos vom Monitor 558
Fotoübersicht (Mail) 345
Framerate (FPS/
 frame per second) 466
Freien Speicher löschen 578
Freigabe-Menü 83, 84

Freigaben 60, 62, 598
Freigaben
 (Systemeinstellung) 201
Freigabe stoppen (Kalender) .. 431
freigeben, Dateien und
 Ordner über SMB 606
freigeben (Kalender) 429
Freigegebene Ordner 603
Füllstände (Drucker) 193
Funktionstaste 47
Fusion von VMware 563
Fwd (forward) (Mail) 354

G

Gastbenutzer 211
Gästen den Zugriff auf freige-
 gebene Ordner erlauben 212
Gästenetzwerk 284
Gatekeeper 133
Geburtstage (Kontakte) 441
Geburtstagskalender 419
Gekaufte Apps automatisch auf
 andere Macs laden 230, 382
gelesene/ungelesene E-Mails ... 334
Gerät durchsuchen 202
Geräte 60, 62
Gesamtlautstärke 198
Gesendete E-Mails (Mail) 326
Gesicherte Suchabfragen 91, 92
Gitter-Ansicht 110
Glanzlichter (Vorschau) 524
Gleichmäßig verteilen
 (Boot Camp) 570
Glyphen (Schriftsammlung) ... 484
Google 306
Google Chrome 291
GPRS (General Packet Radio
 Service) 288
GPS (Vorschau) 521
Grammatik (TextEdit) 494, 501
Graubalance (Vorschau) 525
Größe an Fenster anpassen
 (Vorschau) 517
Große Anhänge mit
 Mail Drop senden 342
Größe der
 Seitenleistensymbole 118
Größe des Docks 102
Größenkorrektur (Vorschau) .. 534
Größe proportional
 anpassen (Vorschau) 534

Gruppe (Benutzer) 211
GUID-Partitionstabelle 19, 28,
 138, 574
Gutschein einlösen
 (App Store) 385

H

Handbrake 464
Handoff 385
Handoff (Safari) 320
Handoff zwischen diesem Mac
 und Ihren iCloud-Geräten
 erlauben 120, 386
Hardware-Details 591
Hardware-Test 632
Header (Mail) 334
Helligkeit automatisch
 anpassen 161, 167
Helligkeitsverteilung
 (Vorschau) 524
Hervorhebungen
 (Vorschau) 536, 542, 544
Heute (Mitteilungszentrale) ... 153
Highlights (App Store) 382
Hintergrundbilder 122
Hintergrund entfernen
 (Vorschau) 533
Hintergrundfarbe (Vorschau) .. 515
Hinweis 152
Hinweis einblenden (Schach) .. 476
Hinweise (Nachrichten) 361
hinweisen, Auf neue
 Netzwerke 285
hinzufügen, Clip am Ende 467
hinzufügen, Clip
 nach Auswahl 467
hinzufügen, Familienmitglied . 275
Hinzufügen weiterer Listen
 (Erinnerungen) 401
hinzufügen, Zu einem
 vorhandenen Netzwerk 286
hinzufügen, Zur Leseliste 311
hinzufügen, Zur Seitenleiste 91
Histogramm (Vorschau) 527
Hochleistungsgrafikprozessor . 556
Hot Spot 286
HSDPA (High Speed Downlink
 Packet Access) 288
HSUPA (High Speed Uplink
 Packet Access) 288
HTML-Mails 331

Ausführliches Stichwortverzeichnis

I

iBooks	411
iBooks-Einstellungen	413
iBooks Store	411
Ich bin sichtbar (AirDrop)	596
iCloud	321, 425
iCloud abmelden	255
iCloud Drive	251, 256, 259, 487, 490
iCloud-Fotomediathek	265
iCloud-Fotos	262
iCloud für Windows	249
iCloud-Schlüsselbund	40, 41, 252, 253, 297
iCloud-Sicherheitscode	40
iCloud-Systemeinstellung	264
iCloud-Systemsteuerung	249, 403
iCloud-Tabs	295
iCloud-Webseite	266
Image-Dateien erstellen	580
Image-Größe ändern	581
Image von Ordner	583
IMAP-Server (Internet Messaging Access Protocol)	323
Im Dock ablegen	64
Im Dock behalten	107
iMessage	358, 365
Im Finder öffnen	111
Im Finder zeigen	107
Importieren (Kalender)	431
Importieren nach (Digitale Bilder)	392
Importieren (Vorschau)	519
Import von Bildern (Vorschau)	519
In formatierten Text umwandeln (TextEdit)	507
Informationen	75, 85
Informationen-Dialog	392
Informationen nicht übertragen	38
Informationen (TextEdit)	493
Informationen von einem anderen Mac übertragen	31
Informationen von einem Windows-PC übertragen	35
Informationen (Vorschau)	521
Inhaltsverzeichnis (iBooks)	414
Inhaltsverzeichnis (Vorschau)	513, 540
Inkompatible Software	26
In Mitteilungszentrale	155
In neuem Tab öffnen	78
Installationsprogramm	24
Installation von Windows	563
installieren, App	384
installieren, App-Updates	228
installieren, OS X-Updates	228
installieren, OS X Yosemite	29
installieren, Schriften	483
installieren, Systemdatendateien und Sicherheits-Updates	228
installieren, Yosemite	24
Intego Personal Backup	635
Integration	385
Integrieren neuer Widgets	389
Intelligente Adressen verwenden (Mail)	335
Intelligente Anführungszeichen	178, 494
Intelligente Links (TextEdit)	495
Intelligenter Ordner	89
Intelligentes Lasso (Vorschau)	532
intelligentes Postfach (Mail)	355, 356
intelligentes Zoomen	305
Interne Lautsprecher	197
Internetaccounts	321
Internet-Plug-Ins (Safari)	299
Internet via Satellit	289
Internet-Zugang konfigurieren	279
iPhone-Funknetzanrufe	409
iPhoto	262, 263, 265

J

Jahresansicht (Kalender)	418
jugendfreie Websites (Kindersicherung)	220

K

Kalender	418
Kalender-Aktualisierung	422
Kalender durchsuchen	428
Kalender-Einstellungen	422
Kalender Family	424
Kalender freigeben	430
Kalender (iCloud)	262
Kalibrierungs-Assistent	166
Kartenanzeige	434
Karten-App	431
Kartendarstellung	434
Karten-Navigation	436
Kaufanfrage	275, 276
kaufen, App	384
kaufen, Mehr Speicher	254
Keine Einschränkungen	135
keine Informationen übertragen	38
Keine Werbung (Mail)	329
Kennwörter (Safari)	298
Kennwörtersynchronisierung	40
Kennzeichen für App-Symbol	156
Kindersicherung	210, 216
Klammern	184
Klassisches Layout verwenden (Mail)	332
Klicken in den Rollbalken bewirkt	119
kommunizieren, Online	279
kompletten Finder aktivieren	219
Komplexen Sicherheitscode verwenden	41, 252
konfigurieren, Bluetooth-Maus	186
konfigurieren, Bluetooth-Tastatur	175
Konfigurieren der Familienfreigabe	273
konfigurieren, Internet-Zugang	279
Konfigurieren (Kalender)	422
Kontaktbogen (Vorschau)	513
Kontakte-Einstellungen	440, 442
Kontakte (iCloud)	262
Kontakte synchronisieren	440
Kontaktfotos (Mail)	333
Kontextmenü	47
Kontinuierlich Scrollen (Vorschau)	539
Kontrast erhöhen	118
Kontrast (Vorschau)	524
Konversationen (Mail)	335
Kopfhörer	198
Kopie in der E-Mail-Liste anzeigen (Mail)	333
Kopieren	82
kopieren, Einstellungen für »Benutzername«	225
Kopie von CD/DVD	583
korrigieren, Rechtschreibung automatisch	502
Kreditkartendaten	298
Kurzbefehle	180

Kurzbefehle (Tastatur) 179
Kürzen (QuickTime) 466

L

laden, Entfernte Inhalte in
    Nachrichten 334
laden, Gekaufte Apps automatisch
    auf andere Macs 230, 382
laden, Neue Einkäufe
    automatisch 413
laden, Neu verfügbare Updates
    im Hintergrund 228
Ladezustand 171
Längere Batterielaufzeit 169
Lasso-Auswahl (Vorschau) 531
Laufwerksbuchstabe 567
Launchpad 369, 370
Lautsprecher 198
Leeres Image 580
Leseliste (Safari) 311, 312
Lesezeichen bearbeiten
    (Safari) 310
Lesezeichen (DVD Player) 400
Lesezeichen (iBooks) 415
Lesezeichenmenü (Safari) 308
Lesezeichen/Notizen
    synchronisieren (iBooks) ... 416
Lesezeichen (Safari) 307, 308
Lesezeichen (Vorschau) 548
Letzte Abspielposition
    (DVD Player) 400
Letzten Suchbereich
    verwenden 90
Lexikon 447
Lexikon aufrüsten 450
Lexikon-Einstellungen 448
Linienstärke (Vorschau) ... 537, 542
Link bearbeiten (TextEdit) 496
Linker Tabulator (TextEdit) ... 500
Liste der Benutzer 208
Listen-Ansicht 66, 70
Listen-Ansicht
    (Digitale Bilder) 391
lokale Schnappschüsse 247
Lokal (Mail) 350
Löschdurchgänge 578
Löschen 27
löschen, Benutzerordner 216
Löschen des Dynamic
    Loader-Cache 627

Löschen einer
    Festplatte/Partition 577
löschen, Freien Speicher .. 577, 578
löschen, Parameter-RAM 625
löschen, Verlauf und
    Websitedaten 292, 313
Löschen von Objekten 60
LTE (Long-Term-Evolution) 288
Lupe einblenden (Vorschau) ... 519
Lupe (Vorschau) 537, 538,
    542, 551

M

Mac App Store 43, 381
Mac App Store und
    verifizierte Entwickler 134
Mac-Hilfe 150, 621
Mac löschen 267
Mac OS Extended
    (Journaled) 19, 27, 28, 138
Mac-relevante Webseiten 639
Macs koppeln 201
Mac sperren 266
Mac teilen 205
Mac-Zeitschriften 639
Magic Mouse 186
Mail-Anhang 342
Mail Drop 342
Mail-Einstellungen 329
Mail (iCloud) 261
Mail-Layout 349
Mails abrufen 348
Mail-Text formatieren 331
MakePDF (Digitale Bilder) 393
Malicious Software 636
Management Controller
    (SMC) zurücksetzen 634
markieren, Als unerwünschte
    Werbung 328
Markieren von
    Textstellen (iBooks) 415
Markierungen (Mail) 346
Markierung löschen (iBooks) .. 416
Maskieren (Vorschau) 537
Maßangaben (Vorschau) 534
Maßstab einblenden
    (Karten-App) 434
Mathematische Zeichen 183
Mausklicks in der Aufnahme
    (QuickTime) 470

Maus & Trackpad
    (Bedienungshilfen) 190
mbox-Format (Mail) 351
Medien 506
Medien (QuickTime) 462
Mehr Fläche (Monitore) 160
mehrseitige PDF-Dokumente
    (Vorschau) 540
Mehr Speicher kaufen 254
Meinen Mac
    suchen 39, 142, 251, 266
Mein Fotostream 263
Mein iPhone suchen 266, 267
Menü »Freigabe« 83
Menü für schnellen
    Benutzerwechsel 214
Menüleiste 46
Menüpunkte 46
Merkhilfe für Passwörter
    anzeigen 208
Microsoft Outlook .. 403, 425, 431
Microsoft Word 489
Migrationsassistent 20, 31,
    32, 35, 36, 584
Mikrofon (Ton) 199
Miniaturen (Vorschau) ... 513, 514
Mission Control 79, 125, 373
Mit anderen Netzwerken
    verbinden 286
Mit meinem iCloud-Account
    anmelden 40
Mit Nachricht antworten
    (FaceTime) 406
mit Nullen überschreiben 578
Mit Server verbinden 85, 602
Mitteilung bei gesperrtem Bild-
    schirm einblenden 133
Mitteilungen 153
Mitteilungen im
    Sperrbildschirm 155
Mitteilungen (Mail) 325
Mitteilungen (Safari) 302
Mitteilungszentrale 151, 152
Monatsansicht (Kalender) 418
Monitore 49
Monitore (Systemeinstellung) .. 160
Monitore verwenden
    verschiedene Spaces 102
Multi-Touch-Trackpad 188
Musik-CD 159
Muttersprache 130

Ausführliches Stichwortverzeichnis

N

Nach aktivierten Duplikaten suchen (Schriftsammlung) .. 482
nachinstallieren, Software 43
Nachkommastellen (Rechner).. 474
Nach Konversationen ordnen (Mail)...................... 335
Nach neuen E-Mails suchen .. 348
Nachrichten-App..................... 358
Nachrichten-Einstellungen 366, 367
Nachrichten-Hinweis............... 361
Nachrichtenvorschau 156
Nachrichtenzentrale................ 151
Nächstes Fenster 79
Nächstes Kapitel (QuickTime) 465
Nach Stromausfall automatisch starten 170
Namensauflistung (Kontakte).. 442
Navigation über Karten-App.... 436
NetBIOS-Name................ 608, 610
Netzwerk.......................... 285, 598
Netzwerk-Messaging............... 366
Netzwerkpasswort 284
Neue Bibliothek (Schriftsammlung) 480
Neue Einkäufe automatisch laden.................................. 413
Neue E-Mail 339
Neue E-Mails senden von (Mail) 336
Neue Finder-Fenster zeigen 76
Neue Gruppe (Kontakte)......... 445
Neue intelligente Gruppe (Kontakte) 446
Neue Liste (Erinnerungen) 401
neue Ordner anlegen 75
Neuer Account......................... 210
Neuer Brennordner.................... 93
Neuer intelligenter Ordner........ 89
Neuer Kalender....................... 421
Neuer Kontakt......................... 440
Neuer Ordner............................. 87
Neuer Ordner mit Auswahl 88
Neuer Tab 77
Neuer Tab (Safari) 294
Neue Sammlung (iBooks) 417
Neue Sammlung (Schriftsammlung) 480

Neues Dokument (TextEdit) ... 487
Neues Fenster............................. 76
Neues Fenster (Safari)............. 291
Neue sichere Notiz (Schlüsselbundverwaltung) 590
Neues Kalenderabonnement.. 430
Neues Netzwerk erstellen 283
Neues Postfach (Mail)............. 350
Neues privates Fenster (Safari) 314
Neue Video-Aufnahme (QuickTime) 468, 469
Neue Visitenkarte (Kontakte) ... 440
Neuinstallation........................... 26
Neustart 55, 57, 621
Neu verfügbare Updates im Hintergrund laden........ 228
Nicht in der Mitteilungszentrale 155
Nicht stören-Modus................ 157
Niemals für diese Webseite 299
Notizen.................................... 451
Notizen der vCards exportieren 444
Notizen (iBooks) 415, 416
Notizen per iCloud abgleichen.......................... 453
Notizen (Vorschau) 538
Notiz löschen 452
Notiz (Vorschau) 544
Notizzettel............................... 454
NTFS (New Technology File System) 570
Nur Freigabe............................ 211
Nur für diesen Monitor passende Profile anzeigen ... 165
Nur Inhalt (Vorschau) 513
Nur Kontakte (AirDrop) 596
Nur Text zoomen (Safari)....... 305

O

Objektausrichtung................ 59, 68
Objekte aus Verlauf entfernen . 314
Objekte endgültig löschen (Mail) 354
Objekte kopieren 82
Öffentlicher Kalender 430
öffentlicher Ordner 603
öffnen, Bei der Anmeldung.... 107
öffnen, Beim nächsten Anmelden alle Fenster wieder.......... 55, 56

öffnen, Drucker-Warteliste 192
öffnen, Im Finder 111
öffnen, In neuem Tab................ 78
Öffnen und Sichern (TextEdit)............................ 496
Öffnen von mehreren Dateien (Vorschau).......................... 515
Öffnen von Programmen animieren 104
öffnet, Anschließen von Kamera............................... 519
Online kommunizieren 279
OnyX 630
OpenDocument-Text-Dokument 489
Optimal für AirPlay-Bildschirm 162
Optionen für drahtloses Netzwerk............................ 287
Optionstaste 47
Ordner 58
Ordner in Tabs..................... 77, 79
Ordner »Library« anzeigen........................ 92, 624
Ordner Öffentlich............ 215, 600
Ordner Programme................. 369
Ordner umbenennen 88
Originalgröße (DVD Player) ... 398
Originalgröße (Vorschau) 516
Ort als Ausgangspunkt (Karten-App) 433
Ort angeben (Kalender).......... 424
Ortsabhängig (Erinnerungen).. 402
Ortungsdienste 141, 142, 302, 402
Ortung via GPS....................... 403
OS X-Dienstprogramme... 21, 510, 575
OS X-Updates installieren...... 228
OS X Yosemite installieren......... 29
Outlook................................... 262
Outlook-Kalender 425
Oval (Vorschau)....................... 537

P

Package 229
Pages.. 490
Papierformat........................... 195
Papierkorb entleeren 113, 629
Papierkorb (Mail) 326

Papierkorb sicher entleeren.... 114	Primärsprache.......................... 130	Rechtschreibung
Parallels Desktop 563	Priorität (Erinnerungen) 402	(TextEdit)..................... 494, 501
Parameter-RAM löschen 625	Prioritätsfeld (Mail)................. 341	Rechtschreibung während
Partition für Windows............ 569	private Fenster (Safari)............ 314	der Texteingabe prüfen...... 501
Partitionieren 28	Privatsphäre.............................. 141	Recovery HD............................... 21
Partitionslayout........... 19, 28, 566	Privatsphäre (Spotlight).......... 147	Recovery-Volume 238
Partitionsschema 19	Problem melden	reduzieren, Transparenz... 104, 118
Partitionstabelle...................... 574	(Karten-App) 433	Regeln (Mail) 329, 339
Passwort ändern 206	Profilbild ändern	Regionalcode (DVD Player) .. 397
Passwortassistent 209	(Photo Booth) 461	Registrierter Benutzer............ 601
Passwort einblenden	Programme beenden............... 369	Reparieren des Startvolumes 21
(Schlüsselbundverwaltung) 588	Programme beschränken	reparieren, Volume-
Passwort erforderlich 131	(Kindersicherung).............. 219	Zugriffsrechte........................ 21
Passwörter (Safari) 297, 298	Programme einem	reparieren, Zugriffsrechte
Passworte verwalten................ 586	Schreibtisch zuordnen 374	des Volume.......................... 577
Passwort in meinem	Programme in Ordnern	Repertoire (Schriftsammlung) .. 483
Schlüsselbund sichern 139	sammeln 371	Resultierende Größe
Passwort und Sicherheit... 268, 271	Programme löschen 372	(Vorschau)........................... 535
PC ins Mac-Netzwerk	Programme sofort beenden 53	Route hierhin/von hier
einbinden............................. 605	Programmfenster............. 80, 106,	(Karten-App) 433
PDF-Dateien (Safari) 319	125, 373	Routenberechnung
PDF-Dokumente (Vorschau) .. 539	Programmierer (Rechner)...... 473	(Karten-App) 434
PDF versenden (TextEdit)...... 494	Protokolle (Kindersicherung)... 221	RTF-Dokument mit
Personen (Kindersicherung).. 222	Prozent anzeigen 171	Anhängen 489
Persönlicher Hotspot 203	Prozesse im Hintergrund 554	RTF-Format (TextEdit)........... 488
Pfadleiste einblenden 85	Prozessor-Anzeige................... 554	Ruhezustand....................... 54, 57
Pfeile.. 184	Prozessorleistung..................... 554	Ruhezustand bei Netzwerkzugriff/
Phishing-Mails......................... 328	prüfen, Rechtschreibung	WLAN-Netzwerkzugriff
Photo Booth 457	während der Texteingabe ... 501	beenden 170
Photo Booth-Mediathek......... 460	Punkte und Nummerierung	Ruhezustand des Monitors... 167
Physikalische Speicher 555	anzeigen (TextEdit) 499	Ruhezustand für
Plug-Ins (Safari)....................... 299	Punkte und Nummerierungen	Festplatten 167, 170
Plug-Ins zum Stromsparen	(TextEdit)............................. 498	
stoppen 305	Push-Verfahren........................ 325	**S**
Polygon (Vorschau)................. 537		
POP-Server (Post Office	**Q**	Safari.. 289
Protocol).............................. 323		Safari-Einstellungen............... 296
Pop-Ups blockieren (Safari)... 300	Quick Look.......................... 72, 85	Safari Power Saver 305
Postausgangsserver................. 324	QuickTime 462	Safe Browsing Diagnostic
Posteingang 325		Page 637
Postfach Eingang 348	**R**	sammeln, Programme
Postfächer importieren (Mail).. 351		in Ordnern 371
Postfächer synchronisieren	Reader (Safari) 312	Sammlungen (iBooks) 413, 417
(Mail) 351	Reagiert nicht............................. 53	Sammlungen
Postfach exportieren (Mail) ... 357	Rechner...................................... 473	(Schriftsammlung)............. 479
Postfachliste (Mail) 349	rechteckige Auswahl	Sammlungen
Postfach-Verhalten (Mail)...... 326	(Vorschau).................. 529, 541	synchronisieren (iBooks) ... 416
POST (Power On Self Test).... 631	Rechteck (Vorschau) 537	Sandboxing............................... 135
Power Nap 168	Rechter Tabulator (TextEdit) ... 500	Satellit (Karten-App)............... 434
PreferencePanes....................... 627	Rechtschreibprüfung (Mail).... 345	Sättigung (Vorschau).............. 525
Preferences 624	Rechtschreibung 178	scannen (Digitale Bilder)........ 395
	Rechtschreibung automatisch	Scanner hinzufügen 191
	korrigieren........................... 502	

Ausführliches Stichwortverzeichnis

Schach 475
Schadprogramme 636
Schärfe (Vorschau) 527
Schatten (Vorschau) 524
Schlagworte 99
Schlagwortinformationen
    (Vorschau) 523
Schließen 64
schließen, Fenster beim
    Beenden eines Programms.. 119
Schlüsselbundverwaltung...... 297,
    323, 586
Schnappschuss (Photo Booth).. 457
schneller Benutzer-Wechsel ... 209
Schnelle Website-Suche 316
Schreibgeschützte Volumes.... 574
Schreibtisch 46
Schreibtisch anlegen................. 374
Schreibtisch &
    Bildschirmschoner 121
Schreibtisch einblenden.. 125, 373
Schreibtische löschen............... 376
Schreibtisch erweitern 163
Schreibweise lernen................. 178
Schriftbibliothek aus
    Text erstellen 485
Schriftbild 481
Schriften installieren 483
Schriften-Ordner 478
Schriften (TextEdit)......... 491, 497
Schriften überprüfen................ 486
Schrift & Farbe (Mail).............. 331
Schriftglättung 121
Schriftsammlung 478
Schrift vergrößern/verkleinern
    (Safari) 305
Schutz aufheben........................ 132
Schutz des Rechners................. 131
Schwierigkeitsgrad (Schach).. 476
Scrollbalken.......................... 63, 185
Scrollen ohne Nachlauf........... 119
Scrollrichtung.............................. 63
Seiten einfügen (Vorschau).... 550
Seiten in Tabs (Safari) 293
Seitenleiste für Leseliste
    einblenden (Safari) 311
Seitenleistensymbole,
    Größe der 118
Seitenränder einblenden
    (TextEdit)..................... 491, 500
Seitenumbruch (TextEdit)...... 504

Seiten umstellen (Vorschau)... 550
Seitenverhältnisse (Vorschau) .. 535
Selbstauslöser
    (Bildschirmfoto) 559
senden, E-Mail an „Gruppe".. 445
senden, Große Anhänge mit
    Mail Drop 342
Sepia (Vorschau)....................... 526
Serienbild (Photo Booth) 457
Seriennummer 49
serverbasierte
    Diktierfunktion 231
Server für ausgehende
    E-Mails................................... 326
Server für eintreffende Mails... 323
Setzen von Notizen (iBooks) ... 415
Shell (Bildschirmschoner)...... 124
sich an diesem Computer
    anzumelden 211
Sicheren Notizen
    (Schlüsselbundverwaltung) 589
Sicherheit 131
Sicherheit (Safari) 299
Sicherheitscode 41
Sicherheitskopie (Mail)........... 357
Sicherheitslücken..................... 300
Sicherheitsoptionen......... 138, 578
Sichern 54, 56
Sichern (Mail) 358
Sichern (Notizzettel) 456
sichern, Passwort in
    meinem Schlüsselbund...... 139
Sichern (TextEdit) 489
Signatur (Mail)......................... 337
Signatur (Vorschau)................ 545
Silbentrennung (TextEdit)...... 504
Skaliert (Monitore)................. 160
Skizze (Vorschau) 541
Skype 410
S.M.A.R.T (Self-Monitoring
    Analysis and Reporting
    Technology) 576
SMB (Server Message
    Block).......................... 606, 610
SMS-Weiterleitung 365
SMTP-Serverliste..................... 324
SnapBack-Funktion (Safari)... 315
Sofort beenden.................. 53, 623
Softwareaktualisierung . 16, 20, 51
Software nachinstallieren 43
Sondertasten............. 47, 173, 370

Sonderzeichen................. 183, 502
sortieren, Mitteilungszentrale.. 153
Sortierreihenfolge (Kontakte) .. 442
Sortierung nach Name............... 59
Spaces........................ 107, 373, 374
Spalten-Ansicht 66
Spam (Mail)...................... 327, 330
Speicher 50
Speicher (belegt) 556
Speicherplatz 16
Sperren des Rechners.............. 142
Spieleprotokoll (Schach)......... 477
Spieler darf Züge
    sprechen (Schach) 477
Spotlight...................................... 144
Spotlight-Vorschläge........ 146, 315
Sprachausgabe................. 233, 234
Sprachausgabe (iBooks)......... 416
Sprachen hinzufügen 130
Sprachen (QuickTime) 465
Sprache & Region 129
Sprachnachrichten
    (Nachrichten)....................... 362
Sprechblasenfarbe
    (Nachrichten)....................... 365
sprechen, Ausgewählten Text
    beim Drücken einer Taste .. 235
Spyware...................................... 636
SSL-Verschlüsselung
    (Secure Sockets Layer)....... 324
SSL verwenden......................... 324
Standardaccount (Notizen).... 451
Standard-
    Funktionstasten 128, 172
Standard für Monitor.............. 160
Standardkalender 422
Standardwarnhinweise............ 425
Standard-Webbrowser 119, 291
Standortfreigabe 274
Stapel (stacks) 109
starten, Nach Stromausfall
    automatisch 170
Startvolume 21, 237, 575
Startvolume löschen 27
Statusleiste 88
Statusleiste einblenden.............. 72
Stecknadel setzen
    (Karten-App) 439
Stern (Vorschau)...................... 537
Steuerung einblenden
    (DVD Player) 398

stoppen, Plug-Ins
  zum Stromsparen 305
Stromversorgung 171
Style Sheets (Safari) 306
Suchen.. 89
suchen, Automatisch
  nach Updates....................... 228
Suchenfenster........................... 148
Suchen (Mail)........................... 355
suchen, Meinen Mac.. 39, 142, 266
suchen, Mein iPhone............... 267
Suchen nach bestimmten
  Objekttypen......................... 150
suchen, Nach neuen E-Mails... 348
Suchen (Safari)......................... 315
Suchen (TextEdit) 503
Suchen und ersetzen
  (TextEdit)............................. 503
Suchen (Vorschau) 549
Suchergebnisse................ 145, 317
Suchkriterien........................ 91, 92
Suchmaschine 315, 317
SuperDrive................................ 397
SuperDuper!............................... 20
Symbol-Ansicht 66, 67
Symbol-Ansicht
  (Digitale Bilder).................. 391
Symbolleiste 64
Symbolleiste anpassen 84, 86
Symbolleiste anpassen
  (Safari) 307
synchronisieren, Bildschirme .. 162
Sync-Optionen......................... 164
Synonym-Lexikon 450
Systemabsturz 622
System aktualisieren................. 22
Systemassistent 16, 33
Systembericht............................ 51
Systemdatendateien und Sicher-
  heits-Updates installieren... 228
Systemdienste.......................... 146
Systemeinstellungen............... 115
Systemeinstellung Netzwerk ... 608
Systemfotomediathek.............. 263
Systeminformationen.............. 591
System Management
  Controller (SMC) 634
Systemstimme 233
Systemübergreifende
  Bedienung von Apps.......... 385
Systemvoraussetzungen 15

T

Tabellen (TextEdit)................. 504
Tabs 77
Tab schließen 64
Tabs (Safari) 291, 293
Tabulatoren (TextEdit)............ 500
Tag beginnt um (Kalender).... 419
Tagesabhängig
  (Erinnerungen).................... 402
Tagesansicht (Kalender)... 418, 419
Tags.................................. 62, 98, 99
Target-Modus.................... 34, 238
Taschen-Adressbuch
  (Kontakte) 446
Tastatur 172
Tastaturbelegung 29
Tastaturhelligkeit bei schwacher
  Beleuchtung anpassen........ 173
Tastatursteuerung.................... 181
Tastaturübersicht..................... 182
Tastatur- und
  Mauskurzbefehle 127, 129
Tastenkombinationen 47
Tastenwiederholung................ 172
TeamViewer 615, 617
TechTool Pro 634
Teilnehmer hinzufügen
  (Kalender) 426
Telefonieren über den Mac 409
Temperatur (Vorschau) 525
Termine managen................... 418
Textauswahl (Vorschau) 541
Text auszeichnen
  (TextEdit).................... 488, 497
Textauszeichnung (Vorschau).. 542
Text-Dokument weitergeben .. 489
TextEdit.................................... 487
TextEdit-Dokument
  abspeichern 489
TextEdit-Einstellungen 491
Text ersetzen (TextEdit).......... 502
Textersetzung (Mail) 337
Textgröße (iBooks).................. 415
Textkürzel 177
Text-/PDF-Dateien
  (Nachrichten)...................... 362
Text (Tastatur)......................... 176
Textverarbeitung..................... 487
Threads.................................... 554
Time Capsule 243

Time Machine................... 17, 240,
  357, 507, 510
Time Machine-Backup 31, 34,
  510
Time Machine-Backup
  übertragen 34
Time Machine-Backup
  verschlüsseln 241
TinkerTool System 630
Ton.. 197
Toneffekte 197
Tonwertverteilung (Vorschau).. 527
Top Sites (Safari) 290, 309
Tracking durch Websites
  ablehnen 302
Trackpad 188
Trackpad- bzw. Mausoptionen
  (Bedienungshilfen)............. 190
Trackpad-Optionen................. 119
Transparentes Fenster
  (Notizzettel) 455
Transparenzinformationen
  (Vorschau)........................... 530
Transparenz reduzieren .. 104, 118
Transparenz (Vorschau) 533
Trimmen (QuickTime)........... 466
Trojaner.................................... 636
typografische Anführungs-
  zeichen (TextEdit) 494, 495
Typografische Interpunktion .. 178

U

Über diesen Mac......... 15, 49, 591
Über ein anderes Gerät
  bestätigen.............................. 41
überprüfen, Schriften............. 486
überprüfen, Volume.................. 21
überprüfen, Volume-
  Zugriffsrechte...................... 626
überprüfen, Zugriffsrechte
  des Volume......................... 577
Übersicht 72, 85, 510
Übersicht (Mail) 350
Übersichts-Scan
  (Digitale Bilder).................. 395
Übersicht (Vorschau)............. 528
übertragen, Informationen
  nicht 38
übertragen, Informationen von
  einem anderen Mac.............. 31

Ausführliches Stichwortverzeichnis

übertragen, Informationen
 von einem Windows-PC 35
übertragen, Time Machine-
 Backup 34
Übertragung von Daten........... 586
Uhr 236
Uhrzeitformate 236
Uhrzeit mit Sekunden
 anzeigen................................. 236
Umbenennen............................. 380
Um Berechtigung zum Anzeigen
 des Bildschirm bitten 612
Umgebungslichtsensor 161
Umgekehrte polnische
 Notation (Rechner) 474
Umrechnen (Rechner) 474
Umschalttaste............................ 47
UMTS (Universal Mobile Tele-
 communications System)... 288
unerwünschte Werbung
 (Mail) 328
Ungelesene E-Mails im
 Dock anzeigen 325
Unterdrücken von Pop-Ups
 (Safari) 300
Unterschriften (Vorschau) 547
Unterschrift erstellen
 (Vorschau).............................. 545
Unterstreichen (Vorschau)..... 542
Untertitel (QuickTime) 465
Updates 44, 51, 384
URL (Uniform Resource
 Locator) 105, 289
USB-Sticks verschlüsseln........ 138

V

vCard.. 443
vCard exportieren (Kontakte).. 443
VDSL (Very High Speed
 Digital Subscriber Line) 279
verbinden, Mit anderen
 Netzwerken 286
verbinden, Mit Server 602
Verbindung starten
 (FaceTime) 406
Verfassen (Mail)........................ 336
Vergabe von Schlagworten 99
vergrößern, Bildschirm-
 Ausschnitt............................. 185
Vergrößerung (Dock) 102
Verkehr (Karten-App) 435

Verlagsadresse.......................... 641
Verlauf der CPU-Auslastung ... 555
Verlauf (Safari)................. 292, 313
Verlauf und Websitedaten
 löschen......................... 292, 313
Verlorenen Schlüssel ersetzen.. 271
Verpasste FaceTime-Anrufe.... 408
Verschieben 82
Verschlagwortung (Vorschau).. 523
verschlüsseln,
 Backup-Volume 241
Verschlüsseln eines PDFs
 (Vorschau)............................. 547
Verschlüsselt) 138
verschlüsseltes Time
 Machine-Volume................. 511
verschlüsseltes Volume 136
Verschlüsselungsinformationen
 (Vorschau)............................. 547
versehen, Anmerkungen
 mit Namen 544
versenden, E-Mails.................. 339
Versionen............................ 54, 377
vertrauenswürdige
 Geräte.......................... 269, 271
verwalten, Apple ID 268
verwalten, Schriften 478
Verwaltet durch die
 Kindersicherung.................. 210
verwenden,
 Als Backup-Volume 240
verwenden, Als Standard........... 69
verwenden, Als
 Systemfotomediathek......... 263
verwenden, Dunkle
 Menüleiste und Dock.. 104, 118
verwenden, Komplexen
 Sicherheitscode...................... 41
verwenden, Letzten
 Suchbereich............................ 90
verwenden, SSL........................ 324
verwenden, VoiceOver
 im Anmeldefenster............. 208
Verzögerung................................. 81
Video-Clip (Photo Booth)...... 457
Video-DVD 159
Video-Kulissen
 (Photo Booth) 459
Video_TS (DVD Player)......... 398
Videoübertragung
 (FaceTime) 406

Video-Zoom (DVD Player) ... 399
VIP-Postfach (Mail) 352
Virenschutz 636
Virtualisierer 563
Virtueller Speicher................... 555
virtuelle Schreibtische............. 107
Visitenkarte 296
Visitenkarte, Filter für private
 Daten auf meiner........ 296, 444
VLC Media Player 400
VNC (Virtual Network
 Computing).......................... 611
VoiceOver im Anmeldefenster
 verwenden 208
VoIP (Voice over iP)................ 410
Vollbild-Ansicht 65, 74
Vollbildapps............................... 373
Vollbilddarstellung
 (DVD Player) 398
Vollbild-Modus (Vorschau) ... 514
Vollständige Websiteadresse
 anzeigen................................ 304
Volume auswählen 242
Volume überprüfen 21
Volume-Zugriffsrechte
 reparieren 21
Volume-Zugriffsrechte
 überprüfen............................ 626
Von einem Windows-PC........... 35
Vor Bearbeitung schützen
 (TextEdit).............................. 493
Voriges Kapitel (QuickTime)... 465
Vorlagen (Mail)........................ 347
Vorlesen der Zeitwerte............ 237
Vorschau-App 512
Vorschau einblenden
 (Schriftsammlung) 483
Vorschau-Einstellungen.. 539, 544
Vorschau (Mail) 333

W

Währungen................................ 184
Währung (Rechner) 474
Warnhinweis (Kalender) 425
Warntöne beim Start............... 631
Warnton-Lautstärke 198
Wartung des Druckers............ 193
Webarchivdokument............... 489
Web-Editor 489
Webformulare (Safari) 296

Webseite erstellen
 (Digitale Bilder) 394
Website-Beschränkungen
 (Kindersicherung) 219
Website hinzufügen
 (Kindersicherung) 220
Website-Tracking 302
Website-Verwendung von
 Ortungsdiensten 302
wechseln, zwischen FaceTime-
 und iSight-Kamera 407
Weitere Informationen
 (Vorschau) 521
Weitere Widgets 388
Weiterleiten (Mail) 354
Weiterleiten (Nachrichten) 363
Weiterleitung von SMS 365
Werbung (Mail) 326, 327, 328, 350
Whats App Messenger 358
Widerrufen 82, 380
Widerrufen (Vorschau) 528
Widgets 153, 387
Wiederherstellen 18, 379
Wiederherstellen eines
 Postfaches (Mail) 357
Wiederherstellen
 (Time Machine) 510
Wiederherstellungspartition 21, 238, 510, 575, 576, 626
Wiederherstellungsschlüssel 42, 268, 270
Wiederherstellungsschlüssel
 (FileVault) 136
Wiederholen (Erinnerungen)   402
Wikipedia 447
Windows-ISO-Image 564, 568
Windows konfigurieren 571
Windows Migration
 Assistant 36, 586
Windows-Partition 19, 29, 245
Wirbel
 (Bildschirmschoner) .. 123, 124

Wireless Apple Keyboard 175
Wissenschaftlich (Rechner) ... 473
WLAN 280, 282, 287
WLAN-Abdeckung 285
WLAN-Netzwerk 30
WLAN-Router 279
Wochenansicht (Kalender) 418
Wochenzahlen (Kalender) 421
Word 97-Dokument 490
Word 2003-Dokument 489
Word 2007-Dokument 489
Würmer 636

Y

Yahoo! 306
Yelp (Karten-App) 437
Yosemite-Installer 23, 27

Z

Zeichenübersicht 182, 183
zeigen, Abgeschlossene
 Aufträge 192
zeigen, Im Finder 107
zeigen, Neue Finder-Fenster 76
Zeigerbewegung 185
Zeilen- und Absatzabstand
 (TextEdit) 498
Zeitlupe (DVD Player) 399
Zeitplan 171
Zeitraum Kennwortabfrage 54
Zeitzone 40, 236
Zeitzonen-Unterstützung
 (Kalender) 420
Zellenhintergrund (TextEdit) .. 505
Zentrierter Tabulator
 (TextEdit) 500
Ziel (Karten-App) 433
ZIP-Datei 343
Zitieren (Mail) 332
Zoomen 66
Zoomen (Bedienungshilfen) .. 185
Zoomen (Vorschau) 517

Zu einem vorhandenen
 Netzwerk hinzufügen 286
Zufall (Bildschirmschoner) 123
Zufälligen Sicherheitscode
 erhalten 41
Zufälligen Sicherheitscode
 verwenden 252
Zufällige Reihenfolge 123
Zugangsdaten 321
Zugelassene Apps
 (Kindersicherung) 217
Zugelassene Kontakte
 (Kindersicherung) 222
Zugriff nur auf diese
 Websites erlauben 221
Zugriffsordner 203
Zugriffsrechte überprüfen 577
Zugriffszeiten
 (Kindersicherung) 223
Zuletzt geöffnet 378
Zuletzt gesichert 378
Zur Bibliothek hinzufügen
 (iBooks) 417
Zur Leseliste
 hinzufügen (Safari) 311
Zur Seitenleiste hinzufügen 91
Zurücksetzen auf
 (TextEdit) 489, 504
Zurücksetzen auf (Vorschau) .. 528
zurücksetzen, Management
 Controller (SMC) 634
zusammenführen, Alle Fenster .. 78
Zuschneiden eines Clips
 (QuickTime) 466
zweistufige Bestätigung .. 268, 270, 272
zwischen FaceTime- und
 iSight-Kamera wechseln 407
Zwischenraum 85
zwischen Schreibtischen
 wechseln 375

Aktuelle Informationen zum Buch finden Sie auch unter

www.mandl-schwarz.com/15/yosemite